W0222525

Gisela F. Ritchie · Der Dichter und die Frau

Abhandlungen zur Kunst-, Musik-
und Literaturwissenschaft
Band 283

Der Dichter und die Frau

Literarische Frauengestalten durch drei Jahrhunderte

von

Gisela F. Ritchie

1989

BOUVIER VERLAG · BONN

CIP-Titelaufnahme der Deutschen Bibliothek

Ritchie, Gisela F.:
Der Dichter und die Frau : literarische Frauengestalten durch 3 Jahrhunderte / von Gisela F. Ritchie. - Bonn : Bouvier, 1989
(Abhandlungen zur Kunst-, Musik- und Literaturwissenschaft ; Bd. 283)
ISB N 3-416-02177-0
NE: GT
ISS N 0567-4999

Alle Rechte vorbehalten. Ohne ausdrückliche Genehmigung des Verlages ist es nicht gestattet, das Buch oder Teile daraus zu veröffentlichen, zu vervielfältigen, auf Datenträger aufzunehmen oder zu vertreiben. © Bouvier Verlag, Bonn 1989. Druck und Einband: Druckerei Plump KG, Rheinbreitbach. Umschlagabbildungen von links nach rechts: Bettina von Arnim, Eva König, Rosa Luxemburg. Mit freundlicher Genehmigung des Ullstein Bilderdienstes.

Dem Andenken meiner Mutter

INHALT

TEIL I
DURCH GEIST UND GEFÜHL ZUR EMANZIPATION? DIE ROLLE DER FRAU IM DRAMATISCHEN WERK LESSINGS

TEIL II
VON KAMPF ZU KOMMUNIKATION. FONTANES ENZYKLOPÄDIE DER „GESCHICHTSLOSEN"

TEIL III

ERST OPFER - DANN TRÄGERIN DER HANDLUNG. DIE AUFGABE DER FRAU BEI BRECHT

TEIL IV

KUNST UND WIRKLICHKEIT

Einleitung

In ihrem Buch *The Resisting Reader*[1] kommt Judith Fetterley zu dem Ergebnis, die amerikanische Literatur wäre trotz mancher Ausnahmen männlich orientiert. Nach einem kritischen Studium von vier Kurzgeschichten[2] und vier Romanen[3] erkennt die Wissenschaftlerin, daß jedes der Werke in verschiedener Weise, manchmal offen, manchmal verschleiert die Macht der Männer über die Frauen darstellt. Fetterley stellt fest, daß Standardwerke der amerikanischen Literatur weder die Frauen zufrieden lassen, noch ihnen erlauben mitzumachen, dabei zu sein. Die amerikanische Literatur bestände auf Universalität und definierte aber zur selben Zeit diese Universalität mit spezifisch männlichen Begriffen.[4]

Nicht günstig für die Frauengestalten in der amerikanischen Literatur klingt auch Clare Boothe Luces Urteil. Congresswoman, Gesandtin, Feministin, am besten bekannt als Verfasserin des Stückes *Women,* findet Clare Boothe Luce, das amerikanische Theater wiese keine weiblichen Charaktere von der Attraktivität, der Intelligenz und der Stärke auf, wie sie Bernard Shaws Frauen auszeichnen.[5]

Vielleicht würde ein noch umfassenderes Studium der amerikanischen Literatur, das mehr Werke von Henry James ebenso anderer amerikanischer großer Autoren einschließt, zu einem positiveren Resultat für die Darstellung der Frauen gelangen. Fetterleys Forschungen sind nicht nur geeignet, mehr Untersuchungen der amerikanischen Literatur zu inspirieren, sondern provozieren zu der Frage: Wie erscheint die Frau in der deutschen Literatur? Drei deutsche Dichter von Weltruf, Gotthold Ephraim Lessing, Theodor Fontane und Bertolt Brecht haben der Frau im spezifischen Sinne ihre Aufmerksamkeit gewidmet. Dies geht rein formal aus der Tatsache hervor, daß ihre bedeutendsten Werke Frauennamen im Titel enthalten. Was für eine Rolle spielt die Frau in ihrem Œuvre? Die Antwort auf diese Frage ist nicht nur interessant mit Bezug auf den Status der Frau durch drei Jahrhunderte hindurch, sondern auch, was das Kunstschaffen der drei Autoren anbelangt.

Schon jetzt läßt sich sagen, alle drei Dichter beweisen, daß sie Frauen schildern können. Sie gehören keineswegs zu den Autoren, deren weibliche Charaktere aufhören zu existieren, wenn die Männer die Szene verlassen, oder deren Frauen wenig Aufmerksamkeit geschenkt wird, wenn sie nicht über Männer sprechen, an Männer denken oder etwas tun, was gegen Männer verstoßen könnte, wie für viele Werke der Literatur allgemein beobachtet wird.[6]

Die bisher veröffentlichten Studien, die sich mit den Frauengestalten bei Lessing, Fontane und Brecht befassen, lassen den Frauen nicht die Gerechtigkeit widerfahren, die sie verdienen. Nicht nur sind es oft lediglich ausgewählte Werke der einzelnen Dichter, die behandelt werden, sondern vor allem wird auf die Texte in ihren Einzelheiten nicht genau genug eingegangen. Nur ein sorgfältiges Studium der Quellen, ein präzises Lesen der Texte führt zu Entdeckungen, kann Mythen zerstören, kann Vorurteile aufheben. Zu Recht wurde die Tendenz vieler literarischer Studien kritisiert, die ergebnisorientiert, knapp und summierend ständig in Gefahr sind, komplexe Darstellungen unzulässig zu verallgemeinern. Diese Feststellung für die Brecht-Forschung[7] gilt für alle literarischen Forschungen. Noch immer sind Hegels Worte wichtig, das Resultat sei nicht das wirkliche Ganze, sondern es zusammen mit seinem Werden. Um die Ergebnisse in ihrem Werden zu verfolgen, werden Einzelheiten der Handlung in den Dramen wie in den Romanen und Erzählungen berücksichtigt.

Die Auswertung der Werke in chronologischer Reihenfolge läßt erkennen, wie die Haltung der drei Dichter sich gegenüber den weiblichen Gestalten entwickelt, beziehungsweise verändert hat. Die Studie beginnt mit dem Zeitalter der Aufklärung, mit Gotthold Ephraim Lessings Dramen, geht im zweiten Teil in die Epik Theodor Fontanes im 19. Jahrhundert über, um sich im dritten Teil Bertolt Brechts epischem Drama zuzuwenden.

Die genaue Interpretation verbunden mit einer Auswertung der bisherigen Forschungsergebnisse berücksichtigt auch literarische Schöpfungen aus anderen Literaturen, vornehmlich der englischen und französischen Literatur vom 17. bis zum 20. Jahrhundert. Die Resultate werfen neues Licht auf die Werke der drei Dichter. Zudem tragen sie dazu bei, die Rolle zu definieren, die diese drei deutschen Autoren für die Frauenfrage spielen. Darüber hinaus beweisen die gewonnenen Einsichten den Einfluß, den jeder Dichter in dieser Frage haben kann, die ein wesentlicher Bestandteil der menschlichen Frage ist.

ANMERKUNGEN

1. *The Resisting Reader*, Bloomington and London: Indiana University Press, 1978.

2. Washington Irving: *Rip Van Winkle*; Sherwood Anderson: *I Want to Know Why*; Nathaniel Hawthorne: *The Birthmark*; William Faulkner: *A Rose for Emily*.

3. Ernest Hemingway: *A Farewell to Arms*; F. Scott Fitzgerald: *The Great Gatsby*; Henry James: *The Bostonians*; Norman Mailer: *An American Dream*.

4. „American literature is male. Our literature neither leaves women alone nor allows them to participate. It insists on its universality at the same time that it defines that universality in specifically male terms." *The Resisting Reader*, op. cit. S. XII.

5. Rodelle Weintraub: „The Gift of Imagination: An Interview with Clare Boothe Luce," in: *Fabian Feminist. Bernard Shaw and Woman*, edit. by Rodelle Weintraub, University Park and London: The Pennsylvania State University Press, 1977, S. 212.

6. Dies bemängelt Barbara Bellow Watson in *A Shavian Guide to the Intelligent Woman*, New York: W.W. Norton, 1964, S. 15.

7. Jan Knopf: *Bertolt Brecht. Ein kritischer Forschungsbericht. Fragwürdiges in der Brecht-Forschung*, Frankfurt/Main: Athenäum, 1974, S. 12.

Teil I

Durch Geist und Gefühl zur Emanzipation? Die Rolle der Frau im dramatischen Werk Lessings

VORWORT

Die Idee zu diesem Buch entstand auf einer meiner zahlreichen Studienreisen nach Deutschland. Zunächst verfaßte ich das Essay „Toward Emancipation with Wit and Heart: The Role of Women in Lessing's Early Comedies“, das in *Lessing and the Enligthenment* veröffentlicht wurde (Alexej Ugrinsky, Ed.– Contributions to the Study of World Literature, No. 15, Greenwood Press, Inc. Westport, CT, 1986, pp. 129–138. Copyrigth 1986 by Hofstra University). Mit Genehmigung des Verlages erscheint es hier als Kapitel „Die Frau in Lessings Jugendkomödien“. Die schon in dieser Arbeit entwickelten Gedanken brachten mich dazu, der Frage weiter nachzugehen, sie auf Fontane und Brecht wie auch auf andere große Dichter der Weltliteratur auszudehnen. Das Ergebnis dieser Studien lege ich hiermit vor.

Dieses Buch entstand während meiner Lehrtätigkeit an der Wichita State University, der ich dafür danke, daß sie mir einen Zuschuß zu den Druckkosten gewährt hat. Mein Dank gilt vor allem der Interlibrary Loan Abteilung der Wichita State University, die mir stets bei der Beschaffung der für meine Arbeit erforderlichen Literatur behilflich war. Besonderen Dank schulde ich ferner der Freien Universität Berlin, die mir ihre reichhaltige Bibliothek während meiner Forschungsarbeiten in vielen Sommern zur Verfügung gestellt hat.

Ich habe das Buch dem Andenken meiner Mutter gewidmet, die bis zu ihrem Tode regen Anteil am Fortschritt meiner Arbeit nahm.

Gisela Fuhrmann Ritchie

„Die Emilia ist ein Rock auf den Zuwachs gemacht, in den das Publicum noch hinein wachsen muß." Diese Worte von Friedrich Nicolai an seinen Freund Lessing vom 7. April 1772[1] können nicht nur auf die *Emilia Galotti*, Lessings späte Tragödie, sondern auch auf seine sämtlichen Dramen bezogen werden. Trotz der reichlichen Lessingliteratur sind manche Aspekte im Werke des Dichters noch nicht genügend ausgewertet worden. Immer mehr wird erkannt, daß Lessing gerade unserer heutigen Zeit viel zu sagen hat. Die wenigen Studien, die sich mit der Frau in seinem Werk im Besonderen beschäftigen,[2] ebenso wie die Lessingmonographien und viele Einzelstudien der älteren und der neueren Forschung werden den Frauengestalten nicht gerecht. Nicht nur durch eine genaue Interpretation des Textes, sondern auch durch eine Auseinandersetzung mit den Ergebnissen der Forschung soll diese Lücke ausgefüllt werden.

Wie festgestellt wurde, ist Aufklärung identisch mit einer durch die Vernunft ausgelösten und als vollendbar geglaubten Bewegung der Emanzipation. Aufklärung ist die Bewegung der Selbstemanzipation.[3] Die Quellen des neuen Emanzipationsverständnisses liegen in der Aufklärung selbst, jenem großen geistigen Emanzipationsprozeß, in welchem der Mensch zum erstenmal auf radikale Weise alle Brücken der Tradition, religiöser Bindung und institutioneller Autoritäten abzubrechen beginnt.[4] Diese emanzipative Gleichheitsforderung aufklärerischen Denkens gründet sich auf die schon bei Descartes sich findende Prämisse:

> Nichts in der Welt ist gleichmäßiger unter den Menschen verteilt als der gesunde Verstand.[5]

Wie stellt sich Lessing mit Bezug auf die Frau zu dieser Frage? Etta Schreiber stellt die These auf, daß die Bemühungen des 18. Jahrhunderts um die gesellschaftliche Emanzipation der Frau ihren Höhepunkt in Lessings Dramen fänden,[6] fundiert sie jedoch nicht genügend, da sie den Aspekt einer intern literarischen Erörterung nur „am Rande"[7] behandelt, lediglich solche Dramenfiguren bespricht, die ihrer Meinung nach als realistische Spiegelung der Zeitverhältnisse gelten dürften, und allein die moralischen Wochenschriften heranzieht.

Einen historischen Hintergrund für die Rolle der Frau im 18. Jahrhundert liefern pädagogische Texte. Wie aus der neueren Forschung hervorgeht,[8] reichen die Erziehungsprogramme des 18. Jahrhunderts bis in die Reformation, ins 16. und auch 17. Jahrhundert zurück. In den

Begründungen wird die Wichtigkeit der Lehre des christlichen Glaubens für die Mädchen als spätere Leiterinnen des Hausstandes hervorgehoben. Mit Rousseaus *Émile ou de l' Éducation* von 1762, in dem die gleichen Geistesgaben bei Mann und Frau anerkannt sind, jedoch behauptet wird, daß die Frau durch Unterschiede im Naturell eigens geschaffen wäre, dem Mann zu gefallen, und daher der Mann fürs Leben, die Frau fürs Haus zu bilden wäre, wurde eine Ansicht verbreitet, deren Einfluß sich hundert Jahre später noch bemerkbar machte. Rousseau entwickelte den modernen Typus der Frau, sah sie empfindsam, lebenstüchtig, zur Selbständigkeit in der Gattenwahl erzogen und doch aber unter der Vormundschaft des Mannes. Bei Konrad Friedrich Uden finden sich neben einer konservativen Auffassung der Frau,[9] die nichts anderes als Tochter oder Hausfrau sein soll, aufklärerische und emanzipierende Gedanken, welche bereits die Wichtigkeit des Bürgertums als des lesenden Standes erkennen, in dem Schriften Gutes stiften könnten. Auf die Erkenntnis, daß der ökonomische, politische und moralische Niedergang von Staaten auf die Verwahrlosung der Frauen, vor allem das Lotterleben der adligen Damen zurückzuführen ist, begründet sich die Forderung nach Erziehung einer moralisch standhaften Hausmutter als Gefährtin des Hausvaters und Erzieherin ihrer Kinder. „Wie die Quelle so der Bach; also auch wie das häusliche Leben der Menschen, so ihr öffentliches; wie das häusliche Familienglück, so das öffentliche Staatswohlergehen“, schreibt Joachim Heinrich Campe in seinem *Väterlichen Rath für meine Tochter* (1789) und drückt damit die Auffassung des 18. Jahrhunderts von der Aufgabe der Frau aus.[10] Dementsprechend gab es an Bildungsanstalten für Mädchen lediglich die Klöster und Pensionen, während der männlichen Jugend Universitäten, Ritterakademien, Gymnasien, lateinische Real- und Kriegsschulen offen standen. Die Erziehung der Mädchen sollte zumeist in der Familie stattfinden. Daher wenden sich Reformer wie Rousseau, Holbach, Krenner gegen die Erziehung in Klöstern und Stiften. Immer wieder warnte man gegen Lesesucht, Lesewut und Lesefieber der Mädchen, da Lesen nur „Überspanntheit und Empfindelei fördere, den gesunden Menschenverstand verdrehe und endlich krank und lebensuntüchtig“ mache.[11]

Vor Bekanntmachung der Erziehungsprogramme für das weibliche Geschlecht Ende des 18. Jahrhunderts geben die verschiedenen moralischen Wochenschriften in der Frühaufklärung Beispiele von vorbildlichen Frauen, die treue Ehegatten und beispielhafte Mütter seien.[12]

Briefe und Dokumente bezeugen ebenfalls, daß keine gesellschaftliche Gleichberechtigung der Frau mit dem Mann im 18. Jahrhundert bestand. So schrieb der für seine Zeit fortschrittliche Professor Fabricius seiner Tochter den folgenden Vers anläßlich ihrer Heirat mit dem Professor Hermann Samuel Reimarus:

> Nächst deinem Gott verehr und liebe deinen Mann, Und bleibe, wie es dir gebührt, ihm untertan. Bezeig dich gegen ihn in Freuden und in Leiden vernünftig, freundlich, treu, gelassen und bescheiden.[13]

Vor allem die Briefe der geistig hochbegabten Luise Adelgunde Victorie Gottsched spiegeln das Erkennen der gesellschaftlichen Schranken, welche einer Frau ihrer Zeit errichtet waren, wider. Obwohl Meta Klopstock und die Gottschedin ihre männlichen Kollegen in der Kunst des Briefschreibens übertrafen, empfanden sie die spezifischen Beschränkungen, die ihnen als Frauen auferlegt waren, deutlich, litten darunter, nahmen sie jedoch an. Aber sie gaben der emanzipationsgeschichtlichen Entwicklung ihres Geschlechts still fortwirkende Impulse, da sie sich als Briefschreiberinnen geistig weit über diese Beschränkungen erhoben.[14] Ähnlich den französischen Salons des 17. und 18. Jahrhunderts entwikkelten sich Zirkel in gebildeten Bürgerhäusern auch in Deutschland, in denen Gedankenaustausch und geistige Anregung gepflegt wurden. Oft unterhielten die Gastgeberinnen ihre Gäste mit Musizieren oder Vortragen von Gedichten. Kultivierte Frauen unterstützten die Arbeit der gebildeten oder dichtenden Männer, waren in den Lesekreisen und selbst Erziehungsanstalten tätig und trugen zum Aufblühen einer aufgeklärten hohen bürgerlichen Kultur bei. Daß auch Adlige die bürgerliche Kultur schätzten, sich an das gebildete Bürgertum anschlossen, geht aus dem Leben Elisa von der Reckes hervor.[15] Das reiche literarisch-kulturelle Leben in Deutschland, das mit der Aufklärung beginnt, wäre nicht denkbar gewesen ohne die Frauen mit ihrem bald hochentwickelten Vermögen, natürliche, lebendige, geistreiche und schließlich sprachkünstlerisch wertvolle Briefe zu schreiben. Das Briefschreiben war praktisch die einzige schriftliche Sprachaktivität, welche die „aufgeklärte" Gesellschaft der Frau zubilligte. Als Muster wurden Briefkünstlerinnen besonders der französischen Literatur aus dem 17. Jahrhundert, wie Marie de Sévigné, die Babet und Ninon de Lenclos empfohlen. Mehr noch als die großen Frauengestalten der klassischen und romantischen Ära später, wie Frau von Stein, Karoline von Humboldt, Caroline Schlegel-Schelling, Rahel Varnhagen, Henriette Herz, mit Ausnahme Bettina von Arnims, pflegten die Gottschedin, Meta Klopstock, Anna Luise Karsch und Sophie Laroche die Briefkunst in der Aufklärung. Mit ihrem Briefroman *Das Fräulein von Sternheim*, der von Wieland herausgegeben wurde, erzielte Sophie Laroche den ersten großen Erfolg nach Gellerts Roman der *Schwedischen Gräfin von G.* Übertroffen wurde ihr Brief- und Seelenroman erst von Goethes *Werther*, der drei Jahre später erschien und die Wirkung von Sophie Laroches literarischem Werk bezeugt.

Gleich der gesellschaftlichen Stellung der Frau in Deutschland war die weibliche Position in England und Frankreich. Von Jugend an wurde der Frau in Frankreich ihre Rolle als pflichttreue Gattin und Mutter anerzogen. Untersuchungen über die Einstellung des *Mercure de France* aus den zwanziger Jahren des 18. Jahrhunderts mit Bezug auf die Frau entdecken Besorgnisse der Männer über weiblichen Leichtsinn und Unbeständigkeit.[16] Die Liebe wurde als gefährliche Leidenschaft aufgefaßt. Das Aufkommen eines bürgerlichen Ideals der Ehe und der Ethik beeinflußte die Auswahl der Werke, welche in dem *Journal Encyclopédique* rezensiert wurden. Die ideale, ganz dem Mann untertänige Frau würde das Resultat der Erziehung sein, die in einem englischen Werk *Letters addressed to two young married ladies* (1783 rezensiert) gepredigt wurde. Während intellektuelle Fähigkeiten der Frau gepflegt werden sollten, müßte sie jedoch vor allem zu Bescheidenheit und zu der Fähigkeit erzogen werden, ihren Mann glücklich zu machen, selbst wenn er sich schlecht betrage. Eine Frau sollte immer „douce, prévenante & honnête“ sein. Die Bildung der Frau hatte nur die Bequemlichkeit und Ruhe der Männer zum Ziel. Schriftstellerinnen fanden ihr Leben im Frankreich des 18. Jahrhunderts schwierig. Es war gewinnbringender, Erfolge im Gesellschaftlichen wie in literarischen Salons zu suchen. Eine Gastgeberin, die so einen Salon einrichtete, ihm ihren Namen gab, mußte eine außergewöhnliche Frau sein.[17] Daß die gesellschaftliche Lage der Frau in England ebenso abhängig vom Mann war wie die der Frau in Frankreich und Deutschland, geht ferner aus der Tatsache hervor, daß die Aufführungen von Shakespeares *The Winter's Tale* auf der Londoner Bühne nur als verkürzte Fassungen in der zweiten Hälfte des 18. Jahrhunderts stattfanden, welche die starken selbständigen Frauengestalten, Hermione und Pauline, die sich männlicher Herrschaft widersetzen, auslassen.[18]

Trotz der historisch verbürgten abhängigen gesellschaftlichen Stellung der Frau im 18. Jahrhundert ebenso wie in früheren Epochen hat es seit der Antike im mittelalterlichen Deutschland und Italien, im absolutistischen und im aufklärerischen Frankreich, im England der Renaissance wie der Aufklärung große Dichter gegeben, die hervorragende Frauengestalten schufen. Lassen sich Lessings Frauen den bedeutenden weiblichen Figuren der Literaturgeschichte Europas beigesellen? Besteht eine gewisse Beziehung zwischen Lessings weiblichen Gestalten und den der französischen und englischen Literatur? Was ist die Funktion der Frauen in der dramatischen Handlung? Läßt sich eine Entwicklung in den Charakteren feststellen, die für die Verbesserung der Position der Frau in den folgenden Jahrhunderten bedeutsam geworden sein kann? Diese Fragen sollen im Folgenden untersucht werden.

ANMERKUNGEN

1. *Gotthold Ephraim Lessings sämtliche Schriften.* Herausgegeben von Karl Lachmann. Dritte, aufs neue durchgesehene und vermehrte Auflage, besorgt durch Franz Muncker, Leipzig: G.J. Göschen'sche Verlagsbuchhandlung, 1907. Nachdruck Walter de Gruyter, Berlin 1968. XX. Band, S. 157. Im Folgenden mit Band- und Seitenzahl zitiert.
2. Vgl. Joseph Brosy: *Das Bild der Frau im Werk Lessings*, Diss. Zürich, 1951. Diese Studie bringt Charakteristiken, kommt jedoch zu keinem zügigen Resultat, weist Fehler auf, wird dem Thema nicht vollständig gerecht. S. unten. Ebenso tut Etta Schreiber: *The German Woman in the Age of Enlightenment*, a Study in the Drama from Gottsched to Lessing, New York: Kings's Crown Press, 1948, dem Thema nicht ganz Genüge. Wie der Titel anzeigt, beschäftigt sich David A. Hove: *Lessing's Heroines and their literary Models*, Diss. University of Iowa, 1973, vor allem mit den Quellen zu Lessings Dramen, von denen *Miss Sara Sampson, Emilia Galotti, Minna von Barnhelm, Die Matrone von Ephesus*, ebenso wie die diesen Dramen nach den damaligen Forschungsergebnissen zu Grunde liegenden Werke behandelt werden. Lessings Frauengestalten, vor allem den weiblichen Nebenfiguren, wird nicht volle Gerechtigkeit. S. unten.
3. Günther Rohrmoser: *Emanzipation und Freiheit*, München: Wilhelm Goldmann Verlag, 1970. S. 31.
4. Martin Greiffenhagen in seiner Einleitung zu *Emanzipation*, Hamburg: Hoffmann & Campe, 1973, S. 12.
5. Ebenda, S. 12.
6. Etta Schreiber: S. 234 - 243.
7. Karl S. Guthke: *Der Stand der Lessing Forschung*, Stuttgart: Metzler, 1965, S. 62.
8. Ulrich Herrmann: „Erziehung und Schulunterricht für Mädchen im 18. Jahrhundert", in: *Wolfenbütteler Studien zur Aufklärung*, hrsg. von Günther Schulz, Band III, Wolfenbüttel: Jacobi Verlag, 1976, S. 101-127.

9. „Der Staat kennt nur Bürger, aber eigentlich keine Bürgerinnen. Die Frauenzimmer gehören nur ihrem Hause an", s.o. Herrmann, S. 106, zitiert nach *Über die Erziehung der Töchter des Mittelstandes* von Uden, 2. Aufl. 1796.

10. Die Voraussetzungen für eine beglückende Gattin, tätige, weise Hausfrau, eine Mutter, die durch Lehren und Beispiel ihre Kinder nach sich bildet, seien ein gesunder schlichter Verstand, ein unverdorbenes, moralisches Gefühl, ein frohes unschuldvolles Herz, Wirtschaftlichkeit, eine stille, unbemerkte nützliche Tätigkeit, verkünden die Programme von Hensel (1787), Campe (1789), Schwarz (1792), Burton (1795) und Funke (1800). S.o. Herrmann, S. 109.

11. Herrmann, s.o. S. 110.

12. Vgl. *Der Biedermann*, I. Teil, 3. Blatt bei Wolfgang Deer, 1728, wo von Euphrosyne, einer Mutter von sechs Kindern erzählt wird. Euphrosyne sei von schöner Gestalt, besitze fähigen Verstand, lebhaften, geistreichen Witz, ihr Herz sei zu strengsten Tugenden geneigt. Die Einsamkeit auf dem Lande habe sie zwar bescheiden, aber nicht leutescheu gemacht. Sie lese gerne. - An anderer Stelle heißt es: „Ein rechtes Biederweib sollte sich gegen ihren Hauswirt also verhalten:

    Wenn er schreiet, Sie nur schweiget
    Schweigt er dann, rede sie ihn an
    Tobt er aus Grimm, so weicht sie im
    Ist er den wütig, so ist sie gütig.

    Der Biedermann, I. Teil, 14. Blatt, S. 55.

13. Eva Horvath: „Die Frau im gesellschaftlichen Leben Hamburgs, Meta Klopstock, Eva König, Elise Reimarus", in: *Wolfenbütteler Studien zur Aufklärung*, Band III, 1976, S. 176.

14. M. G. Nickisch: „Die Frau als Briefschreiberin im Zeitalter der deutschen Aufklärung", in: *Wolfenbütteler Studien zur Aufklärung*, III, S. 29-60.

15. Günter Schulz: „Elisa von der Recke, die Freundin Nicolais", in: *Wolfenbütteler Studien*, III, S. 159-173.

16. Kay Wilkins: „Attitudes toward Women in the Eighteenth Century French Periodicals", in: *Studies in Eighteenth Century Culture*, VI, ed. by Ronald C. Rosbottom, University of Wisconsin Press, 1977, p. 404.

17. English Showalter, Jr.: „Madame de Graffigny and Her Salon", in: *Studies in Eighteenth Century Culture*, VI, p. 377-391.

18. Irene G. Dash: „A Penchant for Perdita on the Eighteenth Century English Stage", in: *Studies in Eighteenth Century Culture*, VI, p. 331-346.

1. Kapitel

Die Frau in Lessings Jugendkomödien

Wie von der Forschung, angefangen mit Erich Schmidts grundlegender Monographie,[1] festgestellt ist, stehen die Frühwerke des vielbelesenen jungen Lessing unter dem Einfluß von Produkten der antiken, italienischen, spanischen, französischen, englischen und zeitgenössischen deutschen Literatur. So sind auch Lessings fast frauenfeindlich anmutende Aussprüche aus seiner frühen Lyrik zu verstehen. Sein Gedicht *Die schlimmste Frau*[2] ist Paul Albrecht zufolge[3] nach Friedrich von Hagedorns Gedicht *Der ordentliche Hausstand* angefertigt, das seinerseits dem *Drôle de Ménage* entstohlen sei. Auch der Spruch *Doppelter Nutzen einer Frau*[4] hat eine lateinische wie spanische Vorlage.[5] Ebenso stammt der Hauptgedanke für die Fabel *Die Furien*[6] aus der französischen Literatur.[7] Der *Lobspruch des schönen Geschlechts*[8] ist ähnlich wie ein Vers von Jean Ogier de Gombault.[9] Angeregt wurde der junge Lessing ferner zu solchen spöttischen Äußerungen durch sein Studentenleben im Leipzig der vierziger Jahre. Lessing selbst sagt 1753 von seiner frühen Lyrik: „Man nenne sie jugendliche Aufwallungen einer leichtsinnigen Moral, oder man nenne sie poetische Nachbildungen niemals gefühlter Regungen".[10]

Bereits in seinem Frühwerk spielt die Lyrik eine nebensächliche Rolle. „Lessings Sehnsucht nach wirklichem Leben, nach Umgang mit Menschen, die nicht Gelehrte, die nur Menschen zu sein brauchten, schuf ihn innerlich und äußerlich um und führte ihn in die Arme des Theaters", konstatiert Waldemar Oehlke[11] und weist damit auf Lessings Kunststreben hin, nämlich die Darstellung menschlichen Lebens, wie er es für die wahre Komödie in seinen *Abhandlungen von den weinerlichen oder rührenden Lustspielen* formulierte.

Die Komödie macht den Hauptteil von Lessings Schaffen in den vierziger Jahren aus. Schon in seinen Jugendlustspielen und Fragmenten gelangt Lessing zu einer für seine Zeit hohen Wertung der Frau. Anregungen dafür verdankt der junge Lessing nicht zuletzt Gottsched. Nach dem Modell des *Tatler* und *Spectator* hatte Gottsched *Die vernünftigen Tadlerinnen* und den *Biedermann* in den zwanziger Jahren veröffentlicht, welche die Meinung vertraten, daß Tugend und Moral auf der Ausübung des Verstandes beruhten, und sich eingehend für die Bildung der Frauen einsetzten.[12] Durch eine gute Bildung würde die Frau eine vernünftige Mutter werden, würde alle Pflichten einer Ehegattin, einer Hausfrau, Nachbarin, Freundin, Verwandten auf tugendhafte Weise erfüllen, verkündeten bereits die *Vernünftigen Tadlerinnen*[13] vor den Erziehungsprogrammen des späten 18. Jahrhunderts. Den Wirkungskreis der Frau wollen auch sie auf den Haushalt beschränken. Die Frau wird weiterhin mehrmals als „schwaches Werkzeug" des Mannes bezeichnet.[14] Ihr werden keine dem Mann gleichen bürgerlichen Rechte gewährt. Wie später ausgeführt wird, spielt die Bildung aus Büchern bei Lessings weiblichen Charakteren eine negative Rolle, wie sie auch dann in den pädagogischen Verordnungen Ende des Jahrhunderts absprechend bewertet werden sollte.[15] Jedoch ist Lessings Frauen allen ein „natürlicher Verstand" und „eine geborene Lebhaftigkeit des Geistes" gemein, Eigenschaften, welche bereits die *Tadlerinnen* der Frau zubilligen.[16]

Durch die Wirksamkeit Johann Christoph Gottscheds, der mit außerordentlichem Fleiß die französischen Bühnenstücke studiert hatte,[17] wurde Lessing beeinflußt und vor allem mit der französischen Komödie bekannt gemacht. Wenn Oehlke feststellt, daß Lessings Jugenddramen ihr „Muster" nicht verleugnen, so kann hinzugefügt werden, auch seine Meisterdramen zeigen noch Spuren dieses Musters. Nach Paul Kies[18] verdankt Lessing der frühen sentimentalen englischen Komödie viel für seine Jugendkomödien. Dies stimmt mit Bezug auf die Themen und den zynischen Ton, doch nicht so sehr für die weiblichen Charaktere. Daß Lessing jedoch in den Charakteren das wichtigste Element einer Komödienhandlung sah, die Situationen nur als Mittel betrachtete, in denen die Charaktere sich äußern, geht aus dem 51. Stück seiner *Hamburgischen Dramaturgie* hervor.[19]

Bei Betrachtung der weiblichen Charaktere in den Jugendkomödien stellt sich eine viel größere Ähnlichkeit mit der französischen Komödie, vor allem den Komödien von Philippe Néricault Destouches (1680–1754) und Pierre Carlet de Chamblain de Marivaux (1688–1763) heraus. Bis vor kurzem war die Bedeutung der französischen Komödie für Lessing[20] in der neueren Forschung wenig beachtet worden, wie aus Karl S. Guthkes Bericht hervorgeht.[21] Wenn Oehlke meint

> Unmerklich hatte die französische Komödie auf Lessing einen nachhaltigen Einfluß gewonnen, nicht durch das Milieu, sondern durch jenen Gefühlston, den La Chaussée, Destouches und Marivaux, seine Leipziger Vorbilder neben Molière in die französische Komödie gebracht haben,[22]

so muß betont werden, daß es nicht nur der Gefühlston war, sondern, daß es überhaupt die psychologische Einsicht, die Vertiefung, die Verinnerlichung der Charaktere war, die den jungen Lessing bei den Franzosen, besonders bei dem Beobachter der seelischen Reaktion, Marivaux, beeindruckte, der für die heutige Bühne neu entdeckt ist.[23] Wie wichtig Lessing die innere Wahrscheinlichkeit, ebenso wie die Lebendigkeit in einem literarischen Kunstwerk war, geht aus seiner Abhandlung *Vom Wesen der Fabel* (1759) hervor.[24] Daß die Verinnerlichung der Charaktere, ihre Lebendigkeit in Lessings Dramen in fortschreitendem Maß zu beobachten ist, soll gezeigt werden.

Als eindeutiges Erbe der französischen Komödie, vor allem der Komödien von Destouches und Marivaux[25] erscheint die witzige, scharfsinnige Lisette in Lessings Jugendlustspielen. Oehlke erkennt die Rolle der Bedienten als das wichtigste der formalen Zugeständnisse an Frankreich an. Wenn er feststellt, die Bedienten seien bei Lessing wie bei den Franzosen diejenigen, welche berufen sind, den Zuhörer über die Seelenvorgänge der Hauptpersonen aufzuklären, so wird er wie auch Vertreter der neueren Forschung der dominierenden Rolle, welche Lisette dabei spielt, nicht gerecht.[26] Während das französische Vorbild, ebenso wie Lessings Gestalt in der Kritik zuweilen als „betrügerisch leichtes, loses Geschöpf des lockeren Pariser Lebens",[27] „a mere schemer",[28] „intrigenfrohe, spitzzüngige Kammerzofe Lisette"[29] abgetan wird, entsprechen diese Charakterisierungen nicht dem wahren Wesen Lisettes, wie es bei Destouches, Marivaux und dem jungen Lessing erscheint.

Nicht nur witzig und von gesundem Menschenverstand, womit Lisette sorgt, daß zusammenkommt, was zusammen gehört, wie die Lisette in Destouches' *L'Amour Usé* (1742), sondern sogar von feinem Gefühl auf das Wohl ihrer Herrin bedacht wie die Lisette in Marivaux' *La Seconde Surprise De L'Amour* (1727) wird sie zur klugen Vermittlerin zwischen Eheleuten, wie die Lisette in *Le Médisant* von Destouches (1715), lehrt einen Vater, daß das Herz seiner Tochter sich von seiner Autorität befreit und dieser Autorität Trotz bietet, bestärkt die Tochter in ihrer Selbständigkeit gegenüber dem Vater, wie die Lisette in Destouches' *L'Ingrat* (1712). Indem Lisette nicht nur die Herzen der anderen Charaktere sondiert, sondern auch die Zuschauer über die Gefühle der einzelnen Charaktere unterrichtet, wie die Lisette in Destouches' *Le Médisant,* und die Handlung als Sprachrohr des Autors erläutert, wie die Lisette in Destouches' *L'Ingrat,* nimmt sie fast die Stelle eines Chors aus der antiken Tragödie ein.

Die Rolle, welche Lisette in Lessings Jugendkomödien spielt, ist der

der französischen Komödie sehr ähnlich. In Lessings frühem Lustspiel *Damon* (1747) ist sie die schlaue, witzige Ratgeberin der jungen, von Freiern umworbenen Witwe. Es ist vor allem Lisette zuzuschreiben, wenn sich die Frauen in diesem Einakter als die realistischer und praktischer Denkenden als die abstrakten Idealen nachstrebenden Männer zeigen.

Lisette ist es, die in *Der junge Gelehrte* (1747) alle Gestalten des Lustspiels und ihre Handlungen mit scharfem Blick durchschaut und die Liebe Valers und Julianes ähnlich der Lisette in Marivaux' *La Seconde Surprise de L'Amour, L' École des Mères* (1732), *Le Jeu de L'Amour et du Hasard* (1730) und in Destouches' *L'Amour Usé, L'Ingrat* und *Le Médisant* begünstigt. „Sie sind noch nicht klug und sind schon zwanzig Jahre alt", sagt sie und charakterisiert damit treffend den jungen Gelehrten, dessen Denken Flucht in die leere Abstraktion ohne Verbindung mit der Realität ist (III, 3). Ihre Schlagfertigkeit zeigt sich in witzigen Bemerkungen. Wenn Damis meint, er möchte aus der Haut fahren, rät sie „Thun Sie das und fahren in eine klügere" (III, 3). Ganz dem Leben zugewandt, ruft sie aus: „Ich lobe mir das Lebendige" und will damit Damis von den Büchern ab- und der Wirklichkeit nahe bringen. Mit dieser Absicht wächst Lessings Lisette über ihr Urbild aus *L'Ingrat* hinaus, das allerdings auch mit keinem Individuum wie dem jungen Gelehrten konfrontiert ist, sondern nur mit konventionellen Komödientypen zu tun hat. Lessings Lisette durchschaut auch Chrysander als Berechnenden, der Juliane nur aus Interesse für ihr Vermögen zur Schwiegertochter haben möchte. Ebenfalls ist es Lisette, welche über Julianes „wunderbare Moral" spottet; denn sie erkennt den Grund für Julianes Passivität, einen zu großen, aus Büchern gewonnenen Idealismus,[30] der sie sich dem Wunsche Chrysanders fügen läßt, anstelle ihrer Liebe zu Valer zu folgen. So charakterisiert sie Lisette treffend, wenn sie feststellt:

> Sie macht es, wie die schöne Aspasia ... oder wie hieß die Prinzessin in dem dicken Roman? Zwey Ritter machten auf sie Anspruch. Schlagt euch mit einander, sagte die schöne Aspasia; wer den andern überwindet, soll mich haben. Gleichwohl aber war sie dem Ritter in der blauen Rüstung günstiger, als dem andern ... (II, 1) (LM I, 308 f.)

Lisette versucht, Valer anzufeuern, „Himmel und Hölle in Bewegung zu setzen", damit Juliane nicht Damis heiraten muß. Wenn Valer nichts unternimmt, und Juliane nicht ihren Geliebten, sondern aus Dankbarkeit Damis, den Sohn ihres Pflegevaters zu heiraten sich verpflichtet fühlt, greift die tatkräftige Lisette mit einem unterschobenen Brief ein, um alles zum Happy End zu wenden. Lessing schildert dieses eigenmächtige Handeln, indem er sie spitzfindig argumentieren läßt, sie habe Chrysander nur hintergangen, nicht betrogen, da es sich bei ihm um einen alten Betrüger handele.

In *Die alte Jungfer* (1748) hat Lisette erkannt, daß die Freier in ihrer Zeit zu einer Art von Geldborgern geworden sind, und die Männersucht doch eine „recht wesentliche Krankheit des Frauenzimmers ist" (LM III, 207). Trotzdem tut sie ihr Bestes, daß es zu der Heirat von Jungfer Ohldin und Herrn von Schlag kommt und zeigt damit eine gewisse Skrupellosigkeit.

Im *Misogyn* (1748) betont sie dem Frauenfeind gegenüber, daß Frauen auch Menschen wären und schlägt ihn mit seinen eigenen Worten. Später kritisiert sie Wumshäter zu Recht, daß er das ganze Frauengeschlecht lästere, wenn sein Urteil nur seiner Tochter gelten sollte. Ähnlich wie ihr Urbild in der französischen Komödie hat sie eine gute Menschenkenntnis, sieht in dem Advokaten einen „schlauen Fuchs", der mit seinen Ehescheidungsprozessen nicht so viel hätte verdienen können, wenn er durch sein Kuppeln nicht den Grund dafür gelegt hätte. Offen heraus sagt sie Wumshäter ihre Meinung. Wenn sie so einen Narren wie ihn zum Mann bekäme, würde sie im Alter auch zur Männerfeindin werden. Ihr natürlicher Instinkt läßt sie Laura von ihrer Verliebtheit in Lelio abraten, der ja in Wirklichkeit die verkleidete Hilaria ist. Lisette ist es auch, welche die allzu große Ähnlichkeit zwischen Lelio und Hilaria erkennt und schließt, daß Hilaria Lelio oder Lelio Hilaria sein müsse. Lisette ist wie in Destouches' *L'Ingrat* das letzte Wort an die Zuschauer gegeben, in dem sie auf das glückliche Ende der Komödie mit den beiden kommenden Hochzeiten hinweist.

In *Weiber sind Weiber* (1749) ist es Lisette, die Hilaria und Laura, denen die Männer davongelaufen sind, erinnert, daß sie solchen Männern nicht die geringste Treue schuldig sind, daß diese Männer alle ihre Rechte aufgegeben hätten. Auch gegen den tyrannischen Vater, dem die Töchter nicht widersprechen dürfen, der sie bei Ungehorsam aus dem Hause stoßen will, wendet sie sich und weiß, ihn mit seinen eigenen Worten zu schlagen.

Ähnlich wie in der französischen Komödie wird Lisette in *Die Juden* (1749) vom Herrn des Hauses beauftragt, Erkundigungen anzustellen. Sie soll herausfinden, wer der fremde Gast ist und trägt in dieser Komödie mehr durch einfache Anziehungskraft auf den Diener des Fremden wie den Vogt des Barons als durch ihren Witz dazu bei, daß der Fremde nicht nur seine Identität enthüllt, sondern auch die Schuldigen, die den Baron überfallen hatten, entlarvt werden.[32] Daß sie sich der ungleichen Position der Frau in der Gesellschaft bewußt ist und ihr durch spielerisches doppeldeutiges Verhalten zu begegnen sucht, zeigt ihr Ausspruch

> Vielleicht, ist eines Frauenzimmers größte Versicherung ... Denn so schlecht unser Spiel auch ist, so müssen wir uns doch niemals in die Karte sehen lassen (LM I, 391).

Abermals die scharfe Beobachterin in *Der Freygeist* (1749), ist es Lisette, welche bemerkt, daß von den Schwestern Juliane und Henriette jede den Bräutigam der anderen liebt. Julianes Liebe für Theophan hätte ein „so vernünftiges Ansehen", doch Henriette liebe Theophan aus Liebe, sagt sie und sieht die Liebe in dieser Komödie tiefer als ihr französisches Vorbild in Destouches' *L'Amour Usé,* das vorschlägt, man folge „la folie" und nicht „la raison", wenn man verliebt sei. Der gewitzten Lisette gegenüber muß Theophan zugeben, daß ein Frauenzimmer in manchen Dingen schärfer sehe als „hundert Augen der Mannespersonen" (LM II, 71) und bittet sie, sie solle die Gefühle Julianes herausfinden.[33] Es ist auch Lisette, welche bemerkt, daß die beiden Diener die Bilder ihrer Herren auf der häßlichen Seite sind und weiß, sie treffend zu charakterisieren: Aus Freigeisterei sei Johann ein Spitzbube und Martin aus Frömmigkeit ein Dummkopf. Ähnlich wie die Lisette in Destouches' *L'Ingrat* versteckt sie sich, um die Wahrheit ihres Urteils festzustellen. Wie in *Der junge Gelehrte* trägt Lisette zur Lösung des Konflikts auch in dieser Komödie bei, wenn sie vorschlägt, daß Henriette und Theophan sich ineinander verliebt stellen sollen, um zu erfahren, ob Juliane Adrast liebe.

Wie aus dem Obigen hervorgeht, entwickelt sich Lessings Lisette aus der klugen, realistischen Beobachterin und Beraterin zu einer tatkräftigen Verteidigerin der Rechte der Frau. In einem stärkeren Maße noch als in der französischen Komödie hat die Lisette Lessings die untergeordnete Lage der Frau in ihrer Gesellschaft erkannt und wird zum Sprachrohr für weibliche Gleichberechtigung. Mit einem modern anmutenden feministischen Bewußtsein demonstriert sie die Willkür des gesellschaftlichen Verhaltens gegenüber der Frau und steht den anderen weiblichen Gestalten mit Rat und Tat zur Seite.

Mehr als Lisette ein Typ, nur als „Die Witwe" bezeichnet, befindet sich die Frau in *Damon* im Mittelpunkt der Handlung. Aus einer Schar von Anbetern hat sie die Freunde Damon und Leander ausgesucht und amüsiert sich über deren Streit, sie zu gewinnen. Unterstützt von Lisette, treibt sie mit Leander und Damon ihr Spiel. Kühl prüft die Umworbene Vor- und Nachteile der Freier und zieht schließlich den Großmütigeren der beiden vor. Lessing läßt den Einakter mit den Worten der Witwe enden, welche über die Freundschaft ihres Erwählten mit Leander wenig erfreut ist. Bereits früher hatte die realistische Lisette bemerkt:

> Es wäre eine Schande, wenn die Liebe nicht stärker sein sollte, als die Freundschaft (III, 181).

Wie aus Lisettes Urteil über Juliane in *Der junge Gelehrte* hervorgeht, ist Juliane überaus ideal gesinnt und stellt das Gegenstück zu der realistisch denkenden Lisette dar. Ihr falscher Idealismus ist aus Büchern gewonnen, läßt Lessing erkennen und wendet sich damit gegen die Bildungsversuche Gottscheds in den *Vernünftigen Tadlerinnen*. Auch erscheint sie besonders passiv im Vergleich zu der tatkräftigen Lisette, wenn sie es als Fügung des Schicksals ansieht, die Frau des ungeliebten Damis zu werden. Doch zeigt auch Juliane Intuition und Witz, wenn sie Chrysanders Veränderung als günstige Fügung nicht des Himmels, sondern Lisettes ansieht.

Jungfer Ohldin in *Die alte Jungfer* besitzt ebenfalls eine gewisse Schlauheit und gute Beobachtungsgabe, so daß man sich nicht vorstellen kann, daß sie sich durch ihren neu gewonnenen Ehemann betrügen lassen wird, wie es am Ende der Komödie den Anschein hat.

Im *Misogyn,* in dem sich Lisettes Funktion vor allem auf die Rolle der Ratgeberin und der kritischen Beurteilerin beschränkt, ist es der witzige Einfall der weiblichen Hauptgestalt Hilaria, der die glückliche Lösung und das Happy End bringt. Anders als ihre Namensschwester in Johann Elias Schlegels Komödie *Die stumme Schönheit* (1747–1748) und Colley Cibbers Amanda in *Love's Last Shift* (1695–1696) braucht Lessings Hauptgestalt keinem untreuen Ehemann zu folgen, um ihn zurückzugewinnen,[34] sondern muß sich einen Frauenfeind zum Schwiegervater machen. Ungleich Amanda, welche die Idee, ihren Mann durch Verkleidung als Mätresse zurückzugewinnen, dem Familienfreund Worthy verdankt, ist es bei Lessings Hilaria die eigene Eingebung, als Mann aufzutreten, sich damit dem hartnäckigen Weiberhasser gleichzustellen, so zur Kommunikation mit ihm zu gelangen und ihn zu bekehren zu versuchen. Mit viel Witz und Verstand, aber auch Herz begabt, weiß Lessings Hilaria durch ihren Scharfsinn und ein angenehmes Wesen die

Gunst des Frauenfeindes zu gewinnen und sein Vorurteil gegenüber den Frauen außer Kraft zu setzen. Ihre witzigen, schlagfertigen Bemerkungen (I, 3) erinnern in ihrer Schärfe und Klarheit mehr an die Charaktere der französischen Komödien als an die der englischen. In diesem Zusammenhang ist Peter Michelsens Beobachtung interessant:

> Und so garnichts hatte etwa Gottscheds ausgesprochen cholerisches Temperament von der Eleganz der Franzosen, denen er doch (angeblich) so nacheiferte: davon sollte Lessing erst etwas haben, der sie (angeblich) bekämpfte ...[35]

Wie die Forschung mit Bezug auf Cibbers Komödien feststellt, mit denen sich Lessing in den Jahren von 1747–1749 beschäftigte, sind die Reden von Cibbers Charakteren „exaggerated, banal, stock responses".[36]

Dem umsichtigen Handeln Hilarias ist es schließlich zu verdanken, daß der Misogyn die Einwilligung zu der Heirat geben muß und zu der Einsicht kommt, seinen Weiberhaß zu relativieren. Lessings Hilaria ist es gelungen, den verbohrten Frauenfeind zu einer wenigstens partiellen Änderung seiner Vorurteile zu bringen, die ihn von dem Misogyn von Menander, seinem literarischen Vorbild, unterscheidet. Im Vergleich zu den Handlungen ihrer Vorgängerinnen, von Colley Cibbers Amanda und Elias Schlegels Hilaria, die sich lediglich auf ihre private Sphäre beziehen, dient die Aktion von Lessings Hilaria dem Fortschritt des weiblichen Geschlechts, dem Ziel der Gleichberechtigung von Mann und Frau.

Neben der gewitzten Lisette vertritt „ein junges Fräulein" in *Die Juden* das weibliche Geschlecht. „Das wilde Ding", wie sie ihr Vater, der Baron bezeichnet, beeindruckt den Reisenden mit ihrem ungekünstelten Witz als „liebenswürdigste Unschuld" und erscheint als „die sich selbst gelassene Natur" (I, 384) im Rousseauischen Sinne.[37] Spontan hat ihr Herz sich für den Fremden, der ihrem Vater tapfer bei einem Überfall durch zwei Vagabunden beistand und das Leben rettete, entschieden und möchte ihn heiraten, bevor ihr Vater auf diese Idee kommt. Wenn in der neueren Forschung behauptet wird, das Fräulein werde nicht gefragt, ob sie mit des Vaters Wahl zufrieden sei, sie gehorche,[38] so ist ihr Charakter verkannt. Sobald der Reisende sich als Jude identifiziert, der Vater daraufhin zurückschreckt, ist es das vorurteilslose Mädchen, welches darin kein Hindernis für ihre glückliche Heirat sieht. Bereits dieses junge Fräulein erscheint „unverkünstelt, so ganz sich selbst nur ähnlich" wie später Sittah in *Nathan der Weise* und hebt sich nicht nur vorteilhaft vom Baron und seiner Umgebung ab, sondern emanzipiert sich von den wenig toleranten Zeitgenossen.

Bei einem Vergleich mit Richard Steeles sentimentaler Komödie *The Conscious Lovers* (1722), die als Quelle für Lessings *Die Juden* angesehen wird,[39] wirkt das „junge Fräulein" lebendiger, selbständiger als Indiana, das allzu bescheidene, allzu vernünftige, kurz allzu tugendhafte Mädchen, das zum Sprachrohr für die Moral geworden ist.

Obwohl Steeles *The Conscious Lovers* ebenfalls als Quelle für Lessings Jugendwerk *Der Freygeist* bezeichnet wird,[40] zeigt sich wohl ein Einfluß mit Bezug auf das Thema, aber nicht auf die Charaktere. So wie Indiana und Lucinde die Männer heiraten, welche sie lieben und nicht die, welche ihnen von ihrer Mutter ausgewählt sind, so heiratet Juliane schließlich nicht den ihr vom Vater bestimmten Theophan, sondern Adrast, den Freigeist und Henriette nicht Adrast, sondern Theophan. Während Indiana in *The Conscious Lovers* den Eindruck einer Puppe macht, die brav Sätze zitiert, welche wie aus einem Lehrbuch zu kommen scheinen,[41] beeindrucken Henriette und Juliane durch Sprechen, das dem Leben selbst abgelauscht ist. Auf des Vaters Ankündigung, daß am nächsten Tag die Hochzeit sein würde, ruft Henriette aus:

> Ich, lieber Herr Vater? ich werde morgen krank seyn, todsterbenskrank. (LM II, 122).

Ungestüm widersetzt sich Henriette dem Vater, der über sie wie über ein Eigentum bestimmen will, gebraucht aber die Anrede „Herr Vater", wie ihre Zeit es vorschreibt. Der Witz, das Temperament, die Schlagfertigkeit dieser weiblichen Charaktere aus Lessings Jugendkomödie, ihr Spiel mit Worten[42] erinnern eher an die Dialoge der Komödien von Destouches und Marivaux[43] als an Steele. Jedoch wirken sie noch spontaner, lebendiger als selbst die Dialoge der Frauen in den französischen Komödien, die meistens in Versform gebannt sind. Darüber hinaus weisen sie bereits auf die Schlagfertigkeit, den Witz Minnas hin. Besonders Henriettes treffende Bemerkungen zeigen eine Mutwilligkeit, die auf Minna deutet. Trotz ihrer Mutwilligkeit hat Henriette „das beste Herz von der Welt", wie ihre Schwester Juliane weiß. Ebenso ist Juliane kein einseitiger Typ, kein nur kluges, ernsthaftes Mädchen, sondern verrät auch Witz.

Wenn Gerhard Fricke zu Recht als das eigentliche Ziel der inneren Handlung die Erziehung des Adrast durch Theophan bezeichnet,[45] so muß hinzugefügt werden, daß die Frauen in dieser Komödie zu dieser Erziehung wesentlich beitragen. Henriette lehrt Adrast, daß die „schwachen Werkzeuge"[46] Witz haben und ihn zu gebrauchen wissen. Im Umgang mit ihr kommt Adrast zur Erkenntnis, daß ständiges Lächeln, dauernde Munterkeit der Frau zu viel wird, daß er mehr eine Frau wie Juliane, die ernster und tiefer gesonnen ist, möchte. Herz und Geist gehören zusammen, verkündigt Lessing bereits in diesem Theaterstück, wenn er die Männer in den Frauen ihre polare Wesensergänzung finden läßt. Herz ohne Geist genügt nicht, läßt der Dichter einleuchtender als die moralischen Wochenschriften und die zeitgenössische Komödie[47] erkennen. Juliane wird zur geistreichen Advokatin ihrer Geschlechtsgenossinnen, wenn Adrast meint, das Religiöse stehe der weiblichen Bescheidenheit sehr wohl, da es der Schönheit ein gewisses, edles, gesetztes und schmachtendes Ansehen gebe:

> Halten Sie Adrast! Sie erweisen meinem Geschlechte ebenso wenig Ehre, als der Religion. Jenes setzen Sie mit dem Pöbel in Eine Klasse, so fein auch Ihre Wendung war; und diese machen Sie aufs höchste zu einer Art von Schminke, die das Geräthe auf unsern Nachttischen vermehren kann. Nein, Adrast! die Religion ist eine Zierde für alle Menschen ... (LM II, 99) [48]

Zu einer Zeit, da die Frau trotz der Bemühungen der moralischen Wochenschriften, den Frauen mehr Anerkennung zukommen zu lassen, noch lange nicht dem Mann gleichgestellt ist, protestiert eine Frau gegen die althergebrachte Behandlung ihres Geschlechts überzeugend und verteidigt es auf eine neue, für ihre Epoche unerhörte Weise. Sie lehnt sich gegen veraltete Ideen auf, welche in der Frau etwas Minderwertigeres als den Mann sehen, und weist darauf hin, wie beide Geschlechter zu besseren Menschen, zu guten Bürgern und aufrichtigeren Freunden werden können, nämlich mit Hilfe der Religion. Bereits in diesem frühen Lustspiel läßt Lessing eine intelligente Frau den Mann auf eine geistreiche Art von seinen falschen, alteingewurzelten Vorurteilen befreien und damit einen wichtigen Beitrag zur Gleichsetzung der Geschlechter leisten.

In diesen Lustspielen aus der ersten Dekade seines Schaffens hat Lessing schon Frauen dargestellt, die sich nicht nur durch Witz und Verstand auszeichnen, sondern auch öfter warmes Gefühl verraten und sich so von den marionettenartigen Typen der europäischen Komödie emanzipieren. Wenn der junge Lessing die witzige, scharfsinnige Lisette als echtes Erbe der französischen Komödie übernommen hat, so hat er mit ihr anstelle des „schwachen Werkzeugs“, als das die Frau angesehen war, eine tatkräftige, eigenständige Persönlichkeit in seine Komödie gebracht, die bisweilen dem männlichen Geschlecht an Geist und Energie überlegen ist. Lessing verleiht seiner Komödie nicht nur Leben, sondern identifiziert mit Lisettes Hilfe auch die anderen Charaktere in ihrer gesellschaftlichen Lage, enthüllt ihr Inneres genau, gestaltet sie damit lebendiger und hebt sie über einfache Typengestalten hinaus. Wenn Joseph Brosy die Frau in den Jugendlustspielen Lessings als „Marionette", „Spielzeug" in der Hand des Mannes charakterisiert,[49] so ist dies unzutreffend. Es ist Lisettes Einfluß, der sich auf die anderen weiblichen Charaktere auswirkt und sie zu praktischerem und realistischerem Denken bringt wie in *Damon* und *Der junge Gelehrte*. Im *Misogyn* hat sich Lisettes Wesen auf ihre Herrin übertragen, die selbst die Initiative ergreift.

Lessings Fragmente sind nicht weit genug ausgearbeitet, um die weiblichen Figuren genau zu bestimmen. Doch sind auch diese Bruchstücke ein Beweis, daß Lessing Frauen in konfliktreichen Situationen darstellen wollte, in denen sie Selbständigkeit im Denken und Handeln zeigen konnten. Ähnlich Hilaria in *Der Misogyn* verkleidet sich Cynthia in *Der gute Mann* (ohne Datum) als junger Herr und gewinnt ihren ehemaligen Liebhaber zurück. In *Die aufgebrachte Tugend* (ohne Datum) spielt Amalie die Eifersüchtige, um den von ihr geliebten Mann zu bekommen. Charitas ist es, die sich in *Vor diesen* (1756) gegen ihren starr an alten Anschauungen und Einrichtungen festhaltenden Vater auflehnt und das Gute ihrer Zeit verteidigt. Man sollte sich seiner Epoche anpassen, hat diese weibliche Gestalt Lessings längst erkannt.[50] Wie sehr Geist als wichtige Eigenschaft bei der Frau im dramatischen Werk von Lessing eine Rolle spielt, geht auch aus der kurzen Anmerkung des Dichters zu dem Fragment *Der Leichtgläubige* (ohne Datum) hervor, in der es heißt:

> Daß er sie mit ihm allein läßt, damit er sehen soll, daß sie Witz habe (III, 255).

Daß Lessing den Charakter der Frau überhaupt zu heben suchte, zeigt sein Fragment *Die Matrone von Ephesus* (1767). Während die meisten Autoren das Thema der Witwe von Ephesus benutzt haben, um die Wankelmütigkeit der Frau, ihre Untreue sarkastisch darzustellen, ist es Lessing gelungen, das Handeln der Witwe sympathisch zu gestalten, daß es nicht verdammt werden kann. Antiphilia zeigt Herz und Verstand in ihrer Unterhaltung mit Mysis, ihrer Dienerin. Sie argumentiert gut und verteidigt ihre Einstellung überzeugend in ihrer Unterhaltung mit Philokrates (III, 151). Auch kommt es in Lessings Fragment nicht zu der Leichenschändung, welche die Untreue der Witwe gegenüber dem gerade Verschiedenen in ein besonders krasses Licht setzen würde. Die Nachricht von der gestohlenen Leiche ist nur der Trick eines Dieners.[51]

ANMERKUNGEN

1. *Lessing,* Berlin: Weidmann, 1899, 2 Bände. Waldemar Oehlke: *Lessing und seine Zeit,* München: C.H. Beck, 1919, 2 Bände und zahlreiche Einzelstudien, auf die später zurückgekommen wird.
2. LM I, S. 116 ff. Der Anfang lautet: „Die Weiber können nichts als plagen". Es folgt eine Aufzählung von „Weibern", von denen eine schlimmer als die andere ist: Eine ohne wahre Liebe, eine andere geizig wie ein „Drache", eine dritte frech und schlau in Liebesstreichen, eine vierte, die nichts tut als beten und singen, eine fünfte, welche den Mann sich gern zum Sklaven macht, und die schlimmste von allen die, welche sich heimlich Liebhaber sucht, aber ihrem Mann flucht, wenn er nach Gesellschaft, Spiel und Wein trachtet.
3. Vgl. *Leszings Plagiate,* Hamburg, Leipzig: Selbstverlag, 1890, Band I, S. 322–327.
4. LM I, 43.
5. Albrecht I, S. 155.
6. Juno schickte ihre Dienerin aus, um drei vollkommen strenge, züchtige Mädchen zu finden, die nie einer Mannesperson zugelächelt hatten. Die Dienerin fand wohl endlich drei; aber sie kam zu spät; denn Merkur hatte sie für Pluto abgeholt, der sie als Furien haben wollte. LM I, S. 217 f.
7. Albrecht II, S. 536; man vergleiche damit auch einen Spruch aus Gottscheds *Der Biedermann,* Band I, S. 121: „Warum führst du nicht Verhängnis! Jene Schaar Ergrimmter Furien zu deinem Blut–Altar; Die bey entbrannter Wuth, ein Scheusal dieser Erden, Ein Schandfleck des Geschlechts, der Männer Hölle werden." Am Anfang des 31. Blattes, *Der Biedermann,* Erster Teil, Leipzig bey Wolfgang Deer, 1728.
8. LM I, S. 46: „Die Männer voller Mängel, die Weiber Engel, nur fehle ihnen dreierlei „Gedanken, Worte, Taten". Oehlke bemerkt dazu: „Schon im *Lobspruch* des Leipziger Studenten, dem es doch an Umgang mit anziehenden Damen nicht mangelt, finden wir das leichte Lächeln des Kritikers, das nur Männern gegenüber drohend wird. Gerade in diesen drei Begriffen „Gedanken, Worte, Taten" ruht Lessings Frauenideal ...", Band I, S. 111.
9. Albrecht I, S. 305.
10. Schmidt I, S. 92; Zusammen mit seinem Schulkameraden Ossenfelder und seinem Vetter Mylius pflegte Lessing die „burschikose" Lyrik. Schmidt bemerkt in Ossenfelders und Mylius' literarischen Versuchen Freude an Sang und Tanz, „studentische Löffelei", Kritik „bürgerlichen Hahnreithums", als sei ganz Leipzig verseucht (Schmidt I, S. 69). Auch der zeitgenössische Dramatiker, Johann Christian Krüger, welcher als Vorläufer für die sozialen und ethischen Ideale im Drama des 18. Jahrhunderts eine Rolle spielt, kritisiert die schlechten Sitten seiner Zeit und folgt damit Gottscheds moralischen Wochenschriften *Die vernünftigen Tadlerinnen* (1725–1726) wie *Der Biedermann* (1727–1729).

11. Oehlke I, S. 71.

12. Etta Schreiber stellt fest, Gottsched war Pionier, indem er die Anerkennung der Frauen als Individuen zu gewinnen versuchte. Das Resultat seiner Bemühungen sei ein ungeheurer Aufschwung des Interesses an der Frauenfrage gewesen. Op. cit. S. 30.

13. *Die vernünftigen Tadlerinnen,* Zweyter Jahr–Theil, 1725, Halle im Magdeburgischen, Verlegts Johann Adam Spörl/ des Königl. Preussl. Gymnasii illustris privileg. Buchhändler, S. 344.

14. Band I, Mittwoch, 3. Jan. 1725 heißt es: „Es ist ungewöhnlich, daß sich schwache Werkzeuge zu öffentlichen Richterinnen aufwerfen", dann werden Männer aufgerufen: „O schämt euch! Eure ganze Heldenmütigkeit besteht darin, daß ihr ein schwaches Werkzeug betrogen habt". I, S. 31.

15. S.o. S. 4.

16. Band I, in Vorrede unter Mittwoch, 3. Januar 1725.

17. Seine Frau Adelgunde, geb. Kulmus hatte wie die Neuberin Anteil daran, daß das Theater an Stelle der Harlekinaden und Zoten die nützliche Belustigung setzte und so auch die Komödie eine Stätte der Bildung wurde. Frau Gottsched schrieb selbst Theaterstücke, deren weibliche Charaktere sich durch Vernunft, Treue zur Familie und Ehrlichkeit auszeichneten. S. auch oben S. 5.

18. „Lessing's Relation to early English Sentimental Comedy", *PMLA* 1932, Vol 47, S. 807–826.

19. „und da in der Komödie die Charaktere das Hauptwerk, die Situationen aber nur die Mittel sind, jene sich äußern zu lassen, und ins Spiel zu setzen: so muß man nicht die Situationen, sondern die Charaktere in Betrachtung ziehen, wenn man bestimmen will, ob ein Stück Original oder Copie genannt zu werden verdiene." LM IX, S. 402 f.

20. Eine eingehendere Behandlung des Einflusses der Komödie wie auch der Tragödie Frankreichs findet sich in Gisela F. Ritchie: „Spuren des französischen Dramas bei Lessing", in: *Nation und Gelehrtenrepublik. Lessing im europäischen Zusammenhang,* hrsg. von Wilfried Barner und Albert M. Reh, München: edition text + kritik, 1984, S. 120–137.

21. *Der Stand der Lessing Forschung,* Stuttgart: Metzler, 1965. Vgl. auch Karl S. Guthke, *Gotthold Ephraim Lessing,* 2. Auflage, Stuttgart: Metzler, 1973.

22. Oehlke, I. S. 288.

23. Vgl. den Artikel von Rolf Michaelis in *Die Zeit,* Nr. 42, 15. Oktober 1976 über die moderne Inszenierung von Marivaux' *La Double Inconstance de L'Amour* (deutscher Titel *Die Unbeständigkeit der Liebe)* in Hamburg, Berlin, das Gastspiel des Théâtre National Populaire bei den Festwochen in Berlin. Die Neuentdeckung von Marivaux beruht auf seinen „Ausflügen

nach innen, Ausfahrten ins Dunkel des Unbewußten, ins Land der Seele, ins Gebirge der Träume und der Begegnung mit leidenden gequälten Menschen, Angst, Schrecken, Trauer, Träume, obwohl doch „Komödien“ verheißen sind.“

24. Vgl. LM VII, S. 444 und 446.
25. Lisette erscheint nur in zwei von den 37 Komödien Molières, in *L' École des Maris* (1661) und *L'Amour Médecin* (1665). In *L' École des Maris* erscheint sie nur zweimal. Doch spricht sie am Ende der Komödie die bedeutsamen Worte aus: „Vous, si vous connaissez des maris loups-garous, Envoyez-les au moins a l'école chez nous“ (III, 9).
26. Auch die moderne Forschung erkennt die dominierende Stellung Lisettes nicht. Allerdings geht aus einer statistischen Tabelle in Jean Emelinas Studie *Les Valets et les Servantes dans le Théâtre Comique en France de 1600 à 1700,* Grenoble: 1975, hervor, daß die Gestalt der Lisette rein zahlenmäßig bei weitem die anderen Vertreter des Dienstpersonals übertrifft. Alison Scott findet, das männliche Dienstpersonal, außer Anton in *Der junge Gelehrte,* habe in Lessings frühen Komödien eine viel weniger bedeutsame Rolle als die weiblichen Bediensteten. „Kerl, du bist toll“: The Servant in Enlightenment Comedy“, in: *Seminar* XII, 4. November 1976, S. 203.
27. Oehlke I, S. 124.
28. Etta Schreiber, op. cit. S. 148.
29. Gerhard Fricke: „Bemerkungen zu Lessings *Freigeist* und *Miss Sara Sampson*“ in: *Festschrift Josef Quint,* Bonn: Emil Semmel Verlag, 1964.
30. Vgl. Lessings damit von der Theorie der moralischen Wochenschriften abweichende Auffassung. Mit der Idee des nachteiligen Einflusses von Büchern nimmt Lessing bereits die Ansicht der Pädagogen des späten 18. Jahrhunderts voraus. S.o. S. 4.
31. Motive der Dankbarkeit, des Undanks und des Sichversteckens aus *L'Amour Usé* und *L'Ingrat* tauchen in dieser frühen Komödie Lessings auf.
32. Die Szenen Lisettes erinnern in dieser Komödie etwas an die Bedientenstücke des Dänen Holberg, in denen Intrige und Herbheit miteinander wetteifern.
33. Vgl. Lisettes ähnliche Aufgabe in *Le Médisant* und auch in Molières *L'Amour Médecin.*
34. Schlegels Hilaria wird ähnlich wie Amanda von ihrem Mann nach kurzer Ehe verlassen, folgt ihm nach zehn Jahren vergeblichen Wartens nach, weiß in Verkleidung als junger Mann Philinte zunächst seine Freundschaft, dann als Schwester Philintes seine Liebe zurückzugewinnen.
35. Michelsen stellt ferner fest: „Lessings *Briefe* jedenfalls sind ... das erste deutsche Beispiel einer schlagfertig witzigen, lebendigen Kritik“. „Der Kritiker des Details. Lessing in den *Briefen die Neueste Literatur betreffend*“, in: *Wolfenbütteler Studien,* II, 1975, S. 150.

36. Colley Cibber: *Three Sentimental Comedies, Love's Last Shift: or, the fool in fashion, The Careless Husband, The Lady's Last Stake, or, The Wife's resentment,* edited by Maureen Sullivan, Yale University Press, 1973, S. XXIX f.

37. Daß Lessing sich in dieser Zeit mit Rousseau angelegentlich befaßt hat, geht aus seiner Abhandlung von April 1751 in *Das Neueste aus dem Reiche des Witzes* hervor.

38. „no question is asked, as to whether she likes her father's choice, she obeys – or is ready to do so". Etta Schreiber, S. 154.

39. Paul Kies, op. cit.

40. Paul Kies, op. cit.

41. Vgl. „I have when I am with him, ten thousand things besides my sex's natural decency and shame to suppress my heart that yearns to thank, to praise, to say it loves him." Richard Steele: *The Conscious Lovers,* London: Edward Arnold, 1968.

42. Vgl. Henriette zu Adrast: „O schämen Sie sich, da ich Sie zu einer Zeit suchen muß, da Sie mich suchen sollten. Sie spielen den Ehemann zu zeitig. Doch getrost! vielleicht spielen Sie dafür den Verliebten alsdann, wann ihn andre nicht mehr spielen" (LM II, S. 91).

43. Vgl. Angélique in *L' École des Mères* zu Damis, der zu ihr sagte: „J'aurais cru que vous vous contentiez de ne me pas aimer", „Si vous vous en contentiez, je m'en contente aussi". Théâtre de Marivaux, Paris 1930, Tome I, Scène XII, S. 315.

44. Zum gleichen Ergebnis kommt Gerhard Fricke in seiner Studie, „Bemerkungen zu Lessings *Freigeist* und *Miss Sara Sampson*", *Festschrift,* op. cit. S. 83: „das ... Gesprächsspiel zwischen den beiden Mädchen ... deutet auf ein höheres, die *Minna von Barnhelm* ankündigendes Lustspielelement, das bereits jenseits der Verlachkomödie wie des Rührstücks liegt."

45. Gerhard Fricke, op. cit. S. 86.

46. Hiermit übernimmt Lessing eine Bezeichnung für die Frau, die mehrmals in den *Vernünftigen Tadlerinnen* für sie verwendet wird.

47. Frau Gottsched ebenso wie Krüger, Schlegel, Gellert, Weisse brachten in ihren Bühnenstücken auch bereits vernünftige, intelligente, doch meist nicht so unabhängig handelnde Frauen wie Lessing.

48. Mit dieser gut analysierenden, gewandten Rede scheint Juliane dem Rat der Lisette für Isabelle aus Destouches' *L'Ingrat* zu folgen: „Vous même à votre tour défendez votre cause" (II, 2), wenn sie zur geistreichen Advokatin ihrer Geschlechtsgenossinnen wird.

49. Joseph Brosy, op. cit. S. 32.

50. Wenn Etta Schreiber in Charitas' Fröhlichkeit und gesundem Menschenverstand bereits Eigenschaften von Franziska, ebenso Minnas Selbständigkeit

und Mut an ihr bemerkt, so übersieht sie, daß diese Charakterzüge schon in den anderen weiblichen Gestalten der Jugendkomödien, vor allem Lisettes zu finden sind.

51. Vgl. Elisabeth Frenzel, *Stoffe der Weltliteratur*, Stuttgart 1962.

2. Kapitel

Minna von Barnhelm

In den großen Dramen vollendet Lessing das, was er in den Jugendlustspielen und Fragmenten begonnen hat. Gleich den weiblichen Hauptfiguren in *Der Misogyn, Die aufgebrachte Tugend* greift in *Minna von Barnhelm* (1763) ein Mädchen zum Spiel, um den geliebten Mann zu gewinnen. Die Hauptfigur ist nicht mehr das witzig schlagfertige Mädchen wie eine Henriette, oder die ernsthafte, verständige junge Person gleich einer Juliane im *Freygeist* oder ein ursprünglich empfindendes, spontan sich verliebendes Fräulein wie in *Die Juden*. Wahrhaftig lebendig, vereinigt Minna von Barnhelm, die im Gegensatz zu ihren Vorgängerinnen namentlich genauer identifiziert wird, in sich Wesenszüge Lisettes und anderer starker weiblicher Charaktere aus den Jugendkomödien. Als die Besitzerin großer Güter ist ihr die Sicherheit und das Selbstgefühl eigen, welche so eine Position den Mitgliedern einer solchen Familie verleiht.[1] Mit der wirtschaftlichen Unabhängigkeit hat Lessing dieser weiblichen Dramenfigur die Bedingung geschaffen, welche Simone de Beauvoir als den bedeutenden Faktor für die Evolution der Frau bezeichnet.[2]

Minna hat keine Lisette nötig, welche dem Zuhörer ihr Innerstes erschließt, sondern tut es selbst durch ihr Sprechen und Handeln. Anfänglich voller Zweifel, dann ganz außer sich vor Freude, als sie den geliebten Tellheim endlich in dem fremden Berlin wiedergefunden hat, scheint es Minna, als hätten die widersprüchlichsten Eigenschaften von ihr Besitz ergriffen. „Zärtlich und stolz, tugendhaft und eitel, wollüstig und fromm" zugleich kommt sich Minna vor (II, 7). Von dem unbeirrbaren Gefühl geleitet, daß ihr Suchen erfolgreich sein würde, war sie ausgezogen. Von Anfang des Lustspiels an bestimmt nicht nur das Gefühl, sondern ebenso auch der Verstand Minnas Verhalten.

Bereits als sie von dem Major Tellheim und seiner guten Tat für die sächsischen Stände gehört hatte, war sie uneingeladen in die erste Gesellschaft mit der Absicht gekommen, Tellheim zu lieben (IV, 6). Den Geliebten für sich zurückzugewinnen, mit diesem Plan hatte Minna ihre Güter, ihr Vaterland verlassen und hatte sich nur von einer Kammerjungfer begleitet, in ein fremdes Land mit fremden Sitten begeben. Minna verkörpert somit im wahrsten Sinne, was Lessing im 34. Stück seiner Hamburger Dramaturgie feststellt:

Mit Absicht handeln ist das, was den Menschen über geringere Geschöpfe erhebt.

Minna ist diejenige, welche durch ihr vorsätzliches Handeln die Aktion dieses Dramas in Gang bringt und mit feinem Gefühl und Verstand weiterführt. Sie wird zur Trägerin der Handlung.[3]

Das Gefühl, daß sie Tellheim finden würde, hat Minna nicht betrogen. Franziska, eine menschlich weiterentwickelte Lisette, rationalistischer im Denken als Minna, hatte sie gewarnt, ihrem Herzen nicht zu trauen. Sie kann sich nicht wie Minna freuen, Tellheim wiedergefunden zu haben, da er verabschiedet ist. Doch Minna fühlt, daß Tellheims Unglück sich zum Besten für ihn auswirken wird. Überglücklich glaubt sie, daß der Himmel ihm alles nahm, um ihm in ihr alles wiederzugeben und entwickelt damit ein Selbstbewußtsein, das sie über die meisten ihrer Geschlechtsgenossinnen hinaushebt und zudem zu einer Wertschätzung der Frau gelangen läßt, die in ihrer Epoche außergewöhnlich war. Ganz vom Gefühl bestimmt, fragt sie Tellheim beim Wiedersehen, ob er sie noch liebe. Dies ist alles, was für sie von Bedeutung ist. Wenn Tellheim die Frage bejaht, doch von der Vernunft spricht, die ihm geböte, sie zu vergessen, holt Minna ihren Verstand zu Hilfe und will untersuchen, wie vernünftig diese Vernunft ist. Wenn Tellheim ihr darauf den blühenden, ruhmbegierigen Mann schildert, der er während ihrer Verlobung war und dagegen den in seiner Ehre gekränkten, verabschiedeten Bettler stellt, will sich Minna fröhlich mit dem Bettler begnügen, bis sie den andern wiederfindet. Ihrem unbeirrbaren Gefühl für das Wesentliche erscheint der auf seiner Ehre beharrende Tellheim als Träumer (II, 3). Damit beweist Minna eine Pragmatik, die an Lisette erinnert. Sie versucht, Tellheim aus seinem Traum zu erwecken, aber es kommt zu der Szene, die Heinrich von Kleists Dramen vorausnimmt.[4] Minna selbst wird zur Gestalt in einem Alptraum:

> Der Major stürzte heraus; das Fräulein ihm nach; beide in einer Bewegung, mit Blicken, in einer Stellung. Sie ergriff ihn; er riß sich los; sie ergriff ihn wieder. Tellheim – Fräulein! Lassen Sie mich! – Wohin? – so zog er sie bis an die Treppe. Mir war schon bange, er würde sie mit herabreißen. Aber er wand sich noch los. Das Fräulein blieb an der obersten Schwelle stehn, sah ihm nach; rief ihm nach; rang die Hände. Auf einmal wandte sie sich um, lief nach dem Fenster, von dem Fenster wieder zur Treppe, von der Treppe in dem Saale hin und wieder. (LM II, 210).

Dem Wirt zufolge, der diese Szene berichtet, wirkt Minna wie eine Schlafwandlerin, wenn sie ihn zuletzt für Franziska ansieht, ihn als solche anspricht, bevor sie in ihrem Zimmer verschwindet. Symbolhaft vergegenwärtigt diese Szene nicht nur, welche Schwierigkeiten Minna bevorstehen, sondern antizipiert auch die folgende Handlung und bedeutet damit, wie dicht diese Komödie ans Tragische grenzt.

Doch Minnas Verstand, unterstützt von einem liebenden Herzen,[5] läßt sie zu der Erkenntnis kommen, daß man ganz uneigennützig lieben müsse, daß Mann und Frau auch in der Liebe gleiche Partner sein sollten. Minnas „unfailing feminine intuition will have nothing of his [Tellheim's] assessment of equality, measured separately and by the standard of convention", stellt Ilse Graham fest[6] und weist auf Minnas feines Gefühl, welches sie die Ungerechtigkeit der gesellschaftlichen Konvention gegenüber der Frau erfassen und dagegen ankämpfen läßt. Minnas Wertmaßstäbe sind anders als Tellheims, und sie weiß, ihnen Geltung zu verschaffen. Nicht nur ihr klarer Verstand, sondern auch ihre Liebe zu Tellheim trägt dazu bei, ihr Denken auf das Wesentliche zu richten. So muß ihr Tellheims Ehrbegriff übertrieben erscheinen:

> O, über die wilden, unbiegsamen Männer, die nur immer ihr stieres Auge auf das Gespenst der Ehre heften! für alles andere Gefühl sich verhärten!

ruft sie aus und gebietet: „Hierher Ihr Auge auf mich, Tellheim¡' (LM II, 240). Ihr Gefühl hat sie so sehr mit dem Geliebten eins werden lassen, daß sie zuletzt einen militärischen Ton annimmt. Während es gewöhnlich in der Literatur die männlichen Gestalten sind, welche ihr erotisches Vokabular dem militärischen Wortschatz entnehmen, läßt Lessing seine Frauengestalten in dieser Komödie sich dieses Brauchs bedienen. Bereits in II, 1 spricht Franziska vom Anprobieren des Kleides, in dem „der erste Sturm" gegeben werden soll, worauf Minna das „Stürmen" verwirft und lieber die „Haltung der Kapitulation" fordern will.

In ihrem Argument mit Tellheim in IV, 6 schlägt Minna schließlich den Geliebten mit seinen eigenen Worten, wenn er darauf besteht, er wolle nichts tun, was ihm nicht die Ehre befähle:

> Das ist, ein ehrliches Mädchen, das Sie liebt, nicht sitzen zu lassen.

Doch Tellheims starrer Ehrbegriff läßt sich nicht erschüttern. Minnas Bemühungen, den Geliebten zurückzugewinnen, ihre wagemutige Reise erscheinen umsonst gewesen zu sein. Aber unbeirrt durch Tellheims Widerstand handelt Minna von neuem. Sie greift zum Spiel, einer Methode, die ihren Vorgängerinnen in der europäischen Komödie die einzig wirksame gewesen war, sich in einer von Männern dominierten Welt durchzusetzen. Jedoch ist Minnas Spiel nicht mehr eine einfache Maskerade wie in den Jugendkomödien, sondern ein doppeltes Spiel.[7] Unter der Maske einer unpersönlichen Sprache, die jedes zärtliche Gefühl verleugnet, verbirgt sich Minna und gibt Tellheim zugleich den Ring zurück, den er für ihren annimmt, der jedoch seiner ist und sie ihm von neuem anverlobt. Minnas Worte beschwören eine andere Wirklichkeit herauf, als ihre Pantomime bekräftigt. Wenn Minna anfangs die Realität der Umstände und Tellheim zu seiner Liebe zurückzuführen suchte, so verdeckt sie darauf die Wahrheit mit Beredsamkeit. Aber der Dichter hat es vermieden, seine Heldin in Verstellung überwechseln zu lassen. Die Geschichte ihrer Enterbung, Verstoßung aus der Familie wird von Franziska berichtet, die nicht nur Mitspielerin Minnas ist, sondern den Verlauf von Minnas Spiel kommentierend beobachtet, womit sie an ihr Urbild aus der französischen Komödie und Lessings Jugendlustspiele erinnert.[8]

Das Spiel, welches Minna in dieser Komödie spielt, ist nicht nur ein Spiel, das den Esprit, den funkelnden Geist seiner Spielerin zeigt, sondern auch ihr Herz offenbart, das ihren Verstand zu diesem Spiel angetrieben hat. Durch ihre Komödie hat Minna Tellheim dazu geführt, sich selbst und seine Liebe zu ihr zu erkennen. Auch sie hat sich dadurch „den Anblick" seines „ganzen Herzens" (V, 12) verschafft und ist damit den Silvias aus *Le Jeu de L'Amour et du Hasard* von Marivaux und *L'Amante Difficile* von Houdar de la Motte gefolgt, die das Herz ihrer Liebhaber vor der Ehe erforschten. Doch während bei Houdar de la Motte dies systematisch durch eine Reihe von Prüfungen geschieht, spielt sich das Kennenlernen der Herzen bei Lessing ebenso wie bei Marivaux im Laufe von Gesprächen ab, welche in dialektischen Wendungen den Partner immer tiefer zu ergründen suchen, wobei Minna jedoch anders als Marivaux' Silvia ganz ohne die Hilfe ihrer Kammerzofe auskommt. Durch das Gespräch in V, 9 ist Minna erst vollständig zur Erkenntnis des Ernstes der sittlichen Beweggründe Tellheims gelangt und zum wahren Verständnis des Geliebten gekommen.[9]

Wenn der von Minna mit Absicht grausam dargestellte Onkel erscheint, erwacht in Tellheim der Beschützer. Brosys Behauptung, Minna lebe „auf dem Grund der Autorität des Oheims",[10] entbehrt jeder Grundlage. Nicht nur hatte Minna sich von aller Autorität des Oheims befreit, indem sie Tellheim nachgereist war, sondern der angeblich grausame Oheim ist auch in Minnas Spiel einkalkuliert, wie oben gezeigt wurde. Die Worte des Onkels, er brenne darauf, den Mann zu sehen, den seine einzige Erbin gewählt habe, betonen zudem Minnas Selbständigkeit. Interessant ist in diesem Zusammenhang zu bemerken, daß eine spätere französische Bearbeitung der *Minna von Barnhelm* durch Antoine Jaques Rochon de Chabaunes, *Les Amants Généreux*, den Oheim der Minna gebraucht, um die Handlung zu verlängern. Er bringt seine schöne Nichte mit Anstand nach Berlin, da sie als ein Fräulein sonst fast etwas zu frei bei dem Verfolgen ihres Geliebten scheinen möchte, und wenigstens dem M. de Chabaunes in der Meinung Hallers, der diese Bearbeitung rezensierte, zu frei erschienen ist.[11]

Obwohl Minna am Ende gesteht, daß ihr ihre Rolle nicht leicht gefallen sei, so hat sie sie glänzend gespielt. Mit ihrem Spiel hat sie Tellheim nicht nur zu sich, sondern auch zurück in die Gemeinschaft der Menschen geführt, die er schon zu hassen begonnen hatte. Sie hat ihn von seinen starren Ansichten befreit und aufgeschlossener und beweglicher für die Anforderungen des Lebens gemacht. Mit Witz und Scharfsinn, die den Eigenschaften von Shakespeares Portia im *Merchant of Venice* nicht nachstehen,[12] hat Minna Tellheim durch ihr Spiel bewiesen, daß die Frau dem Mann ebenbürtig ist und gleiche Rechte hat. Daß Minna dafür sorgen wird, daß Tellheim nicht in starre Ansichten und Gewohnheiten zurückfällt, geht aus ihrer Bemerkung am Ende hervor:

> Dieses zur Probe, mein lieber Gemahl, daß Sie mir nie einen Streich spielen sollen, ohne daß ich Ihnen nicht gleich darauf wieder einen spiele.

Wenn die neuere Forschung[13] Houdar de la Mottes *L'Amante Difficile* (1754), La Chaussées *L' École des Amis* mit Otways *Soldier's Fortune* (1680) und Farquars *The beaux Stratagem* (1707) als Quellen für die *Minna von Barnhelm* bezeichnet, so muß Houdar de la Mottes Komödie mehr Einfluß auf Minna zugesprochen werden als den englischen Lustspielen. Der Charakter der französischen Frauengestalt, das scharfsinnige selbständige Handeln des jungen Mädchens, um festzustellen, ob ihr Liebhaber für sie nicht nur Liebe, sondern auch Achtung hegt, hat viel mehr mit Minna gemein als die geistig oder charakterlich weniger bedeutsamen Frauen in den englischen Komödien.[14] Jedoch im Gegensatz zu ihrem französischen Vorbild, das treffend gegen die Versklavung der Frauen in der Ehe polemisiert,[15] und ihres Esprit wegen, der Leichtigkeit, mit der sie ihren Liebhaber einer Prüfung nach der anderen unterzieht und ohne jedes Hindernis zum Ziel kommt, Bewunderung hervorruft, erweckt Minna mit ihrem Bemühen, das beinahe tragisch endet, nicht nur Bewunderung, sondern ebenso warme menschliche Anteilnahme.

Geist und Gefühl sind es gleichermaßen, die Minnas Persönlichkeit in Lessings Komödie bestimmen. Von Anfang an ist Minna sich ihres Ziels bewußt und braucht ihren Verstand, geleitet von einem untrüglichen Gefühl, um den geliebten Mann für sich und auch damit die Gemeinschaft der Menschen zu gewinnen.

ANMERKUNGEN

1. Wilhelm Dilthey: *Das Erlebnis und die Dichtung*, Leipzig: Teubner Verlag, 1910 S. 71 f.
2. Simone de Beauvoir: *Das andere Geschlecht*, übersetzt von Eva Rechel–Mertens (1. Buch) und von Fritz Montfort (2. Buch) Reinbek bei Hamburg: Rowohlt, 1978, S. 638–667. Ebenso Jutta Menschik (Hrsg.), *Grundlagentexte zur Emanzipation der Frau*, Köln: Pahl Rugenstein Verlag, 1976.
3. Wenn Fritz Martini ausführt, keiner der beiden, weder Minna noch Tellheim hätten die Führung in diesem Drama, da Tellheim schließlich die Führung in dem Dialog (IV, 6) übernähme – vgl. „Riccaut, die Sprache und das Spiel in Lessings *Minna von Barnhelm*“, in: *Gotthold Ephraim Lessing*, hrsg. von Gerhard und Sybille Bauer, Darmstadt: Wissenschaftliche Buchgesellschaft, 1968, S. 410 – so sollte nicht übersehen werden, daß Minna später die Initiative von neuem ergreift. Man achte auch darauf, wie der Dialog zwischen Tellheim und Minna endet: „Das Fräulein: Kommen Sie Tellheim! – von Tellheim: Ich folge Ihnen den Augenblick, mein Fräulein ...“ (LM II, 262). Rein philologisch gesehen hat Minna die Führung. Mit Recht kritisiert Ingrid Strohschneider–Kohrs die oft geäußerte Ansicht, nach der die Neuigkeiten des Feldjägers die Funktion eines „deus ex machina“ übernähmen. Es ist nach Strohschneider–Kohrs nicht minder erstaunlich, wie häufig kurz vor dem Schluß des Lustspiels noch nach Überbringung des kgl. Handschreibens gerade die entscheidenden Züge der hier aufs genauste differenzierten Handlungsmotivitation übersehen werden. Dies resultiere nicht selten daraus, daß Tellheim – daß seine Überwindung der starren Ehrenvorstellung allein als Mittelpunkt und Thema der Lustspielhandlung gesehen werden. Strohschneider–Kohrs führt aus, Minna führe ihr Rollentausch–Spiel nicht nur weiter, sondern gewänne ihm mit der geistreichen Doppelsinnigkeit des komödiantischen Wortes auch noch subtilere Formen der „Lektion“ ab. Sie steigere dies Spiel mit der Standhaftigkeit des Gefühls zu schärferer Pointierung, indem sie auf Tellheims zunehmend dringlichere Werbung mit den Worten repliziere, die er selbst zuvor ins Feld führte. „Die überwundene Komödiantin in Lessings Lustspiel“, in: *Wolfenbütteler Studien*, op. cit. Band II, S. 191 f.
4. Daß man sich heute einer gewissen Affinität zwischen Lessing und Heinrich von Kleist bewußt geworden ist, beweist eine Neueinstudierung der *Minna von Barnhelm* an den Münchener Kammerspielen, in welcher die beiden

Hauptdarsteller „eine Liebesgeschichte fast wie von Kleist" spielen. „Und plötzlich hört man Sätze, die man immer überhört hat" („Erwachen aus einem schrecklichen Traum", „Lassen Sie sehen, wo wir sind, damit wir uns nicht wieder verirren", „Ich sehe das Fräulein von Barnhelm, aber ich höre es nicht") „trunkne, verwirrte, schlafwandlerische Sätze, Abgründiges von einem angeblich immer nur vernünftigen Autor ..." Benjamin Henrichs in *Die Zeit*, Nr. 41, 8. Oktober 1976. Auch Leonhard P. Wessel Jr. und Charles M. Barrack erkennen, das tragische Element in *Minna von Barnhelm* weise auf Autoren wie Heinrich von Kleist. „The tragic Background to Lessing's Comedy Minna von Barnhelm", in: *Lessing Yearbook* II, 1970, S. 152.

5. Gerhard Fricke stellt fest, Minnas überlegner Verstand lebe aus der Ursprünglichkeit ihres liebenden und liebenswürdigen Herzens. „Lessings *Minna von Barnhelm*", in: *Studien und Interpretationen.* Ausgewählte Schriften zur deutschen Dichtung, Frankfurt: Hans F. Menck Verlag, 1956, S. 34.

6. Ilse Graham: *Goethe and Lessing: The Wellsprings of Creation*, London: Paul Elek, 1973, S. 173.

7. Fritz Martini: „Riccaut, die Sprache und das Spiel", op. cit. S. 415, vgl. auch Ilse Grahams geistreiche Auffassung der Ringepisode, in welcher sie Minna Tellheims „taskmaster propelled by the relentless logic of love" bezeichnet, *Goethe and Lessing*, op. cit. S. 175.

8. Daß die ältere Forschung dieser Gestalt und ihren Vorgängerinnen nicht gerecht geworden ist, geht aus Oehlkes Urteil hervor: „Im Gegensatz zur französischen Lisette ist sie wirklich noch Jungfer und von welttüchtigem Sinne". Band I, S. 406 f. Die neuere Forschung kommt der wahren Gestalt Franziskas näher. Alison Scott zitiert Franziskas Worte aus V, 12: „ich bin zur Komödiantin verdorben. Ich habe gezittert und gebebt ..." um den Kontrast zwischen ihr und der immer selbstsicheren Lisette hervorzuheben. „Kerl, du bist toll", op. cit. S. 211.

9. Gerhard Fricke konstatiert zu Recht, in Minnas Ausruf: „Nein, ich kann es nicht bereuen, mir den Anblick Ihres ganzen Herzens verschafft zu haben", liege der „Sinn dieser Dichtung vom menschlichen Herzen"; gerade das unbedingt Ehrenhafte an Tellheim liebe Minna im tiefsten. Lessings *Minna von Barnhelm*, S. 46. Ähnlich der wunderbaren Handlungsführung im *Prinzen von Homburg* befreie und „erziehe" Minna Tellheim, den sie als größer und edler erkennen müsse als sie geahnt habe und werde durch diese Erkenntnis auf eine höhere Stufe getragen. S. 39 f.

   Dort, wo Minna das komödiantische Spiel dem Ring, einer „Sache", einem Ding übergeben habe, verwirre sich das Komödiantische in sein Gegenteil. Tellheim komme der Menschenverachtung wieder nahe. Wirkungslos sei das an ihn gerichtete Wort. Minna lerne jetzt die eigene Lektion: „ich habe den Scherz zu weit getrieben" (V, 11): „dies eines der Worte der überwundenen Komödiantin", führt Strohschneider–Kohrs aus. Op. cit. S. 194. In der Szene der neuen Ringübergabe (V, 12) sei es die überwundene Komödiantin, die für ihre Worte und Gesten zum Rollenspiel keine Verstellung mehr brauche, S. 195.

10. Joseph Brosy, op. cit. S. 79.

11. Vgl. Hallers Rezension in den *Göttingschen Gelehrten Anzeigen*, aufgeführt in Karl S. Guthke: „Haller und Lessing: Einsames Zwiegespräch", in: *Lessing Yearbook* II, 1970, S. 37.

12. Vgl. Arthur Böhtlinkh: *Shakespeare und unsere Klassiker*, 2 Bände, Leipzig: Fritz Eckardt Verlag, 1909 Band I, S. 111–119.

13. David Hove, op. cit. S. 163–179.

14. Lady Dunce, die weibliche Hauptfigur in Otways *Soldier's Fortune* betrügt ihren alten närrischen Ehemann. Hove stellt fest, daß Farquars Dorinde nicht als Individuum auftrete, während La Chaussées Hortence sich wie eine passive Zuschauerin benähme.

15. „Pourquoi passerais–je tous un empire où l'on voit tout de malheureuses & d'esclaves? " fragt Silvia ihren Vater, der ihr zurät zu heiraten. Antoine Houdar de la Motte: *L'Amante Difficile, Œuvres Complètes, Genève*: Slatkine Reprints, 1970, II, S. 69

3. Kapitel

Miss Sara Sampson

Ganz anders als Minna, das selbstsichere, manchmal übermütige, immer tatkräftige Mädchen tritt in Lessings Tragödie *Miss Sara Sampson* (1755) eine von Gewissensqualen gepeinigte Frau auf. Gegen alle Konvention und Sitten ihrer Zeit war Sara ihrer Liebe[1] zu Mellefont gefolgt und hatte den Vater verlassen, um mit dem Geliebten zusammenzuleben. Damit war Sara bereit gewesen, ihrer eigenen Selbstverwirklichung an der Seite eines Mannes, der sie liebte, mehr Bedeutung beizumessen als den Verpflichtungen gegenüber ihrem Vater und dem Urteil der Gesellschaft. Wolfram Mauser weist auf Saras emanzipatives Verhalten hin, das dem Denken der Zeit voraus ist, wenn er bemerkt, dies erscheine dem Leser des 20. Jahrhunderts erst dann in der vollen Tragweite, wenn er bedenke, daß noch Luise Millerin in *Kabale und Liebe* den Fluchtplan Ferdinands mit den Worten abschlug: „Meine Pflicht heißt mich bleiben und dulden“ (III, 4).[2]

Ein Traum,[3] in dem sie dem Geliebten zu einem Abgrund folgt, die Stimme ihres Vaters sie zurückruft, eine ihr ähnliche Person sie vor dem Abgrund zurückreißt, alsdann jedoch mit einem Dolch ersticht, läßt Sara sich ihrer Lage und ihrer Schuld ganz bewußt werden. Der Traum wird Ausdruck des Zwiespalts zwischen der Urteilsfähigkeit ihres Herzens – als Instanz ihrer Liebe und ihres Selbstverwirklichungsdranges – und ihrem Gewissen, das von den religiösen und gesellschaftlichen Normen der Zeit geprägt ist.[4] Die früheren Versuche ihres Verstandes, mit Hilfe der Phantasie, ihre Tat zu entschuldigen, mißlingen. Der Gedanke, daß sie mit ihrem illegalen Liebesbunde gegen die Ordnungen des allerhöchsten Richters verstößt, quält Sara. In einer Zeit, in der Montesquieus *L'Esprit des Lois* erschienen ist (1748), läßt Lessing Sara es sich „zum unverbrüchlichsten Gesetz“ machen, an die Liebe Mellefonts zu glauben und damit ihren Schritt, der die starren Schranken bürgerlicher Morallehre durchbrochen hat, zu rechtfertigen. Indem Sara so zu einer fast manischen Verabsolutierung objektiv anerkannter Tugendnormen gelangt,[5] wird sie zum Musterbeispiel, zur Verkörperung bürgerlicher Ideen ihrer Zeit, die gerade an die Frau besonders hohe Tugendforderungen stellte.[6] Jedoch emanzipiert sie sich auch von dem Denken und den Sitten ihrer Epoche, wenn sie nicht um der Welt, sondern um ihrer selbst willen, der Ruhe ihres eigenen Gewissens, mit Mellefont verbunden sein will und erinnert hierin an Richardsons Clarissa, für welche die Meinung der Welt keine große Rolle spielt.[7] Wie sehr es ihr allein um die Gewissensruhe geht, zeigt sich darin, daß sie nicht einmal vor der Welt, das heißt der Gesellschaft, Mellefonts Namen zu führen beabsichtigt, daß ihre Verbindung geheim gehalten werden soll, wie sie Mellefont vorschlägt.

Saras selbständiges Überlegen wird weiterhin offenbar, wenn sie ihr Verhältnis zu ihrem Vater analysiert. Sie habe nicht den Mut gehabt, ihn durch ihre Flucht mit Mellefont zu betrüben. Jedoch könne sie es nicht leiden, wenn ihr Vater ihr in seiner Liebe alles Ungemach verzeihen wollte, ohne gegen sie zu Recht aufgebracht zu sein. In dem Augenblick, da ihr Vater ihr alles erlauben würde, wollte sie ihm alles aufopfern können, gesteht sie dem Diener Waitwell und erklärt damit ihre Bereitschaft, für ihr Vergehen gegen den Sittenkodex ihrer Zeit mit ihrem Leben einzustehen.[8]

Wie F. W. Kaufmann in seinem anthropologischen Schematismus auf Grund von Lessings Schrift *Das Christentum der Vernunft* für Emilia Galotti entwickelt,[9] ließe sich dieses Verhalten Saras in die zweite Phase der Entwicklung einstufen, nämlich die Stufe der bewußten, doch im Handeln nicht zur Geltung kommenden Vollkommenheit. Neben ihrer Bereitschaft, ihre Schuld zu sühnen, existiert rein menschlich verständlich eine Furcht vor dem Tode und ein Wille zu leben und glücklich zu sein. Beim Erwachen aus dem schreckensvollen Traum schmerzt sie noch der tödliche Dolchstoß und beweist, daß der Traumtod keine Erlösung von ihren Gewissenskonflikten gebracht hat. Saras Lebenswille und ihr Glücksverlangen brechen nach dem verzeihenden Brief ihres Vaters bei ihrem Zusammentreffen mit ihrer Nebenbuhlerin Marwood hervor. Die Liebe zu Mellefont ist der treibende Faktor,[10] der Sara genug Scharfsinn aufbringen läßt, um durch die Reden der angeblichen Lady Solmes diese als eine Fürsprecherin für die Marwood zu erkennen. Die Liebe zu Mellefont verleiht Sara die Stärke und die Fähigkeit, sich wie eine kluge Rechtsanwältin nacheinander in die Lady Solmes, dann in sich selbst und schließlich in die Marwood zu versetzen, um zu begründen, daß sie nicht „eine verhärtete Buhlerin wie die Marwood" sei.[11] Schließlich unterscheidet Sara zwischen ihrem Vergehen und dem der Marwood:

> Es ist ganz etwas anders, aus Unwissenheit auf das Laster treffen; und ganz etwas anders, es kennen und dem ungeachtet mit ihm vertraulich werden. (LM II, 335).

Hiermit charakterisiert sich Sara selbst als das unerfahrene Mädchen, das sich erst nach ihrer Flucht ihrer Schuld bewußt wurde.

Mit Recht wird die Szene des Zusammentreffens von Sara und Marwood (IV, 8) von der neueren Forschung als Wendepunkt im Drama angesehen,[12] da Sara weiter zur Erkenntnis ihrer eigenen Situation vorstößt. Wenn jedoch behauptet wird, Sara widerlege ihre Worte, sich „und Marwood nicht in einen Rang zu setzen“ (LM II, 336) und erkenne die Marwood als Mensch an, da sie die Marwood auf den Knien liegend darum bäte,[13] so ist das nicht völlig überzeugend; denn Sara springt „voller Erschrecken“ sofort auf und zieht „sich zitternd zurück“, wie es in der Bühnenanweisung heißt, wenn die Marwood sich zu erkennen gibt. Welche bedeutende Rolle die Gebärde, die Pantomime für Lessing spielt, der von Diderot hierzu angeregt wurde, ist von der Forschung erkannt.[14] Saras Sichzurückziehen zeigt die Furcht, die sie vor dieser Frau empfindet. Sie entsinnt sich ihres unheimlichen Traumes, erkennt intuitiv in Marwood die Traumfigur, die sie tötete, und fühlt, daß sie dem Schicksal, welches ihr eigenes Gewissen ihr diktierte, nicht entkommen könne.[15]

Um Hilfe rufend fällt Sara in tiefe Ohnmacht. Mit dieser Ohnmacht beginnt eine neue Phase, eine dritte in der Entwicklung von Saras Charakter. Traum und Ohnmacht nehmen in dieser Tragödie Lessings bereits eine ähnliche Funktion an, wie sie später bei Heinrich von Kleist hervortritt, dem das vom rationalen Willen des Menschen unabhängige Gemüt zum Inbegriff des menschlichen Schicksals wird. Träume und Ohnmachtsanfälle rufen bei Kleist häufig eine Wandlung in der Persönlichkeit hervor, wie V. C. Hubbs ausführt.[16]

Nach der Ohnmacht ist Sara innerlich gefaßt und ruhig. Ihre Liebe zu Mellefont hat sich nicht gewandelt. Sara plant, nicht nur für Mellefont und ihren Vater, sondern auch für Mellefonts uneheliche Tochter zu sorgen, die sie sich, hierin ähnlich wie Richardsons Clarissa, zur Freundin erziehen will. Dieses hat Sara nicht vor, weil sie sich charakterlich auf einer Stufe mit Marwood fühlt,[17] sondern im Gegenteil, weil sie glaubt, der Tochter des Geliebten eine bessere Erziehung als die unwürdige Mutter geben zu können:

> Sie läuft Gefahr, in den Händen ihrer Mutter, ihres Vaters unwürdig zu werden. Brauchen Sie Ihre Rechte über beide und lassen mich an die Stelle der Marwood treten. Gönnen Sie mir das Glück, mir eine Freundin zu erziehen, die Ihnen ihr Leben zu danken hat. (LM II, 341 f.)

Wenn Sara erkennt, daß ihre Pläne eitel sind, gibt sie sich mit ihrem Schicksal zufrieden, zufrieden im wahren Sinne des Wortes, da ihr nun vergönnt ist, ihre Schuld mit ihrem Leben zu sühnen, was sie bereits in der Unterhaltung mit Waitwell gewünscht hatte (LM II, 304). Ihre früher unsichere, selbstquälerische Haltung ist einer festen Selbstsicherheit gewichen. Nun vermag sie ruhigen Gewissens die Vergebung ihres Vaters anzunehmen, womit die dramaturgische Funktion der so auffällig lange hinausgezögerten Begegnung zwischen Vater und Tochter ersichtlich ist, da jetzt Saras Tugend innere Wirklichkeit geworden ist.[18] Sie möchte, daß der Vater und der Geliebte nicht zu Anklägern ihrer Mörderin werden, die ihrem Schicksal nicht entgehen werde. Wie ihr von ihrem Vater vergeben ist, so vergibt sie Marwood. Mit dieser Tat erlangt Saras Charakter seine wahre Vollkommenheit. Sara hat die dritte und letzte Phase ihrer Entwicklung erreicht. Bewußt nimmt sie ihren Tod als von Gott gesandt hin:

> Die schwache Tugend, die allzu vielen Prüfungen vielleicht unterliegen würde, hebt er plötzlich aus den gefährdeten Schranken (LM II, 356).

Saras Sterben wirkt auf ihre Zeitgenossen läuternd, es rekonstituiert für den Bürger des 18. Jahrhunderts die Welt auf idealer Ebene, ähnlich wie es Phèdres selbstgewählter Gifttod in Jean Racines Tragödie (1677) tut.[19] Saras reiner Charakter läßt sie Mellefont wie ein Engel erscheinen. Ihr gefaßtes Sterben erweckt in ihm ein so starkes Schuldgefühl, daß es zu einem sittlichen Bedürfnis nach Wiedervergeltung wird, wie es später einen Karl Moor beseelt.[20]

Lessing läßt die Tragödie mit einem eindrucksvollen Bild enden. Der reuevolle, ehemals nur seinen Gelüsten folgende Mann ersticht sich und fällt bei der Toten mit den Worten nieder:

> Diese Heilige befahl mehr, als die menschliche Natur vermag.

Sara hat so viel innere Sittlichkeit bewiesen, sie hat ein so großes Maß an Verantwortung gezeigt, daß sie dem verantwortungslosen Mellefont als Heilige erscheint. Durch ihr Vorbild hat sie Mellefont, der sich durch seinen Tod vollständig zu ihr bekennt, ganz für sich, für ihre Persönlichkeit gewonnen. In ihrem Sterben hat sie eine so außerordentliche Fassung, so einen großen Mut bewiesen, daß Mellefont sie zum Beispiel nimmt, ihr in den Tod folgt und damit für seine Schuld sühnt. Ähnlich wie in *Minna von Barnhelm* ist die Frau auch in dieser Tragödie führend geworden. Durch ihr feines Gefühl, unterstützt von einem wachen Verstand, gelangt sie zu einer Vollkommenheit, die zum Muster für den Mann wird und schließlich auch ihn mit den Forderungen seiner Gesellschaft versöhnt. Durch den selbstgewählten Tod Mellefonts hat Lessing nicht nur die Frau in vorbildlicher Funktion in der Tragödie dargestellt, sondern auch gleichzeitig einem Erstarren männlicher und weiblicher Rollen entgegengewirkt und somit eine Gleichstellung der Geschlechter erzielt.

Saras gefaßtes, mutiges Sterben erregt Bewunderung. Es war Pierre Corneille, beeinflußt durch die Philosophie von Descartes, der den Begriff der Bewunderung gerade für die Tragödie fruchtbar gemacht hat. In diesem Zusammenhang ist es interessant, die Feststellung zu machen, daß auch Moses Mendelssohn gleich Corneille für den bewunderten Helden eintritt, wie aus dem Briefwechsel Lessings mit Mendelssohn und Nicolai hervorgeht. Die Forschung hat bisher wenig beachtet, daß Lessing ohne Zweifel unter dem Einfluß Mendelssohns nicht nur dem Mitleid die wichtige Position für das Drama einräumt, sondern auch der Erregung der Bewunderung für die Charaktere der Tragödie Raum beläßt. So definiert Lessing in seinem Brief an Nicolai von „im November 1756" bereits die Bewunderung als das entbehrlich gewordene Mitleiden. Das Mitleid wäre die Leiter, und Schrecken und Bewunderung seien nichts als die ersten Sprossen, der Anfang und das Ende des Mitleids.[21] Im Brief vom 18. Dezember 1756 an Moses Mendelssohn wiederholt Lessing diese Idee.[22] Wie festgestellt wurde, hat Lessing gerade in denjenigen tragischen Entwürfen, die zur Zeit des Briefwechsels und danach seinen Geist bewegten, den Helden im Kampfe mit dem Schicksal, also leidend, aber in heroischer Haltung gezeigt.[23] Kurz vor der Zeit des Briefwechsels mit Mendelssohn und Nicolai wurde *Miss Sara Sampson* vollendet.

Wenn Sara als Opfer angesehen werden kann,[24] so ist ihre Geschichte vom religiösen Standpunkt aus betrachtet zum Beispiel einer wahren Emanzipationsgeschichte geworden, da sie das Leiden und die Erlösung einschließt.[25] Daß religiöse Fragen zu den Hauptthemen in Lessings Gesamtwerk gehören, hat die Forschung erkannt, und somit gewinnt Saras Emanzipation, die sich im religiösen Sinne vollzieht, an Bedeutung.

Wenn konstatiert wurde, daß Sara Opfer einer männlich orientierten Gesellschaft wird, die ihr die Entwicklung einer persönlichen Identität, ebenso die Fähigkeit versagt, persönliche Entscheidungen zu treffen, die in ihrem Interesse liegen, so läßt sich sagen, daß Lessing sehr wohl den doppelten Standard in der gesellschaftlichen Ordnung aufzeigt, die Saras Flucht aus dem väterlichen Haus mißbilligt und der Grund für Saras Gewissenskonflikt ist. Doch bereits am Anfang der Tragödie läßt Lessing Sir William Sampson, erkennen:

> ... solche Vergehungen sind besser als erzwungene Tugenden (I, 1).

Dieser Ausspruch von Saras Vater beweist, daß er keineswegs zu den Vätern gehört, denen die Tugend ihrer Tochter über alles geht, ja sogar irrationale Züge trägt, zum Gespenst wird, wie sie von der neueren Forschung mit Bezug auf Lessings *Miss Sara Sampson, Emilia Galotti* und Schillers *Kabale und Liebe* definiert wird.[27] Lessing läßt Sir William zur Einsicht kommen, daß er, dessen Schuld es war, Sara mit Mellefont zusammenzubringen, ihnen sofort hätte vergeben sollen (III, 1). Damit propagiert der Dichter eine großzügigere menschliche Haltung gegenüber der Frau und wendet sich gegen den doppelten Standard einer männerbezogenen Gesellschaft. In diesem Zusammenhang ist zu erinnern, daß Sara ja das Opfer einer Rivalin wird.

Marwood ist im wahren Sinne des Wortes Saras Gegenspielerin. Wie viele weibliche Dramenfiguren ihrer Epoche muß sie als Frau zum Spiel greifen, um zu versuchen, ihr Ziel zu erreichen. Sie ist eine wirksame Kontrastgestalt zur Hauptfigur, die sie ergänzt. Wie Sara verfügt sie über wachen Verstand, den sie einsetzt, um den Geliebten zurückzugewinnen. Zu Recht stellt Emil Staiger bezüglich Marwood fest:

> Jedes Wort, Gebärde ist Taktik. Und wo Taktik vorherrscht, versteht sich der überwachende Geist von selbst.[28]

Doch während Minnas Spiel dem wissenden Zuschauer als Komödie erscheint, beruht Marwoods Spiel auf Intrigen, die auf ein tragisches Ende hinweisen. In ihrer Wiedersehensszene mit Mellefont bietet sie sich zunächst als verzeihende Vertraute an und wechselt dann zum Witz der erfahrenen Frau über. Aber ihre Worte werden bedeutungsvoll, werden zur Anklage aller Frauen, die wie sie von Mellefonts verlassen werden. Mit feinem Beobachtungsvermögen weiß Marwood den Grund für alle Unbeständigkeit aufzudecken, welche dem weiblichen Geschlecht nachgesagt wird. Es seien die Männer, die nicht wissen, was sie von den Frauen wollen (II, 3). Nach bitterer Erfahrung findet sie, sie würden zu einem eben so gewissen Gift wie das wirkliche (IV, 3), (LM II, 337).

Wenn Zärtlichkeit und Witz keine Wirkung auf Mellefont haben, wird Marwood tugendhaft; sie wechselt zum „Sie" über, versucht auf Mellefonts „Eigensinn" einzugehen, heuchelt zunächst edelmütigen Verzicht, appelliert an sein Mitgefühl. Der Gipfelpunkt ihres Spiels ist das Hervortreten ihrer Tochter Arabella, der Appell an Mellefonts väterliches Herz. Als dieses Spiel nicht das erwünschte Resultat gebracht hat, erfindet Marwood eine neue Intrige und nähert sich ihrer Nebenbuhlerin unter der Maske der Lady Solmes. Ihre Taktik ist ähnlich wie in ihrem ersten Spiel. Sie versucht, Saras Vertrauen zu gewinnen und betont dabei die Solidarität aller Frauen mit Worten, die zu einer Frauenrechtlerin passen würden:

> Wir Frauenzimmer sollten billig jede Beleidigung, die einer einzelnen von uns erwiesen wird, zu Beleidigungen des ganzen Geschlechts und zu einer allgemeinen Sache machen (LM II, 328).

Doch Marwoods Intrige scheitert daran, daß sie die innere Stärke Saras nicht hoch genug eingeschätzt hat. Sara ist ihr charakterlich überlegen. Der Unterschied, den Sara zwischen ihnen beiden macht, besteht. [29] Dies erkennt Marwood und daher „schreckt Wut" „aus ihrem starren Auge", daher „des Mundes knirschende Bewegung" (LM II, 335). Ihre ungebändigte Eifersucht führt schließlich zu ihrem Mord. Alle Mittel der Verlassenen haben den leidenschaftlich begehrten Mann nicht zurückgewinnen können.[30]

Man erfährt nichts mehr von ihr. Doch indem Lessing Marwoods Schicksal nicht weiter verfolgt, überläßt er es der Phantasie des Zuschauers, es sich auszumalen und regt zum Nachdenken an. Ihre Rebellion gegen das erlittene Unrecht, ihre Anklage im Namen aller Geschlechtsgenossinnen, die Ähnliches erlebt haben, wird vom Dichter herausgehoben und erweckt Mitgefühl.

ANMERKUNGEN

1. Während bei Maria, der Londoner Kaufmannstochter in Lillos Drama *The London Merchant* (1730), das Lessing beeinflußt haben soll – vgl. Peter Szondi, *Die Theorie des bürgerlichen Trauerspiels im 18. Jahrhundert*, Frankfurt/Main: Suhrkamp, 1973 – die Liebe nie die Oberhand über die Pflicht gewinnt, ist Saras Handeln ganz von der Liebe bestimmt und beweist, welche bedeutende Rolle Lessing dem Gefühl zugeteilt hat. Schon hieraus geht hervor, wie wenig Ähnlichkeit Lessings Hauptgestalt mit dem Charakter aus dem Drama hat, das als eine Quelle für *Miss Sara Sampson* bezeichnet wird. Ebenso geringe Ähnlichkeit besteht zwischen den Charakteren aus Thomas Shadwells *The Squire of Alsatia* (1688) und Lessings Tragödie. Wenn Hove meint, Lessing verbinde in Sara, was Shadwell in Lucia und Isabella porträtiere, so wird das Kaufmännische im Charakter der Lucia übersehen, die erst durch Belfond Jr. verführt wird und sich dann mit 1500 Pfund abfinden läßt, so daß ihr Geliebter Isabella heiraten kann, die eine unbedeutende Figur ist.

2. „Lessings *Miss Sara Sampson*, Bürgerliches Trauerspiel als Ausdruck innerbürgerlichen Konflikts", in: *Lessing Yearbook* VII, 1976, S. 9.

3. Indem Lessing hier den Traum einführt und ihm eine wichtige Funktion im Drama gibt, zeigt sich bei ihm eine andere Einstellung als bei Gottsched, der den Traum als einen Zustand der Verwirrung sieht. So heißt es in den *Vernünftigen Tadlerinnen* I, S. 257: „Träume sind Träume : das ist unordentliche Vorstellungen unserer Gemüther, welche entstehen, wenn die Phantasie sich im Schlafe an keine Regeln der Vernunft bindet. Nichts ist so ungereimt, was uns nicht zuweilen träumen könnte." Wie Lessing in seiner Abhandlung *Von den lateinischen Trauerspielen, welche unter dem Namen des Seneca bekannt sind* ausführt, billigt er dem Traum eine ähnliche Bedeutung zu, wie sie in der antiken Tragödie Orakel oder Götterspruch besaßen – nämlich die Funktion, ein drohendes Schicksal anzukündigen.

4. Siehe Wolfram Mauser, op. cit. S. 10.

5. Ebenda, S. 11 f.

6. Mit Bezug auf die Tugendforderungen, welche die bürgerliche Gesellschaft besonders an die Frau stellte, s.o. S. 4 f.

   Die neuere Forschung – Wolfram Mauser, op. cit. S. 24 ff., ebenso Peter Szondi, op. cit. S. 145 f. – stellt fest, daß sich in der besonderen Situation des 18. Jahrhunderts eine spezifische Morallehre herausbildete, in der die bürgerliche Praxis den Ausgleich mit der absolutistischen Machtausübung finden mußte, daß die bürgerliche Empfindsamkeit eine Reaktion des Bürgers auf seine politische und soziale Ohnmacht war.

7. Samuel Richardsons *Clarissa* (1747–1748) wird ebenfalls als Quelle für *Miss Sara Sampson* bezeichnet. Clarissa unterscheidet sich jedoch von Sara durch einen stärkeren Willen, der schließlich sogar Gottes Geboten trotzt, indem sie Selbstmord begeht. Morris Golden stellt fest: „The stronger will, Clarissa's defeats everything which it meets or can conceive of – Loveless, the Harlowes, all of society, and in the assurance of forgiveness for suicide and of salvation even her God." *Richardson's Characters*, Ann Arbor: University of Michigan Press, 1963, S. 192 f.

8. Siehe LM II, S. 304 – Wenn in der neueren Forschung behauptet wird, Sara sei erst im 5. Akt gewillt, ihr vorher postuliertes Übermaß an Schuld konkret durch die Preisgabe ihres Lebens zu sühnen – siehe Manfred Durzak, „Äußere und innere Handlung in Miss Sara Sampson", in: *Poesie und Ratio*, Athenäum Verlag, Bad Homburg, 1970, S. 65 – so kann dem nicht beigestimmt werden.

9. F.W.Kaufmann, „Zu Lessings Emilia Galotti", *Monatshefte* XXVII, 1935, S. 50–53.

10. F. Andrew Brown kritisiert zu Recht an Heinrich Bornkamms „Die innere Handlung in Lessings Miss Sara Sampson", *Euphorion* II (1957), daß der

Verfasser ohne Saras Liebe zu Mellefont auskomme, die wirklich eine Quelle für ihre Stärke sei. „Sara Sampson. The Dilemma of Love", *Lessing Yearbook* II, 1970 S. 147, Anm. 7.

11. F. Andrew Brown, ebenda, führt aus, daß es die Liebe sei, welche für Sara ihre Beziehung zu Mellefont rechtfertige. Sara habe den Übergang von ihrer Beschäftigung mit dem Gott des Alten Testaments, der seine irrenden Kinder grausam verurteile und bestrafe, zu dem Neuen Testament vollzogen und sei dazu gelangt, menschliche Weisheit heranzuziehen, um einen menschlichen Irrtum zu definieren.

12. Manfred Durzak, op. cit. S. 64.

13. „Es ist der Gipfel ihrer fragwürdigen Selbstrechtfertigung, daß sie um die „Gerechtigkeit" bittet, „mich und die Marwood nicht in einen Rang zu setzen." Daß sie aber auf den Knien liegend, die Marwood selbst darum bittet, ist bereits konkret eine Widerlegung ihrer Worte und eine Anerkennung der Marwood, die sich in dieser Situation in ihrer wahren Identität enthüllt." Manfred Durzak, op. cit. S. 63.

14. Jürgen Schröder, „Minna von Barnhelm. Ästhetische Struktur und Sprache des Herzens", in: *Gotthold Ephraim Lessing*, München: Wilhelm Fink Verlag, 1972, S. 233.

15. Wie F. A. Brown ausführt, ist es Sara selbst, welche Marwood durch ihren erschreckten Aufschrei darauf bringt, sie zu ermorden.

16. „Die romantische Mythe der Transformation in den Werken Heinrich von Kleists", in: *Husbanding the Golden Grain*, Studies in Honor of Henry W. Nordmeyer, hrsg. von L. Frank and E. George, Ann Arbor: Department of Germanic Languages and Literatures, The University of Michigan, 1973, S. 169–177.

17. „Die Anerkennung der Person der Marwood ist nun vollzogen, indem Sara, die sich vorher geweigert hatte, auf einer Ebene mit der Marwood gesehen zu werden, nun darum bittet, ihre Stelle einzunehmen." Manfred Durzak, op. cit. S. 65.

18. Damit sind meine Ausführungen zum selben Ergebnis wie Manfred Durzak gelangt.

19. Vgl. „Ét la mort à mes yeux dérobant la clarté Rend au jour, qu'ils souillaient, Toute sa pureté." Phèdre, Acte V, 7. *Oeuvres de J. Racine*, Paris: Librairie Hachette, 1885, Tome III, S. 396 f. Mehr über die Ähnlichkeit Saras mit Phèdre und auch anderen Heldinnen Racines findet sich in Gisela F. Ritchie: „Spuren des französischen Dramas", op. cit. S. 130 f.

20. Fritz Brüggemann: „Lessings Bürgerdramen und der Subjektivismus als Problem", in: *Gotthold Ephraim Lessing*, op. cit. S. 92.

21. LM XVII, S. 65 f.

22. LM XVII, S. 79.

23. *Lessings Briefwechsel mit Mendelssohn und Nicolai über das Trauerspiel*, Leipzig: Verlag der Dürr'schen Buchhandlung, 1910, hrsg. von Robert Petsch, S.LI.

24. Wolfgang Mauser kommt zum Ergebnis, Sara sei Opfer, op. cit. S. 14.

25. Emanzipationsgeschichte ohne Erlösungsgeschichte entlarve sich als abstrakte Erfolgsgeschichte, als abstrakte Siegergeschichte. – Eine emanzipatorische Freiheitsgeschichte, welche die Gestalt der Leidensgeschichte unterschlage oder verdränge, werde selbst zur halbierten, abstrakten Freiheitsgeschichte. Der Fortschritt werde am Ende zum Einmarsch in die Inhumanität ... Sie, die Erlösungsgeschichte, blicke nicht vom Standpunkt der Sieger, der Durchgekommenen und der Arrivierten, sondern von dem der Besiegten und der Opfer auf das öffentliche Welttheater unserer Geschichte, konstatiert Johann Baptist Metz mit Bezug auf die Weltgeschichte, bezieht diese Erkenntnis aber auch auf die Literatur und besonders die Tragödie. „Erlösung und Emanzipation", in: *Emanzipation*, op. cit. S. 477 und 480 f.

26. Christine O. Sjogren: „The Status of Women in Several of Lessing's Dramas", in: *Studies in Eighteenth Century Culture*, Bd. 6, 1977, S. 348. Die Feststellung, *Miss Sara Sampson* enthalte stereotype Charaktere, Sara folge den Spuren der tugendhaften Heldinnen der englischen sentimentalen Romane und tränenreichen Komödien, Marwood repräsentiere die „typical villainess" einer langen Tradition, s. o. S. 348 ff., ist zu vereinfachend und wird den bereits individuell und komplex gestalteten weiblichen Charakteren nicht gerecht.

27. Vgl. Inge Stephan: „So ist die Tugend ein Gespenst". „Frauenbild und Tugendbegriff im bürgerlichen Trauerspiel bei Lessing und Schiller" in: *Lessing Yearbook* XVII, 1985, S. 17.

28. Emil Staiger: *Stilwandel*, Zürich: Atlantis Verlag, 1963, S. 46.

29. Wenn auch ihr Schicksal als eine Geliebte Mellefonts dem Saras ähnlich ist – in der Beziehung ist sie die „ähnliche Person" – so ist anzunehmen, daß „sie mit dem Laster vertraulich war". Man denke daran, daß sie bereits vor ihrer Liaison mit Mellefont ausschließlich ihr Vermögen „für die Befreyung eines Mannes aufgeopfert hatte, dem sie nichts in der Welt vorenthalten zu dürfen glaubte" (LM II, 330) also die Geliebte eines anderen Mannes war.

30. Wie Sara hat Marwood keine Ähnlichkeit mit dem ihr entsprechenden Charakter, Mrs. Termagant, aus Shadwells *The Squire of Alsatia*. Wie Lucia läßt sich auch Mrs. Termagant mit Geld für ihr Kind abfinden. Ebenso wenig ähnelt ihr die Millwood in Lillos *The London Merchant*. David Hove gibt zu, Stolz und ihr Anspruch auf ihre ungeschriebenen Rechte heben Marwood auf eine höhere menschliche Ebene als Millwood, vgl. op. cit. S. 121.

4. Kapitel
Emilia Galotti

Während Sara von Beginn der Tragödie an als eine durch Erfahrung und Leid geprüfte Frau auftritt, erscheint Emilia in Lessings *Emilia Galotti* (1772) anfangs als das ganz junge unerfahrene Mädchen, das in der Abgeschlossenheit von ihres Vaters Landgut aufgewachsen und einem Mann anverlobt ist, den ihre Eltern ausgewählt hatten. Sie ist munter und lebhaft,[1] ähnlich wie Minna und Franziska.[2] In ihrem ersten Zusammentreffen mit dem Prinzen plaudert sie ungezwungen und nimmt sein Lob als gesellschaftliche Liebenswürdigkeit an. Sie befindet sich auf der Stufe der unbewußten Vollkommenheit, wie F. W. Kaufmann ausgeführt hat.[3] Ihr zweites Treffen mit dem Prinzen findet an dem Morgen ihres Hochzeitstages statt. Der Prinz ist ihr gefolgt, hat sich hinter ihr niedergekniet und sie angesprochen. Er gibt später zu, daß Emilia mit keinem Wort geantwortet hat. Diese zweite Zusammenkunft erfüllt Emilia mit Verwirrung und Schrecken. Kaum ihrer Sinne mächtig und ängstlich, Aufsehen zu erregen, hört sie den Prinzen in der Vorhalle der Kirche an, nachdem er sie bei der Hand ergriffen hat. Dann gelingt es ihr, endlich zu fliehen. Wie Emilia ihrer Mutter diese Szene berichtet, in abgebrochenen, hastig herausgeschleuderten Sätzen, erscheint dies zweite Zusammmentreffen fast wie ein Alptraum. Wie die neuere Forschung nachweist,[4] ist es nicht die dämonische Wirkung des Prinzen, die sich in Emilias Rede ausdrückt, sondern die Furcht vor dem Laster.[5] Die Mutter erkennt kaum die gewöhnlich ruhige und besonnene Tochter wieder. Nachdem es Claudia gelungen ist, Emilia zu beruhigen, gewinnt diese etwas von ihrem Gleichmut und ihrer Ausgelassenheit zurück, nun da sie ihr Erlebnis in neuer Sicht sieht. Sie erkennt, daß sie sich hätte anders benehmen sollen, ohne sich zu kompromittieren. Ihrem Gefühl nachgebend, möchte sie ihrem Verlobten jedoch von dem Erlebnis erzählen. Aber gewohnt, der erfahreneren Mutter zu folgen, was zur Tugend einer gehorsamen Tochter im 18. Jahrhundert gehört, läßt sie sich davon abraten und ist überzeugt, daß ihre Heirat des Prinzen Interesse an ihr vergehen lassen wird.

Gleichermaßen wie der Traum Sara sich ihrer Lage bewußt werden läßt, bringt das alptraumhafte Erlebnis mit dem Prinzen in der Kirche die unerfahrene Emilia zur Erkenntnis ihrer Situation. Von Lessings Schrift *Das Christentum der Vernunft* aus gesehen, erreicht Emilia durch dieses Erlebnis den Grad der bewußten Vollkommenheit, ohne jedoch zu handeln. Ähnlich wie Sara, die in ihrem Traum ihr gewaltsames Ende vorauserlebt, so träumt Emilia von Perlen, die ihrem Glauben nach Tränen bedeuten. Wenn Emilia nach dem Überfall erfährt, wem das Schloß gehört, auf das man sie geführt hat, überkommen sie die Ängste des Morgens. Obgleich der Prinz sich ihr gegenüber verständnisvoll und ritterlich benimmt, ist sie erschreckt und argwöhnisch, sich allein gerettet zu finden und folgt dem Prinzen nur widerstrebend in ein anderes Zimmer.

Aber nicht mehr das verwirrte, ängstliche Mädchen, das sie am Morgen war, sondern ruhig und auf alles gefaßt, spricht sie mit dem Prinzen in einem Ton,[6] der ihn abhält, sich ihr zu nähern.[7] Obgleich Emilia noch nichts von Appianis Tod weiß, wird sie in Erinnerung ihrer morgendlichen Begegnung mißtrauisch. Wenn sie ihr Mißtrauen bestätigt findet, erkennt sie, daß sie die unschuldige Ursache von ihres Verlobten Tod ist, da ein Mächtigerer sie leidenschaftlich begehrt. Sie möchte aus Treue zu Appiani und Gerechtigkeitsgefühl fliehen. Doch sie muß von ihrem Vater hören, daß man sie wegen einer angeblichen Untersuchung der Vorgänge getrennt von ihren Eltern im Hause der Grimaldi zu wohnen zwingen wolle.

Wenn Emilia von dieser Absicht erfahren muß, weiß sie sofort, daß es keinen Ausweg mehr für sie gibt als den Tod. Wie Brüggemann ausführt,[8] wächst Emilia über die Auffassung der Aufklärung hinaus, die jede Selbstgestaltung des Schicksals verbot, um der Vorsehung nicht vorzugreifen, wenn sie ihren Vater dazu bringt, sie zu töten. Sie ist vollkommen ruhig und auf den Tod gefaßt:

> Ruhig sein können und ruhig sein müssen, kommt es nicht auf eines? (LM II, 447)

Emilias Ruhe ist nicht Passivität, sondern die Ruhe der Entschlossenheit, sich der gegebenen Situation gewachsen zu zeigen. Es ist eine Ruhe, welche auch Racines Frauengestalten auszeichnet, die sich neuen Entwicklungen anzupassen wissen. Um ihre persönliche Tugend zu retten, hatte Andromaque in Racines gleichnamigem Drama (1667) sich im vierten Akt selbst entleiben wollen. Doch das Geschick hat im fünften Akt die große Abrechnung gebracht. Es hat Andromaque den Thron bereit gehalten. Sie zeigt sich dieser neuen Würde vollauf gewachsen.[9] Iphigénie in Racines *Iphigénie* (1674) beschließt, sich dem Orakelspruch zu beugen und läßt sich bereitwillig zum Altar führen, tröstet ihre Mutter und bittet sie, dem Vater keinen Vorwurf aus ihrem Tod zu machen. Auch in dieser Tragödie Racines ist es die göttliche Führung, die Iphigénie rettet, nachdem sie verloren scheint.[10] In Lessings Drama gibt es jedoch keine göttliche Fügung, die Rettung bringt. Emilia muß ihr Schicksal in die eigene Hand nehmen. Sie will kein Spielball fremder Willkür sein. So wird sie wahrhaft die Entschlossenste ihres Geschlechts, wenn sie ausruft:

> Ich will doch sehen, wer mich hält, – wer mich zwingt, – wer der Mensch ist, der einen Menschen zwingen kann. (LM II, 448)

Diese Worte seiner Tochter geben dem Vater seine Fassung wieder und lassen ihn zu einer Wertschätzung der Frau gelangen, die selbst Goethe später nicht übertroffen hat:

> Das Weib wollte die Natur zu ihrem Meisterstück machen. Aber sie vergriff sich im Tone; sie nahm ihn zu fein. Sonst ist alles besser an Euch, als an Uns. (LM II, 448)

Goethes Auffassung der Frau enthält jedoch nicht die tragische Idee des Zerbrechlichen, des zu Edlen einer Emilia, die in einer feindlichen Welt nicht bestehen kann.

In dieser verderbten Welt, welche Lessing in der *Emilia Galotti* erstehen läßt,[11] gibt es keinen anderen Ausweg als den Tod.[12] Alois Wierlacher weist die von der Forschung wiederholt vorgebrachte These von Emilias angeblicher Sinnlichkeit[13] überzeugend zurück[14] und stellt fest, Emilia sei aufgrund ihres Weltverständnisses, das allein von der biblischen Ideologie der tödlichen Gefahren der sozialen Welt bestimmt ist, von der Ausweglosigkeit der Situation überzeugt. Diese Einschätzung der Umstände führe ihren Tod herbei. Wenn er zu dem Ergebnis kommt, das Grundproblem der Tragödie wäre das richtige Verständnis der sozialen Welt, welche erst das rechte Handeln möglich mache,[15] so muß demgegenüber betont werden, daß die „scharfsinnige Emilia“[16] nach dem Erlebnis in der Messe, dem gewaltsamen Tode ihres Verlobten, längst ihre Lage erfaßt hatte, nämlich der Willkür eines diktatorischen Herrschers unterworfen zu sein.[17]

Emilia braucht kein langes Überlegen. Wenn ihr Vater zaudert, ihr den Tod zu geben, hat sie die Intuition, ihn an die Tat des römischen Vaters zu erinnern, der seine Tochter vor Schande rettete, und mit den Worten, solche Väter gäbe es nicht mehr, so zu reizen, daß er sie ersticht. Damit ist es nicht der Vater, sondern wirklich Emilia, welche die Initiative übernommen hat. Es ist Emilia, die so schließlich ihren Tod selbst herbeibringt. In diesem Zusammenhang ist es aufschlußreich zu beobachten, daß die neuere Forschung vermerkt, Emilia sei durch ihr selbständiges Denken und Handeln der Virginia des Spaniers Montiano am ähnlichsten.[18] Wenn Erich Schmidt mit Bezug auf *Minna von Barnhelm* bemerkt, daß der Begriff der „Ehre" des französischen und spanischen Theaters der vornehmste Trieb einer deutschen Komödie werde, so findet dies auch auf *Emilia Galotti* Anwendung.[19]

Mit ihrem schnellen Entschluß, ihre sittliche Reinheit zu wahren und den Tod einem Leben der Schande vorzuziehen, hat Emilia die letzte Stufe der Vollkommenheit im Sinne von Lessings Schrift *Das Christentum der Vernunft* erreicht.[20] Wenn in der neueren Forschung konstatiert wurde,[21] Emilia sei, „was nach Lessing ein unverheiratetes Mädchen sein sollte, weder eine Heroine noch eine Philosophin, aber fromm und gehorsam", so trifft dies Urteil wohl auf die Emilia der ersten wie der zweiten Entwicklungsstufe, aber nicht mehr auf die der dritten Entwicklungsstufe zu. Emilia ist zu der Entschlossensten geworden, die selbst die Furcht vor dem Tode überwunden hat. Bereits die Forschung des späten 19. und des frühen 20. Jahrhunderts bemerkt die Veränderung in Emilia.[22] Waldemar Oehlke sieht in Lessings Trauerspiel eine „damals schon und heute noch immer neue Welt, die Welt der erwachenden Persönlichkeit, die das Schicksal überwindet ... die Welt, in der unser Selbstbestimmungsrecht gilt,[23] hergestellt. Auch Fritz Brüggemann erkennt die Entwicklung, welche Emilia durchmacht, wenn er bemerkt:

> Aber die Ruhe Emilias wächst ins Bewundernswerte und gibt dem bürgerlichen Mädchen jenen Zug von Größe, der sie erst zu der Heldin werden läßt, nach der das Drama mit Recht seinen Namen trägt.[24]

Von Bedeutung ist es, in diesem Zusammenhange zu vermerken, daß zur Zeit von Lessings Briefwechsel mit Mendelssohn (1756), in dem Lessing der Bewunderung einen wichtigen Platz gewährt, *Emilia Galotti* konzipiert wurde. Durch ihr entschlossenes Handeln läßt Lessing Emilia zur Seele eines beginnenden Widerstandes gegen den autonomen Fürsten in dieser Tragödie werden und daher ihrer Namensschwester Émilie in gewissem Sinne ähneln, welche die treibende Kraft des Aufstandes gegen den Kaiser Augustus in Pierre Corneilles Drama *Cinna* (1640) wird.

Wenn Lessing Emilia über sein eigenes Urteil hinauswachsen läßt, so ist dies einer der Widersprüche in seinem „System", von denen er „selbst gleichsam achselzuckend gesprochen hat", wie Karl S. Guthke darlegt.[26] Auch Gerd Hillen kommt zu Recht zu dem Schluß, „Antinomien" seien ein „hochbedeutsamer Aspekt" in Lessings Dramen.[27]

Durch die drastische Entwicklung, welche die junge Emilia infolge ihrer Erlebnisse durchmacht, tritt ihre Emanzipation noch stärker hervor als die der anderen Frauengestalten in Lessings Dramen. Emilias Emanzipation in diesem Drama, dessen Stoff aus der römischen Geschichte stammt, geht ganz im Sinne der römischen Auffassung vor sich, für welche die Emanzipation die Freilassung aus der väterlichen Gewalt vorstellte.[28] Emilias Vater muß seine Tochter aus seiner Autorität in eine Freiheit entlassen, die jedoch den Tod bedeutet. Auch Emilia leidet und wird durch den Tod erlöst. So gesehen vollzieht sich ihre Emanzipation in religiösem Sinne.[29] Doch da sie ihren Tod selbst herbeiführt, sich gegen Unfreiheit, gegen einen autonomen Machthaber auflehnt, enthält ihre Emanzipation gleichzeitig einen politischen Aspekt.

Neben Emilia, die durch ihre Entwicklung von dem jungen unerfahrenen Mädchen zu dieser entschlossenen Persönlichkeit wahrhaftig zum Hauptcharakter, zum Mittelpunkt des Dramas wird, hat Lessing mit der Orsina eine zweite Frauengestalt geschaffen, deren Charakter für die deutsche Bühne seiner Zeit etwas ganz Neues war, und die auch heute noch von bedeutender Wirkung ist. Ihr Ausruf:

> Wie kann ein Mann ein Ding lieben, das ihm zum Trotze auch denken will[30] (LM II, 428)

ist nicht nur gegen das Vorurteil ihres Jahrhunderts gerichtet, sondern hat gleichfalls heute noch Geltung. Von großem intellektuellem Vermögen, denkt diese verlassene Mätresse des Prinzen nicht daran, sich mit ihrem Schicksal abzufinden. Ihr Verlangen nach Rache ist nicht niedrige Eifersucht wie bei der Marwood, sondern eine fast idealistische Leidenschaft,[31] wieder eine sittliche Ordnung herzustellen, in der ein absolutistischer Prinz Frauen nicht nach Willkür degradieren und unglücklich machen kann. Indem Orsina auch für die vielen anderen Verlassenen spricht, beschränkt sie sich nicht auf ihre eigene persönliche Sphäre. Ebenso wie Marwood plädiert sie für die Rechte aller Frauen.[32] Ihre Dialoge erst mit Marinelli und dann mit Odoardo enthüllen den großen Verstand dieser Frau, die aus wenigen Indizien den wahren Mörder des Appiani sofort erkannt hat. In der Szene mit Odoardo (IV, 7) weiß sie, durch ihre geistreiche Wortführung Odoardo in Rage zu versetzen, so daß er daran denkt, Gewalt zu gebrauchen und den Prinzen zu töten.

Kurz nach der Szene mit Odoardo, in der Orsina ihren Geist funkeln läßt, tritt sie von der Bühne ab. Wie bei der Marwood hören wir von ihrem weiteren Schicksal nicht. Doch gerade durch Orsinas kometenhaftes Erscheinen wirkt ihre Botschaft, beeindrucken ihre ungewöhnlich starken intellektuellen Gaben um so mehr. Eine Frau wie sie war für ihre deutschen Zeitgenossen etwas Neues, etwas Revolutionäres, so daß ein kluger Mann wie Friedrich Nicolai vorschlug, die Schauspielerin der Orsina müsse die „gelehrten Stellen mit gestörtem Gesicht in der Abwesenheit des Geistes, im Hinbrüten sprechen; so werden sie schrecklich."[33] Beispielhaft für die Stellung der Frau und die negative Haltung der Gesellschaft gegenüber den sogenannten „Emanzipierten" um die Jahrhundertwende ist Oehlkes Urteil, Orsina erhalte durch ihre philosophierenden Gedankengänge den „komischen Anstrich der verschmähten Emanzipierten".[34] Lessing selbst legte dagegen großen Wert auf die Gestalt der Orsina und hatte mit ihr etwas Besonderes im Sinne. Dies zeigen seine Worte in seinem Brief vom 10. Februar 1772 an seinen Bruder Karl:

> Was Du vom Charakter der Orsina sagen wirst, verlangt mich am meisten zu hören. Wenn er einer guten Schauspielerin in die Hände fällt, so muß er Wirkung thun. (LM XVIII, 19)

Welche andere Wirkung kann Lessing mit der Gestalt der Orsina beabsichtigt haben, als ein Übel seiner Zeit wie auch der späteren Jahrhunderte anzugreifen und gegen die geschlechtliche Ausnutzung der Frau zu plädieren. Damit ist er seiner Epoche wie auch den nachfolgenden Epochen vorausgeeilt.

Claudia ist neben der Marwood die einzige mütterliche Gestalt von Lessings Frauen. Marwood nützt ihre Mutterrolle lediglich für ihre Zwecke aus und zeigt wenig mütterliche Wesenszüge. Mit Recht weist Etta Schreiber die Charakterisierung Claudias von Erich Schmidt[35] als oberflächlich zurück.[36] Ebenso wird Claudia in der neueren Forschung zu Unrecht als „a silly social climber" abgetan.[37] Claudia lebte das begrenzte Leben einer Frau und Mutter des 18. Jahrhunderts. Trotz seiner Liebe tyrannisierte ihr Mann sie, so daß ihr Geist sich nicht entfalten konnte. Mit Bezug auf den Rat, welchen sie Emilia nach deren Erlebnis in der Kirche gibt, stellt Schreiber fest, Claudias Schweigen sei nicht Oberflächlichkeit, sondern eine Art Selbstverteidigung, die unnötige Unannehmlichkeiten im Haushalt vermeiden will. Sie fühlt sich erleichtert bei dem Gedanken, daß ihr Mann nicht hören kann, was passiert ist. Wenn Claudia Odoardo nach dem Überfall trifft und vernimmt, daß sie Schuld hat, weil sie keine Vorsicht übte, beteuert sie zurecht ihre Unschuld; denn so viel Intrige geht über ihre Fassenskraft. Jedoch sie lernt schnell. Lessing hat diese Mutter mit einem unfehlbaren Instinkt, mit einer scharfen Beobachtungsgabe und einer bemerkenswerten Kombinationskraft ausgestattet, die es ihr ermöglichen, die wahren Hintergründe des Überfalls und des Mordes an Appiani zu durchschauen (III, 8).[38] Nachdem Claudia die Machenschaften des Hofes erkannt hat, gibt es für sie keine höfischen Konventionen mehr. Voll Wut über so viel Falschheit, schreit sie Marinelli ihre Entdeckungen unumwunden zu. Um ihrem Kinde zu helfen, wird sie einer Löwin gleich, der man die Jungen geraubt hat. Nicht nur läßt Lessing die Mutter das Verbrechen mit allen seinen Motiven erkennen und genau beschreiben, sondern die Mutter ist es auch, welche den Schlüssel für das Verständnis von Emilias wahrem Wesen liefert:

> Sie ist die Furchtsamste und Entschlossenste unsers Geschlechts. Ihrer ersten Eindrücke nie mächtig; aber nach der geringsten Überlegung, in alles sich findend, auf alles gefaßt (LM II, 437 f.)

ANMERKUNGEN

1. Alois Wierlacher kommt zu dem Ergebnis: „Emilia ist ein weltoffenes, lebenszugewandtes junges Mädchen, fliegend und frei (vgl. II, 7) dabei aber von einer tiefen Frömmigkeit, die weder etwas mit einer pietistisch–väterlichen Weltfurcht noch mit dem „Stolz“ einer Betschwester gemein hat“. „Das Haus der Freude oder Warum stirbt Emilia Galotti?“, in: *Lessing Yearbook* V, 1973, S. 152.
2. Vgl. ihre Worte „Hui, daß er da selbst kömmt“ (LM II, 402) „Husch, husch, und ich bin fertig¡‘ (LM II, S. 403).
3. F. W. Kaufmann, op. cit.
4. Reinhart Meyer: *Hamburgische Dramaturgie und Emilia Galotti*, Wiesbaden und Frankfurt/Main; Humanitas Verlag, 1973, S. 320.
5. In dieser Verbindung ist auch ein Kapitel in den *Vernünftigen Tadlerinnen* zu erwähnen, in dem das Ansprechen von Frauen in der Kirche durch Männer diskutiert und verworfen wird, op. cit. Band I, S. 20–24.
6. Reinhart Meyer weist nach, daß durch den „furchtbaren Ton“ bereits Emilias Entschlossenheit in den Vordergrund trete, op. cit. S. 336.
7. Dem Charakter Emilias wird nicht Gerechtigkeit gewährt, wenn eine „schrittweise gefühlshafte Annäherung an den Prinzen und damit gleichzeitige Überwindung der väterlichen Moralvorstellungen“ beobachtet wird. Diese Ansicht wird auf eine Bemerkung der Orsina gegründet, die bei dem Betreten des Schlosses „Gequieke“ und „weibliches Gekreische“ hörte (LM II, 427), welches nicht als Hilfeschreie eines verängstigten Mädchens, sondern als „vorbereitendes Liebesspiel“ verstanden wird. Manfred Durzak,

„Das Gesellschaftsbild in Lessings Emilia Galotti", in: *Poesie und Ratio*, S. 69. – Dabei wird jedoch übersehen, daß Orsina gleich darauf von Marinelli erfährt, die Mutter und Emilia befänden sich beim Prinzen (LM II, 430 : Orsina : „Also die? Die sind bey dem Prinzen? die Braut? und die Mutter der Braut?") Kurz danach – (IV, 8, LM II, 437 f.) – berichtet Claudia Odoardo, wie sich Emilia beim Prinzen benommen habe. (Odoardo: „Und sie jammert und winselt" – Claudia: „Nicht mehr – Das ist vorbey nach ihrer Art, die du kennst. Sie ist die Furchtsamste und Entschlossenste unseres Geschlechts. Ihrer ersten Eindrücke nie mächtig, aber nach der geringsten Ueberlegung in alles sich findend, auf alles gefaßt. Sie hält den Prinzen in einer Entfernung; sie spricht mit ihm in einem Tone ..."). Wie Reinhart Meyer zu Recht erkennt, entspricht Emilias Verhältnis zu ihrem Verlobten Appiani den Vorstellungen der Ehe im 18. Jahrhundert, deren Grundlage „Freundschaft" sein soll. Meyer kommt zum Schluß, daß sich kein Grund finden lasse, daß Emilia den Prinzen liebe. Durch seinen „lasterhaften Annäherungsversuch in der Kirche" sei der vielleicht positive Eindruck Emilias von ihm nach der Unterhaltung bei der vegghia ins Gegenteil umgeschlagen. Reinhart Meyer, op. cit. S. 319.

8. Fritz Brüggemann, op. cit. S. 120.

9. *Andromaque* (1667). *Œuvres de J. Racine*, Bd. II, Paris: Librairie Hachette, 1886, S. 44–128.

10. *Iphigénie* (1674). *Œuvres de J. Racine*, op. cit. Bd. III, S. 148–241.

11. Ilse Graham konstatiert: „Es ist eine tragische Welt, eine Welt, die uns letztlich mit Beklommenheit und Unbehagen erfüllt. Wo Sittlichkeit Ausgestoßensein bedeutet." „Geist ohne Medium. Zu Lessings *Emilia Galotti*", in: *Gotthold Ephraim Lessing*, hrsg. von Gerhard und Sybille Bauer, op. cit. S. 375.

12. Leonard P. Wessel und Charles M. Barrack stellen fest: Emilias Tod ist eine notwendige Folge der Umstände, in denen sie sich als moralisches Wesen findet. Op. cit. S. 156 – Ebenso schließt David A. Hove, der Tod wäre die einzige freie Wahl, die ihr geblieben sei, und sie wähle ihn mutig. Op. cit. S. 104.

13. In Anm. 7 wurde bereits auf dieses Thema eingegangen. Ähnliche Feststellungen lassen sich ebenso widerlegen. Christina O. Sjogren gebraucht die Worte des Prinzen, um Emilias Gefühle bei dem Treffen in der Kirche zu beschreiben „Stumm und niedergeschlagen und zitternd stand sie da; wie eine Verbrecherinn, die ihr Todesurtheil höret" (LM II, 414) – anstatt Emilia selbst zu zitieren – „Nun, meine Mutter? – Was hätt' er an mir strafbares finden können?" (LM II, 400) Mit „er" weist Emilia auf den Vater hin. Op. cit. S. 352. Emilia ist sich keiner Schuld, das heißt keines unerlaubten Gefühls für den Prinzen als die Verlobte Appianis bewußt, wie die oben zitierten Worte beweisen. Emilia ist das unschuldige, junge

Mädchen, das zur plötzlichen Einsicht in die verderbten Verhältnisse der Welt des Hofes kommt, wodurch die Tragik ihres Schicksals vertieft und die Botschaft Lessings verstärkt wird. – Inge Stephan will die These, Emilia sei dem Prinzen „verfallen", mit dem „atemlosen" Bericht Emilias über das Zusammentreffen mit dem Prinzen in der Kirche begründen. „So ist die Tugend ein Gespenst", op. cit. S. 8 f.

14. Vgl. auch F. W. Kaufmann, op. cit. S. 51, ebenso Harry Steinhauer, „The Guilt of Emilia Galotti", in: *JEGP* 48, 1949, übersetzt in: *Deutsche Dramen von Gryphius bis Brecht*, Frankfurt, Hamburg, 1965, S. 49. Frank G. Ryder legt die Grenzen der rein psychologischen Interpretation eines literarischen Werkes am Beispiel der *Emilia Galotti* fest. Nicht nur die politischen und gesellschaftlichen Aspekte in *Emilia Galotti* würden unberücksichtigt gelassen, sondern auch die Unschuld Emilias, welche durch eine Reihe von Motiven versteckt aufrecht erhalten werde. „Emilia Galotti and the Limits of Psychological Criticism", in: *University of Dayton Review*, Spring 1976, S. 106–109.

15. Alois Wierlacher, op. cit. S. 169.

16. Siegfried Hoefert: „Zum Lessingverständnis N. M. Karamsins", in: *Lessing Yearbook* IV, 1972, S. 63.

17. Die Welt Emilias ruft die gleiche Beklemmung hervor wie die Welt, welche Lessing in der Geschichte des wegen seiner Ehrlichkeit entlassenen und dann seine Familie und sich selbst tötenden Beamten in seinem Brief an Friedrich Nicolai schildert (LM XXVII, S. 76–78). Nach Peter Szondi könnte diese Geschichte ebenso wie *Emilia Galotti* als Zeichen von Lessings Kritik an absolutistischer Willkür angesehen werden. Aufschlußreich ist hierbei festzustellen, daß Szondi zufolge, Lessing ähnlich wie die Franzosen in der Behandlung der Tugend vorgehe. Von den Philosophen der französischen Aufklärung werde die Tugend in die Natur des Menschen verlegt, womit ihr zugleich eine kritische und antizipierende Kraft zuwachse, die 1789 die absolute Monarchie zum ancien régime machte. Op. cit. S. 164. Frank G. Ryder weist auf die Idee der Freiheit und der menschlichen Rechte hin, welche in Lessings Werken, vor allem dem Fragment *Samuel Henzi*, der Skizze *Das befreite Rom* und *Emilia Galotti* Ausdruck finden und beobachtet die Affinität von Thema und Motiven zwischen den beiden letzten Werken. „Lessing on Liberty. The Literary Work as Autobiography", S. 229–244, in: *Studies in Eighteenth Century Culture*, op. cit. Bd. 6, 1977.

18. David Hove, op. cit. S. 63.

19. Erich Schmidt I, S. 477. Paul Michael Lützeler vermerkt, wie Appianis und Odoardos werde auch Emilias Verhalten in erster Linie durch ihre Ehrauffassung bestimmt. „Die marxistische Lessing-Rezeption (II). Darstellung und Kritik am Beispiel der Emilia Galotti-Interpretation in der DDR", in: *Lessing Yearbook* VIII, 1977, S. 52.

20. In LM XIV, S. 178 heißt es: „Wesen, welche Vollkommenheiten haben, sich ihrer Vollkommenheiten bewußt sind, und das Vermögen besitzen, ihnen gemäß zu handeln, heißen moralische Wesen, das ist solche, welche einem Gesetze folgen können."

21. Gerd Hillen: „Die Halsstarrigkeit der Tugend. Bemerkungen zu Lessings Trauerspielen", in: *Lessing Yearbook* II, 1970, S. 115–134.

22. Erich Schmidt stellt fest: „Emilia soll zum Schluß ohne Rückhalt offenbaren, zu welcher trostlosen Einsicht das junge Mädchen des 2. Aktes nach wuchtigen Schicksalsschlägen ... gar schnell herangereift ist." Op. cit. Bd. II, S. 39.

23. Waldemar Oehlke, op. cit. S. 23.

24. Fritz Brüggemann, op. cit. S. 119.

25. *Œuvres de Pierre Corneille*, Paris: Librairie de L. Hachette, 1862, Bd. III, S. 384–462.

26. Karl S. Guthke, „Haller und Lessing", op. cit. S. 47.

27. „Die Halsstarrigkeit der Tugend", op. cit. S. 130. Daß Lessing manchmal seine Meinung änderte, manchmal etwas verwarf, was er später bejahte, bemerkt auch R. K. Angress, wenn sie nachweist, daß Lessing zwölf Jahre, bevor er sein letztes Drama verfaßte, meinte, daß es „ein wenig unüberlegt wäre, in einem Stück, dessen Stoff aus der unglücklichen Zeit der Kreuzzüge genommen ist, die Toleranz zu predigen." „Lessing's Criticism of Cronegk: Nathan in Ovo?", in: *Lessing Yearbook* IV, 1972, S. 27.

28. Siehe Stichwort „Emanzipation" in: *Der große Duden, Fremdwörterbuch*, 5. Bd., S. 186.

29. Johann Baptist Metz, op. cit. S. 477 und 480 f.

30. Interessant ist zu beobachten, daß Lessing Orsina hier die Kritik Silvias der *L'Amante Difficile* fortsetzen läßt. Silvia fürchtete die Ehe, weil sie dann ihrem Drang nach Wissen nicht mehr Genüge tun konnte: „C'est justement cette envie de savoir qui me fait craindre le mariage. Est–ce que ces Messieurs les maris trouvent bon que nous songions à nous orner l'esprit? Ils veulent que nous nous en tenions à leur plaire, sous peine de ridicule, si nous en voulons savoir davantage & leur vanité pourrait bien avoir raison. Peut–être irions–nous plus loin qu'eux, s'ils nous laissaient faire. C'est de peur d'être humiliés qu'ils nous avilissent. Ils nous condamnent à l'ignorance pour conserver leur ascendant sur nous ..." *L'Amante Difficile* par Antoine Houdar de la Motte (I, 3) *Œuvres Complètes*, op. cit. Bd. II, S. 70.

31. Vgl. Lessings Bühnenanweisung für die Art ihres Sprechens, „wie in der Entzückung", worauf die Worte folgen, „Welch eine himmlische Phantasie! Wenn wir einmal alle, – wir, das ganze Heer der Verlassenen ..." (LM II, S. 436).

32. Das erkennt auch Hove an: „Because her case ist not limited to herself, but addresses itself to a general problem, the „Frauenfrage", her personal problem is transformed into a universal one". Op. cit. S. 135.

33. LM XX, S. 159.

34. Op. cit. Bd. II, S. 175.

35. Erich Schmidt, op. cit. Bd. II, S. 22.

36. Etta Schreiber, op. cit. S. 226.

37. David Hove, op. cit. S. 103.

38. Auch Gerd Hillen stellt fest, Claudia durchschaue am Ende des dritten Aktes die Zusammenhänge, op. cit. S. 124.

5. Kapitel
Nathan der Weise

Die Frauen in Lessings letztem großen Drama von 1779 erscheinen nicht im Titel wie in seiner Meisterkomödie und den beiden Tragödien. Jedoch würden die männlichen Gestalten ohne sie nicht bestehen können. Nathans Gestalt wäre nicht denkbar ohne Recha, die Adoptivtochter, die wirklich im Wesen ganz sein eigen ist. Nathans Weisheit zeigt sich nicht nur im Verkehr mit den anderen Charakteren des Dramas, sondern wird ebenfalls in Recha, seiner geistigen Tochter offenbar. Ähnlich wie Emilia erscheint sie am Anfang des Dramas als unerfahrenes Mädchen. Auch bei Recha lassen sich drei Entwicklungsstufen erkennen. Doch im Unterschied zu Sara Sampson und Emilia Galotti, deren erste Entwicklungsstufe nachholend im Drama berichtet wird, befindet sich Recha bei Beginn des Dramas in der ersten Phase ihrer Entfaltung. Sie tritt anfänglich als das schwärmerisch veranlagte Mädchen auf, welches in ihrem Retter einen Engel zu sehen vermeint. Nathan muß seine ganze Weisheit aufwenden, um Recha zu überzeugen, daß ihr Retter kein Engel, sondern ein Mensch ist. Ungeduldig wartet sie darauf, ihm persönlich danken zu können. Das stark ausgeprägte Wirklichkeitsbewußtsein verbunden mit Ironie, aber auch das Gottvertrauen ihres Adoptivvaters scheint von ihr Besitz ergriffen zu haben, wenn sie bei dem so lange ersehnten Zusammentreffen mit ihrem Retter nur Gott und nicht dem Manne danken will, der nach ihrer Meinung ebenso wenig Dank wie ein „Wassereimer" wolle (LM III, 76).

Nicht nur Rechas Anblick, sondern vor allem ihr scharfes Urteilsvermögen läßt den jungen Tempelherren, der zunächst verächtlich von der Tochter eines Juden gedacht hatte, in tiefe Liebe zu ihr verfallen. Rechas Schwärmerei ist dagegen ruhiger Verehrung zu ihrem Retter gewichen, als ob sie schon dann intuitiv spürte, daß er ihr Bruder war, wie sich am Ende herausstellt.

Recha ist nicht nur mit feinem Gefühl und Intuition ausgestattet. Sie besitzt zudem einen klaren Verstand.[1] Angeregt durch die Lehren Nathans, die Dinge zu sehen, wie sie sind, widersteht Recha den Argumenten ihrer Gesellschafterin Daja und gelangt zu eigenen Ansichten, die für die Zeit des Mittelalters, in der dies Drama handelt, wie auch des 18. Jahrhunderts, in dem es geschrieben wurde, recht frei sind, wie zum Beispiel, daß Gott niemand besitzen könne. Sie stellt die Frage, was das für ein Gott wäre, der andere für sich kämpfen ließe. Wenn Daja sie ganz zur Christin bekehren möchte, weist sie Dajas Einfluß ab und wehrt sich mit Reden, die sich durch anschauliche Bilder auszeichnen, welche in ihrer Überzeugungskraft denen Nathans nicht nachstehen:

Wenn mein Vater dich so hörte!
– Was that er dir, mir immer nur mein Glück
So weit von ihm als möglich vorzuspiegeln?
Was that er dir, den Saamen der Vernunft,
Den er so rein in meine Seele streute,
Mit deines Landes Unkraut oder Blumen
so gern zu mischen? – Liebe, liebe Daja,
Er will nun deine bunten Blumen nicht
Auf meinem Boden! – Und ich muß dir sagen,
Ich selber fühle meinen Boden, wenn
Sie noch so schön ihn kleiden, so entkräftet,
So ausgezehrt durch deine Blumen; fühle
In ihrem Dufte, sauersüßen Dufte,
Mich so betäubt, so schwindelnd! – (LM III, 75)

In ihrer Unterhaltung mit Sittah (V, 6) erweist sich Recha als differenzierende Philosophin, welche die unangenehmen Eigenschaften ihrer Gesellschafterin von den guten wohl zu unterscheiden weiß, ja zu der Erkennntnis gekommen ist, daß Dajas Kritik und Drohung sie auf nützliche Gedanken gebracht hätten. All ihr Wissen stammt nicht aus Büchern, sondern „allein aus seinem [Nathans] Munde“ (LM III, 161), dem Munde des Vaters, dem ihr ganzes Herz gehört. Daher hat nicht nur ihr Verstand, sondern „mit eins die ganze Seele“ gewonnen (LM III, 161).

Nachdem Daja ihr bei den Trümmern eines Christentempels entdeckt hat, daß Nathan nicht ihr Vater sei, wird Recha zur bewußt Handelnden. Sie stürzt sich leidenschaftlich Saladin zu Füßen und besteht darauf, Nathan als ihren Vater zu behalten. In ihrer Herzensangst weiß sie beredt zu argumentieren und die Frage aufzuwerfen, ob es nur das gleiche Blut wäre, das einen Vater zu einem Vater mache. Damit ist es Recha, die zuerst die Frage der geistigen Vaterschaft formuliert und somit zu der Erziehung Saladins, Sittahs und des Tempelherren beiträgt, das Prinzip der geistigen Vaterschaft anzuerkennen. Sie spricht aus, was Nathan bereits von Beginn des Dramas an wußte, so schwer es ihm wurde, Recha nicht auch seine leibliche Tochter nennen zu können.

Bei einem Vergleich Rechas mit Voltaires Palmire in den Dramen *Le Fanatisme ou Mahomet le Prophète* (1742), welches ebenso wie Voltaires *Zaire* (1732) als mögliche Quelle für *Nathan der Weise* angesehen wird,[2] zeigt sich ein großer Unterschied in der Charakterzeichnung. Im Gegensatz zu Recha entwickelt Palmire als Produkt der Erziehung des Tyrannen Mahomet kein selbständiges Denken und kennt nur Gehorsam. Ebenso offenbart sie nicht den Instinkt Rechas und liebt Séide, ihren Bruder, den sie heiraten will. Ihre Liebe zu Séide sieht sie als von Gott gesandt.[3] Erst beim Hinscheiden ihres gemeinsamen Vaters, Zopire, erfährt sie durch Zufall von ihrer Verwandtschaft. Indessen empfindet sie beim Namen Mahomets, ihres Pflegevaters, der sie leidenschaftlich begehrt, geheimes Entsetzen. Bis zuletzt bleibt Palmire naiv, „timide" mit einem „coeur docile". Im 5. Akt erkennt sie in Mahomet den Henker ihrer Familie, der aus zwei unschuldigen Geschwistern zwei Vatermörder machte; denn Mahomet hatte Séide Palmire versprochen, wenn er Zopire tötete. Auch Zaire in Voltaires gleichnamigem Drama zeigt keine Ähnlichkeit mit Recha. Wie Palmire entwickelt sich Zaire nicht. Der Sultan liebt sie wegen ihrer Schönheit, ihrer „naiveté" und ihres guten Charakters. Zaire bleibt konstant in ihrer tiefen Liebe zu Orosmane, an dessen Hof sie aufwuchs, und hofft, als Christin an seiner Seite dem Elend abzuhelfen, die Christen zu schützen, wird jedoch von Orosmane getötet, weil er fürchtet, sie liebe Nérestan, den Franzosen, der wirklich ihr Bruder ist.

Damit offenbart sich die nur sehr oberflächliche Ähnlichkeit der französischen Dramen mit Lessings *Nathan der Weise*, die sich lediglich auf die geschichtliche Epoche, den Ort, das Inzestmotiv und die Frage der Toleranz bezieht, aber die Charaktere nicht einschließt. Gerade der Gegensatz zwischen den unselbständig und naiv bleibenden weiblichen Gestalten Voltaires in *Mahomet* wie *Zaire* und Lessings Recha, die schnell zu einem selbständig denkenden und handelnden Mädchen heranreift, erhellt die bedeutende Funktion, welche Lessing seinen Frauencharakteren verleiht, den Wert, den er ihnen beimißt.

Ähnlich wie Minna liebt Sittah, die ältere der beiden Frauen in Lessings letztem Drama, das Spiel des Geistes. Anders als Minna gebraucht sie ihren Esprit nicht, um durch ein Spiel einen geliebten Mann zu gewinnen. Mit ihrem unabhängigen Denken, ihrem Sinn und ihrer Begabung für geschäftliche Dinge besitzt Sittah Wesenszüge der Witwe des feingebildeten Kaufmanns Engelbert König, Eva,[4] die Lessing im Oktober 1776 heiratete und bereits im Januar 1778 nach der Geburt ihres Sohnes verlor. Im Sterbezimmer seiner Frau hatte Lessing den *Nathan* vollendet.[5]

In täglichem Schachspiel mit dem Sultan, ihrem Bruder, übt Sittah ihren Geist.[6] Es it Sittah, die den Einfall hat, den weisen Nathan an den Hof zu rufen, um den Bruder aus seinen finanziellen Nöten zu erlösen. Somit ist sie es, die durch diesen Einfall die ganze Handlung überhaupt in Gang und zu ihrem Höhepunkt bringt. Gleich Minna ist Sittah sich ihrer Handlungen bewußt. „So schlecht und recht", so „unverkünstelt, ganz sich selbst nur ähnlich", ist auch sie eine individuelle Gestalt. Realistisch und sachlich veranlagt, weiß sie, Saladin viele Ratschläge zu geben, wie z.B. eine Kleinigkeit nicht mehr zu werten als billig ist (II, 2), sie aber auch nicht außer Acht zu lassen (III, 4). Sie besitzt einen so scharfen Verstand, der mit Gutherzigkeit gepaart ist, daß sie zum Vorbild für den Derwisch wird. Dieser wünscht sich, Sittahs Geisteskräfte zu besitzen. Dies ist um so bedeutungsvoller, als der Derwisch wie auch Sittah Mohammedaner sind, und die Frau in der Welt des Islam eine noch minderwertigere Stellung einnimmt als in der christlichen Gesellschaft. Diese untergeordnete Position der islamischen Frau geht aus Saladins Worten klar hervor, mit denen er Sittahs Überlegenheit teils scherzhaft, teils unwillig zugibt:

> Und daß die Weiber doch so gern den Mann zu sich herunter hätten – Geh nur geh – Ich glaube meine Lection zu können – (LM III, 85)

Es wird dem Sultan nicht leicht, seine langgeübte Vorherrschaft aufzugeben. Doch Lessing läßt es seiner weiblichen Gestalt gelingen, den Sultan von der Weisheit der Frau zu überzeugen, so daß er ihren Ratschlägen folgt.

ANMERKUNGEN

1. Zurecht nennt Peter Demetz sie „ein ebenso *sonderbares Ding* wie Minna", „schwärmerisch und kühl intellektuell zugleich". *Gotthold Ephraim Lessing, Nathan der Weise*, Frankfurt/Main, Berlin: Ullstein, 1966, S. 128, mit ihrem „philosophischen Interesse" und ihrer „kühlen Ironie" einen „paradoxen Charakter", ebenda S. 155, zu dem sie schnell infolge ihrer Erlebnisse sich entwickelt, muß hinzugefügt werden.
2. Vgl. Erich Schmidt, op. cit. II, S. 329, Wilhelm Dilthey, op. cit., Fred O. Nolte: „Voltaire's *Mahomet*, as a source of Lessing's *Nathan der Weise* and *Emilia Galotti*", in: *Modern Language Notes*, 1933, S. 152-156.

3. „Depuis le jour qu'Hercide nous soumit l'un et l'autre à votre joug sacré, cet instinct tout-puissant, de nous-même ignoré, Devançant la raison croissant avec notre âge. Du ciel, qui conduit tant fut le secrèt ouvrage.“ *Le Fanatisme ou Mahomet Le Prophète, Œuvres Complètes de Voltaire*, Paris: Antoine Augustin Renouard, 1819, Bd. III, S. 85.

4. Auch R. K. Angress äußert den Gedanken, daß Sittah vielleicht Eva König als Modell gehabt hätte. „Dreams that were more than dreams in Lessing's Nathan“, in: *Lessing Yearbook* III, 1971, S. 32.

5. Zum Leben Eva Königs: Eva Horvath, „Die Frau im gesellschaftlichen Leben Hamburgs. Meta Klopstock, Eva König, Elise Reimarus“, in: *Wolfenbütteler Studien*, Bd. III, op. cit. 180–185.

6. Mit der Darstellung Sittahs wendet sich Lessing gegen Gottsched, der Frauen kritisierte, die ihre Zeit mit nutzloser Tätigkeit verbrachten, wozu auch Kartenspielen gehörte. Etta Schreiber, op. cit. S. 19 f. Gegen Männer, die Karten spielten, hatte Gottsched nichts einzuwenden. So berichtet er in den *Vernünftigen Tadlerinnen* von einem jungen Mann, welcher mit seiner Geliebten spielt und sie gewinnen läßt. Band I, S. 110 f.

Ergebnisse

Wie wir gesehen haben, nehmen die Frauen im dramatischen Werk Lessings in zunehmendem Maße eine aktive Rolle an. Lessings Frauen zeichnen sich durch einen überaus beweglichen Geist verbunden mit einem feinen Gefühl aus, so daß sie zu den eindrucksvollsten weiblichen Charakteren der deutschen Literatur zu zählen sind.[1] Dieser Geist und dieses Gefühl sind es, welche ihnen zur Emanzipation im Werk Lessings verhelfen und sie zu wahren lebendigen Gestalten machen, die menschliche Teilnahme fordern.

In den Jugendlustspielen zeigt sich diese Emanzipation als eine Selbstbehauptung gegenüber dem Mann, teilweise auch als ein Überlisten des Mannes, hervorgerufen durch gesunden Mutterwitz, aber auch bereits Verstand und Gefühl. Bei einem Vergleich mit englischen Komödien aus dem 17. Jahrhundert, die als Quellen für Lessings Werke von der Forschung bezeichnet wurden, wird die viel größere Lebendigkeit der Lessingschen Frauengestalten schon in den Jugendlustspielen offenbar. Die Dynamik, die Spontaneität der Sprache von Lessings Frauen übertrifft selbst die Dialoge in den französischen Komödien eines Destouches und Marivaux. Ebenso wird die Position der Frau von Lessing gehoben. Ihr Handeln ist nicht mehr auf die jeweiligen Launen und Aktionen eines untreuen Ehemannes bezogen, den sie wiedergewinnen muß, indem sie sich degradiert. Stattdessen überwindet sie Widerstände, um ihr Ziel zu erreichen, wobei sie sich aus Widersachern neue Bewunderer schafft. Um ihr Vorhaben zu verwirklichen, ist sie nicht mehr auf Hilfe von anderen Männern angewiesen, sondern handelt aus eigener Initiative und hat ihre eigenen Ideen. Es ist auffällig, wie Lessings Frauen sich durch selbständiges Denken auszeichnen. Bereits in den Jugendlustspielen läßt Lessing durch seine weiblichen Charaktere gesellschaftlich produzierte Willkür aufdecken und die Vorherrschaft des Mannes unterlaufen. Um Rollenbarrieren zu durchbrechen, wird in den frühen Komödien auf Verkleidung zurückgegriffen. Auch der Charakter der Frau, welcher in vorhergehenden Dramen anderer Autoren gelegentlich minderwertige Züge zeigt, wird von Lessing in seinen Jugendlustspielen und Fragmenten verbessert und vertieft. Schon in seinem beginnenden dramatischen Werk zeigen die Frauen ein oft stärkeres Bewußtsein ihrer untergeordneten gesellschaftlichen Stellung als es bei den angeblichen Mustern Lessings in der englischen Komödie des 17. Jahrhunderts zu beobachten ist. Während sich Lessings von den Franzosen übernommene Lisette zum Sprachrohr für die Rechte der Frau entwickelt, wird Juliane im *Freygeist* nicht nur zu einer beredten Fürsprecherin des weiblichen Geschlechts, sondern auch zu einer überzeugten Advokatin, die eine Methode vorschlägt, welche zu einer Gleichstellung der Geschlechter und damit zur Schaffung von besseren Bürgern führen kann.

In seiner Meisterkomödie *Minna von Barnhelm* handelt die Hauptgestalt mit einem Zielbewußtsein und einer Konsequenz, die Männer in den Schatten stellt. Eine kluge Frau plädiert nicht nur für die Rechte des weiblichen Geschlechts, sondern beweist durch die Tat – durch ein doppeltes Spiel – daß die Frau dem Mann ebenbürtig ist und gleiche Rechte hat. Anders als ihre Vorgängerinnen in den Komödien eines Marivaux und Houdar de la Motte erregt Minna nicht allein Bewunderung, sondern warme menschliche Teilnahme. Durch ihren hellen Geist verbunden mit tiefem Gefühl erweist sich die Frau als Führerin in die Gemeinschaft, ins Leben. Minnas Gestalt ist es besonders, welche die *Minna von Barnhelm* zur Krönung von Lessings Komödienschaffen werden läßt. Wenn zu Recht behauptet wurde, daß Lessing die deutsche Aufklärungskomödie zum Höhepunkt führe,[2] so muß betont werden, daß es die Frauen in Lessings Lustspielen sind, welche den Esprit, den Witz verkörpern, der die Komödien Lessings auszeichnet.

Mit ihrem unkonventionellen Verhalten hat die Hauptgestalt in der Tragödie *Miss Sara Sampson* die starren Schranken der bürgerlichen

Morallehre des 18. Jahrhunderts durchbrochen. Wenn Lessing bereits am Anfang des Dramas Saras Vater, Sir William, seine Schuld bei dem Betragen seiner Tochter einsehen und sein Bedauern aussprechen läßt, daß er Sara nicht sofort vergeben habe, macht Lessing von vorneherein seine großzügigere menschliche Haltung gegenüber dem doppelten Standard einer patriarchalischen Gesellschaft klar. Das Mitleid, das Lessing im Zuschauer mit Saras Schicksal erweckt, wird um so größer, als sie schließlich den Tod als Folge ihres unkonventionellen Benehmens erleiden muß. Während ihr Geschick Mitleid abgewinnt, erregt Sara selbst auch Bewunderung, der Lessing neben dem Mitleid Raum beläßt. Im Laufe der Handlung entwickelt sich Sara zur Vertreterin einer wahren Sittlichkeit gemäß der bürgerlichen Morallehre ihrer Zeit. Auch in diesem Drama wird die Frau führend. Mit einem feinen Gefühl unterstützt von einem wachen Verstand gelangt Sara zur Vollkommenheit. Durch das Maß an Tugend, das sie beweist und ihr bewundernswertes, gefaßtes Sterben wird sie schließlich zum Muster für den Mann, der sich durch seinen Freitod zu ihr bekennt und sich damit den Tugendforderungen seiner Zeit ebenfalls angleicht. Wenn Lessing Mellefont Sara als Vorbild ansehen und ihr in den Tod folgen läßt – womit die Frau nicht mehr alleine zum Opfer wird – wirkt er einem Erstarren männlicher und weiblicher Rollen entgegen und gleicht die Stellung der Geschlechter aus. Saras Geschichte, die das Leiden, aber auch die Erlösung einschließt, wird zu einer vollkommenen Emanzipationsgeschichte im religiösen Sinne, die als umso bedeutungsvoller angesehen werden kann, da religiöse Fragen zu den Hauptthemen in Lessings Werken gehören.

Anders als Racines Iphigénie, die von der göttlichen Führung gerettet wird, muß Emilia in *Emilia Galotti* ihr Schicksal selbst bestimmen. Sie wird wahrhaftig die Entschlossenste ihres Geschlechts, wenn sie sich von keinem Menschen zwingen lassen will. Emilia ist es selbst, welche nach schnellem Durchschauen ihrer Lage die Initiative übernimmt und ihren Vater dazu bringt, sie zu töten, um einem Leben der Schande zu entgehen. Durch die drastische Entwicklung von einem jungen, unerfahrenen Mädchen zu einer rasch Erkennenden und Entschlossenen, welche die Konsequenzen zu ziehen weiß, wird Emilias Emanzipation noch eindrucksvoller als die der anderen Lessingschen Frauengestalten. Ihre Emanzipationsgeschichte, die Leiden und Erlösung mit einbezieht, aber gleichzeitig die Idee des Widerstandes, der Rebellion gegen einen autonomen Fürsten enthält, vollzieht sich im religiösen wie auch im politischen Sinne.

Die weiblichen Kontrastfiguren zu den Hauptgestalten in Lessings Tragödien, Marwood und vor allem Orsina, werden zu beredten Advokatinnen für die Rechte des weiblichen Geschlechts, wobei sie besonders die sexuelle Ausbeutung der Frau anprangern.

Claudia, die einzige wahre mütterliche Gestalt Lessings, entwickelt sich aus einer für das 18. Jahrhundert typischen Gattin durch die Erlebnisse und Vorkommnisse des einen Tages zu einer scharfen Beobachterin mit gutem Kombinationsvermögen, welche die Machenschaften des Hofes durchschaut und mit Löwenmut ihrem Kind helfen möchte. Sie ist es, welche das wahre Wesen Emilias erfaßt hat.

In Lessings letztem Drama, *Nathan der Weise*, wird die reifere der beiden Frauengestalten, Sittah, durch ihr scharfes Urteilsvermögen und realistisches Denken zur Ratgeberin des Mannes, den sie zu seinen Handlungen anregt. Er muß ihre Überlegenheit anerkennen und sein Urteil bezüglich aller Frauen revidieren. Die jüngere, Recha, entfaltet sich aus einem schwärmerisch veranlagten Mädchen zu einer selbständig denkenden und handelnden jungen Frau. Ein aufgeweckter Geist gepaart mit Intuition läßt sie zur Philosophin werden und wichtigen Ideen Ausdruck geben, die zum Verständnis und zur Schaffung einer besseren und toleranteren Welt beitragen.

Ihrer Zeit gemäß, in welcher der Frau ein Wirken in der Öffentlichkeit versagt war, mußte sich ihr Einfluß auf die Familie beschränken, konnte sich ihre Emanzipation nur in einem kleinen Kreis vollziehen. Eine Ausnahme macht allein Emilia. Ihr selbstgewählter, dramatischer Tod bringt nicht nur den Fürsten zur Erkenntnis seiner selbst und seines angeblichen Freundes, sondern hinterläßt auch auf die Zuschauer dieser Tragödie einen Eindruck, der zum Nachdenken anregt. Die große Sekundärliteratur über Emilia ist ein Zeugnis davon.[3] Das Familiendrama hat sich ins Politische und darüber hinaus ins Transzendente ausgeweitet. Emilias Emanzipation, ihr Tod klagt nicht nur schwächliche, charakterlose autonome Machthaber an, sondern läßt ihren Vater zum Vertrauen auf einen göttlichen Richtspruch gelangen, womit *Emilia Galotti* Lessings Glauben an eine Theodizee aufzeigt.

Damit wird *Emilia Galotti* zum Beispiel, daß die Tragödie schließlich nicht das Zeichen einer unabänderlichen menschlichen und irdischen Verfassung ist, sondern eine Zwischenstation auf dem unaufhaltsamen Wege des Menschen zum Erkennen seiner selbst und der Welt, wie Lessing es im 79. Stück der Dramaturgie fordert.[4]

Daß Lessing seinen Theorien in seinem dramatischen Werk gefolgt ist, beweist auch die Gestaltung seiner Frauen, welche sich auf das anthropologische System aus seiner Schrift *Das Christentum der Vernunft* beziehen läßt.

Wie beobachtet wurde, bewegen sich die Frauengestalten in den Jugendlustspielen und den Fragmenten mit einer naiven, unbewußten Vollkommenheit, befinden sich also im ersten Stadium. Erst in seinen Meisterdramen erreichen die weiblichen Charaktere die Entwicklungsstufe der bewußten und im Handeln ausgedrückten Vollkommenheit. Während Minna sich von Anfang an ihres Ziels bewußt ist und ihr Tun darauf ausrichtet, macht sie noch nicht die Entfaltung von einem ersten zu einem dritten Stadium durch, sondern erscheint als die von Geist und Gefühl bestimmte Persönlichkeit, die jedoch im Drama neue Erkenntnisse gewinnt, welche ihren Charakter bereichern. Sara hat die erste Phase ihrer Entwicklung mit dem bedeutenden Traum bereits hinter sich, wenn sie auftritt. Ihre Entfaltung im Drama vollzieht sich also von der zweiten zu der dritten Stufe. Ebenso hat Emilia die erste Phase ihrer Entwicklung durchgemacht und berichtet ihrer Mutter davon ähnlich, wie Sara ihren Traum beschreibt. Die Entwicklung von der ersten zur zweiten Stufe wird wie in *Miss Sara Sampson* im Rückblick erfahren. Erst bei Recha erlebt der Zuschauer die Entfaltung ihrer Individualität von der ersten bis zur letzten Stufe.

Es läßt sich damit eine progressive Entwicklung der Frauengestalten in Lessings Dramen in fast chronologischer Folge feststellen,[5] welche dem individualisierenden Verfahren späterer Dramatiker nicht nur gleichkommt, sondern es manchmal übertrifft.[6]

Wie sich gezeigt hat, schuf Lessing Frauengestalten, in denen sich Geist wie Gefühl, Verstand wie Intuition die Waage halten, Frauen, die selbständig denken und handeln. Lessings Frauen werden zu wahrhaft ebenbürtigen Partnern des Mannes. Sie bereichern sein Leben und machen es wertvoller. Wenn Lessing seinen Frauen öfter eine führende Position einräumt, dem Manne bisweilen überlegen sein läßt, so ist das Lessings Methode, um seine Stellungnahme gegen eine männerbezogene Gesellschaftsordnung zu veranschaulichen. Die eindeutige Opposition Lessings gegen eine patriarchalische Ordnung ist seiner Zeit wie auch späteren Epochen voraus und kann noch heutzutage als Muster gelten.

ANMERKUNGEN

1. Wenn Etta Schreiber die Frauen Lessings in zwei Kategorien einteilt, nämlich die rational bestimmten und die naiven, so ist dies allenfalls für einige Gestalten seiner Jugendlustspiele anzuerkennen, doch für die meisten seiner weiblichen Charaktere unzutreffend. Etta Schreiber, op. cit. S. 233.
2. Karl S. Guthke, *Gotthold Ephraim Lessing*, op. cit. S. 22.
3. Karl S. Guthke, *Der Stand der Lessing Forschung*, op. cit. S. 50–54.
4. „... das Ganze dieses sterblichen Schöpfers sollte ein Schattenriß von dem Ganzen des ewigen Schöpfers sein; sollte uns an den Gedanken gewöhnen, wie sich in ihm alles zum Besten auflöse, werde es auch in jenem geschehen ...“ (LM X, S. 120).
5. Vgl. hiermit Hoves Resultat bezüglich Lessings Behandlung seiner Quellen: „Lessing's portrayal of his female characters demonstrates in chronological sequence his growing independence from his literary prototypes“, Hove, op. cit. S. 198 f.
6. Peter Demetz kritisiert Schillers Bearbeitung des *Nathan*, da seine Streichungen auch das Charakterbild Rechas gefährdeten. Ihr paradoxer Charakter werde ins „Naive und Vereinfachte“ verwandelt, „und die schwärmende Intellektuelle, die G. B. Shaw zur höchsten Ehre gereichen würde, wird zur geistlosen Naiven, die ein wenig langweilt, weil sie Schillers Amalia von Ehrenreich (in den *Räubern*) eher zu ähneln beginnt als Lessings Minna. Op. cit. S. 155.

Teil II

Von Kampf zu Kommunikation
Fontanes Enzyklopädie der Geschichtslosen

1. Kapitel
Grete Minde

1859 erschien Darwins Hauptwerk *On the Origin of Species by Means of Natural Selection* und stellte die These von der Auswahl der Stärkeren auf. Zehn Jahre später verfaßte John Stuart Mill *The Subjection of Women* zusammen mit Harriet Taylor Mill und Helen Taylor und nahm Partei für die sozial Schwächeren der Gesellschaft. In seinem Buch verkündete Mill, die Frau sei noch immer die Dienerin oder gar Sklavin des Mannes und habe die Gesetze gegen sich. Es hätte keine politische Gemeinschaft oder Nation gegeben, in der sich nicht Frauen durch Gesetz und Sitte in einer politisch wie bürgerlich untergeordneten Stellung befunden hätten.

Mit der Entwicklung und Ausbreitung der Industrie war das 19. Jahrhundert ein Zeitalter des Umschwungs, des Wandels. Darwin und Mill trugen zu dieser Wende wesentlich mit ihren Ideen bei. Die Aufmerksamkeit, welche Mills Buch in Deutschland erregte, wird durch die Tatsache bewiesen, daß seine Übersetzung unter dem herausfordernden Titel *Die Hörigkeit der Frau* noch im selben Jahr herauskam. Fanny Lewald, deren zahlreiche Romane eine erstaunliche Auflagenhöhe erreichten, widmete ihre Schrift *Für und wider die Frauen* von 1870 John Stuart Mill. Ganz im Sinn von Mill kannte sie nichts Beklagenswerteres als das Los der unbemittelten Mädchen in den sogenannten „besseren Ständen".

1879, zehn Jahre nach dem Erscheinen von John Stuart Mills Buch wurde Fontanes *Grete Minde* veröffentlicht. Dieses Frühwerk des Dichters trägt wie mehr als ein Drittel seiner Romane einen Frauennamen im Titel. Rein formal zeigt sich aus diesem Faktum die Bedeutung, welche Fontane der Frau zuerteilte. Obgleich Fontane Ibsens *Nora* (1879) nicht besonders geschätzt hatte,[1] kritisierte er Schopenhauers Gedanken über die Frauen in *Die Welt als Wille und Vorstellung* und verteidigte Freiheit und menschliche Rechte. In dieser Beziehung teilte Fontane die Ansichten einer älteren Zeitgenossin, Bettina von Arnim, die jetzt als Deutschlands erste Sozialkämpferin und Verfechterin der Frauenemanzipation gilt.[2a] Daß diese Frau, die 1859 erst gestorben war, Fontane beeindruckt haben muß, obwohl ihr Name selten bei ihm Erwähnung findet,[2b] wird später gezeigt werden. Wie hat Fontane, der als Meister der realistischen Erzählkunst angesehen wird, seine Frauengestalten dargestellt? Die Beschäftigung mit dieser Frage eröffnet neue Horizonte für die Interpretation von Fontanes Werken. Während der letzten zehn Jahre sind ein paar Dissertationen und Artikel erschienen, die sich mit der Frauenfrage im Œuvre Fontanes beschäftigen. Indessen zeigen diese Studien Unstimmigkeiten und umfassen nicht alle Romane und Erzählungen des Dichters.[3]

Wenn in der neueren Kritik Fontane vorgeworfen wird, daß er in *Grete Minde* etwas vermische, was nicht ohne weiteres vermischt werden dürfe, nämlich zwei verschiedene Denkformen, die uns die Einheit schuldig blieben: Gesellschaftlichkeit einerseits und Individualität andererseits, so wird verkannt, daß in dieser, einer altmärkischen Chronik nacherzählten Geschichte eins das andere bedingt, daß die Gesellschaft den Charakter des Individuums beeinflußt. Weiter wird in der Forschung festgestellt, Fontane gehe zum Teil einer Ehrenrettung Gretes aus dem Wege. Indem der störrische Charakter im Charakterbild der Grete Minde betont werde, könne Trotz als Schuld verstanden werden und Sühne fordern, wie es dem Denkschema der Zeit entsprochen hätte. Es wäre durchaus historisch gedacht, eine solche Ehrenrettung konsequent in die Erzählstruktur einzubringen. Dies sei nicht geschehen.[4] Demgegenüber muß konstatiert werden, Fontane beweist bereits in diesem Frühwerk seine meisterhafte analytische Darstellungskunst und sein psychologisches Einfühlungsvermögen. Der Dichter zeigt Gretes Trotz nicht als eine einfache, von vorneherein bestehende Charakteranlage, sondern läßt diesen Trotz sich langsam durch den Einfluß ihrer Umgebung entwickeln, vor allem durch die ungerechte lieblose Behandlung, die das Kind und das junge Mädchen erfahren muß.

Es ist Valtin, der Nachbarssohn, der Grete anregt, gegen das Verbot Truds über den Zaun zu springen. Ehrentz, Valtins Stiefmutter, untergräbt Gretes Respekt vor Trud weiter, wenn sie Grete zuredet, sie solle nicht glauben, was Trud Negatives von der Aufführung des „Jüngsten Gerichts“ durch die Puppenspieler gesagt hätte. Es ist das lieblose Verhalten Truds zu dem jungen Mädchen, die ungerechte Behandlung Gretes durch die Frau Gerdts, die den Haushalt des alten Minde führt, Truds fortwährendes Anprangern der toten Mutter Gretes als einer Fremden, Katholischen, Bettelarmen, die Gretes Widerstand hervorruft und sie leidenschaftlich aufbegehren läßt: Ihr Vater werde sie schützen, und nach seinem Tode werde sie sich selber schützen.

Valtin ist es, der Grete zuredet, das Kind Truds, das ihrer Aufsicht anvertraut war, zu verlassen und mit ihm das festliche Treiben auf der Burg beim Besuch des Kurfürsten anzusehen. Grete weigert sich zunächst, ihr Versprechen zu brechen. Jedoch Valtin erinnert sie, sie müsse nicht die Magd in dem Hause ihres Vaters sein. Schon lange hat Grete, deren Leben nach des Vaters Tode nichts als Kampf gegen fortwährende Unbill ist, sich mit Fluchtgedanken befaßt, da sie kein Unrecht sehen und leiden kann. Bereits früher hatte Valtin ihr versprochen, er würde als ihr Ritter stets zu ihr halten, für sie fechten und sterben und mit ihr auch von Hause weggehen. Intuitiv spürt Grete, daß ihr letzter Tag im Hause gekommen war. In der Szene mit Trud stempelt diese Grete zum Bettelkind und schlägt sie. Gretes leidenschaftliches Temperament erwacht, sie verletzt Trud mit einem Gürtel und flieht mit Valtin.

Fontane läßt keinen Zweifel daran bestehen, daß es die Gesellschaft, ihre engere Umwelt zunächst ist, welche die Entwicklung von Gretes Charakter bestimmt. Wiederholt wird ausgeführt, daß Grete von Natur aus gut sei, daß sie Liebe brauche. Der lutheranische Pfarrer Gigas, „der nicht nur das menschliche Herz kannte, sondern sich aus erbitterten Glaubenskämpfen her auch einen Schatz echter Liebe gerettet hatte“,[5] charakterisiert die junge Grete gegenüber Trud und wird zum Sprachrohr des Dichters: „Ihr verkennt es [das Kind]. Es ist ein verzagtes Herz und kein trotziges Herz. Ich sah, wie sie zitterte, und der Spruch, den sie sagen sollte, wollte nicht über die Lippen. Nein, es ist ein gutes Kind und ein schönes Kind. Wie die Mutter“ (III, S. 27). Trud fehlt die Liebe, welche Gigas als die rechte Behandlung für das leidenschaftliche Temperament Gretes erkannt hat.

An anderer Stelle weist der Dichter wieder auf den eigentlichen guten Charakter seiner Heldin hin, wenn er erwähnt, wie sie „nach Art leidenschaftlicher Naturen ebenso rasch zu gewinnen als zu reizen war“ (III, S. 33) und den Groll gegen Trud, welche ihre Mutter geschmäht hatte, vergißt. Weil Trud es liebt, liest Grete ihr öfter in ihrem Zimmer vor und plaudert mit ihr.

Beim Sterben Valtins gibt Grete sich die Schuld und klagt sich an, daß sie in ihrer Liebe zu ihm nur an sich gedacht hätte. Alles Unrecht, das man ihnen antäte, käme von Gott, der sie nun strafte. Sie müßten es tragen lernen. Aber sie habe es nicht tragen wollen. Sie habe sich in Haß und Ungeduld aufgelehnt. Fontane mildert diese strenge Selbstanklage Gretes, wenn er Valtin ihr versichern läßt, sein Glück wäre nur anders als das anderer Leute gewesen. Sie waren glücklich gewesen, bis der Streit kam, bei dem er tötlich verwundet wurde. Fontanes Einstellung zu Grete Minde und ihrer späteren schrecklichen Tat zeigt sich in der Bemerkung der klugen Domina, die Grete erlaubt hat, Valtin auf dem zu ihrem Kloster gehörigen Friedhof zu begraben: „Unglücklich Kind. Sie hat das Zeichen." Die Domina segnet Grete, denn sie weiß, diese Frau braucht besonders den Frieden des Herrn. Um Gretes Wesen weiter zu verdeutlichen, zieht der Dichter selbst die einfache Kreatur heran. Der Hund der Domina, der die Menschen erkennt, ist zutraulich zu Grete und bestärkt die Domina in ihrer Auffassung von dem eigentlich guten Wesen Gretes.

Weil sie es dem sterbenden Valtin um des Kindes willen versprochen hat, macht sich Grete trotz ihrer Furcht auf, Gerdt zu bitten, sie als Magd in sein Haus aufzunehmen, oder wenigstens das ihr vom Vater zustehende Erbe zu übergeben. Sie weiß, sie würde mit diesem Erbe mindestens unabhängig sein. Doch, um Demut zu lernen, überwindet sie ihren Stolz und nimmt sich vor, sich vor ihrem Stiefbruder niederzuwerfen. Aber sie ist gewiß, er müsse sie aufrichten. Grete besitzt genug Selbstachtung, es nicht dulden zu können, wenn Gerdt sie vor sich auf dem Boden liegen ließe.

Mit feiner Beobachtungsgabe bemerkt Grete bereits vor dem väterlichen Haus, es müsse ungastlich geworden sein, da die Schwalbennester nicht mehr da sind. Bei ihrem Besuch im Hause des Stiefbruders verkörpert der nicht nur Engstirnigkeit, starre Konvention, sondern auch Herzlosigkeit und Habsucht, wenn er Grete schließlich das Erbe versagt. In Gretes Innern tobt Haß gegen den Stiefbruder. Jedoch ähnlich wie Thomas Hardys Charaktere findet sie draußen in der Natur, im Licht des Mondes noch einmal Ruhe. Sie kommt auf den Gedanken, den Rat der Stadt um ihr Recht zu bitten. Aber ihr wird dieses Recht nicht. Ein Appell des alten Richters, Peter Guntz, an Gerdt, seiner Schwester Barmherzigkeit zu gewähren, weist der wegen ihres am Wege geborenen Kindes ab. Auch die anderen Ratsherren, „deren anfängliche Neugier und Teilnahme rasch hingeschwunden war, sahen ihr nach, einige hart und spöttisch, andere gleichgültig", (S. 87) stellt Fontane dar und begründet damit weiter Gretes späteres Verhalten. Indem der Dichter einzig Peter Guntz in Sorge und Unruhe über das Urteil sein läßt, das er als ein „unbillig Recht, ein totes Recht" bezeichnet, bringt er seine Kritik an der bestehenden Ordnung hervor, die der Frau ihr Recht und ihren Besitz versagt.

Dramatisch schildert Fontane im letzten Kapitel die Untat der irrsinnig

Gewordenen. Eindeutig geht hervor, daß Gretes wahnwitziges Tun durch die ungerechte und grausame Behandlung einer Gesellschaft verursacht wurde, deren Recht nicht mehr besteht, die keine Gerechtigkeit mehr besitzt. Die Überschrift des letzten Kapitels „hier hastu gerichtet nur kleine Zeit, dort wirstu gerichtet in Ewigkeit“ enthält die unmißverständliche Mahnung des Dichters an die Zurückgebliebenen wie ihre Nachfolger, ihre Urteile im Hinblick auf die ewige Gerechtigkeit zu überprüfen.

Fontane benutzt die altmärkische Chronik, um die rechtlose Stellung der Frau in der Gesellschaft früherer und späterer Zeit zu verdeutlichen. Gerade die starke, kämpferische Natur der Grete Minde, welche sich dem ihr angetanenen Unrecht widersetzt und im Kampf dagegen schließlich ihr Leben verliert, wird zum eindringlichen Beispiel für das Los der Mädchen, die Fanny Lewald in ihrer Schrift herausstellt, und darüber hinaus zum Paradigma der gesellschaftlichen Diskriminierung der Frau.

ANMERKUNGEN

Zitate aus dem Text stammen aus *Theodor Fontane, Sämtliche Werke*, München: Nymphenburger Verlagshandlung, 1959 und werden mit Band und Seitenzahl bezeichnet.

1. Vgl. Walter Müller–Seidel: *Theodor Fontane. Soziale Romankunst in Deutschland*, Stuttgart: J. B. Metzler, 1975, S. 161 f.

2a. Daniela Weiland: *Geschichte der Frauenemanzipation in Deutschland und Österreich*, Düsseldorf: ECON Taschenbuch Verlag, 1983, S. 32.

2b. Bettina von Arnims Name erscheint nur einige Male in Fontanes Werken. Es ist jedoch auffällig, daß Fontane bei ihrer Erwähnung auf sie lediglich mit dem Vornamen hinweist. Vgl. seinen Brief an Lieschen, 22. April 1865, in dem er von Gisela von Arnim spricht, eine der drei Töchter der Bettina. *Briefe*, hrsg. von Kurt Schreinert, Charlotte Jolles, Berlin: Propyläen Verlag, 1968–71, Band II, S. 295.

3. Zu diesen gehören Jutta Siegrid Leheis: *Zauber des Evatums. Zur Frauenfrage bei Theodor Fontane*. Diss. U. of Massachusetts, 1974, Ann Arbor: Univ. Microfilms, 1975; Hanni Mittelmann, *Die Utopie des weiblichen Glücks in den Romanen Theodor Fontanes*, Bern: Peter Lang, 1980, und andere Einzelstudien. In den folgenden Kapiteln wird auf diese Studien eingegangen.

4. Walter Müller–Seidel, op. cit. S. 77.

5. Fontanes Werke, III, S. 24.

2. Kapitel

Vor dem Sturm

Lange unterschätzt, hat Fontanes erster Roman *Vor dem Sturm* (1878) lediglich in der neueren Forschung mehr Würdigung gefunden. Nicht nur wird festgestellt, Fontane hätte seine Erzählkunst nie wieder in so umfänglicher Weise entfaltet wie in diesem Werk,[1] sondern es wird auch erkannt, dieser Roman, in langen Jahren entstanden und unter Entbehrungen geschrieben, erreiche eine künstlerische Höhe, zu welcher der Dichter erst wieder im letzten Jahrzehnt seines Schaffens gelange.[2] „Die strengste Sparsamkeit der Zeit, die straffste Begrenzung des Ortes, und doch eine überraschende Welt der Individualitäten“ wird ferner entdeckt.[3] Gerade die Frauengestalten in diesem Roman sind von einer Verschiedenheit, die auf die späteren Romane Theodor Fontanes hindeuten. Wenn vermerkt wurde, Erneuerung der Gesellschaft sei das Thema des Romans,[4] so kann hinzugefügt werden, daß es besonders die Frauengestalten in diesem Werk sind, die auf neue Ideen für ein besseres Leben durch Worte und Handlungen aufmerksam machen.[5]

Die schöne Polin Kathinka von Ladalinski kann als die lebendigste dieser Frauen angesehen werden.[6] Nicht nur hat der Dichter in dieser Gestalt die „Liebenswürdigkeit“ und den „eigenthümlichen Charme der Polinnen“ verkörpert, den er den Deutschen mit ihrer ewigen Ordnung in einem Brief gegenüberstellte,[7] sondern eine außergewöhnlich kluge, kritisch beobachtende und selbständig handelnde junge Frau geschaffen. Ihr Äußerliches ist Ausdruck ihres Wesens. Der eng anschließende polnische Überrock läßt die Schönheit ihrer Figur erkennen. Das kastanienbraune Haar im Goldnetz bietet der jeweiligen Mode Trotz. Ihr hellblaues Auge, das wie Feuer leuchtet, zeugt von Leidenschaft, ebenso wie ihre sichere Art sich zu bewegen ein Bewußtsein der Überlegenheit verrät (I, 168). Erzogen für ein Leben in der Gesellschaft, denkt Kathinka jedoch selbständig genug, um gegenüber diesem gesellschaftlichen Leben am Hofe Distanz zu wahren und es kritisch zu beobachten. Kathinka erkennt, nicht der Mensch, nicht die Persönlichkeit spiele eine Rolle, sondern lediglich äußere Kriterien wie Position und Abstammung seien von Bedeutung. Kurz und bündig stellt sie fest: „Stellung und Geburt entscheiden, nicht der Mann“ (I, 199). Es ist Kathinka, die Fontane zu einer beredten Fürsprecherin für die Polen gemacht hat, was bisher übersehen worden ist.[8] Sie ist es, die zum Sprachrohr des Dichters wird und die Ideen vertritt, welche Fontane in seinem Brief äußerte. Sie kritisiert die Pedanterie und gewisse Prosaik im deutschen Wesen, die sie an dem Konrektor Orthegraven beobachtet, und stellt sie der Leidenschaft und Phantasie der Polen entgegen, welche sie bei dem Grafen Bninski erkannt hat. Es ist ebenfalls Kathinka, welche die Verketzerungen der Polen anprangert, die von langer Zeit her im Schwunge seien (I, 200). Doch auch über sich mockiert sie sich, wenn sie beim Einbruch im Hause Vitzewitz wohl schnell besonnen reagiert, doch nicht so mutig wie Marie ist. In Konversationen ist sie schlagfertig und witzig, weist bei Hauptmann Bummkes Bemerkung, ihr Name Kathinka von Ladalinska klinge wie Janitscharenmusik, auf das Instrument hin, das von Bummkes erster Namensilbe lebe. Differenziert weiß sie ihrem Vater zu erklären, sie sei gegen die Heirat mit Lewin von Vitzewitz; sie habe ihn lieb, aber liebe ihn nicht; er träume mehr als er handele. Einer Guseschen Hof- und Hauspolitik zuliebe fühle sie sich nicht geneigt, ein Verlöbnis einzugehen. Die Tante Amelie behandle alles wie eine Verbindung regierender Häuser. Jedoch Lewin sei kein Prinz und sie keine Prinzessin. Was ihr Sache des Herzens wäre, sei der Tante Sache des Hauses, nur Rheinsberger Reminiszenzen. Schließlich summiert Kathinka die Sachlage. Der gütigste der Väter, immer bereit, ihr jeden kleinen Wunsch zu erfüllen, versage ihr den größten, weil es ihn in seinen politischen Plänen störe und ihn kompromittiere. Der Vater erkennt, Kathinkas Worte sind trotz ihres scheinbaren Eingehens auf seine Wünsche mit besonderer Vorsicht gewählt. So verspricht sie ihm, sie werde ihn weder mit Wünschen und Bitten beunruhigen, werde schweigen, und es solle nichts geschehen, was seine Stellung nach oben hin gefährden oder seine Zugehörigkeit zu Preußen neuen Verdächtigungen aussetzen könne (I, S. 354 ff.). Nicht nur erweist Kathinkas überzeugende Rhetorik ihre Intelligenz, sondern darüber hinaus ist es die Persönlichkeit Kathinkas, die ein Medium für Fontanes Sprachkunst in diesem Roman ist. Gerade die Artistik der Sprache in diesem Roman wird von der neueren Forschung herausgehoben.[9]

Kathinkas Charme, ihr Witz, ihre Konversationsgabe, die einen leicht spöttischen Ton annehmen kann, ihre Selbständigkeit weisen auf die geistvolle Gräfin Melusine in Fontanes letztem Roman *Stechlin*. Eine Verbindung zu dem Melusine Motiv läßt sich herstellen, wenn Kathinka während der Unterhaltung mit dem Vater ihr Taschentuch in das Fischbassin taucht. Ähnlich wie Melusine weiß Kathinka ihren Willen durchzusetzen. Wie sie durch ihre Flucht mit dem Grafen Bninski ihre Beziehung zu dem ungeliebten Lewin abbricht, so endet Melusine ihre Ehe mit dem Grafen Ghiberti. Mit der Flucht Kathinkas beweist Fontane, Frauenherzen sind nicht „das Wandelbarste" und reduziert diesen Hoffnungspunkt des alten Ladalinski zu einem wertlosen Klischee. Daß Kathinka sich mit Bninski nicht in Abenteuer stürzt, sondern ein festes Ziel verfolgt, zeigt sie in einer Unterhaltung mit dem Geliebten vor der Flucht, in der sie darauf besteht, nichts sei ohne Ring zu machen.

Kathinka zeichnet sich nicht nur durch natürlichen Witz und Klugheit aus, sondern besitzt Bildung, die über das rein Gesellschaftliche hinausgeht.[10] Dies zeigt sich in der Tatsache, daß sie Lewin Herders *Völkerstimmen* schenkte, da sie sich in manchen Volksliedern auf ihr Verhältnis beziehen ließen. Mit einer Reihe von Fontanes späteren Frauengestalten, darunter Effi, teilt Kathinka die Freude an der Bewegung. So übernimmt sie von Lewin die Zügel, um den Schlitten noch schneller dahinjagen zu lassen. Der farbenprächtige große Teppich in Kathinkas Zimmer, der Frau Venus von einem Taubengespann durch die Lüfte gezogen darstellt, wird von Fontane in deutlicher Anspielung auf Kathinka verwendet. Ähnlich gebraucht der Dichter später in seinem Roman *Stine* den Polzinschen Teppich als Gleichnis für die Lebensstärke Paulines und den Smyrnaer Teppich für die Lebensschwäche Stines.[11] Nicht nur die Szene, in der Renates Lieblingstaube sich als „untreuer Liebling" erweist und sich auf Kathinkas Schulter setzt, sondern auch Kathinkas Wesen, das das Heitere liebt, jede Unstimmigkeit vermeidet und immer den Ausgleich sucht, lassen sich auf das Bild der Taube, die den Frieden symbolisiert, beziehen. Dieser Hang zum Ausgleich, zum Kompromiß tritt auch in der Unterhaltung mit Bninski vor ihrer Flucht hervor. Bei des Grafen Ausfall gegen Preußen, das Land des Dünkels und der großen Worte, der Rubrik des Formelwesens, der Schablone, weist das Kathinka zurück: Er spräche sich aus dem Recht in das Unrecht hinein. Er müsse selbst die Übertreibung, zu der ihn Vorurteil und Bitterkeit hinrissen, fühlen. Der Entschluß zur Flucht mit dem Geliebten, der auch als ein Kompromiß anzusehen ist, da Kathinka ihres Vaters Stellung nicht untergraben will, fällt ihr nicht leicht. Einmal entspringt ihr Schwanken der Liebe zu Bninski, der nicht in einem falschen Licht dastehen soll. Zum anderen schmerzt es sie auch um Lewin, dem sie sich verschuldet fühlt. Sie ist sich bewußt, daß diese Flucht ein Scheiden von ihrem Vater auf Nimmerwiedersehen ist. Das Vorbild ihrer Mutter, die einer Ehe entfloh, die sie nicht befriedigte, wird jedoch entscheidend. Mann und Frau erhalten volle Gleichberechtigung im Kopf dieser starken und selbständigen Frauengestalt Fontanes. So denkt sie in ihrem neuen Leben in Paris als Gattin Bninskis nicht nur an ihren Vater, sondern ebenso an die Mutter, die gegen die Konvention handelte, ihr Leben selbst bestimmte und der Tochter zum Beispiel wurde.

Es ist Kathinka, die Berndt von Vitzewitz zu den als Aufmunterung für den tief getroffenen Lewin gemeinten witzigen Worten anregt, die Frauen wollten alle herrschen und wären in einer ewigen Verschwörung gegen das männliche Geschlecht (I, S. 490). Mit diesen Worten, die nicht nur zu sehr verallgemeinern, sondern auch übertreiben, läßt Fontane Vitzewitz den üblichen Ärger einer männlich bestimmten Gesellschaft anzeigen, den eine Frau erregt, die unabhängig handelt.

Gegenüber Kathinka wirken ihre Altersgenossinnen Marie und Renate zunächst längst nicht so lebendig.[12] Marie, die Pflegetochter des Schulzen Kniehase, die mit ihrem Vater, einem fahrenden Künstler als Kind ins Dorf kam und nach ihres Vaters Tod dort blieb, soll dem Hause Vitzewitz nach der Prophezeiung des Pfarrers Segen bringen. Ihre Darstellung, auf dieses Ziel ausgerichtet, wirkt auf den ersten Blick balladesk und mythisierend. Die junge Marie wird von den Bewohnern des Hauses Vitzewitz und Guse wie auch des Dorfes als „ein Märchen“ (I, S. 21), „ein Feenkind“ (I, S. 67), als „ein sonderbares Kind“ von „phantastischem Wesen“ (I, S. 68), „eine beauté aus dem Märchen“ (I, S. 109), „ganz Phantasie“ (I, S. 244) angesehen. Bei dem Feuer, das den Saalbau des Hauses zerstört und dem Volksglauben nach den Blutfleck auslöschen, daß heißt den Makel des Brudermordes austilgen soll, leuchten ihre Augen aus dem rot und schwarzkarierten Tuch selber wie Feuer. Maries Funktion erinnert in gewisser Weise an die Iphigenie in Goethes Drama, ihre Darstellung ist jedoch romantisch.

In Verbindung mit dem Ende des rätselhaften Spruches auf dem Grabstein „und kann auf Sternen gehen“ (I, S. 9) nimmt die Verwendung des Sternbildes in der Beschreibung Maries eine besondere Bedeutung an. Das Kind erscheint zuerst im Dorf in einem mit Sternchen aus Goldpapier besetzten Kleid. In Träumen erblickt Lewin sie in einem Kleid mit Sternen übersät und später in einem Hochzeitsschleier, von dem goldene Sterne leuchten. Der Gebrauch des Sternbildes wird gleichnishaft. Von klein auf haben Träume und Visionen Marie tief bewegt. Von erregbarem Sinne, nimmt Jegliches, was Marie hört, für sie lebendige Gestalt an. Das Tun der jungen Marie wirkt symbolisch, wenn sie in die halbdunkle Kirche zu der Bank huscht, wo ein Major nach der Schlacht von Kunersdorf verblutet war, und schließlich die alte Buche umkreist, deren zweigeteilter Stamm an den Bruderzwist der Vitzewitze gemahnt.

Die romantische Art, wie Marie dargestellt wird, ihre Phantasie, ihre Erregbarkeit, die Begriffe, welche mit Marie assoziiert werden: Sterne, Träume, Visionen, Bäume, gemahnen an ein Werk von Fontanes Zeitgenossin, Bettina von Arnim, *Clemens Brentanos Frühlingskranz*, der 1844 veröffentlicht war, also ungefähr vierzehn Jahre, bevor Fontane begann, an seinem ersten Roman zu arbeiten.[13] Maries Gestalt ähnelt der jungen Bettina, wie sie im *Frühlingskranz* erscheint, ebenso erregbar, phantasievoll, verbunden mit der Natur, nicht ausersehen, einem schuldig gewordenen Geschlecht Segen zu bringen, doch bereits von einer besseren Welt träumend:

> Ich will in die Wolken schauen und in den Mond, von dem eben der Tag Abschied nimmt, und ich will solang hineinsehen, bis ich eine andre Welt entdecke, und wenn ich sie gefunden hab, dann soll keine Träne mehr neidisch mir den Glanz verdunklen, in dem meine Seele ihre Farben spiegelt! Und was flüsterst du, Linde, mir ins Ohr? – Grün, grün ist die zarte Farbe der Seelenruh, grün im Abendschein ist die Wiege der Träume! Und jeder Halm wiegt einen Traum, und mein Geblätter raschelt im Netz der Träume, und es winkt dir! Ach schweig du, Linde, es ist Nachtzeit, die Sterne glitzern durch dein Laub und reden anderes ...[14]

Auch von Marie heißt es:

> Sie sah in die Welt wie in einen Traum und schritt selber traumhaft umher (I, S. 71).

Von Anfang an wirkt Marie märchenhaft gut. Alles Schöne zieht sie an. Jedoch will sie es nicht besitzen. In ihren sozialen Anschauungen ist sie liberaler als Kathinka und erinnert weiterhin an Bettina, die den Anschluß an die demokratische Bewegung des Vormärz fand, Stoff für ein Armenbuch sammelte und sich an den König mit dem Vorschlag wandte, er solle die freiheitlich demokratischen Tendenzen fördern. Während die Polin Kathinka den Menschen höher bewertet als seine Geburt, so gibt es für Marie gar keine gesellschaftlichen Unterschiede. Hohe und niedrige Gesellschaftsgrade sieht sie als bloße Rollen an, dem Wesen nach identisch, dem Namen nach verschieden. Der Lübecker Totentanz wird für sie Ausdruck der letzten Gleichheit aller irdischen Dinge. Sie erkennt die Verdienste der Tante Amelie an, die bei den einfachen Bauersleuten beliebt war. Ähnlich der jungen Bettina besitzt Marie ein intuitives Ahnungsvermögen. In ihrem Brief an Renate schildert sie, wie sie in Traum und Wachen Lewins Trennung von Kathinka habe kommen sehen. Den bedeutsamen Spruch auf dem Grabstein der Bohlsdorfer Kirche habe sie sich hundertmal vorgesprochen, und ihr wäre dann immer gewesen, als wüchse sie und könnte fliegen. Auch dieser Brief, in dem Marie ihre Gedanken und Gefühle ausführlich darlegt, erinnert an die vielen Briefe, in welchen Bettina ihre Gefühle verströmte. Maries Brief zeugt von ihrer Fähigkeit, sich selbst zu erkennen. Ihr Empfinden des Fliegenkönnens wird zum Symbol für das Wissen um ihr Vermögen, sich zu verändern, ihre Gaben zu erweitern, über alles Konventionelle hinwegzufliegen, Hergebrachtes schwebend zu überkommen, ähnlich wie es Bettina möglich war und in ihrem Werk, das ganz aus Briefen besteht, zum Ausdruck kommt.

Gegenüber der wort- und tatkräftigen Kathinka hat Marie anfänglich schweigsam, passiv gewirkt. Ihrer Funktion als die dem Haus Vitzewitz Segenbringende gemäß ist Marie jedoch bei dem Einbruch aktiv geworden. Sie ist diejenige gewesen, welche die Tür abgeriegelt und zum Stoß gegen den Einbrecher ausgeholt hat. Ihr rascher Entschluß, des Konrektors Orthegraven Heiratsantrag abzuschlagen, dabei ihrem Herzen zu folgen, da Unterschiede in ihren Naturen sie trennten, läßt Marie nicht nur für ihre spätere Verbindung mit Lewin frei bleiben, sondern verbindet ihr Wesen mit dem Kathinkas, die auch der Wahl ihres Herzens folgte.

Maries Ahnungen finden weiter Erfüllung. Mit dem Verlöbnis und der folgenden Heirat mit Lewin wird Marie zur Gutsherrin von Vitzewitz und auch von Guse. So erfüllt sich der wendische Spruch, Grabsteine bringen Glück, wie Maline, Renates Jungfer meint (I, S. 636). Die Verwendung dieses Motivs beweist, daß Fontane Interesse am wendischen Volksglauben hatte und ohne Vorurteile gegen das Wendentum war. Als Gutsherrin von Vitzewitz bleibt Marie, der stets aller Schein zuwider war, weiter demütig und schlicht. Es ist die Persönlichkeit Maries, die Berndt von Vitzewitz zu der Ansicht bringt, die Heirat seines Sohnes mit der Tochter des fahrenden Künstlers würde nicht die Profile und die Gesinnung seiner Familie verderben; denn das Beste, was der Adel hätte, wären eben Profile und Gesinnung, eine Idee, die sich später in des Dichters letztem Roman *Der Stechlin* wiederfindet.[15] Ebenso ist es Marie, die Bammes Ansicht anregt, frisches Blut wäre für eine alte Familie die Hauptsache (I, S. 633), ein Gedanke, der von dem alten Baron in *Stine* geäußert wird. Mit der Ehe Lewins und Maries, die zwei gleichgesinnte Naturen vereinigt, die stets Verständnis füreinander haben, schildert Fontane eine eheliche Gemeinschaft, in der beide Partner gleichberechtigt sind und bringt damit eine Idee, auf die auch in späteren Romanen angespielt wird.

Ähnlich wie Marie wirkt Renate idealisiert, wenn auch nicht einem Vorbild nachgeschaffen, wie die spätere Gutsherrin auf Vitzewitz es offensichtlich ist. Der Palmenfächer, mit dem Renate zu Anfang des Romans die Flammen im Kamin anfacht und sich ebenso gegen sie zu schützen sucht, wird zum Symbol für ihren friedlichen Charakter. Gleich Marie erscheint sie menschlich überaus gut, ohne jegliche negative Eigenschaften mit ihrem ausgleichenden Wesen, das Streitigkeiten schlichtet, mit ihrer steten Offenheit, Heiterkeit und Treue zu ihrem Bruder Lewin, ihrer Freundin Marie und Tubal, der ihr von Tante Amelie als Ehemann zugedacht war. Obwohl sie Tubal liebt, sagt sie es ihm nicht auf seine Fragen, sondern meint, es seien für sie nicht die Zeiten für Bund und Verlöbnis. Doch würden andere Zeiten kommen. Dann hätte er das eigene Herz geprüft und das ihre Vertrauen gelehrt. Daß sie die Unstetigkeit Tubals richtig erkannt hat, beweist die Szene, in der er mit Marie in der Kirche eingeschlossen ist. Renates Ahnungsvermögen ist ebenso stark ausgeprägt wie Maries. Renate ist sich bewußt, daß Schweres sie vor noch Schwererem bewahren wird (I, S. 487). Ihre Scheu vor dem Geständnis ihrer Liebe überwindet Renate am Bett des Sterbenden, der sein Leben für Lewin und den treuen Hund gewagt hat. Es ist Renates Tagebuch, mit dem der Dichter den Roman zu Ende bringt. Der Friede, den Renate um sich zu verbreiten wußte, spricht auch aus ihren Zeilen. Nach einem Leben für ihre Familie hat sie sich nach Einkehr bei sich selber und den Werken der Barmherzigkeit gesehnt, ein Zug, der an Hilde in der späteren Erzählung *Ellernklipp* erinnert. So still und zurückgezogen wie ihr Leben verlief, endet es auch. Renate lebt zuletzt in einem Frauenstift in der Gewißheit, es gäbe eine verklärte Welt, zu der es sie hinaufzieht.

In diesem seinem ersten Roman hat Fontane eine Vielfalt von Frauengestalten geschaffen. Den drei so verschiedenen jungen Frauen entsprechen drei Frauen in gesetzten Jahren, die der Verschiedenartigkeit der jüngeren weiblichen Figuren nichts nachgeben; ja jede der älteren Gestalten hat etwas mit einer der jüngeren gemein.

Die verwitwete Gräfin Amelie Pudagla, aufgeklärt und feinsinnig, erinnert mit ihrem Witz, der Schärfe und Treffsicherheit des Ausdrucks, der Kühnheit ihrer Anschauungen, der Selbständigkeit im Handeln an

Kathinka. So groß die Offenheit dieser ungewöhnlichen Frau ist, so übertrifft ihre Klugheit diese Eigenschaft. Obwohl sie in der Freiheit der Anschauungen mit dem Prinzen Heinrich wetteifert, an dessen Hof in Rheinsberg sie mit ihrem Gatten lebte, wußte sie sich den Eigenheiten des Prinzen anzupassen. Dieser Mühen Lohn war ihre sechzehnjährige Herrschaft ohne Einbuße ihrer weiblichen Reize an einem Hof, der das weibliche Geschlecht negierte, führt der Dichter aus und betont damit die Möglichkeiten, die einer klugen Frau bereits im 18. und frühen 19. Jahrhundert offen standen. Nach dem Tode ihres Mannes war die Gräfin auf sein verfallenes Schloß Guse gezogen. Für ihre unternehmende Natur war die Aussicht auf Tätigkeit, nämlich den Umbau des Schlosses von zwei kleinen Zimmern aus zu leiten, ein besonderer Reiz gewesen.

Alles Aparte fesselt die Gräfin. Ihr gesellschaftlicher Umgang besteht aus einem kleinen Kreis von Männern, unter ihnen Graf Drosselstein, der ihr seine Vorgeschichte anvertraut hat, in der das Motiv der jungen untreuen Frau, welche an Auszehrung stirbt, zusammen mit den von einem roten Band zusammengehaltenen Briefen in einem verborgenen Fach deutlich auf Fontanes späteren Roman *Effi Briest* und mit dem Verbrennen der Briefe auch auf *Irrungen Wirrungen* hinweist.[16] Die französische Erziehung der Tante Amelie, ihr Tod mit einem französischen Buch in der Hand sind Fakten, die sich mit Kathinkas Leben in Paris in Verbindung bringen lassen. Ebenso wie Kathinka ihr Leben bestimmt hat, so setzt Tante Amelie fest, wie und wo ihr Begräbnis stattfindet.

Es erscheint abwegig, Hoppemarieken, die Zwergin im Friesrock, hohen Stiefeln, mit Hakenstock, Botenläuferin, Händlerin und Wahrsagerin, mit Marie, dem „Feenkind" und seinem blassen, feingeschnittenen Profil in Beziehung zu setzen, die Hexe mit der Heiligen – denn so erscheint Marie im Vergleich zu der Alten – gleichzusetzen. Jedoch nicht nur sind die Namen fast dieselben, eine Tatsache, die gerade bei Fontane von Wichtigkeit ist. Der Ausdruck „Omen et Nomen" erscheint in diesem Roman zweimal.[17] Außerdem weisen diese im Grunde so verschiedenen weiblichen Gestalten jedoch eine Anzahl Gemeinsamkeiten auf. Beide stehen außerhalb der Gesellschaft. Beide sind unbekannter Herkunft. Beide haben eine besondere Liebe und Vorliebe für Lewin und treten für ihn ein. Es ist Hoppemarieken, die durch ihr listiges Handeln[18] den größten Teil zur Befreiung Lewins aus französischer Gefangenschaft und darüber hinaus zu seiner Rettung vor der Exekution beiträgt. Es ist diese häßliche Zwergin, oft als Hexe bezeichnet, die das Feuer im Hause Vitzewitz durch ihr Besprechen auslöscht und dadurch eine weitere Zerstörung verhindert.

Auch Bilder, die der Dichter gebraucht, tragen zu der Beziehung zwischen diesen beiden anscheinend so verschiedenartigen Frauengestalten bei. Die Szene der jungen, im Korn schlafenden Marie mit ein paar Mohnblumen in der Hand, ein kleiner Vogel ihr zu Füßen (I, S. 67) wiederholt sich in manchen Aspekten ähnlich für Hoppemarieken. Allerdings schläft die Zwergin den ewigen Schlaf. Sie liegt nicht in einem gelben Kornfeld, sondern in einem gelben Sarg. Ein schwarzer Vogel, einem Raben gleich, sitzt bei der Toten und frißt aus ihrer Hand. Die Nachbarfrauen hatten ihr Ebereschenbeeren und Weizenkörner in die geöffnete linke Hand gelegt.

> Ihr Gesichtsausdruck hatte sich wenig verändert; das Listige hatte der Tod fortgenommen, aber das Trotzige war geblieben (I, S. 626)

wird von ihr gesagt. Selbst dem Tod bietet sie Widerstand. Im Dorf heißt es nach ihrer Beerdigung, sie solle drei Tage auf ihrem Grab gesessen haben. Während ihrer Bestattung ist alles heiter, die Kinder schneeballen sich, und Kniehases Tauben fliegen über dem Zug hin, als würde eine Märchenprinzessin begraben.

Wenn Fontane die Beerdigung des Hoppemarieken mit dem Begräbnis einer Märchenprinzessin vergleicht, so wird wieder ein Wort gewählt, das auch bei Marie verwendet wurde. „Und eine Prinzessin kommt ins Haus" ist das Kapitel überschrieben, welches Maries Verlöbnis mit Lewin behandelt (I, S. 629). Vom Sprachlichen her läßt sich noch eine weitere Verbindung zwischen Hoppemarieken und Marie entdecken. Wenn zu dem Bild der jungen Marie offensichtlich die junge Bettina Pate gestanden hat, so läßt die Bezeichnung Hexe, welche für Hoppemarieken von ihren Mitbewohnern öfter gebraucht wird, an den Ausdruck denken, mit dem Varnhagen von Ense auf die alte Bettina kurz vor ihrem Tode in seinem Tagebuch verweist: „Kranke Hexe".[19]

Die dritte der älteren Frauen, Tante Schorlemmer, die Herrenhuterin, welche dem verwitweten Berndt von Vitzewitz den Haushalt führt, hatte die mutterlose Renate in ihre erzieherische Obhut genommen. Obwohl sie äußerst praktisch veranlagt ist und ihr Christentum wie eine Hausapotheke gebraucht, hat sie doch Renates Denken beeinflußt und dem Leben ihres Zöglings die religiöse Richtung gegeben. Daß Renate jedoch bei allem Einfluß der Herrenhuterin sich ihre eigene Meinung bewahrt und ein feines Differenzierungsvermögen besitzt, beweisen ihre Worte in manchen Unterhaltungen. Für Renate sind die Herrenhuter fromm aber nicht prophetisch. Wie Kathinka ist auch Renate wortgewandt und weiß, Unterschiede zu machen. Zu der Ansicht der Tante, wer den rechten Glauben hätte, sähe das Rechte, hat Renate einzuwenden, wohl das Rechte, aber nicht immer das Richtige und deutet damit an, daß nicht alles Überlieferte, Herkömmliche in der Religion wie auch auf anderen Gebieten das Zutreffende ist. Renate widerspricht der Tante auch, die das alte, sich auf die Bibel stützende Klischee übernimmt und behauptet, überall sei es Eva, die verführe und aus dem Paradies treibe (I, S. 227). Gerade diese Idee läßt der Dichter durch Renate bereits in diesem, seinem ersten Roman widerlegen, in dem die Frauengestalten nicht die Verführenden, sondern die Führenden genannt werden können.

Die Ansichten, welche die Frauen in *Vor dem Sturm* vertreten, können revolutionär für ihre Zeit genannt werden, ebenso wie auch Bettina auf ihre Zeitgenossen revolutionär wirkte. Nicht nur beziehen sich die Anschauungen und Ideen dieser weiblichen Gestalten Fontanes auf das persönliche Recht eines jeden Menschen, sein Leben selbst zu bestimmen, wie es bei Kathinka geschieht, sondern reichen über religiöse Meinungen bis in das Sozialpolitische, wie es besonders Marie, aber auch Renate beweisen.

Im Gedanklichen wie auch im Handeln sind diese Frauen aktiv und dabei führend, wie gezeigt wurde. Das als Hexe verschrieene Hoppemarieken ist diejenige, welche den Einfall hat, wie Lewin zu retten ist, und ebenfalls diese Idee selbst ausführt. Somit wird dieser erste Roman Fontanes zu einem eindrucksvollen Beispiel, daß es nicht einfach Zauber des Evatums ist, der für den Dichter die Rolle der Frau impliziert,[20] sondern daß ihre Funktion weit über diesen Rahmen hinausgeht.

ANMERKUNGEN

1. Katharina Mommsen: „Vom „Bamme-Ton" zum „Bummel–Ton". Fontanes Kunst der Sprechweisen". In: *Formen Realistischer Erzählkunst.* Festschrift for Charlotte Jolles, ed. by Jörg Thunecke, in conjunction with Eda Sagarra, Nottingham: Sherwood Press Agencies, 1979 (S. 325–334) S. 329.
2. M. Windfuhr: „Fontanes Erzählkunst unter den Marktbedingungen ihrer Zeit". In: *Formen Realistischer Erzählkunst*, op. cit. (S. 335–346) S. 344.
3. Peter Demetz: *Formen des Realismus : Theodor Fontane.* Kritische Untersuchungen. Frankfurt/M – Berlin – Wien: Ullstein, 1973, S. 45.

4. Walter Müller–Seidel, op. cit. S. 122.

5. Es ist auffällig, daß dieser Roman in den Sonderstudien, die sich auf die Frauenfrage im Werke Fontanes beziehen, nicht behandelt wird. Die oben erwähnten Studien (Leheis, Mittelmann) beschäftigen sich lediglich mit fünf bzw. sechs Werken des Dichters.

6. Peter Demetz gesteht ihr zu, sie werde von der Sympathie des Erzählers begleitet. *Formen des Realismus*, op. cit. S. 47.

7. Theodor Fontane, *Briefe I*, hrsg. K. Schreinert und Charlotte Jolles, Berlin 1968, S. 131.

8. Vgl. Walter Müller–Seidel: „Fontane und Polen. Eine Betrachtung zur deutschen Literatur im Zeitalter Bismarcks". In: *Formen Realistischer Erzählkunst*, op. cit. S. 433–447.

9. Vgl. K. Mommsen: „Vom „Bummel-Ton" zum „Bamme–Ton"", op. cit.

10. Walter Müller–Seidel spricht von einer Erziehung Kathinkas, „die lediglich Erziehung für die Gesellschaft ist". Op. cit. S. 121.

11. Vgl. Jörg Thunecke: „Lebensphilosophische Anklänge in Fontanes *Stine*". In: *Formen Realistischer Erzählkunst*, op. cit. S. 505–525, S. 514.

12. Walter Müller–Seidel kommt zu diesem Ergebnis. „Vor allem Renate und Marie, Lewins spätere Frau, werden stilisiert, als verdankten sie ihr Dasein zu deutlich der Absicht des Schöpfers, etwas Feines zu geben." *Theodor Fontane*. Op. cit. S. 132.

13. Vgl. Walter Müller–Seidel: *Theodor Fontane*. Op. cit. S. 111.

14. Bettina von Arnim: *Werke und Briefe*. Hrsg. von Gustav Konrad, Frechen/Köln: Bartmann, 1959, Bd. I, S. 37.

15. Vgl. Walter Müller–Seidel: *Theodor Fontane*. Op. cit. S. 456.

16. Ein weiteres solches, auf spätere Werke deutendes Motiv ist die Figur der Mamsell Laache. Wenn diese Musik- und Gesanglehrerin, die das Gefühlvolle liebt, meint „in unserer Stimme ruht unser Herz" (I, S. 311), so nimmt diese Idee bereits das Motiv der Jenny Treibel auf.

17. Vgl. I, S. 98, S. 539. Was für eine Bedeutung Fontane Namen beimißt, geht weiter aus diesem Roman hervor. S. 370 läßt sich Hansen–Grell über die Sprichwörterweisheit altdänischer Namen aus. Manche dieser Namen wären epigrammatischer als ein Epigramm, doch zugleich wie ein Gedicht. Vgl. zu diesem Thema auch Peter Demetz: „Zur Rhetorik Fontanes: Die Kunst der Namen". In: *Formen des Realismus*, op. cit. S. 169–178.

18. Die Schläue und Menschenkenntnis dieser alten Frau, von der Lewin meint, sie sei ein geheimnisvolles Überbleibsel der alten wendischen Welt, zeigt sich darin, daß sie weiß, an wen von Lewins Wache sie sich heranmachen muß, um Erfolg zu haben: „Nee, ick geih to de lütten Franzosen; die passen nich up" (I, 592).

19. Ingeborg Drewitz zitiert diese Notiz Varnhagens aus seinen Tagebüchern, Leipzig, 1868. *Bettine von Arnim. Romantik – Revolution – Utopie. Eine Biographie*. Düsseldorf: Claassen, 1984, S. 266.

20. Jutta Siegrid Leheis: *Zauber des Evatums. Zur Frauenfrage bei Theodor Fontane*. Diss. Univ. of Massachusetts 1974, publ. by Xerox Univ. Microfilms, Ann Arbor 1975.

3. Kapitel
L'Adultera

Mit dem Roman *L'Adultera* von 1880 wendet sich Fontane seiner Zeit zu. Wie der Titel andeutet, steht eine Frau im Mittelpunkt der Handlung. Nicht mit ihrem Namen, sondern mit dem italienischen Wort adultera, melodischer und weniger hart als das deutsche Wort Ehebrecherin, weist Fontane auf seine Hauptfigur hin und damit betont auf das gesellschaftliche Thema dieses Romans. Eine Ehebrecherin zur Hauptfigur des Romans zu machen,[1] ist für Fontanes Zeit nichts besonders Einmaliges, da im 19. Jahrhundert Ehebrecherinnen in Romanen öfter die Hauptrolle spielen wie Anna Karenina und Madame Bovary. Jedoch zeichnet sich der Lebensweg von Fontanes Adultera im Gegensatz zu den Heldinnen Tolstois und Flauberts durch sein harmonisches Ende aus. Von der Forschung ist das glückliche Ende dieses Romans öfter bemängelt worden. Peter Demetz tut es als „billige Gartenlauben–Konzilianz" ab.[2] Walter Müller–Seidel spricht von einem „Happy end", „wie es im Buche steht, das uns da zugemutet wird",[3] findet aber dann, daß dieses Happy end in einem günstigeren Licht gesehen werden kann, wenn der Roman aus der Sicht einer neuen Individualitätserfahrung betrachtet wird.[4] Träger dieses Verlangens nach Individualität und des Erfahrens dieser Individualität ist die weibliche Hauptfigur, Melanie Van der Straaten, nach der Fontane diesen Roman hatte benennen wollen, bis er sich für den allgemeiner gefaßten Titel entschied. Generell gesehen stellt man sich unter einer Ehebrecherin eine ihren jeweiligen Launen oder Leidenschaften folgende Frau vor. Doch zeichnet sich die Frau, der Fontane diesen Genrenamen verlieh, von vorneherein nicht nur durch Grazie, sondern auch vor allem durch Esprit und Selbständigkeit im Denken aus.

Es ist jedoch nicht nur die zehnjährige Ehe mit dem aus dem Judentum wie dem Bürgertum emanzipierten self–made man Van der Straaten, welche Melanie zu der Unabhängigkeit im Denken wie im Fühlen gebracht hat. Neben dem Einfluß der liberalen Atmosphäre des Hauses Van der Straaten ist Melanie ein freies unabhängiges Wesen von Natur eigen. Gleich zu Anfang hebt Fontane hervor, Melanie besäße alle Vorzüge französischen Wesens, nicht nur als Tochter eines Generalkonsuls, die aus einem reichen vornehmen Hause stammte, sondern sie wäre als freie Schweizerin geboren, eine Tatsache, die wiederholt neben ihrer französischen Abstammung vom Dichter betont wird (IV, S.19, 64, 79,

81). Es ist offensichtlich, Fontane bringt Melanies selbständiges Denken, das zu späterem selbständigen Handeln führt, mit dieser Abstammung in Zusammenhang.

Melanies unabhängiges Denken und Handeln stehen im starken Gegensatz zu dem von Fontanes Cécile und Effi Briest, aus den gleichnamigen späteren Romanen, ebenso Christine aus *Unwiederbringlich* und vor allem dem tragischen Ende dieser Frauengestalten. Mit Melanie hat Fontane eine beispielhafte Frauengestalt geschaffen, die ihre eigenen Ideen hat und unbeirrt um gesellschaftliche Konventionen und Bräuche aus sich heraus handelt. Fontane läßt deutlich erkennen, daß in den zehn Ehejahren, in denen Van der Straaten sie als seinen Besitz ansah, sie nur dominierte, weil sie klug genug gewesen war, sich zu zwingen, ihrem Mann im allgemeinen nicht zu widersprechen.

Melanie empfindet ihr Leben als verwöhnte Frau wie die Prinzeß im Märchen in einem wohlhabenden Hause als Zwangslage, als Unfreiheit. Dies zeigt ihre Sehnsucht, wie die Flocken zu steigen und wieder zu fallen. Glücklich ist sie, wenn sie im Sommer aus dem Stadthaus und den allgemeinen Pflichten mit ihren beiden Kindern in Gesellschaft von einem alten adligen Fräulein und einer Klavierlehrerin in die Tiergartenvilla ziehen kann.

Wenn Melanie es sich auch zur Gewohnheit gemacht hat, im täglichen Leben mit ihrem Mann keine Widersprüche zu äußern, so ist es auf dem Gebiete der Kunst, in dem sie zum ersten Mal rebelliert. Offen erklärt sie ihrem Mann, sie könnte seine Begeisterung für Murillos Madonnen nicht teilen. Wenn Melanie in den Madonnen nichts Bezauberndes, sondern Behexendes sieht, so läßt der Dichter diese Frau intuitiv die Rolle erkennen, in welche viele ihrer Geschlechtsgenossinnen seit Jahrhunderten von der patriarchalischen Gesellschaft gedrängt wurden. Sie erschreckt Van der Straaten, wenn sie in der gerade erworbenen Kopie von Tintorettos Adultera bei der Ehebrecherin so viel Unschuld in ihrer Schuld und die Schuld wie etwas Vorherbestimmtes sieht. Instinktiv findet Melanie, daß diese Schuld der Adultera vorherbestimmt sein muß; denn sie ist durch gesellschaftliche Konventionen bedingt, die der Frau nicht die gleichen Rechte wie dem Mann gewähren.[5]

Dem Widerspruch auf dem Gebiet der Kunst folgt die Rebellion gegen herkömmliche Sitten. Daß Melanie die fixierte Rolle der Frau erkennt und aus dieser Rolle herauswill, sie selbst sein will, zeigt sich bereits in ihren Konversationen, nicht nur mit Van der Straaten, sondern auch mit dem neuen Bekannten Rubehn, in denen sie immer wieder auf stereotype gesellschaftliche Ansichten über die Frau teils humorvoll, teils argumentativ und bitter anspielt. So erwähnt sie den Eigensinn und das Rätselraten des weiblichen Geschlechts, das Recht der Frau auf Neugierde (IV, S. 42, S. 44). Sie äußert ironisch, alle Männer seien gut (IV, S. 60) und meint ein andermal lächelnd: „So seid ihr. Tyrannisch und eigenmächtig auch noch in eurer Huld, auch dann noch, wenn ihr uns dienen wollt“ (IV, S. 79).[6] Es ist Fontanes Ambivalenz, wenn er Melanie anscheinend das fixierte Bild der Frau bejahen, sie Platitüden äußern, aber dann durch ihr selbständiges, vornehmes Denken und Handeln beweisen läßt, daß Frauen auch Individualisten, starke Persönlichkeiten sein können.

Melanies vornehme Natur sträubt sich gegen die Einstellung ihres Mannes, der alles in Kauf nehmen will, der ihr Selbständigwerden, die Entwicklung ihrer Persönlichkeit nicht versteht und ihren Ehebruch bagatellisieren will. Melanie ist sich bewußt, daß das Geschehene ihre Verurteilung, ihre Demütigung vor der Welt war. Doch zugleich ist es ihr Stolz, ihre Existenz durch das rückhaltlose Bekenntnis ihrer Neigung aufs Spiel zu setzen. Ihr Treuebruch war keine Affäre, die man vergessen, die man übergehen könnte, wie Van der Straaten meint, sondern ein Bekenntnis zu ihrer Individualität. Es ist Melanies unbedingtes Gefühl, daß das Geschehene verzeihlicher ist als Van der Straatens Einstellung dazu. Wenn sie in der bedeutsamen letzten Unterhaltung mit ihrem Mann meint, Frauen seien Hazardeure, Vabanque Spieler, so deutet sie damit an, es ist ein gewagtes Spiel für das weibliche Geschlecht, sich aus dem von der patriarchalischen Gesellschaftsordnung entworfenen Bild der Frau zu entfernen. Zugleich aber weisen diese Worte auf die verzweifelte Lage, die sie trieb, so ein gewagtes Spiel zu unternehmen.

Beeindruckt von Tintorettos Gemälde der Adultera, macht sich Melanie von dem gesellschaftlichen Bild der Frau los, wenn sie ihre Kinder zurückläßt. Melanie ist konsequent und gerecht. Sie erkennt, wenn sie ihren Mann aus Liebe zu einem anderen Mann verließ, so verlor sie ihr Recht, nebenher noch die zärtliche Mutter zu spielen. Sie, die Jahre hindurch des Mannes Spielzeug gewesen zu sein schien, jahrelang selbst gespielt hatte (IV, S. 81), war es satt, weiter zu spielen. Sie will Ordnung und Einheit in ihr Leben bringen (IV, S. 91) und dazu gehört, daß sie nicht Unheiliges und Heiliges durcheinander wirft (IV, S. 108). Symptomatisch für Melanies Ausbruch aus dem konventionellen Bild ist auch ihr Wunsch, den Ort der zehnjährigen Ehe zu verlassen und in die Welt jenseits der Alpen zu fliehen. Alles Heil und aller Trost scheint Melanie aus Rom zu kommen.[7] In Rom wird ihre neue Ehe mit Rubehn von einem englischen Geistlichen geschlossen.

Der Ausbruch aus der Vergangenheit ist jedoch an Melanie nicht vorübergegangen, ohne schmerzliche Gefühle zu erregen. Dies zeigt sich in einer nervösen Ruhelosigkeit, die sie erst verliert, wenn sie nach langem Umherreisen Venedig erreicht. Hier, wo sie das Original der Adultera zuerst erblickte, gebärt sie ihr und Rubehns Kind. Doch bald zieht es sie nach Berlin zurück. Sie will keine Schuld sühnen; denn sie hat das Geschehene nicht als Schuld angesehen. Sie möchte das Vergehen ausgleichen. Wie andere Frauengestalten strebt Melanie nach Kompromiß, nach Harmonie mit ihrer Umgebung.[8] Für Melanie ist Ausgleich ein Gesetz und das schönste von allen (IV, S. 106). Grundsätze sind Melanies freier Natur zuwider. Nie hat sie verstanden, wie man Grundsätze haben kann oder auch Prinzipien, was eigentlich dasselbe meint, ihr aber immer noch schwerer und unnötiger vorgekommen ist (IV, S. 107). Fontane läßt bereits in diesem Roman eine Ansicht von einer Frau kritisieren, welche in seinem Roman von 1895, *Effi Briest*, Unglück über die weibliche Hauptfigur ebenso wie über den Prinzipienreiter und mehrere andere Beteiligte bringt.

Es ist das Bedeutsame in diesem frühen Roman Fontanes, daß es nicht nur die unbeirrbare Konsequenz im Charakter, sondern auch dieses Streben nach Ausgleich, nach einem Kompromiß im Wesen seiner Heldin ist, das schließlich Versöhnung, Anerkennung von der Gesellschaft wie Verzeihen von ihrem früheren Mann und damit auch ein glückliches Ende herbeibringt. Als Melanie sich von ihrem Mann trennte, hatte sie erkannt, daß sie sich selbst Treue schuldete, daß man treu sein kann, auch wenn man untreu ist. Zunächst hatte die Trennung von ihrem Mann und besonders ihren Kindern Schmerz, Wirrnis, Ablehnung der Gesellschaft gebracht, der sich auch ihre eigene Schwester auf Wunsch ihres Mannes anschließen mußte. Melanie mußte erkennen, welche Schwierigkeiten Frauen haben, wenn sie das Hergebrachte, die traditionelle Rolle der Frau verlassen, von der Regel und dem von der patriarchalischen Gesellschaft erlassenen Gesetz abweichen. Die Welt besiege Frauen in ihrem eigenen Herzen, stellt Melanie fest und gibt bereits die Erklärung, warum Effi Briest sich am Ende die Schuld geben muß. Doch Melanie ist stärker als Effi Briest. Sie weiß, daß sie recht gehandelt hat. So richtet sie sich mit trotzigem Stolz wieder auf, auch wenn die Gesellschaft sie schneidet, wenn ihre Kinder sich von ihr abwenden.

Wenn Rubehn finanziellen Bankrott erlebt, kann Melanie ihren wahren Charakter zeigen, ihre Treue beweisen. Sie, die verwöhnte Frau, ist es, die ihrem Mann Mut zuspricht. Sie weiß, daß alles in Ordnung kommen wird. Endlich ist es ihr vergönnt, ihre Schuld vor der Gesellschaft auszugleichen. Resolut gibt sie die luxuriöse Wohnung des jungvermählten Paares auf und nimmt Arbeit an, um ihre Familie zu unterhalten. Zurecht wird in der neueren Forschung festgestellt, an der Ehe von Melanie und Rubehn werde ein neues Konzept illustriert. Die Übernahme einer aktiven Rolle durch die Frau könne die Ehe zu einer bedeutungsvollen Verbindung machen, da die Gleichheit zwischen den Ehepartnern hergestellt werde.[9] Aber ebenso wichtig ist, daß Melanie ihre Individualität, den Wert ihrer Persönlichkeit beweisen kann, da sie die Treue offenbart, die sich auch im Unglück bewährt. Sie kann zeigen, daß das Vergangene geschah, weil es geschehen mußte, da sie wirklich ihren zweiten Mann liebte, nicht weil sie leicht und übermütig in den Tag hineinlebte. Diese bewährte Treue ist es auch, die der Frau in diesem Roman Fontanes die Anerkennung der Gesellschaft bringt. Damit offenbart der Dichter, daß selbst die gesellschaftliche Meinung veränderbar ist (IV, S. 122).

Wenn Fontane an Melanies Charakter gezeigt hat, daß Frauen, die lieben, stärker als Männer sein können, der Liebe wegen große Opfer bringen, so weist er damit auf eine Eigenschaft des weiblichen Geschlechts, die es dem männlichen Geschlecht gegenüber auszeichnet. Betty Friedan argumentiert in ihrem Buch,[10] die Normen des Herzens, das Aufopfern der Frau haben zu ihrer Versklavung beigetragen. Fontane stellt dagegen an Melanies Fall diese Eigenschaften als die Stärke des sogenannten schwachen Geschlechts dar. Er weist somit auf das Verbindliche des scheinbar Unverbindlichen hin und damit auf eine bessere harmonische Gesellschaftsform, in der beide Geschlechter als gleichberechtigt anerkannt werden, weil jedes in seiner Art seine Stärke besitzt.

Ähnlich wie spätere Werke Fontanes enthält dieser Roman Bilder aus der christlichen Symbolik, welche der Heldin Züge der Maria wie der Eva verleihen und sie damit den gesellschaftlichen Konventionen verpflichtet sein lassen.[11] Bezeichnenderweise finden sich diese Bilder nur im Zusammenhang mit Van der Straaten, der in Melanie nie das Individuum, nur die typische Frau, das Beispiel ihrer Gattung sah.[12] Der grüne Kakadu, der gleich zu Anfang des Romans als Tyrann des Hauses Van der Straaten vorgestellt wird (IV, S. 16), ist nicht nur ein Mobiliarstück, wie sie

Fontane gerne verwendet,[13] sondern gewinnt an Bedeutung, wenn man bedenkt, daß ein Papagei oder Sittig in der christlichen Symbolik oft ein begleitendes Sinnbild der Maria war. Der Pfau, welcher den Garten der Van der Straatenschen Tiergartenvilla bewohnt, wird in der christlichen Symbolik als Sinnbild für die Eitelkeit der Eva angesehen. „Man wandelt nicht ungestraft unter Palmen", ruft Anastasia nach Melanies und Rubehns Aufenthalt im Palmenhaus (IV, 73) und erinnert daran, daß die Palme der christlichen Symbolik und den Sagen zufolge aus dem Paradies stammen sollte, womit das Geschehen mit dem Sündenfall in Beziehung gebracht werden kann.[14] Wenn Van der Straaten Melanie am Ende des Romans das kleine Medaillon mit dem Bild der Adultera in einem Apfel versteckt zusendet, so ist auch diese Geste ein offensichtlicher Hinweis auf die Geschichte im Paradies. Sie kann jedoch Melanies gewonnene Harmonie in der Ehe mit Rubehn nicht mehr beeinträchtigen.

ANMERKUNGEN

1. Ohne Zweifel ist Melanie die Heldin. Ihre Rolle wird verkannt, wenn noch in neuster Zeit behauptet wird: „... that title Melanie Van der Straaten would have been wrong because it is not Melanie who deserves the title role, but her husband, Ezechiel Van der Straaten, an exquisite portrait of the kind of man upon whom „society" tended to look down as a parvenu". Erich Heller in seiner Einleitung zu *The Woman taken in Adultery and The Poggenpuhl Family. Theodor Fontane* translated by Gabriele Annan, The University of Chicago Press, 1979, S. XXV.
2. Peter Demetz: *Formen des Realismus*, op. cit. S. 135.
3. Walter Müller-Seidel: *Theodor Fontane*, op. cit. S. 168.
4. Walter Müller-Seidel, ebenda, S. 179.
5. Vgl. Hanni Mittelmann: *Die Utopie des weiblichen Glücks in den Romanen Theodor Fontanes*, Bern – Frankfurt/M – Las Vegas: Peter Lang, 1980, S. 66.
6. Ein Beispiel dafür gibt Fontane später in St. Arnaud, dem Manne Céciles.
7. Vgl. die Idee der Weltoffenheit der katholischen Kirche, welche Fontane in *Graf Petöfy* vertritt.
8. Manche streben danach, können diesen Ausgleich jedoch nicht gewinnen und scheitern daran. Vgl. Grete Minde, Cécile, Christine. Diesem Scheitern folgt dann der selbst gewählte Tod.
9. Hanni Mittelmann, op. cit. S. 72.
10. *The Feminine Mystique*, New York: Dell Publishing Co., 1963.

11. Vgl. die Studie Peter–Klaus Schuster: *Theodor Fontane, Effi Briest: Ein Leben nach christlichen Bildern.* Tübingen: Max Niemeyer, 1978, auf die noch später zurückgekommen wird.

12. In seiner Untersuchung von *L'Adultera* weist Walter Müller–Seidel auf Van der Straatens Unfähigkeit hin, den Unterschied zwischen Typus und Individualität, Kopie und Original in der Kunst wie auch bei den Menschen, vor allem seiner Frau zu sehen: „Das Individuelle eines Porträts entschwindet seinem Blick. Er nimmt vornehmlich das Typische wahr – die Kopie, die man in zahllosen Exemplaren besitzen kann. Das Individuelle seiner Frau erschöpft sich für ihn in dem, was Frauen allgemein sind. Es ist ganz so wie bei Schopenhauer: sie leben mehr in der Gattung als in der Individualität." *Theodor Fontane*, op. cit. S. 174.

13. Vgl. Richard Brinkmann: „Der angehaltene Moment. Requisiten–Genre – Tableau bei Fontane", in: *Formen Realistischer Erzählkunst*, op. cit. S. 360–380.

14. Vgl. Wolfgang Menzel: *Christliche Symbolik*, Regensburg: G. Josef Manz, 1854, 2 Bände.

4. Kapitel
Schach von Wuthenow

Wie aus dem Brief Fontanes an Mathilde von Rohr vom 11. August 1878 hervorgeht, beruht die Erzählung *Schach von Wuthenow* (1883) auf einer wahren Affäre des schönen Majors von Schach mit der häßlichen Victoire von Crayn vom Jahre 1815.[1] Fontane verlegte die Geschichte jedoch in die Zeit von 1805/06, eine einschneidende Zeit in der Geschichte Preußens. Anders als in den vorhergehenden Erzählungen spielt sich diese Novelle vor allem in Berlin ab, ist also vom Lande in die Kreise des Adels in die Großstadt verlegt. In der obersten Schicht hatte sich mit den Jahrhunderten eine spezifisch adlige Lebensweise herausgebildet, die besondere Rechte und Aufgaben gegenüber dem Staat einschloß. Dienst fürs Vaterland, Tapferkeit, Treue, Pflichterfüllung, Ritterlichkeit, Edelmut und Gerechtigkeit waren von entscheidender Bedeutung. Besonders der Offiziersstand, der bis zu den Steinschen Reformen nur aus Adligen bestand, pflegte diese Standesideologie, die übertriebene Formen annehmen konnte, wobei vor allem der Schein bewahrt werden mußte. Von den Frauen wurde erwartet, daß sie dazu beitrugen, das Ansehen des Offiziersstandes zu wahren. Da dieses Ansehen mit der Zeit mehr und mehr aus Äußerlichkeiten bestand, die auf glanzvolle Repräsentation zielten, spielte das Äußere der Frau, ihre Schönheit neben ihrer standesgemäßen Herkunft die größte Rolle. Dem Maß ihrer Intelligenz wurde keine Bedeutung gezollt. Sie, die für das Wohlbefinden ihres Mannes vor allem zu sorgen hatte, sollte eher intellektuell passiv ohne jede Individualität sein. So ist es auch nicht erstaunlich, daß Schopenhauer feststellte, Frauen lebten nur in der Gattung.[2]

Wenn diese Erzählung unter dem Namen des männlichen Helden steht, die Forschung sich bisher auch fast nur mit dieser Gestalt beschäftigt hat, so nimmt die weibliche Hauptfigur, deren Bedeutung bisher nicht nur unterschätzt, sondern auch verkannt ist,[3] doch einen Platz von gleicher Wichtigkeit für den Roman an, ja wird alleine von ihrem Namen Victoire her gesehen[4] zum überragenden Charakter. Daß Fontane dem Wesen Victoires zudem Züge einer der hervorstechendsten Fauengestalten des 19. Jahrhunderts, Bettina von Arnim, verliehen hat, läßt sich nach einem genauen Studium der bisher übersehenen Frauengestalt erkennen. Darüber hinaus beweisen einige Bemerkungen des Dichters in seiner Korrespondenz, daß er zur Zeit der ersten Konzeption dieser Erzählung sich u.a. mit Bettina beschäftigt hat.[5]

Wenn auch das unschöne Äußere Victoires, ihr von Pockennarben entstelltes Gesicht nicht ein Charakteristikum Bettinas war,[6] so sind Bettina wie auch Victoire ein Gegenteil des konventionellen weiblichen Ideals ihrer Zeit. Auch Victoires inneres Wesen ist diesem Ideal entgegengesetzt.[7] Wie Bettina, so tritt Victoire bereits am Anfang des Romans mit einer Meinung hervor, die sich fundamental von den gängigen Ansichten ihres Standes, ja der offiziellen Politik ihres Staates[8] unterscheidet. Sie liebt die Polen, die ritterlich und unglücklich sind, erklärt sie anläßlich eines der Empfangsabende im Salon ihrer Mutter (II, S. 275).

Ähnlich Bettina besitzt Victoire ein ungewöhnliches philosophisches Analysationsvermögen, zu dem sich warmes Gefühl gesellt. Lebhaft wendet sie sich gegen die in ihren Kreisen populäre Aufführung des Lutherstückes *Die Weihe der Kraft*, da es ihren Ansichten widerspricht, Luther, der von Jugend an ihre Andacht und Ehrfurcht besaß, auf der Bühne zu sehen. Auch in ihrer Verehrung für den Reformator ähnelt Victoire Bettina, die in ihrem Werk öfter auf Luther, vor allem seine Liebe zur Wahrheit und seine Ablehnung alles Mangelhaften hinweist.[9]

Ebenso unabhängig von der vorherrschenden Konvention ist ihr Wunsch, ihre schöne, verwitwete Mutter, Hortense von Carayon, mit dem jungen Offizier von Schach zu verheiraten. Den Anschauungen ihrer Zeit ist Victoire jedoch noch verhaftet, wenn sie ihres unschönen Aussehens wegen an kein Glück für sich selbst glaubt und ihrer Freundin schreibt, sie würde wohl nie den Pantoffel schwingen, also nie eine Heirat eingehen können. Doch die Ausdrucksweise Victoires, das Pantoffelschwingen und Führen, weist deutlich auf eine Auffassungsweise von der Ehe, in der die Frau keine untergeordnete Rolle spielt.[10]

Mit einer bemerkenswerten Beobachtungsgabe, die ein Charakteristikum Bettinas war, hat Victoire bald das wahre Wesen des schönen Schach erfaßt. Sie spricht von ihm als einem nachgeborenen Templer und zeigt damit, daß sie seinen mönchischen Charakter und somit seine Scheu vor jeder Ehe von vorneherein erkennt (II, S. 302).[11] Weiter ist Victoire zum Ergebnis gekommen, alle historischen Personen mit dem Beinamen „der Schöne" wären ihr unsympathisch; denn Schönheit mache selbstisch. Damit ist es Victoire, die unwissentlich bereits auf die wahren Beweggründe für Schachs späteren Selbstmord deutet. Ferner ist Victoire sich für ihre Person bewußt geworden, daß ihre Unschönheit sie im Denken und im Handeln wahrhaft frei gemacht und von der Sklaverei ihrer früheren

Schönheit erlöst hat. Sie weiß, daß sie gerade durch den Verlust ihrer Schönheit ihre Autonomie gewonnen hat. Ihre Unschönheit hat ihr geholfen, sie im Denken selbständiger werden zu lassen und sich von dem stereotypen Bild der Frau ihrer Gesellschaft zu lösen. Dies ist ein Zug Victoires, den die moderne Forschung wenig gewürdigt hat.[12]

Die Ansichten, die Victoire beredt vorbringt, sind für ihre Zeit revolutionär. Daß Fontane sie so versteht, geht aus ihren Worten hervor, aus ihrer tiefen Sympathie, dem Gefühl der Affinität, die sie für den hervorragendsten Redner der französischen Revolution, Honoré Gabriel Mirabeau, entwickelt. In diesem Zusammenhang ist es interessant festzustellen, daß auch die junge Bettina diese Begeisterung für Mirabeau besaß. Die vielen Hinweise in *Clemens Brentanos Frühlingskranz* [13] zeugen von der großen Verehrung des jungen Mädchens für den französischen Staatsmann. Bettinas Bemerkungen erwähnen auch die Pockennarben, welche Mirabeaus Gesicht entstellten, aber der Bewunderung Bettinas für diesen Mann keinen Abbruch taten.[14] Vor allem von der Großmutter, Sophie Laroche, angeregt, fühlt die junge Bettina, Mirabeaus Geist sei ihr ins Blut gegangen.[15] Wie weiter aus ihren Briefen an den Bruder Clemens hervorgeht, ist es Mirabeau, der Bettinas Liebe gewinnt und so sehr Vorbild für ihr Denken wird, daß Clemens in einem Brief die Vernunft mit Mirabeau gleichsetzt, um sie Bettina schmackhafter zu machen. [16a] Clemens weiß sehr gut, daß er nur ausspricht, was Bettina selbst fühlt. Victoire empfindet Bettina sehr ähnlich mit Bezug auf Mirabeau. Dies geht ferner daraus hervor, daß sie sich selber den Namen Victoire Mirabeau de Carayon gegeben hat, den sie jedoch in das ungezwungene Mirabelle de Carayon umwandelt (II, 327). Trotz ihrer selbständigen autonomen Haltung zwingt sich Victoire keinen Männernamen auf und bleibt die frauliche Persönlichkeit, die sie von jeher war; ein Wesensmerkmal, das sie mit Bettina teilt.[16b]

Es ist die seltene Liebenswürdigkeit ihrer Natur, unterstützt von einem hellen Verstand, die Schach seine von der Konvention bedungene Voreingenommenheit vergessen läßt. Victoires Persönlichkeit bezaubert ihn. Es kommt zu dem unkonventionellen Liebesbegegnis mit seinen ebenso unkonventionellen Folgen.

Obgleich Victoires Erkenntnisse und Gefühle der gesellschaftlichen Ideologie entgegengesetzt sind, kann sie sich doch nicht völlig von ihr lösen. Auch mit diesem konservativen Zug entspricht Victoire ihrem Vorbild Mirabeau, der die konstitutionelle Monarchie in Frankreich zu erhalten suchte. Sie erkennt wohl, daß sie in der Affäre mit Schach nicht mehr als die halbe Schuld trägt, will aber die ganze Schuld auf sich laden, also Opfer sein und damit die von altersher der Frau vorbehaltene Rolle übernehmen. „Sie träumte so hin und nur eigentlich traurig war sie nicht. Noch weniger glücklich" beschreibt Fontane sie nach der schicksalshaften Begegnung mit Schach (II, 332). Damit ruft er das Bild des blühenden Kindes in dem von Victoire vorgetragenen Lied ins Gedächtnis (II, S. 282 f.). Es ist offensichtlich, daß das Bild der Blüte als Metapher für Victoire und ihr Schicksal angesehen werden kann. Ebenso wie das Kind in der Wiege aus Schnee sein Weh verschläft, der Mai diese Wiege von Schnee bricht, wird Victoire durch ihr Schicksal aus den starren gesellschaftlichen Konventionen erlöst und durchbricht schließlich die althergebrachten Bräuche.

Es ist gerade dieses Gedicht mit seinen Worten „blühendes Kind", was an Bettina, das „romantische Kind"[17] gemahnt. Es ist die Metapher der Blüte, die von neuem Bettina ins Gedächtnis ruft. Nicht nur erscheint das Wort „Blüte" als Substantiv ebenso wie als Verb und Adjektiv immer wieder in Bettinas *Frühlingskranz*, sondern Bettina gebraucht auch die Idee der Blüte als Bild scherzhaft für sich selbst, wenn sie an Clemens schreibt:

> „Wär ich als Mädchen, was die Apfelblüte ist, ich wär doch wohl alles Liebe und herzlich Schöne."[18]

So wie Fontane Victoire darstellt, kommt sie trotz der Pockennarben, die der Dichter ihr, angeregt durch Bettinas Schilderungen Mirabeaus, beigegeben hat, einer „höheren Form der Schönheit nahe, die auf ein Innerliches gestellt ist"[19] und schließt wahrhaft „alles Liebe und herzlich Schöne" ein.

Wenn das blühende Kind des Liedes als Metapher für Victoire erscheint, so nehmen Victoires Mutter, Hortense von Carayon, und später auch die Königin Luise die im Gedicht erwähnte Rolle der liebenden Schwestern ein.[20] Obwohl Victoires Mutter, die schöne, aber ebenso kluge Witwe, mit Schach sehr befreundet war, liebt sie ihr Kind mehr und übernimmt es sofort energisch, die Ehre ihrer Tochter wiederherzustellen. Sie setzt die Termine der Verlobung wie der Heirat fest, wobei sie ihre Gabe der diplomatischen Vermittlung von neuem beweist. Bereits zu Anfang der Erzählung trat dieses Talent des Ausgleichens, ihre Vorliebe für das Kompromiß hervor, wenn sie Streitigkeiten ihrer Gäste taktvoll zu schlichten wußte (II, 278). Als Schach sein Versprechen nicht hält, beweist die Mutter ihren Mut und schreckt nicht davor zurück, den König selbst um seinen Beistand zu bitten. Sie, die sich vor allem durch ein tiefes Mitgefühl auszeichnet, das sie auch Schach nicht versagt (II, 359), ist sich bei ihrer Mission für ihre Tochter an allerhöchster Stelle ihrer Schönheit bewußt. Jedoch ist der Erfolg, die Heirat ihrer Tochter mit Schach durchzusetzen, nicht ihr alleiniges Verdienst. Auch die Königin, deren warme menschliche Teilnahme für Victoire Fontane vor allem betont, indem er sie für Victoire überzeugend plädieren läßt, unterstützt die Mutter. Mit einem leichten Plauderton, der nicht nur die gewandte Dame ihrer Zeit verrät, sondern auch auf stereotype Ansichten über die Frau anspielt, die vom König wie von der ganzen Gesellschaft ihrer Zeit geteilt werden, die angebliche „Frauenlaune“, die der König erwähnt (II, 372), das vermeintliche Interesse an der „Question d'amour“, das die Forschung an der Königin kritisiert und nicht erkennt, die Königin genügt mit diesen einleitenden Worten lediglich der Konvention ihrer Zeit.[21] Mit diesem Plauderton der erfahrenen Dame der Gesellschaft betont die Königin das Gewagte, das Ungewöhnliche ihrer Unterredung, geht dann aber sofort auf den ihr am Herzen liegenden Punkt über, nämlich die Fürsprache für ihre Geschlechtsgenossin. Mit Worten, die rein formal in scharfem Kontrast zu der abgehackten militärischen Sprache des Königs stehen, ebenso inhaltlich menschliche Sympathie für Victoires Rechte zu erwecken wissen, ist es die Königin, welche Fontane ebenso Schach wahrhaft überzeugen läßt, daß es nicht nur die gesellschaftliche Konvention ist, sondern Victoires schöne Menschlichkeit, welche diese Heirat verlangt. Die schöne Menschlichkeit Victoires ist es auch, welche auf Schach kurz vor seinem schon lange beschlossenen Freitod ihren Eindruck nicht verfehlt und ihr ein „Aufwiedersehen, Mirabelle“ zurufen läßt, Mirabelle, das heißt die das Gute sieht, daher die Verstehende, die Ausgleichende.

Der Schuß, mit dem Schach seinem Leben ein Ende macht, zerreißt das Scheinbild, welches erstarrte gesellschaftliche Konventionen auch für die Frau geschaffen haben. Der Schuß bestätigt Victoire, daß ihre Einschätzung von Schachs Wesen, das jeder Heirat widerstand, richtig war, daß ihre bange Ahnung, ihr Gefühl bei den Vorbereitungen und Plänen vor der Hochzeit, eine Fata Morgana zu sehen, sie nicht getäuscht hatte.[22] Schachs Schuß ist es, der Victoire eine völlige gesellschaftliche Freiheit gibt. Sie kann ein neues Leben in Italien beginnen. So wird das Bild der zweiten Strophe des Liedes in ihrem Leben zur Wirklichkeit. Die Blüte, die im Winter der erstarrten Konventionen dahinwelkte, steigt nach Leid in eine leuchtende Höhe.

Die Höhe, welche Victoire erreicht, ist die der Selbständigkeit, der völligen Autonomie. Sie wird ihr Kind selbst erziehen, wird ihm Mutter und Vater zugleich sein. Aus ihrem Brief an ihre Freundin, Lisette von Perbandt, die ähnlich der Günderode und später der Frau Rat Goethe für Bettina, ihre Vertraute ist, erscheint am Ende der Novelle eine Persönlichkeit, die unbeeinflußt von der öffentlichen Meinung, ihre eigenen Ansichten vertritt, die menschliches Verstehen zeigt, die Schachs Motive für seinen Freitod tiefer sieht als Bülow.

Ihre Erlebnisse haben Victoire gelehrt, sich mit menschlichen Eigenheiten abzufinden, mit der Individualität Schachs wie den Gepflogenheiten der Gesellschaft. Victoire hat gelernt zu verzeihen, Kompromisse zu schließen (II, S. 385 f.). Durch ihren Aufenthalt in Rom ist sie mit Menschen eines anderen Landes zusammengekommen, hat Hilfe und Herzensgüte erfahren, fremde Gebräuche, einen fremden Glauben kennen und lieben gelernt. Sie hat eine Weltoffenheit gewonnen, die Bettina seit frühester Jugend im Hause ihrer Großmutter, Sophie Laroche, in dem auch französische Emigranten verkehrten, gewonnen hatte. Bereits in dieser Novelle läßt Fontane die Idee der Kommunikation zwischen Menschen verschiedener Völker und Religionen wieder aufkommen. Auch diese Erzählung hat einen weltumfassenden Blickpunkt. Victoire fühlt die Solidarität zwischen sich und den anderen unzähligen Müttern, welche Hilfe von dem Christuskind der Kirche Araceli erfahren haben.

Es ist die weibliche Hauptgestalt, die ihren Namen Victoire zurecht trägt, da sie in dieser Novelle als die Siegerin hervorgeht. Wenn Fontane diese Erzählung in das Jahr 1805/06 mit der Niederlage Preußens durch die Franzosen unter der Führung Napoleons zurückverlegt hat, so läßt der Dichter diese historische Tatsache sich auch in den Hauptfiguren spiegeln. Schach, der mit seiner Lebensmüdigkeit unterliegt, vertritt Preußen. Victoire von Carayon, die einer alten französischen Familie entstammt, ist mit ihrem Lebensmut die wahre Siegerin.

Über diese historische Beziehung hinaus läßt sich in *Schach von Wuthenow* noch eine weitere literarhistorische Verbindung entdecken. Nicht nur trägt Victoire Züge Bettina Brentanos und wird durch die Zurückverlegung der Geschichte in die erste Dekade des 19. Jahrhunderts mit der 1785 geborenen Bettina gleichaltrig, sondern auch die anderen Figurenkonstellationen weisen auf Bettinas Persönlichkeit und die Menschen um sie herum. In seiner Verehrung für Victoires schöne Mutter, Hortense von Carayon, erinnert Schach an den jungen Goethe, der Bettinas Mutter, die schöne Maxe Brentano, leidenschaftlich verehrt hatte. Die Liebesbegegnung Schachs mit Victoire hat eine Parallele in der erregenden Stunde leidenschaftlicher Bewegtheit im August 1810 in Teplitz, als Goethes Wohlgefallen an der Tochter der einst geliebten Maxe sich bei ihrem Besuch unversehens aus väterlicher Zuneigung in verlangende Liebe verwandelte, wie die Blätter aus Bettinas Nachlaß enthüllten, als sie 1929 entdeckt wurden.[23] Schachs Selbstmord läßt sich mit dem fiktiven Freitod des jungen Goethe in seinem Jugendwerk *Die Leiden des jungen Werther* in Beziehung setzen. Schließlich erinnert das liebenswürdige Wesen der Königin Luise in Fontanes Novelle an die Güte der Königin, wie sie in den Erzählungen der Frau Rat Goethe in Bettinas *Dies Buch gehört dem König*, Erster Teil, hervortritt.[24]

ANMERKUNGEN

1. Vgl. *Theodor Fontane Briefe*, hrsg. von Kurt Schreinert und Charlotte Jolles, 4 Bände, Berlin: Propyläen Verlag, 1968/71, Band III, S. 185 f.
2. „Weil im Grunde die Weiber ganz allein zur Propagation des Geschlechts da sind und ihre Bestimmung hierin aufgeht; so leben sie durchweg mehr in der Gattung, als in den Individuen: nehmen es in ihrem Herzen ernstlicher mit den Angelegenheiten der Gattung, als mit den individuellen". Müller-Seidel, op. cit. S. 166.
3. „Victoire von Carayon, ins Unglück und ins Meditieren (und leider auch etwas ins Randgebiet der Dichtung) abgetrieben, versichert Schach von Wuthenow, daß das „Allerpersönlichste" auch in die geistigsten Dinge dringe". Walter Keitel in seinem Nachwort zu *Schach von Wuthenow*, Stuttgart: Reclam, 1978, S. 156.
4. „Omen et nomen" läßt Fontane Bülow in der Novelle vorbringen (II, S. 274).
5. So heißt es in Fontanes Brief an Wilhelm Hertz vom 30. November 1871: „Besten Dank für die *Vergelbten Blätter*, die ich eben mit sehr gemischten Empfindungen gelesen habe. Wenn diese Blätter ächt sind, so können sie fast von Frl. v. Crayn herrühren; alles paßt nach dieser Seite hin: Rahel, Bettina, „Pauline" (die Geliebte Louis Ferdinands; nachher Madame Wiese) die Theater-Vorliebe, die Vertrautheit mit der französ: Literatur, vor allem auch das unglaubliche und doch in vielen Stücken zutreffende Liebesverhältniß". Vgl. *Theodor Fontane. Briefe an Wilhelm und Hans Hertz 1859-1898*, hrsg. von Kurt Schreinert, vollendet und mit einer Einführung versehen von Gerhard Hay, Stuttgart: Ernst Klett, 1972, S. 142. In den Anmerkungen zu diesem Brief steht: *Vergelbte Blätter. Ein Tagebuch aus*

früherer Zeit. 1872 anonym bei Hertz erschienen. Verfasser war Prinz Georg v. Preußen, 1826–1902, der unter dem Namen G. Conrad schriftstellerte. Frl. v. Crayn, gest. etwa 1865, deren Geschichte Fontane dann nach Mitteilungen des Fräulein v. Rohr später im *Schach von Wuthenow* unter dem Namen Victoire von Carayon behandelte. Rahel – Rahel Antonie Varnhagen v. Ense, 1771–1848, Bettina – Bettina v. Arnim, 1785–1859, Pauline – Pauline Wiesel, 1779–1848, S. 464 f. Sieben und einhalb Jahre später, am 8. April 1879 schreibt Fontane an Wilhelm Hertz: „Besten Dank für das schöne Buch; ich hab es eben durchblättert und angelesen; was mich immer wieder bezaubert – freilich erst seitdem ich alt geworden bin – ist die kolossale Simplicität des Ausdrucks". Es handelt sich bei dem „schönen Buch" um Gustav v. Loeper, *Goethes Briefe an Sophie Laroche und Bettina Brentano*, Berlin: Hertz 1879. Vgl. S. 495, in: *Theodor Fontane, Briefe an Wilhelm und Hans Hertz*, op. cit. S. 495. In seinem Brief vom 9. April 1879 an Hertz berichtet Fontane: „In v. Loepers Buch les' ich mit großem Vergnügen weiter, oder vielmehr, ich habe nun wirklich angefangen...". Beide Briefe vom 8. und 9. April s. S. 215 in *Briefe an Wilhelm und Hans Hertz*, op. cit.

6. Daß Fontane die Anregung für das pockennarbige Gesicht Victoires jedoch auch aus seinem Studium Bettinas gewonnen hat, wird später weiter ausgeführt.

7. Dieser hervorstechende Zug Victoires wird in der neueren Forschung übersehen, erst später bedingt zugegeben. Vgl. Hanni Mittelmann: *Die Utopie des weiblichen Glücks*, op. cit.

8. Vgl. Walter Müller–Seidel: „Fontane und Polen" in: *Formen Realistischer Erzählkunst*, op. cit. S. 433–447.

9. Vgl. Bettina von Arnim: *Werke und Briefe*, hrsg. von Gustav Konrad, Frechen/Köln: Bartmann, 1963, 4 Bände, Band II, S. 260–448, Band III, S. 233, Band IV, S. 141.

10. Pantoffelschwingen erinnert an den Satz: „Er steht unter dem Pantoffel", d.h. er wird von seiner Frau beherrscht.

11. Victoires Interesse an Schach, der wirklich dem Wesen nach an einen Templer gemahnt, ebenso ihr Philosophieren erinnert an Recha in Lessings *Nathan der Weise*.

12. Vgl. Hanni Mittelmann: „Die Frauen – das wird deutlich – fühlen, denken und handeln, wie „man" es von ihnen erwartet, und versuchen dem von der Männerwelt geschaffenen stereotypen Frauenideal zu entsprechen." S. 20. An anderer Stelle heißt es: „Für Victoire gibt es in ihrer Lage nur eine Alternative: Kapitulation oder Untergang, und Victoire entscheidet sich für die Kapitulation ... Typisch für ihre Klasse, steckt sie „wie Vogel Strauß den Kopf in den Sand" und gibt sich der „Fata Morgana" hin, in dieser Gesellschaft und mit Schach noch ein wie immer geartetes Glück zu finden." S. 25.

13. Vgl. Bettina von Arnim: Werke und Briefe, op. cit. I, S. 23, 24, 26, 28, 34, 35, 53, 54, 63, 64, 117, 133, 137, 373.

14. So schreibt sie: „... nicht umsonst habe ich meine französischen Aufsätze für Herrn L'Endroit als geheime Antworten, Fragen und Begeisterungen für diesen Mirabeau geschrieben, habe er meinetwegen Pockengruben, die ihn bis zur Häßlichkeit entstellen, mich geht's nichts an; nicht tief genug kann ich mich in die Gruben seines tiefen Denkens alles Reinen und Hohen hineinbetten, ja in diesen Gruben möcht ich begraben sein." *Werke und Briefe*, op. cit. I, S. 28.

15. *Werke und Briefe*, I, S. 23.

16a. „Aber gebessert kann nur das ganze Weltverhältnis werden durch die heilige Vernunft, laß sie Dein Mirabeau sein, wenn dieser Name Dir besser klingt. Widme ihm Deine Begeistrungen, da er Dir doch nur aus den Wolken herabpredigen kann, so wird dies leicht mit der Vernunft übereinstimmen, die auch immer über allen Projekten der Menschheit schwebt." *Werke und Briefe*, I. S. 64.

16b. Vgl. Ingeborg Drewitz: *Bettine von Arnim. Romantik – Revolution – Utopie. Eine Biographie*, Düsseldorf: claassen, 1984.

17. Werner Milch: *Die junge Bettine 1785 – 1811*, hrsg. von Peter Küpper, Heidelberg: Lothar Stiehm, 1968, S. 26.

18. *Werke und Briefe*, I, S. 26. Die Verbindung von Blüte und Schnee findet sich im Bild des Schneeglöckchens in Bettinas *Gespräche mit Dämonen*. Vgl.: „Das Schneeglöckchen hier im Kalten blüht im Schnee und mag keine Wärme leiden, hängt selbst wie eine Schneeflocke am Stiel so leicht ...". *Werke und Briefe*, III, S. 261.

19. Fontane läßt Prinz Louis diese „höhere Form der Schönheit" folgendermaßen formulieren: „diese hat etwas Weltumfassendes, das über eine bloße Teint- und Rassenfrage weit hinausgeht. Ganz wie die katholische Kirche. Diese wie jene sind auf ein Innerliches gestellt, und das Innerliche, das in unserer Frage den Ausschlag gibt, heißt Energie, Feuer, Leidenschaft ... Das paradoxe „le laid c'est le beau" hat seine vollkommne Berechtigung, und es heißt nichts andres, als daß sich hinter dem anscheinend Häßlichen eine höhere Form der Schönheit verbirgt." II, 319 f.

20. Diesen beiden Frauengestalten wird von der Forschung nicht Genüge getan. Vgl. Hanni Mittelmann, op. cit.

21. Vgl. Hanni Mittelmann, op. cit. S. 19. Zurecht hat Richard Brinkmann allgemein für Fontanes Werk die Feststellung gemacht, die in diesem Zusammenhang zitiert werden kann: „Nicht nur geben sich die Menschen direkt und offen in ihre Gespräche hinein. Oft verhüllen sie sich in der Sprachmanier ihrer Gesellschaft und Gruppe." *Über die Verbindlichkeit des Unverbindlichen*, München: Piper, 1967, S. 147.

22. Die Gestalt wird verkannt, wenn behauptet wird, typisch für ihre Klasse verstecke sie wie der Vogel Strauß ihren Kopf in den Sand. Hanni Mittelmann, op. cit. S. 25.

23. Vgl. Werner Milch: *Die junge Bettine*, op. cit. S. 165 f.

24. *Werke und Briefe*, III, 45 f.

5. Kapitel

Graf Petöfy

Graf Petöfy erfreut sich in der modernen literarischen Kritik keines großen Ansehens. Dagegen hat aber Fontane diese Erzählung mit einer Entschiedenheit verteidigt, die Aufmerksamkeit verdient und dabei die interessante Bemerkung gemacht, der gewöhnliche „Conventionalismus" reiche zur Beurteilung eines Kunstwerks nicht aus.[1] Obwohl die Erzählung nach der männlichen Hauptperson betitelt ist, wirft sich die Frage auf, ob das Werk nicht an Bedeutung gewinnt, wenn der Blickpunkt auf Franziska, die weibliche Hauptfigur und nicht wie bisher vornehmlich auf Graf Petöfy gerichtet wird.

Nachdem Fontane 1882 *L'Adultera* und *Schach von Wuthenow* veröffentlicht hatte, erschien 1884 *Graf Petöfy*. Ähnlich wie in den beiden vorangehenden Erzählungen nimmt die weibliche Hauptgestalt eine wichtige Position ein. Während die Ehepartner in *Schach von Wuthenow* und *Graf Petöfy* dem Leben nicht standhalten, sich das Leben nehmen, klingen beide Erzählungen mit Berichten über das weitere Ergehen der Frauen aus. Die Geschichte Franziskas, der Pastorentochter aus der kleinen Stadt am Meer im Norden Deutschlands, die als Schauspielerin das Herz des alten Grafen Petöfy gewinnt, der sie zu seiner Gräfin macht, auf sein Schloß bringt, wo sie ein idyllisches, paradiesisch anmutendes Leben führen, macht den Eindruck einer Erfolgsgeschichte, in der Standesunterschiede überwunden werden. Das im Leben wie in der Literatur immer wieder auftretende Thema der jungen Frau, die einem Gleichaltrigen ihre Liebe schenkt, der betrogene Ehemann die Schuldigen grausam bestraft, gewinnt bei Fontane jedoch eine neue Version. Der alte Graf nimmt sich das Leben, um dem Glück seiner jungen Frau nicht im Wege zu sein. Mit dieser ungewöhnlichen Wendung scheint das Gewicht der Erzählung auf der männlichen Hauptgestalt zu liegen. Und doch ist das Interesse des Dichters der weiblichen Hauptfigur ebenso wie der männlichen zugewandt, wie bereits aus Fontanes Korrespondenz hervorgeht, in der er auf beide Charaktere hinweist.[2] Wenn das Ende der Erzählung mit Franziska ausklingt, genauer gesagt, abbricht, stellt sich die Frage, ob der Dichter ihrem Schicksal nicht noch mehr Bedeutung zumißt als dem des Grafen. Eine eingehende Betrachtung ihrer Gestalt, welche die Kunst Fontanes, seine Verwendung von Symbolen mit einzubeziehen hat, hilft seine Intention, seine Aussage zu entschlüsseln.

Die Wendung der Erzählung, die durch das Opfer des Grafen herbeigebracht wird, erhält durch Franziskas Reaktion erst besondere Bedeutung. Franziska nimmt das Opfer ihres Mannes nicht an. Obwohl sie durch Petöfys Freitod frei geworden ist, heiratet sie Graf Egon nicht. Sie bekehrt sich zur katholischen Religion, bleibt auf Schloß Arpa, dem ungarischen Landsitz des Grafen, wird eine wahre Gräfin Petöfy. Also eine reuige Wandlung einer ehrgeizigen jungen Schauspielerin? Daß Fontane mit Franziskas Gestalt jedoch mehr geschaffen hat als eine Sünderin, die zur Heiligen wird wie so manche Gestalten der österreichischen Literatur des ausgehenden 19. Jahrhunderts, geht bei genauerem Lesen hervor, das auch die Symbolik Fontanes berücksichtigt.

Gleich am Anfang der Erzählung läßt Fontane Franziska bemerken, sie liebe den Winter, wenn er wirklich Winter ist, das heißt beständig ist, sich durch stille, feste Kälte auszeichnet, die Brücken baut und trägt (II, S. 24). Diese Liebe zum Winter wird offenbar, wenn Franziska mit Hannah, ihrer Dienerin und gleichaltrigen Freundin, auf dem Flachdach ihres Wiener Hauses spazierengeht und eine Handvoll Schnee in Richtung ihrer Heimat nach Norden wirft. Der Wind zerstäubt den Schnee jedoch, ein Vorzeichen des Dichters, daß Franziskas Heimat, der dieser Gruß gilt, nicht mehr von Bedeutung in ihrem Leben sein wird. Obwohl Franziska Schauspielerin ist, was ihr die Verwandlung in eine Gräfin erleichtert, ist Franziskas Charakter von einer gewissen Beständigkeit, besitzt sie Eigenschaften, in denen sie sich treu bleibt. Die Worte des Paters Feßler, die Preußen prüften die Dinge, sie seien kritisch und lebten selbständig aus sich heraus, besäßen eine innere Freiheit, beziehen sich auf Franziska selbst, auf ihre Wesensmerkmale,[3] die immer mehr im Laufe der Erzählung heraustreten und zu der Entwicklung ihrer Persönlichkeit beitragen, die letztlich ihr Handeln bestimmen wird.

Ihr kritisches Denken läßt Franziska den Grafen bei seinem Heiratsantrag bereits auf seine unrealistische Einstellung, die Phantastik seiner Vorstellung aufmerksam machen, auf der er seine Ehe aufbauen will. So erinnert sie ihn daran, daß Frauen um ihrer selbst willen, wegen ihrer Individualität verehrt werden wollen und impliziert dabei, sie bringe damit eine Forderung auf ein Recht vor, das sie mit den Männern teilen sollte. Trotz seiner Schmeichelhaftigkeit laufe dieser Antrag auf nichts anderes heraus, als eine Märchenerzählerin, eine Redefrau aus ihr machen zu wollen, das heißt eine Gesellschafterin, eine Art Angestellte, also keine gleichberechtigte Lebensgefährtin in ihr zu sehen. Von vorneherein ist sich Franziska ihrer seltsamen und auch untergeordneten Rolle in dieser Ehe bewußt. Wenn Franziska sich trotzdem in diese Verbindung einläßt, so ist es der Ehrgeiz, in die Welt des Adels, des Hochadels zu kommen, in einem Schloß am See mit Wald und Steppen, unter Kavalieren und Damen zu leben, deren Hochmut sie mit gleichem Ausdruck begegnen würde. Franziska weiß, es wird ihr als Schauspielerin leichter als jemand anderem fallen, die Klassenschranken zwischen Bürgerlichen und Adligen zu überkommen.

Nach dem Antrag des Grafen erfüllt Franziska ein so beklemmendes Gefühl, daß sie mit Begierde die frische Luft durch ein offenes Fenster einatmet. Sie kann sich einer Furcht vor Unfreiheit in dieser Ehe nicht erwehren. Symbolisch für die Gebundenheit und Abhängigkeit werden auch die Schmuckstücke, die Ketten und Gehänge, welche der Graf ihr vor der Vermählung schenkt. Der Zwang ihrer neuen Funktion macht sich bereits auf der Hochzeitsreise bemerkbar, wenn sie oft müde und hungrig ist und doch immer wieder Kunstschätze bewundern muß, der Graf zudem ärgerlich wird, wenn sie manchmal Kritik äußert. So fällt es Franziskas skeptischem Bewußtsein schwer, ein Bild vom Paradies des Malers Tintoretto bewundern zu können, da zu viele Menschen in sein Paradies gelangten. Es wäre nicht realistisch genug. Zu einem bedeutsamen Symbol für Franziskas Unfreiheit in ihrer Ehe wird das „Rasseln wie von Gitterstäben", das Franziska gleich in ihrer ersten Nacht auf Schloß Arpa, dem ungarischen Landsitz des Grafen Petöfy erschreckt. Sie steht auf und entdeckt einen weitläufigen Balkon umgeben von Gitterwerk vor ihrem Schlafzimmer. Um so mehr liebt sie den Ausblick auf den großen flimmernden See, der jedoch auf einer Seite von einem scharf profilierten Felskegel begrenzt ist, der wegen seiner Form Bischof genannt wird.

Für ihr gemeinschaftliches Leben hat der Graf ein festes Programm aufgestellt, das bei all seiner Freizügigkeit auch Grenzen zieht. In den Morgenstunden beim gemeinsamen Frühstück muß Franziska mit ihm von ihren Träumen plaudern. Danach wird sie in Gnaden entlassen und hat bis zur Tischzeit um sechs Uhr frei. Eine Fahrt mit dem Wagen folgt, wobei Franziska wieder erzählen soll. Später soll Schach- oder Pikettspielen und zuletzt Czardastanzen zweier Bedienter sie unterhalten. Wenn Franziska beim Tanzen mitmachen will, läßt der Graf es lächelnd zu. Sie soll ihren Willen haben. Franziska genügt es nicht, einfache Unterhalterin ihres Mannes zu sein, die Scheherazade zu spielen. Sie möchte alle seine Interessen teilen. Statt nur Theaterklatsch und Kunst möchte sie ebenfalls die Politik zum Gegenstand ihrer Unterhaltungen in das Programm aufgenommen sehen. Sie lernt Ungarisch, um mit den Menschen ihrer neuen Umgebung vertrauter zu werden, ihre Wünsche und Sorgen kennenzulernen.

Das beschauliche Leben, das Franziska zunächst wie ein Leben im Märchen vorkommt, wird nach einigen Wochen von einer Regenzeit unterbrochen. Diese Regenzeit läßt Franziska jedoch erkennen, wie wenig erfüllt ihr bisheriges Dasein in ihrer Ehe war. Wenn der Graf und auch Hannah erkranken, ist sie glücklich, eine anspruchsvollere Aufgabe in ihrer Rolle als Pflegerin für beide Kranke zu finden, sich praktisch zu betätigen. Eine weitere Unterbrechung bringt der Besuch der Schwester des Grafen, Gräfin Judith, die Franziska wegen der Klarheit und Einheit ihres Wesens, ihrer tiefen katholischen Gläubigkeit im Gegensatz zu Graf Petöfys Unbeständigkeit, seiner Lebensform, die zur Leerform geworden ist,[4] beeindruckt hat. Gräfin Judith wird von ihrem Neffen, dem Grafen Egon, begleitet. Die Spazierritte mit dem jungen Mann in den wieder sonnigen Oktoberwochen lassen Franziska das Licht und die freie Bewegung, die sie von jeher liebte, genießen. Beim Ritt durch die offene Steppe wird wenig gesprochen. Erst im Dickicht des Waldes entwickelt sich eine Unterhaltung.[5] Mit Leidenschaft verteidigt Franziska eine Nachbarin aus der adligen Gesellschaft, welche ihrem untreuen Gatten sein Benehmen mit gleicher Münze heimzahlte und sich von einem Geliebten entführen ließ. Ebenso wie Franziska mehr Gleichberechtigung im Leben mit ihrem Mann fordert, da sie nicht nur seine Unterhalterin sein möchte, sondern seine Interessen teilen will, unbedingtes Verständnis in allen Dingen von ihrem Ehepartner ersehnt, so erwartet sie denselben Standard für beide Geschlechter auch auf dem Gebiet der Moral.

Fontanes weibliche Hauptgestalt in dieser Erzählung zeichnet sich in ihrem Verhalten durch unbedingte Konsequenz aus. Wenn sie es ist, die in der Nacht nach dem Bootsunfall ihrem Mann untreu wird, der sich bald darauf das Leben nimmt, um Franziskas vermeintlichem Glück nicht im Wege zu stehen, so kann sie nicht ein neues Leben auf dieser Untreue aufbauen.[6] Sie bleibt auf Schloß Arpa und sucht Erfüllung im Leben in der Pflege und Sorge für andere Menschen, die ihr als Gräfin Petöfy, der Besitzerin des großen Gutes, anvertraut sind. Sie hat nicht nur Ungarisch gelernt, sondern auch die Konfession der Bewohner angenommen; sie hat sich zum Katholizismus bekehrt, wozu die ihr eigene Anpassungsfähigkeit als ehemalige Schauspielerin ihr geholfen hat.

Trotz der Unfreiheit in dem Märchenleben, dem unwirklichen Leben ihrer Ehe war Franziska doch innerlich freier geworden. In den Plaudereien mit Petöfy war sie zu Erkenntnissen gekommen, die sie innerlich bereicherten und bestimmend für ihr Leben wurden. Franziska ist es, die Fontane eine wichtige Botschaft dieser Erzählung verkünden läßt:

> Von Überzeugungen, so viel bleibt, soll man nicht lassen, aber wo sie fehlen und fehlen dürfen, da soll man sich den Überzeugungen anderer anbequemen (II, S. 101).

Franziska hat erkannt, daß es im besonderen ihre Pflicht ist, sich den Überzeugungen anderer anzugleichen. Weiter ist sie sich bewußt geworden, daß man sein Leben nicht mit Causerien, mit Leichtfertigem, mit Oberflächlichem verbringen kann, daß etwas Ernsthaftes im Leben hinzukommen muß. Der Mensch brauche eine Lebensaufgabe, die ihn ausfüllen kann. Durch die Erfahrungen ihres Lebens in Arpa ist Franziska zur Erkenntnis gekommen, man sollte die Anschauungen anderer hören, sie erwägen, sie annehmen, wenn sie besser als die eigenen seien, aber sich auch über sie hinwegsetzen, wenn sie gegen die eigenen Überzeugungen gehen. So war Franziska Graf Egon gegenüber bei ihrem Spazierritt für die Gleichberechtigung der Frau auf moralischem Gebiet eingetreten, so hatte sie auch die gleichgültige Einstellung Egons zu den Gefühlen des Arbeiters Toldy bei der Suche nach dem Kind scharf kritisiert (II, 138 f.).

Gräfin Judith in ihrer Stetigkeit, in ihrer tüchtigen dezidierten Christlichkeit ist Franziska ein Vorbild geworden. Mit ihrer Konversion ist Franziska den Menschen näher gekommen, mit denen sie von nun an leben wird. Die Idee, daß Kommunikation im Dasein der Menschen eine wichtige Rolle spielt, klingt in dieser Novelle wieder auf. Franziskas Erkenntnis und ihr schließlicher Entschluß, für andere zu leben, bewahrheiten Pater Feßlers Worte, aus ihr könne eine Glocke werden, die klingt (II, S. 56). Franziska ist im Werk Fontanes diese Glocke geworden.

In seiner aufschlußreichen Studie über Effi Briest, die er von der Kunstgeschichte her begründet, zeigt Peter Klaus Schuster das Leben der Titelheldin als ein Leben nach christlichen Bildern und hierin als Abbild gesellschaftlicher Konvention.[7] Dem Mann wird die Rolle Gottes, der Frau die der züchtigen Maria zugewiesen. Weicht sie von der Rolle ab, so wird sie zur sündigen Eva, und unerbittlich vollzieht sich an ihr das göttliche Strafgericht. Schuster stellt fest, daß das gesellschaftliche Leben nur noch eine Reproduktion christlicher Mythologene ist, sich nur noch als ein gesellschaftlich erzwungenes Leben nach christlichen Bildern zur

Aufrechterhaltung der bestehenden Ordnung vollzieht. Christliche Vorstellungen prägen auch Franziskas Leben, wie aus einer Untersuchung der pittoresken Darstellung hervorgeht. Leitmotivisch wiederholen sich Bilder umgeben von religiöser Aura, erfüllt von christlicher Symbolik, die Franziskas Schicksal begleiten und schließlich bestimmen. Der Bildersprache nach steht Franziskas Leben unter dem Zeichen der Maria. Zeitweilig wird dieses Zeichen durch das der sündigen Eva verdrängt, aber gewinnt am Ende wieder seine dominierende Stellung zurück. Obwohl Graf Petöfy einen Ehepakt will, der sich auf vollkommene Freiheit beim Ehepartner aufbaut, für Franziska ein Leben plant, das der „Tradition der eingemauerten Nonne" entgegengesetzt sein soll (II, S. 66), überlebt er Franziskas Schritt vom Wege, ihre Affäre mit dem jüngeren Mann nicht, ein Zeichen, daß er doch zu sehr von den gesellschaftlichen Konventionen abhängig ist.

In Bildern, welche dem unbefangenen Leser die Örtlichkeit realistisch beschreiben, jedoch bei genauerem Lesen eine tiefere Bedeutung annehmen, weist Fontane auf das Marienschicksal Franziskas hin. Nach Art des hortus conclusus, dem Ort der Verkündigung Mariä, wird das Stadthaus des Grafen Petöfy, in dem Franziska ihren späteren Mann kennenlernt und als Gräfin Petöfy in den Wintermonaten wohnt, von einem Eisengitter umgrenzt (II, S. 7). Vor Franziskas Zimmer im Schloß Arpa befindet sich der von Eisengittern umzäunte Balkon, wieder ein hortus conclusus, das Tugendsymbol der eingeschlossenen Frau (II, S. 81). Auch die Teppichstickerei, mit der Franziska und ihre Freundin Phemi beschäftigt sind (II, S. 30), verweist auf traditionelle Marienvorstellungen. In den apokryphen Evangelien heißt es, Maria sei für den Tempeldienst erzogen worden, und ihre Hauptbeschäftigung sei die Herstellung liturgischer Teppiche gewesen.[8]

Daß Franziskas selbständige Natur sich dieser ihr von der Gesellschaft vorgeschriebenen Marienrolle widersetzt, zeigt sich einmal in dem Schreck, der sie beim Rasseln der Eisenstäbe von ihrem Balkon auf Schloß Arpa (II, S. 81) und beim Anblick des Marienbildes auf ihrem Schreibtisch überkommt (II, 78). Wenn Fontane selbst die Umgrenzung des hortus conclusus zu Eisenstäben werden läßt, die den Eindruck eines Kerkers vermitteln, so steigert er mit diesem Bild das Konzept des umschlossenen Gartens und läßt ihn symbolisch zu einem Kerker werden, der Franziskas Leben in Arpa umschließt. Lilien, das Symbol der Keuschheit, bereiten Franziska Kopfweh. Sie läßt das Lilienbukett zurückschicken, das der

Gärtner ihr bei der Ankunft in Arpa überreichen wollte (II, S. 78).

Allmählich gewöhnt sich Franziska jedoch an ihre neue Rolle. Sie hat das Bild der Mutter Gottes mit dem kleinen Christus, der ihr den Rosenkranz (Symbol der Liebe) entgegenhält, lieber um sich als die Gesellschaft der Adligen ihrer Nachbarschaft.

Neben den Bildern, welche auf das Marienschicksal weisen, findet sich bereits zu Beginn der Erzählung eine Anspielung auf den Sündenfall im Paradies. Fontane läßt Graf Petöfy, dem er den Vornamen Adam gegeben hat, Franziska Zolas Geschichte *La Faute de l'Abbé Mouret* erzählen[9] und darauf hinweisen, daß der Adam dieses Sündenfalls, der Abbé Serge, leer ausginge und Eva, seine Geliebte Albine, auf einem Sterbelager aus Blumen des Paradoux sich mit deren Duft zu Tode chloroformiere (II, S. 51 f.). Diese Geschichte wirft über das Ende von Fontanes Erzählung ein neues Licht, das zu einem Zwielicht wird. Der Leser muß sich fragen, ob das Leben der Gräfin Franziska Petöfy, welches sich unter dem Marienbild vollendet, nicht doch dem Sterbelager der Eva des Paradoux gleichkommt. Dieser Eindruck wird um so mehr verstärkt, als der Name des Schlosses Arpa in der Umkehrung sich als Para, also dem ersten Teil von Paradies oder Zolas Abwandlung des Wortes Paradies als Paradoux lesen läßt. Doch „para" allein bedeutet „über", „abweichend". Franziskas Leben verläuft auf jeden Fall abweichend von dem ihres Mannes. Es bestätigt Franziskas Worte, die Vornehmen könnten am wenigsten in ihrem Leben die goldene Mitte halten und bewegten sich in Extremen (II, S. 96). Franziskas Leben beweist, daß sie sich den Umständen anpassen konnte, es verstanden hat, ein Kompromiß zu schließen, die innere Freiheit ihrer Persönlichkeit mit der Unfreiheit der gesellschaftlichen Konvention auszugleichen, das Unverbindliche mit dem Verbindlichen zu vereinen.

Rein äußerlich gesehen, scheint es, als hätte die weibliche Hauptgestalt in *Graf Petöfy* sehr wenig mit der Frauengestalt gemeinsam, welche so vielen weiblichen Charakteren Fontanes von ihren Wesenszügen mitgeteilt hat. Jedoch bei näherem Studium lassen sich auch bei Franziska Gemeinsamkeiten mit Bettina erkennen. Franziskas Fähigkeit, sich den Umständen anzupassen, die Gabe, Schauspielerin zu sein, findet sich auch bei Bettina, die zum Schauspielerischen neigte, zum Rollenwechsel griff, nicht nur wenn sie sich in eine ungewohnte Situation versetzt fand, sondern weil sie überhaupt zum Spiel neigte.[10] Ferner erinnert allein der Name Petöfy, den Franziska durch ihre Heirat annimmt, an den ungarischen Dichter Sandor Petöfi, für den Bettina sich begeisterte, nachdem sie ihn durch die Übersetzungen Kertbenys kennengelernt hatte. Bettinas Gedicht *Petöfi dem Sonnengott*[11] und *Magyargeister* wie *Magyar* in den *Gesprächen mit Dämonen*[12] zeugen von ihrer Verehrung für den Dichter, die auch auf außerliterarischen Gründen, nämlich Bettinas Interesse an den ungarischen Freiheitskämpfen beruhte. Ebenso wie Bettina liebt Franziska die Ungarn und übertrifft Bettina, wenn sie die ungarische Sprache lernt. Franziska hat auch Interesse an dem politischen Geschehen in Ungarn. Dieses Interesse zeigt sich, wenn sie dem Grafen aus „Pesti Hirlap", der ungarischen politischen Zeitung vorlesen will, die 1841–49 von Lajos Kossuth, dem Vorkämpfer der ungarischen Freiheitsbewegung herausgegeben wurde. Ebenso will sie ihres Mannes Anteilnahme für einen Roman von Jokai erwecken, der wie Petöfi Führer der revolutionären ungarischen Jugend war. Auch die Konversion zum Katholizismus bringt Franziska Bettina nahe. Vor allem gemahnt Pater Feßler, der Franziska in den katholischen Glauben überführt, an Graf Stadion, der Gesandter Österreichs in Bayern, geweihter Priester, ebenso wie Feßler 50 Jahre alt, bewirkte, daß Bettina in München ihre „Schwebereligion" vergaß und in die Kirche ging, Seelenämter zu hören.[13] Interessant ist es auch festzustellen, daß es der Österreicher Stadion war, der zum ersten Mal politische Fragen mit Bettina besprach und ihr vaterländisches Empfinden weckte, so daß sie von der Zeit an Partei für die Tiroler nahm und Hofers Auflehnung ihre Gedanken erfüllte. Pater Feßler war der „Spezial–Heilige" der Steiermark für die Petöfy Novelle, den Fontane in seinem Brief vom 18. Juli 1883 an seine Frau erwähnt.[14] Auch Franziskas Eintreten für die Armen, „diese sogenannten Enterbten" (II, S. 138 f.),[15] ihr soziales Mitgefühl, verbindet sie mit Bettina, die 1844 Stoff für ein Armenbuch sammelte.

ANMERKUNGEN

1. Vgl. Fontanes Brief an seine Frau vom 15. Juni 1883, in: *Theodor Fontane, Briefe*, hrsg. von Kurt Schreinert und Charlotte Jolles, Berlin: Propyläen Verlag, 1968/71, I, S. 202.
2. So heißt es in dem oben genannten selben Brief: „Alles hängt natürlich an den Charakteren Franziskas und des alten Grafen; Du stellst Dich zu Beiden nicht richtig ..." *Briefe*, op. cit. I, S. 201.
3. Daß Fontane Franziska als geistig hochstehend konzipiert hat, beweist sein Brief vom 11. Juni 1884 an seine Frau, der er die Zeitungsnotiz vom Tode

des alten ungarischen Grafen Török, der eine dreiunddreißigjährige, von der Ostsee stammende Schauspielerin, Johanna Buska, geheiratet hatte, beilegte: „Török ist Petöfy und die Buska ist Franziska – sie wird aber weniger geistreich sein und gewiß irgend einen Egon heiraten." – *Theodor Fontane, Briefe*, hrsg. von Kurt Schreinert, Charlotte Jolles, op. cit. I, S. 260. Die Eheschließung von Török mit Buska 1880 wird von der Forschung als Anregung für *Graf Petöfy* angesehen. Ebenso ist die Vermutung aufgekommen, daß der Tod Töröks am Schlaganfall Raum für allerlei Spekulationen geben konnte, die im Sinne des Romanausgangs lagen. Dies hätte Fontane überraschen müssen, und deswegen hätte er die Zeitungsnotiz an seine Frau geschickt. *Theodor Fontane, Briefe*, IV, S. 233, Anm. 142.

4. Walter Müller–Seidel, op. cit. S. 418.
5. Vgl. hiermit die Rolle des Waldes in *Effi Briest* wie auch dieselbe Funktion des waldartigen Gartens in Émile Zolas *La Faute de l'Abbé Mouret.*
6. Auch Melanie Van der Straaten handelt mit ähnlicher Konsequenz.
7. *Effi Briest: Ein Leben nach christlichen Bildern*, op. cit.
8. Edgar Hennecke: *Neutestamentliche Apokryphen in deutscher Übersetzung*, hrsg. von Wilhelm Schneemelcher, I Evangelien, Tübingen: Paul Siebeck (J.C. B. Mohr) 1959, S. 276.
9. Gerade zur Zeit der Entstehung von *Graf Petöfy* hatte sich Fontane mit Zola beschäftigt, wie aus einem Brief an seine Frau vom 15. Juni 1883 ferner hervorgeht: „Ich habe jetzt den ersten Band Zola durch. Hundert Tollheiten, Unsinnigkeiten, Widersprüche hab' ich notiert, dabei ist das Ganze seinem Geist und Wesen nach tief anfechtbar (nicht vom Moral–Standpunkt aus) und doch bin ich voll Anerkennung und vielfach auch voll Bewunderung. Wenn mich einer so tadeln wollte, wie ich Zola tadle, so wollt' ich ihm den Droschkenschlag aufmachen." *Briefe, I*, S. 201.
10. Vgl. Ingeborg Drewitz, *Bettine von Arnim*, op. cit. S. 18, 79.
11. Bettina von Arnim, *Werke und Briefe*, op. cit. IV, S. 123 f.
12. *Werke und Briefe*, op. cit. III, S. 381–407.
13. Vgl. Werner Milch: *Die junge Bettine*, op. cit. S. 150.
14. *Theodor Fontane, Briefe*, hrsg. von Schreinert, Jolles, op. cit. I, S. 218 und IV, S. 226.
15. Franziska wendet sich gegen Graf Egons Gleichgültigkeit diesen Menschen gegenüber und hebt die Liebe und Sorge dieser „Enterbten" für ihre Kinder hervor.

6. Kapitel
Cécile

Als Zeichen für die besondere Bedeutung, welche Fontane der weiblichen Hauptfigur in seinem Roman von 1884/85 zuweist, hat er ihn nach ihr *Cécile* benannt. Während in *L'Adultera* wie auch in den anderen bisher behandelten Werken die Frau ihre Individualität, ihre Persönlichkeit gegenüber der Gesellschaft wenn auch nicht immer behaupten, so doch beweisen kann, erscheint es in *Cécile*, als würde sie zum Opfer, zur Leidtragenden ohne jedes Aufbegehren, ohne jedes eigene Handeln.[1] Besonders dieser Roman Fontanes scheint zu veranschaulichen, daß allein der Mann der Aktive, der Handelnde, die Frau dagegen das Objekt, die Unterlegene ist. So hat auch die neuere Forschung die Opferrolle Céciles betont.[2] Das apathische Aussehen, der erste Eindruck Céciles als der einer Rekonvaleszentin, den Fontane gleich zu Anfang des Romans vermittelt, Céciles Ruhebedürfnis, ihre Kränklichkeit durch die ganze Handlung hindurch und schließlich ihr selbst gewählter Tod weisen auf eine reine Leidensgeschichte, auf einen Opfergang. Die Frage wirft sich auf: Kann die Geschichte dieser Frau, die hier erzählt wird, als eine Krankengeschichte verstanden werden, wenn es auch wirklich keine feststellbare Krankheit ist ähnlich wie in anderen literarischen Werken der Zeit, denen von Ibsen, Graf Keyserling, Schnitzler mit ihren hochgradig nervösen Frauen?[3]

Bei genauem Studium dieses Fontaneschen Frauencharakters, der in seinem ganzen Wesen bisher noch nicht völlig erkannt wurde,[4] ja zum Teil mißverstanden ist wie noch ausgeführt wird, ergeben sich Widersprüche[5], eine Ambivalenz, die zum Nachdenken über die Bedeutung dieser Frauengestalt an und für sich und darüber hinaus für das Werk Fontanes anregt. Man hat versucht, die Widersprüche in Céciles Wesen als Ausdrucksweisen eines Elementarwesens, einer Nixengestalt zu erklären,[6] was jedoch der Figur Céciles nicht gerecht wird. Zurecht ist die neuste Forschung zum Ergebnis gekommen, daß die Spaltung in Céciles Wesen auf den Formen der patriarchalischen Gesellschaft, vor allem der Einstellung St. Arnauds wie auch Gordons Cécile gegenüber beruht, einer Haltung, die beide Männer in Cécile Hexe und Heilige, Hetäre und reine Jungfrau sehen läßt. Diese an Cécile herangetragene Vorstellung, welche sie abwehren möchte, ist die Ursache und ständige Neubelebung einer Hysterie, die sich in körperlichem Leiden, Schmerzen, Müdigkeit und Herzkrankheit äußert.[7] Daß Fontane jedoch in Cécile nicht nur ein gebrochenes Frauenbild gibt, das sich aus Faszination und Abwehr, Sinnlichkeit und Sünde zusammensetzt,[8] und der männlichen Karikatur ihres Geschlechts selbst im Tode noch anpaßt,[9] sondern zu positiven Erkenntnissen kommen läßt, soll dargelegt werden. Das Unverbindliche in Céciles Charakter läßt sich verbinden. Es gibt ein die Widersprüche im Charakter Céciles übergreifendes Prinzip, wie es die Forschung für die Zwiespältigkeit zwischen Fontanes persönlichen gesellschaftspolitischen Überzeugungen und dem Bild der Romane[10] wie auch für Kontraste in der Struktur von Fontanes Romanwerk[11] festgestellt hat. Eine genaue Untersuchung der Gestalt Céciles zusammen mit neuen Erkenntnissen dieser Arbeit läßt dieses Prinzip sichtbar werden.

Obgleich oft ruhebedürftig, ist Cécile jedoch peinlich berührt, wenn ihr Mann auf ihren Schwächezustand hinweist, widerspricht regelmäßig (IV, S. 182) und meint, daß ihr Mann sich selbst damit interessant machen wollte (IV, S. 153). Bei Touren durch die Umgebung von Thale macht die scheinbar Kranke gerne mit, sei es zu Fuß, sei es zu Pferde. Gerade beim Reiten fühlt sie keine Müdigkeit (IV, S. 197). Die Bewegung scheint ihr neue Lebenskraft zu geben.[12] Wenn auch Céciles schönem Gesicht ohne jede Spur von Farbe und dem Ausdruck der Apathie etwas Marmornes eigen ist (IV, S. 140), so beleben sich ihre Züge, wenn St. Arnaud Gordons Interesse für sie bemerkt. Ihre Freude an Huldigungen und Pikanterien[13] steht im Kontrast zu ihrer Sehnsucht nach dem Idyll. Gerne verweilt sie bei Reminiszenzen über ihre Kindertage angefüllt mit Eselreiten und Ponyfahrten, ebenso Jungmädchenzeiten, die sie als schön und himmlisch empfindet, da sie das Alpenglühen in der Schweiz bewundern konnte. Bei diesen Erinnerungen, die Cécile angesichts der eindrucksvollen Natur im Harz überkommen, fühlt sie sich froh. Umgeben von der Natur, schwindet die Überlegenheit des Mannes. Und so wünscht sie sich auch in Berlin wieder, sie könnte über Land fahren oder an einer Waldecke sitzen, zusehen, wie Korn geschnitten wird, Kinder Mohnblumen pflücken, oder auch selber hingehen und einen Kranz flechten und dabei mit kleinen Leuten von kleinen Dingen reden. In ihrer Ehe mit St. Arnaud ist Cécile sich bewußt geworden, daß es diese einfache Welt mit ihrer Stille, ihrem Frieden, ihrer Unschuld ist, in die sie sich zurücksehnt (IV, S. 261). Unbewußt spürt Cécile die Freiheit, die ihr in dieser Welt gehörte.

Zu den Widersprüchen in Céciles Wesen gesellen sich andere, die dieser

Frau etwas Rätselhaftes zu geben scheinen. Trotz einer hautären Miene, die Cécile, wenn sie will, sehr wohl aufzusetzen versteht, erscheint sie bescheiden bis zur Demut. Sie wirkt als die Dame von Welt und dann wieder voll Kindersinn (IV, S. 170). Ihrer ganzen Natur nach ist sie auf Reifenwerfen und Federballspiel gestellt und dazu angetan, so leicht und graziös in die Luft zu steigen wie ein Federball, alles Zeichen ihrer Lebensbejahung, die jedem Kranksein widerspricht, und doch ist ihr ein mystisch–religiöser Zug eigen, wie Gordon beobachtet. Cécile scheint sich dem Klischee der männlichen Vorstellungen anzupassen, wenn sie behauptet, daß sie wie alle Frauen jedem ernsten Studium feind sei, und doch hat sie Interesse an Erbaulichem, Konventiklerischem (IV, 180). Bei der Besichtigung des Quedlinburger Schlosses hätte Cécile gerne in den kostbaren Spiegel aus Bergkristall gesehen, den die letzte Fürstäbtissin mit nach Schweden genommen hatte. Aber sie interessiert sich ebenso für ein Grabmal, das, wie sich herausstellt, zum Gedächtnis eines bis in den Tod getreuen Hundes aufgerichtet war, und ist von der Inschrift „Jedes Geschöpf hat eine Bestimmung", besonders beeindruckt (IV, S. 161 f.). Mit spezieller Anteilnahme hat Cécile einen historischen Roman über die Gräfin Aurora von Königsmark gelesen. Jedoch ebenso hat ein Traktat über das Lebensbild des Altlutheraners Ehrenström über die separatistische Bewegung in der Uckermark Cécile gefesselt (IV, S. 154). Gelegentlich zeigt sie ihrem Mann etwas wie Dank oder selbst Hingebung und Herzlichkeit, eine Neigung, welche Schutzbedürfnis zu entspringen scheint (IV, S. 170). Aber sie hat erkannt, daß Ehe für eine Frau Gehorsam und Unterordnung bedeutet (IV, S. 143). Cécile weiß: „Die Männer sitzen ohnehin auf dem hohen Pferd, schlimm genug" (212). Sie zeigt Widerstand gegen dieses System, wenn sie sich mit großer Bestimmtheit weigert, auf einem Esel zu reiten, weil St. Arnaud ein Pferd für den Rückweg von Altenbrak benutzen will. Obwohl Cécile nicht den geringsten Sinn für Denkmäler Klopstocks und den Geographen Ritter hat, beweist sie lebhafte Neugierde für den Regensteiner, der lange gefangen saß (156) und bringt das Gespräch später wieder auf ihn (166).

Besonders erstaunlich bei Céciles gehobener gesellschaftlicher Stellung ist ihre Unbildung. Ihr Wissen beschränkt sich auf etwas Französisch, ein wenig Musik wie italienische Opern und einige französische Romane. Mit Freimut bekennt sich Cécile selbst zu ihrem Nichtwissen (170). So antwortet sie auch kaum auf Gordons Briefe, da sie zu mißtrauisch gegen ihre eigene Rechtschreibung ist (IV, S. 238). Bei ihrer Erziehung war alles versäumt worden. Die junge Cécile war ohne Grundsätze, ohne Schule nach dem Tode ihres Vaters großgezogen. Für ihre Mutter, die der patriarchalischen Konvention folgte, hatte festgestanden, junge schöne Damen hatten nur zu gefallen. So hatte Cécile nichts anderes gelernt, als sich im Spiegel zu sehen in Erwartung des Märchenprinzen, der sie holen würde (IV, 255). Gegenüber dieser versäumten Bildung, welche von der Forschung zurecht als Grund für Céciles unglückliches Schicksal angeprangert wird, steht jedoch Céciles feines Gefühl, das sie Gordon gleich zu Anfang sympathisch erscheinen läßt (170). Dieses feine Gefühl, das auch als Herzensbildung bezeichnet werden kann, zusammen mit einer guten Beobachtungsgabe und Hellsichtigkeit läßt Cécile zu Ansichten kommen, die überaus modern wirken.

Dies offenbart sich in einer Szene, die sich genau in der Mitte dieses Romans befindet.[14] Es ist die Unterhaltung Céciles mit der Förstersfrau, in welcher Cécile frei eigene Meinungen äußert, die ihr Denken und Fühlen erschließen und darüber hinaus Weitblick für die Stellung der Frau in der Familie und damit auch in der Gesellschaft verrät. Bereits die Tatsache, daß diese Szene ein Gespräch ist, macht sie bedeutungsvoll. Hat die Forschung doch festgestellt, daß es gerade das Gespräch ist, in dem sich bei Fontane das eigentlich menschliche Geschehen ereignet.[15] In dieser Szene schüttet die so rätselhaft erscheinende Frau aus den Adelskreisen einer bürgerlichen Frau ihr Herz aus, gibt Gedanken preis, die sie bewegen und enthüllt damit ihr wahres Wesen.[16] Während sie sich bei ihrem Ausflug nach Altenbrak in einer Hinterstube ausruht, bemerkt Cécile sofort, daß die junge, zur Aushilfe bei ihren Eltern weilende Försterfrau einen guten Mann und Kinder haben müsse, da sie so frisch und glücklich aussähe.[17] In dem folgenden Gespräch verrät die sonst so zurückhaltende Cécile nicht nur innige Anteilnahme an dem Leben der Frau, ein Zug, der ihr von der Forschung abgesprochen wird,[18] sondern auch ein großes Vertrauen zu ihr. Sie läßt sich von der jungen Frau ausführlich über ihre Lebensverhältnisse, von ihren Kindern und ihrem Mann erzählen. Cécile ist tief beeindruckt, wenn die Försterin berichtet, wie sie ihren Mann beeinflußt, den armen Leuten im Wald das Reisigsuchen nicht zu verbieten. Es ist nicht nur die Gutherzigkeit der jungen Frau, die Cécile ergreift, sondern mehr noch das gute Verhältnis zwischen den Ehepartnern. Mit großer Herzlichkeit ergreift Cécile die Hände der Försterin und meint, ihr Mann werde wohl so gut sein wie sie selber. Im anderen Fall würde sie ihn schon bekehren, würde für seine Seele sorgen, und er würde sein Himmelreich haben. Mit überraschendem Wissen um die Wichtigkeit beider Partner für die Ehe kommt Cécile zu dem Schluß, in einer guten Ehe müsse sich alles ausgleichen und balancieren. Wenn Cécile findet, der eine helfe dem anderen heraus, und die Gnade rechne mehr menschliches Guthaben als menschliche Schuld, so bezieht sie dies offensichtlich auf sich selbst, auf die Hoffnungen, die sie anfänglich in ihrer eigenen Ehe gehabt hatte, und die auch während ihres Aufenthalts in Thale bei der Begegnung mit Gordon wieder aufgekommen waren. Die Worte Céciles zeugen von Reife, Sicherheit und stehen in scharfem Gegensatz zu der Verzweiflung, die Cécile schließlich in den Tod treibt. In dieser Szene wird offenbar, daß die so ungebildet und verwöhnt erscheinende Cécile ein feines Verständnis für die gleichen Aufgaben beider Ehepartner hat und einen Weitblick beweist, der modern anmutet, den Erkenntnissen unserer Zeit entspricht. Damit ist es diese Szene, die dem Roman auch einen zukunftsweisenden Zug gibt, welcher ihm abgesprochen worden ist.[19]

In der Unterhaltung mit der jungen Förstersfrau konnte Cécile sich – vielleicht das erste Mal in ihrem Leben – aussprechen, fand in einer anderen Frau eine verständnisvolle Zuhörerin. Die Wirkung des Gesprächs zeigt sich an dem erholsamen Schlaf, in den Cécile danach fällt, aus dem sie mit frischen Farben erwacht. Die Kommunikation hat ihr neuen Lebensmut gewährt. Es ist diese Szene, welche auch auf alles weitere Geschehen ein neues Licht wirft. Das Gespräch enthüllt nicht nur den Charakter Céciles, ihr Wissen um das Wesen einer guten Ehe, sondern auch die Diskrepanz zwischen einer guten Ehe und der Ehe Céciles. Und so ist auch die folgende Szene auf dem Rückweg von Altenbrak zu verstehen, der eine überragende Wichtigkeit zugemessen wurde.[20] Mit dem Wissen um die wahre Aufgabe beider Ehepartner ist Cécile[21] sich bewußt geworden, daß Arnaud sich keine Mühe gibt, seinen Pflichten in der Ehe zu genügen, und daß er sie nicht als gleichwertige Partnerin behandelt. Aus dieser Erkenntnis heraus spricht sie ihr „Ja", in dem eine Welt von Verneinung liegt (IV, 214). Sie läßt es geschehen, daß Gordon ihre Hand küßt. Mehr erwähnt Fontane in der Darstellung dieser Szene nicht und läßt den Leser im Zweifel, ob sich Gordon in dem aufgeregten Zustand, in dem er sich am Abend nach dem Rückritt befindet, wenn er den erwidernden Druck von Céciles Hand zu fühlen scheint, nicht zu viel einbildet (IV, 217).

Gerade von der Szene der Unterhaltung Céciles mit der Förstersfrau her gesehen, die offenbarte, wie sehr es Cécile trieb, sich einem Menschen anzuvertrauen, läßt sich die Szene des Rückritts von Altenbrak in demselben Sinne verstehen. Auch die Widersprüchlichkeiten in Céciles Wesen ebenso wie ihre Worte in ihrem Testament, sie wolle bei den Menschen begraben sein, die ihr Liebe, Freundschaft und Achtung gegeben hatten, finden durch das Gespräch mit der Förstersfrau ihre Erklärung. Céciles Freude an Huldigungen ist nicht die oberflächliche Eitelkeit einer Frau, sondern die Sehnsucht eines einsamen Menschen nach Anerkennung und Anteilnahme; denn es ist offensichtlich, daß Arnaud, der in Thale als der Mann der Form sich um seine schöne Frau kümmert, in Berlin jedoch nur noch in seinen Club geht, kein wahrer Lebensgefährte ist. Die Aufmerksamkeiten Gordons aber auch der anderen Bekannten, wie der Toast Rosa Hexels, der Tiermalerin, auf sie, die schöne Frau (IV, S. 210), machen Cécile glücklich. Die Anhänglichkeit des Neufundländers Boncoeur, die Rosenblätter, die Cécile zu Füßen fallen (IV, S. 175), die hunderte von Schmetterlingen, die sie umschwärmen (S. 188), erfüllen Cécile mit Freuden, da sie darin eine Art Anerkennung findet, welche ihr Mann ebenso wie die Gesellschaft der ehemaligen Fürstengeliebten verweigert hat.

Die nach innen gerichteten Augen (S. 169) scheinen ein Suchen ihrer selbst, ihrer Bestimmung anzudeuten. Cécile war in ein Leben geboren worden, das sie sich nicht ausgesucht hatte. Von ihrer Mutter war Cécile ohne Schulbildung, ohne Vorbild, ohne Grundsätze großgezogen. Unschuldig war Cécile nach den Ansichten der Gesellschaft schuldig geworden. Als der alte Fürst von Welfen-Echingen die Siebzehnjährige zur Vorleserin seiner kränklichen Frau engagierte, Cécile mit dem Fürstenpaar reiste, nach dem Tode der Fürstin im Schlosse blieb, der Fürst auch bald verschied, ihr ein Gut hinterließ, der kränkliche Neffe des Fürsten in das Schloß zog, dann Reisen in Begleitung Céciles unternahm, wurde viel getuschelt. Als der Neffe starb, wunderte sich die Gesellschaft, daß Cécile nicht den Kammerherrn des Fürsten und später des Neffen ehelichte. In den Augen der Gesellschaft hat Cécile eine kompromittierende Vergangenheit hinter sich. Jedoch Céciles Worte zu der Försterfrau enthüllen einen Menschen, der anderen helfen möchte, der Gutes getan hat, und geben Céciles von der Gesellschaft kritisiertem und bespötteltem Leben eine neue Perspektive. Trotz geringer Bildung besitzt Cécile ein überaus feines Gefühl, das sie gelehrt hat, echt von unecht, Recht von Unrecht zu unterscheiden (S. 265).[22]

Mit diesem feinen Gefühl für das Wichtige im Leben, mit ihrer Freude an der Natur, die frei von Vorurteilen jeder Art ist, hat diese so widersprüchlich erscheinende Gestalt eine gewisse Ähnlichkeit mit der Frau, deren Wesensmerkmale Fontane bereits anderen seiner Frauenfiguren beigegeben hat: Bettina. Auch Bettina schien ihren Zeitgenossen aus Widersprüchen zusammengesetzt: Als Dame von Welt in ihrem Berliner Salon, und auch wieder als das romantische Kind bis in ihr Alter hinein, gelegentlich gar einer Hexe ähnlich.[23] Auch Bettina hatte ein feines Gefühl, echt von unecht zu unterscheiden.[24] Anders als Cécile war Bettina jedoch eine viel stärkere Natur, die sich keinem Urteil fügte, keiner fremden Natur unterordnete, sondern einzig ihrer inneren Stimme traute. Zudem hatte Bettina das Glück, in Achim von Arnim einen Mann zu heiraten, der die Individualität seiner Frau respektierte und gegen alle Konvention ihr volle Freiheit gab, sich ihren Interessen zu widmen.

St. Arnaud ist das vollständige Gegenteil des freisinnigen, großzügigen preußischen Edelmanns. Er sieht in seiner Frau nichts anderes als ein „schönes Eigentum",[25] das man vor Abnutzung und Diebstahl bewahrt. So war es der beleidigte, auf althergebrachter Tradition fußende Stolz St. Arnauds, der zu einer Ursache für Dzialinskis Tod wurde. Doch Cécile fühlt sich schuldig. Sie ist sich bewußt, daß sie die Freuden der großen Welt genossen, an ihren Torheiten und Verirrungen teilgenommen hat. Nach Dzialinskis Tod will sie ihrem Leben eine andere Richtung geben, sich den gesellschaftlichen Forderungen anpassen, ein Kompromiß mit der Gesellschaft schließen und nur noch ihren Pflichten leben. Obgleich sie Huldigungen nicht entbehren kann, so hat sie den festen Willen, daß den Huldigungen eine bestimmte Grenze gegeben wird, auch wenn sie darüber sterben sollte (S. 262). Ihr Wille, das Kompromiß mit der Gesellschaft zu wahren, gibt ihr die Kraft, Gordon zu bitten, sie nie wiederzusehen. Nicht nur von feinem Gefühl, sondern von einem ebenso feinen Gehör, hat Cécile erkannt, daß Gordon, der inzwischen von seiner Schwester Klothilde über Céciles Vergangenheit unterrichtet wurde, seinen Ton ihr gegenüber verändert hat. Wenn Cécile auch meint, daß sie mit ihrer Namensschwester, der heiligen Cäcilia, Patronin der Musik, nichts gemein hätte (S. 195), ist es dieses feine Gehör, welches Cécile ihr ähnlich macht. Dieses sensitive Ohr für den falschen Ton, den Gordon bei seinem Besuch in ihrer Loge wie auch ihrem Salon gebraucht, spielt eine wichtige Rolle in dem tragischen Ende dieses Romans, in dem Gordon nicht nur sein Leben verliert, sondern Cécile einer Märtyrerin gleich, das kleine Kreuz mit dem Christuskopf in der Linken tot aufgefunden wird.

Céciles Streben, die Gesellschaft durch ein pflichtbewußtes Leben mit ihrer Vergangenheit zu versöhnen, sich aus dem Bann der Gesellschaft zu lösen, in dem sie ähnlich dem Regensteiner gefangen gehalten ist, wird durch Gordons Verhalten zunichte, einem Verhalten, das im weiteren Sinne durch das stereotype gesellschaftliche Bild der Frau als einer Überlistenden, Spielenden, Launischen (S. 275), im engeren Sinne durch die Vergangenheit Céciles als einer Fürstengeliebten geprägt ist. Cécile, die in Gordon einen Menschen gefunden zu haben glaubte, dem sie sich anvertrauen, ihr Herz ausschütten konnte, der sie verstand, besser als der Hofprediger, mehr als die wenigen anderen Bekannten, die ihr Haus besuchten, sieht sich bitter getäuscht. Gordons Tod, der gleichen Art wie Dzialinskis, den sie erst vorausahnt und dann weiß, bevor sie die Nachricht aus der Zeitung erfährt, macht all ihr Streben nach Kompromiß mit der Gesellschaftsordnung zunichte. Ein erschütterndes Bild für die Isoliertheit, das Abgeschnittensein dieser Frau von jeglicher Kommunikation ist die Szene vor dem Eintreffen von Gordons Abschiedsbrief, in der selbst das Gespräch mit dem Papagei versagt (S. 280). Einsam, ohne von ihrem Mann über sein Vorhaben benachrichtigt zu sein, erhält Cécile Gordons Abschiedsbrief und erfährt dann aus der Zeitung von dem Duell, das um sie geführt wurde, in dem sie wie bei Dzialinskis Tod nur Objekt war. So kann ihr Freitod nicht nur als Verzweiflung über ein Leben der Isoliertheit ohne menschliche Kommunikation, sondern auch als eine Tat der Auflehnung, der Rebellion gegen ein Dasein gesehen werden, in dem sie ohne eigene Bestimmung, ohne Zweck, nichts weiter als ein Objekt darstellte. Damit wird Cécile zu einem Frauencharakter, der schließlich nicht passiv in Kränkung und Leid verharrt, sondern sich diesem Leid durch den Freitod entzieht und damit nicht eine Abwandlung des Orsina Motivs darstellt,[26] sondern in gewisser Weise das Thema der Emilia Galotti aufnimmt.[27]

Durch den ganzen Roman hindurch gebraucht Fontane Bilder, welche die verzweifelte Lage Céciles veranschaulichen. So spielt sich der öfter von der Forschung als idyllisch bezeichnete erste Teil, der Ferienaufenthalt, vor dem Hintergrund des Hexentanzplatzes ab, der immer wieder erwähnt wird (S. 133, 134, 150, 172, 194, 215), die Erinnerung an die mittelalterlichen Hexenverfolgungen heraufbeschwört und damit auch Céciles Schicksal in seiner Auswegslosigkeit vorausdeutet.[28] So ist es auch zu erklären, daß Cécile in Berlin frischer und jugendlicher aussieht als in Thale (S. 269). Immer wieder erscheint das Adjektiv „schön" im ersten Teil mit Bezug auf Cécile (S. 131, 133, 134, 135, 140, 143, 149, 152, 153, 175, 176, 182, 187, 221) und erinnert an die traditionelle Auffassung von Schönheit verbunden mit dämonischer Anziehungskraft bei Frauen, die man als Hexen zu bezeichnen pflegte.[29] Dagegen findet sich das Adjektiv „schön" für Cécile im zweiten Teil, in dem der Hintergrund des Hexentanzplatzes verschwunden ist, nur einmal (S. 276).

Wenn Cécile sich in Berlin dem Hofprediger nähert, sich der Religion in die Arme wirft, tut sie es aus demselben Grunde, wie sie es sich wünscht, wieder in der freien Natur zu sein.[30] Wie die Natur hilft die Religion ihrem Bedürfnis nach gesellschaftlicher Anerkennung, gesellschaftlicher Gleichberechtigung. Das Bild, das Fontane von der Toten entwirft, die ein Kruzifix in der Hand gefunden wird, zeigt eine Frau, die ihre Immanenz Gott geweiht hat, in einem geschlechtslosen Himmel Frieden finden möchte.[31]

Während die Männer in diesem Roman es sind, welche Cécile und ihrem Schicksal wenig Verständnis bezeigen,[32] sind es die Frauen, welche Cécile Sympathie entgegenbringen. Cécile spürt das, und so kommt es zu dem Gespräch mit der Försterfrau, in dem Cécile sich anvertraut. Es sind Frauen, die Cécile verstehen, wie Rosa Hexel, die Tiermalerin, welche, von der Forschung als Kontrastfigur zu Cécile dargestellt,[33] die Gesellschaft in ihrem Vorurteil durchschaut hat und um Céciles Schicksal bangt (S. 248).

Zusammenfassend kann festgestellt werden, daß auch dieser Roman Fontanes lange in der Forschung verkannt, einen wichtigen Platz gerade vom Gesichtspunkt der Frauenfrage her einnimmt.

ANMERKUNGEN

1. Peter Uwe Hohendahl stellt fest, daß Cécile wenig aktiv erscheint. „Theodor Fontane: *Cécile*" in: *Germanisch-Romanische Monatsschrift*, XVIII, 1968, S. 385.
2. Vgl. Walter Müller-Seidel: *Theodor Fontane*, op. cit. S. 191 f.
3. Vgl. Ebenda, S. 186.
4. Von Anfang an wurde dieser Roman mißverstanden, wie aus Fontanes Brief an Paul Schlenther vom 2. Juni 1887 hervorgeht: „... In einem Punkte sind Sie mir, glaub ich, nicht ganz gerecht geworden, *Cécile* ist doch mehr als eine Alltagsgeschichte, die liebevoll und mit einem gewissen Aufwande von

Kunst erzählt ist. Wenigstens will die Geschichte noch etwas mehr sein; sie setzt sich erstens vor, einen Charakter zu zeichnen, der, soweit meine Novellenkenntnis reicht, ... noch nicht gezeichnet ist, und will zweitens den Satz illustrieren, wer einmal 'drinsitzt', gleichviel mit oder ohne Schuld, kommt nicht wieder heraus. Also etwas wie Tendenz. Auch das, wenigstens in dieser Gestaltung, ist neu." *Theodor Fontane. Briefe*, ausgewählt und erläutert von Gotthard Erler, München: Nymphenburger Verlagshandlung, 1981, II, S. 154 f.

5. Es scheinen Widersprüche zu sein, die an Kierkegaards Worte gemahnen: „Ein Weib zu sein, ist etwas so Seltsames, so Gemischtes, so Zusammengesetztes, daß kein Prädikat es ausdrückt, und die vielen Prädikate, wenn man sie brauchte, einander so widersprechen, daß nur ein Weib es aushalten könnte." Mit Recht meint Simone de Beauvoir dazu: „Das kommt daher, daß sie nicht positiv, als Wesen für sich, betrachtet wird, sondern negativ, so wie sie dem Manne erscheint." Simone de Beauvoir: *Das andere Geschlecht. Sitte und Sexus der Frau.* Reinbek bei Hamburg: Rowohlt, 1978, S. 155.

6. Peter Uwe Hohendahl, op. cit. S. 381–405.

7. Uta Treder: „Cécile – Hexe und Hysterikerin", in Uta Treder: *Von der Hexe zur Hysterikerin. Zur Verfestigungsgeschichte des 'Ewig Weiblichen'*, Bonn: Bouvier, 1984, S. 50.

8. Ebenda S. 47.

9. Ebenda S. 53.

10. Richard Brinkmann: *Über die Verbindlichkeit des Unverbindlichen*, op. cit.

11. Walter Müller–Seidel: *Theodor Fontane*, op. cit.

12. Vgl. die Freude am Reiten, an der Bewegung bei anderen Frauenfiguren Fontanes wie Franziska und Effi.

13. Doch ist Céciles Freude an Pikanterien niemals primitiver Art, wie aus einer Studie hervorgeht. Vgl. Gerhard Friedrich: „Die Schuldfrage in Fontanes *Cécile*," in: *Jahrbuch der Deutschen Schillergesellschaft* 14. Jahrgang, 1970 S. 526 f. Es finden sich keine Anhaltspunkte dafür, daß Céciles Natur auf ordinäre Pikanterien eingestellt ist. Céciles Hinweisen auf die Siegessäule kann nicht in dem vom Verfasser erwähnten Sinne als primitive Pikanterie verstanden werden, sondern es entspricht Céciles Charakter mehr, wenn sie in Erinnerung an Dzialinskis Tod auch die Siegessäule nicht sehen will, da diese ja zur Feier eines gewonnenen Krieges, der auch mit Blutvergießen und Tod verbunden war, errichtet wurde. Wie aus dem Text ersichtlich ist, entspricht das Cécile vorgeworfene Verhalten nicht Céciles Natur, ihrem fein–sinnlichen Wesen, das gleich von Anfang an einen angenehmen, überaus sympathischen Eindruck auf Gordon macht, so daß eine

lebhafte, mit Wehmut gemischte Teilnahme ihn erfüllt (IV, S. 159). Gordon ist von ihrer vornehmen Haltung und dem feinen Gefühl eingenommen (IV, S. 170). Somit erscheint auch der Einwurf „es kostet Cécile nicht viel Mühe, darüber hinwegzukommen" nicht zutreffend, wenn Fontane Cécile bei Gordons Bemerkung über die „Insel der Seligen" peinlich berührt sein läßt (IV, S. 232). Vgl. Gerhard Friedrich, op. cit. S. 526 f.

14. Die von Gerhard Friedrich als Mittelpunkt bezeichnete Szene ist es wohl den Kapiteln, aber nicht der Seitenzahl nach.
15. Vgl. Richard Brinkmann, op. cit. S. 145.
16. Vgl. „Cécile erscheint so zwielichtig, daß der Leser nie genau weiß, welche Seite ihrer Person die wahre ist". Hohendahl, op. cit. S. 382. „Ein Schleier des Geheimnisses bleibt über dem Tod und damit auch über dem Charakter Céciles". Ebenda, S. 385.
17. Daß Fontane der Försterfrau von vorneherein eine Rolle in diesem Werk zugedacht hat, läßt sich aus seinem Brief vom 19. Juni 1884 an seine Frau entnehmen, in dem er glücklich über seine zweistündige Unterhaltung mit dem achtzigjährigen Praeceptor berichtet, dessen „am Zittern" leidende, beständig weinende Frau und seine entzückende Tochter, Förstersfrau, 30 Jahre alt, mit 5 strammen Jungens. Alles wäre wundervoller Stoff für seine neue Novelle, die sich ihm am selben Tage auf dem dreistündigen Marsch in allen Teilen klar ausgestellt hätte. „Es kann nun also damit losgehen, – ich glaube was ganz Feines." *Theodor Fontane. Briefe*, hrsg. von Kurt Schreinert und Charlotte Jolles, op. cit. I, S. 271.
18. Uwe Hohendahl vermerkt, Cécile gehöre zu den Frauen, denen das Umworbensein wichtiger sei als die Anteilnahme an anderen Menschen. Op. cit. S. 395.
19. „Fontane hat es sich in *Cécile* versagt, eine Zukunftsperspektive zu geben wie in *Irrungen Wirrungen* und *Stine*, wo Lene Nimpsch und die Witwe Pittelkow über das gegenwärtige Elend hinaus auf eine bessere Welt verweisen. Die Beschränkung auf den Adel ließ als Perspektive nur die Zukunftslosigkeit zu. Insofern ist *Cécile* von allen Zeitromanen Fontanes der trostloseste." Gerhard Friedrich, op. cit. S. 545.
20. Vgl. Gerhard Friedrich, op. cit. S. 524–526.
21. Nomen et omen kann auch von dieser Namensgebung gesagt werden.
22. Mit diesem feinen Gefühl beweist Cécile, daß sie über mehr verfügt als eine „unentwirrbare Mischung von Sinnlichkeit und Infantilität". Vgl. Uta Treder, op. cit. S. 52.
23. Vgl. oben S. 80.
24. Vgl. Werner Milch, *Die junge Bettine*, op. cit. S. 139.
25. Uta Treder, op. cit. S. 40.
26. Hans–Heinrich Reuter, Hrsg., in seiner Einleitung zu *Märkische Romanze. Frauenerzählungen*, Berlin: Verlag der Nation, 2. Auflage 1963, S. 11.

27. S.o. Teil I, S. 45

28. In seinem Brief an Paul Schlenther vom 2. Juni 1887 wies Fontane auf diese Idee der Auswegslosigkeit hin. Vgl. Anm. 4,

29. Uta Treder: „Meret – die Hexe“, in: *Von der Hexe zur Hysterikerin*, op. cit. S. 15.

30. Vgl. oben S. 111.

31. Simone de Beauvoir stellt fest: „Wenn sie [die Frau] sich so gern der Religion in die Arme wirft, tut sie es vor allen Dingen aber deshalb, weil diese ein tiefes Bedürfnis in ihr stillt ... Die Frau ist nicht mehr um ihre Transzendenz betrogen, da sie ihre Immanenz Gott weiht. Allein im Himmel werden die Verdienste der Seelen abgewogen und nicht nach ihrer irdischen Entfaltung. ... Über die soziale Diskriminierung hinaus wird die Gleichheit der Geschlechter wieder hergestellt.“ *Das andere Geschlecht. Sitte und Sexus der Frau*, Reinbek bei Hamburg: Rowohlt, 1978, S. 587 f.

32. Fontane läßt erkennen, daß Arnaud der Typus eines alten Garçon aus der Oberschicht der Gesellschaft ist. In Gordons Meinung ist es unmöglich, sich etwas Unverheirateteres vorzustellen als ihn. Obgleich er voll Courtoisie gegen die junge Frau ist, wirken seine Aufmerksamkeiten äußerlich (IV, S. 171 f.). Gordon ebenso wie Arnaud teilt das stereotype Bild der Gesellschaft von der Frau. So hat Gordon die Meinung, daß um ein Frauenherz immer geworben werden müsse, eine Frau lebe von liebenswürdigen Kleinigkeiten. Ein Armband zum Geburtstag oder ein Nerz – oder Zobelpelz zu Weihnachten, das sei zu wenig für dreihundertfünfundsechzig Tage. Wozu lasse der Himmel so viel Blumen blühen? Wozu gäbe es Radbuketts von Veilchen und Rosen? Wozu lebte Felix und Sarotti? ...„ (IV, S. 257).

33. Zurecht konstatiert Hanni Mittelmann, Rosa Hexel wäre ein Beispiel, daß es sogar innerhalb einer in Vorurteilen befangenen Gesellschaft eine Möglichkeit zur Selbstbestimmung und Selbständigkeit gäbe, daß Rosa einen unbändigen Lerntrieb hätte, nie genug hören und sehen könne. Wenn jedoch vermerkt wird, der Bildungseifer Rosa Hexels sei typisch für die bürgerlichen Kreise, aus denen sie stammt, so übersieht sie, daß Corinna diesen Bildungseifer nicht mehr in dem Maße zeigt, daß es also in den bürgerlichen Kreisen auch verschiedene Individuen gibt, wie Fontane wirklichkeitstreu darstellt. Hanni Mittelmann, op. cit. S. 38.

7. Kapitel
Ellernklipp

Diese Novelle, welche bereits 1881 vor *Schach von Wuthenow, Graf Petöfy* und *Cécile* entstanden ist, hat im Mittelpunkt ihrer Handlung wieder eine Frau,[1] die manche Züge mit den später geschaffenen Frauengestalten gemein hat. Mit ihrer Müdigkeit und Passivität, mit einer aus ihrer geheimnisvollen Abstammung erwachsenden Rätselhaftigkeit erinnert Hilde an Cécile und kann deshalb als Vorstudie der später entstandenen Frauenfigur angesehen werden. Fontane selbst hat vorgehabt, seine Protagonistin nicht nur als schön, liebenswürdig, poetisch–apathisch darzustellen, sondern hat die dämonisch–unwiderstehliche Macht des Illegitimen und Languissanten zeigen wollen,[2] eine Aura, die auch Céciles Gestalt umgibt. Ähnlich wie Cécile hat Hilde von Anfang an ein sympathetisches Verhältnis zur Natur.

Gleich zu Anfang der Novelle steht das Kind im Garten zwischen hoch in Samen geschossenen Spargelbeeten und schaut dem Spiel zweier Schmetterlinge zu (II, S. 173). Über ihre tote Mutter streut sie Blumen, kniet nieder, küßt die herabhängende Hand, wenn sie auch nicht weint und kein Zeichen tiefen Schmerzes zeigt (II, S. 174). Von Anfang an besitzt das Kind viel Sympathie für alle Kreatur. Im Hause des Heidereiters hockt sie stundenlang, sieht in das Feuer, hört, wie die Katze spinnt, wie die Sperlinge, die sich naß und hungrig auf das Fensterbrett geflüchtet haben, ängstlich und traurig zirpen, steht auf, öffnet das Fenster und streut Krumen, hält die Katze fest, bis alle Sperlinge wieder in Sicherheit im Freien sind (II, S. 182). Die junge Hilde liebt oft die Einsamkeit. Statt zu spielen, sitzt sie gern auf einer Bank nahe dem Grab ihrer Mutter, beobachtet, wie die Lichter einfallen, wie Hummeln von einer hohen Staude zur anderen fliegen, von dem Rittersporn auf den roten Fingerhut und von dem roten auf den gelben (II, S. 192). Auch das reifer gewordene Mädchen hat sich nicht verändert. Der Tag erscheint ihr lang. Wenn die anderen an ihre Arbeit gehen, streut Hilde, die eigentlich die Milchwirtschaft und die Wäsche besorgen soll, Körner für die Vögel aus (II, S. 208). Mit ihrer Liebe zu der Kreatur verbindet Hilde einen Abscheu gegen alles Gewalttätige, gegen jedes Blutvergießen. Wenn der Heidereiter den Wilderer erschossen hat, ist sie wie gestört, läuft auf die Hoftür zu und bückt sich, um den Hühnerhund zu umarmen (S. 199). Rein wörtlich weisen Stellen auf *Cécile* hin, so wie die Titel einiger Abschnitte „Hilde schläft am Waldrand“ (II, S. 202) und „Hilde flicht eine Girlande“ (II, S. 203).

Hildes sympathetisches Verhältnis zur Natur läßt sie selbst der Natur ähnlich werden. Beim Anblick des auf der Heide schlummernden Mädchens muß Baltzer, der Heidereiter, an die Worte des Pfarrers Sörgel denken: „Die Hilde blüht“ (II, S. 203). Gleich Cécile besitzt Hilde eine Anziehungskraft auf Männer, welche dämonisch auf ihre Umgebung wirkt. Es sind nicht nur Männer, bei welchen Hilde den Eindruck einer Hexe erweckt. Gissel, die Wirtschafterin des Heidereiters, stellt zuerst fest, daß alle Männer von Hilde behext sind (S. 209). Baltzer Bocholt, der Hildes Müdigkeit zuerst kritisierte, sie als Teufelsspuk ansah (II, S. 193) fühlt sich von Hilde behext, bevor er seinen Sohn in den Abgrund stößt:

> Aus aller Zucht des Leibes und der Seele bin ich heraus und die gute Sitte, von der ich sprech, ist Neid. Ich neid es dem Jungen. ... Ich neid ihm das schöne, müde Geschöpf, das müd ist, ich weiß nicht um was. Aber um was auch immer, es hat mich behext, die Grissel hat recht, und ich komme nicht los davon (II, S. 236).

Zu ihrem sympathetischen Verhältnis zur Natur gesellt sich ein intuitives Erfassen von Geschehnissen. So erscheint der Vollmond Hilde am Abend von Martins Verschwinden „ernster und größer als sonst, als such er wen. Oder als wollt er etwas sagen“ (II, S. 240) und läßt sie von unendlicher Angst ergriffen in ihre Stube laufen.

Wie Cécile erscheint Hilde zwiespältig. Sie gibt den Eindruck der Passivität, wenn sie müde und lässig die Dinge hinnimmt, jedoch plötzlich einen starken Willen zeigt, wenn sie gegen des Heidereiters Gebot seine Wirtschafterin bewegt, mit ihr zum brennenden Haus ihrer Mutter zu gehen. Obwohl Hilde oft abgespannt wirkt, übertrifft sie im Lesen und besonders im Auswendiglernen die anderen Kinder. Wenn der Erzähler sie auch als ein Wesen vorstellt, das nicht Gut und Böse kennt,[3] so offenbart Hilde großes Mitgefühl, Mitleid mit der leidenden Kreatur und haßt jede Gewalttätigkeit. Mit Entsetzen hat sie gehört, daß der Heidereiter den Wilddieb erschoß und hat doch so viel Mitleid mit ihm, daß sie in der Kirche zu dem von allen Gemiedenen tritt und mit ihm zusammen das Gotteshaus verläßt. Obwohl Hilde für Martin eine große Zuneigung gefaßt, sich vor dem Heidereiter eigentlich gefürchtet hatte, heiratet sie ihn nach dem Verschwinden Martins aus Dankbarkeit. Ähnlich wie in Céciles Leben sterben zwei Männer ihretwegen. Der Vater stößt aus Eifersucht seinen Sohn in den Abgrund und erschießt sich später aus Furcht um seinen Ruf. An Cécile gemahnt Hilde einerseits, wenn sie manche als dämonisch, als Hexe beeindruckt, andererseits aber früh nach einem kurzen Leben der Barmherzigkeit sterben muß und damit Züge mancher Heiliger erwirbt. Ein Glück auf Erden ist ihr wie Cécile nicht beschieden. Ähnlich wie bei Cécile ist die anscheinende Zwiespältigkeit Hildes mit ihrer gesellschaftlichen Lage zu erklären. Sie wird Eigentum des Heidereiters, wenn er sie als Waise in sein Haus nimmt, sie zu seinem Kind und dann zu seiner Frau macht. Erst durch des Heidereiters Tod wird sie von ihm befreit. So läßt sich Hildes erstaunlicher Wandel am Ende der Novelle deuten, wenn berichtet wird:

> ... und sie, die müd und matt gewesen war ihr Leben lang, sie wurde jetzt stark und frisch und froh, und ein tiefes Verlangen erfaßte sie zu tun und zu schaffen, zu helfen und zu heilen. Und in werktätiger Liebe begründete sie nun zum zweitenmal ihr Haus (II, S. 268).

Nun, da es ihr vergönnt ist, selbständig ihren Aufgabenbereich zu erweitern, ihn auf ihre Mitmenschen auszudehnen, fällt das Müde, Languissante von ihr ab.

Dieses Sorgen und Arbeiten für andere ist ein Zug Hildes, der auf eine zweite Frauengestalt Fontanes, Franziska in *Graf Petöfy* hinweist, die Erzählung, welche wie *Cécile* und *Schach von Wuthenow* nach *Ellernklipp* entstand. Wie Franziskas Vorliebe für den Winter wirkt Hildes Frohsinn, der sie im Winter ihre Müdigkeit vergessen läßt. Zusammen mit Martin fühlt sich Hilde in dem Schneehaus, das sich beide gebaut haben, wie verzaubert (II, S. 183 f.). Auch an Victoire erinnert Hilde mit ihrer Neigung zum Träumen, mit ihrer Sehnsucht nach Glück und Liebe (II, S. 206 f.).

Wie Victoire, Franziska und auch Cécile verfügt Hilde trotz aller Müdigkeit und Abgespanntheit über eine gute Beobachtungsgabe und logisches Denken. So wirft sie dem Konventikler Melcher Harms vor, der den halben Glauben der Leute in Religionssachen kritisiert, daß er mit seinem Glauben an Spuk, also seinem Aberglauben schlimmer wäre (II, S. 211). Auch das Interesse des Heidereiters an ihrer Person hat sie bald bemerkt und hat sich davor gefürchtet. Hilde ist es auch, die wahrgenommen hat, daß der Heidereiter Martin nicht als gut genug für sie ansieht, und dies Martin sagt, ihn auch deshalb warnt, nichts zu übereilen (II, S. 218). Die Unabhängigkeit von Hildes Denken erweist sich, wenn sie erkennt, Demut und Unterwerfung würden ihr kein Glück bringen (II, S. 266).

Ähnlich wie in *Schach von Wuthenow* Frauen, die Mutter und die Königin, Victoire zur Hilfe kommen, ist es die Gräfin, wirklich ihre Großmutter, die Hilde einlädt, sie zur Plauderstunde zu besuchen. In Gesprächen, in der Kommunikation mit einem Menschen, den sie liebt, fällt alle Schwermut von Hilde. Sie wird zu einer frohen Frau, deren Leben anderen geweiht ist und so Erfüllung findet.

Auch in dieser Novelle sind der Protagonistin Züge eigen, welche an die einzigartige Frau des 19. Jahrhunderts, Bettina von Arnim, erinnern. Wenn Fontane seine Hauptfigur dahin definiert, sie änderte den Grundton ihres Wesens nicht,[4] so ist es interessant zu finden, daß auch bei Bettina eine eigentümlich ihre Persönlichkeit charakterisierende Entwicklungslosigkeit festgestellt wurde.[5] Nicht nur das enge Verhältnis des Kindes zur Natur, das es als junges Mädchen und Frau beibehält, die Rolle der Großmutter im Leben,[6] sondern auch die soziale Einstellung Hildes lassen an Bettina denken. Wenn es von Hilde heißt, sie begründete in werktätiger Liebe zum zweitenmal ihr Haus,[7] so erinnert das rein formal an Bettinas Leben, die nach dem Tode Arnims „als politische Schriftstellerin, Verlegerin und Herausgeberin der Werke Achim von Arnims, als Vertraute der Notleidenden ... dieses zweite, ihr eigene Leben" lebte.[8] Wenn auch nicht in dem Maße wie Bettina, so denkt auch Hilde selbständig. Von Melcher Harms, dem Konventikler, wird sie angeregt, sich selbst kennenzulernen und kommt zu dem Ergebnis, allein Freiheit, Weite und Licht könnten ihr helfen (II, S. 266). In dieser Verbindung ist es aufschlußreich festzustellen, daß auch Bettina zur Erkenntnis ihrer selbst durch den Umgang mit einem Theologen kam. Wie aus ihrer Biographie hervorgeht, war sie durch ihren regen Verkehr mit Schleiermacher in Berlin mit sich selbst bekannt geworden.[9]

Zusammenfassend läßt sich konstatieren, daß mit dem Blickpunkt auf die Protagonistin *Ellernklipp* nicht nur manche Züge der später entstandenen Werke Fontanes in nuce enthält, sondern daß diese als balladesk angesehene Novelle[10] auch historische Merkmale in sich birgt.

Anmerkungen

1. In seinem Brief an Gustav Karpeles vom 14. März 1880 bezeichnet Fontane Hilde selbst als die Hauptfigur. Vgl. *Theodor Fontane, Briefe*, hrsg. von Gotthard Erler, op. cit. II, S. 21.

2. Vgl. seinen Brief an Gustav Karpeles vom 14. März 1880. *Briefe*, hrsg. von Gotthard Erler II, S. 21.
3. Vgl. Walter Müller-Seidel, *Theodor Fontane*, op. cit. S. 81.
4. In dem oben erwähnten Brief an Gustav Karpeles heißt es: „Sie [Hilde] selbst, ohne den Grundton ihres Wesens zu ändern, verklärt sich und überlebt das Wirrsal, das sie gestiftet." Erler II, S. 21.
5. Werner Milch, *Die junge Bettine*, op. cit. S. 52 f.
6. Bettinas Großmutter, Sophie Laroche, die Verfasserin des ersten deutschen Frauenromans, hatte einen großen Einfluß auf das Leben ihrer Enkelin. Viel vom Geist ihrer Großmutter, bei der Bettina nach dem frühen Tod ihrer Eltern lebte, strömte in Bettina über: Milde, Verständnis, Güte, der offene Blick, die Schönheit der Natur zu sehen und alle Vorurteile zu vermeiden.
7. S. o. S. 124.
8. Vgl. Ingeborg Drewitz: *Bettine von Arnim*, op. cit. S. 7.
9. „Mein Verhältnis zu ihm war so: in seiner Nähe fühlte ich meinen Geist aufgeregt zur genialsten Erkenntnis, und das war mir die höchste Lust, und das danke ich ihm, daß ich einen Fortschritt gemacht habe in der Bekanntschaft mit mir selbst." Ingeborg Drewitz: *Bettina von Arnim*, op. cit. S. 140 f.
10. „Wie *Grete Minde* zählt man *Ellernklipp*, 1881 in *Westermanns Illustrierten Monatsheften* zuerst erschienen, zu den balladesken Novellen Fontanes." Walter Müller-Seidel: *Theodor Fontane*, op. cit. S. 81.

8. Kapitel

Irrungen Wirrungen

In diesem kleinen Roman, der in den Jahren 1882 – 1887 entstanden ist und mit dem Untertitel *Eine Berliner Alltagsgeschichte* 1887 das erste Mal erschien, stellt Fontane ein Mädchen aus einfachen Berliner Lebenskreisen in den Mittelpunkt. Gleich zu Anfang entwirft Fontane das Bild von Lenes Wohnhaus, das in seiner Bescheidenheit, seinem Abseitsliegen, umgeben von der Natur, dem großen Garten einer Gärtnerei, in der fleißig gearbeitet wird, als Sinnbild für Lenes Wesen angesehen werden kann.[1] Es ist Lene mit ihrer Einfachheit, unbedingten Wahrheitsliebe und ihrer Natürlichkeit, die Botho von Rienäcker bezaubert hat. Es ist Lene, die Botho auch in seiner Ehe mit Käthe von Sellenthin unvergessen bleibt. So selbständig, wie das kleine Wohnhaus vor den Gärtnereigebäuden steht und sie verdeckt, so unabhängig ist Lene aufgewachsen und von Jugend an gewöhnt gewesen, nach ihren eigenen Entschlüssen zu handeln, ohne Rücksicht auf die Gesellschaft und ihr Urteil zu nehmen. Nie hatte sie sich zieren und zimperlich tun können. Der junge Mann hatte ihr gefallen, der mit seinem Freunde ihr und ihrer Bekannten Boot vor dem Kentern bewahrt hatte, und so war es ihr ganz natürlich gewesen, seine Begleitung anzunehmen. Übermütig hatte sie gelacht und gemeint, einem Retter dürfe man nichts abschlagen. Rund heraus hatte sie jedoch hinzugefügt, sie sollten es sich noch einmal überlegen, denn sie und ihre Begleiter wohnten so gut wie am anderen Ende der Welt.

Wie aus den Worten von Lenes erster Unterhaltung mit Botho hervorgeht, macht sie sich keine Illusionen, sie ist sich von vorneherein der gesellschaftlichen Kluft zwischen ihr, der Näherin, und dem jungen Baron bewußt. Von Anfang an weiß Lene, daß ihrem Glück keine Dauer beschert ist; denn sie besitzt neben ihrem warmen impulsiven Wesen, ihrer Natürlichkeit eine klare Vernunft, die sich bis zur Skepsis steigert. Doch freut sie sich jeden Abend auf Bothos Besuch in der Gärtnerei. Wie die moderne Forschung festgestellt hat, sind es die Lokal- und Zeitbeschreibungen, welche beitragen, die gesellschaftliche Situation im Hintergrund dieser Liebesbeziehung zu beleuchten. Die Abendzeit wiederholt den durch die einleitende Ortsangabe gesetzten Akzent. Die Bedeutung des Standesunterschieds gibt sich bereits an der Heimlichkeit des Verhältnisses zu erkennen.[2]

Es ist Arbeit, welche Lene mit ihrem stark ausgeprägten Gefühl für

Pflicht und Ordnung über alle Enttäuschungen und möglichen Illusionen hinweghilft. Von Anfang ihrer Beziehung zu Botho an ist sie sich des Standesunterschiedes zwischen ihnen bewußt, der eine dauernde Verbindung unmöglich macht. So erklärt sich auch Lenes plötzliches Erschrekken am Morgen nach der Nacht in Hankels Ablage, als sie eine emsig die Kessel scheuernde Magd erblickt. An einem glücklichen Morgen, als sie die Welt in rosigem Licht gesehen hat, einem Morgen, der im Gegensatz zu ihrem sonstigen Leben mit einem Spaziergang in Gesellschaft des Geliebten begonnen hat, wird sie durch die Magd an ihre eigentliche Stellung erinnert, die ein Leben der Muße ausschließt. Durch die arbeitende Magd kommt ihr die Unwirklichkeit ihrer Situation in Hankels Ablage schmerzhaft zum Bewußtsein, so daß sie das arbeitende Mädchen fast beneidet und am liebsten an ihrer Stelle wäre. Wie ein Leitmotiv zieht sich die Darstellung von Lenes realistischer Lebensschau, ihrer Illusionslosigkeit verbunden mit einer außerordentlichen Hellsichtigkeit, daß ihrem Verhältnis mit Botho keine Dauer beschieden ist, durch die Erzählung.[3]

Ganz Natur, die Lene ist, betont sie immer wieder ihr Glück, Botho für den Augenblick zu besitzen, ohne sich zu kümmern, was die Zukunft bringen wird. Obwohl sie längst weiß, daß Bothos Mutter eine reiche Partie für ihren Sohn will, zählt für Lene eigentlich nur, daß Botho sie liebt. Jedoch macht ihre Liebe zu Botho sie nicht blind, sondern im Gegenteil „hell und fernsichtig“ (III, S. 18). Längst hat Lene erkannt, daß der Geliebte im Grunde schwach wie alle schönen Männer ist, daß der Stärkere ihn beherrscht; sei es seine Mutter, das Gerede der Leute, oder die Verhältnisse, oder auch alle drei, analysiert Lene.

Das klare Bewußtsein der Aussichtslosigkeit ihrer Liebe und ebenso ihr Erkennen der gesellschaftlichen Gründe dafür läßt Lene zur Rebellin werden und wünschen, sie müßte Botho nicht mehr nur in dem abgeschiedenen Garten treffen können,[4] sondern könnte sich öffentlich mit dem Geliebten zeigen, könnte inmitten aller gesellschaftlichen Lästerer und der betroffenen anderen Leute sagen: „er ist er und ich bin ich, und er liebt mich und ich liebe ihn“ (III, S. 118). In den Worten Lenes zu Botho zeigen sich Stolz und Selbstbewußtsein. Für Lene ist jeder von ihnen, der Baron Rienäcker und ebenso sie selbst eine eigenständige Persönlichkeit, in ihrem Empfinden sind sie beide gleichberechtigte Partner, die einander lieben. Lenes Liebe zur Wahrheit und zum offenen Bekennen ihrer Ansichten wird weiter offenbar, wenn sie Botho wissen läßt, wieviel es ihr bedeuten würde, vor der Öffentlichkeit ihre Meinung aussprechen zu können. Sie ist sicher, daß Botho ebenso wie seine Standesgenossen nicht erraten könnten, wieviel ihr dieses offene Bekenntnis ihrer Liebe ausmachen würde, da sie ja nur ihren Klub und ihr Leben kennten. In diesem armen Leben sollte man sich nichts weismachen lassen, vor allem sich selber nichts, findet Lene und beweist ihr klares Erkennen der gesellschaftlichen Situation.

Indem Lene die Dinge in heller Beleuchtung sieht und beim Namen nennt, sprengt sie damit die Form unverbindlicher Plauderei. Nur dadurch kann sie sowohl Irrungen wie Wirrungen verhüten.[5] Wenn Botho Lene auf Hankels Ablage fragt, mit welchem Segelboot sie fahren sollten, einem namens „Hoffnung" oder der „Forelle", erhält er die Antwort: „Natürlich die Forelle. Was sollen wir mit der Hoffnung¿' (III, S. 145). Es gibt keine Hoffnung für eine gemeinsame Zukunft, sondern nur eine Freude an der Gegenwart, ähnlich wie man sich an dem leckeren Fisch delektiert.[6] Diese bald aphoristische Antwort Lenes, welche die ganze Situation erfaßt, ist charakteristisch für Lenes Wesen. Indem die neuere Forschung in der Verbindung von Einfachheit und Bewußtheit in Lene einen Charakter sieht, der an der Realität nicht ablesbar, nicht soziologisch zu bestimmen sei,[7] so wird verkannt, daß Fontane mit Lenes Gestalt ein echtes Kind aus dem Berliner Volk geschaffen hat. Daß der Dichter sie so sah, geht aus seiner Darstellung hervor: „denn so fein sie fühlte, so verleugnete sie doch nie das an kleinen Spitzen Gefallen findende Berliner Kind" (III, S. 145 f.).[8]

Wenn auch die Beziehung zu Botho von Rienäcker zu dem baldigen Ende kommt, wie Lene es vorausgewußt hat, so bleibt Lene für Botho nicht nur unvergessen, sondern hat schließlich mit ihrem Wesen auch auf ihn eingewirkt. Ebenso wie Lene macht sich Botho nichts weis, hat keine Illusionen, was ihn selbst und die Gesellschaft, die Welt betrifft, wenn er nach dem mahnenden Brief seiner Mutter, sich mit Bezug auf seine Heirat zu entschließen, die Situation analysiert, sich in einem Dialog mit Frage und Antwort über sich selbst und seine Absichten für die Zukunft klar wird.[9] Lene, die auf ihn mit ihrer freien Art und ihrem ausgesprochenen Gerechtigkeitsgefühl als kleine Demokratin wirkt, ist nicht ohne Einfluß auf Bothos Wesen und seine Einstellungen geblieben. Wenn Lene bei dem schmerzhaften Abschiednehmen von dem geliebten Mann noch Worte des Trostes für ihn findet,[10] so ist dies auch ein Zug des gutherzigen Berliner Kindes, das den Optimismus nicht vollständig aufgibt. Warmes Gefühl – und doch Skepsis, Illusionslosigkeit und doch Optimismus, eine Kombination von Witz und Herz, Schlagfertigkeit und Hellsichtigkeit, dies sind Wesenszüge, wodurch Fontane der Berlinerin in Lene ein unvergängliches Denkmal errichtet hat.

Immer wieder ist es die Gestalt Lenes in *Irrungen Wirrungen*, welche die Forschung beschäftigt und alle Aufmerksamkeit auf sich gerichtet hat.[11] Die zweite Frauengestalt, welche eigentlich ebenso viel Beachtung verdient, da Fontane sie als die spätere Lebensgefährtin Bothos, also die Nachfolgerin Lenes gleichfalls in den Mittelpunkt der Erzählung gerückt hat, ist fast unbeachtet geblieben. Wenn das kleine zurückliegende Wohnhaus Lenes Wesen widerspiegelt, so läßt sich der große Balkon, ein Teil der Wohnung des jungen Ehepaars, in dem sie sich oft aufhalten, als Sinnbild für Käthes Lebensart und Charakter bezeichnen. Im Gegensatz zu Lenes Wohnhaus steht dieser Balkon nicht selbständig für sich, sondern gehört zur Wohnung, die selbst Teil eines größeren Mietshauses ist. Dieser Strukturunterschied des Balkons, das Zugehören zu einer größeren Struktur, läßt sich auf das Wesen Käthes im Kontrast zu dem Charakter Lenes beziehen. Mehr als Lene ist Käthe das Produkt ihres Standes, ihrer Erziehung. Dies zeigt sich rein formal bereits in den auf Käthe anspielenden Bezeichnungen der Offiziere aus Bothos Klub, die Käthe als eine Art Musterexemplar gesellschaftlicher Attraktivität erscheinen lassen, wie die moderne Forschung festgestellt hat.[12] Während das Äußere Lenes überhaupt nicht erwähnt wird, sondern nur der Mensch, ihr Charakter ersteht, wird von Käthe Sellenthin, der hellen Blondine mit Perlenzähnen und Vergißmeinnichtaugen ein eingehendes Bild entworfen. Dazu erfährt der Leser andere äußere gesellschaftliche Umstände wie ihre Anmut und ihren Reichtum. Über ihre Erziehung wird gleich zu Anfang mitgeteilt, daß sie einem Hauslehrer anvertraut war, der nichts Besseres kannte, als die Schulstunden abzukürzen und die Spielstunden in die Länge zu ziehen (III, S. 127). So ist es nicht erstaunlich, daß Käthes Benehmen vom Spiel her bestimmt ist, daß ihre Unterhaltung nicht ernsthaft, sondern heiter und spielerisch verläuft und wirkt, daß Käthe die allgemeinen gesellschaftlichen Redensarten liebt, die Lene vermied, weil sie ihr fernlagen.

Käthes Mann, der ihren Reichtum wohl in Kauf nahm, erfreut sich zunächst an ihrem überaus heiteren Wesen, stellt aber dann mit Unbehagen fest, daß sie an kleinen und komischen Dingen hauptsächlich interessiert ist, daß sie kaum über Ernsthaftes sprechen kann. Käthes

Redestrom scheint vom Hundertsten ins Tausendste zu gehen, Lappalien zu behandeln. Doch bei genauerem Lesen lassen sich kleine Unterbrechungen dieses Redestroms entdecken, die eine Käthe zeigen, welche scharf beobachtet und auch nicht vergißt, was sie bemerkt hat. Nach einer Unterhaltung auf der Hochzeitsreise streckt sie sich aus und schließt anscheinend die Augen. Aber sie schlief nicht und sah zwischen den Wimpern hin nach dem geliebten Mann hinüber (III, S. 178), stellt der Dichter fest und deutet bereits hier an, daß die junge Frau etwas bewegt, das sie nicht einschlafen läßt. Nach der Rückkehr von der Hochzeitsreise bewundert das junge Paar die Wohnung, welche Käthes Mutter mittlerweile eingerichtet hat. Das Schönste ist der große Balkon, über den man weit ins Freie sieht. Käthe freut sich vor allem über die freie Aussicht und fragt Botho nach dem Namen eines Dorfes, stellt ihn zur Rede, weil er stottert und tut, als ob er des Namens, Wilmersdorf, nicht sicher wäre:

> Nun gut, Wilmersdorf. Aber was heißt das: „ich glaube". Du wirst doch wissen, wie die Dörfer hier herum heißen. Sieh nur, Mama, macht er nicht ein Gesicht, als ob er uns ein Staatsgeheimnis verraten hätte? Nichts komischer als diese Männer. (III, S. 178)

Mit dem letzten Satz wendet Käthe die leicht vorwurfsvolle Rede ins allgemein Witzige, ins Redensartliche. Daß Käthe mit dieser humorvollen Bemerkung ihre Beobachtung absichtlich ins Lächerliche zieht, zeigt sich in einer späteren Unterhaltung, in der Käthe auffällt, daß Botho „einmal wieder" ganz verlegen wird, als sie im Laufe der Konversation die Redensart von der verbotenen Frucht gebraucht. Wenn Käthe daraufhin sich dann bewegt fühlt zu sagen, sie wäre auf alte Geschichten sehr eifersüchtig und zu Bothos „was man nicht weiß", „kann einen doch heiß machen" findet, beweist sie, daß sie ähnlich wie Lene sich nichts vormachen läßt und es auch offen heraussagen kann.[13] Jedoch anders als Lene weiß Käthe jeden Vorwurf, alles, was Botho schmerzen könnte, ins Allgemeine zu wenden oder aber dem Gespräch plötzlich eine neue Richtung zu geben. So endet sie das „heiße Gespräch" und fährt beinahe hastig fort: „Aber lassen wir's und lies mir lieber weiter aus deiner Zeitung vor. Ich habe beständig an unsere Kluckhuhns denken müssen, und die gute Frau versteht es nicht und der Älteste soll jetzt gerade studieren." (III, S. 184).

Deutlich zeigt Fontane dem Leser, daß Käthe gleich zu Beginn ihrer Ehe fühlt, sie bedeute ihrem Manne nicht alles. Käthe besitzt einen feinen Instinkt, ebenso eine genaue Beobachtungsgabe, mit der sie Bothos

Benehmen, ähnlich wie von ihrem Balkon die Landschaft, überschaut und registriert. Es ist auffällig, wie sich ihre Worte fast überschlagen, mit denen sie dem Gespräch über Bothos „alte Geschichten" eine plötzliche Wendung auf ein ganz anderes Thema gibt, als würde sie Bothos Vergangenheit nicht im geringsten interessieren. Wiederholt hat sich die Forschung eingehend mit Lenes und auch Bothos Schicksal auseinandergesetzt, jedoch Käthe nicht erwähnt. Wenn von den verhaltenen Tönen vergewaltigten Gefühls gesprochen wird, so bezieht sich das lediglich auf Lene und Botho.[14] Andere Feststellungen der neueren Forschung folgen diesem Urteil mit seinem ausschließlichen Interesse für diese beiden Gestalten des Romans.[15] Jedoch findet der Dichter für Käthes Leid, für ihre vergewaltigten Gefühle ebenso subtil Ausdruck, wie sich bei aufmerksamem Lesen ergibt.

Während Käthes Gespräche ihren Seelenzustand zu verschleiern suchen, konzentriert sich die Darstellung zunächst wieder auf ihr Äußeres, spiegelt ihr Aussehen, ihre Empfindungen wider. Im Mai 1878, heißt es, hatten die Mutter wie auch die Schwiegermutter ihre Käthe blasser, blutloser und matter als sonst vorgefunden und hatten auf einen Spezialarzt gedrängt, mit dessen Hilfe nach kostspieligen gynäkologischen Untersuchungen eine Schlangenbader Kur festgesetzt worden war. Erst protestiert Käthe gegen diese Kur, aber schließlich willigt sie ein und wirft sich in Reisevorbereitungen. Bei einer kleinen Abschiedsfeier sitzt sie zwischen Wedell und Balafré, Freunden Bothos, und sieht nicht aus, als „ob sie Schlangenbad oder irgendeiner Badekur der Welt bsonders bedürftig sei; sie hatte Farbe, lachte, tat hundert Fragen." Wieder wird auf ihre Gespräche eingegangen. Es heißt bedeutungsvoll:

> Eigentlich führte sie das Wort, und keiner nahm Anstoß daran, weil sie die Kunst des gefälligen Nichtssagens mit einer wahren Meisterschaft übte (III, S. 190).

Käthe weiß kunstvoll den Schmerz, den ihre Ehe ihr gebracht hat, mit einem der Gesellschaft gefälligen Nichtssagen zu verbergen. Sie versichert Balafré, wie viel ihr Mann für sie getan hat, nämlich acht Bände Novellen als unterste Schicht in ihren Koffer getan, und damit sich ihre Phantasie nicht erhitze, habe er noch ein Buch über künstliche Fischzucht dazugelegt (III, S. 191).

Daß sie nach mehr als dreieinhalbjähriger Ehe noch kinderlos ist, wird anscheinend von Käthe nicht schmerzlich empfunden. Ihrer Mutter schreibt sie auf eine diesbezügliche Bemerkung zurück, sie überlasse es ihrer zukünftigen Schwägerin, der Verlobten von Bothos Bruder, sich die Fortdauer des Hauses Rienäcker angelegen sein zu lassen (III, S. 183). Daß Käthe im Grunde jedoch Kinder liebt und eine gute Mutter sein würde, geht aus ihren Briefen an ihren Mann aus Schlangenbad hervor, in denen sie eine Mutter kritisiert, die ihr Kind schlecht erziehe und vernachlässige (III, S. 200). So muß Käthes Antwort, die der Erzähler bedeutungsvoll mit dem Beiwort „ketzerisch" bezeichnet, wirklich einen anderen Grund haben als nur ein Gefallen an Putz, Plaudern, Reiten und Fahren. Es muß vielmehr die schmerzliche Erkenntnis sein, daß ihr Mann sie nicht wahrhaft liebt, daß es eine Ehe der Konvention ist, keine wahre menschliche Gemeinschaft. Aber Käthe ist zu stolz, um dieses Wissen anderen, vor allem Botho zu zeigen. So erklärt sich ihre stetige Heiterkeit, ihr unentwegtes Plaudern, das oft hektisch wirkt. So deutet sich ihr fast pathetisch wirkender Wunsch, sie wolle Bothos Puppe sein; denn Puppen würden am meisten geliebt. Diese Anspielung auf Ibsens *Nora*, die Fontane rezensierte, macht klar, daß Fontane mit Käthe ein Gegenstück zu der bekannten Frauengestalt schuf. Bothos Freund Serge, der das junge Ehepaar öfter besucht, wird eigentlich zum Sprachrohr des Dichters, wenn er Botho von Rienäcker kritisiert, er sähe mitunter so sauertöpfisch und neunmalweise drein, als ob er die kleine Frau, die eigentlich klüger sei als er, vor aller Welt entschuldigen müsse. Es ist Serge, der Käthe besser als ihr Mann erkannt hat, wenn er sie klüger als Botho bezeichnet. Wenn Fontane Pitt von Serge sagen läßt, er russifiziere sich immer mehr, wachse in seinen Namen hinein, kann dies als Anspielung Fontanes auf seine russischen Zeitgenossen Tschechow und Turgenjew angesehen werden. Vor allem Tschechow ist bekannt durch seine scheinbar handlungslosen Kurzgeschichten, seine totale Objektivität, seine realistischen Beschreibungen von Personen und Objekten, seine extreme Kürze, seine Kühnheit und Originalität, seine Flucht vor dem Stereotypen und sein Mitleid. Gerade auch bei Fontane finden sich ähnliche Züge.

Botho bemerkt nicht, was der wahre Grund für Käthes übergroße Heiterkeit ist. Er scheint ihre Anspielung nicht zu verstehen, als sie bei ihrer Rückkunft von Schlangenbad lachend das Willkommen in der Girlande nur mit einem „l" geschrieben als ein halbes Willkommen bezeichnet, da das „L" auch noch der Liebesbuchstabe sei. Ihre letzten Worte „Nun du sollst auch alles nur halb haben" (III, S. 224), so spaßhaft sie auch geäußert werden, sind ein neuer Beweis, daß Käthe Bothos kühles Verhältnis zu sich erkannt hat, aber auch, daß sie es nicht einfach erduldet, sondern zeigt, daß sie ihn ähnlich behandeln, daß sie Gleiches mit Gleichem vergelten kann. Es ist offensichtlich, ihre ketzerisch wirkenden Worte, jemand anderes könne für die Fortdauer der Rienäcker sorgen, lassen sich im selben Sinne verstehen. Auch die Briefe von Schlangenbad beweisen, daß Käthe scharf beobachtet und zu eigenen Schlußfolgerungen kommt. Nach dem Erlebnis im Zug nach Schlangenbad, wobei eine Mitreisende dem Appetit ihres Kindes auf Süßigkeiten keinen Einhalt gebietet, das Kind schließlich an verdorbenem Magen leidet, findet sie, die Wünsche aller, ob jung oder alt, bedürften doch einer strengen und gewissenhaften Kontrolle (III, S. 200). Dieser Gedanke beschäftige sie sehr, und sie empfände die Begegnung nicht als einen Zufall in ihrem Leben. Wenn Fontane Botho in den Karten Käthes, die auch Bothos Güte und Liebe preisen, etwas vermissen, die Briefe als bloßes Gesellschaftsecho empfinden läßt, so zeigt er, wie sehr dieser Mann seine Frau mißversteht, ihre Güte, ihr gerechtes Gefühl, ihre Klugheit nicht erkennt, und wie richtig Serges Beobachtungen sind.

Das Verhältnis Bothos von Rienäcker zu beiden Frauen offenbart sich rein formal in dem Gebrauch seines Namens.[16] Während er in Gesellschaft Lenes immer mit seinem Vornamen genannt wird, wechselt sein Name in Beziehung zu Käthe öfter von Botho zu Rienäcker (III, S. 199, S. 201, S. 202), womit Fontane die gewisse Förmlichkeit, die Distanz, die Kühle in diesem ehelichen Verhältnis im Unterschied zu Bothos Liebesverhältnis mit Lene andeutet. Auch das Vokabular, welches Fontane für die Reaktionen Bothos in Bezug zu den beiden Frauen gebraucht, demonstriert seine Einstellung zu ihnen. Während Botho Mühe hat, die Bewegung seines Herzens zu bezwingen, wenn er von Lene hört (III, S. 203), so ist er „es zufrieden“, wenn Käthe gern den ersten Tag nach der Reise ganz und gar an seiner Seite zubringen will (III, S. 209). Es ist offensichtlich, daß dieser erste Tag einer fein empfindenden Natur wie Käthe viele Enttäuschungen gebracht hat. Sie muß ihren Mann, der feststellt, sie sei ganz unverändert, erinnern, sie sei ja auch nicht nach Schlangenbad geschickt worden, sich zu verändern, muß das Willkommen mit einem „l“ erblicken und muß sich darüber freuen, Puppe für Botho zu sein, muß sich vorspiegeln und damit trösten, daß Puppen am besten behandelt werden. Es ist nicht verwunderlich, wenn Käthe am Abend dieses ersten Tages nach ihrer Rückkehr fröstelt, Kissen und Plaid nichts helfen. Sie friert so, daß sie sich ein Feuer im Kamin anzünden will. Als sie die Asche im Kamin findet, gelingt es Käthe ihren scherzhaftesten Ton bei der Frage anzunehmen, was das bedeute und dann auf Liebesbriefe tippt:

> Liebesbriefe, zu komisch. Aber wir wollen sie doch lieber zweimal verbrennen, erst zu Asche und dann zu Rauch. Vielleicht glückt es (III, S. 230).[17]

Fontane läßt die krampfhafte Anstrengung Käthes, ihren Schmerz nicht zu zeigen, sich zunächst in dem Superlativ „scherzhaftesten“ zur Beschreibung ihres Tons spiegeln, dann in dem Ausruf, mit dem sie ihre Rede beginnt und den folgenden abgerissenen Sätzen, die dem Inhalt nach kindlich spielerisch wirken können, aber eigentlich der Verzweiflung entspringen und doch Hoffnung in sich tragen.

So verschieden die Frauengestalten Lene und Käthe auf den ersten Blick wirken können, so haben sie doch mehr gemeinsam, als es scheint. Zurecht wurde festgestellt, der Leser solle Käthe nicht als Gegenfigur zu Lene auffassen, als habe Fontane einen Wertunterschied zwischen beiden Figuren suggerieren wollen, wie die Forschung es teilweise versucht hat. Die perspektivische Auffächerung der Figur Käthes, die sie zum Spiegel für die Reflexe zeitbestimmter Erwartungen macht, ist ein Argument, welches diese Feststellung unterstützt.[18] Trotz verschiedener Herkunft und unterschiedlichen Temperaments ist beiden Frauengestalten ein Gefühl für Ordnung eigen. Beide sind trotz mangelhafter Erziehung selbständig im Denken und auch im Handeln. Beide lassen sich nichts weismachen, beide erkennen die Wirklichkeit. Lene, ebenso aber auch Käthe können als Individualisten bezeichnet werden.[19]

Obwohl sie beide sich nichts vormachen lassen, die Realität erkennen, sind Unterschiede zwischen ihnen zu bemerken. Während Lene offen die Meinung ausspricht, bringt Käthe sie versteckt zum Ausdruck. Lene besitzt von vorneherein eine Unabhängigkeit im Denken und schließlich im Handeln. Ein Grund dafür ist ihre Arbeit, die diese Selbständigkeit seit jeher unterstützt hat. Käthe ist diese Unabhängigkeit nicht in dem Maße zu eigen, obgleich sie über die Mittel durch ihr Vermögen verfügt. Mit ihrer Wahrheitsliebe, mit der Freiheit ihrer Anschauungen, ihrer Neigung zu demokratischem Denken, das die gesellschaftlichen Konventionen beiseiteschieben möchte, gewinnt Lene Ähnlichkeit mit der Frauengestalt, von der Fontane einer Anzahl seiner Frauenfiguren Züge verliehen hat, Bettina. Aber auch Käthe, die sich gleich Lene durch genaues Beobachten und Denken auszeichnet, hat mit ihrer Beredsamkeit und ihrem Spieltrieb Züge Bettinas erhalten. Lene und Käthe, die beide als die weiblichen Hauptgestalten dieses Romans bezeichnet werden können, unterscheiden sich nicht nur durch die verschiedenen Eigenschaften, welche sie mit der vielseitigen Bettina gemein haben, sondern auch durch die Art und Weise, wie sie die Konsequenzen von ihren Beobachtungen ziehen, die bei beiden zum Kompromiß führen. Lene akzeptiert die Trennung von Botho als gesellschaftlich bedingt, fügt sich darein, so schmerzlich es ist und versucht das Beste aus ihrem Leben zu machen, indem sie den biederen Gideon Franke heiratet. Käthe hat Mühe, die Vergangenheit ihres Mannes, sein Liebesverhältnis zu akzeptieren, ebenso die Tatsache, daß sein Herz immer noch der anderen gehört. Lene verspricht, bei der Trennung von Botho, so schnell wie möglich Abschied zu nehmen, um den Schmerz zu verkürzen. Um sich und auch Botho Schmerz zu ersparen, gibt Käthe den Gesprächen über Bothos Vergangenheit andere Richtungen. Lene heiratet Gideon Franke in der Hoffnung, vielleicht etwas Glück zu finden. Käthe will Bothos Puppe sein in der Hoffnung, doch einen Teil seines Herzens zu besitzen, doch noch seine Zuneigung zu finden. Bei beiden läuft ihr Denken und Handeln schließlich auf das Kompromiß aus.

Nach Art der modernen Kurzgeschichte läßt Fontane die Aussichten offen. So wie die Geschichte endet, ist Käthe an Bothos Seite unglücklicher als Lene, die Frau von Gideon Franke. Bothos Bemerkung: „Gideon ist besser als Botho“ (III, S. 232) kann daher auch in diesem Sinne verstanden werden.

ANMERKUNGEN

1. „An den ersten drei Seiten hängt immer die ganze Geschichte“, heißt es in einem Brief Fontanes an Georg Friedländer, dem Brief vom 8.7.1894. Vgl. *Theodor Fontane. Briefe an Georg Friedländer*, hrsg. von K. Schreinert, Heidelberg: Quelle und Meyer, 1954, S. 260. So hat sich auch die neuere Forschung mit Fontanes Romananfängen und den darin entworfenen Bildern beschäftigt. Vgl. I. Schuster: „Akribie und Symbolik in den Romananfängen Fontanes“, *Formen Realistischer Erzählkunst.* Festschrift for Charlotte Jolles, op. cit. S. 318–324.
2. Vgl. Horst Schmidt Brümmer: *Formen des perspektivischen Erzählens: Fontanes Irrungen Wirrungen*, München: Wilhelm Fink Verlag, 1971.
3. Vgl. III, S. 106, 117 f., 120, 145 f., 154, 155, 165, 166.
4. Vgl. Horst Schmidt Brümmer: „Zwar ermöglicht der Garten das Glück der Selbstvergessenheit; aber sofern er vom übrigen Leben abliegt und den Charakter einer Notlösung annimmt, erinnert er gewissermaßen sinnfällig

daran, daß dieses Glück nicht lange dauern kann", *Formen des perspektivischen Erzählens*, op. cit. S. 51, und: „Die Gärtnerei, in deren Umkreis beide zuerst erscheinen werden, bleibt den Blicken der Öffentlichkeit stets entzogen. Die Gegenüberstellung von „Zoologischem" und Gärtnerei erbringt zudem den Hinweis, daß die Liebesbeziehung sich auch jenseits des gesellschaftlichen Lebens abspielt", ebenda, S. 36.

5. Ingrid Mittenzwei kommt zum Schluß, daß der Roman sich gegen seinen eigenen Titel entfaltet. Die Helle des rechten Wortes nehme ihm nicht die Trauer des Abschieds, aber sie bewahre ihn vor tragischer Dunkelheit. Der Mensch vermöge sich durch klärende Sprache von den Wirrungen der „Verhältnisse" zu distanzieren und, indem er das Wort vor vager Unbestimmtheit hüte, sich selbst und andere von einem Hineingezogenwerden in „Dämmerung" und „Trübung" zu bewahren; die Chance der Sprache erweise sich als Chance zur Humanität. *Die Sprache als Thema. Untersuchungen zu Fontanes Gesellschaftsromanen*, Bad Homburg v.d.H., Berlin, Zürich: Gehlen, 1970, S. 107.

6. Vgl. Fontanes ausführliche Schilderung einer Forellenmahlzeit in *Cécile*, IV, S. 177–179.

7. Walter Müller–Seidel, *Theodor Fontane*, op. cit. S. 267.

8. Am 24.5.1890 schrieb Fontane an den jungen Schriftsteller Theodor Wolff, der eine Rezension von *Stine* für das „Berliner Tageblatt" geschrieben hatte: „Es ist gewiß alles so, wie Sie sagen. Es ist so hinsichtlich der Mischung von Romantischem und Realistischem, und es ist so hinsichtlich der Parallele zwischen Lene und Stine. Lene ist berlinischer, gesünder, sympathischer und schließlich auch die besser gezeichnete Figur." Zitat aus Hans–Heinrich Reuter: *Fontane*, Band II, München: Nymphenburger Verlagshandlung, S. 676.

9. „Wer bin ich? Durchschnittsmensch aus der sogenannten Obersphäre der Gesellschaft. Und was kann ich? Ich kann ein Pferd stallmeistern, einen Kapaun tranchieren und ein Jeu machen. Das ist alles, und so hab ich denn die Wahl zwischen Kunstreiter, Oberkellner und Croupier. Höchstens kommt noch der Troupier hinzu, wenn ich in eine Fremdenlegion eintreten will. Und Lene dann mit mir als Tochter des Regiments ... Was ist es denn, was mich hindert, den Schritt zu tun, den alle Welt erwartet? Will ich denn Lene heiraten? Nein ... Und doch säume ich und schwanke ich, das eine zu tun, was durchaus getan werden muß. Und weshalb säume ich? ... Weil ich sie liebe." III, S. 169.

10. „Jetzt ist es schwer, aber es vergißt sich alles oder gewinnt wieder ein freundliches Gesicht. Und eines Tages bist du wieder glücklich und vielleicht ich auch." III, S. 174.

11. Vgl. Lucacz, Reuter. Müller–Seidel nennt sie eine der gelungensten Romanfiguren, die Fontane je geschaffen hat. *Theodor Fontane*, op. cit. S. 267.

12. Horst Schmidt–Brümmer: *Formen des perspektivischen Erzählens: Fontanes Irrungen Wirrungen*, op. cit. S. 154.

13. Die Forschung hat diese Eigenschaft Käthes bisher wenig gewürdigt. So meint Walther Killy, Käthe verliere bereits vor ihrem Erscheinen als Objekt sozusagen fachmännischer Betrachtung die Individualität, von der Lene so bestimmt ist. „Abschied vom Jahrhundert. Fontanes *Irrungen Wirrungen*", in: Walter Killy: *Wirklichkeit und Kunstcharakter, Neun Romane des 19. Jahrhunderts*, München: C. H. Beck, 1963, S. 198.

14. Hans–Heinrich Reuter: *Märkische Romanze*, op. cit. S. 24.

15. So spricht Hanni Mittelmann von der leidvollen inneren Gebrochenheit, die Lene und Botho von ihrer Trennung zurückbehalten, jedoch erwähnt Käthe nicht. *Die Utopie des weiblichen Glücks*, op. cit. S. 108.

16. Horst Schmidt–Brümmer weist darauf hin, daß Fontane mit verschiedenen Namen dem Leser einen bestimmten Verständnishorizont schafft, in dem er die gemeinte Figur auffassen soll. Weiter wird gefunden, daß bei Bothos Zusammensein mit Lene kein Familienname gewissermaßen die Liebesbeziehung „stört", daß sich am fehlenden Familiennamen das Glück der Selbstvergessenheit konkretisiert. *Formen des perspektivischen Erzählens*, op. cit. S. 121, 138.

17. Man vergleiche die Verhaltensweise Käthes mit der Reaktion Innstettens in *Effi Briest*, um den doppelten moralischen Standard zu sehen, den Fontane klar herausgestellt hat.

18. Horst Schmidt–Brümmer: *Formen des perspektivischen Erzählens*, op. cit. S. 154.

19. Dies wird mit Bezug auf Käthes Gestalt von der neueren Forschung verkannt. So konstatiert Ingrid Mittenzwei: „Das Bild Lenes, die ernst meint, was die Beredsamkeit des Herzens sie sagen läßt, steht vor der Gestalt Käthes, der „Puppe", die von einem „enormen Sprechtalent", aber eben nur „unterhaltlich" und „spielrig" ist. Lenes und Bothos Streben, sich zu „Klarheit und Helle" durchzuringen, um das nüchtern geprüfte Herz vor „Trübung" zu bewahren, mache die Entwicklung des Romans, die „eigentliche Hauptsache" hinter aller „Kulisse" aus. Doch gesteht die Verfasserin Käthe dann zu, „Käthe variiert das auf ihre Art" und zitiert Käthes Rede, die Botho auffordert, nach Charlottenburg oder nach Westend oder auch Halensee zu fahren, da die Berliner Luft doch etwas stickig sei und sich dann über den Schatz eines unschuldigen Herzens ausläßt, was allerdings als „naives Wortgeklapper" abgetan wird." *Die Sprache als Thema*, op. cit. S. 109.

9. Kapitel

Stine

Drei Jahre nach dem Erscheinen von *Irrungen Wirrungen* wurde 1890 die Erzählung *Stine* veröffentlicht, welche Fontane selbst als Pendant zu dem früheren Roman bezeichnet hat. Auch *Stine* behandelt die Begegnung zwischen Mitgliedern des Adels und dem Kleinbürgertum. Wiederum gehören die männlichen Hauptgestalten der priviligierten Schicht an, während die weiblichen dem Volke entstammen. Obwohl der Dichter die Witwe Pittelkow, mit deren Auftreten die Handlung beginnt, als die eigentliche weibliche Hauptgestalt bezeichnet hat,[1] benannte er die Erzählung nach ihrer Schwester Stine. Die Jüngere verblaßt fast neben der starken Persönlichkeit der Witwe. So hat die Forschung auch immer wieder ihr Augenmerk auf die resolute Pauline Pittelkow gerichtet und sie Fontanes Worten folgend als Hauptfigur angesehen, Stine dagegen wie Waldemar als „kränklich und schwach“ bezeichnet.[2] Dies Urteil ist rein äußerlich gesehen für Stine als Gegensatz zu ihrer Schwester anzunehmen. Fontane selbst hat Stine als Typus einer „germanischen wenn auch freilich angekränkelten Blondine“ der „südlichen Schönheit“ ihrer „brünetten“ Schwester gegenübergestellt (III, S. 240).

Bei genauerem Studium der weiblichen Charaktere zeigt sich jedoch, Stine teilt nicht nur gewisse Charaktereigenheiten mit der Schwester, sondern besitzt trotz ihrer augenscheinlichen Schwäche eine innere Stärke, eine Festigkeit des Charakters, die ihrer Schwester überlegen ist.[3] Der Form wie dem Inhalt der Erzählung nach steht Stine im Mittelpunkt der Handlung. Nicht nur ist die Erzählung nach ihr benannt, sondern Stines Darstellung gewährt der Dichter viel breiteren Raum als der ihrer Schwester. Stine ist es, welche die Handlung in Bewegung setzt und die Wendung im Geschehen herbeiführt.

Gleich zu Anfang erscheint Stine besonnen, wenn sie ihre Schwester, die über den Besuch des alten Grafen ärgerlich ist, zu beschwichtigen sucht, indem sie erinnert, daß er ja für alles sorgt (III, S. 240). Den Klagen Paulines, wovon sie ohne die Hilfe des alten Grafen existieren sollte, begegnet sie ruhig mit dem Hinweis, man sollte von Arbeit leben. Daß dies Stines feste Überzeugung ist, tritt später noch einmal hervor, wenn sie Waldemar gegenüber betont, das Leben ihrer Schwester schrecke sie ab. Sie würde sich lieber quälen, im Spital sterben, als jeden Tag alte Herren um sich haben und Unanständigkeiten hören (III, S. 262). Stines

Einstellung ist ein Beweis, daß ihre Schwester Pauline sich nicht verkaufen muß, wie in der Forschung behauptet wurde.[4] Ihre innere Stärke verleiht ihr eine Art Freiheit, eine gewisse Souveränität. Mit einer Offenheit, die an ihre Schwester erinnert, verkündet sie dem jungen Grafen bei seinem Besuch ohne Umschweife sofort, sie sei ein ordentliches Mädchen, das auf sich halte. Gleich zu Anfang erkennt ihr Besucher, daß sie nicht hilfsbedürftig, nicht unglücklich ist. Ihr Zimmer, in das die Sonne so freundlich blickt, läßt ihn das wahrnehmen (III, S. 263).[5] Freimütig bezeichnet Stine sich so glücklich wie alle Menschen, die Gott danken, daß ihnen nichts Schlimmes passiert. Nicht nur genügsam und besonnen ist Stine, sondern offenbart auch eine lebhafte Beobachtungsgabe, die sie zu selbständigen Urteilen gelangen läßt.

Als Näherin verdient sie ihren Unterhalt. Sie findet den Geschäftsinhaber klug und gütig. Er wisse, was es wert wäre diejenigen, die arbeiten müßten, bei Lust und Liebe zu erhalten. So hätten sie keinen Wechsel im Personal. Heftig wendet sie sich gegen die vorherrschende Meinung, die von Aussaugen, Quälen und Bedrückung spricht, da sie nach ihrer eigenen Erfahrung dem durchaus nicht beistimmen könne. Der Geschäftsführer vergesse nie, daß ein armer Mensch auch mal aus dem Alltag heraus wolle. So hätten sie im Winter Maskenbälle, Theaterstücke und im Sommer Landpartien. Liebevoll beschreibt sie dem jungen Grafen eine der Landpartien, die sie bis nach Grünau in die Natur geführt hätte, deren Einsamkeit sie genoß ebenso wie später das fröhliche Reifenspiel mit ihren Arbeitskameraden.[6] Diese Stelle wie auch die Beschreibung von Lenes Haus und dem Haus der Frau Dörr in *Irrungen Wirrungen* ist ein Beweis, daß Fontane auch das Volksmilieu in sein Werk einbezogen und mehr als „streiflichtartig" gestaltet hat, wie die neuere Forschung meint.[7]

Stine beeindruckt den jungen Grafen mit dergleichen Erzählungen, die ihn nicht nur glücklich stimmen, sondern auch über das Leben des einfachen Volkes unterrichten, von dem er ein falsches Bild gehabt hatte. Ebenso erscheint das Verhalten der Witwe Pittelkow in neuem Licht, wenn Stine es darstellt. Obwohl sie den Lebensstil Paulines nicht billigt, an ihrer Stelle anders handeln würde, wird Stine zur überlegenen Advokatin ihrer Schwester. Mit Worten, die jeder Sentimentalität fern stehen,[8] plädiert sie nicht nur für ihre Schwester, sondern für alle Armen und Unterpriviligierten:

Denn die, die Not leiden, wollen vor allem aus ihrer Not und ihrem Elend heraus und sinnen und simulieren bloß, wie das zu machen sei. Brav sein und sich rechtschaffen halten, das ist alles sehr gut und schön, aber doch eigentlich nur was Feines für die Vornehmen und Reichen (III, S. 265).

Arme Leute wie ihre Schwester, die so verworren[9] scheinen, das Feine mitmachen zu wollen, wären auch wieder sehr hell und hielten auf Pflicht, wo sie sich aus freien Stücken verpflichtet hätten. Klar und deutlich weiß Stine, die paradoxe Situation ihrer Schwester zu definieren und darüber hinaus einen Leitsatz aufzustellen:

So lange man frei ist, kann man's am Ende halten wie man will; aber mit dem Kontrakte muß man's halten wie man soll ... Und so kann es einer armen Frau passieren, in einem Verhältnis, das nicht löblich ist, doch noch gelobt zu werden (III, S. 265).

Diese Plaudereien Stines sind es, welche den jungen Grafen von allen Standesvorurteilen befreien. In ihrer Gegenwart erfährt er zum ersten Mal in seinem Leben wahre Menschlichkeit. Es drängt ihn, sich diesem Mädchen anzuvertrauen und ihm aus seinem unglücklichen Leben zu berichten. Sein Zuspruch gibt ihm neue Hoffnung. So ist es nicht verwunderlich, daß er sich zu diesem "liebenswürdigen Geschöpf, das nichts ist als Wahrhaftigkeit, Natürlichkeit und Güte" hingezogen, ja an sie gekettet fühlt, sein Leben ohne sie keinen Sinn hat (III, S. 290).

Stine wirkt auf Waldemar, ebenso wie Lene Botho beeindruckt. Ebenso wie Lene ist Stine eine Skepsis eigen, die jedes Denken an eine dauernde Bindung ausschließt. Ähnlich wie Lene hat sie sich am Augenblick ihrer Liebe gefreut. Noch empfindlicher als Lene fühlt Stine sich schuldig, daß Waldemar dem Onkel gesagt hatte, er liebe sie und wolle sie heiraten. Ihr Verhaftetsein an ihren Stand ist so fest, daß sie ihr Verhältnis zu Waldemar als Märchen empfunden hat und nun schmerzlich fühlt, ihr Glück sei zuende, weil Waldemar wollte, daß es dauern sollte. Während der Gedanke einer ehelichen Verbindung mit Botho für Lene wegen Bothos prekärer finanzieller Lage von vorneherein nicht in Frage kam, ist es Stine, welche die Heirat mit Waldemar ausschlägt. Sie würde sich als eine Gräfin Haldern albern und als eine Kette für Waldemar vorkommen. Ebenso skeptisch wie ihre Schwester, ist sie überzeugt, Waldemar würde sich für ein einfaches Leben der Arbeit in der Neuen Welt nicht eignen. Jede Illusion ablehnend, meint sie, der Wille zur Anspruchslosigkeit genüge nicht; es wäre etwas anderes, sich ein einfaches Leben auszumalen als es wirklich zu führen. Stine ist es, die in stärkerem Maße als Lene der Luise Millerin in *Kabale und Liebe* gleich wird.[10] Wie

Luise Millerin, für deren religiöses Bewußtsein der Wille des Vaters als Repräsentant der göttlichen Ordnung an erster Stelle steht, weist Stine darauf hin, daß kein Segen auf dem Vorhaben von Waldemar liege, da seine Eltern und der Onkel gegen die Heirat seien. Seine Pläne verstießen gegen das vierte Gebot, und wer dagegen handelte, der hätte keine ruhige Stunde mehr, und das Unglück zöge ihm nach (III, S. 302).

Trotz Waldemars Beschwören, Stine solle sich von ihren starren Vorurteilen freimachen, bleibt sie bei ihrem Nein und führt damit die Wendung der Erzählung mit ihrem tragischen Ausklang herbei. Waldemar wählt den Freitod. Damit ist es Stine, welche, obwohl ohne es zu wollen, in gewisser Weise eine "Dekapitation" herbeiführt, die der alte Baron nach der Aufführung der Kartoffelkomödie prophezeit:

> ... früher oder später ist eine derartige Dekapitation unser aller Los. Irgend eine Judith, die wir "zubegehren" ... entscheidet über uns und tötet uns so oder so (III, S. 256 f.).[11]

Der Dichter läßt es offen, ob es der resoluten Schwester gelingt, Stine für das Leben zurückzugewinnen, wenn auch ihre Vermieterin, die derbe Polzin, meint "Die wird nich wieder" (III, S. 313). Stine ist ein äußerst fein empfindendes Wesen, in der Weise dem jungen Grafen ähnlich. Das Bild des Smyrnaer Teppichs, der sich nicht reparieren läßt (III, S. 238), kann als Symbol für Waldemar, aber auch für Stine angesehen werden.[12] Doch der Tatkraft und dem unverwüstlichen Lebensmut ihrer Schwester, welche die Vorliebe des Dichters besitzt, ist viel zuzutrauen.

Die Liebe der Pittelkow gehört neben ihren Kindern Stine. Dies geht aus ihren Worten und ihrem Handeln hervor. Sie hat sich der jüngeren Schwester nach dem Tode der Mutter mütterlich angenommen und freut sich, daß Stine anständig bleibt, redet ihr dabei zu; denn es sei das Klügste. Die Schwester ist die Person, der sich die Witwe Pittelkow ganz anvertraut, der sie sich gegenüber ausspricht, sei es, daß sie ihren Liebhaber und Unterhalter, den alten Grafen einen Ekel nennt, daß sie keine Leidenschaft für ihn hat, daß sie ihr Verhältnis als nichts anders als einen geschäftlichen Kontrakt ansieht und sich am wohlsten fühlt, wenn sie arbeitet. Pauline Pittelkow, mit einem untrüglichen Gespür für die Realität ausgestattet, ist es, die Stine warnt, sich nicht in den jungen Grafen zu verlieben, da er schwächlich sei "un die Schwächlichen richten mehr Schaden an als die Dollen" (III, S. 273). Instinktiv fühlt sie eine Gefahr für ihre Schwester, ist beunruhigt und möchte sie davor bewahren. Von einer Liebschaft stürbe keiner. Wenn es schlimm käme, liefe eben „eine Olga mehr in der Welt rum“ (III, S. 273). Eine mütterliche Herzensangst spricht aus ihren Worten, mit denen sie Stine immer wieder warnt, ihr Herz nicht an den jungen Grafen zu verlieren.[13]

Keine von Fontanes Frauengestalten ist sich ihrer Persönlichkeit so sicher, hat ein so starkes Selbstgefühl wie Pauline Pittelkow, die nicht nur die Kritik ihrer Umwelt an ihrem Leben ruhig hinnimmt,[14] sondern sich vor niemand beugt und auf die Adelswelt nichts gibt.

Ich puste was auf die Grafen, alt oder jung, das weißt du, hast es ja oft genug gesehen. Aber ich kann so lange pusten, wie ich will. Ich puste sie doch nicht weg, un den Unterschied auch nich ... (III, S. 274).

In diesem Zusammenhang ist es interessant zu sehen, daß Fontane mit seiner Vorliebe für sprechende Namen mit den Anfangsbuchstaben ihres Namens Pauline Pittelkow dieses Pusten zum Ausdruck bringt. Klar sieht Pauline den Unterschied zwischen ihrem Stand[15] und der adligen Oberschicht, die anders aufgepäppelt als sie seien und aus ihrer Haut nicht heraus könnten. Bei des alten Grafen Hinweis auf Waldemars Verdienst im Krieg fühlt sich Pauline verpflichtet zu betonen, daß auch aus ihren Reihen viele treu und tapfer fürs Vaterland ihre Knochen zu Markte getragen hätten, daß es nicht die Halderns und andere ihrer Art alleine gewesen wären. Wenn der alte Graf meint, Stine hätte mit Waldemar angebändelt, verteidigt sie ihre Schwester heftig. Nicht nur betont Pauline Stines Gesundheit und Anständigkeit,[16] sondern spielt auch auf moralische Vergehen an, die in alten Geschlechtern von Urgroßvätern an mehr verbreitet wären als an „unserein un nu gar erst an Stinechen“ (III, S. 295). Schon immer war Pauline gegen Stines Beziehung zum Grafen gewesen, der ihrer Meinung nach bei der Arbeit in der „Stichsonne“ in Amerika gleich umfallen würde. Sie will Stine „einpacken“ und mit einer zurechtgelogenen Geschichte zu Bekannten aufs Land schicken (III, S. 296 f.). Lange wartet die Pittelkow am Treppengeländer auf die Rückkehr ihrer Schwester von Waldemars Beerdigung und ist entsetzt über ihr Aussehen.[17] Sie, die in ihrer Lebenstüchtigkeit gewohnt war, sich den Verhältnissen anzupassen und Kompromisse zu schließen, will alle Kompromisse aufgeben, den alten Grafen „zum Deibel“ jagen, falls man Stine bei der Beerdigung schlecht behandelt hätte. Resolut sorgt sie dafür, daß Stine sich gleich in ihrer Wohnung zu Bett begibt.

Wenn auch Fontane es offen läßt, ob Stine sich wieder erholt oder an gebrochenem Herzen stirbt, läßt es sich der lebenstüchtigen Persönlichkeit der Pittelkow zutrauen, es zu schaffen, daß Stine dem Leben erhalten bleibt.

Nichts scheint auf den ersten Blick in dieser Erzählung auf Bettina von Arnim zu deuten, die in einem anderen Milieu als die beiden Frauengestalten hier beheimatet war. Und doch finden sich auch in *Stine* Merkmale, welche auf Bettina hinweisen. Nicht nur besitzen Pauline und Stine die Fähigkeit, selbständig zu denken und zu handeln, was an Bettina erinnert.[18] Auch die Offenheit, mit der Pauline ihre Meinung vorbringt, gemahnt in gewisser Weise an Bettina, die frei heraussagte, was sie dachte und oft eine schroffe Herzlichkeit zeigte.[19] Ebenso lassen sich andere Spuren von Bettina und ihrem Umkreis in diesem Werk Fontanes entdecken. Vor allem ist es der Name des jungen Grafen, Waldemar, und auch seine Persönlichkeit, die an den Prinzen Waldemar, Neffen des Königs, erinnert. Bettina hatte diesem jungen Mann, der als Freund ihrer Söhne und Verehrer ihrer Töchter in ihrem Hause verkehrte, *Clemens Brentanos Frühlingskranz* gewidmet. Prinz Waldemar, der den Orient bereist hatte, an der anglo–indischen Expedition gegen die Sikhs teilnahm und schon 1849 starb, galt als der Hamlet des preußischen Hofes, phantasiebegabt und schwermütig. Seine Liebe zu Bettinas Tochter Maxe, seine Aufgeschlossenheit für die Probleme seiner Zeit verbanden ihn mit Bettina. Ähnlich wie Stine den Grafen Waldemar mit dem Leben des Volkes bekanntmacht und auch für die Unterpriviligierten plädiert, hatte Bettina mit ihrer Absicht, junge Fürsten zu erziehen, den Prinzen Waldemar in die Lebensbedingungen der unteren Volksschichten eingeführt, die sie kennengelernt hatte, und ihn auch über das Armenelend informiert.

ANMERKUNGEN

1. „Mir sind die Pittelkow und der alte Graf die Hauptpersonen, und ihre Porträtierung war mir wichtiger als die Geschichte“ schreibt Fontane in seinem Brief an Theodor Wolf am 24. Mai 1890, *Theodor Fontane, Briefe*, hrsg. von Gotthard Erler, II, S. 267.
2. Vgl. Walter Müller–Seidel: *Theodor Fontane*, op. cit. S. 272, 274, 275, ebenso Jörg Thunecke: „Lebensphilosophische Anklänge in Fontanes *Stine*, in: *Formen Realistischer Erzählkunst*, Festschrift for Charlotte Jolles, op. cit. S. 513, 514, Hans–Heinrich Reuter: *Märkische Romanze* op. cit.
3. Dies gesteht Hans–Heinrich Reuter ihr auch bedingt zu. *Märkische Romanze*, op. cit. S. 22.
4. Vgl. H. H. Reuter: *Märkische Romanze*, op. cit. S. 21.

5. Fontane verwendet hier ein Thema, das er bereits in *Irrungen Wirrungen* gebrauchte, und das Henry James später in seinem Roman *The Ambassadors* (1903) verwendete, nämlich daß das Milieu seine Bewohner charakterisiere, wenn er den Eindruck des Pariser Hauses der Madame de Vionnet auf Strether schildert.

6. Hiermit hat Fontane eine genauere Beschreibung des Lebens einer Heimarbeiterin aus dem späten 19. Jahrhundert gegeben, ein Beweis, daß er sich nicht allein auf die „gute Gesellschaft" beschränkt, „mit der ritualisierten Abfolge von Diners, Landpartien und Soireen", daß die Roman–Architektur nicht nur von „mondänen Orten" bestimmt ist, „Salons, Ballsälen, Speisezimmern und Veranden", wo „die proletarische Arbeitswelt" ausgespart bleibt. Vgl. Dietmar Goltschnigg in: „Vorindustrieller Realismus und Literatur der Gründerzeit", in *Geschichte der deutschen Literatur vom 18. Jahrhundert bis zur Gegenwart*, Königstein/Ts.: Athenäum, 1980 II/1, S. 101 f.

7. Ebenda, S. 102.

8. Die Forschung hat öfter Fontanes Worte aus seinem Brief an Paul Schlenther vom 22. Juni 1888 zitiert, in denen er meint, Stine würde durch ihre Bekanntschaft mit Waldemar in eine angekränkelte Sentimentalwelt hineinversetzt. Jedoch läßt sich mit Bezug auf die Reden Stines, besonders die zur Verteidigung Paulines an die Bemerkung Fontanes zu Emil Dominik vom 3. Januar 1888 erinnern, in der es heißt: „ *Stine* ist das richtige Pendant zu *Irrungen Wirrungen*, stellenweise weniger gut, stellenweise besser. Es ist nicht ein so breites, weite Kreise umfassendes Stadt- und Lebensbild wie *Irrungen Wirrungen*, aber an den entscheidenden Stellen energischer, wirkungsvoller." *Theodor Fontane, Briefe*, hrsg. von Gotthard Erler, op. cit. II S. 172.

9. Vgl. die Anspielung dieses Wortes auf die frühere Erzählung *Irrungen Wirrungen.*

10. Walter Müller–Seidel bezeichnet Lene als Nachfahrin der Luise Millerin, deren Bewußtheit sich allen soziologischen Kategorien entziehe. *Theodor Fontane*, op. cit. S. 267.

11. Hanni Mittelmann weist darauf hin, daß Stine den Befreiungsakt der Judith vollzogen hat, indem sie das Leben ihrer Schwester für sich selbst entschieden zurückweist. *Die Utopie des weiblichen Glücks in den Romanen Theodor Fontanes*, op. cit. S. 106.

12. Jörg Thunecke vergleicht Pauline mit dem Polzinschen Teppich, Stine mit dem Smyrnaer. „Lebensphilosophische Anklänge in Fontanes *Stine*", op. cit. S. 514.

13. Vgl. die Anreden „mein armes Stineken", „Kind", III, S. 274.

14. Vgl. ihre Worte: „Wer sich in den Rauch hängt, der wird schwarz", III, S. 264.

15. Paulines Gestalt ist es, welche als fiktives Beispiel für den oft zitierten Ausspruch Fontanes über den vierten Stand angesehen werden kann. Aber auch Lene ebenso wie Stine verkörpern Fontanes Auffassung, die in seinem Brief an den englischen Arzt James Morris vom 22. Februar 1896 zum Ausdruck kommt: „Alles Interesse ruht beim vierten Stand. Der Bourgeois ist furchtbar, und Adel und Klerus sind altbacken, immer wieder dasselbe. Die neue, bessere Welt fängt erst beim vierten Stande an. Man würde das sagen können, auch wenn es sich bloß erst um Bestrebungen, um Anläufe handelte. So liegt es aber nicht; das, was die Arbeiter denken, sprechen, schreiben, hat das Denken, Sprechen und Schreiben der altregierenden Klassen tatsächlich überholt, alles ist viel echter, wahrer, lebensvoller. Sie, die Arbeiter packen alles neu an, haben nicht bloß neue Ziele, sondern auch neue Wege." *Theodor Fontane, Briefe*, hrsg. von Gotthard Erler, op. cit. II, S. 386.

16. „Mein Stinechen ist kein Mädchen, das sich an einen hängt oder mit Gewalt einen rankratzt, Graf oder nich, un hat's auch nich nötig. Die kriegt schon einen. Is gesund un proper un kein Untätchen an ihr, was nich jeder von sich sagen kann. He?" III, S. 294.

17. Vgl. ihre Worte: „Dir sitzt ja der Dod um die Nase", III, S. 312.

18. Daß gerade das Denken schon bei der jungen Bettina eine große Rolle spielte, geht aus der Tatsache hervor, daß sie ihrer Freundin Karoline von Günderode vorschlug, eine Religion zu gründen, deren oberstes Gesetz „Denken ist Beten" wäre.

19. Vgl. Ingeborg Drewitz: *Bettine von Arnim*. Op. cit. S. 168.

10. Kapitel
Unwiederbringlich

Mit dem Roman *Unwiederbringlich*, der 1890 vollendet wurde, verläßt Fontane nicht nur die einfachen Lebenskreise, sondern verlegt die Szenerie von Berlin und der Mark Brandenburg nach Schleswig–Holstein und Dänemark. Wie für viele seiner Erzählungen[1] hatte die Wirklichkeit die stoffliche Vorlage geliefert. „Als kluger Feldherr" transponierte Fontane jedoch die Geschichte von Strelitz in den Norden.[2] Wenn der Titel auch nicht den Namen einer Frau trägt, so ist er Ausdruck der Gedanken der weiblichen Hauptfigur. Die Gestalt Christines von Holk spielt nicht nur in den ersten Kapiteln und gegen Ende des Romans eine bedeutende Rolle, wie konstatiert wurde,[3] sondern tritt auch im Mittelteil in ihren Briefen wie in den Gesprächen und Ansichten der anderen Charaktere durch direkte und indirekte Hinweise immer wieder hervor. Gerade im mittleren Teil des Romans, in den Briefen Christines an ihren Mann[4] ist es, in denen Fontane ihr wahres Wesen enthüllt und ihre Geschichte weiter entwickelt, so daß der letzte Teil, in dem sie persönlich wieder erscheint, sich organisch dem Mittelteil anschließt. Besonders dieser Roman Fontanes verwendet die Kunst der Perspektive meisterhaft, was von der Forschung nicht erkannt wurde.[5] Die immerwährende Präsenz, aber auch der Charakter dieser Frauengestalt lassen die anderen Figuren verblassen und bestimmen die Handlung von *Unwiederbringlich*. Zurecht wurde konstatiert, dieser Roman enthalte unterschiedliche Lesarten, verschiedene Ebenen. Zu den vier Ebenen, der des Eheromans, des Zeitromans, des historischen und des autobiographischen Romans, die festgestellt wurden,[6] läßt sich die Ebene des Romans zur Frauenfrage aufzeigen. Um auf dieses Thema einzugehen, muß zunächst das Wesen der Gräfin genau untersucht werden, dem die Forschung noch nicht die Gerechtigkeit hat widerfahren lassen, das es verdient.

Immer wieder wird die Prinzipienstrenge der Gräfin, der Absolutheitsanspruch der von ihr vertretenen Normen betont.[7] Doch diese Prinzipienstrenge muß als sehr relativ angesehen werden. Sie hängt von der Perspektive ab, die eingenommen wird, läßt der Dichter erkennen. Gemessen nur an dem Charakter ihres Mannes, seiner Wankelmütigkeit, erscheint es, als ob die Gräfin so fest auf ihren Grundsätzen beharrt. Es ist die Schwäche und die Unentschiedenheit des Grafen Holk, welche eine gewisse Strenge ihrer Ansichten herausfordert. Auch sind es die Meinungen einzelner Personen, wie noch zu zeigen ist, die den Eindruck einer Prinzipienstrenge hervorrufen. In ihren eigenen Reden wirkt die Gräfin bestimmt, aber öfter auch nachgiebig. Gerade, da ihr Mann wichtige Punkte wie die Erziehungsfragen ihrer Kinder sehr leicht nimmt und darüber spottet, mutet der Ernst der Gräfin in dieser Sache so schwer an.

Diese Frau ist eigentlich tolerant, hört auf die Meinungen ihres Mannes, verlangt auch nicht seine Zustimmung für ihre Pläne, sondern besteht lediglich darauf, daß Holk eine feste Ansicht äußert. Sie läßt erkennen, sie hätte nichts dagegen, wenn ihr Mann ein Freigeist wäre, aber sie weiß längst, daß dazu seine intellektuellen Gaben nicht ausreichten, auch nicht die seines Charakters, und das sei eben das Schlimme (V, S. 50). Trotz ihrer Erkenntnisse ist Christine von Holk sogar bereit, Konzessionen zu machen. Ihr Mann braucht nicht seinen Standpunkt zu begründen, ja sie will sich seiner Meinung unterwerfen und schweigen (V, S. 34 f.). Mit feinem Beobachtungsvermögen hat Christine seit langem die großen Unterschiede zwischen ihrem und ihres Mannes Charakter, seine Leichtlebigkeit, sein Schwanken, ihre eigene Neigung zur Melancholie, ihr Schwernehmen aller Dinge erfaßt. Wenn sie gelegentlich harte Worte der Anklage fallen läßt, so tut es ihr leid und sie bittet Holk, es zu vergessen. Doch ist Christine gerecht und richtet ihre Vorwürfe nicht nur gegen ihren Mann, sondern ebenso gegen sich selbst. Wenn von der Gräfin behauptet wird, sie bleibe eine Gefangene ihrer Herrenhuterei, und ihr Ewigkeitsdenken komme darin zum Ausdruck, daß sie an nichts mehr interessiert sei als an der Errichtung einer Gruft für ihr verstorbenes Kind,[8] so kann dem nicht beigestimmt werden.

Nicht nur eine gute Erziehung ihrer Kinder ist Christines Anliegen, sondern rein menschliche Dinge überhaupt, zu denen für sie das Religiöse gehört, interessieren sie vor allem. Daher will sie nichts von Kriegsgeschichten hören, in denen sich alles so ähnlich sieht, und immer irgendeiner auf den Tod verwundet zusammenbricht und sterbend irgend etwas leben läßt, das abwechselnd Polen oder Frankreich oder auch Schleswig-Holstein heiße. Der moderne Götze der Nationalität sei nicht ihr Idol, betont sie (V, S. 19). Mit diesen Ansichten kann Christine ein geschichtsloses Wesen genannt werden.[9] Jedoch besitzt sie unerschütterliche Normen, die den Frieden definieren, die ihn vor allem sichern wollen. Daß ihr Wunsch, eine neue Familiengruft zu bauen, seine Berechtigung hat, beweist Fontane später mit Astas Erlebnis auf dem Kirchhof (V, S. 52) und auch am Ende des Romans mit der Tatsache, daß Christine neben der baufälligen Gruft beigesetzt werden muß (V, S. 220).

Bereits zu Anfang zeigt der Dichter, daß Christine nicht nur gut analysiert, sondern ihrem Mann auch im Allgemeinwissen überlegen ist. So kann sie Holk den Verfasser des Liedes vom „Schloß am Meer“ nennen und ihn auf das traurige Ende aufmerksam machen. Niemand weiß besser als die Gräfin, daß Holk ziemlich unliterarisch ist. Längst hat sie erkannt, er wäre ein Ideal von einem Mann, wenn er überhaupt Ideale hätte (V, S. 12). Sie besitzt ein scharfes Urteilsvermögen, das die guten und schlechten Seiten von Dingen, sei es persönlicher, genereller oder auch spezifischer Art, die Politik eingeschlossen, zu sehen vermag und zu allgemeinen Lebensweisheiten vordringt. So sieht sie Tugenden wie auch Schattenseiten Dänemarks. Es wäre eigentlich ein feines Volk, sehr klug und sehr begabt, ausgerüstet mit vielen Talenten, Tugenden, die der Verkehr mit der Welt gäbe, aber gewiß auch Schattenseiten. Die Dänen wären lauter Lebeleute, die sich nie recht quälen und mühen müßten. Die Zuchtrute hätte gefehlt. Der Hof schwärme nicht nur mit, er schwärme voran, anstatt einzusehen, daß der, der herrschen wolle, mit der Beherrschung seiner selbst beginnen müsse (V, S. 39 f.).

Christine erweist sich im Gegensatz zu ihrem Mann als diejenige, welche ihre Aufgabe als Elternteil, als die Mutter ihrer Kinder nicht nur sehr ernst nimmt (V, S. 34), sondern auch dafür charaktermäßig wie intellektuell vorbildlich geeignet ist. Sie begleitet ihren Mann nicht nach Kopenhagen, weil einer alles für die Unterbringung der Kinder in auswärtigen Erziehungsinstituten in die Wege leiten müsse (V, S. 40). Gerne wäre sie mitgefahren, gesteht sie ihrer Vertrauten, der Pensionsfreundin Julie von Dobschütz, die bei dem Ehepaar lebt. Daß ihr der Abschied schwerfällt, und sie Schmerzliches vorausahnt, zeigt die Träne in ihrem Auge, als sie dem Schiff nachsieht, das ihren Mann nach Kopenhagen bringt. Ebenso enthüllt dies der Traum von dem Trauerzug, der zu einem Hochzeitszug, dann wieder zu einem Trauerzug wurde (V, S. 55).

Äußerst sensitiv, fein empfindend, von tiefer Liebe zu ihrem Mann erfüllt, muß diese Frau tief getroffen sein, wenn Holk gleich im ersten Brief vom Kopenhagener Hof die statuarische rotblonde Schönheit der Tochter seiner Wirtin, Brigitte Hansen, und dann das kluge und espritvolle Fräulein von Rosenberg beschreibt, die dem Prinzessinnenpalais die Langeweile nähme und dann zuletzt seine Frau auffordert, ihn von sich und den Kindern hören zu lassen, mit dem Zusatz, wenn es sein könne, mit etwas Erfreulichem (V, S. 98–100). Kann es Christine verdacht werden, wenn sie auf diesen Brief mit einer Kürze erwidert, die jedem Geschäftsmann zur Zierde gereichte? (V, S. 113). Allein die Tatsache, daß sie die Form des Telegramms wählt, um ihrem Mann für seine Zeilen zu danken, Genugtuung über sein Wohlergehen zu äußern und einen längeren Brief anzukündigen, offenbart den Schmerz ihres Herzens. Ist es so erstaunlich, wenn der angekündigte Brief nach der Bemerkung über ihre viele Arbeit in Holkenäs, in dem es nicht viel Neues gibt, und die Stunden und Tage schneller vorübergehen,[10] die Ansicht äußert, Holks Verlangen nach eingehenderen Mitteilungen über Holkenäs könne wohl nicht so groß sein[11], wenn das, was ihn umgäbe so schön sei wie die Frau Hansen und so pikant wie das Fräulein Ebba? Doch im Gegensatz zu dem stichelnden Briefschluß Holks läßt Fontane Christines Brief mit Worten enden, die eine versteckte Anspielung auf die Herzensbeziehung ihrer langjährigen gemeinsamen Ehe und Christines immerwährende Verbundenheit zu ihm sind (V, S. 114 f.). Holk, der einen Brief aus „zuverlässigem Herzen“ erwartete, ist voller „Mißbehagen“.

Auch aus der weiteren Korrespondenz läßt sich bei Holk männliche Voreingenommenheit erkennen, die von der Frau „Zärtlichkeiten“ für sein Interesse an anderen Frauen und seine kritischen und beißenden Anspielungen erwartet. Christines Telegramme, wahrhaft weitere Notschreie eines verwundeten Herzens, und kürzer werdende Briefe sind nicht nur nüchterne, sachliche Beschreibungen ihrer Tätigkeit auf dem Gute in der Landwirtschaft, sondern Ausdruck ihrer tiefen Liebe für ihren Mann. Dies zeigt sich in ihrem Brief aus dem Hotel aus Hamburg, an das sich für sie beide so viele freundliche Erinnerungen knüpfen. Ihr Schreiben endet mit der Hoffnung, ihren Mann zu Sylvester wiederzusehen und verrät den Wunsch, daß diese Kopenhagener Tage die letzten sein möchten. Auch Christines gute erzieherische Ideen und Sorgen um ihre Kinder lassen sich erkennen. Eine kleine Stichelei in dem Brief wird wieder durch eine andere liebevolle Bemerkung gut gemacht (V, S. 120 f.). Die Reaktion Holks zu diesem Schreiben ist ein typisches Beispiel für seine schwankende Meinung. Zunächst überkommt ihn Rührseligkeit. Christine erscheint ihm in Gedanken wie das einfache Licht des Tages. Ebba empfindet er im Gegensatz zu ihr als Rakete, als Feuerwerk, als künstlich, die schöne Brigitte schließlich als unwichtig. Beim zweiten Lesen des Briefes hört er jedoch nichts als einen Ton der Rechthaberei und „das Schreckliche ihrer [Christines] Vorzüglichkeit“ (V, S. 122) heraus.

Fontane läßt deutlich aus dem Briefwechsel erkennen, die angebliche Prinzipienstrenge Christines, die von der Forschung herausgehoben wird, ist mehr ein Produkt der Einbildung ihres so anders gearteten Mannes. Weiterhin macht Fontane klar, daß Holk diesen doktrinären Ton Christines mit seiner Beigabe von Unfehlbarkeit um so stärker in seinen Gesprächen mit der Prinzessin und gar mit Ebba empfindet. Hier in Kopenhagen ist es, wo ihm alles als „Abkommen auf Zeit", alles als „jeweiliger Majoritätsbeschluß" vorkommt, wo jede Moral, jedes Dogma, jeder Geschmack schwankt (V, S. 122). Hier in Kopenhagen, in diesem Milieu ist es besonders, wo Christine für ihn diese unbewegliche Strenge der Gesinnung gewinnt. In seiner vermeintlich fester werdenden Bindung an Ebba verstärkt sich diese Erkenntnis, und seine Korrespondenz hört bald auf. Sogar als die Dobschütz und Christines Bruder Arne von der Erkrankung seiner Frau berichten und ihn bitten, ihr zu schreiben – das würde sie genesen lassen – unterbricht Holk nicht sein langes Schweigen gegenüber Christine. Wenn er schließlich Arne antwortet, Christine, so vieler Tugenden sie sich auch rühmen dürfe, hätte eine nicht, nämlich die der Demut, so muß sich der Leser fragen, wie Holk nach seinem Verhalten noch so sprechen kann. Es ist unmißverständlich, daß Fontane hier wieder männliche Selbstüberhebung und Anmaßung herausstellt. Gegenüber der Forschung, die meint, Christine sei nicht unschuldig, da sie wisse, was die Demut im Christentum bedeute und sich doch infolge ihrer Strenggläubigkeit von ihr entferne,[12] muß betont werden, daß das Motiv dieses Entfernens von der Demut doch wohl mehr im Verhalten Holks zu suchen ist.

Daß der Dichter selbst, entgegengesetzt der Ansicht der Forschung,[13] an Schuldurteile denkt, zeigt ein anderer Teil dieses Briefes. Holk schreibt, ihm wäre in seiner Korrespondenz mit Christine der richtige Ton verloren gegangen; denn von dem Augenblick an, wo man sich beargwöhnt sähe, wäre es schwer, in Ton und Haltung korrekt zu bleiben. Die folgende Feststellung des Erzählers, Holk las den Brief noch einmal durch, „bis zuletzt die Befriedigung darüber hinschwand und ihn nichts mehr daraus ansah, als das Bekenntnis seiner Schuld" (V, S. 163), läßt keinen Zweifel über die Einstellung des Erzählers zu. Christines Verhalten dagegen wird viel milder beurteilt, wenn es bei der Wiederbegegnung Holks mit ihr heißt: „Es war nicht gut, daß die Gräfin ihr Herz nicht bezwingen konnte. Vielleicht, daß sie bei milderer Sprache, den so Bestimmbaren doch umgestimmt und ihn zur Erkenntnis seines Irrtums geführt hätte ... aber sie versah es im Ton ...“ (V, S. 192).

Gerade in der Szene der Wiederbegegnung an dem nebligen Dezembertag, als der Graf nach Holkenäs gefahren ist, um Christine seine Trennungspläne mitzuteilen, ist es die Frau, welche die Szene beherrscht, ist es Christine, der die offensichtliche Sympathie des Dichters gilt. Christine tritt ein, hat die Hand der Dobschütz genommen, wie um sich zu stützen. Holk kann ihrem ruhigen Blick nicht standhalten. Sie sieht ihn an und fühlt beinahe Mitleid für ihn, der mit dem Christkind spielt, das er der Maria aus der bereits für Weihnachten aufgestellten Krippe vom Schoß genommen hat, eine Geste, die nicht nur seine Nervosität widerspiegelt, sondern gleichzeitig das Unrechte seines Vorhabens andeutet. Christine ist es, die das Wort ergreift und Holk geradeheraus sagt, was er wolle. Sein Glück wäre entweder Brigitte oder Ebba. Sie selbst möchte nicht eines Mannes Sommerfrau sein, wenn andere die Winterfrau spielten. Er solle es also aussprechen, daß er gekommen sei, um von Trennung zu sprechen.

Christines Argumente sind überzeugend. Sie beweisen, daß diese Frau die Situation klar erkennt und definiert. Auch in diesem Roman Fontanes spielen die Gespräche eine bedeutende Rolle. Die Empörung Christines (V, S. 194) gibt ihr eine Kraft, welche an die Stärke einer Brigitte Goje und einer Christine Munk aus der dänischen Geschichte gemahnt, von denen man sich noch am Kopenhagener Hofe erzählte. Des Dichters leise Kritik (V, S. 192) kann Christine nur im Sinne eines Kompromisses gelten, das diese stolze und herbe Frau jedoch ablehnt, gerade weil ihre Liebe zu ihrem Mann zu unbedingt ist. Es ist die althergebrachte männliche Anmaßung mit ihrem doppelten Standard, welche der Erzähler ironisch aufzeigt, wenn Holk von Christine, die er betrogen hat, erwartet, daß sie ihn „tröstet oder wohl gar Blumen auf den Weg streut ...“ (V, S. 193). Wenn der Graf von einer „schönen Gotteswelt“ schwärmt, in der er die Nachtigallen schlagen hören möchte, will ihm die Gräfin Christine dieses Paradies nicht verschließen, meint aber, daß diese Nachtigallen bald verstummten, und er auf ein unglückliches Leben zurückblicken werde. Von den Kindern wolle sie nicht sprechen, denn ein Mann, der auf die Stimme seiner Frau nicht höre, einer Frau, die in Liebe für ihn aufginge, der höre auch nicht auf das, was ihm die bloßen Namen seiner Kinder bedeuteten (V, S. 193).

Von der Schwäche, die Christine beim Eintreten gezeigt hat, ist nichts mehr in ihrer Haltung zu erkennen. Daß Holk ihr im Grunde Recht geben muß, zeigt sich in seiner Reaktion: „Eine Welt widerstreitender Empfindungen regte sich in seiner Seele“ (V, S. 194). Der Dichter läßt diese wohl bedeutendste Szene des Romans mit einem Bild enden, das die Vereinsamung und Hoffnungslosigkeit dieser aufrechten Frau in einer Welt überkommener Konventionen eindrucksvoll darstellt und das bittere Ende vorwegnimmt. Ein heftiges Schneetreiben hat begonnen. Aber so dicht die Flocken fallen, sie lassen Holk doch zwei Frauengestalten erkennen, die auf Holkebye herunterschreiten. „Es waren die Gräfin und die Dobschütz. Niemand begleitete sie.“ (V, S. 194).

Wenn Holk, unterstützt von Christines Bruder und dem alten Petersen, sich Christine wieder anzunähern versucht, nachdem er von Ebba spöttisch einen Korb erhalten hat, läßt Fontane Christine überzeugend gegen den Ausgleich argumentieren. Alle, das heißt ihr Bruder, die beiden Geistlichen und Holk[14] hätten sich daran gewöhnt, sie als abstrakt und doktrinär anzusehen, und sie möge davon in zurückliegenden Jahren mehr gehabt haben als recht war. „Jedenfalls mehr als die Männer lieben“, läßt der Erzähler sie hinzufügen und äußert damit seine Ansicht über diese Situation. Mit einem modern anmutenden feministischen Bewußtsein bekennt sich Christine zu ihrer Frauenrolle und dem dazu gehörigen Selbstgefühl. Wenn Holk das Fräulein geheiratet und diesen Fehler eingesehen hätte, so würde sie sich vielleicht zurechtfinden, das heißt in eine Annäherung einwilligen. Doch da das Fräulein Holk einfach nicht gewollt hatte, so müsse sie, Christine, nach wie vor an die Möglichkeit denken, daß „die Reihe mutmaßlich nie wieder an sie gekommen wäre, falls das Fräulein ihn gewollte hätte“ (V, S. 207).

Der Erzähler läßt es dahingestellt, ob es die immer noch lebendige Liebe Christines zu ihrem Mann oder die Anstrengungen ihres Bruders wie der beiden Geistlichen sind, welche sie an ihr Gefühl der christlichen Pflicht gemahnen und die Wiederheirat herbeiführen. Jedoch das neue Zusammenleben ohne Meinungsverschiedenheiten aber auch ohne wahre Kommunikation, Christines Freitod nach einigen Monaten beweisen, daß der wahre Grund die Liebe dieser Frau gewesen sein muß, eine Liebe, welche in ihrer Tiefe der des Meeres gleicht, in dem sie ihre Ruhe gesucht und gefunden hat.[15]

Bereits aus dem Obigen geht hervor, daß Fontane nicht eine tragisch endende Liebesgeschichte erzählen wollte, sondern auch in diesem Roman die Stellung der Frau in der Gesellschaft beleuchtet, die der des Mannes untergeordnet ist. Eine schwere Anklage liegt in diesem Schicksal einer Frau, die ihrem Mann gefühlsmäßig, moralisch und intellektuell überlegen ist. Immer wieder wird auf das feine Gefühl Christines hingewiesen, ihre Phantasie verbunden mit einem Ahnungsvermögen, welches die Geschehnisse vorausempfindet.[16] Daß Fontane gerade der Frau diese besondere Anlage zuerkennt, zeigt die Bemerkung des alten Petersen: „... was unsereinem erst kommt, wenn man achtzig Jahre hinter sich hat ... das haben die Frauen von Natur, die Frauen sind geborene Seher. Und unsere Gräfin gewiß." (V, S. 24).

Christines Liebe zu ihren Kindern, verbunden mit einem überlegenen Urteilsvermögen, das auf ihrer Klugheit gründet, läßt Christine zu dem vorbildlichen Elternteil werden, dem die Erziehung seiner Kinder vor das eigene Glück geht (V, S. 36). Im Gegensatz dazu steht Holks Ansicht von der Erziehung, die ihm unwichtig ist. Wenn Holk betont, er liebe die Kinder und sie jeden Tag zu sehen, wäre ihm ein Bedürfnis, meint Christine, es handele sich nicht darum, wessen er bedürfe, sondern wessen die Kinder bedürfen, und erinnert ihn daran, daß er die Kinder nur beim Frühstück und beim Tee sehe, während er die Zeitungen läse, verstimmt wäre, wenn die Kinder sprechen oder gar eine Frage an ihn richten. Sie vergleicht sein Wohlgefühl, die Kinder um sich zu haben, treffend mit dem Vergnügen, die Zuckerdose regelmäßig vor sich stehen zu sehen. Während Holk später in Kopenhagen kaum an die Kinder denkt, bemüht sich Christine, ihm getreulich von ihnen zu berichten. Wenn die Kinder sich freuen, das elterliche Haus zu verlassen, um in die Erziehungsinstitute zu gehen, so fragt die Mutter sich schmerzlich, ob sie, die Eltern, es ihnen vielleicht an Liebe haben fehlen lassen (V, S. 121). Auch nach der Scheidung sorgt Christine dafür, daß die Kinder dem Vater die schuldige Rücksicht zeigen und ihm regelmäßig schreiben. Wie sehr Christine die Kinder liebt, beweist die Träne, welche Christine bei der Besprechung von Kleiderfragen für Asta kurz vor ihrem Freitode im Auge hat (V, S. 221). Auch hierin hat die Forschung diese Frau verkannt.[17] Daß die Kinder die große Liebe der Mutter für sie erkannt haben, daß sie trotzdem nicht gegen den Vater eingenommen sind,[18] bezeugt Astas Bemerkung:

> Oh gewiß hab ich ihn [den Vater] lieb; er ist so gut und erfüllt uns jeden Wunsch. Aber die Mama meint es doch viel besser mit uns, und deshalb ist sie strenger. Alles bloß aus Liebe (V, S. 46).

Es ist interessant, in diesem Roman zu beobachten, daß die männlichen Protagonisten offensichtlich die patriarchalische Ordnung unterstützen, in welcher die Frau, sei sie ihrem Mann an Gefühls- und Geistesgaben noch so überlegen, dem Mann zu Willen zu sein habe, Christine kritisieren, während die weiblichen Charaktere ein definitiv positives Verhältnis zu dieser Frau einnehmen. Vor allem ist es Christines Bruder Arne, der nicht nur persönlich sein Bestes tut, Christines angeblich selbstgerechten Charakter zu ändern,[19] sondern auch den Geistlichen Schwarzkoppen bittet, ihm beizustehen, Christine zum Guten zuzureden und ihr klar zu machen, wie sie sich ihrem Mann anpassen müsse (V, S. 28). Sie müßte sich ändern und ihm zu Willen sein. Dann hätten sie „gewonnenes Spiel" (V, S. 33). Arne gibt selbst zu, daß er in allem von seiner Schwester abweiche, auch noch da, wo sie recht habe und nach seiner Ansicht leider zu viel Aufhebens von ihrem Rechte mache (V, S. 29). Ob man diese Haltung des Bruders mit Toleranz bezeichnen kann, wie festgestellt wurde,[20] ist doch höchst zweifelhaft. Man kann eher von einer untoleranten Einstellung bei Arne sprechen, die schließlich – wenn auch unbeabsichtigt – bei seinem Drängen auf Versöhnung den Selbstmord der Gräfin herbeiführt.

Verglichen mit dem Bruder Arne, erscheinen die Geistlichen duldsamer. Der alte abgeklärte Petersen nimmt eine Sonderstellung unter den männlichen Beurteilern ein. Mit Recht kann Petersen sich rühmen, er kenne Christine besser als ihr Bruder. Nicht nur billigt er Christine ein feines Gefühl zu, sondern ist derjenige, der ihre tiefe Liebe zu ihrem Mann erkennt, die neben ihrer christlichen Liebe besteht (V, S. 207). Als Geistlicher ist er für Liebe und Versöhnung des Paares, das er einst traute. Doch auch er ist in den konventionellen patriarchalischen Ansichten mit ihrem doppelten Standard befangen, nach denen dem Mann allein Seitensprünge erlaubt werden. Wie bei Arne und auch bei Schwarzkoppen fällt von seiner Seite kein Wort der Kritik über Holks Leben am Kopenhagener Hof. Es wird einfach übergangen, totgeschwiegen. Daß Fontane jedoch nicht so denkt und dies Verhalten verurteilt, läßt sich aus der leicht ironischen Art entnehmen, mit der er den Hergang der zweiten Trauung berichtet:

> ... und als das Singen nun schwieg, nahm Petersen zu kurzer Rede das Wort, alles Persönliche vermeidend, am meisten aber jeden Hinweis auf den „Ungerechten, über den mehr Freude sei im Himmel als über hundert Gerechte" (V, S. 214).

Bei Arnes Bitten, ihm zu helfen, Christine gefügiger zu machen, ist es Schwarzkoppen, der darauf hinweist, daß die Kirche nichts als Rat, Zuspruch, Bitte gestatte. Mit Widerspruch wie auch überlegener Miene wäre bei Christine nichts auszurichten (V, S. 32). Schwarzkoppen erkennt wohl alle Tugenden einer christlichen Frau bei ihr, die jeden Augenblick das Beste, das Pflichtmäßige wollte. Doch erscheint sein Urteil nicht unabhängig, sondern wirkt lediglich wie ein Echo von Holks und Arnes Ansichten, wenn er meint, Christine machte keine Konzessionen, wäre starr und unerbittlich. Auch er ist der Meinung, daß Christine sich ihrem Mann anpassen müsse (V, S. 28 f.).

Im Gegensatz zu diesen einseitigen Beurteilungen stehen die Äußerungen der weiblichen Personen über Christine. Für die Prinzessin am Kopenhagener Hof, die sich gerne als die geistreiche Dame des 18. Jahrhunderts gibt, ist Christine eine so starke und charaktervolle Persönlichkeit, daß sie Ebba mahnt, sich nicht mit Holk einzulassen. Daß dieser Rat schließlich auch eine gewisse Rolle gespielt hat, zeigt sich am Ende, als Ebba Holk auf seinen Heiratsantrag einen Korb gibt (V, S. 200). Doch wichtiger bei diesem Verhalten Ebbas ist einmal ihre selbständige Natur, die ähnlich wie Christine das wahre Wesen Holks, seinen schwachen Charakter durchschaut hat. Nach kurzer Bekanntschaft mit ihm ist sie von seinen Halbheiten auf jedem Gebiet überzeugt.[21] Zum anderen hat sie mit diesem Mann nur gespielt, erklärt sie ihm und wirft ihm vor, er wollte aus einem bloßen Spiel bitteren Ernst machen, alles auf Kosten einer Frau, die ihrer Meinung nach besser ist als sie selbst und Holk, und die er doch so tötlich kränkte (V, S. 203). In diesem Sinne kann auch das Wort „Rücksichtslosigkeiten“ verstanden werden, womit Ebba in einem ihrer geistreichen Gespräche das Wort „Leidenschaft“ ersetzt, ein Wort, an das sie nicht glaubt und daher vermeiden will (V, S. 174).

Nicht nur am Kopenhagener Hof erfreut sich die Gräfin hohen Ansehens. In Holkenäs gehört ihr der Respekt und die Liebe der Bauerntöchter des Ortes und auch der Mädchen aus den Nachbardörfern. Der Dichter entwirft ein eindrucksvolles Bild, wie alle Mädchen bei der neuen Trauung Körbe in den Händen halten und Blumen über den Weg streuen, einige aber dem Ansturm ihrer Gefühle nicht wehren können, die Körbe beiseite werfen und sich an Christine herandrängen, um ihr die Hand oder auch den Saum des Kleides zu küssen. Wenn Fontane Christine dabei mehr Pein als Freude empfinden und es ihr erscheinen läßt, als machten sie eine Heilige aus ihr, so deutet er das stille Dulden und Leiden ihres Lebensweges an, das mit dieser Wiederheirat seinen Höhepunkt findet. So ist auch der Ausdruck stillen Leidens später auf dem Gesicht der Toten einer beinahe heiteren Verklärung gewichen (V,

223). Als man schließlich die tote Gräfin auf einer Bahre ins Schloß trägt, drängt sich alles herzu, und die armen Leute, für die sie gesorgt hat,[22] wehklagen und lassen bittere Worte fallen (V, S. 223).

Die näheren Umstände zu Christines Freitod läßt der Erzähler von Julie von Dobschütz, ihrer Vertrauten, in einem Brief an den Geistlichen Schwarzkoppen berichten. Es ist Julie in ihrem Schmerz ein Trost, von der teuren Toten sprechen zu dürfen. Die Worte von Julie Dobschütz, aus deren Leben das Liebste dahin ist, beenden den Roman.

Fontane findet es nicht nötig, die Reaktion Holks zu schildern. Sie interessiert nicht mehr. Es ist die Frauenfrage, die Fontane vornehmlich auch in diesem Roman beschäftigt. So sind die Episoden in den Unterhaltungen der Protagonisten am Kopenhagener Hofe nicht „Füllsel“, wie in der Forschung erwogen wurde,[23] sondern integrierende Teile mit Bezug auf Fontanes Thema.

Ebba ist nicht nur eine leichtlebige espritvolle Natur, eine Rakete, deren geringes Interesse an Holk nach der Nacht mit ihm und dem Schloßbrand erloschen ist, sondern eine Frau, welche andere Frauen nicht nur anerkennt, sondern ein direkt feministisches Interesse an den Erlebnissen und den Rechten anderer Geschlechtsgenossinnen offenbart. So ist es nicht zutreffend, wenn behauptet wurde: „... ist Christine der Prototyp des Prinzipienreiters, so ist Ebbas einzig konsequent verfolgtes Prinzip, das keines gelten zu lassen.“[24] Fontane hat mit Ebba eine Frauenfigur geschaffen, welche eine wirkungsvolle Frauenrechtlerin in unserer Zeit darstellen könnte. Ebba sieht nicht ein, warum man sich immer um die Männer oder gar um ihre Schlachten kümmern sollte. Sie stellt die These auf, die Geschichte der Frauen wäre viel interessanter. Es ist Ebba, die das Gespräch auf Brigitte Goje (V, S. 135) und später auch auf Christine Munk (V, S. 149) aus der dänisch-romantischen Geschichte bringt.

Die Gestalten von Brigitte Goje wie auch Christine Munk, deren Schicksale man sich im Kreise der Prinzessin, zu dem auch Holk gehört, erzählt, weisen in gewissen Aspekten auf die Gräfin und sind angetan, Holks wie auch des Lesers Meinung zugunsten Christines zu stimmen. So wird von Brigitte Goje berichtet, daß sie wegen ihrer protestantischen Frömmigkeit fast noch gefeierter war als ihr Gemahl, der berühmte Seeheld, Herluf Trolle (V, S. 132 f.). Auch Brigitte Gojes Charakter erinnert in seiner starken religiösen Überzeugung an Christine (V, S. 140). Bei

Christine Munk ist es nicht nur der Vorname, welcher an die Gräfin gemahnt. Vor allem ist es ihre Selbständigkeit, ihr Stolz, Eigenschaften, welche auf Christine hinweisen. Ebenso wie Christine Munk den König Christian aus ihrer Kammer ausschloß, weil er sie gekränkt hatte, verzichtete Christine Holk auf ihren Mann, da sie nicht nur seine Sommerfrau sein wollte.

Ebba ist es, die dieser Geschichte besondere Bedeutung beimißt und sie gegen Holks geringe Meinung heraushebt. Witzig, fast spielerisch, weist sie darauf hin, dies Ausgeschlossensein wurde von dem König damals so beachtet, daß er es in Stein eingraben ließ, um die Nachwelt daran zu erinnern, während Holk es als wenig und „zu kleinen Stils“ ansähe, und kritisiert: „Aber so sind die Herren von heutzutage“ (V, S. 149). Es ist offensichtlich, daß Ebba mit dieser Geschichte, die der Pastor Schleppegrell auf ihren Wunsch erzählt, auf Rechte hinweist, die auch die Frau als gleichberechtigte Partnerin des Mannes besitzen muß.

Ebenso ist es die Pastorin Schleppegrell, die Holk einen Rat für die Ehe gibt, der, wäre er ihm gefolgt, das tragische Ende verhindert hätte:

> Man muß sich untereinander helfen, das ist eigentlich das beste von der Ehe. Sich helfen und unterstützen und vor allem nachsichtig sein und sich in das Recht des andern einleben. Denn was ist Recht? Es schwankt eigentlich immer. Aber Nachgiebigkeit einem guten Menschen gegenüber ist immer recht (V, S. 142).

Dieser Ausspruch der kleinen unscheinbaren Pastorin kann als Hauptbotschaft in diesem Eheroman, der zum Frauenroman geworden ist, angesehen werden.

Gerade in diesem Meisterwerk Fontanes spielt die Frauenfrage eine dominierende Rolle. Wenn die Forschung diese Rolle bisher nicht erkannt hat, so ist dies vor allem auf Fontanes Methode des perspektivischen Erzählens, der Polyperspektive und seiner subtilen, nuancenreichen Kunst zurückzuführen, die immer noch nicht genug gewürdigt ist.

Wenig scheint die herbe, manchmal melancholische Gräfin Holk mit der mutwilligen, optimistisch veranlagten Bettina von Arnim gemein zu haben, von deren Wesen der Erzähler manches früheren Frauengestalten mitgeteilt hat. Allerdings wurde Bettina durch ihre Heirat zur Gräfin und lebte im Nordosten Deutschlands. Auch haben die beiden sonst so verschiedenen Frauen die gute Beobachtungsgabe und die Fähigkeit, ihre Beobachtungen zu analysieren, gemeinsam. Ebenso besitzen beide die Offenheit, mit der sie ihre Meinungen kundgeben. Die Briefe im

Mittelteil von Fontanes Roman werden Ausdruck von Christines Wesen, ähnlich wie Bettina ihrem Werk, das sie in Briefform gestaltete, ihren Charakter aufgeprägt hat. Ferner ist Christines Sorge um die Erziehung ihrer Kinder ähnlich dem Bemühen Bettinas, ihren Kindern eine gute Ausbildung, gute Schulen zu verschaffen, ein Grund, warum sie in Berlin lebte, während ihr Mann das Gut Wiepersdorf verwaltete. Schließlich erinnert auch Ebba mit ihren unkonventionellen Ansichten in gewisser Weise an die eigenwillige und unkonventionelle Bettina.

Somit lassen sich ebenso in diesem Werk des Dichters einzelne Wesenszüge seiner Zeitgenossin entdecken.

ANMERKUNGEN

1. Vgl. *Schach von Wuthenow, Grete Minde, Effi Briest*, u.a.
2. Edgar Gross: „Der große Eheroman" in *Theodor Fontane, Sämtliche Werke*, V, S. 227 f.
3. Sven-Aage Jørgensen: „Nachwort" zu *Unwiederbringlich*, Stuttgart: Reclam, 1971, S. 307. Ebenso auch Gertrud M. Sakrawa: „Scharmanter Egoismus. Theodor Fontanes *Unwiederbringlich*", in: *Monatshefte Wisconsin*, vol 61, 1969, S. 24.
4. Gottfried Honnefelder kommt zum Ergebnis, daß der Brief unmittelbar Ausdruck der Absicht Fontanes ist, die Wirklichkeit so wiederzugeben, wie sie ist. „Die erzähltechnische Konstruktion der Wirklichkeit bei Theodor Fontane: Zur Funktion des Briefes im Roman." In: *Zeitschrift für Deutsche Philologie*, Band 92, 1973. Sonderheft (S. 1–36) S. 20. „... daß Verwendung des Briefes unmittelbar im Dienst der Erzählhaltung Fontanes steht", S. 23.
5. So stellt Gertrud Sakrawa die Frage, ob Fontane den letzten Teil nicht zu knapp gefaßt hat im Verhältnis zu dem Eigengewicht der Ereignisse und zu den breit ausgesponnenen Kopenhagener Kapiteln. Op. cit. S. 28.
6. Vgl. Walter Müller-Seidel: *Theodor Fontane*, op. cit. S. 379–392.
7. Vgl. ebenda, S. 381. Sven-Aage Jørgensen, op. cit. S. 304, Gertrud M. Sakrawa, op. cit. S. 22, 24.
8. Vgl. Walter Müller-Seidel: *Theodor Fontane*, op. cit. S. 387, 388.
9. Vgl. ebenda, S. 388.
10. Holks Leben am Hofe im Dienst der Prinzessin ist im Gegensatz zu Christines Alltagsleben in Holkenäs nichts als Unterhaltung, Vergnügen, mit dem man sich die Langeweile zu vertreiben sucht. Mit seiner ausführlichen Darstellung, die sich nicht nur mit Tagen, sondern mit Stunden minutiös beschäftigt, unterstreicht Fontane den Kontrast zwischen dem müßigen, nutzlosen Dasein Holks und Christines pflichterfülltem, aber eintönigem

Leben, in dem es nicht viel Neues gibt, und die Stunden und Tage schneller vorübergehen. Man denke in dieser Verbindung an Thomas Manns *Zauberberg*, in dem die ersten drei Tage ausführlich beschrieben werden, die Hälfte des Buches einnehmen, während die Darstellung der nächsten sieben Jahre die zweite Hälfte des Romans beschäftigen.

11. Holk gibt selbst zu, daß Christine und Arne mehr von der Landwirtschaft verstehen als er: „Ich habe nicht Lust, mich hier um Wollpreise zu kümmern oder um die Frage, wieviel Fetthämmel nach England verladen werden sollen. Das ist seine [Arnes] Sache, beziehungsweise Christines, und beide verstehen es außerdem viel besser als ich; die Arnes waren immer Agrikulturgrößen, was ich von den Holks eigentlich nicht sagen kann; ich meinerseits habe immer nur den Anlauf dazu genommen." (V, S. 154).

12. Vgl. Walter Müller–Seidel: *Theodor Fontane*, S. 381.

13. „Sie [Christine] scheint daher nicht unschuldig an dem zu sein, was geschieht, obwohl die Erzählung nicht auf Schuldurteilen insistiert", Walter Müller–Seidel: *Theodor Fontane*, op. cit. S. 381.

14. Ebenso die Forschung.

15. Vgl. auch Peter Demetz, nach dem es keine glücklichere Entscheidung des Erzählers gibt, als die bewegte Tiefe Christines im Emblem des Meeres zu charakterisieren. *Formen des Realismus: Theodor Fontane*, München: Carl Hanser Verlag, 1964, S. 176, auch Frankfurt, Berlin: Ullstein, S. 155.

16. Vgl. ihre Vorahnung bei der Übersiedlung in das neue Schloß, V, S. 6.

17. So stellt Edgar Gross fest: „Seine Christine ist keine liebende Mutter ... die Erziehung der Kinder betrachtet sie unter dem Gesichtspunkt religiöser Pflichterfüllung" V, S. 233.

18. Sven–Aage Jørgensen findet, daß die Geschichte vom Tode des Bruders Estrid, wie sie Julie von Dobschütz ihnen erzählt hat, die Kinder gegen den Vater einnehmen mußte. Op. cit. S. 297.

19. So schreibt er in seinem Brief an Holk: „Ich habe Dich beschworen, Christines Eigenheiten gegenüber auf der Hut zu sein und ihrem Herrschergelüste, das sich hinter ihrer Kirchlichkeit verbirgt und zugleich immer neue Kraft daraus saugt, energisch entgegenzutreten ..." (V, S. 156).

20. Vgl. Sven–Aage Jørgensen, op. cit. S. 309.

21. Wie bei Holk von einem „Mann der kleinen Liebhabereien" und „entzückendem Kerl" gesprochen werden kann, – vgl. Gertrud Sakrawa, op. cit. S. 19 – ist angesichts der starken Kritik, die Fontane an Holk übt, unverständlich. So zeigen die Worte, die Fontane Ebba sprechen läßt, wie er das Wesen Holks auffaßt: „Sein Charakter ist das eigentlich Schwache an ihm. Und was das Schlimmste ist, er weiß es nicht einmal. Weil er wie ein Mann aussieht, so hält er sich auch dafür. Aber er ist bloß ein schüner Mann, was meist so viel bedeutet wie gar keiner ..." (V, S. 117).

22. Daß Holk wenig Interesse an seinen Leuten hatte, zeigt sich in seinen Gedanken nach der Begegnung mit Christine in Holkenäs, wenn er nicht den leutseligen und schenkefrohen Gutsherrn spielen will (V, S. 195).

23. Vgl. Sven–Aage Jørgensen, op. cit. S. 301.

24. Gertrud Sakrawa, op. cit. S. 25.

11. Kapitel

Frau Jenny Treibel

Seinem tragischsten Roman mit dem Motto des unerbittlichen „Unwiederbringlich" läßt Fontane ein Jahr später, 1892, einen Roman folgen, der teilweise die Züge einer Komödie trägt. Wie die meisten seiner Erzählungen ist auch dieses Werk mit einem Frauennamen überschrieben. Die Darstellung Frau Jenny Treibels kommt unter den bisher besprochenen weiblichen Figuren der eines Porträts wohl am nächsten. Das Bild, welches Fontane gleich zu Anfang der Erzählung von ihr entwirft, erfaßt ihr Wesen, das unverändert bleibt. Bei dem Diner, das die Kommerzienrätin gibt, präsentiert sie sich in vollem Glanz. Ihre Herkunft aus dem kleinen Laden in der Adlerstraße ist bis auf den letzten Rest getilgt. Mit sicherer Ruhe thront sie zwischen ihren Gästen. Ein untergeschobenes Luftkissen gibt ihr eine dominierende Stellung (VII, S. 23 f.). Zum Abschluß des Diners erklingt ihre dünne Stimme, die im Gegensatz zu ihrer sonstigen Fülle steht. Frau Jenny singt ein Lied, das in sentimentaler Weise auf allen materiellen Besitz verzichtet und nur das Leben nennt, wo sich Herz zum Herzen find't (VII, S. 43). Die persiflierenden Attribute dieser Charakterisierung kennzeichnen die Haltung des Dichters zu dieser Gestalt. Ihre anscheinend gewichtige Stellung im Roman als Titelfigur besteht nur auf Äußerlichkeit, entspricht ihrer durch das Luftkissen künstlich errichteten, überlegenen Position. Während Jenny Treibels körperliche Fülle ihre Freude am Materiellen anzeigt, so symbolisiert ihre dünne Stimme, wie wenig wahren Anteil die neureiche Kommerzienrätin wirklich an dem poetischen Inhalt des gefühlvollen Liedes hat. Schon immer liebte sie das Sentimentale, aber unter Bevorzugung von Courmachen und Schlagsahne (VII, S. 14) läßt Fontane ihren ehemaligen Liebhaber, den Gymnasialprofessor Schmidt, Jenny Treibel, née Bürstenbinder treffend charakterisieren.[1] Schmidt selbst war Objekt und Opfer dieser Einstellung gewesen. Sie hatte sich ihm versprochen, doch ihn immer hingehalten, bis sie zugunsten des reichen Treibel ihr heimliches Verlöbnis löste. Von Kindesbeinen an war Jenny Bürstenbinder für den Typ der Bourgeoise vorbestimmt, zeigt Fontane. Obwohl sie sich einbildet, ein Herz für das sogenannte Höhere zu haben, einer ihrer unbestimmten Ausdrücke für alles Geistige, dem Materiellen Entgegengesetzten, zieht sie das vor, was Zinsen trägt.

Wenn diese Erzählung auch nach Frau Jenny Treibel benannt ist, so ist es Corinna Schmidt, ihre Gegenspielerin, welche durch ihre Aktion die Handlung des Romans in Bewegung setzt. Der Statik Jenny Treibels steht die Dynamik Corinnas gegenüber. Klug, voller Esprit, dazu mit einer guten Erziehung ausgestattet, die ihr eine gewisse Freiheit und Überlegenheit verliehen hat, weiß die Tochter des Gymnasialprofessors bei dem Diner im Hause der Treibels den jungen englischen Gast zu faszinieren. Durch ihre brillante Konversationsgabe wird sie für Mr. Nelson zum Prototyp einer Berlinerin, die „decidedly clever" sei (VII, S. 33).

Mit ihrer geistvollen Unterhaltung beginnt Corinna ihre Aktion. Obwohl die witzigen Aperçüs an den jungen Engländer gerichtet sind, werden sie auch von Leopold Treibel, dem jüngeren Sohn Jennys, und Corinnas Vetter Marcell gehört. Wie sie Marcell gesteht, hat Corinna sich ein Ziel gesetzt, was sie ihm jedoch nicht nennen will, da es ein Mädchen nicht kleide, mit solchen Plänen aus sich herauszutreten. Sie hat auch keine Lust, gegen althergebrachte Vorstellungen zu handeln wie etwa: Ein Mädchen wirbt nicht, und um ein Mädchen wird geworben. Fontanes Corinna ist klug genug zu wissen, daß es ihr nicht gelingen würde, althergebrachte Traditionen plötzlich umzustoßen. Corinnas Haltung ist nicht einfach weibliche Passivität, die als Paradox ihrer Zielstrebigkeit entgegensteht, wie konstatiert wird,[2] sondern ist überlegt und ein Beispiel ihrer Instinktsicherheit, die auf ihrer Intelligenz beruht. Mit dieser Einstellung kommt sie modernem Denken nahe. Unbewußt fühlt Corinna, daß eine Frau, die sich nicht anpaßt, sich sexuell und infolgedessen sozial entwertet, da die Gesellschaft sich die sexuellen Werturteile zu eigen gemacht hat. Ohne weibliche Eigenschaften erscheint sie travestiert.[3] Um ihre Weiblichkeit zu demonstrieren, betont Corinna, daß sie kochen und plätten kann, ebenso das Kunststopfen versteht (VII, S. 32).

Corinnas Ziel, das sie ihrem Vetter nicht gestehen will, ist, Leopold Treibel zu heiraten. Mit dieser Heirat würde Corinna Besitz mit der Bildung vereinigen, die sie als Tochter des Gymnasialprofessors genossen hat.[4] So ist es Corinna, die der Isolierung des Bildungsbürgertums mit diesem Plan entgegentritt.[5] Die Gutmütigkeit Leopold Treibels vor allem, aber auch seine Zuneigung zu ihr kann ihr dabei eine Gewähr sein, daß sie nie eine finanzielle Abhängigkeit fühlen würde.

Eingedenk des Satzes, ein Mädchen wirbt nicht, kommt sie bei einer Landpartie Leopolds geheimem Wunsch, sie möge aussprechen, wozu er nicht den Mut findet, auch nicht direkt nach, sondern weiß, eine Kompromißlösung zwischen der althergebrachten Tradition und ihrem Ziel zu finden. Durch geschickte Wendungen in der Konversation, in der sie ähnlich Minna in Lessings Drama eine kleine Komödie spielt, gelingt es ihr, den ängstlichen Leopold dazu zu bringen, sich mit ihr zu verloben. Allerdings muß sie bald erkennen, daß Leopold zu schwach ist, sich gegenüber seiner Mutter durchzusetzen. Diese wendet sich gegen eine Heirat des Sohnes mit der geistreichen, doch besitzlosen Corinna, obwohl sie ihrem alten Verehrer Willibald Schmidt gegenüber geäußert hatte, sie wünschte sich eine kluge, gebildete Schwiegertochter. Die Kommunikation zwischen den Verlobten wird einseitig, besteht lediglich aus den täglichen Briefen Leopolds, die wohl von Liebe sprechen, jedoch jedes Handeln vermissen lassen. Leopold wagt nicht, seine Verlobte zu besuchen. Bald liest Corinna seine Briefe nicht mehr und zerreißt sie. Fontane läßt deutlich erkennen, daß Corinna nicht eigentlich mit dem Herzen an dieser Verlobung beteiligt ist.

Nicht nur die Vorgeschichte, sondern auch die Verlobung selbst kann fast als eine Art Komödie angesehen werden. Es ist eine Doppelkomödie, die Corinna spielt, um ihren Vetter und Bewerber, Marcell Wedderkopp, einen jungen Archäologen dazu zu bringen, sich zu erklären. Dies ist eine Tatsache, die in der Forschung öfter übersehen ist.[6] Fontane stellt dar, wie Corinna bei dem Treibelschen Diner sich die Eroberung des jungen Engländers vorgenommen zu haben scheint. Corinna spricht bei diesem Vorgehen voll Koketterie so lebhaft, als ob es ihr daran läge, daß jedes Wort auch von der Umgebung und ganz besonders von ihrem Vetter Marcell gehört wird (VII, S. 30). Wenn Leopold nach seiner Verlobung so wenig Mut zeigt, sich seiner Mutter gegenüber zu behaupten, so ist dies für Corinna nichts Neues. Nicht nur wirft sie Leopold bei dem Diner vor, er besäße keineswegs „heroical courage“, zu dem sich Mr. Nelson so bedingungslos bekannt habe, sondern sie vergleicht Leopold auch mit Vetter Marcell, dem es auf Reck und Turnen ankäme, was ihm Heldenschaft bedeute (VII, S. 31). Daß Corinna sich für ihren Vetter interessiert, zeigt sich auch an ihrem Ärger darüber, daß er sie nach dem Diner im Hause Treibel nicht besucht (VII, S. 89). So ist es wirklich Corinnas eigene Entscheidung und kein Befolgen des Rats ihres Vaters, wenn sie Marcell heiratet.[7]

Corinnas Klugheit, ebenso wie ihre Erziehung sind es, die dazu beigetragen haben, ihr Selbstbewußtsein zu stärken, mit dem man drei Prinzessinnen ausstaffieren könnte, wie die aufgebrachte Mutter Leopolds, Jenny Treibel, meint (VII, S. 135). Diesem Selbstbewußtsein Corinnas bedeutet es eine Demütigung und eine Niederlage, wenn sie erkennen muß, sie könne Leopold nicht zum Helden umschaffen, da seine Furcht vor der Mama größer ist als die Liebe zu ihr. Corinna muß erkennen, man könne in eine Herzogsfamilie einheiraten, nicht aber in eine Bourgeoisfamilie. Ihr Stolz wird wachgerufen. Wenn sie ihren Willen auch noch durchsetzen könnte, sie will Leopold einfach nicht mehr. So ist es kein Wunder, wenn sie die Werbung Marcells kurz entschlossen annimmt. Was vorher halb Berechnung, halb Übermut war, das ist Gesinnungssache geworden.

Corinna hat einen Entwicklungsprozeß durchgemacht. Sie hat für immer mit dem Gewichtlegen aufs Äußerliche gebrochen und statt dessen die von ihr verspotteten Lebensformen wieder anerkennen gelernt, in denen sie groß geworden ist (VII, S. 156). Für ihren Vater steht es fest, Corinna hat den Spruch wahr gemacht: Werde, der du bist. Willibald Schmidt wird zum Sprachrohr des Dichters, wenn er die Erfüllung ihrer Persönlichkeit weiter darin erblickt, daß sie ihren zukünftigen Mann wie die Frau Schliemann in die Welt hinaus begleiten müsse. Doch Corinna lehnt die mit althergebrachten Traditionen brechende Idee vorerst ab. Sie wäre mehr für die Haus- und Kinderstube und läßt damit an Schmidts Worte denken, daß Corinna der Vollendung nahe käme, doch ihre Selbstironie diese Vollendung nie bedrückend mache (VII, S. 66). Die Selbstironie Corinnas zeigt sich ebenfalls, wenn sie Marcell bei seinem Heiratsantrag zugibt, sie wäre wahrscheinlich mit Leopold Treibel leidlich glücklich geworden. Nach ihrer Meinung gäbe es ein vollkommenes Glück sowieso nicht. Jedoch das Bild einer möglichen Ehe mit Leopold, welches sie Marcell frank und frei entwirft, läßt jede Kommunikation mit Leopold als ihrem Gatten vermissen. Sie hätte Malstunden und Reitunterricht genommen, hätte sich an der Riviera mit ein paar englischen Familien angefreundet, natürlich solchen, die eine Pleasurejacht besäßen, wäre mit ihnen nach Korsika oder nach Sizilien gefahren, um Abwechslung zu haben; denn Leopold sei etwas schläfrig (VII, S. 160 f.).

Im Gegensatz zu Corinnas realistischer Vorstellung einer Ehe mit Leopold läßt Fontane erkennen, daß Corinna in Marcell einen Partner gefunden hat, mit dem sie sich frei aussprechen kann, der sie nicht nur versteht, sondern ihre Persönlichkeit mit allen ihren Mängeln voll anerkennt. Marcell will keine Beichte von Corinna, wie ihr Vater ihm vorschlägt. Mit feinem Empfinden für ihre Gefühle nach dem mißlungenen Unternehmen will er ihren Stolz nicht verletzen, die sonst niemals Verlegene nicht beschämen, sondern sieht es als seine Pflicht an, ihr „goldene Brücken zu bauen“, ihr über die Verlegenheit nach dem Scheitern ihrer Wünsche hinwegzuhelfen (VII, S. 157). Er betont, daß er keinen Engel heiraten möchte, daß Vollkommenheit ihn nur bedrücken würde, ja, daß ihm ihre Mängel, die er menschlich begreift, sogar sympathisch wären (VII, S. 158).

Der Dichter macht es deutlich, zwischen diesem Paar, das so offen zueinander spricht, die Fehler des anderen erkennt und versucht, ihm zu helfen, ist die Basis für eine Kommunikation geschaffen. Eine Kommunikation zwischen diesen Eheleuten wird immer bestehen. Beide Partner werden in ihrer Ehe voneinander lernen und ihre Persönlichkeiten auch in ihrem gemeinsamen Leben weiter behaupten und entwickeln. Alle Anzeichen verbürgen, daß die Ehe dieses jungen Paares so verlaufen wird, wie die Pastorin Schleppegrell sie in *Unwiederbringlich* darstellt, und wie auch Cécile sie als vorbildlich begreift.[8]

Corinna hat aus ihrer Verirrung, in die sie durch den verführerischen Zauber des Reichtums, die Attraktion des Besitzes geraten war, gelernt. Sie weiß jetzt, daß der Sinn für Äußerlichkeiten doch zu teuer erkauft werden kann. Während Frau Jenny Treibel am Ende des Romans, unverändert die sentimentalisierende, aber am Materiellen festhaltende Bourgeoise, wieder an einer Festtagstafel, der Hochzeitstafel Corinnas und Marcells thront, verläßt eine weiser gewordene Corinna still den Saal, um als Lebensgefährtin eines ihr ebenbürtigen Mannes in die Welt zu ziehen.

Auch in diesem Werk Fontanes scheint die Persönlichkeit Bettinas Spuren hinterlassen zu haben. Rein äußerlich gesehen, klingt der Name Corinna nicht nur an Minna, sondern der Silbenzahl nach noch besser an Bettina an. Gerade mit ihrer Liebe am Spiel, die sich in ihrem Doppelspiel, in der Vorgeschichte und der Geschichte ihrer Verlobung zeigt, ebenso ihrem Witz, ihrer Intelligenz gewinnt Corinna, für die Fontanes Tochter Mete als Vorbild gilt, gleichfalls manche Ähnlichkeit mit Bettina. Auch die Umwege, die schließlich zur Verlobung mit Marcell führen, das Verhältnis zu ihrem zukünftigen Ehemann, das durch gegenseitiges Verstehen bestimmt ist, erinnern in gewisser Weise an Bettinas Bekanntschaft und spätere Heirat und Ehe mit dem Freunde ihres Bruders, Achim von Arnim.

1. Die Wahl ihres Mädchennamens wirkt bei dieser Darstellung wie eine nekkische Anspielung des Dichters auf Elisabeth Bürstenbinder, die unter dem Pseudonym E. Werner Romane im Stile der Marlitt in der „Gartenlaube" zwischen 1870–1880 erscheinen ließ.
2. Vgl. Hanni Mittelmann, op. cit. S. 89.
3. Vgl. Simone de Beauvoir: *Das andere Geschlecht. Sitte und Sexus der Frau*, op. cit. S. 640.
4. Wenn sich ihr Vater auch nicht besonders um die Erziehung seiner Tochter gekümmert hat, wie Fontane darstellt, so war es doch die Atmosphäre eines gebildeten Haushalts, in der sie aufgewachsen war.
5. Dieter Kafitz bemerkt zu Recht, daß es Fontane in diesem Roman gelang, die Gefahren der Isolierung des Bildungsbürgertums in der Figurenkonstellation des Romans sichtbar zu machen und damit die Anfänge einer Entwicklung erkennen zu lassen, deren Auswirkungen erst vom rückblickenden Interpreten ganz erfaßt werden können. „Die Kritik am Bildungsbürgertum in Fontanes Roman *Frau Jenny Treibel*", *Zeitschrift für deutsche Philologie* 92 (1973) Sonderheft, S. 74–101.
6. Lediglich ein Zeitgenosse Fontanes, H. Fechner, stellt fest: „... die Verlobung war von ihrer Seite nur eine Art Streich, um ihren Vetter und Liebesbewerber ... der nicht die rechte Gelegenheit und den rechten Mut fand, sich zu erklären, zum Entschluß zu treiben, oder, wenn was kaum zu erwarten stand, der Bräutigam standhaft blieb, sich jenem zum Trotze unter die Haube zu bringen ..." „Neue Romane und Novellen", in: *Schlesische Zeitung*, 1892, Nr. 5. Zitiert aus *Erläuterungen und Dokumente*, Theodor Fontanes *Frau Jenny Treibel*, hrsg. von Walter Wagner, Stuttgart: Philipp Reclam, Jun., 1976.
7. Dies wird in der neueren Forschung verkannt. Vgl. Barbara E. Kienbaum: *Die Frauengestalten in Theodor Fontanes Berliner Romanen*: Rolle und Funktion in der Darstellung des Konflikts zwischen Individuum und Gesellschaft. Diss. Mich. State University, Ann Arbor: Univ. Microfilms, 1979, S. 67.
8. S. o. 158 und 114.

12. Kapitel
Mathilde Möhring

Bereits 1891, ein Jahr vor dem Erscheinen von *Frau Jenny Treibel*, laut Tagebuch ungefähr gleichzeitig mit den *Poggenpuhls* begann Fontane den Roman *Mathilde Möhring* und beendete ihn im Herbst des gleichen Jahres. Doch wurde die letzte Überarbeitung dieser Erzählung immer wieder aufgeschoben, um die anderen Romane und autobiographischen Schriften zu verfassen. *Mathilde Möhring* wurde nicht vollendet. Erst einige Jahre nach Fontanes Tod gab Josef Ettlinger die Erzählung mit kleinen textlichen und stilistischen Änderungen auf Grund von Notizen aus Fontanes Nachlaß heraus. Diese Ausgabe ist jedoch nach Gotthard Erler, der 1969 *Mathilde Möhring* auf Grund der Handschrift neu edierte, nicht genau genug durchgeführt. Erler stellte fest, daß nicht nur die Fontanesche Einteilung des Romans in sechzehn Kapitel unterlassen wurde, sondern auch Sätze und kleine Szenen gestrichen waren.[1] So ist es selbstverständlich, daß im Folgenden auch die Ausgabe auf Grund der Handschrift berücksichtigt wird.

Im Gegensatz zu allen anderen Romanen gibt Fontane auf den ersten Seiten dieser Erzählung, die sich im allgemeinen durch einen knappen, fast nüchtern wirkenden Stil auszeichnet, eine eingehende Schilderung des Äußeren seiner Protagonistin. Obwohl sie im Profil ein Gemmengesicht besitzt, ist Mathilde Möhring mit ihrer hageren Gestalt, ihrem grisen Teint,[2] dem spärlichen, aschblonden Haar, den dünne Lippen „ganz ohne Reiz", keine ganz richtige Mathilde (VII, S. 224). Nur das Umsichtige, das Fleißige, das Praktische paßte zu dem Namen, den sie führte, stellt der Erzähler fest.[3a] An dem zu klein gebliebenen Ohr Mathildens scheint allerhand zu fehlen. Doch am nüchternsten wirken ihre wasserblauen Augen, die einen ganz prosaischen Glanz haben, „und wenn man früher von einem Silberblick sprach, so konnte man hier von einem Blechblick sprechen" (VI, S. 225).

Bei keiner seiner Frauengestalten hat der Dichter so ausführlich das Aussehen beschrieben. Auch ist es auffällig, daß Fontane gerade bei der Ausmalung des Unattraktiven, ja des fast Abstoßenden verweilt. Eingedenk der Tatsache, daß Fontane auf den ersten Seiten seiner Erzählungen für die Handlung bedeutungsvolle Fakten bringt, gewinnt diese genaue Darstellung an Wichtigkeit. Gleich zu Anfang des Romans wird deutlich, der Dichter sieht diese Frau nicht so positiv, wie die Forschung sie teilweise dargestellt hat.[3b] Die Ambivalenz der Charakterisierung, die in diesem Roman festgestellt wurde,[4] tritt in der Art der Beschreibung Mathildens von vorneherein hervor.

Anders als in *Frau Jenny Treibel* bestimmt jedoch die Titelheldin dieser Erzählung die Handlung. Mathilde ist es auch, welche die Aktive im Geschehen des Romans ist. Sie hat sich ein Ziel gesetzt, verfolgt dieses Ziel jedoch nicht allein, sondern treibt auch einen anderen Menschen an dieses Ziel. Diese Frau emanzipiert sich nicht nur selbst, sondern emanzipiert in gewisser Weise zwei Menschen, wenn dies auch durch widrige Umstände nur für eine kurze Zeit sein soll.

Gleich zu Anfang des Romans beeindruckt die Protagonistin durch ihre überaus scharfe Beobachtungsgabe und die Sicherheit, womit sie die Schlüsse für ihre Beobachtungen zieht. Wenn ein junger Mann sich ein Zimmer in ihrer Wohnung ansieht, ist sie sicher, daß er es mieten wird, da sie nicht nur von dem Wert des Zimmers überzeugt ist, sondern den Interessenten sofort als bequem erkannt hat. Ihre Prophezeiung bewahrheitet sich. Hugo Großmann zieht ein.

Obwohl Mathilde Hugo, einen cand. jur. und Bürgermeisterssohn aus einer kleinen westpreußischen Provinzstadt, als faul, schläfrig und sentimental erkennt, sieht sie ihn als eine gute Partie an. Als der neue Mieter an den Masern erkrankt, erkennt Mathilde dies als eine günstige Gelegenheit, ihrem Ziel näherzukommen. Ähnlich wie es Jenny Treibel gelungen war, möchte Mathilde sich sozial und damit auch finanziell verbessern. Mathildens Streben nach einer gesellschaftlichen und somit finanziellen Verbesserung erinnert auch an Corinna Schmidts Interessen und Ziel. Doch während Corinna ihrem Wunsch durch einen witzigen Einfall näherkommt, geht Mathilde methodisch planend mit sicherem Gespür Schritt für Schritt vorwärts, wobei sie alle Zufälle zu ihrem Vorteil auszunützen versteht. Die neu erstandene Chaiselongue wird trotz des Lamentierens der Mutter, daß sie „Sitzkuten" bekommen könnte, in den Plan Mathildens einbezogen. Während seiner Rekonvaleszenz wird sie Hugo als Liegestätte im guten Zimmer zur Verfügung gestellt. Ebenso wie sie auf Hugos Bequemlichkeit gebaut hat, so spekuliert Mathilde auf seine Dankbarkeit. Durch Konversation und Vorlesen wird der Mieter Hugo Großmann von Mathilde unterhalten. Geschickt weiß sie die Konversation so zu führen, daß unter Vermeidung jedes Eindrucks von Spießbürgerlichem und Engem der junge Mann sich über ihre tapferen und aufgeklärten Ansichten freut, und sie ihm als ein echtes deutsches

Mädchen erscheint, das jeden Mann mit seiner Innerlichkeit geistig wie moralisch glücklich machen muß. Bald ist Hugo Großmann, der selbst von großer Bescheidenheit kein rechtes Vertrauen zu seinem Wissen und Können hat, überzeugt, daß Thilde ganz die passende Frau für ihn sei.

Mit der Verlobung ist Mathilde ihrem Ziel beträchtlich nähergekommen. Nun hat sie bereits einige Rechte gewonnen. Sie kann ihren leicht beeinflußbaren Verlobten bestimmen, auf ihn einwirken. Nach einer Woche Ferien, die sie Hugo zur Entspannung gewährt, macht sie ihn darauf aufmerksam, daß nun der Ernst des Lebens beginnt, daß er als Mann für das sorgen muß, was zum Leben nötig ist. Zunächst müsse er ein Examen machen. Energisch übernimmt Mathilde die Aufgabe eines Repetitors. Mit einer Methode, welche einem studierten Pädagogen Ehre machen würde, geht Mathilde an diese Arbeit. Wieder wird die Chaiselongue herangezogen. Hugo darf es sich auf der Chaiselongue bequem machen, wenn Mathilde ihn abfragt. Mit Klugheit und Geschick sorgt sie für Unterbrechungen. Damit das schnelle Frage- und Antwortspiel nicht zu bedrückend wird, bringt sie in den eingelegten Pausen Tee oder Rotwein, gleitet zu Tagesfragen über und kehrt zu den Examensfragen erst zurück, wenn Hugo erfrischt ist. Zur Feier des bestandenen Examens bereitet sie ein kleines Souper.

Während Hugo sich davor fürchtet, daß nun bald das Examinieren für die Assessorprüfung beginnt, hat Mathilde andere Pläne, verbringt täglich Stunden in den Stadtbibliotheken und kommt bald mit einer Anzeige aus einer kleinen Stadt wieder, die einen Bürgermeister mit dem ersten juristischen Staatsexamen sucht. Nicht nur mit Intelligenz, sondern auch mit sicherem Instinkt ist Mathilde vorgegangen.[5] Angeregt von Hugos Beschreibungen seines Jugendlebens in einer Kleinstadt im Osten, hat sie Pläne für die Zukunft bereit. Um jeder Konkurrenz vorzubeugen, muß Hugo sofort mit dem Nachtzug nach Woldenstein in Westpreußen abreisen, um sich am nächsten Mittag dem Magistrat und den Stadtverordneten vorstellen zu können.

Alles verläuft, wie Mathilde es geplant und einkalkuliert hat. Hugo erhält die Bürgermeistersstelle. Nach der Hochzeit, die nach Mathildens Programm pünktlich zu Johannis stattfindet, reist das junge Paar sofort nach Woldenstein. Wieder ist es Mathilde, welche für Hugo Ideen bereithält, die er braucht, um sein Amt als Bürgermeister glänzend zu erfüllen. Sie rät ihm, juristische Fragen, in denen er sich nicht sicher fühlt, an den Justizrat weiterzuleiten, sich damit gleichzeitig einen

Freund zu verschaffen und allgemein als ein hervorragender Administrator zu gelten. Ständig hat die weiter scharf beobachtende Mathilde Einfälle, wie sich der neue Bürgermeister beliebt machen kann, um das Leben der Bürger zu erleichtern. Längst hat die praktische Mathilde erkannt, daß die kleine Stadt eine Klinkerchaussee oder wenigstens einen Knüppeldamm braucht, daß die Wagen nicht im Modder versinken, wenn es regnet.

Es ist Mathilde, die ihren Mann anregt, weitsichtige Pläne für Woldenstein zu entwickeln, welche für die Zukunft der kleinen Stadt sorgen. Die junge Frau aus den beengten kleinbürgerlichen Verhältnissen nahe dem Berliner Friedrichstraßenbahnhof entwickelt einen erstaunlichen Weitblick, wenn sie zu ihrem Mann sagt:

> Und sieh, Hugo, so mußt du es anfangen. All dies kleine Zeug, das ihr da immer durchsprecht, damit zwingst du es nicht. Das kann jeder. Aber immer auf dem Auskiek sein, immer sehen, was so den Menschen zugute kommt, damit zwingst du's, und das ist, was ich „Ideen" genannt habe (VI, S. 286).

Mit der Darstellung Mathildens in Woldenstein hat Fontane das Bild einer Frau geschaffen, die alle Qualifikationen für die Position einer Bürgermeisterin hat. Am Beispiel Mathildens demonstriert der Erzähler Fähigkeiten, die sich beim weiblichen Geschlecht finden lassen und zeigt somit Möglichkeiten, Chancen für die moderne Frau auf.

Der umsichtigen Mathilde ist es zu verdanken, daß Hugo Großmann als der Mann erscheint, der versteht, die Initiative zu ergreifen, der dem Händler Silberstein wie Nathan der Weise vorkommt, da er ebenso gerecht ist. Auch den Landrat weiß Mathilde dem neuen Bürgermeister freundlich zu stimmen, indem sie einen Artikel an die Lokalzeitung schickt, der für die Wiederwahl des Landrats wirbt und den Eindruck erweckt, als hätte Hugo ihn geschrieben. Der neue Bürgermeister ist bei allen beliebt, auch bei dem katholischen Lehrer, nachdem auf Mathildens Anregung hin für ihn eine Gehaltszulage beantragt und bewilligt worden ist. Wo Mathilde selbst mit den Bürgern von Woldenstein und Umgebung zusammenkommt, beeindruckt sie durch ihre Bildung und Klugheit. Die Wirkung erstreckt sich nicht nur auf Silberstein, von dem sie sich modisch bei ihren Einkäufen beraten läßt, sondern auch auf den Landrat. Bei dem Sylvesterball überrascht sie, die es sich zur Gewohnheit gemacht hatte, jeden Morgen die Reichstagsberichte zu lesen, diesen einflußreichen, konservativen Beamten nicht nur mit Zitaten aus seiner kurzen Reichstagsrede, sondern auch mit ihrer Kenntnis von Bismarcks

Reden. Wie eine „Eisenquelle“, ein „Stahlbad“ hätten diese Ansprachen sie erfrischt (VI, S. 292), weiß Mathilde dem Landrat zu berichten.

Es ist der klugen, umsichtigen Mathilde gelungen, daß ihr Mann bereits nach einem halben Jahr höchst erfolgreich in seiner Stellung geworden ist, und alle Aussichten dafür sprechen, daß er auch einmal zum Oberbürgermeister einer Provinzialhauptstadt gewählt würde. Mit vollkommener Unbefangenheit und Geschicklichkeit würde seine Frau die Honneurs des Hauses für hohe Würdenträger sogar bei Kaiserparaden machen, ist allen Bekannten des Ehepaares klar. Es ist offensichtlich, daß eine Frau von der geistigen Beweglichkeit, mit den immer bereiten Einfällen, wie Fontane Mathilde schildert, nie „versauern“ würde, wenn Hugo am Leben geblieben wäre, wie gemeint wird.[6]

Die Tüchtigkeit Mathildens ist ohnegleichen. Sie hat nicht nur sich selbst, sondern auch ihrem Mann zur Emanzipation verholfen. Doch wie Fontane gleich zu Anfang des Romans in der äußerlichen Beschreibung Mathildens Mängel hervorhebt, so erinnert er durch die ganze Geschichte des Aufstiegs hindurch an diese Mängel. Dies ist in der Forschung nicht genug gewürdigt worden.[7] Leitmotivisch wird wiederholt auf ihre schmalen Lippen hingewiesen. Sie entwendet sich Hugo sanft, als er bei der Verlobung einen Sturm von Küssen auf ihre schmalen Lippen versucht (VI, S. 254). Wenn sie ihm einen Kuß mit ihren schmalen Lippen gibt, stellt ihr Mann fest, sie sei gut und tüchtig, aber Küssen sei nicht ihre Force (VI, S. 278). Bei der Ruhepause vor dem Repetieren scheint es Hugo zum erstenmal, als sei sie wärmerer Gefühle fähig (VI, S. 263), muß aber bald erkennen, daß er sich getäuscht hat. Von Anfang an hat es keinen wahren Austausch der Gedanken gegeben. Mathilde hat auf Hugo eingeredet, sie hat ihre Ideen, die nur auf die Erreichung ihres Zieles ausgerichtet waren, kundgegeben. Das „zu klein gebliebene Ohr, an dem allerhand zu fehlen schien“, welches Fontane in der Beschreibung von Mathildens Äußerem erwähnt, nimmt in der Erzählung symbolische Bedeutung an. Mathilde hat kein Ohr, kein Verständnis für die Interessen Hugos. Von Anfang dieser Bekanntschaft an bis zu Hugos Tod fehlt dieser Ehe jede wahre Kommunikation. Dies geht aus den Dialogen hervor. Während Mathilde ihre Meinungen und Ideen äußert, antwortet Hugo oft mit einem einfachen „Ja, Thilde“ oder nur kurzen Einwürfen (Vgl. VI, S. 270 ff. und S. 284 ff.). Nie hat Hugo gewagt, von seiner Neigung zum Künstlerischen, zum Theater, zum Zirkus zu Mathilde zu sprechen. Tierbändiger zu werden, hat immer einen Reiz für ihn gehabt.

Bereits nach seiner Verlobung muß er erkennen, daß er weit davon entfernt ist, Tierbändiger zu sein, daß Mathilde ihn stattdessen in Händen hat (VI, S. 269). Hugos Vorschlag, auf seiner Hochzeitsreise in Küstrin zu übernachten, dort das Gefängnis des Kronprinzen Friedrich wie auch die Stelle, wo sein Freund Katte hingerichtet wurde, anzusehen, läßt auf Hugos Gefühle in seiner Ehe mit Mathilde weiterhin schließen.

Die rosa Ampel, Hochzeitsgeschenk einer Bekannten von Mathildens Mutter, die für ihr Schlafzimmer bestimmt war, hängt Mathilde stattdessen in den Flur des Bürgermeisterhauses, so daß die Woldensteiner den Schick der Berliner bewundern. Ebenso wie das zu klein gebliebene Ohr wird ein anderes Attribut von Mathildens Äußerem zu einem bedeutsamen Charakteristikum, das die Kritik des Autors an Mathildens Sinnen und Trachten anzeigt. Der Blechblick, den Fontane bei der Beschreibung dieser Frau verwendet, wird zum Symbol für ihre materialistische Einstellung, die durch das ärmliche Milieu bedingt ist, in welchem sie nach dem Tode des Vaters, der Buchhalter war, mit der Mutter leben mußte.

Der Dichter macht jedoch deutlich, daß Mathilde vor allem durch das dauernde Klagen ihrer Mutter, der ihre Fürsorge gegolten hat, seitdem sie erwerbsfähig war, zu dieser materialistischen Haltung getrieben wird. Immer wieder hat die Mutter, die weder die Intelligenz noch die Bildung der Tochter[8] besitzt, Mathilde ihre unsichere Lage vorgehalten, sie daran erinnert, daß sie auf ihre finanzielle Unterstützung angewiesen wäre oder sonst eine Arbeit als Haushaltshilfe annehmen müsse.[9] Jedoch nicht nur das Lamentieren der Mutter, sondern ein innerer Stolz, der zum Ehrgeiz wird, motiviert Mathildens Streben. Aufschlußreich für Fontanes Konzept von Mathildens Wesen ist auch eine Skizze für ein geplantes Gespräch von ihr im zehnten Kapitel, in dem sie stolz ihrer Mutter widerspricht, daß sie nicht kleine Leute seien; denn ein Buchhalter, wie ihr Vater war, sei ein Beamter. Der Vater hätte in einem Exportgeschäft gearbeitet, das weltweite Beziehungen pflegte. Sie wohnten in einem anständigen Hause, bezahlten ihre Miete und wären „Wohlgeboren". Im Vertrauen auf ihre eigenen Fähigkeiten beschwichtigt Mathilde ihrer Mutter Bedenken. Sie wolle sorgen, daß Hugo etwas würde. Das Geld läge auf der Straße, man müsse nur Augen haben und sehen, wo es läge, aber für den Richtigen läge es überall.[10] Diese Gewißheit läßt Mathilde ihr Ziel unentwegt ohne wärmere Regungen fast einer Maschine gleich verfolgen. Der Blechblick deutet auf ihr vom Materiellen bestimmtes Wesen. Erst als Hugo Erfolge in seiner Arbeit als Bürgermeister durch ihre Hilfe gehabt hat, gibt sich Mathilde Mühe, weiblichen Reiz auf ihren Mann auszuüben. Sie kleidet sich modisch. Die rosa Ampel wird vom Hausflur ins Schlafzimmer verlegt.

Doch mit Hugos Tod macht sich ein Wandel in Mathildens Denken bemerkbar, der von der Forschung entweder gar nicht erkannt[11] oder nicht genug gewürdigt ist.[12] Daß Fontane einen Wandel im Wesen Mathildens plante, geht aus seiner knappen Charakteristik des Romans hervor, die wahrscheinlich aus dem Jahre 1895 stammt und am Schluß der Handschrift entdeckt wurde. Danach sollte Thilde schließlich nach dem Tode Hugos etwas von ihrer „Prosa" verlieren und unter den stillen Einfluß des Toten und seines milden Wesens kommen.[13] Die Worte Fontanes über Hugo lassen ebenso wie der Text keine verdammende Haltung erkennen.[14]

Aber auch in dem Text der Werkausgabe macht sich der Wandel Mathildens nach Hugos Tod deutlich bemerkbar. In wenigen Sätzen entwirft der Dichter ein eindrucksvolles Bild der plötzlichen Leere, der Einsamkeit in Mathildens Leben. Er deutet an, daß Mathilde zur Erkenntnis kommt, sie hätte viel verloren und wohl manches versäumt. Von ihrem Wohnzimmer aus sieht sie nach der Beerdigung auf den immer dunkler werdenden Marktplatz hinaus, über den der Westwind einige braune Winterblätter treibt. Nur ein Liebespaar steht plaudernd im Schatten des Rathauses und läßt sich jedoch durch den immer heftiger werdenden Wind nicht stören, der die Laternen hin und her bewegt, so daß sie an ihren Ketten quietschen und knarren.[15] Eine halbe Stunde starrt Mathilde auf die Szene hinaus und schreibt dann an ihre Mutter einen fast nüchtern wirkenden und doch sehr aufschlußreichen Brief. Dem kurzen Bericht über Hugos Begräbnis schließt sich zunächst zur Beruhigung der Mutter eine Bemerkung über ihre finanzielle Lage an. Dann aber folgen Sätze, die zugeben und spüren lassen, daß Hugo, ein feiner, edler Mensch, ihr im Grunde überlegen war. Aus Mathildens Worten, Hugo habe ihr gedankt, als ob sie wunder was für ihn getan hätte, spricht Bescheidenheit. Die Bemerkungen, er hätte nichts dafür gekonnt, daß er schwächlich war, und wenn es nach ihm gegangen wäre, wäre er stärker gewesen (VI, S. 300), entschuldigen Hugo nicht nur, sondern können auch als eine Art Beschuldigung ihrer selbst gelesen werden. Es ist mehr als nur Anerkennung von Hugos Persönlichkeit. Ein warmes Gefühl, fast Liebe verrät sich aus den so nüchtern erscheinenden Zeilen, wenn sie schildert, wie Anhänger der verschiedenen Konfessionen an seinem Grabe sprachen, und am Ende die paradoxe, hier trotzig wirkende Äußerung macht, sie freue sich, die Mutter wiederzusehen, so schmerzlich auch die Veranlassung sei, denn die Pension reiche nicht an das Gehalt. Aber ihr sei das gleichgültig. Sie brächte sich und die Mutter schon durch (VI, S. 301).

Was aus diesem Brief beinahe nur andeutend zu lesen ist, führt Fontane später genauer aus. Mathilde hat eine Wandlung durchgemacht. Sie hat die Mutter, deren Denken fast ausschließlich um finanzielle Probleme kreist, durchschaut und ist froh, wenn sie sich endlich in Hugos früheres Zimmer zurückziehen kann. Bei der Erinnerung an ihre Verlobung, als Hugo noch halb krank und verlegen, sie dagegen nüchtern und berechnend gewesen war, wird sie sich klar, daß Hugo und andere Menschen wie er, charakterlich weit über ihr ständen. Von Natur wäre sie, die immer den Vorteil ausrechnete, ihrer Mutter gleich, die stets berechnete, was alles kostete. Sie, Mathilde, hätte immer gedacht Wunder, was sie aus ihm gemacht hätte. Und nun ist ihr zum Bewußtsein gekommen, daß er mehr Einfluß auf sie gehabt hatte als sie auf ihn. Sie erkennt, daß sie wohl immer rechnen würde. Obwohl ein Stück Zucker, welches sie in Gedanken in vier Teile gebrochen hatte, sie an das Kleinliche ihrer alten und nun wieder neuen Umgebung erinnert, will sie nicht ungeduldig werden. Sie ist sich bewußt, daß sie immer rechnen wird. Aber sie will es nicht mehr in so starkem Maße wie früher tun, will dagegen hilfreich sein, für andere sorgen, wie zum Beispiel die alte Aufwartefrau Runtschen (VI, S. 304).[16]

Ein graues Gewölk, dem die Sonne einen goldenen Saum verleiht, erfüllt Mathilde mit neuer Hoffnung für die Zukunft. Obwohl sie nach einem kurzen, gesellschaftlich erfolgreichen Leben nun wieder in die beengten kleinen Verhältnisse zurückversetzt ist, weiß Mathilde sich der Situation anzupassen. Sie versteht, ein Kompromiß zu machen zwischen ihren gewonnenen Erkenntnissen und der altgewohnten Umgebung. Jetzt erst hat sie sich wahrhaft emanzipiert. Wie vordem bestimmt sie ihr Leben selbst und behauptet sich, aber um neues Wissen bereichert. Den Rat, den die Mutter für sie hat, sie solle sich und damit ihr auch selbst finanzielle Sicherheit schaffen, indem sie Hausdame bei dem alten Grafen aus der Nachbarschaft von Woldenstein wird und ihn vielleicht noch beerbt, schlägt sie aus. Sie nimmt dagegen ihr Studium wieder auf, besteht ein Lehrerinexamen und wird sofort in den Schuldienst eingestellt, wo sie mutig ans Werk geht.

Ob Fontane die Absicht hatte, noch mehr von dem Leben der nicht nur gesellschaftlich emanzipierten, sondern auch innerlich weiter entwickelten Mathilde darzustellen, läßt sich nicht sagen, da der Roman unvollständig blieb. Es ist anzunehmen, daß der Erzähler das Ende durch Dialoge erweitert und ausführlicher motiviert hätte, wie die Forschung es für den ganzen Roman annimmt.[17]

Stilistisch fällt auf, daß der Roman, der im allgemeinen im Imperfekt gehalten ist, im Präsens ausklingt und somit den Eindruck erweckt, als sei Mathilde eine Zeitgenossin des Dichters, ja für uns heutige Leser eine moderne junge Frau. Wie zu Beginn der Erzählung beschäftigt Fontane sich auf den letzten Seiten noch einmal mit Mathildens Aussehen, das wie ihr Wesen eine Wandlung erfahren hat. Im Gegensatz zu dem grisen Teint, den der Dichter am Anfang von *Mathilde Möhring* hervorhebt, ebenso dem geelen Teint, der früher noch Pickel aufwies,[18] wie die Portiersleute nach ihrer Verlobung kritisieren, läßt Fontane sie beim Lernen für ihr Examen oft rote Backen bekommen (VI, S. 305). Als sie mutig an die Arbeit als Lehrerin geht, hat sie frischere Farben als früher, berichtet der Erzähler (VI, S. 309)[19] und weist auch mit der Veränderung ihres Aussehens auf Mathildens Emanzipation hin, die sich somit äußerlich wie auch innerlich vollzogen hat.[20]

Wenig läßt sich Mathilde mit der Frau vergleichen, deren Wesen auf eine Reihe der Fontaneschen Frauengestalten seine Wirkung ausgeübt hat. Jedoch ist es Mathildens Ideenreichtum, den sie in Woldenstein als Hugos Beraterin entwickelt hat, der an Bettinas ähnliche Gabe denken läßt, welche diese in den Ratschlägen für Friedrich Wilhelm IV. in ihrem Königsbuch bereit hat. Natürlich ist die Art der Ideen verschieden. Während Mathildens zumeist praktisch sind, sich ihrem Zweck gemäß an dem täglichen Allerlei im westpreußischen Woldenstein und weiterem Umkreis orientieren, beruhen Bettinas Eingebungen auf ihrem Leben, das in der freien Reichsstadt Frankfurt begann und sich in der preußischen Hauptstadt vollendete, einen Bekannten- und Freundeskreis einbegriff, der über Deutschlands Grenzen hinausging. Demgemäß und auch Bettinas Charakter entsprechend ist der Umfang und die Reichweite von Bettinas Vorschlägen nicht mit Mathildens gleichzusetzen. Während Mathilde an Hugo und Woldenstein denkt, hat Bettina den preußischen König und die Welt im Sinne. Jedoch die Tatsache, daß beide sich bemüßigt fühlen, Ratschläge zu geben, die zur Verbesserung des Lebens führen, verbindet sie.

Anmerkungen

1. *Theodor Fontane. Mathilde Möhring.* Auf Grund der Handschrift herausgegeben von Gotthard Erler, München: Carl Hanser Verlag, 1972, S. 123 f.
2. Es heißt ausdrücklich „mit ihrem grisen Teint" und nicht „etwas grisem Teint" wie in den Werken, vgl. VI, S. 224. Vgl. Gotthard Erler, op. cit. S. 7.

3a. In *Cécile* läßt Fontane Gordon den Namen Mathilde als Ausdruck von etwas Festem, Solidem, Zuverlässigem definieren. Man höre das Schlüsselbund und sähe die Speisekammer (IV, S. 195).

3b. Vgl. Conrad Wandrey: *Theodor Fontane*, München, 1919, Hans Heinrich Reuter: *Fontane.* 2 Bände, München, 1968, Barbara Kienbaum: *Die Frauengestalten in Theodor Fontanes Berliner Romanen*, op. cit. S. 70–81.

4. Vgl. Walter Müller–Seidel, op. cit. S. 329 f.
5. Aus den Anmerkungen Gotthard Erlers geht hervor, daß Fontane beabsichtigt hatte, noch weiter auszuführen, wie Mathilde das Stellenangebot in der Zeitung suchte. Aus dem Blatt 167 der Handschrift ist ersichtlich, daß Mathilde von drei Zeitungen „aus einem Ahnungsvermögen" heraus die Posensche Zeitung wählte und gleich als sie die erste Nummer sah, sagte: „Da find ich es". Gotthard Erler, S. 150.
6. Gotthard Erler, S. 131. S. auch weiter unten.
7. Walter Müller–Seidel spricht von zwei Lesarten, die angewendet werden könnten, wovon eine lediglich Mathilde als die erfolgreiche Emanzipierte begreift, die andere jedoch die Ambivalenz dieser Erfolgsgeschichte erkennt, die alles andere als ein ungetrübtes Glück darstelle. Vgl. S. 324–329.
8. Daß Mathilde eine gute Schulbildung genossen hat, geht aus Fontanes Roman hervor. In einem Gespräch mit dem neuen Mieter erwähnt die Mutter: „... du hast die gute Schule gehabt und die guten Zeugnisse, und wenn Vater länger gelebt hätte, dann wärst du jetzt Lehrerin, wie du es gewollt hast. Manche sind so sehr fürs Gebildete" (VI, S. 233). Zu Unrecht wurde Mathilde diese gute Schulbildung abgesprochen. Vgl. Werner Hoffmeister: „Theodor Fontanes *Mathilde Möhring.* Milieustudie oder Gesellschaftsroman?", in: *Zeitschrift für deutsche Philologie*, Band 92, 1973, Sonderheft, S. 132.
9. Die Feststellung Gotthard Erlers „Die Frage nach den Kosten – sei es bei Liebe, Krankheit und Tod – verdrängt jede menschliche Regung" ist eine treffende Beschreibung der Mutter, die ihren Einfluß auf die Tochter hatte. Gotthard Erler, op. cit. S. 128.
10. Ebenda, S. 148 f.
11. Werner Hoffmeister billigt Mathilde nicht nur einen vorübergehenden Erfolg zu, sondern spricht von der „underdog–Figur", welche die bittere Erfahrung

mache, daß ihr ganzer Ehrgeiz, all ihre an den Aufstieg verwandte Energie nutzlos waren. Op. cit. S. 143, 144.

12. Vgl. Gotthard Erler, op. cit. S. 132, auch Walter Müller–Seidel, op. cit. S. 319–331.

13. Vgl. Gotthard Erler, op. cit. S. 142.

14. Diese wurde zu Unrecht festgestellt. Werner Hoffmeister sieht in Hugo eindeutige Züge der Dekadenz, seine Gestalt als „Vertreter bürgerlichen Verfalls". Op. cit. S. 143. Im Gegenteil spricht eine sehr positive Haltung des Dichters aus dem Text.

15. Der Eindruck der Öde und Trostlosigkeit dieser Szene wird durch die Einteilung des Textes, die Zergliederung in mehrere Abschnitte in der Nymphenburger Ausgabe besser vermittelt (VI, S. 299 f.) als in der von Erler, der diese Szene in einem langen Abschnitt ohne Unterteilung bringt, op. cit. S. 107.

16. Eine Bleistiftskizze aus der Handschrift zum 16. Kapitel enthält noch mehr Betrachtungen Mathildens, die sich auf Erinnerungen an Woldenstein beziehen und eine gewisse Sehnsucht dahin erkennen lassen, wo „man doch was war" – „Viel is hier nich u. viel war da nich. Aber der Marktplatz war doch besser, man war doch was, man zählte doch mit. Hier is nun nichts." Erler, op. cit. S. 150. Auch diese Stelle beweist, daß Mathilde nicht in Woldenstein versauert sein würde, wie behauptet wurde, s.o. S. 172.

17. Vgl. Gotthard Erler, op. cit. S. 123.

18. Vgl. ebenda, S. 53.

19. Dieser bedeutsame Hinweis wird in der Forschung übersehen, wenn behauptet wird, daß der Erzähler sich jeglicher Kommentare bei der Schilderung von Thildes Rückkehr, ihrem erneuten Zusammenleben mit ihrer Mutter und ihrem Neuanfang als Lehrerin enthalte, die seine Stellungnahme zum Gang der Ereignisse darlegen. Vgl. Werner Hoffmeister, op. cit. S. 145.

20. Wenn behauptet wird, Mathilde sei nicht nur ein Stiefkind der Natur, sondern auch der Verhältnisse, ihr Emanzipationsversuch scheitere nicht allein am Zufall, dem Tode ihres Mannes, sondern auch an der objektiven Notwendigkeit, den Grenzen der kapitalistischen Gesellschaft – vgl. Erler, S. 126 – so wird die Mathilde Fontanes verkannt.

13. Kapitel

Die Poggenpuhls

Fontane arbeitete an *Effi Briest* und auch *Mathilde Möhring*, als 1892 *Die Poggenpuhls* im ersten Entwurf entstanden. 1969 erst erschien dieser kleine Roman als Buch. Zurecht wird in der neueren Forschung die Bedeutung der *Poggenpuhls*, die früher als Nebenwerk Fontanes abgetan wurden, als soziologische Studie erkannt.[1] Wenn jedoch behauptet wird, alles sei „Abwärts und Ende in der Welt der Poggenpuhls",[2] allenfalls die Demut der Majorin, ebenso das „wacker und geschickt wirkende Arrangieren" Manons und Sophies Erwähnung findet,[3] so wird den wichtigen Ideen Fontanes, die sich auch auf die Rolle der weiblichen Charaktere beziehen, nicht Genüge getan. Ohne Zweifel wird diese Erzählung zum Ausdruck der Wandlung und Wandlungsbedürftigkeit, wie erkannt wurde.[4] Doch daß gerade die Frauen hauptsächlich diese Idee verkörpern, ist nicht erwähnt worden.

Obwohl die Familie der verwitweten Majorin aus zwei Söhnen und drei Töchtern besteht, konzentriert sich die Erzählung auf die Frauen. Der Erzähler läßt den älteren Sohn Wendelin überhaupt nicht in Erscheinung treten, den jüngeren, Leo, nur einmal zum Geburtstag der Mutter zu Besuch kommen und dann wieder in seine Garnison im Weichsellande fahren. Allein diese äußeren Aspekte weisen auf die Bedeutung der Frauen auch in diesem Roman Fontanes hin. Es sind die Frauen der Poggenpuhls, welche die Wohnung im Eckhaus an der Großgörschenstraße bewohnen. Nicht nur die Lage des Hauses an der Ecke der Straße, die also auch auf eine andere Straße weist, sondern auch die eigentümliche Doppelaussicht der Wohnung, einmal auf die Grabdenkmäler und Erbbegräbnisse, und andererseits auf eine moderne Bonbonfabrik (IV, S. 287) wird zum Symbol für unterschiedliche Blickpunkte, verschiedene Möglichkeiten und damit Veränderungen.

Der Mutter, welche aus einer armen Predigerfamilie stammt, fiel es nicht schwer, sich den ärmlichen Lebensverhältnissen nach dem Tode des Majors anzupassen. Unterstützt von der treuen Friederike, wußte sie, die Familie mit kärglichen Mitteln durchzubringen. Indem sie ihren Sohn Leo, der mit seinem Leutnantsgehalt nicht auskommt, rät, sich selber zu helfen und nicht auf andere zu bauen, sich nicht immer auf den alten Adel zu berufen, sonst würden sie als Querulanten angesehen,[5] zeigt sie dem Sohn, wie er sich zu einem tüchtigen Mitglied der Gesellschaft verändern kann. Ebenso wie sie auf ihren leichtsinnigen Sohn mit Ratschlägen einzuwirken sucht, kritisiert sie die älteste Tochter Therese, die meinte, die Mutter wäre zu vertraulich zu Friederike. Die Majorin stellt der Tochter vor, daß die Treue eines alten Hausfaktotums, das nichts will als helfen, nur manchmal ein Danke hören wolle, wirkliches Christentum darstelle. Es ist das stille, zum Verzeihen und zur Nachgiebigkeit neigende Wesen der Mutter, das auch in ihrer Tochter bessere Gefühle hervorruft und sie zum Bewußtsein kommen läßt, daß sie mit ihrem Betonen der äußerlichen Formen der sogenannten vornehmen Welt Unrecht habe (IV, S. 372). Mit einem diesbezüglichen Zugeständnis zeigt sich sogar bei Therese, die von der Forschung als starr an den alten Standesprätentionen festhaltend bezeichnet wird,[6] ein Zug zur Änderung. Auch Therese, die davon überzeugt ist, ihr sei die Aufgabe zugefallen, „die Poggenpuhlsche Fahne hochzuhalten", wird vom Dichter als „gerade so lebensklug wie die beiden jüngeren Schwestern" geschildert (IV, S. 290) und damit trotz ihres Beharrens an den alten Vorstellungen von den Aufgaben des Adels keineswegs vollständig verurteilt, was bei der toleranten Haltung des Dichters auch nicht zu erwarten ist. Das Verhalten der Mutter zu Thereses impliziertem Vorwurf, sie wäre in der Bürgerlichkeit befangen, hätte die Formen der vornehmen Welt nicht angenommen, ist auch die Einstellung des Dichters:

> Sie lächelte nur wehmütig vor sich hin mit jener stillen Überlegenheit, die das Leben und das Bewußtsein gibt, die Kämpfe des Lebens ehrlich durchgefochten zu haben. „Ach, meine liebe vornehme Tochter", sagte sie, „was du da wieder sprichst" (VI, S. 372).

Wenn selbst bei Therese ein Zug zur Änderung vorhanden ist, so ist diese Anlage bei Sophie und Manon noch viel stärker ausgeprägt. Gleich zu Anfang des Romans hebt der Dichter hervor, daß die jüngeren Schwestern sich den Verhältnissen und der modernen Welt anpassen und dabei zusammenhalten. Sophie ist die Hauptstütze der Familie. Sie besitzt Talente, was die Familie Poggenpuhl bisher nicht ausgezeichnet hat. Sie zeichnet und dichtet zu Geburtstagen und Polterabenden, wozu ihr Manon verhilft, die wohl nicht die künstlerische Begabung der Schwester teilt, doch das Talent besitzt, sich überall beliebt zu machen, vor allem in Bankierhäusern. Auf die Weise können die Schwestern zur Bestreitung der Haushaltsausgaben beitragen.

So sehr Sophie und Manon sich ihrer Situation, den ärmlichen Verhältnissen anzugleichen wissen, alte Konventionen überkommen, indem sie, die Nachkömmlinge einer alten adligen Familie, mit nichtadligen, neureichen Familien verkehren, haben sie sich doch nicht vollständig von der alten patriarchalischen Tradition gelöst. Es ist nicht nur ihre Selbstlosigkeit, sondern auch altes Herkommen, wenn sie in ihren Gedanken und Hoffnungen vor allem für die zwei Brüder leben, in ihnen nach dem Tode des Vaters die Stützen der Familie sehen. Bei Leos Besuch zum Geburtstag der Mutter bekommt er das größte Stück des Bratens. Manon versucht, ihn bei möglichen Heiratsplänen, die seiner Karriere schaden könnten, zu beraten, korrespondiert auch mehrmals nach seiner Abreise mit ihm, um die Gefahr einer Mesalliance zu verhüten. Doch zeigt sich im Laufe des Romans auch mit Hinsicht auf die Rolle der Brüder in der Familie eine Veränderung. Sie, das heißt vor allem Leo – Wendelin erscheint niemals persönlich in der Erzählung – bleiben im Hintergrund in ihrer Garnison im Weichsellande. Im zweiten Teil wendet sich der Roman ganz den Frauen zu.

Bereits nach der Theatervorstellung im ersten Teil ist es Sophie, deren besonderes Interesse dem jungen Herrn von Klessenthin gilt, der als Herr Manfred im Theater auftritt und damit seine gesellschaftliche Stellung fundamental gegen alle bisherige Gepflogenheit geändert hat. Sein Ausspruch „Wer fliegen kann, fliegt doch“, also, wer etwas kann, setzt sich durch, beeindruckt Sophie und wird zum Ansporn in ihrem weiteren Leben. Sophie ist diejenige in ihrer Familie, welche sich der Diskrepanz zwischen der Wirklichkeit ihres Daseins und dem Schein, das heißt der Rolle, die sie in der Öffentlichkeit spielen, am meisten bewußt ist und diese Diskrepanz mit Arbeit zu überbrücken sucht. Die Einladung der Tante, sie und den Onkel auf ihrem Landgut zu besuchen, gibt ihr Gelegenheit, ihr Talent im Malen zu üben und weiter auszubilden. Wenn ihr der Vorschlag gemacht wird, die Dorfkirche mit Malereien zu restaurieren, entwickelt sie ihre eigenen Ideen. Der Gedanke, ihre Aufgabe auf eine neue Weise zu lösen, beglückt sie. So will sie die altgewohnten Thesen des alten Testaments übergehen und Szenen darstellen, bei denen das Landschaftliche vorherrscht. Ein Hang zur Natur, entfernt von allem Treiben einer Großstadt ohne gesellschaftliche Zwänge und Vorurteile macht sich bei Sophie bemerkbar. So möchte sie auch Briefe von Friederike erhalten, da Dienstboten so viel natürlicher schrieben und das Herz doch die Hauptsache bliebe, findet sie.

Sophie hat Freude an der Arbeit, an den Bildern, den Malereien, an denen sie schöpferisch tätig sein kann. Interessant ist ihre Auffassung, in der Befreiung des Jonas aus dem Magen des Walfisches eine Auferstehung im alten Testament zu sehen. Wenn sie aber meint, diese Emanzipation aus einer Gefangenschaft nicht darstellen zu können, so beweist dies symbolisch auf ihr Leben bezogen ihr Wissen um die Schwierigkeit, sich von Bindungen, sei es gesellschaftlicher oder familiärer Art zu lösen. Trotzdem ist Sophie selbständiger als Cécile und Effi Briest, in gewisser Weise auf dem Wege zu der Unabhängigkeit, welche Melusine in Fontanes letztem Roman offenbart. Bei der Erkrankung des Onkels übernimmt sie die Leitung der Pflege. Auch nach seinem Tode kümmert sie sich um die Wirtschaft. Ihr Leben, ja ihr Glück ist so sehr von der Arbeit bestimmt, daß eine Fabrik für sie zauberhaft romantisch wirkt.

Wie in anderen Romanen läßt Fontane durch die Wahl von Namen gewisse Assoziationen entstehen. Es ist kein Zufall, daß das Gut, in dem Sophie ihrer Schaffensfreude nachgehen kann, den Namen Adamsdorf trägt, also an den Vater des menschlichen Geschlechts denken läßt, dessen erste Gefährtin der christlichen Mystik eines Jakob Böhme nach Sophia war.[7] Ähnlich wie in *Effi Briest* und auch in *Graf Petöfy* werden weiter christliche Bilder heraufbeschworen, wenn Sophie der Mutter berichtet, Schnee sei um das Schloß wie eine Mauer gefallen, „himmliches Wetter" herrsche (IV, S. 343). So wird das Schloß und sein Gelände zum verwunschenen Garten, den die Mauer von Schnee, dem Sinnbild der Keuschheit, umgibt. Da die Besucher von Adamsdorf, einem früheren Kloster, auch meistens der Geistlichkeit angehören, besteht für Sophie keine Gefahr, zu einer Eva zu werden. Sie bleibt Sophia, die Weise in der griechischen Sprache,[8] welche versteht, sich dem Wandel der Zeit anzugleichen, in dem sich nicht nur die Rolle des Adels im allgemeinen, sondern auch die seiner Frauen geändert hat. Es ist Sophie, die darauf hinweist, daß Arbeit einem Leben, ob als Frau oder auch als Mann, Inhalt und Freude geben kann.

In ihrer Anpassungsfähigkeit an die neue Zeit steht ihr die jüngere Schwester nicht nach. Dem Arbeitseifer, dem Fleiß ihrer Schwester, ihrem malerischen Talent stellt Manon ihre Liebenswürdigkeit entgegen, die Fähigkeit, nicht nur Sachlagen schnell zu durchschauen, scharfe Beobachtungen anzustellen, sondern auch mit Witz treffende Argumente vorzubringen. Ohne jede besondere Vorbildung zu haben, erkennt Manon die Bedeutung des Umwelteinflusses. Sie tadelt ihren Bruder Leo wegen seiner kritischen Bemerkungen über seinen älteren Bruder Wendelin und führt das auf seinen Verkehr im Hause Blumenthal zurück. Auch für ihre eigene Person gibt sie die Macht der Umgangseinwirkung zu. Sie bemerkt, sie selbst wäre mit dem spöttischen Ton im Hause Bartenstein vertraut geworden, einem Treffpunkt von zwei Welten, von Verwandten, welche Jahrzehnte im Ausland wie London oder Paris gelebt, wie solchen, die nur die Provinz bewohnt hatten. Bei Therese verspürt Manon den Umgangseinfluß von der anderen Seite her, Wilhelmstraßenluft. Sie findet, daß Therese jederzeit wisse, was sich schicke. Längst weiß Manon jedoch, daß es lächerlich ist, die Poggenpuhls für die Pfeiler der Gesellschaft zu halten, wie Therese es tut. Es ist Manon, der es stärker als den anderen Mitgliedern der Familie bewußt geworden ist, daß eine neue Zeit begonnen hat, in der alte Familien nicht mehr die Hauptrolle spielen, daß es auf den einzelnen Menschen ankommt, wenn er erfolgreich sein will. So weist sie Leo darauf hin, seine Liebenswürdigkeit wäre wichtiger als die historische Berühmtheit der Poggenpuhls, um das Herz der Bankierstochter zu gewinnen. Manon erfaßt stets das rechte Maß der Dinge. Bei Vorschlägen Thereses zur Garderobe für des Onkels Beerdigung widerspricht sie lebhaft. Mit einem ausgeprägten Sinn für die Realität begabt, will sie nicht als Königinwitwe ausstaffiert erscheinen.

Es sind Manons Worte, mit denen der Dichter seinen Roman ausklingen läßt. In kurzen treffenden Sätzen summiert sie die Lage der Dinge für sich und die anderen Familienmitglieder und gibt einen Ausblick in die Zukunft, der nicht ohne lächelnde Ironie ist. Trotz des Geldgeschenks der Tante bliebe ihr Verkehr der gleiche. Flora, die Bankierstochter, bliebe weiter ihre Freundin. Sie wolle das Gesicht des alten Bartenstein sehen, wenn sie sich angesichts ihrer zweihundert Taler Zinsen plötzlich auf ihren alten Adel besänne. Es klingt nach Verzicht, wenn sie meint, an Heiraten wäre für sie als arme Mädchen nicht zu denken. Sachlich stellt sie fest, ihre Mutter würde jedoch durch die kleine Rente von der Tante besser verpflegt werden. Leo brauchte schuldenhalber nicht nach Afrika zu gehen. Kurzum das Geldgeschenk würde sie glücklich und zufrieden weiterleben lassen, bis die Brüder etwas Ordentliches geworden wären. Jedoch Manon wendet sich strikt von den konventionellen Ansichten ab, wenn sie dem Einwurf ihrer Mutter beistimmt, sie habe ihren Vater vergessen und feststellt, Väter würden fast immer vergessen. Flora, ihre Freundin, würde das auch tun. In diesen letzten Sätzen der jüngsten Tochter aus der alten Familie Poggenpuhl, welche den Roman beschließen, liegt Auflehnung gegen die alte patriarchalische Ordnung, ein Sichloslösen von alter Tradition, das überaus modern wirkt. Somit ist es Manon, welche die Wandlung im Denken und Tun am deutlichsten zum Ausdruck bringt.

Anmerkungen

1. Vgl. Richard Brinkmann in seinem Nachwort zu *Die Poggenpuhls*, Stuttgart: Philipp Reclam, 1969, S. 121.
2. Ebenda, S. 123.
3. Ebenda, S. 124 f.
4. Ebenda, S. 125.
5. Fontanes Wahl des Namens Poggenpuhl – Teich mit Fröschen, von denen Lärm ausgehen muß, weist auf diese Idee hin.
6. Richard Brinkmann, op. cit. S. 125.
7. Vgl. Wolfgang Menzel: *Christliche Symbolik*, op. cit. Band II, S. 82 f.
8. Ebenda, S. 398.

14. Kapitel
Effi Briest

1895 nach einer Arbeit, die mit Unterbrechungen fünf Jahre währte, erschien Fontanes bekanntester Roman *Effi Briest*, benannt nach der Frauengestalt, welche die berühmteste des Dichters werden sollte. Immer wieder hat die Forschung sich mit diesem liebenswürdigsten, weil vielleicht menschlichsten Charakter Fontanes beschäftigt. Wie der vier Jahre vorher veröffentlichte Eheroman *Unwiederbringlich* beruht *Effi Briest* auf einer wahren Begebenheit, der Ehebruchsaffäre der Elisabeth von Ardenne, welche Ende der achtziger Jahre des vorigen Jahrhunderts großes Aufsehen erregte. Es ist offensichtlich, daß Fontane ganz bestimmte Gründe gehabt hat, wenn er das Schicksal Effis mit ihrem frühzeitigen tragisch wirkenden Ende vollständig von dem Lebensweg ihres Vorbildes, dem ein hochbetagtes Alter zuteil wurde, abweichen ließ.[1] Daß noch mehr geschichtliche Gestalten als die Freifrau von Ardenne bei der Schöpfung von dieser Frauengestalt Fontanes eine Rolle gespielt haben, lassen der Vorname wie auch der Nachname erkennen, die der Dichter in einer späteren Fassung seiner Heldin gab. Während Effi der Vorname der Frau Ruskins war, die durch ihr Verhältnis mit dem Maler Millais, den sie danach heiratete, einen der beachtetesten Gesellschaftsskandale zur Zeit von Fontanes Englandaufenthalt verursachte,[2] so erinnert der Name Briest an Caroline de la Motte–Fouqué, die als Caroline von Briest auf dem Gut Neunhausen bei Rathenow geboren, nicht nur in der Zeit der Berliner Romantik ein umschwärmter Mittelpunkt der Berliner Salons, eine berühmte Schriftstellerin war, sondern auch ein abenteuerliches Schicksal hatte.[3]

Ein genaues Studium der Figur Effis enthüllt, daß nicht nur das Leben, Gegenwart und Vergangenheit Fontanes, den Dichter bei der Schöpfung Effis inspiriert haben. Seine eigenen Frauengestalten aus früheren Romanen haben manches von ihrem Wesen an Effi weitergegeben. Gleich *Unwiederbringlich* und auch *Cécile* wie *Schach von Wuthenow* bewegt sich *Effi Briest* in der gesellschaftlichen Schicht des Adels und seiner starren Konvention. Wenn festgestellt wurde, daß der Roman *Effi Briest* thematisch an den Eheroman *Unwiederbringlich* anknüpft,[4] so kann dies auch mit Bezug auf die charakterliche Darstellung Effis und der weiblichen Hauptfiguren in *Cécile, Schach von Wuthenow* und dem zweiten Teil von *Irrungen Wirrungen* behauptet werden. Bei eingehender Betrachtung von Fontanes bekanntester Protagonistin stellt sich heraus, daß in Effi nicht nur Züge von Christine, sondern auch Cécile, Victoire und Käthe zu finden sind. Das bedeutet nun nicht, daß Effis Gestalt einfach eine Summe aller dieser weiblichen Charaktere ist. Trotz mancher Merkmale, welche an Fontanes frühere Frauenfiguren erinnern, besitzt Effi ihr eigenes Wesen, ebenso wie ihr Schicksal wenig Ähnlichkeit mit dem der Freifrau von Ardenne, noch der Effi Ruskin und der Caroline von de la Motte–Fouqué hat.

Dies ganz spezifisch effihafte Wesen tritt gleich am Anfang des Romans hervor, wenn sie burschikos, beinahe jungenhaft in dem blau–weiß gestreiften Matrosenkittel erscheint, den die Mutter ihr nicht nur besorgt hat, sondern den sie selbst am liebsten trägt, da sie sich darin am besten bewegen kann, sei es auf der großen Schaukel oder beim Versteckspielen mit ihren Freundinnen im elterlichen Park von Hohen–Cremmen. Übermütige Freude am Dasein, Ausgelassenheit, fast Wildheit sind die hervorstechendsten Eigenheiten der Siebzehnjährigen. Wegen ihrer leidenschaftlichen Liebe zum Schaukeln nennt ihre Mutter sie „Tochter der Luft". Übermut ist es auch, wenn Effi plant, wie ein Schiffsjunge auf einen Mastbaum mit Raaen und Strickleiter zu steigen, den der Vater ihr versprochen hat, dort oben ihrer Freundin Hulda einen Kuß zu geben.

Im Gegensatz zu Christine und Cécile, die reife Frauen sind, selbst zu Käthe und Victoire, die wohl Effis Alter näher stehen, aber gesetzter wirken, macht Effi durch ihre besonderen Eigenschaften einen sehr jungen und unerfahrenen Eindruck. Ihre Jugend ist es, ebenso die Gewohnheit, auf den Rat und die Meinung ihrer Eltern zu hören, wenn sie sich mit dem doppelt so alten Landrat Innstetten verlobt, den sie zuerst gar nicht begrüßen, sondern lieber mit ihren Freundinnen spielen will. Die Freude Effis am Spielen, ihr heiteres Wesen lassen an Käthe denken, deren Jugend auf dem väterlichen Gut gleichfalls spielerisch verlief, und deren ganzes Benehmen in der Ehe selbst vom Spiel her bestimmt ist, was sich jedoch von der verheirateten Effi nicht mehr im gleichen Maße sagen läßt.

Bereits zu Anfang nennt der Dichter neben dem Übermut Grazie, neben der Lebenslust Herzensgüte und große natürliche Klugheit als bestimmende Komponenten von Effis Wesen. Es ist vor allem die natürliche Klugheit, ein Instinkt, eine Intuition, die Effi schon vor ihrer Ehe den Unterschied zwischen sich selbst und ihrem zukünftigen Mann erkennen läßt. Der Baron wäre ein Mann von Charakter, von Prinzipien, von Grundsätzen, und sie selbst hätte keine. Wenn sie dies quält und ängstigt, so erscheint dies fast wie eine Vorahnung der kommenden Ereignisse zu sein. Effi fürchtet sich vor Innstetten, so nachsichtig er gegen sie sei (VII, S. 195). Diese Feststellung macht einmal die Kluft deutlich, die zwischen ihrem Verlobten und ihr selbst besteht, eine Kluft, welche die Tragödie später heraufbeschwört. Zum anderen zeigt sich damit bei Effi ein überraschendes Wissen um das Wesentliche in ihres Bräutigams Charakter, ein Wissen, wie es auch Christine um die Eigenheiten ihres Mannes allerdings erst nach jahrelangem Eheleben gegeben ist.

Trotz ihrer Erkenntnisse heiratet Effi Innstetten, weil sie gelernt hat, sich ihres Standes bewußt zu sein, und die Mutter sie überzeugt hat, daß sie durch diese Ehe mit zwanzig Jahren die Stellung einer Vierzigjährigen gewonnen hat. Der Mutter Begründung erinnert an die Novelle „Das Glück der Frauen" von Anton Tschechow, in der sich Männer über die Chancen, das Glück der Frauen unterhalten, welche durch Heirat schnell eine hohe Position gewinnen können und es daher leichter als die Männer hätten, die ein ganzes Leben schaffen müßten, um so ein Ziel zu erreichen.[5] Um die Position ihrer Tochter zu verbessern, hatte Frau von Zacha in ähnlicher Weise mit Erfolg auf die junge Cécile eingewirkt, das Angebot des alten Fürsten von Welfen–Echingen anzunehmen und Vorleserin bei seiner Frau zu werden. Daß Effi ihrer Jugend und ihrer ganzen Disposition wegen für die Ehe noch nicht reif genug ist, geht auch daraus hervor, daß ihre Mutter alle Vorbereitungen für die Hochzeit und ihr Leben als Landrätin trifft. Bei Käthe Sellenthin ist es ebenfalls die Mutter, welche die Wohnung für das junge Ehepaar einrichtet.

Anders als Käthe, Cécile und Christine besitzt Effi eine überaus bewegliche Phantasie, die sie ganz besondere Ideen für die Einrichtung ihres Hauses haben läßt. So wünscht sie sich eine Ampel mit rotem Schein, muß jedoch von der Mutter hören, dies wäre gegen die Konvention in ihrer Stellung. Phantasie ist es, aber auch wieder ein sicherer Instinkt, vereint mit einer guten Beobachtungsgabe, wenn Effi ihren Mann gleich nach ihrer Ankunft in Kessin einen indischen Fürsten nennt, so exotisch erscheint ihr das Haus. Aber vor allem spürt sie, bevor Innstetten eine diesbezügliche scherzhafte Bemerkung macht, daß seine Haltung ihr gegenüber ähnlich der eines orientalischen Fürsten ist, welcher in seiner Frau ein Besitztum sieht. Beweis für diese Empfindung ist Effis Vorliebe, von Innstetten als dem Herrn und nicht ihrem Mann zu sprechen. Wie richtig Effis intuitive Wahrnehmung ist, zeigt sich später, wenn Innstetten sie bei der Entscheidung über das Duell vollständig übergeht, und sie als Individuum, als Mensch kein Rolle spielt.

So wenig Schulbildung Effi gehabt hat, auch hierin ähnlich Cécile, ebenso Käthe, so verfügt sie wie diese beiden adligen Frauengestalten Fontanes über das feine Gefühl, das sie ihre Situation, ihr untergeordnetes Verhältnis zu ihrem Mann spüren läßt. Während Cécile als reife Frau, wie sie dem Leser gleich zu Anfang des Romans begegnet, ihre abhängige Lage erkannt hat und versucht, sie zu verbessern, gibt sich Käthe Mühe, ihres Mannes Liebe in der Hoffnung zu gewinnen, daß er sein früheres Verhältnis vergißt. Mit Heiterkeit, Charme, Koketterie und stetigem Plaudern versucht sie, auf ihn einzuwirken, um seine Vergangenheit auszulöschen. Käthe spielt Komödie in ihrer Ehe, die eigentlich eine Scheinehe ist, da Lene Botho nicht aus dem Sinn kommt.

Auch Effi lernt, in ihrer Ehe Komödie zu spielen. Doch das so natürlich empfindende, impulsive junge Mädchen muß viel erfahren, bevor sie sich dieses Komödienspielen zur Gewohnheit macht. Bereits auf ihrer Hochzeitsreise nach Italien muß sie erkennen, daß sie sich den Wünschen ihres Mannes, der darauf besteht, daß alles Sehenswürdige besucht wird, anzupassen hat. Eine berauschte, aber auch müde Effi, die sich nach Hohen-Cremmen sehnt, spricht aus den Briefen an die Eltern. Langeweile, Einsamkeit und Furcht erfüllen die junge Frau bald nach ihrer Ankunft in Kessin. Nicht nur muß Innstetten im Dienste des eisernen Kanzlers häufig wegreisen und sie in dem Haus mit den paar Bedienten allein lassen. Sondern der Landrat zeigt auch wenig Verständnis für das Zärtlichkeitsbedürfnis Effis. Es besteht überhaupt wenig Kommunikation zwischen diesen im Alter so ungleichen Ehepartnern. Obwohl Effi ihm oft versichert hat, wie ehrgeizig sie wäre, wie sehr sie an ihres Mannes Karriere interessiert sei, so läßt Innstetten sie nie an seiner Arbeit und an seinen beruflichen Plänen teilnehmen. Der Mangel an Kommunikation tritt um so mehr in diesem Roman hervor, als Innstetten Karrieremensch ist. Wenn die Ehemänner von Käthe und Cécile ihren Frauen von ihrem beruflichen Leben nicht berichten, so ist das verständlich, zumal Arnaud pensioniert und Rienäcker kein besonders engagierter Offizier ist.

Der Mangel an Kommunikation zwischen den Ehepartnern beschränkt sich jedoch nicht nur auf Innstettens berufliche Sphäre. Bald wirkt er sich auch aufs Persönliche aus. Anlaß dafür ist der Spuk in Innstettens Haus, den Fontane selbst als einen Drehpunkt für die ganze Geschichte bezeichnet hat.[6] Mit der ihr eigenen Liebenswürdigkeit,[7] eine Eigenschaft, die auch Victoire an sich hat, ist Effi von Beginn ihrer Ehe bemüht, sich den Wünschen und Gewohnheiten ihres Mannes anzugleichen. So will sie ihn morgens beim Frühstück nicht warten lassen und entschuldigt sich, wenn sie sich verspätet. Da sie längst erkannt hat, daß Innstetten sie tapfer und entschlossen sehen möchte, erzählt sie ihm nichts von ihrer Furcht, die der Spuk im Hause während seiner Abwesenheit ihr verursacht. Sie fühlt, daß sie sich bezwingen muß, um Innstettens Achtung zu behalten. Wenn sie diesen Vorsatz doch nach einer Nacht voller Schrecken umstößt, ihren Mann bittet, sie nicht mehr allein zu lassen, ein anderes Haus zu mieten, muß sie erkennen, daß er, der Mann der Karriere, dieser Furcht, welche ihn lächerlich machen könnte, nicht nachgeben kann. So paßt Effi sich wieder an, indem sie nichts mehr sagt. Dies ist Effi um so wichtiger, als sie nach kurzer Ehezeit erfahren hat, daß ihr Mann gerne auf ihr jugendliches Alter anspielt, darin einen Grund sucht, ihre Person nicht für voll zu nehmen, womit jede Chance auf Gleichberechtigung aufgehoben ist. So ist es zu verstehen, daß es sie empört, wenn sie als kindlich oder gar kindisch angesehen wird. Um jeden Eindruck des Kindlichen zu vermeiden, lernt Effi, ihre wahren Gefühle, vor allem aber die Furcht vor dem spukenden Chinesen zu verbergen. Mit der Angst vor dem Spuk, welche ihr Gemüt lange Zeit belastet, muß Effi allein fertig werden. So ist der Spuk zunächst der Anlaß, daß eine echte Kommunikation persönlicher Art unterbleibt. Ähnlich wie bei Cécile der Hund Boncoeur, leistet der Neufundländer Rollo bei Abwesenheit ihres Mannes Gesellschaft und wirkt als ihr Beschützer, wenn es spukt. Auch als ein wichtiger Faktor für Effis „Schritt vom Wege“ kann der Spuk angesehen werden. Effi bietet ein Bild leidenschaftlichen Protests, wenn sie von Crampas hört, daß die ganze Spukgeschichte wohl von Innstetten inszeniert, ein Erziehungsmittel für die Zeit seiner Abwesenheit, eine „Art Angstapparat aus Kalkül“ war (VII, 283). Das Blut steigt Effi zu Kopf, und sie ballt ihre Hand zur Faust. Bald darauf beginnt ihre Affäre mit Crampas, die somit als eine Auflehnung gegen diesen Angstapparat verstanden werden kann. Dies ist um so einleuchtender, als Effi Crampas anfangs bei seinen Bemühungen um sie deutlich zu verstehen gegeben hatte, daß sie nicht seine Buhle sein wollte (VII, S. 290).

Hatte der Spuk jede wahre Kommunikation zwischen den Ehegatten unterbrochen, so läßt die Affäre mit Crampas Effi immer mehr in Verstellung und eine Art Versteckspiel gegenüber ihrem Mann gleiten. Bereits nach ihrer Rückkehr von einem Aufenthalt in Hohen–Cremmen, bei dem

Innstetten Effi und das Kind Annie nicht einmal besucht hatte, ist Effi unter dem Einfluß des Frauenhelden Crampas zur Gewißheit gelangt, Frauen müßten verführerisch sein, sonst wären sie nichts. So hat sie eine Koketterie angenommen, welche an Käthes Verhalten zu Botho nach ihrem Kuraufenthalt in Schlangenbad erinnert (VII, S. 273 f.). Infolge ihrer weiteren Erfahrungen steigert sich das Kokettieren schließlich zum Komödienspiel. Dieses Komödienspiel hat jedoch öfter beinahe tragische Züge wie in der Szene, als Effi bei der Nachricht von Innstettens Versetzung nach Berlin Innstettens Knie umklammert und fast wie im Gebet „Gott sei Dank“ hervorstößt und dann in der raschen Erkenntnis, daß sie damit ein Bekenntnis ihrer Schuld abgegeben hat, schnell nach einer Ausrede sucht. Das Zittern ihrer Stimme beherrschend, versichert sie, wie froh sie sei, nun von den Spukerinnerungen fortzukommen, wobei der Dichter Innstetten veranlaßt zuzugeben, er wäre immer zu sehr nur mit sich selbst beschäftigt und wie alle Männer zu egoistisch gewesen. Wie sehr Innstetten bei allem Handeln den Schein gegenüber der Gesellschaft wahrt und damit Effi ein Beispiel des Komödienspielens gibt, geht aus seinem Vorschlag hervor, Effi solle nicht so bald nach Berlin auf Wohnungsuche gehen, da er gerade erst zurückgekommen wäre und es ihn schlecht kleiden würde, führe seine Frau gleich darauf weg (VII, S. 328). Wenn Effi darauf lächelnd wünscht, Innstetten sollte ihr selbst den Vorschlag machen fortzufahren und tut, als ob es ihr schwerfalle, ihn gleich zu verlassen, zeigt sie, was für eine gelehrige Schülerin sie ist. Einem tiefen Schuldgefühl, in dem Effi sich ähnlich wie die unter dem Tod Dzialinskis leidende Cécile gefangen vorkommt (VII, S. 314), hofft sie durch den Umzug nach Berlin zu entkommen. Effi flüchtet in die Krankheit und spielt die Rolle der am Rheumatismus Leidenden, um nicht mehr nach Kessin zurückkehren zu müssen. Der weise Doktor Rummschüttel geht auf ihre Komödie ein, da er weiß, daß es zwingende Gründe für so ein Verhalten bei Frauen gibt. Effis natürliche Klugheit, der Witz, der dieser Gestalt Fontanes eigen ist, tritt hervor, wenn sie in ihrem Brief an Innstetten vermerkt, die Bezeichnung „Damendoktor“, von den Gegnern, Neidern Rummschüttels aufgebracht, schließe eigentlich ein Lob ein, da eben nicht jeder mit Frauen umgehen könne.

Wie zu Käthes Wohnung gehört zum neuen Heim Effis ein Balkon. Wenn der Balkon bei Käthe die Zugehörigkeit zu ihrem gesellschaftlichen Stand versinnbildlicht, so nimmt er bei Effi eine ähnliche Funktion an, wenn sie auf diesem Balkon auf ein neues Leben ohne Schuld vor der

Gesellschaft hofft (VII, S. 344). Ihr Verhalten erinnert von neuem an Käthes, wenn sie Innstetten verspricht, von nun an ihm mehr zu Willen zu leben. Effi ist sich der Ambivalenz ihrer Worte bewußt, wenn sie Innstetten versichert, nun bräche eine andere Zeit an, und sie fürchte sich nicht mehr (VII, S. 345).

Die nächsten sieben Jahre macht Effi, der die Lüge zuwider ist, ihr Versprechen wahr und lebt das konventionelle Leben einer Dame der höheren Gesellschaft, die sich den Wünschen ihres Mannes anzupassen weiß. Die Entdeckung der Briefe macht jedoch der Käthe–Phase ein Ende. Daß Effi trotz ihres Komödienspielens, ihrer heiteren Natur sonst wenig mit Käthe, dem Musterexemplar gesellschaftlicher Attraktivität, gemein hat, zeigt sich nicht nur erst nach Innstettens Fund. Gleich zu Anfang des Romans läßt der Dichter den Vater feststellen, daß Effi wohl halb wie ein Kind wäre, doch dann wieder sehr selbstbewußt und durchaus nicht so bescheiden sei, wie es sich so einem Mann wie Innstetten gegenüber gehöre. Auch wäre sie mitteilsam und verschlossen zugleich. Die Mutter prophezeit, daß Innstetten Effi beleidigen wird, wenn er sich nicht um sie kümmert, denn so weich sie wäre, so hätte sie doch etwas Rabiates an sich und ließe es auf alles ankommen. Die Urteile beider Eltern beweisen, daß sie den Charakter ihrer Tochter, der wenig dazu neigt, gesellschaftlichen Konventionen zu folgen, richtig erkannt haben.

Ähnlich wie Cécile besitzt Effi sich widersprechende Wesenszüge. Ihre selbstbewußte, eigenwillige Art deutet auf eine Natur, die rebellischer ist als Cécile. Während alle Eigenschaften Céciles auf ihr Streben hinweisen, aus ihrer Isoliertheit herauszugelangen, tendiert Effis Temperament auf Freiheit, auf Ungebundenheit, Eigenschaften, welche Abenteuer und die Gefahr nicht ausschließen. Ihre Liebe zum Schaukeln, auch schnellen Schlittenfahren und Reiten sind Ausdruck für ihr Wesen, das nach Ungebundenheit strebt, das gesetzte Grenzen überfliegen will.[8] Bei Cécile ist es nicht ein Drang nach Freiheit überhaupt, sondern der Wunsch ihrer Vergangenheit entkommen zu können, sich von ihr zu lösen, was durch ihr Gefallen am Reifenwerfen, Federballspiel wie auch Reiten versinnbildlicht wird.

Nicht nur wird der Spuk im Hause Innstetten der Grund für die Unterbrechung jeder wahren Kommunikation zwischen dem Hausherrn und seiner jungen Frau, sondern ebenso wird er Anlaß für Effis erste Auflehnung gegen ihren Mann. Mit treffenden Argumenten wehrt sie sich gegen Innstettens Überraschung, bei einer Briest Furcht zu finden, einmal damit, er hätte teilnahmsvoller sein können, wenn sie gelitten hatte. Doch er hätte sich nicht lächerlich machen wollen. Zum anderen bringe er das Argument auf, er verlange einen adligen Spukstolz von ihr, den sie nicht besitze, da ihr ihr Wappen mehr gelte. Die Briests wären auch immer gute Leute gewesen, und deswegen hätten sie auch nie einen Spuk in der Familie gehabt, fügt sie weiter zu ihrer Selbstverteidigung hinzu (VII, S. 236).

Bei Innstettens gesellschaftlich verwurzelter Tendenz, den Frauen keine Individualität zuzubilligen, alle Frauen als Gattung zu sehen, macht Fontane Effi ähnlich Ebba von Rosenberg zur Advokatin und Fürsprecherin ihres Geschlechts. So wirft sie ihrem Mann vor, er halte die Frauen für schwächer als sie seien (VII, S. 310). Auch ihre Bemerkung mit Bezug auf die schöne Thora von Penz, sie wolle Innstetten in einem Wettstreit um die Bewunderung Thoras zeigen, daß sie auch noch Kräfte hätte, ist in diesem Sinne zu verstehen (VII, S. 354).[9] Ferner versucht Effi, ihrem Mann klarzumachen, Frauen errieten leichter Dinge als Männer, daß es jedoch „Damendoktoren" gäbe, die besser mit dem weiblichen Geschlecht umgehen könnten, das heißt mehr Verständnis für die Psyche der Frau hätten (VII, S. 344).

Bald hat Effi in ihrer Ehe erkannt, daß ihr Mann seine beruflichen Pläne vor ihr verschweigt. Aus einem Gefühl der Gleichberechtigung heraus besteht sie auch darauf, ein Geheimnis vor ihm zu haben, wenn sie Innstetten nicht mitteilen will, in welchem Stadtteil Berlins sie ihre neue Wohnung suchen möchte (VII, S. 328). Daß dieser Wunsch, auch einmal ein Geheimnis zu haben, ebenfalls ein Motiv für ihre Affäre mit Crampas gewesen ist, läßt sich in dieser Verbindung feststellen. Bei Effis intelligenter Natur, die zwischen Recht und Unrecht wohl zu unterscheiden weiß, ist es kein Wunder, wenn sie nach dem ersten zufälligen Zusammentreffen mit ihrem Kind sich gegen Innstettens Verhalten von neuem auflehnt. Trotz ihres Schuldbewußtseins wird sie sich klar, daß Innstetten wohl einesteils Recht aber letzten Endes doch Unrecht hatte. Ihre Affäre hätte schließlich zu lange zurückgelegen, ein neues Leben hätte in Berlin begonnen, und nun hätte Crampas verbluten müssen, reflektiert Effi und beschuldigt Innstetten.

Nach dem Wiedersehen mit Annie, die Innstetten ihr völlig entfremdet hat, rebelliert Effi und nimmt somit wieder Züge Victoires an. Klar durchschaut sie die Vorgänge und analysiert sie. Sie wird zur Anklägerin Innstettens, der nicht nur Schulmeister war, sondern ein Streber, der um der Ehre willen einen armen Kerl totgeschossen hätte, den sie nicht einmal liebte. Die so oft als naiv angesehene Effi hat selbst die ganze Situation richtig erfaßt. Dies zeigt sich weiter darin, daß ihre Anklage sich nicht nur gegen Innstetten richtet, sondern ebenso gegen die Gesellschaft mit ihrer Konvention. Sie findet, daß Dummheit mit Blut und Mord vergolten wurde, und sie selbst schuld daran wäre. Sie weiß, daß ihr Mann das Kind wie einen Papagei abgerichtet hatte, bevor er es zu ihr schickte. Effi fühlt wohl Unwillen über das, was sie getan hatte. Doch noch mehr Abscheu empfindet sie, ekelt sie „eure Tugend“, das heißt die sogenannte Tugend der Gesellschaft:

> Weg mit euch. Ich muß leben, aber ewig wird es ja wohl nicht dauern (VII, S. 409).

Nach ihrem unglücklichen Wiedersehen mit ihrem Kind entsteht in Effi aus Rebellion gegen diese Gesellschaft mit ihren falschen Tugenden der Wunsch, nicht mehr lange zu leben.

Wie weit die Bewußtseinsentwicklung dieser Frau gegangen ist, enthüllt sich in Effis Sterbestunde, wenn sie Innstettens Handeln als richtig bezeichnen kann, das Gute in seiner Natur anerkennt, aber die bedeutsame Einschränkung macht, er wäre so edel gewesen, wie jemand sein könne, der ohne rechte Liebe sei (VII, S. 425). Mit dieser Einsicht hat Effi eine distanzierte Hellsichtigkeit erreicht, die sie menschlich nicht nur über die anderen Figuren des Romans führt,[10] sondern auch über die früheren Frauengestalten Fontanes erhebt.

Ähnlich Christine von Holk hat Effi gelernt, eine Situation klar zu erkennen, sie zu definieren und schließlich die Konsequenzen zu ziehen. Während Christine und auch Cécile als reife Frauen auftreten, muß die siebzehnjährige Effi Erfahrungen sammeln. Gleich Emilia Galotti macht Effi in kurzer Zeit eine große Entwicklung durch und gewinnt eine Hellsichtigkeit, welche sie ältere Menschen mit ihren Lebenserfahrungen überflügeln läßt.

Bereits als junge Verlobte hatte Effi wichtige Ansichten geäußert, welche das Wesen einer wahren Ehe definieren. Die Auffassung des jungen Mädchens, sie wäre für gleich und gleich, die Partner müßten die gleichen Rechte haben, und die Liebe sei das Wichtigste (VII, S. 193) klingt sehr an die Erkenntnisse der reifen Frau Cécile über die Ehe an, nach denen sich in der Gemeinschaft von Mann und Frau alles ausgleichen und einer dem anderen heraushelfen müsse. Eine Variation zu diesen Gedanken sind auch die Worte der Pastorin Schleppegrell in *Unwiederbringlich*, wonach das Beste in der Ehe wäre, sich zu helfen und zu unterstützen und vor allem nachsichtig zu sein. Fontane macht deutlich, daß gerade die Nachgiebigkeit, welche die Pastorin Schleppegrell als eine der wichtigsten Eigenschaften der Ehepartner betonte, Effi wie auch Innstetten vor dem unglücklichen Ende bewahrt hätte.

Effis ungestümes Freiheitsbedürfnis, wie es sich in ihrer Freude am Schaukeln äußert, unterscheidet sie ferner von den früheren weiblichen Hauptgestalten Fontanes. Die Zwänge, denen Effis nach Ungebundenheit, Freiheit und Geselligkeit drängendes Wesen in ihrer Ehe unterworfen ist – zum Beispiel, sie kann in Kessin nicht allein zur Landebrücke gehen und muß aus dem Fenster nur die meist menschenleeren Straßen beobachten – später verstärkt durch die Angst vor Entdeckung ihres „Schritts vom Wege“, müssen Effi sich wie eine Gefangene vorkommen lassen. Das Bild, in dem sie mit dem Hund Rollo interessiert auf die Stelle blickt, wo die Robbe verschwunden war, und wartet, ob die „Seejungfrau“ noch einmal sichtbar würde, veranschaulicht Effis Sehnsucht nach einem von allen gesellschaftlichen Banden befreiten Leben und ruft das Melusinenmotiv in Fontanes Fragment der Oceane von Parceval (1882) (XXIV, S. 284–298) in Erinnerung. Während Innstetten und Crampas sich über den Wert oder den Unwert von Grundsätzen unterhalten, kümmern Effi diese Probleme der gesellschaftlichen Konvention nicht. Der Dichter läßt spüren, daß sie die „Seejungfrau“ beneidet, die sich frei und ungebunden an die Gebote der Gesellschaft in der Weite des Meeres bewegen kann in einer Freiheit, in welche es Oceane zurückgezogen hatte. Oceanes Erkenntnis von der strafenden Gesellschaft, deren Gebote erfüllt werden müssen, weil sie Verbote sind (XXIV, S. 288), gewinnt auch Effi. Ungleich Oceane, die jeder tieferen Empfindung unfähig war, ist Effi eine große Liebe zur Heiterkeit und zum Leben eigen, das jedoch für sie zu einer Erfahrung wird, welche die so Lebensbejahende zur Lebensmüden macht und sie sich wie Oceane von dieser Erde hinwegwünschen läßt. Erst der Tod muß der dem Leben einst so Zugewandten die Freiheit bringen, nach der sie sich gesehnt hatte.

Wenn der Dichter Effi anfänglich in dem Matrosenkittel erscheinen, ebenso sich nach dem Klettern wie ein Schiffsjunge auf einen Mastbaum träumen und sie schließlich Innstetten später mit Bezug auf Thora von Penz herausfordern läßt, so deutet er damit an, Effi spüre unbewußt, sie wäre als Mann in ihrem Zeitalter freier. Mehr noch als in den anderen Romanen läßt Fontane in diesem Roman erkennen, daß die Konventionen und die gesellschaftliche Ordnung seiner Zeit Tragödien heraufbeschwören konnten. Gerade aus der Diskrepanz zwischen dem psychologisch wie gesellschaftlich realistisch gestalteten Los Effis und dem ihrer historischen Vorbilder, deren Geschick nicht so tragisch verlief,[11] läßt sich die schwere Kritik Fontanes an der gesellschaftlichen Ordnung und ihren patriarchalischen Konventionen erkennen.

Ähnlich wie in *Schach von Wuthenow* und in *Unwiederbringlich* sind es in diesem Roman Fontanes vor allem Frauen, welche Partei für die Protagonistin ergreifen. Der Dichter hebt besonders die Gestalt des einfachen Mädchens Roswitha als die menschlichste heraus. Es ist Roswitha, welche Effi in ihrer Einsamkeit zur Seite steht, nachdem sie von Innstetten verstoßen und selbst von ihren Eltern verlassen ist. Roswitha ist es, die zum Sprachrohr des Dichters wird, wenn sie nach der Bekanntmachung des Duells zu Johanna meint, die ganze Sache wäre doch eine halbe Ewigkeit her und ausruft:

> Und das lesen nun die Menschen und verschimpfieren mir meine liebe, arme Frau. Und der arme Major. Nun ist er tot (VII, S. 383).

Selbst Innstetten muß seinem Freund Wüllersdorf beipflichten, wenn der findet, Roswitha wäre ihnen in ihrer Menschlichkeit überlegen (VII, 419).

Aber auch Frauen aus der höheren Gesellschaft gewähren Effi Verständnis und Beistand. Doch ist ihr Urteil und Benehmen nicht so frei und unabhängig wie Roswithas, sondern beeinflußt durch gesellschaftliche Konventionen. Allein selbst in dieser Gruppe gibt es unterschiedliche Charaktere, ebenso wie bei den Dienstboten Johanna konventioneller gebunden ist als Roswitha. Die Frau des Ministers, welche Effi aufsucht, um durch ihre Fürsprache ihr Kind wenigstens zuweilen wiedersehen zu dürfen, folgt zunächst dem Herkommen, wenn sie erklärt, daß sie sich über das Verhalten Innstettens kein Urteil erlauben wolle. Jedoch betont sie, sie verstände als Frau, wie sehr Effis mütterliches Gefühl darunter leide, von ihrem Kind getrennt zu sein und es nicht einmal zu sehen. Die Worte, welche Fontane sie äußern läßt, geben seine eigene Einstellung zu den Geschehnissen zu erkennen, die das natürliche Recht verletzt haben. Mehrmals läßt er die Ministerin das Wort „Recht“ brauchen, womit sie ostentativ auf das Effi angetanene Unrecht hinweist.[12] Effi sollte versuchen können, das Herz ihres Kindes zurückzugewinnen. Schwesterlich wendet sie sich an Effi, wenn sie meint:

> Denn wir Frauen, wenn wir's klug einleiten und den Bogen nicht überspannen, wissen mancherlei durchzusetzen (VII, S. 405)

Mit ihrer Ansicht, daß Frauen ihrer Gesellschaft nicht zu radikal vorgehen sollten, um etwas zu erreichen, erinnert die Ministerin an Corinna.

Es ist die Ministerin, welche mit weiblicher Klugheit auf den Kavalier Innstetten den Eindruck nicht verfehlt und erwirkt, daß Effi ihr Kind nach Jahren wiedersieht, wenn auch die Begegnung Effi mehr Schmerz als Freude bringt, da Innstetten das Kind der Mutter vollständig entfremdet hat.

In der Kessiner Gesellschaft ist es Frau von Padden, die sich durch einen freien und natürlichen Ton auszeichnet und allein dadurch zu einem Original wird, wenn auch die Verbindung von christlich–germanischer Glaubensstrenge und wendisch–heidnischem Äußeren noch mehr dazu beiträgt. Diese Frau zeigt nicht nur viel Verständnis und Mitgefühl für Effi, sondern weist prophetisch auf Effis Schicksal hin[13], wenn sie von ihr als ein „junges Lämmchen weiß wie Schnee" spricht (VII, S. 346). Indem Frau von Padden somit Effi als ein unschuldiges Opfer der gesellschaftlichen Konventionen erkennt, ist es auch diese Frauengestalt, die zum Sprachrohr des Dichters wird.

Mehr noch als den früheren Frauenfiguren hat Fontane seiner bekanntesten Frauengestalt auch Wesenszüge Bettina von Arnims beigegeben. Vielleicht ist es gerade dieser Tatsache zu verdanken, daß Effi so besonders lebensvoll erscheint. Effis Liebe zum Klettern und Schaukeln, die sie bis zu ihrem Tode beibehält, so bedeutsam für das Ungebundenseinwollen, das Freiheitsbedürfnis ihrer Natur, erinnert an Bettinas Kletterkünste auf den schwankenden Pappeln im Offenbacher Garten ihrer Großmutter Sophie Laroche.[14] Bis ins Alter hinein zeichnete sich Bettina durch das seltsame Flüchtige ihrer Erscheinung, ein Sich–nirgendwo–binden–wollen aus,[15] ein Charakterzug, welcher ebenso auch Effis innerstem Wesen eigen ist. Übermut, Leichtfertigkeit, eine Neigung, Komödie zu spielen waren Merkmale Bettinas, die Fontane auch Effi verliehen hat. Ähnlich Effi wirkte Bettina kindlich, während Effi es jedoch als Frau empörte, von ihrem Mann als Kind behandelt zu werden, weil sie zurecht spürte, daß sie damit keine gleichberechtigte Partnerin in der Ehe war. Dagegen gab sich Bettina selbst als erwachsene Frau kindlicher als sie war, was auch aus dem Titel ihres Buches *Goethes Briefwechsel mit einem Kinde* hervorgeht. Ähnlich Bettina besitzt Effi ein feines Gefühl und eine gute Beobachtungsgabe. Wenn Effi am liebsten einen Matrosenkittel als junges Mädchen trägt, sich also kaum darum kümmert, ihre Weiblichkeit durch ihre Kleidung anzuzeigen, so erinnert auch dieser Zug an

Bettina, die wenig Wert auf ihre äußere Erscheinung legte. „Im Grunde ist sie sehr weiblich, aber nicht in ihrer äußeren Erscheinung ..." notierte Amalie von Helvig, mit der Bettina in Berlin teilweise befreundet war.[16]

Weitere mehr äußerliche Parallelen lassen sich zwischen Effi und Bettina entdecken. So spielte Bettina ähnlich wie Effi in der Laienaufführung *Der Schritt vom Wege* in einer Privataufführung von Arnims *Niemand und Jemand* mit, für die sie den Prolog verfaßt hatte.[17] Wenn Effi nach ihrer Scheidung von Innstetten Malunterricht nahm, so läßt diese Beschäftigung an Bettina denken, die wiederholt Malstunden genommen hatte und Bilder in Öl schuf. Schließlich machte Bettina in ihrem an Bekannten und Freunden reichen Leben wegen einer vorübergehenden Leidenschaft für einen Major im preußischen Generalstab, Wildermeth, von sich reden. Dieser Major, den Künsten zugetan, vor allem als Weltmann bekannt,[18] erinnert an Major Crampas, Effis Liebhaber in gewisser Weise.

Jedoch, was ihr gesellschaftliches Los anbetrifft, so haben beide Frauen wenig gemeinsam, sondern sind eher diametral verschieden. Anders als Effi wurde Bettina nicht zum weißen Lämmchen, dem Opfer einer patriarchalischen Gesellschaft. Im Gegenteil, Bettina tat ihr Bestes, auf die Gesellschaft ihrer Zeit einzuwirken, um sie zu verbessern. Daß Effi das tragische Schicksal beschieden war, lag an der Absicht ihres Autors, der mit ihrem Geschick das Seinige tat, um die Gesellschaft zu renovieren.

ANMERKUNGEN

1. Vgl. „Zeugnisse und Materialien zu Fontanes *Effi Briest* und Spielhagens *Zum Zeitvertreib*" in: *Studien zur neueren deutschen Literatur*, hrsg. von Hans Werner Seiffert, Berlin: Akademie Verlag, 1964, S. 260–265.
2. Vgl. Peter–Klaus Schuster: *Theodor Fontane: Effi Briest – Ein Leben nach christlichen Bildern*, op. cit. S. 80.
3. Als Fünfzehnjährige wurde das schöne und gebildete Mädchen mit Rochus von Rochow, einem spielfreudigen Leutnant, verheiratet, der in einer leichtsinnigen Wette seine junge Frau einem Freund als Geliebte anbot. Er verlor die Wette. Die Tochter Klara entstand aus der Verbindung. Noch bevor die von Caroline eingereichte Scheidung vollzogen war, erschoß sich Rochus wegen Spielschulden. Die junge Frau zog mit ihren Kindern zum Vater nach Neunhausen zurück. In Neunhausen begegnete Caroline in dem von ihrem Vater versammelten Kreis literarisch tätiger Freunde dem Dichter Friedrich Baron de la Motte–Fouqué, den Caroline in zweiter Ehe heiratete und durch ihn angeregt wurde, ihr Leben und ihre Zeit schöpferisch in Romanen zu gestalten.

4. Vgl. Edgar Gross in seinem Anhang zu VII, S. 431.
5. Anton Tschechow: *Werke, Novellen, Erzählungen, Dramen*, Hamburg und München: Heinrich Ellermann, 1963, 3 Bde., I. Daß Fontane in der russischen Literatur manche Anregung fand, geht aus seiner Korrespondenz hervor, in der er vor allem Turgenjew als seinen Meister erwähnt. Vgl. seinen Brief an Ludwig Pietsch vom 23.12.1885, Gotthard Erler, *Theodor Fontane. Briefe*, II, S. 139.
6. Vgl. Fontanes Brief an Joseph Viktor Wichmann vom 19. Nov. 1895 in: *Erläuterungen und Dokumente. Theodor Fontane. Effi Briest*, hrsg. von Walter Schafarschik, Stuttgart: Reclam, 1972, S. 112 f. Auch Gotthard Erler, op. cit. II, S. 377.
7. In seinem Brief an Clara Kühnast vom 27. Oktober 1895 äußert sich Fontane, wie es ihm zu denken gäbe, daß alle Leute mit Effi sympathisieren, weil die liebenswürdigen Naturen dem Menschenherzen sympathischer seien. Er habe das lange gewußt, aber es wäre ihm nie so stark entgegengetreten wie in dem Effi–Briest und Innstetten Fall. Gotthard Erler, op. cit. II, S. 374 f.
8. Zurecht stellt Peter Demetz fest, das Motiv des Fluges deute auf den hervorstechendsten Charakterzug ihrer Natur. *Formen des Realismus: Theodor Fontane*, op. cit. S. 185.
9. Effi bewundert Thora wie ein schönes Bild. Symbolisch könnte ihre Bewunderung auch zudem als ein Streben nach Reinheit angesehen werden. In seiner Studie „Farbensymbolik in Fontanes *Irrungen Wirrungen*" findet Eugène Faucher Käthe, die Flachsblonde, stände unter dem Zeichen der Sonne. Ihr Name Käthe (Katharina die Reine) nähme schon programmatisch den Vortrag über die Reinheit an, den Käthe Botho nach ihrer Rückkehr aus Schlangenbad hielte. In: *Zeitschrift für deutsche Philologie*. 92. Bd., 1973, Sonderheft, S. 69.
10. Karl Richter gelangt auch zu dieser Ansicht. *Resignation, eine Studie zum Werk Theodor Fontanes*, Stuttgart: W. Kohlhammer, 1966, S. 83.
11. S. o. S. 185.
12. Dem schönsten Gefühl, dessen sich alle Frauen bewußt seien, solle sein Recht werden, stellt die Ministerin fest. Sie könne Innstettens Verhalten nicht rechtfertigen.
13. Vgl. die ähnliche Funktion der Äbtissin in *Grete Minde*, s. o. S. 70.
14. Vgl. Ingeborg Drewitz: *Bettine von Arnim*, op. cit. S. 30.
15. Ebenda, S. 189.
16. Ebenda, S. 101.
17. Ebenda, S. 120.
18. Ebenda, S. 118.

15. Kapitel
Der Stechlin

Fontanes letzter Roman von 1898 *Der Stechlin* hat mit den *Poggenpuhls* manches gemeinsam. Ähnlich wie dieser späte Roman wirkt das letzte Werk auf den ersten Blick ohne viel Handlung wie ein Porträt des zeitgenössischen Adels. Doch weit darüber hinaus kann dieser Roman als Botschaft des Dichters für die Nachwelt, als sein Testament angesehen werden, in dem er einer Frau eine bedeutende Rolle zuweist.

Anders als die meisten Werke Fontanes ist dieser Roman nicht nach einer Person oder einem Geschehnis betitelt, sondern zeigt eine geographische Bezeichnung. Damit erinnert er an das erste Prosawerk des Dichters *Die Wanderungen durch die Mark Brandenburg*. Aber der Titel *Der Stechlin* repräsentiert mehr als eine geographische Angabe. Wie gleich zu Anfang der Erzählung ausgeführt wird, ist der Stechlin eine Örtlichkeit von ganz ungewöhnlicher Art. Durch seine Eigenheit, mit Sprudeln und Brodeln, ja sogar mit dem Aufsteigenlassen eines roten Hahns an den Weltereignissen teilzunehmen, mit dem Weltgeschehen in Verbindung zu stehen, ist dieser stille abgelegene See ein ganz besonderer See. Nicht nur wird der Stechlin Symbol für die Hauptidee dieses Romans, die als Leitmotiv das Geschehen begleitet. Indem Fontane die eine weibliche Gestalt Melusine nennt, in Beziehung zu diesem See bringt, wird ihrer Persönlichkeit eine spezielle Funktion in dem Roman gegeben.

In fast allen Werken des Dichters enthalten Namen von Personen einen besonderen Sinn.[1] Melusine, die Benennung einer Nixe, stellt die Verbindung zum Wasser her. Wenn Fontane mitteilt, daß man die Gräfin immer nur mit Vornamen ruft, so wird die Bedeutung ihres Namens noch mehr hervorgehoben.

Gleich zu Anfang spiegelt sich Melusines Sympathie für das flüssige Element ebenso wie ihre Abneigung gegen alles Enge in ihrer Vorliebe für die Wohnung der Barbys am Kronprinzenufer wider, von wo man auf das „fließende Wasser" und den „flutenden" Verkehr schauen, ebenso sich an einem Blick in die Weite erfreuen kann (VIII, S. 101). Nicht nur die Bilder, sondern auch das Vokabular drücken bereits die Idee des Sichvorwärtsbewegenden, des Dynamischen aus und weisen auf den See und seinen Sinn zurück. Es ist nicht nur eine einfache Sympathie, sondern echte Affinität, die Melusine ihrer Natur nach zu diesem See besitzt, wie der Dichter im Laufe des Romans bei der Darstellung dieser

Frauengestalt zeigt. So zieht sie unter den malerischen Kunstschätzen Böcklins Meerfrau mit dem Fischleib vor (VIII, S. 190). Nach der ersten Nacht auf Schloß Stechlin, die der etwas abergläubischen Frau zunächst Furcht eingeflößt hatte, fühlt sie sich wie der Fisch im Wasser (VIII, S. 242). Wenn Fontane Hauptmann Czako sagen läßt, Melusine wäre mehr als eine Ruth, „Alles, was aus dem Wasser kommt, ist mehr" (VIII, S. 198) so weist er wieder auf das besondere, dynamische Element in Melusine, das ihr Leben von Anfang an beherrscht hat.

Anders als Cécile und Effi Briest, die letztlich an ihrer Ehe zerbrachen,[2] hat diese Frau sich gleich zu Beginn ihrer Ehe von ihrem Mann, dem italienischen Grafen Ghiberti, getrennt und von einem Schicksal befreit, von dem sie spürte, daß es ihr das Leben einer Eingeschlossenen, einer Gefangenen beschert hätte. Mit einer bemerkenswerten Klarsichtigkeit begabt, war Melusine ihre Ehe von vorneherein wie ein langer Tunnel erschienen (VIII, S. 274 f.), von dem sie nichts sehen konnte, gelegentlich nicht einmal ihren Mann, aber den immer noch zu viel, wie Fontane sie berichten läßt (VIII, S. 211).

Dieser letzte Roman Fontanes konzentriert sich nicht mehr auf das Thema der Ehe. Dies geht aus der Tatsache hervor, daß bei Melusines Auftritt die Zeit ihrer Ehe hinter ihr liegt. Melusine erscheint als liebenswürdige, äußerst charmante Frau, die der Mittelpunkt in dem Hause ihres Vaters, des pensionierten Botschaftsrats Barby, am Kronprinzenufer wie auch später auf Besuch in Schloß Stechlin ist. Nichts im Wesen dieser klugen, gewandten, immer heiteren Frau, der Dame der Gesellschaft, wie sie anfänglich wirkt, erinnert an eine Zeit der Prüfungen und des Leidens in ihrem Leben. Lediglich kleine Bemerkungen, die sie ihrem Gespräch mit einer guten Bekannten beifügt, informieren über ihre kurze Ehe. Keine von Fontanes Frauengstalten tritt von Anfang an so frei, so sicher in ihrem Urteil, so gelöst und harmonisch wie Melusine auf. Als Tochter einer Schweizerin, doch geboren und aufgewachsen in England, dann zeitweiliger Aufenthalt in Italien, eine kurze Spanne verheiratet mit dem Grafen Ghiberti, ist Melusine wahrhaftig kosmopolitisch.

Ihrer Affinität, der Vorliebe für das Wasser entsprechend, fühlt sich Melusine beim Besuch des Stechlin zu diesem See hingezogen. Es ist das Elementare in Melusines Wesen, wenn sie protestiert, das Eis des Sees aufzubrechen, damit der Stechlin seine besonderen Eigenschaften offenbaren kann. Sie mag kein Eingreifen in Naturgegebenes. In einem solchen Fall hütet Melusine sich, etwas ändern zu wollen. Sie hat viel Ähnlichkeit mit Dubslav von Stechlin, der männlichen Hauptfigur des Romans. Sie besitzt seine Heiterkeit, seine Großzügigkeit, vor allem sein Prinzip des „leben und leben lassen“ (VIII, S. 299), wozu gehört, in Bestehendes nicht einzugreifen.[3] Doch über diese Gleichartigkeit mit Dubslav hinaus geht Melusines Verhältnis zum Stechlin, das heißt zu den Ideen, die dieser See symbolisiert. Der Stechlin vereinigt in sich eigentlich Entgegengesetztes: In seiner Abgelegenheit im stillen Winkel der Mark, in seiner Ruhe, seiner Naturhaftigkeit erscheint er als Bewahrer des Alten, des Hergebrachten. In seinen stürmischen Tagen, wenn der rote Hahn heraufsteigt, ist dieser See Revolutionär, Anwalt des Neuen. Die gleiche Ambivalenz zeigt sich bei Melusine. Sie hat Achtung vor dem Gegebenen, will in das Naturhafte nicht eingreifen, ist aber andererseits dynamisch und kosmopolitisch, hat ihre eigenen neuen Ideen, welche dem Konventionellen entgegengesetzt sind. Daß diese Frau den Männern gleichberechtigt sein, am Leben, sei es gesellschaftlicher oder politischer Art, teilnehmen will, geht aus ihrer Klage hervor, daß es den Frauen verschlossen ist, im Kriege mit dabei zu sein:

> So immer bloß einsitzen und ein bißchen Charpie zupfen, das ist gar nichts. Mit dabei sein, das macht glücklich (VIII, S. 243).

Melusines eigentliches Wesen zeigt sich vor allem in dem Gespräch mit Lorenzen, das von verschiedenen Aspekten her gesehen als Höhepunkt dieses Romans betrachtet werden kann. Es ist Melusine, die nicht nur im Laufe der Unterhaltung den Anstoß gibt, daß Lorenzen für eine neue Zeit mit neuen Denkformen plädiert, sondern welche die Hauptbotschaft Fontanes in diesem, seinem politischen Roman verkündet.[4]

In dem Gespräch mit dem klugen, christlich sozial engagierten Pastor wird klar, die Gräfin hat durch die bitteren Erfahrungen ihrer Ehe neue Erkenntnisse gewonnen. Sie gesteht Lorenzen, sie hätte vor allem Demut gelernt. Diese Demut hätte sie gelehrt, Scheidewände fallen zu sehen und den Menschen im Menschen zu erblicken (VIII, S. 250). Angeregt durch den Spaziergang zum See, kommt Melusine im Gespräch mit Lorenzen zu der Ansicht:

> Ich respektiere das Gegebene. Daneben aber freilich auch das Werdende, denn eben dies Werdende wird über kurz oder lang abermals ein Gegebenes sein. Alles Alte, soweit es Anspruch darauf hat, sollen wir lieben, aber für das Neue sollen wir recht eigentlich leben. Und vor allem sollen wir, wie der

Stechlin uns lehrt, den großen Zusammenhang der Dinge nie vergessen. Sich abschließen heißt sich einmauern, und sich einmauern ist Tod (VIII, S. 251).

Diese Worte Melusines sind es, die Lorenzen inspirieren, seine Gedanken über die Veränderungen in der Geschichte bis in die Gegenwart mitzuteilen. Der Hauptgegensatz alles Modernen gegen das Alte bestehe darin, daß die Menschen nicht mehr durch ihre Geburt auf den von ihnen einzunehmenden Platz gestellt wurden. Lorenzens Bewunderung für Erfinder und Entdecker und seine Meinung, daß diese die Helden der Ritterzeit abgelöst hätten, erinnert an Melusines früher geäußertes Interesse an Luftballons, Tunnels und Torpedobooten (VIII, S. 143).

Jedoch dieses Gespräch zwischen Melusine und Lorenzen wird nicht nur zum Höhepunkt, der Fontanes politische Ansichten verdeutlicht und dabei das Wesen Melusines weiter enthüllt. Andere Blickpunkte, die diese Unterhaltung veranschaulicht, lassen sich erkennen. In dieser Begegnung hat der Dichter zwei Menschen zusammengebracht, die sich trotz fundamentaler Verschiedenheiten sehr ähnlich sind: Beide sind ehelos, beide sind Erzieher, die erheblichen Einfluß auf ihre Zöglinge gehabt haben: Lorenzen auf Waldemar, Melusine auf ihre Schwester Armgard. Beide haben die Veränderungen erkannt, die sich in ihrer Zeit vollziehen. Beide sehen hoffnungsvoll in die Zukunft. Jedoch Melusine ist von Hochadel, Lorenzen ist bürgerlich. Melusine ist eine Frau, Lorenzen ist ein Mann. Doch gerade durch diese Szene, in welcher der Dichter diese Menschen, verschieden in Geburt und Geschlecht, zusammenbringt, ihre Affinität herausarbeitet, werden die Gegensätze von Geburt und Geschlecht aufgehoben. Nichts kann die Gleichheit der Geschlechter besser veranschaulichen als dieses Gespräch zwischen Melusine und Pastor Lorenzen, diese Kommunikation zwischen Mann und Frau, die beiden neue Horizonte eröffnet.

Über diesen vielleicht wichtigsten Punkt des Gespräches hinaus erhellt die Unterredung den Wandel, welchen Fontanes Frauengestalten seit seiner frühen Novelle *Grete Minde* durchgemacht haben. Mit ihrer Erkenntnis vom Wesen der Demut ist Melusine zur Antipodin[5] der trotzigen Grete Minde geworden, die versuchte, demütig zu sein und stattdessen den Feuerbrand entfesselte. Es ist interessant festzustellen, daß die beiden Frauen eine Affinität für die Urelemente das Feuer und das Wasser haben. Während Grete mit ihrem leidenschaftlichen Temperament, das einer Flamme gleich hervorbricht, durch ihr ganzes Benehmen, ihre Bewegungen am Ende der Erzählung das Wesen des Feuers gewinnt, gleicht Melusine dem Wasser. Welche Bedeutung Fontane in diesen Elementen sah, geht aus seiner Rezension von Werner Hahns *Edda* aus dem Jahre 1872 hervor, in der er die Entstehung der Welt auf die Vermählung von Feuer und Wasser zurückführt (XXI/1, S.342). Allein eine Zusammenschau von Grete Minde und Melusine gibt einen Eindruck des dialektischen Abstandes zwischen diesen beiden Frauengestalten. Fontanes frühe Erzählung des Schicksals der Grete Minde wird zum Beispiel einer Frau, welche in die Isolation, zum Kampf gedrängt wird, der schließlich in Tod und Verderben führt. Im *Stechlin* ist es eine Frau, welche den Weg verdeutlicht, den die Gesellschaft, die Menschheit gehen muß, um bestehen zu bleiben. Ohne das Weltoffene, das Weltbezogene kann die Menschheit nicht existieren. Und somit kann Fontane keinen besseren Schluß für sein Werk gefunden haben als Melusines Worte:

> Es ist nicht nötig, daß die Stechline weiterleben, aber es lebe der Stechlin (VIII, S. 361).[6]

Auch die weiblichen Nebencharaktere tragen dazu bei, die Gestalt Melusines noch deutlicher hervortreten zu lassen. Nicht nur die in märkischer Enge und Adelsvorurteilen befangene Schwester Dubslavs, die Domina des Klosters Wutz, Adelheid von Stechlin, sondern auch die an Prinzipien gebundene frühere Prinzessin Ippe–Büchsenstein, nun Oberförsterin Katzler, sind Gegenstücke zu der freisinnigen, harmonischen Melusine. Mit souveränem Geist und feiner Intuition begabt, ist Melusine nicht allein zur Erzieherin ihrer Schwester Armgard geworden, die hofft, als neue Herrin von Stechlin anderen leben zu dürfen und vor allem für die Armen zu sorgen. Darüber hinaus wird diese weibliche Hauptgestalt in dem Spätwerk des Meisters zur Erzieherin der Gesellschaft, der Menschheit, die nur durch Kommunikation weiterleben kann.

Es ist gerade ihre Kommunikationsbereitschaft, die Gabe Melusines für das Gespräch, welche sie mit der Persönlichkeit verbindet, von deren Wesen der Dichter bereits seinen früheren Protagonistinnen Eigenschaften verliehen hat. Bettinas Leben wie ihre Werke, sei es *Clemens Brentanos Frühlingskranz*, sei es *Goethes Briefwechsel mit einem Kinde*, sei es *Die Günderode* oder *Dies Buch gehört dem König, Gespräche mit Dämonen, An die aufgelöste Preußische Nationalversammlung*, alle zeugen von Bettinas leidenschaftlichem Verlangen nach dem Dialog, nach der Kommunikation nicht nur mit Menschen ihres Landes, sondern anderer Nationen, nicht nur mit Angehörigen ihres Standes, sondern aller Schichten. Seit ihrer frühen Jugend im Hause ihrer Großmutter war

Bettina kosmopolitisch denkend aufgewachsen. Politische wie kulturelle Ereignisse anderer Länder waren ihr gleich interessant gewesen, und es störte sie, wenn andere an den Geschehnissen außerhalb ihrer engeren Umgebung keinen Anteil nahmen. So kritisierte sie um 1830:

> In unserer Familie ist ein unseliger Stiefel (denn Geist ist es nicht) von Nichtigkeit eingerissen, keiner denkt, keiner weiß, keiner hat ein Bedürfnis zu wissen, was in der Welt vorgeht; sie halten die Freie Reichsstadt für den Mittelpunkt, ja für die Weltkugel selbst, und alles übrige für Staub und Dunst.[7]

Melusines Freundschaft mit dem Pastor Lorenzen, ihr Gespräch, das beide zu neuen Erkenntnissen anregte, läßt an die Freundschaft Bettinas mit dem Theologen Schleiermacher denken, bei dem Bettina aus und ein ging, von dem sie inspiriert wurde, neue Einsichten zu gewinnen und sich sozial zu betätigen. Ferner scheinen Melusines Ideen, das Gegebene zu lieben, aber für das Neue zu leben, ganz vom Geist Bettinas erfüllt, deren Leben und Werk diese Idee verdeutlichte. Auch Bettina manifestierte Liebe am Gegebenen mit ihrem Interesse an der Kunst, der Malerei, der Musik, ihrer Liebe zu Goethe und seinem Werk, ihrem engen Verhältnis zur Natur. Daß sie jedoch für das Neue sehr empfänglich, sehr aufgeschlossen war, beweist ihr ganzes Leben, ihr Engagement für andere, sei es die ungarischen oder polnischen Freiheitskämpfer oder die schlesischen Weber, ihr Einsatz für Kinkel und für die Armen. Bettinas Buch für den König wird zum Paradigma für ihr Festhalten am Gegebenen, ebenso wie für ihre Hingabe an das Neue. Wenn sie das Buch dem König widmet, so beweist sie ihre Treue zu der überlieferten politischen Verfassung. Sie lebt dem Neuen, wenn sie in ihrem Buch dem König Vorschläge macht, die freiheitlichen demokratischen Tendenzen zu fördern.

Selbst vom Namen Melusines her läßt sich eine Verbindung zu Bettina und ihrem Umkreis herstellen. Trug doch das letzte Buch ihrer Großmutter Sophie Laroche den Titel *Melusines Sommerabend.*[8]

ANMERKUNGEN

1. Vgl. vor allem Victoire, Cécile, Sophie, Poggenpuhls.
2. Sie sind in der Forschung mit Melusine z.T. gleichgestellt worden. Vgl. Peter Uwe Hohendahl: „Theodor Fontane: Cécile." Op. cit. S. 381–405.
3. Vgl. das Versprechen, das Lorenzen Dubslav kurz vor seinem Tode geben muß (VIII, S. 343).
4. In seinen Briefen an Paul Schlenther, Carl Robert Lessing und Ernst Heilborn spricht Fontane von seinem „politischen Roman". Vgl. Walter Müller-Seidel, op. cit. S. 429.

5. Vgl. auch die Majorin Poggenpuhl, bei der diese Demut besteht.
6. Wenn behauptet wurde, das Schlußwort wäre „merkwürdig, matt, ja eigentlich sinnlos“, „das Buch, das wie ein dunkles Märchen begonnen hätte, endige wie ein Verlegenheits–Trinkspruch“ – vgl. Josef Hofmiller: *Die Bücher und wir*, München: Nymphenburger Verlagshandlung, 1950, S. 68 – so wird die Funktion des Sees und damit auch die Gestalt Melusines vollständig verkannt.
7. Ingeborg Drewitz: *Bettine von Arnim*, op. cit. S. 133.
8. Ebenda, S. 45.

Schlußbemerkungen

Fontanes Werk ist wahrhaftig eine Enzyklopädie von Frauen, der „Geschichtslosen“, das heißt derjenigen, die keinen Eingang in die Geschichte gefunden haben. Um so reicher an Erlebnissen, um so vielfältiger erscheinen diese Ausgeschlossenen bei dem großen deutschen Realisten des 19. Jahrhunderts: Nicht nur von Adel, sondern ebenso aus dem Bürgertum und der Arbeiterwelt, allen Altersklassen zugehörig, ledig oder verheiratet treten diese Frauen auf. Auch der Herkunft nach unterscheiden sich Fontanes Frauengestalten. Sie stammen aus verschiedenen Teilen Deutschlands, vornehmlich der Mark Brandenburg oder Berlin, dann Schleswig–Holstein, Westpreußen und Schlesien, aber auch aus dem Ausland wie der Schweiz oder Polen, haben neben deutschem zuweilen französisches oder spanisches Blut in sich. Ebenso verschieden wie ihr Stand oder ihre Herkunft ist ihr Charakter. Fontanes Frauenfiguren sind so mannigfaltig wie das Leben selbst.

Trotz ihrer divergierenden Eigenschaften haben sie jedoch manche Wesenszüge gemeinsam. Alle zeichnen sich durch unabhängiges Denken aus, das in vielen Fällen zu selbständigem Handeln führt. Bereits in seinem lange Zeit unterschätzten ersten Roman *Vor dem Sturm* beeindrucken Fontanes Frauengestalten durch ihre Ideen, die nicht nur für ihre eigenen Rechte, sondern auch für die anderer, überhaupt für ein besseres Leben in sozialpolitischem wie auch religiösem Sinne eintreten. Im Gegensatz zu der heißblütigen Grete Minde, deren Schicksal besonders hart ist, brauchen die Frauen in diesem Roman nicht zur Gewalt zu greifen, sondern wissen ihren Ansichten im Gespräch Ausdruck zu geben, können auf friedliche Weise überzeugen und handeln, wie die temperamentvolle Kathinka, die idealisierten Gestalten Maries und Renates und nicht zuletzt die Gräfin Amelie Pudagla, die mit ihrer sechzehnjährigen

Herrschaft an einem frauenfeindlichen Hof zum Beispiel der Möglichkeiten einer klugen Frau im 18. Jahrhundert wird, wie der Erzähler ausführt. Ebenso wie die Frauen in *Vor dem Sturm* hat Melanie Van der Straaten nicht gegen hartnäckiges Vorurteil wie Grete Minde zu kämpfen, sondern kann im Dialog ihre Überzeugungen entwickeln, analysieren und sie in die Tat umsetzen. Gerade Melanie entwickelt eine besonders glückliche Gabe der Kommunikation, so daß sie nicht nur an das Ziel ihrer Wünsche gelangt, sondern selbst zur Änderung der gesellschaftlichen Meinung beiträgt. Mit Victoire in *Schach von Wuthenow* hat Fontane eine Frauengestalt geschaffen, die für ihre Zeit sehr unkonventionelle Ideen entwickelt und ihrem Namen entsprechend als eine Siegerin aus unglücklichen Umständen hervorgeht. So verschieden die Charaktere der aus einfachen Verhältnissen stammenden Lene wie der adligen Käthe in *Irrungen Wirrungen* sind, so können beide gut beobachten und handeln nach eigenen Entschlüssen. Ähnlich wie Lene erscheint Stine in der gleichnamigen Erzählung ohne jede Illusionen. Auch sie zeichnet sich durch unabhängiges Denken aus, das in ihren Gesprächen mit dem jungen Grafen Waldemar den nicht nur von allen seinen Standesvorurteilen befreit, sein Herz für sie gewinnt, sondern Stine auch zur beredten Advokatin für ihre Schwester Pauline und überhaupt für alle Armen macht. Zu Fürsprecherinnen und ebenfalls Helferinnen der sozial Benachteiligten entwickeln sich auch Franziska in *Graf Petöfy* und Hilde in *Ellernklipp*. Vor allem Sophie und Manon werden in den *Poggenpuhls* im Austausch der Gedanken mit Verwandten und Freunden der gesellschaftlichen Veränderungen ihrer Zeit gewahr und wissen sich ihnen aktiv anzupassen.

Allen Protagonistinnen Fontanes ist eine Vorliebe für das Gespräch eigen, ist die Kommunikation mit anderen, sei es Ehemännern, Verwandten, Freunden, Bekannten und Unbekannten ein Bedürfnis. Durch das Gespräch werden auch Unbekannte zu Bekannten wie im Falle Mathilde Möhrings, die sich mit dem Landrat, Lehrer und anderen Bürgern von Woldenstein in Verbindung setzt, um die Karriere ihres Mannes zu fördern.

Mit der Freude an der Kommunikation hat Fontane seinen Frauengestalten einen Charakterzug gegeben, welcher der neusten Forschung nach typisch für das weibliche Geschlecht ist und es von dem männlichen differenziert. Selbst bei Kindern unterscheidet sich das Mädchen durch seine Neigung, Dinge mit anderen durchzusprechen.[1] Weiter wurde festgestellt, daß Mädchen und Frauen dazu tendieren, sich selbst zu identifizieren, indem sie sich in ihren menschlichen Beziehungen zu anderen darstellen und nicht wie Männer ihre beruflichen Leistungen zu ihrer Identifikation heranziehen, auch wenn sie erfolgreiche Karrieren haben.[2]

Um Beziehungen herzustellen und zu bewahren, ist die Kommunikation unerläßlich. Wenn Fontanes Frauengestalten die Kommunikation verwehrt wird wie in *Grete Minde*, die Kommunikation abgebrochen wird wie in *Unwiederbringlich*, keine Kommunikation besteht wie in *Cécile* und *Effi Briest*, beschwören diese Situationen Tragödien herauf. Die Betroffenen geben sich selbst den Tod oder sehnen ihn herbei. Wie realistisch Fontane seine Frauencharaktere gesehen hat, beweisen weiter moderne psychologische Forschungsergebnisse, wonach der Abbruch eines Verhältnisses nicht der Verlust einer Beziehung ist, sondern einem totalen Verlust des Selbst nahekommt.[3]

Eine der wichtigsten Beziehungen im menschlichen Leben ist die Ehe. In Fontanes Werk sind es die Frauen, welche sich wiederholt mit dem Thema der Ehe beschäftigen und Definitionen einer wahren Ehe geben. Cécile, Effi und die Pastorin Schleppegrell sind sich einig, daß es beide Partner sein müssen, die zu dem Erfolg einer Ehe beitragen. Während Cécile und die Pastorin betonen, daß beide Partner einander helfen müssen, sind es Effi und auch die Schleppegrell, welche auf die Rechte beider Ehepartner hinweisen.

Gerade die Frauen, welchen die Kommunikation verweigert wird, sind es, die sich heftig gegen die gesellschaftliche Konvention wehren, bevor sie zu deren Opfern werden. So geschieht es im Falle der Grete Minde, die umsonst gegen ein totes Recht rebelliert, ebenso in den Fällen Céciles, Effis und in gewisser Weise Christines. Die zumeist von der Forschung passiv dargestellte Cécile, welche die untergeordnete Stellung der Frau in der Ehe wohl erkannt hat, weigert sich der Anordnung ihres Mannes zu folgen und auf einen Esel zu steigen, während Arnaud ein Pferd wählt. Ihr Freitod kann als Auflehnung gegen ein Dasein gesehen werden, dem jede Kommunikation verwehrt wurde. Effis Affäre mit Crampas ist Resultat einer Ehe, der jede Kommunikation fehlt, ebenso Rebellion gegen den von ihrem Mann angelegten Angstapparat aus Kalkül. Wie Céciles Freitod ist ihr Wunsch, nicht mehr leben zu wollen, eine Empörung gegen eine Céciles ähnliche, objektartige Existenz. Christine widersteht es, nach Abbruch aller Kommunikation mit ihrem Mann erneut in einer Ehe zu existieren, in der die Kommunikation nicht mehr aufleben will.

Entgegen der Behauptung, daß bis auf *L'Adultera* keine aktive Auflehnung der Frauen gegen die gesellschaftliche Konvention in den Gesellschaftsromanen Fontanes festzustellen wäre,[4] erscheint das Motiv der Rebellion der Heldin gegen die gesellschaftlichen Formen in einer Reihe von weiteren Romanen des Dichters wie Kathinkas Selbstgestaltung ihres Lebens in Opposition zu ihres Vaters Wünschen in *Vor dem Sturm*, Manons Auflehnung gegen die patriarchalische Ordnung in *Die Poggenpuhls*, indem sie ihren Vater nicht mehr Vorbild für ihr Leben sein läßt, Melusines Trennung ihrer Ehe, die ihr ein eingeengtes Leben beschert hätte.

Auflehnung zeigt sich auch in Ansichten von Frauen, die sich gegen die herkömmlichen patriarchalischen Meinungen und Gebräuche wenden. Während die Pastorin Schleppegrell und Effi auf die Rechte beider Ehepartner hinweisen, also die Rechte der Frau im Gegensatz zur Konvention der Zeit in Betracht ziehen, äußern sich andere Frauenfiguren noch eindeutiger zur Frauenfrage. Die geistvolle Ebba von Rosenberg in *Unwiederbringlich* schlägt eine neue Geschichtsschreibung vor, die sich nicht so sehr um die Männer und ihre Schlachten, sondern mehr um die Frauen kümmern sollte. Melanie Van der Straaten erkennt die von der patriarchalischen Gesellschaft festgelegte Rolle der Frau, kritisiert und verläßt sie. Wie Melanie macht Franziska darauf aufmerksam, daß Frauen ebenso wie Männer individuell veranlagt sind und auch ebenso individuell gesehen sein sollten.

Durch das gesamte Werk Fontanes ziehen sich die Motive von Kampf, fast immer in der Form von Auflehnung seiner Frauen gegen erstickende Konventionen, ebenso wie Kommunikation, die Vorliebe seiner weiblichen Charaktere für den Austausch der Gedanken, für den Dialog, das Schaffen menschlicher Beziehungen. Es ist Fontanes letzter Roman *Der Stechlin*, in dem das Motiv der Kommunikation seine eindringlichste Gestaltung erfahren hat, da es nicht nur das Motiv des Kampfes verdrängt hat, sondern weit über alles Persönliche hinweg, ebenso über Unterschiede sozialer, nationaler und geschlechtlicher Art hinausgewachsen ist.

Wie festgestellt wurde, haben die meisten der Fontaneschen Frauengestalten neben den vom Dichter ausdrücklich angegebenen Vorbildern Wesenszüge der vielseitigen Bettina von Arnim erhalten. Mit Wesensmerkmalen der Frau, die ein halbes Jahrhundert lang die Blicke ihrer Zeitgenossen auf sich gezogen hat, deren Leben als ein Prozeß der Selbstbefreiung und der Kommunikation verstanden werden kann, hat Fontane seinen Frauenfiguren viel Leben und Stärke, vor allem die Fähigkeit, selbständig zu denken und zu handeln, verliehen. Darüber hinaus hat dieser große Erzähler des 19. Jahrhunderts somit die „Geschichtslosen" Teil der Geschichte werden lassen.

ANMERKUNGEN

1. Vgl. Carol Gilligan: *In a Different Voice. Psychological Theory and Women's Development*, Cambridge: Harvard University Press, 1982, S. 29.
2. Ebenda, S. 159.
3. In ihrer Studie zitiert Carol Gilligan die Ergebnisse eines anderen Forschungsberichtes – Jean Baker Miller: *Toward a New Psychology of Women*, Boston: Beacon Press, 1976 – „Miller calls for 'a new psychology of women', that recognizes the different starting point for women's development. The fact that 'women stay with, build on, and develop in a context of attachment and affiliation with others', that women's sense of self becomes very much organized around being able to make, and then to maintain, affiliations and relationships', and that 'eventually, for many women, the threat of disruption of an affiliation is perceived not just as a loss of relationship but as something closer to a total loss of self'." Ebenda, S. 169.
4. Zu diesem Ergebnis kommt Hanni Mittelmann, die allerdings ihre Untersuchung auf sieben Werke Fontanes beschränkt hat. Op. cit. S. 113.

Teil III

Erst Opfer – dann Trägerin der Handlung. Die Aufgabe der Frau bei Brecht

Als der junge Brecht sich in den zwanziger Jahren dieses Jahrhunderts entschlossen hatte, Schriftsteller zu werden, war der Erste Weltkrieg vorüber. Nicht nur politische, sondern auch gesellschaftliche Veränderungen hatten stattgefunden. In den Jahrzehnten um die Jahrhundertwende hatte sich die Frauenbewegung, die sich im 19. Jahrhundert bereits manifestiert hatte, zu einer von bürgerlichen wie auch proletarischen Frauen getragenen Massenbewegung entwickelt. Es war die Frauenbewegung, welche das Augenmerk der Gesellschaft auf die soziale Lage der Frauen richtete und auf ihre Probleme hinwies. Trotz der Industrialisierung waren die erwerbstätigen Frauen in Deutschland in der Landwirtschaft als Heimarbeiterinnen und vor allem als Dienstmädchen in Haushalten tätig. Ein geringerer Prozentsatz fand Arbeit in den Fabriken, die jedoch hauptsächlich Männern vorbehalten wurde. Während die Töchter des Bürgertums zunächst lediglich Gouvernanten oder Gesellschafterinnen werden konnten, wurde im späten 19. Jahrhundert der Lehrerinnen- und auch Krankenschwesterberuf standesgemäß. Schließlich ließen auch Universitäten Frauen zum Studium zu. Während des Ersten Weltkrieges war die Zahl der außerhäuslich arbeitenden Frauen gestiegen. Arbeitsplätze waren für sie durch die Einberufung der Männer frei geworden. Zur Zeit der Novemberrevolution 1918, am Ende des Ersten Weltkrieges hatten alle Frauen in Deutschland das politische Wahlrecht erhalten, während in England im selben Jahr nur selbständige Frauen, Ehefrauen bei den Parlamentswahlen erst mit dem 30. Lebensjahr ihre Stimme abgeben durften, und die Frauen in USA zwei Jahre später volles politisches Wahlrecht bekommen hatten.[1]

Daß den Frauen diese Privilegien endlich zugestanden wurden, hatten sie zum größten Teil den aktiven Frauenrechtlerinnen zu verdanken. Eine hartnäckige Kämpferin war die Führerin der proletarischen Frauenbewegung, Clara Zetkin. Mit der Redaktion der sozialistischen Frauenzeitschrift „Die Gleichheit" (1892 - 1917) betraut, war sie zur maßgeblichen Sprecherin der wachsenden Bewegung geworden. Durch unermüdliche propagandistische wie organisatorische Arbeit trug sie zum Anwachsen der proletarischen Frauenbewegung bei. 1924 besuchte Clara Zetkin Georgien in der Sowjetunion. 1925 erschien ihr Bericht der Reise, welcher besonders mit der Schilderung der Emanzipation der Frauen dieser Gegend hervortrat.[2] Von 1920 bis 1933, ihrem Todesjahr, saß Clara

Zetkin als Abgeordnete der KPD im Deutschen Reichstag. Sie war dessen Alterspräsidentin geworden. Daß die Persönlichkeit Clara Zetkins nicht ohne Wirkung auf Brecht geblieben ist, obgleich keine Äußerungen Brechts überliefert sind, soll gezeigt werden.

Als eine Symbolfigur der Frauenemanzipation wird heute die Mitbegründerin der kommunistischen Partei Deutschlands, Rosa Luxemburg, angesehen.[3] Von scharfem Intellekt, entwickelte Rosa Luxemburg sich zu einer hervorragenden Theoretikerin der radikalen Linken, verstand dabei jedoch schwierige Themen allgemeinverständlich zu machen. In den Jahren bis zum Ersten Weltkrieg konnte sie ihre pädagogische Begabung als Dozentin an der Zentralen Parteischule der SPD in Berlin verwerten. Stets war Rosa Luxemburg sich bewußt, daß Theorie aus der Wirklichkeit abgeleitet wird, daß Theorie und Praxis ständig aufeinander bezogen werden müßten. Von einem fast religiös anmutendem Glauben an die schöpferische Kraft der Massen erfüllt,[4] schrieb sie 1906 die Broschüre *Massenstreik, Partei und Gewerkschaften* und vertrat stets die Idee, daß die Massen an der politischen Entwicklung teilhaben müßten.[5] Energisch verfocht Rosa Luxemburg ihr ganzes Leben hindurch ihre Hauptprinzipien. Sie verlangte Taten und bestand auf Veränderung.

Auch für Bertolt Brecht spielte die Idee der Veränderung eine große Rolle. Als er sich nach anfänglicher Beschäftigung mit der Prosa dem Drama zuwandte, entwickelte er seine Theorien zum epischen Drama und erklärte immer wieder, daß die Welt nur auf der Bühne dargestellt werden könnte, wenn sie als eine veränderbare Welt aufgefaßt würde. Auch der Mensch, der für Brecht zum Gegenstand seiner Untersuchung im epischen Theater wird, sollte seiner Ansicht nach als veränderlich und als verändernd, als ein Prozeß gezeigt werden. Ähnlich wie bei Rosa Luxemburg nimmt bei Brecht die Masse eine wichtige Stelle ein. In Bezug auf die Massen gelangt er zu einer Definition des Individuums:

> Interessiert sind wir an den Bewegungen von Massen, nur in bezug auf sie hoffen wir Voraussagen befriedigender Art machen zu können, hier suchen wir die kausale Gesetzlichkeit. Das Individuum mag uns – bei diesen Prozessen in Massen – überraschen. Erst eine ganze Reihe seiner Äußerungen und Bewegungen fixiert es einigermaßen in der oder jener Masse. Es würde uns an ihm etwas fehlen, nämlich etwas Individuelles, wenn es allzu widerspruchslos der gesetzmäßigen Bewegung der Masse folgen würde, das wäre bei ihm der Sonderfall. Bedeutet das, daß wir mit dem Individuum nichts mehr zu tun haben wollen, ihm gegenüber resignieren, keine Kausalität mehr bei ihm festsetzen oder feststellen wollen? Keineswegs. Wir haben lediglich

unsere Ansprüche verschärft (GW XV, S. 279).

Daß bereits der junge Brecht Anteil am Geschehen seiner Zeit nahm, und daß Rosa Luxemburg ihn beeindruckt haben muß, verrät seine *Ballade von der roten Rosa*, die er zu Ehren der Ermordeten bei einer Protestversammlung mit seinen Freunden im Januar 1919 verfaßte.[6] In dem Gedicht gedenkt er der „Roten Rosa", die sich für eine revolutionäre Lösung eingesetzt hatte, jedoch von den „Reichen" „aus der Welt gejagt" worden ist (GW IX, S. 429). Die Auseinandersetzung mit sozialen Problemen sollte bald eine wichtige Rolle in Brechts Schaffen spielen und in der Mitte der zwanziger Jahre zum Studium des Marxismus führen. Brechts Interesse an der Persönlichkeit Rosa Luxemburgs blieb bestehen, wie weitere Daten in seinem Leben verdeutlichen. So fand bei der Uraufführung von seinem Stück *Die Mutter* am 15.1.1932, dem Todestag Rosa Luxemburgs, eine Ehrung für sie im Komödienhaus am Schiffbauerdamm in Berlin statt. Das Vorspiel zum *Kaukasischen Kreidekreis* wird von der Kolchose mit dem Namen „Rosa Luxemburg" vorgeführt. 1944 erwog Brecht ein *Leben und Tod der Rosa Luxemburg* Stück mit einem Konfutse Drama als Satyrspiel zusammenzustellen. Noch nach 1952, als Brecht sich mit Helene Weigel ein Haus am Buckower See bei Berlin erstanden hatte, arbeitete er mit Jacob Walcher an Entwürfen zu einem Rosa Luxemburg Stück. Bei diesen Feststellungen wirft sich die Frage auf, ob der Eindruck, den die Persönlichkeit Rosa Luxemburgs auf Brecht unzweifelhaft gemacht hat, sich vielleicht auch auf die Frauenfiguren in seinen Werken ausgewirkt hat. Dies wird ein Aspekt der Untersuchung sein, der umso interessanter ist, als man Brecht immer wieder vorgeworfen hat, daß er in seinem epischen Theater keine richtigen Menschen mit Gefühlen, sondern nur Gedankenträger dargestellt hat, daß somit seine Stücke „blutlos", bloß „lehrhaft" wären, weil sie lediglich eine schon vorher gewußte, bloß parabelhaft umgesetzte Weisheit figurierten. Diese Urteile stützen sich vor allem auf seine *Schriften zum Theater*, seine Gegenüberstellung von „altem" und „neuem", der „dramatischen" und der „epischen" Form des Theaters, die als „Anmerkungen zur Oper" (Mahagonny) veröffentlicht waren. Man hatte dieses Schema, in dem Brecht gegen das Gefühl für die Ratio plädierte, im absoluten Sinn rezipiert. Doch betont Brecht in einer Fußnote, daß diese Gegenüberstellung nicht absolute Gegensätze, sondern lediglich Akzentverschiebungen zeige, wie in der neueren Forschung zurecht festgestellt wird.[7] Auch Brechts Wendung gegen das Gefühl ist zu wörtlich genommen worden. Diese Wendung meint lediglich ein Gefühl, das unkontrolliert, bloß subjektiv, assoziativ ist.[8]

Die Tendenz, in Brechts Frauenfiguren Gedankenträger zu sehen, manifestiert sich in den meisten Studien zu diesem Thema. So heißt es, Brechts Frauengestalten wären Ideenträger, Hoffnungsziele. Sie seien alles: Dirnen oder Heilige, Mutter, Kämpferin und Genossin. Jedoch eines wären sie nicht: „Frauen".[9] Eine andere Arbeit, welche sich eingehender als dieser Artikel mit den bekanntesten Stücken Brechts beschäftigt, kommt zum Ergebnis, Brechts Frauenfiguren spiegelten in jedem Fall die kommunistische Parteipolitik wider.[10] Wenn in einem späteren Essay,[11] das aber nicht mehr als eine kursorische Untersuchung sein will, Brechts weibliche Charaktere als Demonstrationsobjekte bezeichnet werden, so beruht diese Feststellung offensichtlich auf Brechts Anweisungen für die Schauspieler seines epischen Theaters (GW XV, S. 343 f., S. 411). Bei genauerem Studium stellt sich jedoch heraus, daß Brechts Technik die überkommenen Möglichkeiten des bürgerlichen Theaters nicht reduziert, sondern vielmehr um eine Dimension erweitert, wie erkannt wurde.[12] Obgleich in „Women in Brecht's Works" konstatiert wird, Brechts Frauen wären in zunehmendem Maße von der Realität des persönlichen Lebens entfernt und würden Gebrauchsobjekte für des Autors Didaktik,[13] so wird ihnen doch ein gewisses subversives Potential zugebilligt.[14] Auch eine neuere Arbeit,[15] die es sich zur Aufgabe gemacht hat, sich dem Brechtschen Frauenbild, wie es sich aus Brechts Leben ergibt und seinen fiktiven Frauengestalten „anzunähern", wird seinen Charakteren nicht gerecht. Ähnlich wie der Artikel „Women in Brecht's Works", welcher Brechts Frauen lediglich als Stereotypen sieht, die in gewisser Weise durch politische Belange modifiziert seien, greife Brecht dieser Studie gemäß immer wieder auf Geschlechterrollenstereotype und – Klischees zurück, die nicht die Auffälligkeit, sondern gerade die – durch das Prinzip der Verfremdung zu zerstörende – Selbstverständlichkeit weiblicher Existenz und ihrer Zwänge repräsentierten.[16] Eine frühere Arbeit,[17] wie auch ein kürzlich erschienener Artikel,[18] entdeckt Realismus, Kraft, Beharrlichkeit, Vitalität, Selbstvertrauen und Humanität vor allem in Brechts Müttern. Ähnliche Feststellungen aber längst nicht so detailliert macht eine Dissertation.[19]

Bei einem Studium der Frauen Brechts ist es notwendig zu verfolgen, ob der Autor seine theoretischen Forderungen bei seinem künstlerischen Schaffen verwirklicht. Werden seine Frauenfiguren als veränderlich und als verändernd dargstellt, oder bleiben sie wahrhaftig Klischees? Erscheinen sie stilisiert, oder kommen sie dem Leben nahe? Emanzipieren sich Brechts Frauen von ihrer ihnen zudiktierten gesellschaftlichen Rolle, oder bleiben sie ihr verhaftet? Daß sich bereits der junge Brecht der untergeordneten Stellung der Frauen bewußt war, geht aus seinen Bemerkungen zu den „Beziehungen der Menschen untereinander" von 1925 hervor:

> Besonders schwierig ist der Vertrag zwischen einem Mann und einer Frau ... Bei Mann und Frau ist es meistens so, daß der Mann kraft seines Vertrages ungeheuer viel verlangen kann und die Frau ungeheuer viel zugeben muß. Es ist wichtig, daß die Frau so bald wie möglich untersucht oder es instinktiv herausfühlt, welches die Punkte des gegnerischen Vertrages sind, ob sie berechtigt sind, ob angreifbar, ob zu beseitigen, oder ob sie sie als unabänderlich hinzunehmen hat. Manches muß die Frau als unabänderlich hinnehmen.[20]

Bringt Brecht diese Erkenntnis in seinem literarischen Werk zum Ausdruck? Nur eine detaillierte und umfassende Beschäftigung mit allen Dramen Brechts wie auch ausgewählten Erzählungen kann diese Fragen beantworten.[21]

Wie bereits oben erwähnt, sollen auch andere Aspekte bei der Interpretation von Brechts Frauenfiguren einbezogen werden wie einige seiner Zeitgenossen. Zu diesen gehört auch Bernard Shaw. Aus der Biographie Brechts geht hervor, daß er sich schon in jungen Jahren für die Werke des englischen Dichters interessierte und seine Dramen las.[22] Die bekanntesten Äußerungen Brechts über Shaw stammen aus dem Jahre 1926. Sie entstanden anläßlich des siebzigsten Geburtstags des Dichters: „Dem siebzigjährigen Bernard Shaw" und besonders die „Ovation für Shaw" (GW XV, S. 96 – 101). In einer komparativen Studie über Brecht und Shaw wird angenommen, daß für beide Dichter das Weibliche die Verkörperung der Lebenskraft und der Garant für die Verbesserung des Menschengeschlechtes wären. Wenn Shaw in der Frauenemanzipation ein Mittel zur Provokation der Gesellschaft und zum Kampf gegen kapitalistische Ausbeutung sähe, so gelte für Brecht, daß die Frauen ein Objekt der Ausbeutung und zugleich die Verkörperung einer vitalen Kraft und des Guten im Menschen wären.[23] Über diese Feststellung hinaus läßt sich die Wirkung Shaws auf Brecht in der Art der Darstellung der Charaktere erkennen, wie später ausgeführt werden soll.

Noch ein weiterer Aspekt soll bei der Untersuchung von Brechts Frauenfiguren berücksichtigt werden. Da Brecht wegen seiner Ideen wie auch seines Stils als Marxist angesehen wird,[24] ergibt sich die Frage: Falls

Brecht sich als feministischer Autor erweisen sollte, wie versöhnt er marxistische mit feministischen Prinzipien? Findet sich bei ihm vielleicht eine Verbindung von Marxismus und Feminismus? Diese Frage ist um so wichtiger, da Studien zum Ergebnis gekommen sind, daß Marxismus und Feminismus Gegensätze sind, die nicht leicht ausgeglichen werden können.

Im Folgenden sollen Brechts Werke, zunächt seine Dramen und dann ausgewählte Erzählungen in chronologischer Reihenfolge behandelt werden.

ANMERKUNGEN

Zitate aus dem Text stammen aus Bertolt Brecht, *Gesammelte Werke* in 20 Bänden (werkausgabe) hrsg. von Suhrkamp Verlag in Zusammenarbeit mit Elisabeth Hauptmann, Frankfurt am Main, 1967 und werden mit Band und Seitenzahl angegeben.

1. In diesem Zusammenhang ist es interessant zu beobachten, daß die Frauen in Frankreich erst 1944 das Wahlrecht erhielten, während die Frauen der Isle of Man als erste Europas das Wahlrecht 1880 bekamen. Rußland gewährte 1892 den Frauen das Recht, für die städtische Selbstverwaltung zu stimmen. Kommunales Wahlrecht wurde auch von Schweden und Norwegen den Frauen 1904 zugestanden. Unbeschränktes Wahlrecht erhielten die Frauen dieser Länder 1917, 1919 und 1913. Finnlands Frauen hatten ihr Wahlrecht bereits 1908 erhalten.
2. Betty Nance Weber: *Brechts Kreidekreis, ein Revolutionsstück*. Eine Interpretation. Mit Texten aus dem Nachlaß. Frankfurt am Main: Suhrkamp, 1978, S. 50 f.
3. Daniela Weiland: *Geschichte der Frauenemanzipation in Deutschland und Österreich*, Düsseldorf: ECON Taschenbuchverlag, 1983, S. 162.
4. Harry Wilde: *Rosa Luxemburg. Ich war – ich bin – ich werde sein*. Eine Biographie mit Auszügen aus Rosa Luxemburgs Reden und Schriften. Wien – München – Zürich: Fritz Molden, 1970, S. 17.
5. Frederik Hetmann (Hans Christian Kirsch): *Rosa L. Die Geschichte der Rosa Luxemburg und ihrer Zeit*, Weinheim und Basel: Beltz Verlag, 3. Auflage 1977, S. 280.
6. Klaus Völker: *Bertolt Brecht. Eine Biographie*. München: Carl Hanser Verlag, 1976, S. 36.
7. Jan Knopf: *Brecht Handbuch. Theater*, Stuttgart: Metzlersche Verlagsbuchhandlung, 1980, S. 384.
8. Ebenda, S. 385.

9. Fritz J. Raddatz: „Ent-weiblichte Eschatologie. Bertolt Brechts revolutionärer Gegenmythos“, in: *Text + Kritik. Bertolt Brecht II*, Sonderband, hrsg. von Heinz Ludwig Arnold, München: Richard Boorberg Verlag, 1973, S. 155.

10. Mary J. Cronin: *The Politics of Brecht's Women Characters*, Diss. Brown University, 1974, Ann Arbor: University Microfilms International, 1975, S. 210.

11. Sara Lennox: „ Women in Brecht's Works“, New German Critique, Vol. 14 (1978) S. 83 – 96.

12. Jan Knopf: *Brecht Handbuch. Theater*, op. cit. S. 388, S. 437.

13. Sara Lennox, op. cit. S. 86.

14. Ebenda, S. 84.

15. Ute Wedel: *Die Rolle der Frau bei Bertolt Brecht*, Frankfurt am Main: Peter Lang, 1983.

16. Ebenda, S. 162.

17. Laureen Klein Nussbaum: *The Image of Woman in the Work of Bertolt Brecht*, Diss. University of Washington, 1977, Ann Arbor: University Microfilms International, 1980.

18. Laureen Nussbaum: „The Evolution of the Feminine Principle in Brecht's Work: Beyond the Feminist Critique“, in: German Studies Review 8, No. 2 (May 1985), S. 217 – 244.

19. Bernard Fenn: *Characteristics of Women in the Plays of Bertolt Brecht*, Frankfurt am Main: Lanz, 1982.

20. Weiter kommt der junge Brecht zum Schluß, daß ein Vertrag nicht überspannt und nicht unterspannt werden darf, daß beim Überspannen die Frau meistens draufzahlen muß, und daß das Unterspannen sich auch vor allem gegen die Frau richtet (GW XX, S. 23 f.).

21. Keine der genannten Studien behandelt alle Dramen. Die Erzählungen werden nicht berücksichtigt. Ute Wedel widmet lediglich 5 Seiten den protagonistischen Frauenfiguren. Oft werden sie kollektiv abgehandelt.

22. Klaus Völker: *Bertolt Brecht*, op. cit. S. 16 f.

23. Karl-Heinz Schoeps: *Bertolt Brecht und Bernard Shaw*. Bonn: Bouvier, 1974, S. 175.

24. Günter Bartsch: „Feminismus kontra Marxismus“, in: „Aus Politik und Zeitgeschichte“. Beilage zur Wochenzeitung „Das Parlament“, hrsg. von der Bundeszentrale für politische Bildung, Bonn, Dezember 1977. Heidi Hartmann: „The Unhappy Marriage of Marxism and Feminism. Towards a More Progressive Union“, in: *Women and Revolution*, edit. by Lydia Sargent, Boston: South End Press, 1981.

1. Kapitel
Die frühen Stücke

In den ersten dramatischen Werken des jungen Brecht (1913 – 1924) erscheint die Frau vornehmlich als sexuelles Objekt des Mannes, als die Ausgebeutete. Dies wird eindringlich in Brechts frühem Stück *Baal* (1918 – 1919) ersichtlich. Das asoziale Verhalten des Helden, der damit gegen die bestehende Gesellschaftsordnung protestieren will, gerät durch seine degradierende Behandlung der Frauen in ein besonders widerspruchsvolles Licht. Gerade durch die entwürdigende Stellung, die Frauen in diesem Stück zuteil wird, werden sie zu stillen Anklägerinnen des Mannes.[1]

Für Emilie, die Frau des Großkaufmanns und Verlegers Mech, die sich in Baal verliebt hat, überwiegen die Demütigungen jede erotische Annäherung Baals. In einer Schenke, in die sie Baal folgt, umarmt er abwechselnd die Kellnerin und Emilie, setzt diese den anzüglichen Bemerkungen und Zudringlichkeiten der anwesenden Fuhrleute aus, bis sie nur noch schluchzen kann, bevor Baal sich schwer über sie wirft. In den folgenden Szenen hat Emilie der jungen Johanna, zwei Schwestern, Sophie Barger und schließlich einem jungen Weib Platz gemacht, die Baal einfach ins Gebüsch schleift. Ein Weib ist für den unersättlichen Baal wie jedes andere: „Der Kopf ist verschieden. Die Knie sind alle schwach“ (GW I, S. 25). Doch daß die Ansicht dieses Don Juan nicht stimmt, zeigt Brecht an den Reaktionen der ausgenutzten Frauen. Die siebzehnjährige Johanna, die durch die mit Baal verbrachte Nacht ihre Selbstachtung verloren hat, nachdem sie Baals Lustobjekt war, ohne seine Neigung und Achtung zu gewinnen, nimmt sich im Fluß das Leben. Die beiden kindlichen Schwestern werden von der energischen Wirtin Baals rechtzeitig zur Mutter nach Hause geschickt. Sophie Barger entwickelt in der Affäre mit Baal eine eigene Initiative, indem sie durchsetzt, daß sie von Baal ein Kind bekommt, bevor sie von ihm verlassen wird.

In Brechts folgendem Stück *Trommeln in der Nacht* von 1919 ist es der Vater, ein Geschäftsmann und Kriegsgewinnler, der seine Tochter im wahrsten Sinne des Wortes als Objekt sieht, über das er verfügen kann, wenn er zu seiner Frau meint: „Und jetzt sagst du dem Ding, daß ich es satt habe und der Hochzeitsmarsch geblasen wird und daß der Murk es ist“ (GW I, S. 72). Jedoch Anna Balicke, von vorneherein unabhängig und differenzierend in ihrem Denken, besteht diesem Gebot des Vaters gegenüber darauf, daß sie ihren im Kriege verschollenen Freund Kragler nie vergessen könne. Daß Anna auf ihrer Meinung besteht und sie durchzusetzen weiß, daß sie selbständig in Wort und Tat auftritt, was nicht immer anerkannt wurde,[2] zeigt sich im Laufe des Stückes.

Auch zu Murk, dem Bewerber um ihre Hand, den sie ironisch erinnert, daß sie eine Korbfabrik in die Ehe brächte, spricht sie von ihrer Zuneigung zu dem Verschollenen. Wenig Achtung für den Mann, von dem sie ein Kind erwartet, klingt aus ihren Worten, wenn sie ihm entgegenwirft, er könne ihr Verhältnis zu Kragler „nie kapieren", weil es geistig war. Zwischen ihnen dagegen wäre „nichts" (GW I, S. 75). Doch den Umständen, dem Wunsch des Vaters und ihrer Schwangerschaft nachgebend, stimmt Anna vorläufig einer Verlobung mit dem Vater ihres kommenden Kindes zu.

Neben der Fähigkeit, unabhängig zu denken, hat Brecht diese Frauengestalt mit Intuition und Hellsichtigkeit ausgestattet, wenn er sie in der Bar bei der Verlobungsfeier nervös erscheinen läßt, von Murk in aller Öffentlichkeit geküßt werden will, als wenn sie sich gegen ihr besseres Gefühl schützen wollte. Bei Kraglers plötzlichem Erscheinen in der Bar flüchtet sie sich zunächst zur Mutter, leuchtet Kragler dann ins Gesicht, um sich zu vergewissern, ob er es wirklich wäre. Dann bricht ihr wahres Gefühl hervor. Sie gesteht, wie lange sie stets an ihn gedacht hätte, wünscht, sie hätte auf ihn gewartet und klagt sich an. Anna zeigt weiter, was ihr Kragler bedeutet, wenn sie bei ihres Vaters Absicht, den Heimkehrer aus der Bar zu werfen, protestiert. Als Antwort zu Kraglers Frage, ob sie Murk liebe, lacht und trinkt sie nur, als wenn sie sich betäuben wollte.

Der Barkellner und eine Prostituierte nehmen Kraglers und auch Annas Partei, wenn sie meinen, Kragler müsse seine Frau wiederhaben. Besonders Marie, die Prostituierte, stimmt Kragler bei, daß man aus Anna ein Handelsobjekt mache, wenn man sie wie ein Pfund Kaffee verfeilsche. Auf Kraglers Wunsch, Anna solle zu ihm kommen, zögert sie zunächst. Jedoch wenn das Maschinengewehrfeuer der sich erhebenden Massen, der Spartakisten ertönt, entscheidet sich Anna. Gerade vor dem Hintergrund der revolutionären Erhebung nimmt ihr Benehmen eine besondere Bedeutung an, wenn sie Murk ihr Glas, an dem er gerochen hat, verächtlich aus der Hand nimmt und lächelt, wenn Murk es zu Boden wirft.

Anna handelt selbst rebellisch gegen alles gesellschaftliche Herkommen, wenn sie Murk, von dem sie das Kind erwartet, verläßt und dem

Mann nacheilt, dem sie dem Herzen nach zugehört. Vor dem Hintergrund des Kampfes im Zeitungsviertel gesteht Anna Andree Kragler ihre Untreue, ihren Zustand, und er legt still den Arm um sie. Andree Kragler handelt ebenso unkonventionell wie Anna, wenn er ihr vergibt. Während das Geschrei der Aufständischen andauert, gehen die Frau und der Mann gemeinsam davon. Die gesellschaftliche Konvention lassen sie hinter sich.

Gleich zu Anfang von *Im Dickicht der Städte* (1921 - 1924) wird klar, daß die in diesem Stück dargestellte Welt eine Männerwelt ist, in der Frauen in stereotyper Rollenverteilung ihren Körper und ihre Liebe geben.[3] Tatsächlich war eins der ersten Motive, das Brecht für dieses Stück entwickelte, Maries Situation als sexuelles Objekt.[4] Die Auffassung, in der Frau lediglich ein Ding zu sehen, das ausgenutzt werden muß, beherrscht das Verhalten der Männer im *Dickicht der Städte*, ähnlich wie sie Baals Haltung motiviert.

Die Liebe zu Shlink hat eine zerstörende Wirkung auf Maries Charakter gehabt. Sie besitzt genug Einsicht, dies selbst zu erkennen und zu definieren. Auf George Gargas, ihres Bruders Frage, ob er ihr Gesicht sehen könne, antwortet Marie, es sei keines mehr. Sie wäre es nicht. Sie schätze sich nur, wie sie gewesen sei. Sie habe sich weggeworfen, hätte dann aber Geld dafür verlangt, daß man merke, was sie sei und daß sie davon leben könne. So identifiziert sie sich selbst als Kaufobjekt. Jane hat dasselbe Schicksal, nachdem George Garga sich nicht um sie gekümmert hat und sie dann wie eine Sache versteigern wollte, um sie loszuwerden. Auch Jane nimmt das Leben einer Prostituierten auf eine pragmatische Art an, um ihren Lebensunterhalt zu verdienen.

Die einzige, die sich gegen das Leben im *Dickicht der Städte* auflehnt, ist Mae Garga, die Mutter von George und Marie. Sie ist entsetzt, wenn sie von dem Dasein ihrer Tochter in dem chinesischen Hotel erfährt. Nicht nur muß sie erkennen, in was für einer Stadt und mit welchen Menschen sie lebten, sondern auch, daß ihr Sohn schuld an dem Schicksal seiner Schwester ist. Sie zieht die Konsequenzen. Wenn ihr Sohn mit ihr in den Süden ziehen will, wo sie für ihn haushalten soll, streikt sie. Sie verläßt ihre Familie, die Stadt und beginnt ein neues Leben an einem neuen Ort. Auch die „unwürdige Greisin" in Brechts späterer Erzählung zieht sich in ähnlicher Weise von ihrer Familie zurück, bleibt aber am Ort wohnen.

Brecht arbeitete noch am *Dickicht der Städte*, als er das *Leben Eduards des Zweiten* begann und zur gleichen Zeit wie das vorher angefangene Stück vollendete (1923 - 24). Zum ersten Mal beschäftigte sich Brecht mit einem historischen Stoff. Obwohl das Stück nach dem männlichen Hauptcharakter benannt ist, konzentriert sich das Geschehen in gewisser Weise auf seine Frau, die Königin Anna, da sie im Mittelpunkt der Handlung, zwischen ihrem Mann und seinem Gegner Earl Mortimer und schließlich auch ihrem Sohn, dem späteren König Eduard dem Dritten, steht. Es sind ihre Worte am Ende des Stückes, welche als die Hauptidee angesehen werden können. Auch die letzten drei Zeilen des Stückes beziehen sich auf sie.

Wenn der Autor in den dem Stück vorangestellten Eingangssätzen von einer „Historie" spricht, die „öffentlich vorgeführt" wird, so weist er darauf hin, daß es sich um Angelegenheiten handelt, die der Öffentlichkeit bisher vorenthalten wurden. Unter eindeutigen Angaben bezüglich der männlichen Hauptpersonen, wie die „unruhige Regierung" und der „jammervolle Tod" des Königs, „Glück und Ende" seines Günstlings, „Aufstieg und Untergang" des großen Earl Roger Mortimer, wird von dem „wirren Schicksal" der Königin Anna berichtet. Daß der Dichter es sich zur Aufgabe macht, dieses Schicksal einer Frau zu entwirren, geht bereits aus den ersten Szenen des Stückes hervor. Ähnlich wie die Frauengestalten in den vorhergehenden Stücken erlebt auch diese Frau in hochgestellter Position, eine Königin, Demütigungen und Leiden von besonderer Eindringlichkeit, die auch sie deutlich zum Opfer stempeln.

Infolge der Leidenschaft König Eduards für den Schlächtersohn Gaveston ist Königin Annas Leben in schimpflicher Weise verwitwet, macht Brecht klar. Mit erschütternden Worten läßt der Dichter diese Frau, die ihr Heimatland verließ, um den König zu ehelichen, ihr Elend beklagen:

O höchst armselige Königin!
Oh, wären, als ich das holde Frankreich ließ
Und eingeschifft ward, die Wasser worden Stein!
Oder jene Arme, die um meinen Nacken waren
Hätten mich erwürgt in der Nacht der Hochzeit.
Weh, jetzt muß ich nachjagen dem König Eduard.
Denn er zog, mich verwitwend, in diese Schlacht
Von Killingworth für den Teufel Gaveston.
Mir schauert meine Haut, wenn ich ihn anblick.
Er aber taucht sein Herz gleich einem Schwamm in ihn.
Und so bin ich für immer armselig.
O Gott, warum hast du mich, Anna
Von Frankreich, so erniedrigt, damit

Erhöht werde der Teufel Gaveston? (GW I, S. 224)

Nicht nur leidet diese Frau durch die Vernachlässigung ihres Mannes, sondern auch durch die demütigenden Anträge Mortimers, der ihr Elend zur Erfüllung seiner Wünsche ausnützen will. Weiterhin macht Brecht deutlich, wie Anna zunächst Eduard trotz aller ihr zugefügten Schmach aus Liebe beisteht, Mortimer bittet, nicht das Schwert gegen seinen König zu erheben. Annas Großmut geht so weit, daß sie sich selbst für Gaveston einsetzt und bittet, daß man ihm Wasser gäbe. Die Szenen, in denen diese Frau ihrem Mann nachzieht, um ihm ihre Liebe zu beweisen, er sie jedoch in erniedrigender Weise zurückweist, nur an Gaveston interessiert ist, wiederholen sich, bis sie in einer letzten Konfrontation zwischen den Ehegatten ihr Ende finden. Anna trennt sich von Eduard und verflucht ihn, nachdem er sie brutal erinnert hat, daß sie ihm nichts anderes als ein „Ding“, „verschrieben“ und „unerwünscht“, aber „ohne sein Einverständnis nie frei“ sei (GW I, S. 230), daß er Gaveston verfallen ist. „Wie eine räudige Hündin“ weggetreten, „die ein Kind war an Unschuld ohn Wissen um Welt und Menschen“. Ist es ein Wunder, daß Anna zur Wölfin werden will, „nicht ruhn bis Erde deckt den längst entseelten Eduard“? (GW I, S. 242)

Durch die eingehende Darstellung des Märtyriums dieser Frau, die an dem schmachvollen Ende ihres Mannes beteiligt war, wird Brecht zu ihrem Anwalt. Er macht es verständlich, daß Anna über „die Leere der Welt“ nur noch lachen kann, nachdem sie erkennen muß, daß ihr junger Sohn Eduard, der ebenso unerfahren wie sie einst, nichts von dem Leben Eduards des Zweiten weiß, seine Partei nimmt und schließlich die Mutter zum Verhör in den Tower sendet, da sie am Tode des Vaters mitverdächtig ist. Der Zuschauer wie der Leser dieses Stückes versteht vollkommen, wenn Anna am Ende feststellen muß, daß auf der Welt „nichts Entmenschteres“ ist als „kaltes Urteil und Gerechtigkeit“.

Antithetisch zur Erkenntnis seiner Mutter steht das Gebet des jungen Eduard am Ende des Stückes, sein Geschlecht möge nicht von Mutterleib her verderbt sein. Es ist der Zuschauer, dem Brecht es überläßt, die Schlußfolgerung zu ziehen, die dieses Stück deutlich herausfordert: Von altersher ist es die Frau, welche die Schuldige, die Eva ist. Es ist die Frau, die zum Opfer in einer von Männern bestimmten Gesellschaft wird.

Die Frau, die Brecht im folgenden Stück *Mann ist Mann* (1924 – 1926) schuf, kann als Gegenstück zu der Königin Anna angesehen werden. Leokadja Begbick ist eine Frau aus dem Volke, pragmatisch, als Kantinenbesitzerin und Witwe gesellschaftlich ungebunden und selbständig. Ohne eigene Kinder sorgt sie jedoch für die Soldaten der in Indien stationierten britischen Armee, denen sie mit ihrer fahrbaren Kantine überallhin folgt und nicht nur vor allem mit Getränken, Essen und Kleidung versorgt, sondern ihnen zudem mit Rat und Tat beisteht. Allerdings ist sie oft auf ihren eigenen Vorteil bedacht. Dies zeigt sich gleich zu Anfang des Stückes, wenn sie sich von Galy Gay den Gurkenkorb tragen läßt und den Helfer mit sexuellen Gunstbezeugungen entlohnen möchte, und wenn ihr dies nicht gelingt, es fertigbringt, den gutmütigen Mann sie noch bezahlen zu lassen, indem er ihr eine Gurke abkauft. Konträr zur Königin Anna, die ohne Kenntnis der Welt und der Menschen aufwuchs, hat Begbick früh gelernt, sich neuen Verhältnissen anzupassen, auf sich selbst gestellt, ihr Brot zu verdienen (GW I, S. 338). So ist sie zu einer realistischen, manchmal recht hart wirkenden Geschäftsfrau geworden, die wohl den Soldaten hilft, aber nie vergißt, ein reichliches Entgeld zu verlangen. Wenn sie die Montur für Galy Gay besorgt, schreibt sie jeden Teil genau an und läßt sich nach Stunden die Miete zahlen. Damit sie den strengen Sergeanten Fairchild von seinen Pflichten ablenkt, muß man ihr sieben Kriegslöhnungen bringen. Bei allen ihren Handlungen ist sie kühl und überlegt. Wenn Fairchild meint, sie gewonnen zu haben, denn wie könnte sie einem Mann widerstehen, der fünf Hindus einfach erschossen hatte und sich damit den Namen „blutiger Fünfer“ verdiente, so bleibt sie gegenüber diesem prahlerischen Kriegshelden nüchtern und gelassen. Unbeeindruckt meint sie, sie hätte keine Zeit für Privatsachen, sondern müßte beim Abzug der Truppen ihre Kantine einpacken. Später weist auch Mutter Courage einen ähnlichen Antrag aus gleichen Gründen zurück. Mit ihrer Resolutheit, ihrem geschäftstüchtigen Denken und Handeln kann die Begbick als eine Vorläuferin der späteren weiblichen Gestalt angesehen werden.

Es ist offensichtlich, daß eine Frau wie Leokadja Begbick, die überlegt handelt, auch aufgeweckt und scharfsinnig ist. Ihre Erfahrungen haben sie eine gute Menschenkenntnis gewinnen lassen. So glaubt sie nicht, daß Galy Gay seine Montur verloren hat. Sie ist es, die sofort feststellt, daß der angebliche Elephant nur eine Zeltbahn ist. Auch Fertigkeiten, die sonst nur Männern eigen sind, hat sie sich erworben. Sie schleppt ein Kanonenrohr auf dem Rücken herbei, hilft Galy Gay die Kanone aufzubauen, zeigt ihm, wie sie in Gang kommt und steht ihm beim Laden bei.

Mit dieser Tätigkeit hat sie sich vollständig von jedem klischeehaft fraulichen Verhalten entfernt und durch ihr Übergreifen in männliche Prärogative die geschlechtlichen Rollenbarrieren überwunden. Wenn Brecht sie dazu noch eine Zigarre rauchen läßt, sie aber trotzalledem weiter den Soldaten ihre Umarmungen selbstsicher anpreist, da sie ihnen die nötige Ruhe für den Kampf brächten, gewinnt sie androgynische Züge.

Mehr noch als robuste Geschäftsfrau und tatkräftige Helferin der Truppen hat Brecht sie zu dem Sprachrohr seiner Ansichten gemacht. Begbicks fahrbare Kantine bietet nicht nur eine Zufluchtsstätte für manchen „beleidigten Soldaten" (GW I, 311), der bekommt, was er verlangt (310), sondern es ist Leokadja Begbick, die mit ihrem Lied von der Veränderbarkeit aller Dinge eine Hauptidee des Dichters zum Ausdruck bringt. Dreimal singt sie dieses Lied in zwei Variationen (GW I, S. 320, 337, 346). In dem Zwischenspruch weist sie ausdrücklich auf Herrn Bertolt Brecht hin, der bewiese, daß man mit einem Menschen beliebig viel machen könne, wie das Beispiel des Galy Gay zeige. Man könne einen Menschen wie ein Auto ummontieren, so daß er sich dem Laufe der Welt anpaßte, müßte jedoch über ihn wachen, daß er nicht zum Schlächter, also gefährlich für die Menschheit werden könne. Dies demonstriert sie am Ende des Stückes, wenn sie Galy Gay anleitet, eine Kanone zu bedienen und damit beiträgt, aus dem friedlichen Packer einen scharfschießenden Soldaten zu machen.

Mit der Begbick hat Brecht eine Frau geschaffen, die aus der Opferrolle der weiblichen Figuren aus den frühen Stücken heraustritt, auch jede demütigende, erniedrigende Rolle abweist und stattdessen sich als androgynische Gestalt handelnd und belehrend an die Seite des Autors stellt.

ANMERKUNGEN

1. Vgl. auch dieselbe Ansicht bei Mary J. Cronin: *The Politics of Brecht's Women Characters*, op. cit. S. 50.
2. Obwohl Anna ein gewisser Einfluß durch ihr Verhältnis mit Kragler zugestanden wird, der den Frauen in „Baal" nicht gewährt werde, würde Anna mit ihren Schwankungen und Widersprüchen die innere Schwäche des Bürgertums darstellen. Anna würde als Parodie auf den Mittelstand und als sein Opfer wirken. Sie wäre so daran gewöhnt, eingeschüchtert zu werden, daß sie selten ihre eigene Meinung hervorbrächte. Mary J. Cronin, op. cit. S. 62 ff. Dagegen gesteht Laureen K. Nussbaum Anna zu, daß sie am Ende des Stückes sich unabhängig im Denken zeige, wenn sie schreie,

sie sei kein Tier. *The Image of Woman in the Work of Bertolt Brecht*, op. cit., S. 157.

3. Gisela E. Bahr: „Und niemals wird eine Verständigung sein: *Im Dickicht der Städte*", in: *Brechts Dramen. Neue Interpretationen*, hrsg. von Walter Hinderer, Stuttgart: Philipp Reclam, 1984, S. 78.
4. Gisela E. Bahr (Hrsg.): *Im Dickicht der Städte: Erstfassung und Materialien*, Frankfurt am Main: Suhrkamp, 1968, S. 159.

2. Kapitel

Die Dreigroschenoper – Aufstieg und Fall der Stadt Mahagonny

1928 schrieb Brecht *Die Dreigroschenoper.* Als Vorlage diente ihm John Gays *The Beggar's Opera*, auf die ihn Elisabeth Hauptmann, seine umsichtige Mitarbeiterin, in den zwanziger Jahren aufmerksam gemacht hatte, und die sie ihm übersetzte.[1] In diesem Stück Brechts, in dem bürgerliche Vorstellungen in einer Welt von Räubern und Geschäftsleuten zur Parodie werden, ist es ein junges Mädchen, welches durch ihr unkonventionelles Denken und Handeln wesentlich zur Schaffung dieser Parodie beiträgt. Polly, die Tochter des Geschäftsmannes Peachum, Besitzer der Firma „Bettlers Freund", ist ein wohlgesittetes Mädchen des viktorianischen Zeitalters, das dem Rat ihrer Eltern stets gefolgt war, bis sie sich in den Banditen Macheath verliebt hatte. Brechts Ironie will es, daß Pollys Herkunft aus einer angeblich ehrenhaften Familie recht zweifelhaft ist.

Jedoch jung, enthusiastisch und verliebt, wird Polly Peachum zum weiteren Beispiel Brechts, wie schnell ein Mensch sich verändern kann. Das bürgerlich erzogene Mädchen besitzt eine bemerkenswerte Anpassungsfähigkeit. Wenn sie Macheath bei ihrer Heirat kritisiert, daß ein Pferdestall kein Ort für eine Hochzeit sei, zumal er ihnen nicht gehört, daß sie mit einem Einbruch kein neues Leben beginnen sollten, so folgt Polly ganz der bürgerlichen Konvention. Doch bereits während der Hochzeitsfeier genießt sie den gestohlenen Lachs und erfreut sich an der entwendeten Uhr. Auch ihr Vortrag des Liedes der Seeräuber Jenny kann als Beweis angesehen werden, daß Polly sich aller bürgerlichen Vorstellungen entledigt hat. Sie lebt sich ganz in die Rolle des ausgebeuteten Abwaschmädchens ein, deren Tag der Befreiung mit der Ankunft des übergroßen, mit Kanonen besetzten Segelschiffes beginnt. In dem Lied ist es die Seeräuber Jenny, die über das Schicksal ihrer einstigen Ausbeuter, Männer, die sie in langen Arbeitsstunden bedienen mußte, entscheiden kann. Wenn Polly sich schließlich mit der Seeräuber Jenny identifiziert, erregt sie Erstaunen unter ihren Zuhörern, den kaltblütigen Kumpanen ihres Mannes und Macheaths Mißtrauen. Polly ist mit ihrem Lied zu rebellisch geworden, da sie für eine Frau eine Freiheit propagiert, die gegen die patriarchalische Ordnung angeht.

Durch ihre Heirat mit Macheath hat sich Polly wohl der Vormundschaft ihrer Eltern entzogen, für die sie den Wert von Geld oder eines

Handelsobjektes besaß, wie aus den Reden des Vaters und der Mutter hervorgeht. Für den Vater bedeutet sie einfach Geld,[2] während sie die Mutter mit einem Segelschiff gleichsetzt,[3] womit sie Polly, ohne es zu wollen, eine gewisse Stärke zuspricht, da sie mit diesem Vergleich an das Segelschiff erinnert, das der Seeräuber Jenny Befreiung brachte.

Auch Macheath weiß Polly zu seinem Vorteil zu benutzen, wenn er ihren jugendlichen Enthusiasmus und ihre Liebe für die Fortführung seiner Geschäfte während seiner Flucht vor den Häschern zu engagieren versteht. Jedoch mit dem Lied der Seeräuber Jenny, das sich nicht in der Vorlage Brechts, der *Beggar's Opera* von Gay findet, hat Polly die passive Rolle als eine der Frauen Macheaths verlassen. Pollys Lied der Seeräuber Jenny ist wahrhaftig „Dynamit", aber im Sinne eines Ausbruchs der Frau aus der etablierten patriarchalischen Ordnung und nicht als Darstellung des „Hexenhaften", des „Unterirdischen des Weibes", bis zur „Paradiesschlange", mit der sich Eva so gut versteht, wie ein Kritiker feststellte.[4]

Es ist Pollys Lied von der Seeräuber Jenny, welches das Handeln ihrer Namensschwester in der *Dreigroschenoper*, der Spelunken Jenny rechtfertigt. Auch diese war von Macheath ausgebeutet worden, als er mit ihr als Zuhälter gemeinsam Haus führte. In männlich überheblicher Weise prahlt er, sie hätten von seinem Kopf und ihrem Bauch gelebt (GW II, S. 443). Ähnlich wie die Seeräuber Jenny über das Schicksal ihrer Ausbeuter verfügt, überantwortet die Spelunken Jenny Macheath seinen Häschern.

Schließlich ist es jedoch die Königin gar, welche Macheath vor dem Galgen rettet, mit der wieder glücklichen Polly vereint und so die Parodie auf die bürgerliche Konvention selbst zur Parodie macht.

Das Lied der Seeräuber Jenny bleibt damit für dieses Stück Brechts nur eine Episode, welche aber Rezipienten zum Nachdenken anregt und zu neuen Erkenntnissen treibt.

Auf alle Fälle scheint die Jenny aus der fast zu gleicher Zeit entstandenen Oper *Aufstieg und Fall der Stadt Mahagonny* von 1928/29 an dem rebellischen Geist der Seeräuber Jenny teilzuhaben, wenn sie zur Einsicht kommt:

> Denn wie man sich bettet, so liegt man
> Es deckt einen keiner da zu
> Und wenn einer tritt, dann bin ich es

Und wird einer getreten, dann bist's du.
(GW II, S. 546)

Für den verschuldeten Paul Ackermann will sie nicht aufkommen, findet diese Idee für ein Mädchen lächerlich. Als Prostituierte ist sie sich besonders bewußt, daß sie ihre Zeit nützen müsse, um nicht zur Getretenen, zur Ausgebeuteten zu werden.

Der Einfluß der Leokadja Begbick dieses Stückes hat sich auch auf Jenny ausgewirkt. In größerem Maße als die Begbick in *Mann ist Mann* ist diese Witwe in der Oper *Mahagonny* aufs Geschäftemachen ausgerichtet und verfolgt dieses Ziel mit einer Gier auf Geld, welche die frühere Begbick und ebenso die spätere Mutter Courage bei weitem übertrifft. Aber nicht nur Geldgier ist ein Charakteristikum dieser weiblichen Gestalt Brechts. Es ist ihr Einfallsreichtum, der ihr und ihren Genossen nicht nur aus allen möglichen Schwierigkeiten heraushilft, sondern auch die Grundlage ihrer Existenz schafft. Als das Lastauto, in dem die Witwe mit ihren Begleitern auf der Flucht vor verfolgenden Konstablern in einer öden Gegend zusammengebrochen ist, die Männer sich in ihrer prekären Situation nicht zu helfen wissen, ist es die Idee der Begbick, aus der Not eine Tugend zu machen. Mit raschem Blick hat sie erkannt, daß die Stelle ihres Unglücks eigentlich recht günstig gelegen ist. Wenn ihre Gefährten klagen, daß sie verfolgt werden, und das Goldgebiet nicht mehr mit ihrem übel zugerichteten Lastwagen zu erreichen ist, weiß die pragmatische Begbick einen guten Rat. Sie schlägt vor, an der Stelle ihres Unglücks, wo ihr Wagen zum Stillstand gekommen ist, eine Stadt zu gründen. Mit guter Beobachtungsgabe hat sie erkannt, daß die Goldgräber das hart erworbene Gold schnell ausgeben. Sie würden das Gold leichter von den Männern als von den Flüssen bekommen, ist ihre schnell gewonnene Einsicht.

Begbicks Vorschlag wird ausgeführt. Rasch wächst Mahagonny, die Netzestadt, wie Begbick sie mit sicherem Instinkt getauft hat, empor und zieht die Unzufriedenen an, die hier für ihr Gold alles tun dürfen. Ruhe und Eintracht herrschen in Mahagonny, bis Paul Ackermann, mißmutig über die Stille, im Ort Unruhe stiftet. Ist es der Haß auf den Friedensstörer in der von ihr gegründeten Stadt, wenn die Witwe in der Gerichtsverhandlung zur unerbittlichen Richterin wird? In ihrer Nonchalance, mit der Begbick Paul Ackermann zum Tode verurteilt, erinnert sie an die Seeräuber Jenny und deren Todesurteile. Doch das Motiv für ihren grausamen Urteilsspruch – Paul schuldet ihr Geld für Whisky und eine Storestange – läßt die Witwe zum Exempel werden, daß Geldgier zu ungerechten Handlungen führt. Auch mit dem Todesurteil trägt die Begbick dazu bei, die Sitten eines Ortes zu schildern, [5] der Spiegel einer werdenden Konsum–Welt ist, die unter dem Gesetz des Geldes steht.[6]

ANMERKUNGEN

1. Vgl. Lotte Weill–Lenya: „Das waren Zeiten" (1955) in: *Bertolt Brechts Dreigroschenbuch*, hrsg. von Siegfried Unseld, Frankfurt am Main: Suhrkamp, 1973, Bd. I, S. 327.
2. Der Vater kann dies nicht deutlicher ausdrücken, als wenn er seiner Frau zuruft: „Celia, du schmeißt mit deiner Tochter um dich, als ob ich Millionär wäre! Sie soll wohl heiraten" (GW II, S. 402).
3. Frau Peachum steht ihrem Mann nicht nach, wenn sie nach der Nachricht von Pollys Heirat meint: „Geheiratet? Erst behängt man sie hinten und vorn mit Kleidern und Hüten und Handschuhen und Sonnenschirmen, und wenn sie soviel gekostet hat wie ein Segelschiff, dann wirft sie sich selber auf den Mist wie eine faule Gurke." (GW II, S. 423).
4. Ernst Bloch: „Lied der Seeräuber Jenny in der Dreigroschenoper" (1929) in: *Bertolt Brechts Dreigroschenbuch*, op. cit. Bd. I, S. 290 – 294.
5. In seinen Anmerkungen zur Oper *Aufstieg und Fall der Stadt Mahagonny* stellt Brecht fest: „Aus dem Spaß war etwas Lehrhaftes, Direktes herauszuarbeiten, damit er nicht bloß unvernünftig war. Es ergab sich die Form der Sittenschilderung. Die Sittenschilderer sind die handelnden Personen", (GW XVII, S. 1011).
6. Jan Knopf: *Brecht–Handbuch. Theater*, op. cit. S. 66.

3. Kapitel

Die heilige Johanna der Schlachthöfe

Mit dem Drama *Die heilige Johanna der Schlachthöfe* (1929 – 1931) hat Brecht zum ersten Mal eine Frau zur Titelheldin gemacht. Es ist jedoch keine reife Frau, sondern ein junges Mädchen voller Ideale. Daß diese erste weibliche Hauptfigur Brechts ihres Namens wegen an Schillers Dramenfigur erinnert, wie auch an zwei Heldinnen Shaws gemahnt, ist offensichtlich. Johanna Darks anfänglicher religiöser Eifer läßt an Schillers *Jungfrau von Orleans*, aber auch an Shaws *Saint Joan* denken, ein Stück, das zum ersten Mal in deutscher Übersetzung in der „Neuen Rundschau" von Juni – September 1924 in Berlin und dann erst in England in der Originalsprache veröffentlicht wurde. Jedoch anders als die geschichtliche Figur aus Schillers wie Shaws Dramen hat sich Brechts Johanna den Armen der Gesellschaft zugewandt. Sie ist Soldatin der Schwarzen Strohhüte geworden. Damit erinnert sie an Shaws Barbara Undershaft, die Hauptfigur in *Major Barbara* (1905), die wie Johanna Dark durch Suppe, Beten und Belehrung die Welt zu verbessern sucht. Brechts Protagonistin will in einer Zeit der Unruhen, der Gewalt, einer Welt, die ihrer Meinung nach einem Schlachthaus ähnelt, Gott unter die Menschen bringen, sie lehren, ihr Denken Höherem zuzuwenden und das Niedere dieser Welt zu mißachten. Angesichts der Realität des sie umgebenden Elends wirkt Johanna Dark mit ihrem religiösen Eifer fast naiv. Aber der anfängliche Eindruck der Naivität verflüchtigt sich rasch, da dieses junge Mädchen nicht nur einen kämpferischen Geist, sondern gleichzeitig eine scharfe Beobachtungsgabe und ein sehr waches kritisches Bewußtsein besitzt.[1] Bereits ihre erste Rede ist eine scharfe Kritik der Zustände in den Schlachthäusern, die sie überzeugend zu formulieren und durch Wortspiele zuzuspitzen versteht, wie zum Beispiel, wenn sie die Unruhen als „verordnete Unordnung planmäßiger Willkür entmenschter Menschheit" geißelt (GW II, S. 671).

Dieses kritische Bewußtsein, diese Redegewandtheit teilt Brechts Johanna mit zwei Frauen, die den jungen Brecht beeindruckten: Rosa Luxemburg wie auch Clara Zetkin. Besonders Rosa Luxemburg besaß eine schon zur Legende gewordene Sprachbegabung.[2] Bereits als Sechzehnjährige beobachtete sie scharf und fiel durch ihre kritische Intensität auf.[3a] Daß Johanna noch mehr gemeinsam mit diesen unabhängig denkenden und handelnden Zeitgenossinnen Brechts hat, soll gezeigt werden.

Um den Arbeitern der Schlachthöfe Trost zu spenden, Gott als die einzige Rettung der Untersten wieder in ihr Leben zu bringen, hat Johanna zunächst mit den Schwarzen Strohhüten das Missionshaus verlassen. Ihr Gang zu den Schlachthöfen, vom Dichter analog zu Fausts Abstieg zu den Müttern als „Gang in die Tiefe" bezeichnet, ist jedoch nicht nur als Parodie zu verstehen, wie die Forschung es zuweilen gesehen hat. Einmal zeigt diese Analogie allgemein betrachtet den Unterschied zwischen Goethes und Brechts Theater auf: Während Faust mit dem Reich der Mütter eine symbolhafte Welt aufsucht, erforscht Johanna die Welt der Wirklichkeit. Andererseits deutet dieser Gang Johannas in die Tiefe im spezifischen Sinne auf eine gewisse Ähnlichkeit des Mädchens mit Faust. Auch sie ist von einem Drang nach Erkenntnis beseelt und will diese Erkenntnis in die Tat umsetzen, um die Welt zu verbessern. In diesem Zusammenhang ist es interessant zu bemerken, daß Rosa Luxemburg bei ihrer Festnahme vor ihrer Ermordung im Januar 1919 den zweiten Teil von Goethes *Faust* mitnahm.[3b]

Johannas erster Gang in die Tiefe entspringt ihrem Wunsch, Hilfe zu bringen. Von ihren Beobachtungen in den Schlachthöfen lernt Johanna schnell, daß ihre missionarischen Absichten keinen Erfolg haben:

> Das erhebt sich nicht höher als
> Bis zu einer Schüssel Rand
> ... Denen ist nur mehr der Hunger gewachsen
> (GW II, S. 677)

Lieder und Reden berühren die Arbeiter nicht mehr, beobachtet Johanna. Ihr Entschluß ist gefaßt, wenn ein Strom von Verzweifelten keine Arbeit mehr hat. Sie muß herausfinden, wer Schuld an dem Elend ist. Wissensdurst ist es, der dieses Mädchen antreibt, die Antwort zu finden. So wie Fortschreiten für Brecht wichtiger ist als der Fortschritt selbst, so ist der Lernprozeß, der zu Johannas Erkenntnis führt, das Thema dieses Stückes. Mit Mut geht sie vor. Wie aus den Biographien Rosa Luxemburgs und auch Clara Zetkins ersichtlich ist, zeichneten sich beide Frauen durch ihren Mut aus, mit dem sie ihre Ziele verfolgten.[4] In Rosa Luxemburgs Biographie heißt es, daß sie bereits als junges Mädchen sehr anfällig für Leid und Elend war, daß die Empörung darüber ihren Wunsch weckte zu denken, zu erkennen und gemäß dem Erkannten konsequent zu handeln.[5]

Als Johanna hört, daß Mauler, der Fleischkönig, mit anderen Fleischfabrikanten im Streit liegt, steht es für Johanna fest, zu Mauler zu gehen.

Trotz aller Gegenreden der Schwarzen Strohhüte, sich nicht in irdischen Zank zu mischen, läßt Johanna sich nicht beirren. Sie beharrt darauf, den Grund für die Arbeitslosigkeit zu erfahren. Mit Hartnäckigkeit und gutem Instinkt verfolgt sie ihre Ziele. Trotz Maulers Verleugnen seiner Identität erkennt Johanna ihn sofort, weil er „das blutigste Gesicht" habe (GW II, S. 685). Wie konstatiert wird, eifert Brecht in dieser Szene Shaw nach, dessen Joan den Dauphin als den Ärmsten erkannte.[6] Ungeachtet der Mahnung des Detektivs, nicht Fragen zu stellen, schleudert Johanna Mauler mutig ihre Fragen ins Gesicht, warum er Arbeiter aussperre und die Schlachthöfe zugemacht habe. Mauler, der Kapitalist, von dem Brecht äußerte, er wäre Johannas gleichwertiger Gegenspieler,[7] ist von dem jungen Mädchen von Beginn an beeindruckt. Sie erscheint ihm wie aus einer anderen Welt. Die Offenheit und die Furchtlosigkeit, mit der sie vor ihn hingetreten ist und ihm die Schuld an dem Elend der Arbeiter vorgeworfen hat, imponiert ihm so sehr, daß er vergißt, seine Geschäftsbriefe zu lesen. Er schämt sich, daß Johanna ihm den Metzger sofort angesehen hat. Wie hoch die junge Frau in seiner Meinung steht, läßt sich zudem aus einer früheren Fassung in Szene 6 ersehen, in der Mauler Slifts chauvinistische Bemerkung, welche in Johanna wie in jeder Frau nichts anderes als ein sexuelles Objekt sieht,[8] mit „Dummkopf" beantwortet. Mauler wird ein Beispiel, daß Johannas gute Beobachtungsgabe sie auch bei einzelnen Personen nicht trügt. Von vorneherein hat sie bemerkt, daß er kein schlechter Mensch ist; denn er sei der erste, den ihre Trommeln aufscheuchten. Es ist ihr gelungen, das Denken des Fleischkönigs zu verändern. Er, der sein Leben dem Erwerb des Geldes gewidmet hatte, erkennt die Mittel seines Reichtums als Unwesen, das Kriege verursachte und Tausende um „schmutziges Geld" verbluteten (GW II, S. 714).

Wenn Johanna Slift und die anderen Packherren mit der umgekehrten Fahne der Schwarzen Strohhüte aus deren Haus herauswirft, bewundert Mauler wieder den Mut dieses Mädchens, das sich vor nichts fürchtet. Es ist auf Johannas Fürsprache hin, wenn Mauler alles Vieh aufkauft, damit die Arbeiter Brot bekommen. Johannas Einfluß ist es zuzuschreiben, wenn Mauler sein Armwerden gelassen hinnimmt, schließlich am Ende des Stückes zwischen seiner Neigung, Geschäfte zu machen oder sich wohltätigen Zwecken zu widmen, hin und her schwankt.

Wenn Luise Dornemann in ihrer detaillierten Biographie, die sich auf Clara Zetkins Werke, Dokumente und Protokolle stützt, feststellt, daß

Clara Zetkin ihre Ausbildung im Kampf gegen Elend und Ausbeutung erlebte,[9] so läßt sich das ebenso von Johanna Dark sagen. Zwei weitere Gänge in die Tiefe zu den Schlachthöfen unternimmt Johanna, um die Gründe für das Elend zu erforschen. Nicht nur mutig, sondern auch intelligent bei ihrer Erforschung der Situation, gibt sie vor, sie suche Arbeit. Das groteske Schicksal Luckerniddles und das Verhalten seiner Witwe, welche die zwanzig ihr als Entschädigung für den Tod ihres Mannes angebotenen Mahlzeiten annimmt, läßt Johanna öffentlich gegen die unwürdige Behandlung der Armen protestieren und ohne jede Furcht die raffinierten Machenschaften der Oberen angreifen. Johanna zeigt keine Scheu, sich gegen Autoritäten zu wenden. Auch diese Haltung hat sie mit Rosa Luxemburg gemein, die bereits 1884 anläßlich eines Staatsbesuchs des deutschen Kaisers Wilhelms des Ersten in Warschau ein Gedicht schrieb, in dem die Dreizehnjährige betont, wie wenig ihr an Ehrenbezeigungen von königlicher Seite läge,[10] die ferner 1904 zu drei Monaten Gefängnis wegen Majestätsbeleidigung verurteilt wurde, und der man 1914 einen Prozeß machte, weil sie ein Jahr davor eine Menschenmenge gegen die Obrigkeit aufgewiegelt hatte.

Es ist Johannas Werk, daß sich Packherren und Aufkäufer schließlich als Dummköpfe anschreien. In ihrer verzweifelten Anstrengung, zwischen den Arbeitern und Fabrikherren zu vermitteln, gerät Johanna unversehens in den Geschäftsjargon. Wenn sie den Packherren rät, sie sollten den Dienst am Nächsten als den Dienst am Kunden betrachten, mischt sich bereits ein ironischer Ton in ihre einstmals so unerschütterliche religiöse Anschauung und bereitet den Wandel ihrer Ansichten vor, der sich vor allem gegen die falsche Auslegung der Religion richtet. Auch die umgekehrte Fahne, mit der sie die Packherren aus dem Missionshaus treibt, nachdem sie ihnen ins Gewissen geredet hat, ist ein Zeichen für die Umkehrung ihres Denkens, das sich am Ende des Stückes vollzogen hat. Johannas Reden gegen die Packherren überzeugen. Ihr Handeln ist resolut. Es ist ihre Abneigung gegen jede Art von Gewalt – auch Rosa Luxemburg zeichnete diese Haltung aus[11] – welche Johanna versäumen läßt, den Brief abzugeben, der die Arbeiter zum Streik aufruft. Die Erkenntnis dieses Fehlers verdoppelt die Stärke ihrer Anklage gegen sich selber und ebenso die Härte ihrer Forderungen am Ende.

Kurz vor dem dritten Gang in die Tiefe der Schlachthöfe erlebt Johanna den Höhepunkt ihrer idealistischen Wünsche und Hoffnungen – allerdings nur im Traum. An der Spitze von Strömen von Arbeitern sieht sie sich schreiten, die Stirne blutig. Sie hört Wörter kriegerischen Klanges in einer unbekannten Sprache rufen. Alles, was ihr Fuß berührt, verändert sich, wird zerstört und beeinflußt selbst den Lauf der Gestirne. Johannas Mut, ihre Energie, ihre Willenskraft, ihr kritischer Geist haben revolutionäre Gestalt gewonnen und führen die Menschheit zu einem besseren Leben. Wenn der Dichter Johanna diese Vision auch speziell auf sich beziehen läßt, so hat er sie zudem so dargestellt, daß sie allgemein gesehen auf die Frau überhaupt Anwendung finden kann. Denn Johanna schreitet vielen Zügen von Menschen voran, in vielfacher Gestalt, jung und alt (GW II, S. 734).

Mit dieser Vision Johannas entwirft Brecht ein Bild, das auf geschichtliche Vorgänge weist. Es erinnert an die beiden Revolutionärinnen aus der Zeit des jungen Brecht, die jüngere Rosa Luxemburg und die ältere Clara Zetkin, die beide durch Reden und Artikel Menschenmassen begeisterten und mitrissen. Besonders läßt das Bild der Strömen von Menschen voranschreitenden Johanna an Rosa Luxemburg mit ihrem Glauben an die schöpferische Kraft der Massen denken.[12] Gleichzeitig weist das Bild auf die Fähigkeit der Frau zu aktiver führender Arbeit in der Politik und darüber hinaus auf allen Gebieten des gesellschaftlichen Lebens hin. Der Traum Johannas, die sich jung und alt Zügen von Menschen voranschreiten sieht, nimmt ebenso schon das Bild Pelagea Wlassowas voraus, die in Brechts späterem Stück die Fahne des erschossenen Smilgin aufhebt und dem Zug der marschierenden Arbeiter vorauszieht.

Bei ihrem dritten Gang zu den Schlachthöfen erlebt Johanna selbst das Leiden aber auch die Schlechtigkeit der Armen. Ihr Schal wird gestohlen, sie wird von Kälte und Hunger gequält. Sie erkennt die „unbekannte Schule, den ungesetzlichen Raum von Schnee erfüllt, wo Hunger lehrt" (GW II, S. 752). Mit diesem Wissen gelangt Johanna zu Schlüssen, welche Brecht in seinen *Schriften zu Politik und Gesellschaft* äußerte.[13] Die Gänge in die Tiefe der Schlachthöfe haben Johanna weiter gelehrt, das soziale System mit einer Schaukel zu vergleichen, wo nur einige wenige oben und viele unten sitzen. Trotz ihrer grausamen Erfahrungen lehnt Johanna alle Gewalt ab, bis sie zuletzt krank, dem Tode nahe und von Gewissensbissen über ihr Versäumnis erfüllt, zu radikalen revolutionären Ideen vorstößt. Die Intelligenz und die Tapferkeit, Eigenschaften, die Johanna, ebenso wie ihre realen Vorbilder, Rosa Luxemburg und Clara Zetkin, von vorneherein besessen hat, sind in Brechts Sinne an sich bereits revolutionär.[14] Aber die Beobachtungen und Erfahrungen in den Schlachthöfen haben Johanna ihre früheren Ansichten radikal verändern lassen. Ein unerkennbarer Gott wird abgelehnt. Eine veränderte Welt wird gefordert. Je mehr sie von den Fabrikherren, den Schwarzen Strohhüten als Streiterin für Gott und Opfer der Unruhen in den Schlachthöfen, als heilige Johanna gepriesen wird, desto stärker richtet sich der dialektische Gegensatz ihrer Anklage gegen sich selbst und die bestehende Gesellschaft. Mit ihrer letzten revolutionären Erkenntnis, die sie an die Umstehenden wie an die Zuschauer vermittelt, hat Johanna die Möglichkeit, die Vision ihres Traumes zu verwirklichen und zur geistigen Anführerin neuer revolutionärer Bewegungen zu werden. Ihre Worte, es helfe nur Gewalt, wo Gewalt herrsche (GW II, S. 183), läßt an Clara Zetkins Bemerkung, Gewalt könne nur durch Gewalt gebrochen werden, denken. Diesen Ausspruch brachte Clara Zetkin in Auseinandersetzung mit dem Pazifismus angesichts allgemeiner Kriegsmüdigkeit vor und erwähnte das Beispiel Sowjetrußlands, das ohne seine Rote Armee nicht lebendige Gegenwart, sondern Vergangenheit wäre.[15] Mit ihren Worten ist Johanna zu einer Kompromißlosigkeit gelangt, die gleichfalls an Rosa Luxemburg erinnert, eine Kämpferin gegen alles, was Anpassung, Stehenbleiben auf halbem Wege, Bequemlichkeit, Kompromiß bedeutet, an Rosa, die unermüdliche Partisanin der Veränderung, wie ein Biograph von ihr schreibt.[16] Wie ferner aus Rosa Luxemburgs Biographie hervorgeht, war diese Frau nicht nur überaus idealistisch und opferbereit gesonnen, besaß nicht nur immer Energie und Heiterkeit, sondern hatte in den letzten Wochen ihres Lebens gleich Johanna gesundheitlich gelitten. Die Verschwendung aller Kräfte in den davor liegenden Monaten hatte das Zerstörungswerk der Kriegsjahre vollendet. Schwere Ohnmachtsanfälle wiederholten sich täglich.[17] Jede Ermahnung zur Ruhe war Rosa jedoch wie eine Aufforderung zur Flucht erschienen. Noch kurz vor ihrer Ermordung war sie bemüht gewesen, möglichst vielen Menschen Rede und Antwort zu stehen, ihnen die Lage zu analysieren,[18] ein Zug den Johanna ebenfalls mit ihr teilt.

Johannas neu gewonnenes Wissen, daß nur Menschen helfen, wo Menschen sind, ist angetan, das Zutrauen des Menschen, seien es Männer oder Frauen, zu seinen eigenen Kräften zu stärken. Das Schicksal Johannas kann als Gegenstück zu dem des jungen Genossen in dem Stück *Die Maßnahme* angesehen werden, das zur gleichen Zeit (1929 – 1930) wie *Die heilige Johanna der Schlachthöfe* entstanden ist. Ähnlich wie er ist sie jung, idealistisch und muß schließlich ihr Leben opfern. Im Gegensatz zu dem jungen Genossen erscheint Johanna jedoch klüger, kritischer, gewandter in ihren Reden.

Bereits mit der Gestalt Johannas, der definitiv Wesensmerkmale Rosa Luxemburgs und auch Clara Zetkins mitgegeben wurden, hat Brecht bewiesen, daß Frauen auch in politischen und gesellschaftlichen Dingen den Männern ebenbürtig sind, ja ihnen sogar überlegen sein können.

ANMERKUNGEN

1. Diese kritische Haltung, die der jungen Johanna von Anfang des Stückes an eigen ist, wird von der Forschung nicht erkannt. Mary Cronin spricht nur von Johannas Naivität, die Brecht gut zu dem traditionellen Begriff des schwächeren Geschlechts paßte. *The Politics of Brecht's Women Characters*, op. cit. S. 101. Auch Sara Lennox sieht in der jungen Johanna die naive Befürworterin des Status quo, denn sie besäße die stereotypen Züge der Kindfrau. „Women in Brecht's Works", op. cit. S. 87.
2. Harry Wilde: *Rosa Luxemburg*, op. cit. S. 91.

3a. Frederik Hetmann: *Rosa L. Die Geschichte der Rosa Luxemburg und ihrer Zeit*, op. cit. S. 27.

3b. Ebenda, S. 266.

4. Vgl. Frederik Hetmann: *Rosa L.* op. cit., Harry Wilde: *Rosa Luxemburg*, op. cit. und Luise Dornemann: *Clara Zetkin. Leben und Wirken*, Berlin: Dietz Verlag, 1974.
5. Frederik Hetmann, S. 29.
6. Henry Goodman: „Bertolt Brecht: Dualism and Tradition", in: *Medieval Epic to the Epic Theater of Brecht*, University of Southern California Studies in Comparative Literature, ed. by Rosario P. Armato and John M. Spalek, Univ. of Southern California Press, 1968, S. 229.
7. *Bertolt Brecht: Die heilige Johanna der Schlachthöfe*. Bühnenfassung, Fragmente, Varianten, kritisch ediert von Gisela E. Bahr, Frankfurt/M.: Suhrkamp, 1980, S. 216.
8. „vielleicht aber braucht sie auch nur daß ein mann sie an die wand schmeißt und die welt ist wieder in ordnung. ich mein ob was sie braucht gar nicht fleisch für [die] ihre armen sondern umarmung für ihr armes fleisch ist?" Bertolt Brecht: *Die heilige Johanna der Schlachthöfe*. Bühnenfassung, op. cit. S. 116.
9. Clara Zetkin, op. cit. S. 247.
10. Frederik Hetmann, op. cit. S. 25.
11. Der Abscheu vor jedem Mißbrauch von Gewalt hat Rosa Luxemburg bis an ihr Lebensende beschäftigt. Frederik Hetmann, S. 125.
12. Harry Wilde, S. 105.

13. „Was erzieht? Es erzieht der Hunger". GW XX, S. 84.

14. In seinen *Schriften zu Politik und Gesellschaft* spricht Brecht in Verbindung mit der Stadt Berlin von Intelligenz und Tapferkeit als von den revolutionärsten Eigenschaften. (GW XX, S. 34).

15. Luise Dornemann, op. cit. S. 472.

16. Frederik Hetmann, op. cit. S. 167.

17. Ebenda, S. 258 f.

18. Ebenda, S. 264.

4. Kapitel
Die Mutter

Auch in dem der *Heiligen Johanna der Schlachthöfe* unmittelbar folgenden Stück von 1931 steht eine Frau im Mittelpunkt der Handlung. Wie der Titel anzeigt, greift der Dichter mit der Hauptgestalt auf eine reife Frau zurück. Es ist Pelagea Wlassowa nach dem Roman Maxim Gorkis, den Günther Weisenborn und Günther Stark dramatisiert hatten. Wie festgestellt wurde,[1] hat Brecht beide Quellen benutzt, um eine aktive Mutter Figur aus den passiven Vorbildern zu schaffen. Allein ein Vergleich der Einleitungsszene der Volksbühnenbearbeitung von G. Weisenborn und G. Stark mit der ersten Szene bei Brecht[2] bestätigt diese Feststellung. Während die frühere Dramatisierung des Gorkischen Romans mit dem Dialog von Arbeitern beginnt, stellt Brecht seine Hauptgestalt an den Anfang seines Dramas. Daß diese Hauptfigur jedoch nicht nur auf literarischen Vorbildern beruht, sondern dem Leben nachgeschaffen ist, wird zu zeigen sein.

Mit eindrucksvollen Worten klagt Pelagea Wlassowa über die kärgliche Suppe, die sie ihrem Sohn vorsetzen muß, da man seinen Lohn gekürzt hat. Es schmerzt diese Mutter, daß sie Pawel bei seiner langen schweren Arbeit kein kräftigeres Essen vorsetzen kann. Sie fürchtet, er werde bald bemerken, daß sie ihm keine Hilfe mehr, sondern im Gegenteil eine Last sein könne. Bereits ihre ersten Worte verraten die scharfe Beobachtungsgabe dieser Witwe eines Arbeiters und Mutter eines Arbeiters, ihre kritische Einstellung gegenüber ihrer Umgebung. Ungleich Johanna Dark hat Pelagea Wlassowa ihr ganzes Leben in ärmlichen Verhältnissen verbracht und ist nicht mit Idealen belastet. Somit ist es ihr leichter als Johanna gemacht, die Wirklichkeit zu erkennen. Statt Idealen ist ihr eine Skepsis eigen, mit der sie alle Vorkommnisse betrachtet. Ihr ist aufgefallen, daß ihr Sohn anders als sein Vater gerne Bücher liest, sich mit anderen Arbeitern im Hause trifft und leise diskutiert. In ihrer mütterlichen Sorge fürchtet sie, daß die Arbeiter Pawel in Dinge verwickeln, die ihm seinen Arbeitsplatz kosten könnten. Es ist auch mütterliche Vorsicht, die Pelagea bewegt, Pawel zu verbieten, die Flugblätter in der Fabrik zu verteilen, dann jedoch diese Aufgabe selbst zu übernehmen, um ihn nicht in Gefahr kommen zu lassen. Diese Mutter wird im Laufe des Stückes zu einer Revolutionärin und gewinnt Züge, die an Clara Zetkin erinnern. Selbst Mutter, zog Clara Zetkin ihre beiden Söhne nach dem frühen Tode ihres Vaters, des russischen Revolutionärs Ossip Zetkin, unter schwierigen finanziellen Umständen auf. Wie die Biographin berichtet, erlangte die tiefgebeugte Frau nach dem Tode Ossips nur durch ihre Kinder und durch ihre Arbeit als revolutionäre Kämpferin ihre Lebenskraft zurück.[3]

Neben ihrer Mütterlichkeit, ihrer Skepsis zeichnet Pelagea Wlassowa von Anfang an auch Hilfsbereitschaft für andere aus. Sie sieht ein, daß dem verhafteten Ssidor mit der Verteilung der Flugblätter geholfen werden kann, um den Verdacht von ihm abzulenken. Mit List, unterstützt von ihrer Beobachtungsgabe, welche ihr in ihrem Leben eine genaue Menschenkenntnis verliehen hat, geht Pelagea an ihre Aufgabe heran. Sie plant das Verkaufen von Eßwaren in der Mittagspause für ihre Freundin Marja Korssunowa zu übernehmen, wobei sie vorhat, die Flugblätter als Einwickelpapier in die Fabrik zu schmuggeln. Nach Beobachtung des Portiers ist es ihr klar, daß ihm, dem Dicken und Faulen, mit „Wortgewäsch" beizukommen ist. Ihre Menschenkenntnis bewahrheitet sich. Der Pförtner, der seine Ruhe haben will, hört ihren Redefluß und läßt sie passieren. Pelagea Wlassowa hat verstanden, eine dem weiblichen Geschlecht vorgeworfene Schwäche zu ihrem Vorteil zu benutzen.

Der illegale Besuch der Fabrik ebenso wie vorher die brutale Haussuchung der Polizei erweist sich als ein sich fortsetzender Lernprozeß für die trotz aller Skepsis nicht nur mit Mutterwitz begabte, sondern auch schlagfertige Frau. Auf die Fragen der Arbeiter, was in den Flugblättern stände, wird ihr bewußt, daß sie nicht lesen kann. Wenn der Arbeiter Smilgin von einem Polizisten niedergeschlagen wird, weil er verschweigt, wie er sein Flugblatt erhalten habe, ist es Pelagea, die darauf hinweist, Smilgin habe doch nur eine Gurke gekauft. Pelagea empfindet Smilgins Verhaftung als ihre Schuld. Wenn sie wissen will, warum Menschen verhaftet werden, wird sie von einem Arbeiter in die marxistischen Theorien eingeführt. Durch Zwischenfragen bringt Pelagea die Arbeiter dazu, ihre Gedanken und Formulierungen zu präzisieren und zu konkretisieren. Damit wird sie selber bereits zu einer Lehrerin, die eine ähnliche Methode noch unbewußt ergreift, wie sie Rosa Luxemburg als Dozentin für Nationalökonomie an der Parteischule der SPD anwendete. Durch Fragen zwang Rosa Luxemburg ihre Schüler zur eigenen Auseinandersetzung mit den nationalökonomischen Problemen.[4]

Durch die Erläuterungen der Arbeiter und zudem durch ihre eigenen Beobachtungen belehrt, ist es Pelagea Wlassowa, die findet, es gehe die Polizei nichts an, wenn die Arbeiter einen Streik gegen den Fabrikbesitzer Suchlinow veranstalten. So ist sie es, die vorschlägt, sie müßten der ganzen Stadt zeigen, daß ihr Streit mit der Direktion ein friedlicher und gerechter ist. Pelagea ist überzeugt, daß die Polizei gegen eine friedliche Demonstration nichts unternehmen würde, betont immer wieder ihre Ablehnung jeder Gewalt, ebenso wie es Rosa Luxemburg tat. Sie kennt die Arbeiter, die demonstrieren wollen, als lauter ordentliche Leute, die wegen Arbeitslosigkeit und Hunger, auch gegen Lohnsenkungen zu protestieren die Absicht haben. Pelagea Wlassowa fühlt mit ihnen, und es ist selbstverständlich für die sonst ruhige und gleichmütige Frau, sich dem Zug der Demonstranten zuzugesellen. Wenn Smilgin die rote Fahne nicht auf Befehl der aufmarschierenden Soldaten hergeben will, er darauf getötet wird, vier Mann hinlaufen, um sich die Fahne zu holen, ist es Pelagea Wlassowa, welche mutig die Fahne ergreift, kundgibt, sie werde sie tragen und prophezeit: „Das wird alles noch anders werden" (GW II, S. 849).

Mit diesem Bild der Frau, welche die rote Fahne des getöteten Kameraden übernimmt, zeigt Brecht nicht nur die Ersetzbarkeit des Mannes durch die Frau im politischen Kampf, sondern erinnert symbolisch an Rosa Luxemburg, welche im Zuge der Novemberrevolution 1918 die Spartakistenzeitung „Die Rote Fahne", in der auch Clara Zetkins Artikel „Die Revolution und die Frauen" am 22.11.1918 erschienen war, mitbegründete und herausgab. Auch an Clara Zetkin wird mit dem Bild Pelageas, die die rote Fahne trägt, gedacht. Wie aus Clara Zetkins Biographie hervorgeht, nahm Clara als junge Frau in Paris an den Demonstrationen zu Ehren der gefallenen Kommunarden teil, „und immer fand sich die junge Frau im dicksten Getümmel, dort wo um die rote Fahne gekämpft wurde, die die Polizei den Arbeitern zu entreißen suchte".[5]

Die nächsten Szenen beweisen, daß Pelagea Wlassowa das Ihrige tut, damit sich ihre Prophezeiung einer Änderung erfüllt. Sind in den ersten Szenen die Mütterlichkeit, die scharfe Beobachtungsgabe, der Mutterwitz und die Kritik der Zustände, auch die Menschlichkeit dieser Frau hervorgetreten, und hat sie bereits mit ihren Vorschlägen gewisse Führerqualitäten bewiesen, so entwickelt sie in den nächsten Szenen eine bemerkenswerte Einsicht und Hartnäckigkeit, mit der sie die Ziele der Revolution verfolgt. Nach der Verhaftung ihres Sohnes bei dem Lehrer Wessowtschikow als Haushälterin untergebracht, versammelt sie die Nachbarn, um sie politisch zu aktivieren. Wenn der Lehrer sie dabei überrascht, weiß sie gewitzt, ihre heikle Situation zu ihrem Nutzen zu verändern. Sie überredet den Lehrer dazu, ihr und den anderen Versammelten, das Lesen beizubringen. In diesem Zusammenhang ist es interessant zu wissen, daß auch Clara Zetkin verstanden hat, sich und ihre Parteigenossen aus schwieriger Situation zu retten wie bei dem Parteitag in Karlsruhe, als die Polizei eindrang, um alle zu verhaften.[6]

Aber nicht nur, um sich aus einer bedenklichen Lage zu befreien, bittet Pelagea den Lehrer, sie lesen zu lehren. Klarsichtig hat sie erkannt: Lesen ist Klassenkampf und weiß dies mit dem Argument zu illustrieren, daß die Soldaten bei der Maidemonstration in Twer vielleicht gar nicht auf sie geschossen hätten, wenn sie ihre Transparente hätten lesen können; sie hatte beobachtet, es wären lauter Bauernsöhne gewesen (GW II, S. 855). Diese Begründung Pelageas, welche nicht nur ihren gesunden Menschenverstand, sondern auch die Überzeugungskraft ihrer Argumente beweist, ist noch nicht in den „Versuchen" der ersten Fassung enthalten. Ihre Auffassung, daß Lesen Klassenkampf sei, begründet sie ihren Nachbarn in der früheren Fassung lediglich damit, daß sie mit der Beherrschung des Lesens und Schreibens imstande wären, ihre Broschüren selbst zu verfassen und ihre Bücher zu verstehen.[7] Wie sehr es Brecht darauf angekommen ist, die weibliche Hauptgestalt dieses Stückes herauszuarbeiten, ihre Fähigkeiten darzustellen und sie zu individualisieren, geht ferner aus der Tatsache hervor, daß Brecht sie in den *Versuchen* stets „Die Mutter" nennt, während sie in der Endfassung durchweg als „Pelagea Wlassowa" bezeichnet wird.

Pelageas Hartnäckigkeit, ihre Zielstrebigkeit ermöglichen es ihr, Lesen und Schreiben bald zu meistern. Durch ihre Gabe überzeugend zu argumentieren, wobei sie, ihr Ziel fest im Sinne, unwichtige Gegenargumente des Lehrers einfach ignoriert, gewinnt sie ihn schließlich zum Sympathisanten der revolutionären Bewegung. Ebenso gelingt es ihr, den Gutsmetzger einerseits durch ihr ruhiges Sprechen, das durch seine einfache Logik überzeugt, auf die Seite der streikenden Landarbeiter zu bringen. Andererseits beeindruckt sie ihn auch durch ihren Mut, mit dem sie den Streikbrechern gegenübergetreten ist. Während die zwei Arbeiter in ihrer Gesellschaft bei den ersten Steinwürfen der Streikbrecher die Flucht ergriffen, hat Pelagea die Angreifer trotz der großen Beule an ihrer Stirn ruhig zur Rede gestellt, ihre Solidarität zu ihnen bekannt und ihre Sache vor dem Gutsmetzger vertreten. So sehr hat sie den Gutsmetzger und seine Leute beeindruckt, daß sie schließlich das Loblied der Wlassowas singen, worin Pelagea als gute Kämpferin, die fleißig, listig und zuverlässig ist, mit den Wlassowas aller Länder als gute Maulwürfe, unbekannte Soldaten der Revolution charakterisiert und gepriesen wird (GW II, S. 872).

Wenn dieses „Lob der Wlassowas" Anlaß zum Vorwurf geworden ist, daß Brecht der Frau lediglich die Rolle des Maulwurfs gönnt, so muß einmal darauf hingewiesen werden, daß Brecht dieses Loblied der Wlassowas schließlich nur von einem durchschnittlichen Mann mit patriarchalischen Ansichten singen läßt. Der Gutsmetzger ist daran gewöhnt, die Frau als Arbeiterin in der Küche und auf dem Felde zu kennen, wie aus den Anordnungen an seine Frau zu ersehen ist (GW II, S. 869). Andererseits läßt sich bei genauem Studium der Gestalt Pelageas erkennen, daß nicht nur ihr Sohn, auf den sie das Lob des Revolutionärs singt, sondern auch sie selbst die Eigenschaften des Revolutionärs besitzt.

Wie aus den vorangehenden Ausführungen ersichtlich ist, zeichnet Pelagea Wlassowa gerade der Mut aus, der in der zweiten Strophe als Wesenszug des Revolutionärs gepriesen wird (GW II, 858). Ein Vergleich mit den *Versuchen* erweist, daß Brecht erst in der Endfassung den Mut als Charakteristikum des Revolutionärs eingeführt hat.[8] Wie oben erwähnt, hat aber Brecht gerade in der Endfassung die Gestalt Pelageas weiter vertieft.

> Wenn die Unterdrückung zunimmt
> Werden viele entmutigt
> Aber sein Mut wächst

charakterisiert niemand in diesem Stück als Pelagea. Ihr Mut wächst bei der Mai–Demonstration, als Smilgin neben ihr erschossen wurde. Sie ist es, welche die Fahne ergreift. Wenn die Streikenden sie mit Steinen bewerfen, spricht sie mit ihnen. Wenn ihr Sohn erschossen wird, ist sie es, die von der Polizei blutig geschlagen wird, weil sie inmitten der den abmarschierenden Truppen zujubelnden Menge bei der Mobilisierung den Krieg laut verflucht und die Revolution leben läßt. Auch Pelageas Reden an der Kupfersammelstelle, welche die Leute vertreiben, ihr Sich–Identifizieren als Bolschewikin erfordern Mut. Wenn es vom Revolutionär heißt:

> Er organisiert seinen Kampf
> Um den Lohngroschen, um das Teewasser
> Und um die Macht im Staat
> (GW II, 858)

so muß daran erinnert werden, daß Pelagea den Kampf organisierte, als sie ihre Nachbarn dazu brachte, Lesen als Klassenkampf, vor allem das marxistische Wortgut beherrschen zu lernen. Pelagea Wlassowa ist es, die den Gutsbesitzer anregt, seine Ansichten zu prüfen und auszunützen, das heißt in die Tat umzusetzen, die ihn zur Auflehnung gegen Smirnow, den Besitzer des Gutes bringt. So treibt der Gutsmetzger die Streikbrecher hinaus. Seine Worte „Als Metzger bin ich gewohnt, daß zuletzt ich lache und nicht die Sau", das heißt Smirnow (GW II, 871),beweisen, daß die Argumente Pelageas ihn überzeugt haben, und er sich dem Aufstand angeschlossen hat. Auch in ihrer Unterhaltung mit den Frauen, die gekommen waren, um sie wegen ihres Sohnes Tod zu trösten, weiß sie zu demonstrieren, wie wenig nützlich ihnen ihre althergebrachten Ansichten sind.

Auch andere Merkmale des Revolutionärs lassen sich auf Pelagea selbst beziehen:

> Wo immer geschwiegen wird
> Dort wird er sprechen
> Und wo die Unterdrückung herrscht
> Und vom Schicksal die Rede ist
> Wird er Namen nennen.
> (GW II, 858)

Gerade die letzten drei Zeilen beschwören die Szene von Pelageas Besuch ihres Sohnes im Gefängnis herauf. Pelagea weiß, die Drangsal des Gefängnisses für ihren Sohn Pawel Wlassow zu erleichtern, indem sie die Namen der Gesinnungsgenossen und ihren Aufenthaltsort nennt. In diesem Zusammenhang ist es interessant festzustellen, daß die ganze Strophe „Lob des Revolutionärs" (GW II, 858) einem Kapitel aus dem Leben der Rosa Luxemburg vorangestellt ist.[9]

Wie den Lehrer und den Gutsmetzger, so gewinnt die Wlassowa am Ende auch das Dienstmädchen für die revolutionäre Sache, eine Handlung, welche an Clara Zetkins Ideen für den Aufbau einer planmäßigen Agitation denken läßt. So schlug Clara Zetkin vor, freundliche Beziehungen zu einer einzelnen Arbeiterin anzufangen, diese dann zu beeinflussen, wieder mit Freundinnen zu sprechen.[10]

Daß Pelagea Wlassowa nicht zu den unbekannten Soldaten der Revolution gehört, beweist die Frage des Arbeiters zu Beginn der 8. Szene, ob sie diejenige wäre, die man im Bezirk „die Mutter" nenne (GW II, 866). Am Ende des Stückes ist es Pelagea, die in den Reihen der streikenden Arbeiter und meuternden Matrosen als „Die Mutter" mitmarschiert und somit zur Mutter, also der Gebärerin der Revolution, zur Mutter aller Revolutionäre wird. Wen anders als Pelagea Wlassowa, die Hartnäckige, Skeptische, die zielstrebige und kluge Revolutionärin kann Brecht die trotzigen prophetischen Worte des Schlusses ausrufen lassen:

> Wer noch lebt, sage nicht niemals!
> Das Sichere ist nicht sicher
> So, wie es ist, bleibt es nicht.
> ...
> Denn die Besiegten von heute sind die Sieger von morgen
> Und aus niemals wird: heute noch.

Die letzten Worte bekommen einen um so optimistischeren Klang, als Pelageas Prophezeiung nach der Maidemonstration, daß alles anders werden würde, sich mit diesem Marsch der Massen von Arbeitern und Matrosen am Schluß des Stückes bereits erfüllt hat.

Brechts *Die Mutter* ist ein Musterbeispiel für die Emanzipationsgeschichte einer Frau. Pelagea Wlassowa, die von Anfang an eine kritische Haltung gegenüber ihrer Umgebung einnimmt, emanzipiert sich aus der Stellung einer ungebildeten Frau, die nur ihren Sohn versorgt hat, um eine aktive Rolle in der revolutionären Bewegung zu übernehmen. Die Szene, in der Pelagea sich dem Drucken der Flugblätter widmet, während ihr Sohn sich selbst das Brot schneiden muß, wird zum Ausdruck des Rollentausches der Geschlechter.[11] Von Anfang an ihrer revolutionären Tätigkeit emanzipiert sie sich von der Arbeit eines Maulwurfs und einer unbekannten Soldatin der Revolution, wenn sie mit ihren Vorschlägen und Ideen wie mit ihren Handlungen zu einer führenden Gestalt der revolutionären Sache wird. Damit ist es die sechzigjährige Pelagea Wlassowa, welche die Schranken, die dem weiblichen Geschlecht aufgerichtet wurden, überwunden und sich von der untergeordneten Rolle, die Frauen durch Jahrhunderte hindurch zugewiesen ist, emanzipiert hat. Bereits vor dem Tode ihres Sohnes emanzipiert sie sich aus der Mutterrolle nur eines Sohnes, um die Mutter von Männern und Frauen zu werden, welche die Revolution unterstützen.

Pelageas Leben ist ein Prozeß, der dauernde Veränderung bringt, Veränderung in ihrem bildungsmäßigen, gesellschaftlichen und politischen Status. So wird diese Mutter nicht nur ein vorbildliches Beispiel für die Emanzipation der Frau, sondern kann zudem als eine Modellgestalt von Brechts epischem Theater angesehen werden.[12] Die Tatsache, daß sie die Fahne einer anderen Frau, dem Dienstmädchen am Ende des Stückes übergeben will, beweist ihre Solidarität zu ihrem Geschlecht. Ihre letzten kämpferischen und zur Tat aufrufenden Worte lassen sich leicht in feministischem Sinne interpretieren:

> An wem liegt es, wenn die Unterdrückung bleibt? An uns.
> An wem liegt es, wenn sie zerbrochen wird? Ebenfalls an uns.
> Wer seine Lage erkannt hat, wie soll der aufzuhalten sein?

sind Ideen, die sich auch auf die feministische Bewegung beziehen lassen. Daß Brecht die weibliche Position stärken wollte, geht ferner daraus hervor, daß das Dienstmädchen in der Endfassung die Rede des dritten Arbeiters aus den *Versuchen*[13] bekommen hat. Brechts Worte in seinem Brief an das Arbeitertheater Theatre Union in New York (1936) zu seinem Stück *Die Mutter:*

> Für meine Aufgabe hielt ich es, von einer großen historischen Gestalt zu berichten: Dem unbekannten Vorkämpfer der Menschheit. Zur Nacheiferung. (GW XVII, S. 1052 f.)

können wörtlicher genommen werden, als sie bisher verstanden wurden. Mehr als andere weibliche Figuren Brechts beschwört die Gestalt der sechzigjährigen Revolutionärin Brechts Zeitgenossin, Clara Zetkin, herauf, die als ein Paradigma in der Geschichte der deutschen Frauenemanzipation angesehen werden kann. Die Worte, welche die Biographin – sie stützt sich auf eine Reihe von historischen Dokumenten und Büchern – für Clara Zetkin an mehreren Stellen gebraucht, beschreiben auch Pelagea Wlassowa. So heißt es vom Kongreß in Paris, bei dem Clara Zetkin zu einem der elf Sekretäre gewählt worden war und als geschulte Marxistin einen Vortrag über die Lage der Arbeiterinnen hielt:

> Aus ihren Augen sprach die Sehnsucht und die Stärke der Frau und Mutter, die für ihre und der Ihren Zukunft lebte.[14]

An anderer Stelle wird später von Clara Zetkin berichtet:

> ... die Revolutionärin mit dem weißen Haar und den tiefen Falten im Gesicht, die die Weisheit des Alters mit dem Mut und dem Elan der Jugend verband und ihnen anfeuernd und wegweisend vorausschritt, Siegeszuversicht und Kampfesmut verbreitete, in jeder Lage dem Feind unerschrocken entgegentrat.[15]

Dieselbe Wirkung erzielt die Schilderung des französischen Historikers Jean Fréville vom Gründungsparteitag der französischen kommunistischen Partei im Dezember 1920, an dem Clara Zetkin als Mitglied des westeuropäischen Büros der kommunistischen Internationale teilnahm. In seinem Buch *Die Nacht endete in Tours* (Berlin 1953) schreibt er:

> Als die weißhaarige Kämpferin, die tapfere Kameradin Karl Liebknechts und Rosa Luxemburgs ... auf der Tribüne erschien, begrüßte die Linke jubelnd diese ehrwürdige Gestalt des internationalen Sozialismus, dieses Symbol des Kampfes gegen den imperialistischen Krieg und für die proletarische Revolution.[16]

Und weiter heißt es bei demselben Autor:

> Noch bevor die Ovationen verklungen waren ... war Clara Zetkin verschwunden ... Sie kam als Botin der Revolution, die keine Grenzen kennt, sie verschwand, um anderswo mit demselben jugendlichen Feuereifer ihren heldenhaften Kampf fortzusetzen.[17]

Clara Zetkin war es auch, die nach Reisen in die Sowjetunion von den Arbeiterinnen und Bäuerinnen berichtete, die bis kurz vor der Revolution des Lesens und Schreibens nicht kundig gewesen waren und sich durch die Gewandtheit und den Inhalt ihrer Ausführungen auszeichneten, die sie ebenso praktisch anzuwenden wußten.[18]

Weitere Stellen in Clara Zetkins Biographie lassen sich auf Brechts Heldin *Die Mutter* beziehen. So heißt es von einer Reise Clara Zetkins zu den deutschen Siedlern in der Sowjetunion:

> Den Bäuerinnendelegierten aus den deutschen Ansiedlungen trug eine weißhaarige Greisin aufrecht und stolz ein rotes Banner voran, das den Bäuerinnen in Deutschland übermittelt werden sollte.[19]

Das Bild der Fahne wird weiterhin mehrmals in Verbindung mit Clara Zetkin gebraucht und beschwört immer wieder die Erscheinung der Brechtschen Frauengestalt in *Die Mutter* herauf. So heißt es in dem Nachruf, den das Präsidium des Exekutivkomitees der Kommunistischen Internationale Clara Zetkin nach ihrem Tod im Juni 1933 widmet:

> Die große Revolutionärin Clara Zetkin ist gestorben ... bis zum letzten Augenblick ihres Lebens die Fahne des Kommunismus hochhaltend.[20] Das Internationale Frauensekretariat schrieb: Eine große Kommunistin, eine unermüdliche Kämpferin für die Sache der Befreiung der Frau ist von uns gegangen ... Arbeiterinnen, Bäuerinnen und werktätige Frauen der ganzen Welt! Das Internationale Frauensekretariat der Kommunistischen Internationale ruft Euch alle auf, Eure Kampffahnen vor dem Grab Clara Zetkins zu senken ... Geloben wir, ihre Fahne vorwärts zu tragen.[21]

Zusammenfassend läßt sich sagen, die Ähnlichkeit Pelagea Wlassowas mit Clara Zetkin, ebenso die Züge Rosa Luxemburgs und unbekannter

Frauen aus der Zeit der russischen Revolution bei der Heldin von Brechts *Die Mutter* beweisen, wie der Autor sich an die Geschichte gehalten hat und somit der Realität gefolgt ist.[22]

ANMERKUNGEN

1. Emma Thomas: *Brecht's Drama „Die Mutter", a Case of Double Adaptation*, Diss. Indiana University, 1972.
2. *Materialien zu Bertolt Brechts „Die Mutter"*, hrsg. von Werner Hecht, Frankfurt am Main: Suhrkamp, 1976, S. 16 – 21.
3. Luise Dornemann, op. cit. S. 73.
4. Rose Wolfstein berichtete über den Unterricht: „Wie sie uns zur eigenen Auseinandersetzung, zur Selbstverständigung mit den nationalökonomischen Fragen zwang? Durch Fragen! Durch Fragen und immer erneute Fragen und Forschen holte sie aus der Klasse heraus, was nur an Erkenntnis über das, was es festzustellen gab, in ihr steckte, durch Fragen beklopfte sie die Antworten, durch Fragen tastete sie die Argumente ab, durch Fragen zwang sie uns über die Erkenntnisse des eigenen Irrtums hin zum eigenen Finden einer hieb– und stichfesten Lösung, mahnte, alles nachzuprüfen, nichts ohne das anzunehmen, mit allen Problemen Fangball zu spielen." Frederik Hetmann, op. cit. S. 164 f.
5. Luise Dornemann, op. cit. S. 63.
6. Wie ihre Biographin mitteilt, war Clara Zetkin auf einen Stuhl gestiegen und hatte zu den Delegierten wie den Sicherheitssoldaten vom Kampf und künftigem Sieg der Arbeiterklasse gesprochen und hatte mit dem letzten Vers des alten Lutherliedes geendet. Die Polizisten hatten starr vor Verwunderung gestanden und zugehört. An dem Polizeipräsidium hatte Clara Zetkin zusammen mit Wilhelm Pieck in Ansprachen an die Massen protestiert, worauf der Polizeipräsident sie freigelassen hatte. Luise Dornemann, op. cit. S. 368 f.
7. Brecht: *Versuche, 15/16 Die Mutter*. Geschichten aus der Revolution. Berlin: Gustav Kiepenheuer, 1933, S. 29.
8. Ebenda, S. 32.
9. Frederik Hetmann, op. cit. S. 182.
10. Luise Dornemann, op. cit. S. 142.
11. Walter Benjamin stellt fest: „Ist der kritische Augenblick einmal eingetreten, daß der gesunde Menschenverstand sich der Führung bemächtigt, dann ist die Theorie gerade gut genug, um die Hauswirtschaft zu besorgen. Dann muß der Sohn Brot schneiden, während die Mutter, die nicht lesen kann, druckt; dann hat die Notdurft des Lebens aufgehört, die Menschen nach Geschlechtern zu kommandieren." „Ein Familiendrama auf dem epischen

Theater", in: *Materialien zu Bertolt Brecht Die Mutter*, hrsg. von Werner Hecht, Frankfurt am Main: Suhrkamp, 1976, S. 25.

12. Mary Cronin findet, Pelagea Wlassowa gebraucht eine Technik, welche der Brechts in seinem epischen Theater gleicht. *The Politics of Brecht's Women Characters*, op. cit. S. 132
13. Brecht: *Versuche*, op. cit. S. 64.
14. Luise Dornemann, op. cit. S. 77.
15. Ebenda, S. 368.
16. Ebenda, S. 401.
17. Ebenda, S. 403,
18. Ebenda, S. 415.
19. Ebenda, S. 510.
20. Ebenda, S. 546.
21. Ebenda, S. 547.
22. Damit erübrigen sich alle Urteile wie: Brechts Lösung der Frauenfrage wäre eine rein literarische, Brechts Auffassung von Frauenfiguren, die willens wären, sich einer Sache unter Aufgabe aller subjektiven Belange hinzugeben, wäre eine Projektion männlicher Phantasie. Vgl. Sara Lennox: „Women in Brecht's Works", op. cit. S. 89. Auch eine andere Feststellung, Pelagea Wlassowa wäre in manchen Szenen mehr ein symbolischer Typ als ein Mensch – wenn ihr auch sonst zugestanden wird, sie wäre der kommunistischen Partei aus mütterlicher Liebe beigetreten und hätte die Sache mit Findigkeit und Stärke gefördert – ist damit überflüssig geworden. Vgl. Laureen Nussbaum, op. cit. S. 376.

5. Kapitel
Die Rundköpfe und die Spitzköpfe, Die Horatier und Die Kuratier, Furcht und Elend des Dritten Reiches

Wenn Brecht in fast allen seinen frühen Stücken die wohl Ausgebeutetsten der Ausgebeuteten zu wichtigen Figuren der Handlungen macht, so weist er damit auf die materielle Verelendung der Frauen im Gegensatz zur finanziellen Macht der Männer hin und richtet die Aufmerksamkeit der Öffentlichkeit besonders auf diese weißen Sklaven ähnlich wie Bernard Shaw in seinen frühen Dramen, den „unpleasant plays“, *Widowers' Houses* (1892) und *Mrs. Warren's Profession* (1894), ebenso wie in seinen Artikeln *Quintessence of Ibsenism* (1891) und *The Root of the White Slave Traffic* (1912). Shaw stellte dar, daß eine ganze Klasse der Frauen als Prostituierte höher bezahlt und selbst besser behandelt würden, als wenn sie anständige Frauen wären. Wenn die anständigen Frauen nicht genügend hohe Löhne bekämen, so würde der weiße Sklavenhandel nie aufhören. Auch Clara Zetkin, die 1892 Herausgeberin der proletarischen Frauenzeitschrift *Die Gleichheit* wurde, schilderte die Frauen der arbeitenden Massen und ihre geringe Entlohnung, die sie oft in die Prostitution trieb und zu modernen Sklavinnen machte.

Mehr oder weniger nur sind sich Brechts Prostituierte der frühen Stücke ihrer erniedrigenden Situation bewußt, zu der sie infolge der wirtschaftlichen Verhältnisse getrieben werden. Bei Marie im *Dickicht der Städte* kommt ein gewisser Trotz gemischt mit einer Art Stolz dazu. Sie hatte ihre Liebe verkauft, um ihren eigenen Wert herauszustellen und zu beweisen, daß sie von diesem Wert leben könne, ein Gedanke, der die Ironie ihres Schöpfers heraushebt, mit welcher er die Zustände geißelt. Jenny in *Aufstieg und Fall der Stadt Mahagonny* ist sich des Fortschritts der Zeit bewußt und kommt zu der Einsicht, daß man die Zeit benutzen müsse, um nicht zur Getretenen zu werden. Ihre elenden Umstände haben diese Mädchen nicht nur ihre eigene Lage erkennen lassen, sondern ihnen auch die Augen für das Leben ihrer Mitmenschen geöffnet. Dies beweist vor allem Marie in *Trommeln in der Nacht,* wenn sie findet, daß man aus Anna Balicke ein Handelsobjekt macht.

Jedoch Nanna, die Tochter des Pächters Callas in *Die Rundköpfe und die Spitzköpfe* (1931 – 34) läßt ihre Vorgängerinnen weit hinter sich zurück. Sie analysiert nicht nur ihr eigenes Leben, sondern auch die Lebensumstände ihrer Familie und darüber hinaus aller ihrer Mitmenschen. Sie ist es, welche die ganze Misere der gesellschaftlichen Situation ihrer Zeit erkennt. Es ist die Prostituierte Nanna, Namensschwester der bekannten Figur aus Émile Zolas Roman, welche die politischen Ideen Brechts in diesem Stück ausspricht und definiert. Es scheint, als wäre Brecht zu dieser Gestalt durch die Freudenmädchen inspiriert, die während der Unruhen der französischen Revolution politisch aktiv wurden.[1] Das Lied, in dem Nanna zu Anfang des Stückes ihr Leben schildert, das sie auf den Liebesmarkt brachte, wird zum eindringlichen Bild des Daseins der gesellschaftlich Ausgebeuteten. Mit siebzehn Jahren kam die Pächterstochter in das Haus der Frau Cornamontis, mußte viel Böses erfahren, wie es ihre Stelle erforderte und lernte erkennen, daß ihr Gefühl erstaunlich kühl durch ihre Arbeit wurde. Auch wenn sie sich in der Ausübung ihrer Liebesgeschäfte perfektionierte, so erleichterte die oft geübte Praxis ihr es doch nicht, Lust in Kleingeld zu verwandeln, wie Nanna es beschreibt. Ähnlich wie Jenny in *Mahagonny* erkennt sie, daß sie nicht jünger dabei wurde. Bedeutungsvoll wird der Refrain ihres Liedes, welcher die schnelle Vergänglichkeit der Liebe und des Kummers und damit überhaupt aller Dinge betont. Wie das Lied verständlich macht, hat Nannas Leben dazu beigetragen, daß sie lernte, kühl und berechnend Menschen und Situationen zu beobachten und sich an den Wechsel aller Dinge zu gewöhnen.

Ihre neuen Erlebnisse bestärken Nanna in ihren Anschauungen. Um ihrem Vater in seiner wirtschaftlichen Notlage beizustehen, bittet sie seinen Pachtherrn, ihm die Zahlungen zu erlassen. Da de Guzman ihr einstiger Liebhaber und der Grund für ihr Leben im Haus der Frau Cornamontis gewesen war, hatte sie zurecht auf die Erfüllung ihrer Bitte gehofft. Doch sieht sie sich getäuscht. De Guzman braucht das Geld, um seine Schwester Isabella im Kloster der Bedürftigen Schwestern unterzubringen. Wenn alle ihre Überredungsversuche nicht helfen, hat Nanna eine neue Idee, ihren Willen durchzusetzen. Sie nützt die politische Situation, den Aufstand gegen die Spitzköpfe aus und läßt ihren Verführer verhaften, handelt ähnlich wie Jenny in *Die Dreigroschenoper,* welche Macheath an seine Verfolger auslieferte. In der folgenden Gerichtsverhandlung muß Nanna jedoch erleben, daß sie schuldig gesprochen wird, da sie den Herrn angesprochen hatte. Offen gibt sie zu, daß sie keine Lust zur Feldarbeit mehr verspürte, nachdem sie das Wohlleben kennengelernt hatte und wird damit zum Beispiel für die gesellschaftliche Situation, wie Shaw und Zetkin sie um die Jahrhundertwende erkannt hatten. Der Wechsel in der Regierung scheint Nanna einen Vorteil zu bringen. Der neue Stadthalter Iberin entläßt den Richter inmitten der Verhandlung und spricht Nanna frei.

Jedoch auch die neue Regierung der Tschuchen, der Freispruch hat ihre Lage nicht verbessert, muß Nanna feststellen, da die Männer nicht mehr begierig, sondern verehrend auf sie sehen. Sie kann ihren Vater und seine Familie nicht mehr finanziell unterstützen. Ihr bleibt nichts übrig, als die Mißstände herauszustellen und ironisch zu kritisieren, wobei sie keine Unterschiede der Person macht. Isabella, de Guzmans Schwester, solle sich im Kloster von ihrem Nichtstun erholen und auf den Gäulen, die der Pächter nötig für seine Arbeit brauche, beten. Ihrem Vater wirft sie vor, daß er sich nicht dagegen auflehne, daß ihm die Gäule weggenommen würden. Sarkastisch findet sie, daß man schöne Worte nicht essen könne und ist froh, wieder bei Frau Cornamontis unterzukommen.

Mit scharfer Beobachtungsgabe und kritischem Bewußtsein hat sie die gesellschaftlichen Zustände als untragbar erkannt. Gestern hätte der Vizekönig sie verurteilt, heute täte das der Statthalter Iberin; heute sei es, daß die Oberin von San Barabos die Gäule wegnähme; warum sollte es nicht morgen Herr de Guzman sein. Sie singt ein zweites Lied, in dem sie ihre Erkenntnisse vorbringt: Große Leute steigen auf wie Gestirne, gehen nieder wie Gestirne. Nur für die kleinen Leute, die die Großen nähren müssen, bleibt es gleich. Das Rad drehe sich weiter, daß was oben sei, nicht oben bleibe. Doch das Wasser unten treibe ewig das Rad. Mit ihrem Lied erinnert Nanna an die Worte des Theaterdirektors im Vorspiel des Stückes, der darauf hinweist, daß es der Unterschied zwischen arm und reich und nicht zwischen verschiedenen Rassen sei, auf den es in der Welt ankäme.

Die folgenden Ereignisse des Stückes beweisen, daß der Theaterdirektor ebenso wie Nanna in ihrem Lied die Wahrheit gesagt haben. Um ihre Stelle im Freudenhaus nicht zu verlieren, muß Nanna trotz ihres Protests die Aufforderung ihrer Chefin annehmen, sich anstelle Isabellas dem Kommandanten hinzugeben, um de Guzman vor dem Galgen zu retten.

Daß Nanna klassenbewußt weiter konsequent den Unterschied zwischen den Armen und Reichen betont, zeigt sich auch in der Szene, wenn die Kaffeehausbesitzerin ihr das Benehmen und die Sprechweise Isabellas beibringen will. Nanna ahmt wohl Isabella nach, weiß aber fernerhin, mit ihren ironischen Kommentaren auf den Unterschied zwischen

Armen und Reichen hinzuweisen, bis Frau Cornamontis dies untersagt. Doch Nanna schweigt nicht. Da sie in ihrer Umgebung kein Verständnis findet, wendet sie sich an das Publikum und definiert die ungerechte gesellschaftliche Situation. Mit ihr ginge arm für reich zum Kommandanten, die Hure für die Nonne. Nannas Besuch beim Kommandanten, bei dem sie auch noch Opfer eines lüsternen Wachsoldaten wird, hat ihrem Analysationsvermögen keinen Abbruch getan. Es ist Nanna, welche am Ende der Parabel nach der Freilassung des Pachtherrn und des Pächters die Bilanz zieht. Sie, die Ausgebeutete der Männer wie auch der Reichen überhaupt, zeigt auf die unterschiedliche Behandlung der beiden Begnadigten hin und wird damit zur Agitatorin gegen das bestehende System:

So gibt er beiden Freiheit jetzt und Leben
Und hat doch beiden jetzt das gleiche nicht gegeben.
Sie leben beide. Doch zum Essen setzt sich der
Und der geht weg und schafft das Essen her.
Und ist der eine frei, dort, wo's ihm paßt zu bleiben
So ist der andre frei, ihn von dort wegzutreiben.
(GW III, S. 1035)

Nannas Darstellung der ungerechten sozialen Situation schafft die nötige revolutionäre Stimmung, die das Sichellied der Bauern am Ende als natürliche Folge erscheinen läßt:

Bauer, steh auf!
Nimm deinen Lauf!
Laß es dich nicht verdrießen
Du wirst doch sterben müssen.
Niemand kann Hilf dir geben
Mußt selber dich erheben.
Nimm deinen Lauf!
Bauer, steh auf!
(GW III, 1040)

So konsequent Brecht auch den Unterschied zwischen den Armen und den Reichen durch Nanna hervorheben läßt, so zeigt sich, daß bei der Darstellung der weiblichen Charaktere dieser Unterschied verwischt wird. Auch Isabella, die zu der Klasse der Reichen gehört, ist ähnlich Nanna ein gewisses Aufbegehren, ein hartnäckiger Wille eigen, wenn sie darauf besteht, trotz aller Schwierigkeiten Nonne zu werden und sich auf diese Weise der Klasse der Armen anzuschließen. Ferner schafft Brecht einen Ausgleich zwischen den Geschlechtern, wenn er die Ausbeutenden nicht lediglich Männer sein läßt, sondern diese Funktion auch Frauen zuteilt. Frau Cornamontis, die Besitzerin des Kaffeehauses, behält alle Trinkgelder ihrer Mädchen für sich und läßt sich von ihnen die gelieferte Wäsche bezahlen. Sie ist es, welche Nanna befiehlt, für Isabella zum Kommandanten zu gehen und bestimmt, daß sie nach dem herkömmlichen Tarif bezahlt wird. So läßt sich doch in diesem Stück ein gewisses Gleichgewicht zwischen den Geschlechtern wie den Klassen beobachten.

Wenn Isabella verstanden hat, sich dem Kommandanten zu verweigern, allerdings auf Kosten der ausgebeuteten Geschlechtsgenossin, und in ein Kloster einzutreten, um ein Leben unter Frauen zu führen, so gewinnt sie eine gewisse feministische Stärke, die Nanna nicht besitzt. Nannas Stärke liegt in dem Propagieren des Marxismus. Isabella, die eine Art Feminismus verkörpert, steht Nanna, der Repräsentantin des Marxismus gegenüber. So läßt sich feststellen, daß Brecht in *Die Rundköpfe und die Spitzköpfe* beide Anschauungen miteinander in den beiden weiblichen Hauptfiguren konfrontiert hat.

In dem kurzen Stück von 1934, betitelt *Die Horatier und die Kuratier* sind es die Frauen, welche das Überleben als das Wichtigste im Kriege herausheben. Sie klagen, weil ihre Männer fallen. Für sie ist nicht jeder, der zurückkommt, ein Sieger. Aber keiner hat nach ihrer Meinung gesiegt, der nicht zurückkommt.

Ebenso wie in *Die Horatier und die Kuratier* erscheinen die Personen in *Furcht und Elend des Dritten Reiches* (1932 – 35) anonym. Unter den Charakteren aus sämtlichen Schichten des Volkes zeichnen sich die Frauen allgemein durch spontane Kritik aus, die auf ihrer guten Beobachtungsgabe, ihrem gesunden Menschenverstand und ihrer Pragmatik beruht. Fast immer entspringt ihre Kritik rein menschlichen Gründen und ruft die Männer zur Handlung gegen das nationalsozialistische System auf. Bisweilen ist die Kritik persönlich und wendet sich gegen die Männer als solche. Dies wird vor allem in einer der ersten Szenen (der dritten) mit dem Titel *Das Kreidekreuz* ersichtlich, wenn die Köchin dem SA Mann zuruft: „Ihr Männer könnt euch viel zu viel erlauben" (GW III, S. 1081). Mehr noch als die Köchin ist es das Dienstmädchen in dieser Szene, welches erkennt, daß der SA Mann Theo sich unglaublich viel erlaubt. Freimütig kritisiert es ihn, daß er Leute, vor allem Arbeitslose aushorcht und verhaften läßt, wenn sie sich über das neue System beklagen. Wenn die junge Frau zudem noch erfahren muß, daß dieser Freund ihr gemeinsames Sparkonto verbraucht hat, um sich die neue Uniform anzuschaffen, hat sie die Sachlage durchschaut. Unter Tränen bittet sie die Köchin, ihren Besucher, den Arbeitslosen, vor Theo zu warnen, den sie in der SA ganz ruiniert hatten. Sie traut diesem Freund von vier Jahren zu, auch sie selbst zu verraten und festnehmen zu lassen.

Ein zweites Dienstmädchen in Szene sechs, betitelt „Rechtsfindung", beschreibt mit ihrem Ausruf „Sie vergessen noch einmal Ihren Kopf, Herr Amtsrichter" treffend den Zustand des Beamten, der durch die Reden von parteihörigen Kollegen und Untergebenen in seinem Rechtsbewußtsein verwirrt ist. Es ist das Dienstmädchen, das dem Amtsrichter nicht nur das vergessene Frühstücksbrot nachbringt, sondern ihn auch über die Volksmeinung, die wahren Hintergründe des Überfalls der SA Leute auf den jüdischen Juwelier unterrichtet. Die SA Leute, frühere Kriminelle, hätten den jüdischen Besitzer des Juwelierladens nur niedergeschlagen, weil sie die Ringe haben wollten. In dieser Szene wird das einfache Dienstmädchen zur Sprecherin für das unverdorbene Rechtsgefühl des Volkes und zur Advokatin für die Gerechtigkeit. Mit Wort und Tat sorgt das Dienstmädchen für die körperliche wie die geistige Gesundheit dieses Beamten des NS Staates.

In Szene neun ist es die jüdische Frau eines Arztes, die erkannt hat, daß sie ein Hindernis für ihren Mann geworden ist und die Konsequenzen aus dieser Erkenntnis zieht. Sie will ihn verlassen, nach Amsterdam gehen und ein neues Leben beginnen. Wie sehr sie ihren Mann liebt, zeigt sich in ihrem Bemühen, ihre verschiedenen Bekannten auf seine Gepflogenheiten aufmerksam zu machen und sie zu bitten, für ihn zu sorgen. Um für sie beide den Abschied leichter zu machen, will sie vorgeben, sie reise nur für eine kurze Zeit weg. So spricht sie ihm auch gegenüber nicht ihre Anklage gegen ihn und andere Wissenschaftler des Dritten Reiches aus. Sie behält sie für sich. Jedoch lange hat sie gewußt, ihr Mann und andere Wissenschaftler überließen sich ihren Forschungen, erfanden die Quantentheorie, aber erlaubten Halbwilden, sie zu kommandieren, daß sie nicht die Frau haben dürften, die sie wollten. Es gäbe nur die, welche gehorchten und schwiegen.

Auch in dieser Szene ist es eine Frau, welche die Lage durchschaut. Sie gehorcht nicht und schweigt nicht, sondern widersetzt sich diesem System und handelt. Sie verläßt ihren Mann, um ihm nicht im Wege zu stehen. Jedoch sie fühlt sich nicht als Resignierende oder gar als

Opfer. Daß sie sich selbst nicht aufgibt, daß ihr Lebenswille, ihr Streben nach Glück nicht erloschen sind, beweist ihre Absicht, Reizwäsche einzupacken, also zu versuchen, einen anderen Mann zu finden, der sie behalten dürfe, wie sie es formuliert, eine Ausdrucksweise, die bei dieser selbständig denkenden und handelnden Frau nur ironisch verstanden werden kann. Wie sehr der arische Mann ihr gegenüber versagt, enthüllt das letzte Bild, wenn er ihr den Pelzmantel mit seinen tröstlich gemeinten Worten: „Schließlich sind es nur ein paar Wochen“ (GW III, S. 1133) überreicht. Seine Worte werden durch das Bild entwertet. Das Überreichen des Pelzmantels spricht ihnen Hohn und nimmt der Geste jede männliche Fürsorge.[2]

In Szene fünfzehn ist es eine Frau, die einem aus dem Konzentrationslager Entlassenen Menschlichkeit zeigt und den Mann erinnert, wie schrecklich es für so einen Unglücklichen sei, wenn alle ihm mißtrauen.

Ob jung oder im fortgeschrittenen Alter, Frauen aller Jahrgänge wenden sich gegen die Ungerechtigkeiten und die Härte der braunen Gewalthaber. Da die SA Leute in Szene sechzehn ihre Tochter wegen Verbreitung von Greuelmärchen verhaftet haben, bekundet eine alte Frau den Ekel, den ihr das Regime einflößt, indem sie unter Heil Hitler Rufen einen Apfel erbricht, den die SA Leute von der Winterhilfe ihr gebracht haben.

Auch in Szene dreiundzwanzig mit dem Titel „Arbeitsbeschaffung“ sind es wiederum Frauen, die sich dem System widersetzen, nicht gehorchen und nicht schweigen. Während der Mann sich zurückhält aus Furcht, in Schwierigkeiten zu kommen, sind es die Frauen, welche den wahren Sachverhalt aufdecken. Die Nachbarin macht darauf aufmerksam, daß der angeblich tötlich bei der Arbeit Verunglückte wirklich im Bürgerkriege in Spanien gefallen ist und kritisiert den Mann, der alles totschweigt. Sie wird von der Frau des Mannes, der Schwester des Verunglückten noch übertroffen, wenn die ihr Trauerkleid trotz des Verbots ihres Mannes nicht ausziehen will und laut ihren Schmerz und ihren Abscheu gegen das nationalsozialistische Regierungssystem herausschreit:

> Wenn sie ihn schon abschlachten, dann muß ich wenigstens heulen dürfen ... So was Unmenschliches hat ja die Welt nicht gesehen! Das sind ja Schwerverbrecher! (GW III, S. 1182)

Ihren Mann, der sie zum Schweigen bringen will, da sie sich sonst ins Unglück brächte, und es doch nicht hülfe, fordert sie auf, etwas zu tun, das Abhilfe schüfe.

Wieder ist es die Frau in der 24. Szene, betitelt „Volksbefragung", welche unnachgiebig auf Widerstand gegen das System besteht und dafür positive Entschlüsse vorbringt, vor allem auf Handeln drängt. Sie ist es, welche die Mutlosigkeit ihrer männlichen Gefährten kritisiert und ihre Einwände ins Lächerliche zieht. Als Inspiration für ihre Mitkämpfer ebenso für das Publikum des Stückes trägt sie den Brief eines zum Tode Verurteilten an seinen jungen Sohn vor. Es ist das definitive Nein der Frau zu dem nationalsozialistischen System, mit dem Brecht dieses Stück enden läßt, in dem vor allem die Frauen die Furcht und das Elend des Dritten Reiches aufdecken, dagegen protestieren und die Männer zur Handlung anspornen.

ANMERKUNGEN

1. Vgl. Hannelore Schröder, Theresia Sauter: „Zur politischen Theorie des Feminismus", in: *Aus Politik und Zeitgeschichte*, B 48/77, 3. Dezember 1977, S. 33.
2. Vgl. auch dieselbe Ansicht bei Alexander von Bormann: „Gegen die Beschädigung des menschlichen Denkvermögens: Brechts antifaschistische Dramen", in: *Brechts Dramen, Neue Interpretationen,* hrsg. von Walter Hinderer, op. cit. S. 341.

6. Kapitel

Die Gewehre der Frau Carrar, Leben des Galilei

Während Brecht an *Furcht und Elend des Dritten Reiches* arbeitete, entstand zwischen 1936 und 1937 ein weiteres Stück, *Die Gewehre der Frau Carrar* (1937), in dem wieder einmal eine Frau den Mittelpunkt der Handlung einnimmt. Wie bei seinem früheren Stück waren es aktuelle Ereignisse seiner Zeit, die den Dichter zu seinem Werk trieben. Der spanische Bürgerkrieg, den er in der Zeit seines dänischen Exils vor allem durch die Tageszeitung „Politiken“ miterlebte,[1] bot den geschichtlichen Hintergrund. Inspiration für Motive und Inhalt gab John Millington Synges Einakter *Riders to the Sea*, ins Deutsche übersetzt als *Reiter ans Meer*, in dem ebenfalls eine Mutter und Witwe eines Fischers wie Teresa Carrar den Hauptcharakter darstellt. Bei einem Vergleich der beiden Frauenfiguren fällt wie bei anderen Untersuchungen von Brechts Vorlagen[2] die Stärke, das unabhängige Denken und Handeln, die Auflehnung gegen Konventionen von Brechts Frauengestalt auf, die im Gegensatz zu der christlichen Ergebenheit der Hauptfigur in Synges Stück steht. Teresa Carrars Unabhängigkeit des Denkens und Handelns, wie es sich gleich zu Anfang des Stückes zeigt, hat sehr viel mit der kritischen Einstellung der Frauen in Brechts vorhergehendem Stück gemein.

Nachdem Teresa ihren Mann beim Aufstand in Oviedo durch Lungenschuß verloren hat, ist sie gegen jedes weitere Blutvergießen und kann nicht dulden, daß ihre beiden Söhne auch in den Krieg ziehen. Sie verharrt trotz aller Gegenreden Josés, ihres jüngeren Sohnes, ihres Bruders, eines Arbeiters, der zu Besuch gekommen ist, und Manuelas, Juans, ihres älteren Sohnes Freundin, die droht, sie wolle nichts mehr mit Juan zu tun haben, in ihrer pazifistischen Haltung. Alles Argumentieren trägt dazu bei, sie nur noch härter ihre Ansicht vertreten zu lassen. Ihr Mann sei ein Narr gewesen, nach Oviedo zu fahren. Sie weigert sich, auf den Aufruf der Regierung zu hören, der alle kampffähigen Männer zu den Gewehren ruft. Ihren älteren Sohn hat sie zum Fischen geschickt, um ihn von Versammlungen kampfbereiter Männer fernzuhalten. Teresa Carrar hat den festen Vorsatz gefaßt, daß sie und ihre Söhne den Krieg überleben müßten, eine Ansicht, welche sie mit den Frauen in *Die Horatier und die Kuratier* teilt. Dieser Aspekt ist von der Forschung nicht herausgearbeitet worden.[3] Wenn Teresa bei Manuelas Vorhaltungen weit in den Backofen kriecht, in dem sie Brot backen will, so wird dies ein weiteres

Zeichen für ihr trotziges Bestehen auf ihrer Meinung, von der sie keiner abbringen kann, für ihre unbedingte Absicht, sich von allen Dingen, die mit Krieg zu tun haben, abzuschließen und sich nur den Leben erhaltenden Pflichten zu widmen. So zerreißt sie, die arm ist, ein ganzes Hemd, um einen Milizsoldaten zu verbinden und verspricht dem Padre, sich um die Kinder zu kümmern, deren Eltern an die Front gegangen sind.

Teresa Carrar gibt sich, klassenbewußt wie sie ist, keiner Illusion hin. Als arme Leute, die sie sind, könnten sie keinen Krieg führen. Unabhängig wie sie denkt, kann auch ihre Regierung ihr nichts vorschreiben. Wie frei denkend Brecht diese Frau konzipiert hat, geht aus der ersten Fassung hervor, in der Teresa Carrar, dann noch Frau Pasqual benannt, selbst ihre Regierung in der Unterhaltung mit Manuela kräftig kritisiert:

Frau Pasqual leise: wir sind anständige Leute.

Manuela: die regierung hat die anständigen leute aufgefordert, sich unter gewehr zu stellen. behaupten Sie nicht, daß Sie das nicht gelesen haben.

FR. P. : ich behaupte es nicht. ich habe es gelesen. Eure regierung hat mir voriges jahr noch gedroht, man werde mir das dach über den kopf versteigern, wenn ich nicht die steuer bezahle, mit der sie ihre fetten herrn advokaten aushält. seit wann ist das eine regierung, die ich schützen soll? vor einem jahr noch war sich der ganze ort darüber klar, daß es ein haufen von lumpen ist.

M. : wer hat gesagt, daß Sie die regierung verteidigen sollen? Sie sollen sich verteidigen! Regierung hin und regierung her – wir sollen vom erdboden ausgewischt werden! verstehen Sie!

FR. P. : ja, ich verstehe! regierung hin und regierung her – weisse regierung und rote regierung, wir sollen auf den schindanger geworfen werden. aber deswegen fahre ich jedenfalls nicht meine kinder freiwillig mit dem schubkarren auf den schindanger.[4]

Auch in der Endfassung ist Teresas wegwerfende Bemerkung über die Regierung und ihre Opposition zu ihr geblieben, wenn auch wortmäßig verkürzt:

> Ich habe es gelesen ... Regierung hin und Regierung her. Wir sollen auf den Schindanger geworfen werden. Aber deswegen fahre ich jedenfalls nicht meine Kinder freiwillig mit dem Schubkarren auf den Schindanger. (GW III, S. 1208)

Damit hat Brecht ihr einen Zug gegeben, der an Rosa Luxemburg erinnert, die sich wiederholt gegen die Regierung im kaiserlichen wie im republikanischen Deutschland geäußert hatte.[5]

Teresa Carrar ist Individualistin. Von einer Furcht vor ihrer Regierung, noch vor den Aufständischen, Franco und seiner Sache ist bei dieser Frau nichts zu entdecken. Ihr selbständiges Denken und Handeln zeigt sich weiter darin, daß sie trotz ihrer proletarischen Gesinnung nach dem Tode ihres Mannes zur Kirche ging, und der Lehrerin, von der man wußte, daß sie eine Rote war, die Tür wies.

Teresa will keinen Krieg, sie will kein Blutvergießen, sie will lediglich mit ihrer Familie überleben. Der Wille ist bei dieser auf ihren Rechten beharrenden Frau besonders ausgeprägt. So hatte sie die Gewehre ihres Mannes versteckt und weigert sich, sie ihrem Bruder herauszugeben:

> Ihr könnt mir hier nicht meinen Fußboden aufreißen und gegen meinen Willen etwas aus meinem Haus wegnehmen. (GW III, S. 1219)

Auch über ihre Kinder hat sie bestimmt. Jean mußte fischen gehen und José, der Jüngere, nach seinem Bruder Ausschau halten. Ihr Bruder Pedro müsse sie erst niederschlagen, bevor er die Gewehre bekäme, läßt sie ihn wissen.

Ihr Wille, ihre Kinder davon abzuhalten, Soldaten zu werden, denn sie seien kein Schlachtvieh, ist durch nichts zu brechen. Selbst ewige Verdammnis der Kirche schreckt sie nicht ab, wenn sie ihren Kindern androht, sie würde sich aufhängen, falls sie in den Krieg gingen. Teresa Carrar glaubt fest daran, daß nur die vernichtet würden, die zu den Waffen griffen. Obwohl Proletarierin, eine arme Fischerfrau, ist sie überzeugt, daß die Generäle auch Menschen wären, mit denen man reden könne. Wenn Teresa Carrar die kleine rote Fahne, die um die Gewehre gewikkelt ist, zerreißt, die Fetzen aber wieder aufsammelt, beweist sie, daß sie nach der Unterhaltung mit dem Padre ihrer Ansicht, neutral zu bleiben, nicht mehr ganz sicher ist. Jedoch nachdem Juans Lampe erloschen ist, verflucht sie ihren Sohn in der Meinung, daß er zur Miliz gegangen ist.

Zeigte sich im Stück von vorneherein Teresa Carrars unabhängiges Denken und Handeln, so tritt die ganze Stärke dieser Frau am Ende des Dramas hervor. Daß Brecht gerade den Schluß mehrfach überarbeitet hat, geht aus den verschiedenen Fassungen des Stückes hervor.[6] Wenn der tote Sohn hereingetragen wird, sieht sie zunächst zu Boden, faßt sich dann, kniet bei dem Toten nieder. Während die Fischer die Tat der Aufständischen diskutieren, ergreift die Mutter die Mütze ihres Sohnes und stellt fest, daß die Mütze an Juans Tod schuld sei. Kein Herr trage so eine schäbige Mütze. Mit Hellsichtigkeit hat Teresa Carrar an dieser

Mütze erkannt, daß die Mörder keine Menschen sind. Sie sind für sie Aussatz geworden. Sie nimmt das blutige Segel auf, erinnert sich, daß sie vorher die Fahne zerrissen hat. Aber jetzt hätten sie ihr wieder eine gebracht. Sie schleift das Segel nach hinten und deckt den Toten mütterlich damit zu, ähnlich wie Mutter Courage es mit ihrer toten Kattrin in dem späteren Stück tut. Wenn der ferne Donner der Geschütze plötzlich näherkommt, José apathisch fragt, was das sei, Pedro gehetzt ausruft, er müsse sofort los, ist es Teresa Carrar, welche die Ruhe behält und die Initiative ergreift. Sie ist es, welche die Anweisungen gibt. Sie sollten die Gewehre herausnehmen, José solle sich fertig machen. Das Brot, das sie zu Beginn des Stückes geknetet hatte, sei fertig. Teresa Carrars Handlungen sind weiter dem Leben gewidmet. So nimmt sie das Brot aus dem Ofen, wickelt es ein, tritt zu den beiden Männern und ergreift das Gewehr. Sie hat erkannt, daß zum Überleben nun auch das Gewehr gehört. Der Tod ihres Sohnes hat ihre Ansichten geändert, und energisch hat Teresa Carrar die Konsequenzen gezogen. Sie begleitet Bruder und Sohn in den Kampf.

In ihrer Sinnesänderung, in ihrem schließlichen Erkennen, daß nur Gewalt hilft, wo Gewalt herrscht, hat Teresa Carrar eine ähnliche Entwicklung wie Johanna Dark durchgemacht und damit auch Züge Rosa Luxemburgs wie Clara Zetkins erhalten. Gerade ihr unabhängiges Verhalten, ihre Opposition gegen die Obrigkeit, ihr trotziger Wille, mit dem sie erst auch gegenüber allen Reden von Verwandten und Freunden auf ihrer Neutralität besteht, dann aber ihre Intuition, ihr schnelles Erkennen der Tatsachen sind Wesenszüge, die vor allem auf Rosa Luxemburg hinweisen, deren unbeugsamer Wille, deren Humanität und politische Intuition in einer ihrer Biographien besonders herausgestellt werden.[7]

Wiederholt wurde konstatiert, was für eine nebensächliche Rolle die Frauen im *Leben des Galilei* (1938/39) spielen,[8] welches als eins der Hauptwerke Brechts angesehen werden kann. In der Tat ist es auffällig, wie unbedeutend Virginia, die Tochter des berühmten Wissenschaftlers, erscheint, die schließlich augenscheinlich ganz zum Werkzeug der Kirche geworden ist.

Bei näherer Betrachtung der Gestalt Virginias lassen sich jedoch manche Feststellungen machen, die nicht nur mit Bezug auf sie, sondern auch auf ihren Vater von Wichtigkeit sind. Brecht stellt deutlich heraus, wie es möglich wird, daß die Tochter des großen Forschers so wenig ihrem Vater anscheinend gleicht. Es ist Galileis Behandlung Virginias, seine patriarchalischen Ansichten, seine von patriarchalischem Brauch geprägte Erziehung Virginias, die ihrem Leben seine Richtung zuweist. Brecht macht klar, daß dieser große Galilei, der konsequent seine wissenschaftlichen Forschungen treibt, nicht ebenso konsequent seine Ideen verwirklicht, wenn es um seine Tochter geht. Er, der an die menschliche Vernunft glaubt (GW III, S. 1256),[9] der sicher ist, von seiner Haushälterin, Frau Sarti, bis hinauf zum Papst alle Leute mit seinen Beweisen zu überzeugen (GW III, S. 1259), ist der festen Meinung, daß seine Tochter nicht intelligent ist und deshalb bald eine Aussteuer brauche (GW III, S. 1253). Wie sehr Galilei Virginia verkennt, zeigt sich in Szene drei, wenn die Tochter mit ihren Fragen über Galileis Arbeit und ihrem Wunsch, durch das Fernrohr zu sehen, beweist, wie sehr sie sich für ihres Vaters Forschungen interessiert. Doch Galilei schlägt ihren Wunsch ab. Das wäre nichts für sie. Wenn Galilei zweifelt, ob der Hof ihn nehmen werde, ist es Virginia, die voller Vertrauen an das Fortkommen ihres Vaters nach seinen Entdeckungen glaubt. Galileis Reaktion auf ihre zuversichtlichen Worte sind jedoch: „Geh in deine Messe“ (GW III, S. 1259). Mit der Bühnenanweisung, welche diesem Ausspruch folgt: „Frau Sarti und Virginia gehen, an den Männern vorbei, zur Messe“ (S. 1259) verdeutlicht Brecht bildhaft den beschränkten Raum, der den Frauen in der Gesellschaft vorbehalten war: Einmal die Kirche und dann, wie weiter in diesem Stück dargestellt wird, ist es die Küche, die Virginias Lebensbereich wird. Der dritte der Frau zugestandene Bereich „Kinder“ bleibt ihr versagt, da ihr Verlobter, der wohlhabende Gutsbesitzer Ludovico Masili, Virginia wegen der den kirchlichen Lehren widersprechenden Tätigkeit ihres Vaters nicht heiratet. Ganz das Produkt der Erziehung Galileis, der Virginia verwehrte, an seiner Arbeit teilzunehmen, kann Virginia dem Inquisitor zugeben, daß sie nichts von den Gestirnwelten der väterlichen Arbeit verstehe. Ihre Interessen konzentrieren sich nun darauf, an ihrer Aussteuer zu nähen. Ein Geistlicher hat es übernommen, ihr Erklärungen über die Sternenwelt zu geben, nachdem ihr Vater sie abgewiesen hatte.

Immer wieder läßt Brecht erkennen, daß Virginia ein gutes Lernvermögen besitzt. So erinnert sie sich genau an die Aussprüche ihres Vaters und beobachtet seine Experimente. Sie begreift schnell. Wenn sie ihren Verlobten nicht mehr beim Vater findet, (Szene 9) wird sie ohnmächtig; denn sie hat erkannt, daß es keine Heirat für sie geben wird.

Brecht stellt es als Paradox heraus, daß Galileis Lehren sich im Volk verbreiten, Bänkelsänger zu aufrührerischen Lehren inspirieren, die in der Idee gipfeln, daß jeder mal gerne sein eigener Herr und Meister wäre, während das Dasein der Tochter Galileis das Gegenteil vorstellt. Ihr Leben erschöpft sich in ständigem Dienst für den Vater. Jedoch gerade zu Ende des Stückes zeigt sich, daß Virginia sich von der Vormundschaft des Vaters befreit hat. Sie entwickelt eigene Initiativen. Nicht nur in der Küche sorgt sie für des Vaters leibliches Wohl, sondern sie, die ihn auf Wunsch der Kirche auch seelisch betreuen soll, unterstützt den Vater in seinem Bemühen, vorsichtig zu leben, um doch noch etwas in seiner Wissenschaft leisten zu können. Virginias natürliche Klugheit, ihr weiblicher Instinkt assistieren ihrem Vater in seiner Arbeit. Es ist Virginia, die es möglich macht, daß Galileis Discorsi ins Ausland gelangen. Listig weiß sie den zur Aufsicht eingesetzten Mönch in die Küche zu locken, so daß Galilei mit Andrea allein ist. Galilei kann seinem ehemaligen Schüler seine Lehre zustecken.

Wie sehr sich die Rolle Virginias zum Schluß des Stückes hin geändert hat, geht aus Szene vierzehn, der letzen Szene Galileis wie auch Virginias hervor. Diesmal ist es Galilei, welcher der Fragende und Virginia, welche die Auskunftgebende ist. Es geht um dieselbe Frage wie in Szene drei, als Virginia wissen wollte, wie die Nacht war, und ihr Vater ihr entgegnete: „Hell" (GW III, S. 1258). In der Endszene ist Virginia das letzte Wort gegeben. Wenn Brecht Virginia diesmal auf des Vaters Frage nach der Nacht „Hell" antworten läßt, so erhält diese Auskunft eine zugleich optimistische wie symbolische Note. Was im Dunkeln lag, ist hell geworden. So werden auch Galileis Erkenntnisse die Wissenschaft erhellen und vorwärts bringen. Das Bild Virginias, die einst vom Vater als unfähig für diesen Bereich in die Kirche und auch die Küche verbannt wurde, und nun am Fenster vor dem hellen Himmel steht und den Himmel studiert, läßt den Zuschauer Hoffnung für die Stellung der Frau auch im wissenschaftlichen Leben empfinden.

ANMERKUNGEN

1. Vgl. Klaus Bohnen: „Produktionsprozeß bei Brecht. Zur Entstehung der „Gewehre der Frau Carrar"", in: *Brechts Gewehre der Frau Carrar*, hrsg. von Klaus Bohnen, Frankfurt: Suhrkamp, 1982, S. 167 – 194.
2. Vgl. *Die Mutter* und ihre Vorlage, s. o. S. 240.
3. Vgl. Mary Cronin, op. cit. S. 138; Laureen Nussbaum, op. cit. S. 375.
4. Klaus Bohnen: „Produktionsprozeß bei Brecht", op. cit. S. 188.
5. S. o. S. 235; 1918 schrieb Rosa Luxemburg zudem an einem Artikel, der später in der „Roten Fahne" erschien, in dem sie die Leser auffordert, denen

zu mißtrauen, die vom Reichskanzler und den Ministerstellen herunter, ihre Geschicke lenken wollten. Frederik Hetmann, op. cit. S. 233. Ebert wurde in Artikeln als „Volkskaiser" bezeichnet. Hetmann, S. 238.

6. Vgl. Klaus Bohnen: „Produktionsprozeß bei Brecht", op. cit. S. 169 – 173.

7. „Cette petite femme ... étonnait ses auditeurs par ... la volonté indomptable qui emmanait d'elle. L'Humanité de Rosa: Il n'y avait cependant pas de femme plus tendre, plus sensible, plus humaine ... Son intuition politique était remarquable." Berthe Fouchère: *La Vie Héroique de Rosa Luxembourg*, Cahier No. 25, Spartacus, Mars 1948, S. 6, 5.

8. Vgl. Laureen Nussbaum, op. cit., Bernard Fenn, op. cit.

9. Galilei: „Ich glaube an den Menschen, und das heißt, ich glaube an seine Vernunft! Ohne diesen Glauben würde ich nicht die Kraft haben, am Morgen aus meinem Bett aufzustehen", GW III, S. 1256.

7. Kapitel

Mutter Courage und ihre Kinder

Dies wohl bekannteste Theaterstück Brechts,[1a] verdankt das ihm immer wieder bezeugte Interesse vor allem der weiblichen Gestalt, die ihm seinen Titel gegeben hat. Das geht auch aus der Forschung hervor, die fast ausschließlich auf die Courage eingegangen ist. Dagegen hat man sich mit Kattrin, ihrer Tochter, wenig beschäftigt. Bei einer genauen Betrachtung zeigt sich jedoch, daß die stumme Kattrin, ein scheinbares Gelegenheitsprodukt des Exils, als Gegenfigur zu der so dominierend wirkenden Mutter angesehen werden muß. Gerade eine Betrachtung des Stückes, die sich mit beiden Frauen befaßt, gibt nicht nur Aufschlüsse über die beiden Charaktere, sondern läßt auch das Wesen der Kunst Brechts in diesem Stück in neuem Licht erscheinen. Ähnlich wie in seinen früheren Dramen *Die heilige Johanna der Schlachthöfe, Die Mutter* und *Die Gewehre der Frau Carrar* hat Brecht sich in diesem Stück nicht nur an literarischen Vorbildern orientiert, sondern hat sich an das Leben gehalten. Wieder sind Züge seiner Zeitgenossinnen Rosa Luxemburg und Clara Zetkin in diesem Stück zu neuem Leben erwacht, wie dargestellt werden soll.

Die Urteile über die Courage sind wiederholt auf ihr widersprüchliches Wesen eingegangen. Man hat die Händlerin kritisiert, aber die Mutter bewundert. Jedoch hat man versäumt, ihren Charakter im Ganzen zu betrachten, die Frau an sich in ihr zu sehen. Mit Recht bemängelt Brecht in seinen Notizen zur Philosophie, daß in den Geschichtsbüchern und Theaterstücken für die Handlungen der Personen meistens zu wenige Motive genannt werden. Es würde der Anschein erweckt, die Tat sei aus einem einzigen Motiv getan worden.[1b] Im Gegensatz zu den literarischen Figuren, welche Brecht als Vorlagen dienten, einmal die „Ertzbetrügerin und Landstörtzerin Courasche“ aus Hans Christoffel von Grimmelshausens *Simplicissimus* und Lotta Svärd, die Heldin der gleichnamigen Ballade aus Fähnrich Stals Erzählungen von Johan Ludwig Runeberg, ist Brechts Courage Mutter. Anders als die Charaktere der Vorlagen, die beide vom Krieg begeistert sind,[2] zeigt sich Brechts Courage von Anfang an als Gegnerin des Krieges. Es ist offensichtlich, daß sie den Beruf der Marketenderin erwählt, um ihre Kinder zu ernähren. Aber es sind nicht nur die Kinder der Courage, sondern auch der Wunsch, ein unabhängiges Leben zu führen, der sie diesen Beruf hat wählen und beibehalten lassen. Mit der Ausführung ihrer Mutterpflichten wie ihrer Aufgaben als Händlerin befindet sich die Courage in einer Zwangslage, die ihr widerspruchsvolles Verhalten erklärt.

Gerade die Songs tragen dazu bei, den Charakter dieser Frauengestalt Brechts zu verdeutlichen. Wie aus ihrem Lied von der Großen Kapitulation hervorgeht, mußte die Courage ihr freies Leben aufgeben und sich der Gesellschaft anpassen, als sie Mutter wurde. Jedoch war sie klug genug, den Beruf der Händlerin anzunehmen, der ihr eine gewisse Unabhängigkeit gewährte. Es ist allein die Position der Händlerin, der das Gesetz seit dem Mittelalter die bürgerliche Rechtsfähigkeit zuerkannt hat. Nur diese Stellung verlieh einer Frau dieselben Rechte, wie sie ein Mann sonst besaß.[3] Daß die Courage sich den Gegebenheiten, in diesem Fall dem Krieg anzupassen verstand, zeigt sich daran, daß sie den Beruf der Marketenderin wählte. Einer ehelichen Bindung hat sich diese Frau mit dem bezeichnenden Namen Anna Fierling – französisch „fier" = stolz – nie unterworfen. Rasch hat sie erkannt, daß es die Frau ist, die bei einem Verhältnis mit einem Mann ausgenutzt wird. Aus dieser Erkenntnis heraus warnt sie als Mutter auch ihre Tochter Kattrin vor der Liebe:

> Er sagt, er möcht den Boden küssen, über den deine Füß gehen ... und dann bist du sein Dienstbot (GW IV, 1372).

Anna Fierlings Erlebnisse, ihr Leben mit gut einem halben Dutzend Männern, aus dem drei Kinder hervorgegangen sind, gründet sich offensichtlich auf die Erkenntnisse des jungen Brecht aus dem Jahr 1925. Seine Worte[4] beschwören direkt einen Kampf zwischen den Geschlechtern herauf, dem Anna Fierling auf jeden Fall aus dem Wege gegangen ist, indem sie sich nicht gebunden hat.

Wenn sie auftritt, ist Anna vor allem als Mutter Courage bekannt. Allein dieser Rufname deutet an, daß diese Frau nicht nur Mutter im traditionellen Sinne, das heißt an Haus und Herd gebunden ist. Dem ausfragenden Feldwebel entgegnet sie, ihren Beinamen trage sie, weil sie den Ruin gefürchtet habe und durch das Geschützfeuer von Riga mit fünfzig Brotlaib gefahren wäre, also ihr Leben für ihr Geschäft gewagt habe. Courage hat diese Frau nicht nur bei jenem Geschehnis gezeigt. Courage gehört überhaupt dazu, daß diese Frau dem Krieg nachzieht und damit nicht wie die Masse der Frauen abseits von der Geschichte steht, sondern den Krieg als Sprungbrett in ihre Geschäftslaufbahn benutzt, die sie braucht, um mit ihren Kindern zu überleben.[5] Daß sie Courage hat, beweist sie durch das ganze Stück hindurch. Dem Feldwebel wie dem Werber, die sie nach ihren Papieren fragen, begegnet sie mit witzigen, schlagfertigen Worten, die wenig Respekt vor der militärischen Obrigkeit verraten und in dieser Hinsicht lebhaft an Rosa Luxemburg denken lassen, die nicht nur Gefängnisstrafen wegen Majestätsbeleidigung und Aufwieglung gegen die Obrigkeit erhielt,[6] sondern der auch 1914 ein Prozeß gemacht wurde, da sie in einer Massenversammlung am 7.3.1914 die Behauptung aufgestellt hatte, daß in der deutschen Armee Soldatenmißhandlungen auf der Tagesordnung standen.[7] Courages Schlagfertigkeit ist eine Eigenschaft, die an Clara Zetkin herausgehoben wird.[8] Aber auch Rosa Luxemburg war sehr beredt, wie oben ausgeführt wurde.

Der Feldwebel fühlt sich von Courages Reden zum Narren gehalten. Der Werber spürt einen „unbotmäßigen Geist bei der Person" (GW IV, S. 1352). Mit Worten, die ihren ganzen Abscheu gegen den Krieg verraten – vgl. „Ihr wollt ihn mir nur zur Schlachtbank führen", „Komm, geh mit angeln, sagte der Fischer zum Wurm" (GW IV, S. 1354 f.) – protestiert die Courage gegen der Werber Versuch, ihren ältesten Sohn Eilif zum Kriegsdienst einzuziehen. Wenn ihr Protest nicht hilft, greift sie zum Messer und will den Werber niederstechen. Schließlich scheut sie nicht davor zurück, dem Feldwebel seinen sicheren Tod zu prophezeien, ebenso wie sie ihn ihren Kindern weissagt, um sie vor dem Kriegshandwerk zu warnen. Wenn Eilif das „Lied vom Weib und dem Soldaten" vorträgt, singt sie dieses Lied, in dem die Prophezeiung des Weibes vom Tode des Soldaten wahr wird, weiter und schlägt zur Betonung mit einem Löffel auf einen Topf. Einem feindlichen katholischen Soldaten ruft sie zu, er solle nicht glotzen und lieber seinen Kameraden sagen, sie sollten mit der Musik und ihren Feiern aufhören. Sie hätte nur Verluste von ihrem Sieg gehabt.

Nicht nur mit Worten ist die Courage beherzt. Ohne Furcht reißt sie einem Soldaten den geraubten Pelzmantel ab, wenn er die ihr gestohlenen Getränke nicht bezahlt. Sie kommt mit ihrem Gewerbe durch ihr mutiges Verhalten voran. Der Feldprediger bewundert die Art, wie sie ihren Handel führt und versteht, daß man sie Courage geheißen hat (Szene 6).

Neben Courage und Witz besitzt diese Frauengestalt Brechts einen gehörigen Teil Klugheit, was nicht immer anerkannt wurde.[9] Diese Frau, welche eine intelligente Schauspielerin wie die Therese Giehse gerne spielte, weiß nicht nur, ihre geschäftlichen Vorteile wahrzunehmen, sondern zu denken,[10] gesellschaftliche wie politische Urteile zu fällen und dabei Methoden anzuwenden, die Brecht, den Theoretiker, als Lehrmeister erkennen lassen. Wenn sie einen Feldhauptmann oder auch Kaiser bedauert, der sich vielleicht gedacht hätte, er tue etwas für seinen künftigen Ruhm, er erobere die Welt, ein großes Ziel für einen Feldhauptmann, er wüßte es aber nicht besser (GW IV, S. 1400 f.), so folgen diese Äußerungen, die in volkstümlicher Umgangssprache vorgetragen werden, Brechts Anweisungen aus dem Abschnitt „Über die Wiederherstellung der Wahrheit".[11] Ohne Furcht vor etwaigen unangenehmen Rückwirkungen ihrer Reden, die frei ihre Meinung verkünden, äußert die Courage Gedanken, die zur Revolution anregen könnten, wenn sie die totale Abhängigkeit der Großen vom gemeinen Volk darlegt:

> Kurz, er [ein Feldhauptmann oder Kaiser] rackert sich ab, und dann scheiterts am gemeinen Volk ... (GW IV, S. 1401).

Ihre Rede erscheint weniger revolutionär, ja eher naiv, wenn sie fortfährt:

> ... was vielleicht ein Krug Bier will und ein bissel Gesellschaft, nix Höheres.

So harmlos ihre folgenden Worte auch durch den beibehaltenen Ton und Wortschatz klingen, so enthalten sie jedoch aufrührerische Ideen, indem sie darlegen, wie ohnmächtig die Oberen ohne die Unterstützung des Volkes sind:

> Die schönsten Plän sind schon zuschanden geworden durch die Kleinlichkeit von denen, wo sie ausführen sollten, denn die Kaiser selber können ja nix machen, sie sind angewiesen auf die Unterstützung von ihre Soldaten und dem Volk, wo sie grad sind, hab ich recht? (GW IV, S. 1401)

In diesem Zusammenhang ist es wichtig festzustellen, daß sich beide Revolutionärinnen, Clara Zetkin[12] ebenso wie auch Rosa Luxemburg durch die Gabe auszeichneten, ihre Worte so zu wählen, daß sie sich nicht strafbar machen konnten.

Daß Brecht die Courage nicht als dumm, wie ihr unterstellt wird,[13] sondern im Gegenteil als intelligent konzipiert hat, geht auch aus der Tatsache hervor, daß er sie Ideen weiter ausführen läßt, die sein Galilei aufwirft. In einem Gespräch mit dem Koch ist Courage der Ansicht, daß etwas faul ist, „wenn es wo so große Tugenden gibt" und kommt zum Schluß:

> In einem guten Land brauchts keine Tugenden, alle können ganz gewöhnlich sein, mittelgescheit und meinetwegen Feiglinge (GW IV, S. 1365 ff.)[14a]

Von Anfang ihres Auftretens an, bei dem sie sich mit ihrem Geschäftslied einführt, zeigt sich die Courage wirklich als Gegnerin des Krieges, ebenso wie es Clara Zetkin und Rosa Luxemburg waren. Dies beweist die sarkastische Art, mit der sie in ihrem Lied auf den Krieg hinweist. Es ist offensichtlich, daß sich die mit gutem Mutterwitz begabte, pragmatische Frau jedes ihrer Worte auch in ihren Liedern bewußt ist. Sonst würde sie sie nicht singen. Auch ihr Geschäftslied ist subversiv gegen den Krieg gerichtet, den die Oberen angestiftet haben.[14b]

Die Courage verfolgt nicht nur ihr Geschäft, sondern auch die politischen Ereignisse, die sie kräftig kritisiert und dabei ihre Erkenntnisse mit einer erstaunlichen sprachlichen Gewandtheit vorbringt, die auf Brechts Idee „Erkenntnistheorie muß vor allem Sprachkritik sein"[15] fußt:

> Die Polen hier in Polen hätten sich nicht einmischen sollen. Es ist richtig, unser König ist bei ihnen eingerückt mit Roß und Mann und Wagen, aber anstatt daß die Polen den Frieden aufrecht erhalten haben, haben sie sich eingemischt in ihre eigenen Angelegenheiten (GW IV, S. 1374).

Durch ihre volkstümliche Redeweise wirken ihre Worte lebendig und passen zu dieser Frau, die keine besondere Bildung genossen hat, aber einen gesunden Menschenverstand besitzt. Allein Bemerkungen wie ihr Bedauern über die Salzsteuer, welche die armen Leute in Schweden zahlen müssen, die Kritik am König, der die Deutschen einsperren und vierteilen lassen mußte, weil sie an ihrer Knechtschaft gegenüber dem Kaiser festgehalten haben, zeigen nicht nur ihr Interesse an den politischen Ereignissen, sondern beweisen, daß diese Frau keine Menschenverächterin ist, wie ihr vorgeworfen wurde.[16] Ihr energisches, couragiertes Eintreten für die Armen ist ein weiterer Beweis:

> Die armen Leut brauchen Courage. Warum, sie sind verloren. Schon daß sie aufstehen in der Früh, dazu gehört was in ihrer Lage ... Oder daß sie einen Acker umpflügen, und im Krieg! Schon daß sie Kinder in die Welt setzen, zeigt, daß sie Courage haben.[17]

Vom sozialen geht sie zum politischen Aspekt über, wenn sie fortfährt:

> Daß sie einen Kaiser und einen Papst dulden, das beweist eine unheimliche Courage, denn die kosten ihnen das Leben (GW IV, S. 1404).

Auch mit diesen Betrachtungen erweist sich die Courage als Vertreterin der Anschauungen des Dichters und seiner Zeitgenossinnen Clara Zetkin und Rosa Luxemburg. Sie enthüllt Klassengegensätze und bestimmt ihren eigenen Standpunkt. Sie macht den Eindruck, als habe sie „Die Gleichheit", die von Clara Zetkin herausgegebene Frauenzeitung, gelesen, in der den Leserinnen nachdrücklich eingeprägt wurde: „Du bist eine Proletarierin, du gehörst zu deiner Klasse."[18] Bei der Bewertung der Ereignisse tritt sie direkt und offen auf den Standpunkt ihrer Klasse. Lange hat sie den Krieg als „Höllenschlund" erkannt. Sie weiß um das mörderische Wesen des Krieges, und der Sarkasmus, mit dem die Courage in ihrem Geschäftslied auf den Krieg anspielt, verleiht ihm eine rebellische Note. Wenn behauptet wird, die Aktionen der Mutter Courage wären den im Lied dargestellten Intentionen gegenläufig, so werden nicht nur ihre revolutionären Reden übersehen, sondern auch die wiederholten Bemerkungen zu den Soldaten, die geeignet sind, deren Moral zu untergraben und sie zum Meutern aufzuhetzen wie in Szene fünf:

> Siegesmärsch spielen sie auf, aber den Sold zahlen sie nicht aus (GW IV, S. 1397).

In dieser Verbindung ist es interessant zu bemerken, daß Rosa Luxemburg bei ihrem Prozeß 1914 vorgeworfen wurde, sie hätte in ihren Referaten zu dem Thema „Gegen Militarismus und imperialistischen Krieg" zur Meuterei aufgefordert.[19] Auch Courages Tendenz, Gerüchte weiterzuverbreiten, trägt dazu bei, Unzufriedenheit und Aufbegehren unter den Truppen zu erregen:

> Im zweiten Regiment solls Unruhen gegeben haben, weil er [der Feldhauptmann] keinen Sold auszahlt, sondern gesagt hat, es ist ein Glaubenskrieg, sie müssen ihn umsonst tun.

Die Courage ist gegen jedes unnötige Aufopfern des Lebens. Sie denkt dabei nicht nur an ihre eigenen Kinder. So rät sie einem lutherischen Soldaten während eines Überfalls durch die Katholischen, die Kanone einfach stehen zu lassen.[20] Auch den Soldaten, dem das Trinkgeld verweigert wurde, unterstützt sie in seiner Rebellion gegen solche Ungerechtigkeit und sagt zu dem älteren Soldaten:

> Laß ihn los, er ist kein Hund, wo man in Ketten legen muß. Trinkgeld haben wollen, ist ganz vernünftig.

Sie versteht seinen Zorn, redet ihm schließlich zur Revolte zu, wenn ihm wirklich danach zumute sei, denn wenn sein Zorn nicht groß wäre, sollte er es aufgeben, sich aufzulehnen. Gerade weil die Courage pragmatisch denkt, ist sie auch vernünftig. Wieder ist sie darauf aus, Leben nicht unnötig in Gefahr zu bringen, wenn sie diesen Rat gibt und vertritt auch hiermit die Meinung des Dichters.[21] Zu Unrecht wurde konstatiert, die Belehrung der Courage habe nicht den Charakter mütterlicher Fürsorge gegenüber einem noch unerfahrenen jungen Menschen, sondern den der

Verführung.[22] Ihre Erfahrungen,[23] ihr Leben in dem langen Krieg haben dazu beigetragen, sie skeptisch und pragmatisch werden zu lassen. Mit einer Gelassenheit, die auch Brechts Keuner beseelt, hat sie wahrgenommen, daß Beschwerden es oft nicht wert sind, vorgebracht zu werden, daß sie nur ihrem Geschäft schaden, welches sie einfach zum Überleben braucht (GW IV, S. 1394). Man muß sich nach der Decke strecken, das heißt sich den Verhältnissen anpassen, hat die Courage erfahren. Aus dieser Erkenntnis heraus spricht sie mit dem jungen Soldaten und fühlt sich selbst durch das Lied von der großen Kapitulation in dieser Erkenntnis bestärkt. Gerade in *Mutter Courage und ihre Kinder* haben die Lieder nicht nur einen bestimmten und fixierten Platz innerhalb der Szene und damit innerhalb des Stückes, wie festgestellt wurde,[24] sondern darüber hinaus tragen sie mit zur Charakterisierung der Hauptfigur bei.[25] Es sind die harten Kriegszeiten, welche die Courage mitleidslos werden ließen, so daß sie ihre Offiziershemden nicht zu Binden für die Bauersfamilie hergeben will. Jedoch fällt ihr ihre Härte schwer. So heißt es in den Anmerkungen zur Aufführung:

> Die Courage stürzt zwei Schnäpse hinunter; sie braucht Schnaps für ihre Härte angesichts des Elends.[26]

Der selbständige Sinn der klugen Courage, der sich pragmatisches Denken angewöhnt und Menschenkenntnis gewonnen hat, zeigt sich auch in ihrem Verhältnis zu den Männern in ihrer Umgebung. Durch ihre unermüdliche Tätigkeit ist sie wirtschaftlich und gesellschaftlich unabhängig geworden. Diese Unabhängigkeit hat ihr eine dominierende Stellung Männern gegenüber gegeben. So ist sie nicht Bittende, sondern eine Gebetene, die mit gutmütigem Spott, der beweist, wie gut sie die Männer kennengelernt hat, dem Koch und dem Feldprediger ein Glas Branntwein gewährt, „da sie ihr sonst noch einen unsittlichen Antrag vor Langeweil“ machen könnten. Der überlegene Witz der Courage, ihre Menschenkenntnis zusammen mit ihrer Sprachgewandtheit finden Ausdruck in Wortspielen, die sie gelegentlich als Waffe gegen zudringliche Männer benutzt. So korrigiert sie des Feldpredigers Frage mit Bezug auf Kattrin, wer diese „einnehmende Person“ sei, mit der Antwort, daß ihre Tochter keine „einnehmende, sondern eine anständige Person“ wäre (GW IV, S. 1373).

Courages selbständige Lage erlaubt es ihr, dem Feldprediger, den sie nach dem Überfall der Katholischen mit ernährt, Anordnungen zu geben. Er solle nicht wie Jesus am Ölberg herumstehen, sondern die Gläser auswaschen (Szene 3). Auch auf die Courage läßt sich in dieser Situation die Feststellung anwenden, welche von Walter Benjamin für Pelagea Wlassowa in *Die Mutter* gemacht wurde.[27]

Die Annäherungen des Feldpredigers weist die Courage lakonisch zurück. Sie findet ihre Beziehungen eng genug. Wie sie ihm ausdrücklich erklärt, ist sie lediglich darauf aus, sich und ihre Kinder mit ihrem Wagen durchzubringen. Die Zeit erlaube ihr „keine Privatgeschichten" (Szene 6).

Die Courage ist nicht nur auf der Höhe ihrer geschäftlichen Laufbahn, sondern gesellschaftlich dem Feldprediger gleichgestellt, wenn sie, der Feldprediger und Kattrin den Planwagen ziehen, an dem neue Waren hängen (Szene 7). Auf des Kochs Wunsch stellt sie den ebenfalls später an, läßt ihn sich mit Kattrin vor den Wagen spannen. Auch an diesen Mann, der sie mit nach Holland nehmen will, bindet sie sich nicht. Die Liebe der Mutter zu ihrem Kind wird offenbar, wenn sie ihre behinderte Tochter nicht allein zurücklassen will.[28] Wenn sie Kattrin jedoch sagt, es sei wegen des Wagens, daß sie dem Koch den Laufpaß gegeben hätte, so enthüllt sie ein zweites Motiv für ihr Handeln. Sie möchte ihre Selbständigkeit, ihre Freiheit nicht aufgeben. Der Wagen, in dem sie in rastlosen Fahrten viele Länder durchquert hat, ist Symbol ihres Strebens nach Ungebundenheit. Zu Unrecht wurde behauptet, die Courage wäre am Ende von dem Feldprediger und dem Koch verlassen.[29] Im Gegenteil, es ist die Courage, welche sich des Kochs entledigt und seine Sachen mit den Worten hinauswirft: „So, der ist draus aus unserm Geschäft, und ein andrer kommt mir nimmer rein." (GW IV, S. 1428)

Der Gebrauch des Possessivpronomens im Plural beweist, daß die Courage ihre Kinder als Teilhaber des Verdienstes ansieht, also nicht aus rein egoistischen Gründen handelt. Sie hat auch das lukrative Angebot des Kochs hauptsächlich Kattrins wegen nicht angenommen. Daß Brecht sie „Mutter" Courage nannte, hat seine Gründe. Diese Frau sorgt für ihre Kinder, wie sie unter den Umständen, den grausamen Gegebenheiten des Krieges sorgen kann. Nicht nur, weil sie unabhängig sein wollte, sondern auch weil sie ihre Kinder unterhalten mußte, war Anna Fierling Händlerin geworden, war sie dem Krieg nachgezogen. Doch von der tötlichen Gefahr des Krieges überzeugt, versucht sie das Leben ihrer Kinder zu bewahren und tut, was sie kann, sie aus dem Krieg herauszuhalten. Die durch den Krieg bedingten Verhältnisse sind es, die ihr Verhalten, ihr Händlertum und ihre Profitgier, bestimmen. Es ist das Dilemma des

Krieges, das selbst den Anschein erweckt, als hätte die Courage an dem Tod ihrer Kinder Schuld.[30] Doch in Wirklichkeit versucht sie ihr Bestes zu tun, die Kinder von den Fährnissen des Krieges abzuhalten. Trotz ihrer draufgängerischen Courage, die auch die Härte nicht ausschließt, hat diese Mutter ein feines Gefühl, das bisweilen die Form einer Vorahnung in ihrer Sorge um ihre Kinder annimmt. Es ist die Courage, die Eilif durch das Lied vom Weib und dem Soldaten vor leichtsinnigen Taten warnt.[31] Sie gibt Eilif eine Ohrfeige, weil er unter Lebensgefahr den Bauern ihre Ochsen weggenommen hat (GW IV, S. 1367 ff.). Später wird ihn eine ähnliche Tat das Leben kosten (GW IV, S. 1419). Ebenso sieht sie die Gesellschaft des Zeugmeisters für Schweizerkas nicht gern. Sie möchte nicht, daß ihr Sohn dessen Kniffe lernt (GW IV, S. 1369). In der Szene, in der Schweizerkas wegen der Regimentskasse sein Leben verliert, bewahrheitet sich, daß ihre Sorge berechtigt war. Auf den ersten Blick könnte es so aussehen, als hätte die Courage durch ihr langes Feilschen den Tod des Schweizerkas verschuldet, wie wiederholt festgestellt wurde. Aber tatsächlich ist diese Mutter verzweifelt, befindet sich in einem großen Konflikt; denn sie muß an ihre Tochter Kattrin denken, die als Stumme erwerbsunfähig ist. Die Courage drängt Yvette, sich zu beeilen, da keine Minute zu verlieren ist:

Lauf und handel nicht herum, es geht ums Leben (GW IV, S. 1388).

Wenn Yvette zurückkommt und mitteilt, daß man die von der Courage gebotene Summe nicht annähme, und die Mutter dann augenblicklich bereit ist, den Betrag zu bezahlen, der gefordert wurde, ist es zu spät. Die Mutter hatte es sofort geahnt. Die ganze Nacht bleibt sie unbeweglich sitzen, als wäre ihr selbst das Leben entwichen. Als man ihr den Toten zeigt, und sie ihn um ihrer aller Sicherheit verleugnen muß, schüttelt sie zweimal den Kopf. Die Sprache, die ihr sonst so leicht kommt, versagt ihr (GW IV, S. 1387 – 1391). Sie scheint zu Stein geworden zu sein.[32]

Kattrins Gesicht reibt sie mit Asche ein, um sie vor der Gier der Soldaten zu schützen. Sie sieht mit Schrecken, wenn Kattrin ihr Leben wagt, um einen Säugling aus einem zertrümmerten Haus zu holen (GW IV, S. 1398). Um Kinder in einer belagerten Stadt zu retten, schlägt Kattrin die Trommel und wird von Soldaten erschossen. Es ist das Dilemma des Krieges, welches den Tod von Courages Kindern verursacht. Wenn Mutter Courage vorgeworfen wurde, wäre sie dem Krieg nicht nachgezogen, hätte sie sich und ihre Kinder dessen Gefahren nicht ausgesetzt, so hätte sie ihre Kinder nicht verloren. Doch beweisen die Szenen, in denen Bauern getötet und verwundet werden, daß auch diejenigen abseits des Krieges von ihm vernichtet werden können. Daß die Courage dies selbst erkannt hat, zeigt ihr Lied, ebenso ihr dazugehöriger Kommentar in Szene sieben:

> Jemand, der sich im Krieg ein Schlupfloch graben, also sicher sitzen will, gräbt sich nur ein frühes Grab. Die Seßhaften sind zuerst hin (GW IV, S. 1409).

Von Anfang an hat die Courage den Krieg als Todbringer erkannt. Dies beweisen ihr Geschäftslied, ihre Sorge um ihre Kinder, ihre Reden zu den Soldaten, ihre Bemerkungen in Szene sechs:

> Der Krieg soll verflucht sein (GW IV, S. 1408)

und Szene acht:

> Ich bin froh übern Frieden, wenn ich auch ruiniert bin. Wenigstens zwei von den Kindern hätt ich also durchgebracht durch den Krieg. Jetzt werd ich meinen Eilif wiedersehen (GW IV, S. 1411).

Den sarkastischen und negativen Bemerkungen über den Krieg steht nur eine positive, aber oft zitierte Äußerung am Anfang der siebenten Szene gegenüber.[33] Da die Courage sich zu dieser Zeit auf der Höhe ihrer geschäftlichen Laufbahn befindet, muß dieser Ausspruch als eine kurze, dem Augenblick unterworfene Art Euphorie angesehen werden.[34] Die euphoristische Wirkung dieser Worte wird durch das folgende Lied der Courage aufgehoben, das allen Enthusiasmus fühlbar dämpft, wenn nicht gar beseitigt.[35] Die Worte „Blei", „Grab", „Liegen in der Ruhestatt" beschwören das Bild des Todes von neuem herauf.

Die Reaktion der Mutter Courage nach Kattrins Tod ist ähnlich wie ihr Benehmen nach der Erschießung von Schweizerkas. Außer ein paar kurzen Sätzen versagen ihr schließlich die Worte. Vielleicht in der stillen Hoffnung, daß ihr Kind noch leben könnte, singt sie anfänglich ein Schlaflied, das nach dem bekannten Kinderlied von den Gänschen, die kein' Schuh haben, gebildet ist, sich aber auf Kattrin besonders bezieht, als sollte es ihr Freude machen, sie trösten und einschlafen lassen. Der Inhalt des Liedes zeigt noch einmal Courages durch den Krieg bedingtes Verhalten. Ihre Kinder hatten das Beste, während andere hungerten, ein Beweis, daß so klug, wie sie ist, sie doch nicht versteht, was nötig wäre, um eine Welt ohne hungrige Kinder zu schaffen. Angesichts von Kattrins Schicksal muß dieses Lied zudem sarkastisch wirken. Alle Anstrengungen der Mutter, ihre Kinder heil durch den Krieg zu bringen, waren fehlgeschlagen. Es war nicht Courages Fehler, sondern das Dilemma des Krieges.

Der Bauer muß die Mutter erinnern, daß sie nicht bei der Tochter verweilen kann; denn Wölfe und Marodöre näherten sich. Die Mutter sieht das ein. Ihre letzte Handlung für Kattrin ist, sie mit einer Decke aus dem Wagen zuzudecken. Wenn eine Theateraufführung diese Geste der Mutter, welche der Dichter ausdrücklich als Bühnenanweisung vermerkt, nicht beachtet und die Courage stattdessen ihrer toten Tochter alle Kleider ausziehen läßt, um sie wieder verkaufen zu können,[36] so wird ihre Gestalt in einer Weise entfremdet, die der Dichter in seinem Stück nicht zum Ausdruck bringt. Die Geste des Zudeckens vermittelt den Eindruck mütterlicher Wärme, die dieser Frau trotz ihrer bisweiligen Härte eigen ist. Der Fehler der Aufführung wird um so schwerwiegender, da die Geste, die in Brechts epischem Theater die große Rolle spielt,[37] verändert wird.

Wenn die Courage den Bauersleuten Geld für das Begräbnis Kattrins gibt, sich alleine vor den Wagen spannt und versichert, sie möchte wieder in den Handel kommen, dem Regiment zuruft, sie sollten sie mitnehmen, so lassen sich mehrere Beweggründe für ihr so oft moniertes Benehmen vorbringen, die wiederum an Brechts Bemerkung über zu wenige Motive in Theaterstücken erinnert.[38] Es ist nicht pure Geschäftsgier. Kattrin ist tot; aber die Hoffnung, ihren Sohn Eilif wiederzusehen, bleibt der Courage; denn Brecht hat es vermieden, die Mutter über den Tod ihres liebsten Sohnes aufzuklären. Die Courage muß schon deshalb dem Heer folgen. Um mit dem Heer zu ziehen und sich zu ernähren, muß sie jedoch den Handel weitertreiben. Einer selbständigen Natur wie dieser Frau widerstrebt es, sich an einen Mann zu binden, auf seinen Unterhalt angewiesen zu sein. Wenn auch ihr Wagen armselig geworden ist, so bleibt der ihr als Mittel, sich vorwärtsbewegen zu können.

Brechts Stück beginnt und endet mit der starken Persönlichkeit der Courage. Ihre Tochter Kattrin erscheint längst nicht so oft. Sie scheint, im Schatten ihrer Mutter zu stehen. Doch während das Stück seinen Gang nimmt, beginnt Kattrin eine zunehmend wichtige Position zu behaupten. Parallel dazu stehen die Bemerkungen Brechts zu ihrer Person. Immer wieder weist er zunächst auf sie als „die stumme Kattrin“[39] und betont damit eine Eigenschaft, die sie in den schärfsten Kontrast zu ihrer Mutter mit deren Redegewandtheit stellt. Doch es zeigt sich, daß Kattrins Stummheit durch eine feine Beobachtungsgabe ausgeglichen wird, welche sie ihrer Mutter überlegen sein läßt. Brecht läßt erkennen, hätte die Courage auf Kattrins Springen vom Wagen und ihre damit verbundenen rauhen Laute am Ende der ersten Szene (GW IV, S. 1359) rascher reagiert, so wäre es dem Werber nicht gelungen, Eilif mitzunehmen. Auch Kattrins schnelles Erfassen der gefährlichen Situation kommt bereits in dieser Szene im Gegensatz zu Schweizerkas' Einfalt zum Ausdruck.[40]

Wenn die Courage von Kattrin spricht: „Die Tochter ist nix", und lediglich ihre Stummheit als positiv anerkennt (GW IV, S. 1363), so beweist die Mutter, wie blind sie gegenüber den Fähigkeiten ihrer Tochter ist. Sie verrät damit eine gewisse Engstirnigkeit, die auf die Hauptkritik Brechts an ihr hinweist. Daß Kattrin beginnt, sich von der Vormundschaft der Mutter zu lösen und ihre eigenen Wege zu gehen, zeigt sich, wenn sie Yvettes Hut und rote Schuhe anprobiert (GW IV, S. 1373 f.). Die Courage behandelt sie jedoch in ihrer Furcht vor den Soldaten wie eine Unmündige, wenn sie ihr den Hut vom Kopf reißt. Aber es gelingt ihr nicht, Kattrin die Schuhe auszuziehen (GW IV, S. 1376). Kattrin weiß auch, die Schuhe vor Yvette zu bewahren, indem sie die Füße unter den Rock zieht. Daß Kattrins Wünsche für sich von denen der Mutter abweichen, zeigt sich ebenfalls, wenn die Mutter ihr das Gesicht mit Asche einreibt, um sie vor den Soldaten zu schützen, und Kattrin mit Zittern reagiert. Die übergroße Sorge, Kattrin vor allem Übel zu schützen, und Courages Unkenntnis der Hellsichtigkeit ihrer Tochter offenbaren sich, wenn Courage wünscht, Kattrin wäre wie „ein Stein in Dalarne", so daß ihr nichts passierte. Die Courage übernimmt die stereotype Ansicht vom sogenannten „starken Geschlecht", wenn sie ihren einfältigen Sohn Schweizerkas bittet, auf seine Schwester achtzugeben. Doch es ist Kattrin, die achtgibt, ihr Bestes tut, auch diesen Bruder vor Unheil zu behüten. Sie ist es, die Schweizerkas mit Gesten dazu bringt, die Schatulle wegzutragen. Es wird deutlich, Schweizerkas hätte vor dem Tode gerettet werden können, wenn er und seine Mutter Kattrins Warnungen mehr beachtet hätten. Während Courage noch um den Preis für Schweizerkas' Loskauf handelt, ist es Kattrin, die plötzlich schluchzend hinter den Wagen läuft und mit dieser Gestik das traurige Ende des Bruders ankündigt. Es ist offensichtlich, daß gerade bei der stummen Kattrin die Gestik eine besonders bedeutende Rolle annimmt. So ist auch hervorzuheben, daß Kattrin nach der Exekution von Yvette zu Courage geschickt, mit abgewendetem Gesicht zur Mutter geht, als mache sie ihr einen Vorwurf.[41]

Hatte Kattrin nur mit stillem Vorwurf auf das Handeln ihrer Mutter nach dem Tode des Schweizerkas reagiert, so begegnet sie ihr zwei Jahre später mit offenem Widerstand, wenn die Courage kein Leinen für eine verwundete Bauernfamilie herausgeben will. „Kattrin hebt, Gurgellaute ausstoßend, eine Holzplanke auf und bedroht ihre Mutter damit“, heißt es in der Bühnenanweisung (GW IV, S. 1398). Wenn der Feldprediger Kattrin unterstützt und der Courage Hemden wegreißt, um sie als Verbandszeug zu verwenden, ein weinendes Kind zu hören ist, läuft Kattrin in das zertrümmerte Haus, ohne sich um die Warnung der Mutter zu kümmern, daß das Dach einstürzen könnte. Sie trotzt der Mutter, wenn die ihr befiehlt, sie solle den Säugling sofort seiner Mutter zurückgeben, schaukelt das Kind anstatt in ihren Armen und lallt ein Wiegenlied.

Daß Brecht auch die Gestalt Kattrins dem Leben nachgeschaffen hat, ihr Züge Rosa Luxemburgs beigab, wird an dieser Stelle zum ersten Mal deutlich. Wie aus der Biographie Rosas hervorgeht, liebte sie Kinder und wünschte sich ein Baby. So schrieb sie an Leo Jogisches, ihren Lebenskameraden, in einem ihrer Briefe von März 1899 von ihren Träumen. Vor allem sehnte sie sich danach, mit Dziodziu– ihr Kosename für Jogisches –

> jeden Sommer für einen Monat aufs Land zu fahren, aber das dann ganz ohne Arbeit ... und vielleicht noch so ein kleines, ganz winziges Baby? Wird das nie sein dürfen? Niemals; Dziodziu, weißt Du, was mich gestern plötzlich beim Spazierengehen im Tiergarten überfallen hat? Aber ohne jede Überraschung! Auf einmal ist mir so ein drei– oder vierjähriges Kind vor die Füße geraten, in einem hübschen Kleidchen, mit blonden Haaren, und hat mich angestarrt. Da packte es mich plötzlich, das Mädchen an mich zu reißen und schnell mit ihm nach Hause zu laufen und es für mich zu behalten ...

Der Brief endet mit Worten, die auch Kattrin geäußert haben könnte, wenn sie hätte sprechen können:

> Ach ... werde ich niemals ein Kind haben?[42]

Während die Courage auf die Fortsetzung des Krieges baut, da sie sich mit ihren Kindern durch ihn ernährt, hofft Kattrin auf den Frieden; denn sie erwartet, dann endlich einen Mann und Kinder zu bekommen. Der Gang in die Stadt, um auf Geheiß der Mutter Waren zu holen, bringt ihr jedoch bei dem Überfall eines Soldaten eine entstellende Wunde. Schnell hat sie erfaßt, daß ihre Wünsche für den Frieden damit ein Ende gefunden haben; denn wenn die Mutter ihr nun die roten Stöckelschuhe der Yvette bringt, läßt Kattrin sie stehen und kriecht in den Wagen. Es ist Kattrins Protest gegen die Mutter. Sie gibt Courage die Schuld an dem Unglück.[43]

Ihre Verwundung hat Kattrins Wünschen nicht nur ein Ende gemacht, sondern auch ihr Streben nach selbständigem Handeln eingeschränkt. Auf der Höhe der geschäftlichen Laufbahn ihrer Mutter sieht man Kattrin zusammen mit der Courage und auch dem Feldprediger den mit neuen Waren ausgestatteten Wagen ziehen. Kattrin folgt wie früher der Mutter Anordnungen, hilft ihr ebenso wie die von der Courage verpflegten Männer, der Feldprediger und der Koch, bei den täglichen Pflichten im Haushalt und dem Ziehen des Wagens. Daß sie jedoch weiterhin Anteil an allem Geschehen nimmt, beweist ihr Belauschen des Gesprächs zwischen ihrer Mutter und dem Koch. Die Courage hatte dessen Angebot, sie mit nach Utrecht zu nehmen, mit Freuden gehört, da sie auf diese Weise eine Stelle gehabt hätte, wo sie entfernt vom Kriege mit ihren überlebenden Kindern noch ein paar ruhige Jahre hätte leben können (GW IV, S. 1423). Doch wenn sie hört, Kattrin solle nicht mitkommen, weist sie das Angebot des Kochs ab und sucht die Tochter, die sich still mit ihren Sachen während des Gesprächs entfernt hatte. Kattrin, die in ihrem Mitgefühl mit jeder Kreatur einmal einen überfahrenen Igel bei sich versteckte, hatte ihrer Mutter nicht im Wege sein wollen.

Kattrins Mitleid mit Tieren zeichnete auch Rosa Luxemburg aus, wie aus ihren Briefen zu ersehen ist. So schreibt sie aus der Festung Wronke bei Posen, wohin man sie 1916 in Schutzhaft gebracht hatte, im folgenden Sommer, wie ihr die Tränen herunterrannen, als sie sehen mußte, wie ein Büffel von einem brutalen Soldaten geschlagen wurde.[44]

Es ist wieder Kattrins Mitleid, welches sie zwei Jahre später von neuem zu selbständigem Handeln treibt. Wenn sie hört, daß Kinder in der benachbarten Stadt Halle in Gefahr sind, ist sie es, die handelnd eingreift. Sie weiß, ihr Gebrechen, ihre Stummheit zehnfach zu überkommen. Während die Bäuerin zu Boden gesunken ist, um zu beten, zeigt sich bildlich, wie Kattrin sich durch ihr wohlüberlegtes und mutiges Handeln über ihre Leidensgenossen, die Bauersleute, aber auch ihre Mutter, die in Halle Waren einkauft, erhebt. Unbemerkt schleicht sie sich zum Wagen, nimmt etwas heraus. Dann klettert sie auf der Leiter auf das Dach des Stalles, zieht die Trommel, die sie vorsorglich unter der Schürze verborgen hatte, hervor und beginnt auf sie zu schlagen. Wenn der Bauer auf die Leiter zuläuft, zieht Kattrin sie schnell aufs Dach.

„Kattrin trommelt weiter“. Diese kurze Bühnenanweisung, deren Worte sechsmal wiederholt werden und in ihrem Rhythmus das Trommeln nachahmen (GW IV, S. 1433 – 1435), beweisen, wie Kattrin unbeirrt durch das Lamentieren der Bauersleute, die Versprechungen und dann folgenden Drohungen des Fähnrichs sich nicht abhalten läßt, die Leute der Stadt Halle vor dem anrückenden Feind zu warnen. Der Hinweis des Fähnrichs, er wolle ihre Mutter in Halle verschonen, wenn sie ihr Trommeln aufgäbe, ebenso seine Drohungen, er werde sie abschießen, vermögen Kattrin nicht von ihrer selbständig gewählten Aufgabe abzubringen und an ihrer Durchführung zu hindern. Diese Tat Kattrins für andere ist gleichzeitig ein Aufstand gegen ihre Mutter, die mit ihrem Handel nur an sich und ihre Familie gedacht hat.[45] Kattrins letzte Schläge werden von den Kanonen der Stadt abgelöst. „Sie hats geschafft", muß einer der Soldaten, der auf sie schoß, zugeben (GW IV, S. 1436).

Durch ihre erfolgreiche Tat verliert Kattrin jedoch ihr Leben. Mit ihrem gefährlichen Handeln zeigt sie aber wieder, wie ähnlich sie Rosa Luxemburg gesonnen ist, die idealistisch und opferbereit 1917 in einem Brief schrieb:

> Mensch sein heißt sein ganzes Leben auf des Schicksals großer Waage freudig hinwerfen, wenn's sein muß.[46]

Daß Kattrin jedoch nicht allein leidet, allein Opfer wird, beweist die Tatsache, daß auch der junge Bauer leiden muß, wenn er von den Soldaten mißhandelt und schließlich totgeschlagen wird,[47] da er Kattrin anfeuert, weiterzutrommeln, ihr also beisteht.

Auch Rosa Luxemburg starb nicht allein. Am 15. Januar 1919 wurden Rosa Luxemburg und Karl Liebknecht von Soldaten und Offizieren der Reichswehr in Berlin verhaftet, mißhandelt und umgebracht. Die Zeitungen berichteten von einer „Doppeltragödie": Liebknecht sei auf der Flucht erschossen und Rosa von einer wütenden Volksmeute ermordet worden.[48]

Brecht macht klar, daß es Kattrin in diesem Stück ist, die aus den Ereignissen lernt, dann handelt und damit ihrer Mutter überlegen ist. Somit ließen sich Brechts oft zitierte Worte über die Courage auch folgendermaßen lesen:

> Dem Stückeschreiber obliegt es nicht, die Courage am Ende sehend zu machen ... ihm kommt es darauf an, daß *Kattrin und damit auch* der Zuschauer sieht.[49]

Wie festgestellt wurde, ist Mutter Courage eine „komplexe Figur".[50] Diese Komplexität ist ein Grund für die verschiedenartigen Urteile, welche über diese Frauengestalt gefällt wurden, die Abneigung ebenso wie das Mitleid, das sie erregt hat. Das anscheinend Widerspruchsvolle in ihrem Wesen, ihr Sinn für das Geschäft, ihr Sorgen für ihre Kinder hat sie allgemein als entfremdet erscheinen lassen. Und doch ist die Courage ein Mensch im selben Sinne wie Shen Te–Shui Ta im Angesicht der Götter.[51] Mit ihrer Profitgier scheint sie allerdings Shui Ta näher zu stehen als Shen Te. Hinter ihrer menschlichen Komplexität verbirgt sich eine pragmatische Frau mit der Erfahrung des Lebens. Selbständig denkend, hat sie die Kalamität des Krieges erkannt und gehandelt um zu überleben. Unbekümmert um Konventionen ist sie zur kalkulierenden Geschäftsfrau geworden. Die Liebe zu ihren Kindern war eins der Hauptmotive für ihr Handeln. Die harten Lebensbedingungen des Krieges haben sie selbst ein hartes Wesen annehmen lassen, welches das innige Gefühl für ihre Kinder wohl gelegentlich versteckt, aber nicht ausgelöscht hat. Mit der Mutter Courage hat Brecht eine Frau geschaffen, die versucht hat, trotz des Krieges, des Widersinns in ihrem Leben, das Leben zu meistern. Daß Brecht großen Wert darauf legte zu zeigen, wie oft der Courage dies Meistern einer Situation gelungen ist, beweisen seine Bemerkungen in den *Materialien*.[52] Wenn sie am Ende des Stückes weiterhin trotz ihrer Verluste ihrem Handel nachgeht, zeigt sich wieder ihr Wille, beweglich zu bleiben, sich jedem Eingeschlossensein, sei es örtlicher oder gesellschaftlicher Art zu widersetzen. Dem letzten Bild nach, in dem die trotz aller Armseligkeit unverwüstlich wirkende Courage mit dem Ruf zum Regiment „Nehmts mich mit" ihren Wagen in Bewegung setzt um vorwärtszukommen, könnte sie als Symbol für die Frauenbewegung gelten, die sich durch Jahrzehnte bis auf die neuste Zeit ebenso tatkräftig wie die Courage bemüht hat, Fortschritte zu machen und als gleichwertige Partner der Männer am gesellschaftlichen wie politischen Geschehen teilzuhaben, aber mit einem Unterschied zur Courage: Die Frauenbewegung, welche die Abneigung der Courage gegen den Krieg teilt, hat viele Frauen in ihren Reihen gehabt, die energisch für den Frieden eintraten, wie die Begründerin der deutschen und österreichischen Friedensbewegung, Bertha von Suttner, dann Rosa Luxemburg und Clara Zetkin, die sich entschieden gegen die Kriegspolitik wandten. Während sich allerdings die meisten der gemäßigten bürgerlichen Frauenrechtlerinnen im Ersten Weltkrieg mit der Regierungspolitik konform zeigten, gründeten Pazifistinnen den „Frauenweltbund zur Förderung internationaler Eintracht", dessen Mitglieder auch in Deutschland Protestversammlungen gegen den Krieg veranstalteten, nach dem Krieg in der „Internationalen

Frauenliga für Frieden und Freiheit" bis zu Beginn des Zweiten Weltkriegs für allgemeine Abrüstung sowie den Widerstand gegen den Nationalsozialismus eintraten.[53]

Jedoch mit der Initiative, welche die Courage entwickelt, der Zähigkeit, mit der sie ihre Ziele verfolgt, mit ihrem Gefühl der Unabhängigkeit kann diese Frau für den modernen Zuschauer und Leser in gewisser Weise vorbildich sein. Ihre Zwangslage spiegelt die Schwierigkeit wider, welche emanzipatorische Bewegungen haben. Ihre prekäre Situation illustriert auch, wie „Erfolg" die allgemeine Unterdrückung fortsetzen kann. Nach Brechts Darstellung ist Courages Wagen definitiv an das falsche System gespannt.

Der komplexen Gestalt der Mutter gegenüber wirkt Kattrin mit ihrem Mitgefühl für die leidende Kreatur, mit ihrer Liebe und Fürsorge auch für andere, die nicht zur Familie gehören, mit ihrem Wunsch, ihnen zu helfen und der Konsequenz, diesen Wunsch in die Tat umzusetzen, einfacher. Wenn Courage Shui Ta näher steht, hat Kattrin mehr Charakterzüge mit Shen Te gemeinsam. Während sich die Courage durch geschicktes Reden auszeichnet, tritt Kattrin durch ihre Gestik hervor, die ihre Krönung in der hilfreichen Tat für andere findet. Kattrin ist das Gegenstück zu ihrer Mutter.

Doch trotz ihrer Verschiedenheit haben die Courage und ihre Tochter manches gemein. Diese gemeinsamen Züge verbinden die antithetischen Charaktere in synthetischer Weise. Beiden ist eine gute Portion Intelligenz eigen. Während sich Courages Intelligenz praktisch bewährt, in der Art, wie sie das Leben zu meistern sucht und gefährliche Situationen zu überleben weiß, zeigt sich die Intelligenz der stummen Kattrin[54] in deren wacher Beobachtungsgabe, ihrem schnellen Erfassen von Gefahr für andere und ebenso raschem Handeln, anderen aus der Gefahr herauszuhelfen, ohne an ihre eigene Person zu denken. Beide besitzen genug Intelligenz, sich gegen Unterdrückung jeglicher Art aufzulehnen, sei es politischer oder gesellschaftlicher Art. Die Courage tut das hauptsächlich durch ihr Reden, das sich gegen die politische Obrigkeit wie auch gegen Mißbräuche der patriarchalischen Gesellschaft richtet. Ihr Leben als selbständige Frau, die versucht, sich und ihre Kinder durch die Kalamität des Krieges zu bringen, ist Zeugnis davon. Die stumme Kattrin weiß, ihr Gebrechen zu überkommen und sich durch Gestik zu helfen. Nicht nur die Situation des Krieges, sondern auch die dominierende Persönlichkeit ihrer Mutter wird für sie zu einer bedrückenden Erfahrung,[55] gegen die sie rebelliert und schließlich dabei ihr Leben hingibt. Die Courage wie Kattrin entfernen sich von der traditionellen Rolle der Frau und Tochter. Die Courage gibt das einer Frau und Mutter zugedachte Dasein im Hause auf und erwählt den Wagen der Marketenderin als Wohn- und Arbeitsstätte, in der sie selbständig und den Männern gleichberechtigt ist. Kattrin löst sich von dem Leben der bevormundeten und behüteten Tochter und handelt unabhängig, wenn sie in ein zerstörtes Haus geht, um einen Säugling zu bergen und schließlich auf ein Dach steigt, um das Leben von Kindern zu retten. Durch ihre Tat findet sie nicht nur eine Identität als politische Heldin. Wenn sie das Leben der Kinder der Stadt Halle rettet, ist sie doch noch Mutter geworden.[56] Wie Brechts spätere Gestalt Grusche ist sie nicht die biologische sondern die „wirkliche" Mutter anderer, während Courage im Gegensatz dazu eine „falsche" Mutter ist, die versucht, ihre eigenen Kinder auf Kosten anderer zu retten. Doch hätte Kattrin ohne Courages Schutz und Fürsorge nicht so viele Jahre den Krieg überleben können.

Beide, die Courage und ihre Tochter, besitzen Mut, den sie in gefährlichen Situationen beweisen. Während die Mutter den Mut hat, die Gefahr, in die sie fast immer in Verbindung mit ihrem Geschäft gerät, so gut wie möglich durchzustehen und einfach zu überleben, hat die Tochter den Mut, ihr Leben für das Leben anderer zu wagen und hinzugeben. Auch Kattrin verdient wie ihre Mutter den Namen Courage. Mit beiden, der Mutter wie der Tochter hat Brecht eigenständige weibliche Charaktere geschaffen, die feministisch gesehen beeindrucken können. Es scheint kein Zufall zu sein, daß eine feministische Zeitschrift den Namen „Courage" wählte.[57]

Bei genauer Betrachtung der feministischen Haltung der Courage ebenso wie Kattrins lassen sich jedoch Unterschiede feststellen. In ihrer totalen Bezogenheit auf sich selbst und ihre Kinder, in ihrer oftmals egoistischen Einstellung bei ihrem Handeln erscheint die Courage als eine Vertreterin des bürgerlichen Feminismus. Aber in ihren Reden ist sie marxistisch. Im Gegensatz zu der Mutter verkörpert Kattrin in ihrer Sorge und ihrer Aufopferung für andere einen sozialistischen Feminismus idealer Art. Somit kann konstatiert werden, daß Brecht in diesem Stück Feminismus und Marxismus nicht nur dialektisch gegenüberstellt, sondern in der Gesamtschau von Mutter und Tochter vereinigt.

1a. Nach den Verzeichnissen der Aufführungen von Brechts Theaterstücken in den Materialien des Suhrkamp Verlages wurde *Mutter Courage* 175 mal aufgeführt, *Der gute Mensch von Sezuan* 145 mal, *Der Kaukasische Kreidekreis* 123 mal, *Die Heilige Johanna der Schlachthöfe* 32 mal. Ferner bezeugen auch die Berichte über Aufführungen der *Mutter Courage* in den Jahrbüchern von 1974, 1976 und 1978 das Interesse, das man für dieses Stück hegt.

1b. *Schriften zur Politik und Gesellschaft*, GW XX, S. 157.

2. Im zweiten Kapitel ihrer Lebensbeschreibung schildert Courasche, wie ihr Herz beim Schall der Trommeln, Pfeifen und der Geschütze schlug. *Das Zeitalter des Barock. Texte und Zeugnisse*. Hrsg. von Albrecht Schöne. München: C. H. Becksche Verlagsbuchhandlung 1963, S. 979. Von Lotta Svärd heißt es: „Sie liebte den Krieg, was immer er gab, Widerwärtigkeiten, Freuden, Beschwerden ... (Hon älskade kriget, vadhelst det gav, Mot –, medgang, fröjder, besvär)" Johan Runeberg: *Samlade Arbeten. Fänrik Stals Sägner Psalmer*. Stockholm: Holger Schildts Förlag 1931, S. 115.

3. Vgl. Simone de Beauvoir: *Das andere Geschlecht. Sitte und Sexus der Frau*. Reinbek bei Hamburg: Rowohlt 1968, S. 148.

4. S.o. Einführung zu Teil III, S.217

5. Vgl. Simone de Beauvoir, die konstatiert: Die Masse der Frauen steht abseits von der Geschichte, und die Umstände sind für jede von ihnen stets eher ein Hindernis als ein Sprungbrett gewesen. *Das andere Geschlecht*, op. cit. S. 145.

6. S.o. S. 235.

7. Frederik Hetmann, op. cit. S. 172.

8. Luise Dornemann, op. cit. S. 102.

9. August Obermayer meint, die Courage verstände das Geschäftslied, das sie sänge „natürlich" nicht und retardiere mit ihrer willigen Teilnahme am Kriege, ihrer Anpassung und Hilfeleistung aus purem Geschäftsinteresse den von Brecht intendierten Erkenntnisprozeß. „Die dramatische Funktion der Lieder in Brechts *Mutter Courage und ihre Kinder*", in: *Festschrift für E. W. Herd*, hrsg. von August Obermayer, Dunedin, New Zealand: Department of German, University of Otago, 1980, S. 204.

10. Mehrmals weist Brecht in seinen Anmerkungen auf ihr Erkennen der Situation und ihr Nachdenken. *Materialien zu Brechts Mutter Courage und ihre Kinder*, zusammengestellt von Werner Hecht, Frankfurt am Main: Suhrkamp 1964 (12. Auflage) S. 52, 53.

11. „In Zeiten, wo die Täuschung gefordert und die Irrtümer gefördert werden, bemüht sich der Denkende, alles, was er liest und hört, richtigzustellen ... und im Sprechen stellt er es richtig. Von Satz zu Satz ersetzt er die

unwahren Aussagen durch wahre ..." „Der Denkende handelt so nicht nur, um festzustellen, daß getäuscht und geirrt wird. Er wünscht die Art der Täuschung und des Irrens zu gewinnen. Wenn er liest: 'Ein starkes Volk wird weniger leicht angegriffen als ein schwaches', dann braucht er das nicht zu berichtigen, wenn er hinzusetzt, 'aber es greift leichter an'. Wenn er hört, daß Kriege nötig sind, dann setzt er hinzu, unter welchen Umständen sie nötig sind, auch für wen." *Schriften zur Politik und Gesellschaft.* GW XX, S. 191.

12. Vgl. Luise Dornemann, op. cit. S. 103. Frederik Hetmann, op. cit. S. 171.

13. Vgl. Anmerkung 9.

14a. Vgl. damit Szene 13 am Ende von *Leben des Galilei.* Auf Andreas' Ausruf „Unglücklich das Land, das keine Helden hat", antwortet Galilei nach einer Pause: „Nein, unglücklich das Land, das Helden nötig hat."

14b. Vgl. diese ihre Idee in der 3. Szene, die sie „ernsthaft" vorbringt: „Wenn man die Großkopfigen reden hört, führens Krieg immer nur aus Gottesfurcht und für alles, was gut und schön ist. Aber, wenn man genauer hinsieht, sinds nicht so blöd, sondern führn die Krieg für Gewinn." GW IV, S. 1375.

15. *Schriften zur Politik und Gesellschaft*, GW IV, S. 140.

16. Vgl. August Obermayer, op. cit. S. 204.

17. Vgl. auch ihre Äußerungen zu dem jungen Soldaten, der sich beschweren will: „Ja, die [die Oberen] kennen sich aus in uns und wissen, wie sies machen müssen." GW IV, S. 1394.

18. Luise Dornemann, op. cit. S. 93.

19. Frederik Hetmann, op. cit. S. 171.

20. „Laß sie doch stehen, du Esel, wer zahlts dir? Ich nehme sie dir in Verwahrung, und dich kostets Leben." GW IV, S. 1376.

21. Courage denkt ähnlich wie Herr Keuner, der in „Maßnahmen gegen die Gewalt" seinen Schülern antwortet: „Ich habe kein Rückrat zum Zerschlagen. Gerade ich muß länger leben als die Gewalt." GW IV, S. 375 f.

22. Obermayer, op. cit. S. 208.

23. Daß die Lebensbedingungen einen großen Einfluß auf die Menschen haben, wobei der Lebenskampf eine große Rolle spielt, bemerkt Brecht in seinen *Schriften zur Politik und Gesellschaft*: „Was erzieht: Es erzieht der Hunger und die Art, wie er gestillt werden kann. Es erzieht die Kälte und die Art, wie ein Obdach oder die Kleidung errungen werden können." GW IV, S. 84.

24. Obermayer, op. cit. S. 211.

25. Dies wird besonders in Courages Geschäftslied, dem Lied vom Weib und dem Soldaten und dem Lied von der Großen Kapitulation deutlich.

26. *Materialien*, S. 46.

27. S.o. S. 249 ff., Anmerk. 11.

28. Auch die moderne Forschung hebt diesen Aspekt hervor. Walter Hinck stellt fest: „Gleichwohl ist die Courage eben jene „Hyäne des Schlachtfeldes“ nicht, als die sie mit der Übertreibung des enttäuschten, unerhörten Liebhabers der Feldprediger bezeichnet“ (GW IV, S. 1414). „Zu Zeiten überrennen menschliche Reaktionen die geschäftlichen Prinzipien doch“, notiert Brecht in einer frühen Aufzeichnung. „Und keine noch so distanzierte schauspielerische Darstellung kann jenen Augenblick verantwortlichen mütterlichen Handelns (9. Szene) vergessen machen, in dem die Courage um ihrer stummen Tochter willen das Angebot des Kochs auf eine Bleibe im friedlichen Flandern ausschlägt.“ „Mutter Courage und ihre Kinder: Ein kritisches Volksstück“, in: *Brechts Dramen. Neue Interpretationen*, hrsg. von Walter Hinderer, op. cit. S. 165. Die Courage kann nicht einfach davongehen wie Mae im *Dickicht der Städte*, deren Kinder nicht behindert sind. S.o. S. 222.

29. „She flirts with a Dutch cook, takes a refugee army chaplain under her wing, but is abandoned even by these at the end ...“ *Mutter Courage und ihre Kinder*, hrsg. von Volkmar Sanders, New York: Oxford University Press, 1964, Kommentar, S. 121.

30. In ihrer im allgemeinen interessanten Studie gelangt Sara Bryant–Bertail jedoch zu Unrecht zu der Feststellung: „As Mother Courage gradually allows herself to be transformed into a „butcher's dog“ or even a „hyena of the battlefield“, she also maims and destroys her children.“ „Women, Space, Ideology: Mutter Courage und ihre Kinder“, in: *brecht, women and politics. The Brecht Yearbook*, Vol 12, 1983, hrsg. von John Fuegi, Gisela Bahr, John Willett, Detroit: Wayne State University Press, 1985, S. 56.

31. Eilif tanzt einen Säbeltanz, und seine Mutter antwortet mit einem Lied. *Materialien*, S. 29.

32. Auch Kattrin wird später mit einem Stein verglichen. So heißt es zu Beginn der 11. Szene von Kattrin: „Der Stein beginnt zu reden.“ GW IV, S. 1430.

33. „Ich laß mir den Krieg von euch nicht madig machen. Es heißt, er vertilgt die Schwachen, aber die sind auch hin im Frieden. Nur, der Krieg nährt seine Leute besser.“ GW IV, S. 1409.

34. In diesem Zusammenhang ist es interessant zu wissen, daß die Giehse diese Szene, um jedes Mißverständnis zu vermeiden, betrunken und torkelnd, die Flasche schwingend spielte. *Materialien*, S. 56.

35. „... So mancher wollt so manches haben Was es für manchen gar nicht gab: Er wollt sich schlau ein Schlupfloch graben Und grub sich nur ein frühes Grab ...“ GW IV, S. 1409.

36. Vgl. John Fuegi: „Gespräch mit Richard Schechner über seine New Yorker Aufführung der *Mutter Courage*“, in: *Brecht Jahrbuch*, Frankfurt: Suhrkamp 1976, S. 176.

37. Hansjürgen Rosenbauer: „Non verbis, sed gestibus“, in: *Brecht und der Behaviorismus*: Bad Homburg v.d.H., Berlin, Zürich: Gehlen, 1970, S. 59 – 72. Auch Martin Esslin stellt für Brechts Charaktere fest: „Die Natur des Menschen offenbart sich in seinen Beziehungen in den gezeigten Gesten.“ *Brecht. Das Paradox des politischen Dichters*, Frankfurt am Main, 1962, S. 133.

38. *Schriften zur Politik und Gesellschaft*, GW XX, S. 157.

39. Vgl. *Materialien*, S. 31, 32, 36, 37, 38, 40, 41, 45, 46, 48, 50, 53, 60, 61, 68, 82, 84, 127.

40. Daß Brecht Kattrin als intelligent ansah, geht auch aus seinen Bemerkungen hervor: „Es ist notwendig, die stumme Kattrin von Anfang an als intelligent zu zeigen. (Ihr Gebrechen verführt Schauspieler dazu, sie als dumpf zu zeigen.)“ *Materialien*, S. 48.

41. *Materialien*, S. 42.

42. Harry Wilde, op. cit. S. 44.

43. *Materialien*, S. 55.

44. Harry Wilde, op. cit. S. 142.

45. Daß Brecht Kattrins Tat als Aufstand gegen ihre Mutter sah, ist aus seinen Bemerkungen ersichtlich: „Der Aufstand ihrer Tochter gegen sie (bei der Rettung der Stadt Halle) betäubte sie völlig und belehrte sie keineswegs.“ *Materialien*, S. 126.

46. Harry Wilde, op. cit. S. 133.

47. *Materialien*, S. 85.

48. Daniela Weiland: *Geschichte der Frauenemanzipation in Deutschland und Österreich*, op. cit. S. 165.

49. Vgl. *Materialien*, S. 93. Die kursiv gedruckten Worte wurden von mir hinzugefügt.

50. Franz Norbert Mennemeier: „Brecht – Mutter Courage und ihre Kinder“, in: *Das deutsche Drama von Barock bis zur Gegenwart*, hrsg. von Benno von Wiese, Düsseldorf: August Bagel, 1962, Bd. II, S. 389.

51. Vgl. John Fuegi: „The Alienated Woman: Brecht's 'The Good Person of Sezuan'“, in: *Essays on Brecht : Theater and Politics*, ed. by Siegfried Mews and Herbert Knust, Chapel Hill: University of North Carolina Press, 1977, S. 196.

52. So heißt es auf S. 22: Nachdem die Courage auch ihre Söhne schwarze Lose hat ziehen lassen, haben die Söhne sich wieder eingespannt, „der Wagen setzt sich in Bewegung. Die Courage hat die Situation gemeistert.“ – S. 25: beim Messerziehen zeigt die Courage lediglich, „daß sie bei der Verteidigung der Kinder soundso weit gehen wird. Überhaupt muß die Darstellerin zeigen, daß die Courage Situationen wie diese kennt und zu meistern versteht.“ – S. 39: „Es muß herauskommen, daß die Courage derlei kriegerische

Überraschungen [den Überfall der Katholischen] gewohnt ist und sie meistert."

53. Vgl. Daniela Weiland: *Geschichte der Frauenemanzipation*, S. 204 – 208.

54. Zu Unrecht wird Kattrin in der Forschung zuweilen als „dumm" bezeichnet. Obwohl das englische Wort „dumb" auch „stumm" bedeutet, wird auf Kattrin später als „untalentiert" und „weniger intelligent" hingewiesen. Vgl. Sara Lennox, op. cit. S. 86 f.

55. Sarah Bryant-Bertail stellt heraus, die Courage lasse unter dem Vorwand, Kattrin zu beschützen, zu, daß sie verstümmelt wird, sexuell frustriert ist und einsam und kinderlos bleibt. „Women, Space, Ideology: Mutter Courage und ihre Kinder", op. cit. S. 56.

56. Vgl. Jan Knopf: „Mutter Courage und ihre Kinder", in: *Brecht Handbuch. Theater*. Stuttgart: Metzler, 1980, S. 188.

57. Vgl. den Artikel „Die Frau als Frau" von Renate Möhrmann in: *Die Zeit*, Nr. 45, 9. November 1979, S. 9.

8. Kapitel

Herr Puntila und sein Knecht Matti, Der aufhaltsame Aufstieg des Arturo Ui

Ebenso wie Virginia, die Tochter Galileis, wird Eva in *Herr Puntila und sein Knecht Matti* (1940) einem Drama, das Brecht nach einem Stück der finnischen Dichterin Hella Wuolijoki schrieb, von der Forschung als im Schatten ihres Vaters stehend gesehen.[1] Doch bei genauerem Lesen läßt sich Eva spezifischer identifizieren und zeigt Charakterzüge, die gerade vom feministischen Standpunkt aus gesehen, interessant sind. Das Wesen des emanzipierten Mädchens der finnischen Vorlage hat seine Spuren in Brechts Stück hinterlassen. Von Anfang an fällt Eva durch ihre selbständige Beobachtungsgabe auf, zu der sich eigenes Denken und unabhängiges Handeln gesellen. Oft genug dirigiert Eva ihren Vater wie auch Matti. Dies zeigt sich sofort bei ihrem ersten Auftreten in Szene zwei, die Brecht mit Evas Namen überschreibt. Sie kennt ihren Vater, weiß sein wechselndes Benehmen ihrem Verehrer, dem Attaché, treffend zu schildern. Je nachdem der Vater nüchtern sei oder getrunken habe, laufe er entweder einem Knecht mit der Viehgeißel nach oder schenke er einer Häuslerswitwe ein Auto. Obgleich sie ihrem Vater gegenüber zugibt, daß die Gesellschaft des Attachés für sie nicht gerade aufregend ist, verhält sich Eva ablehnend bei des Angetrunkenen Vorschlag, sie solle von dem Attaché ablassen und Matti heiraten.

Gleich zu Beginn des Stückes beeindruckt Eva durch ihr energisches Wesen, mit dem sie ihre Ansichten durchzusetzen weiß, sei es bei ihrem Vater Puntila oder bei seinem Knecht Matti. Sie verbietet ihrem Vater das weitere Trinken und besteht darauf, daß er das Küchenpersonal nicht aufweckt. Eindringlich versichert sie dem Vater, daß keine Frau mit ihm in diesem Zustand sitzen wolle. Bereits damit zeigt Eva eine selbständige Haltung, welche beweist, daß sie sich wechselnden Launen von Männern, mögen sie in nüchternem oder in betrunkenem Zustand sein, nicht unterwirft. Diesen Fehler machen die vier Frauen aus Kurgela, die allerdings später ihr falsches Verhalten einsehen, worauf noch zurückgekommen wird.

Souverän weiß Eva sich weiter zu behaupten, wenn sie Matti beauftragt, ihren Koffer nach oben zu tragen und es durchsetzt, daß ihr Vater in seiner Trunkenheit nicht seine Haushälterin aufsucht. Lange hat das realistisch denkende Mädchen erkannt, daß ihr Vater in seiner berauschten Verfassung von den Dienstboten ausgenützt wird. Dies bestärkt Eva, Puntila von seinem weiteren Trinken abzuhalten. Wenn er ausgehen will, um sich Schnaps zu kaufen, kommandiert sie, er solle den Mantel ausziehen. Matti wird beordert, den Vater aufzuhalten. Damit der Vater nicht mit dem Gesinde trinkt, entscheidet sie sich, mit Matti Wache zu halten. Auch bei dieser Nachtwache bleibt Eva weiter die Bestimmende, die ihren Willen durchzusetzen versteht. Sie mag Mattis Vertraulichkeit ihr, wie auch ihrem Vater gegenüber nicht. Mattis Meinung, es wäre ein Glück für die Menschen, wenn Puntila söffe, da er dann ein besserer Mensch würde, will sie nicht von ihm, dem Knecht gelten lassen. Sie betont ihren Respekt für ihren angehenden Verlobten und lehnt Mattis Gesellschaft ab.

Wie viele von Brechts Frauengestalten besitzt Eva eine gute Portion Aufsässigkeit, die sie auch anderen weitergeben möchte. So fragt sie Matti, warum er sich nicht wehrte, wenn ihr Vater ihn anklagt, er habe ihm die Brieftasche gestohlen. Sie erinnert Matti, sie wüßten doch alle, daß Puntila seine Brieftasche im Trunke anderen überließe. Wenn sie ihm weiter vorwirft, er solle nicht so scheinheilig und demütig tun, zeigt sie, wie gut sie ihn durchschaut.

Es ist selbstverständlich, daß Evas Aufsässigkeit in ihren eigenen Angelegenheiten öfter hervortritt. Sie hat eigentlich wenig Lust, sich mit dem Attaché zu verloben. So nimmt sie Mattis Angebot an, den Attaché durch ein vorgetäuschtes Rendez-vous im Badehaus loszuwerden. Auch bei dieser verfänglichen Szene behält Eva genug Widerspenstigkeit, um Matti nicht zu nahe kommen zu lassen. Wenn Matti meint, er verlöre die Lust, Eva zu kompromittieren, findet sie schlagfertig, es sähe viel besser aus, wenn er es ohne besondere Lust machte.

Des Attachés überdrüssig, möchte Eva mit Matti vor ihrer Verlobung Krebse fangen gehen. Angezogen von seiner derben Männlichkeit, spielt sie eine Zeitlang gar mit dem Gedanken, dem Vorschlag ihres Vaters zu folgen und Matti zu heiraten. Doch bald hat sie erkannt, daß Matti im ehelichen Verhältnis der Herr sein und sie wenig Rechte besitzen würde. Eva läßt sich nicht darauf ein, die Rolle des schwächeren Geschlechts anzunehmen. So aufgeweckt, wie sie ist, durchschaut sie Mattis unschuldige Geschichten und seine Frechheiten. Offen, beinahe brüsk, läßt sie Matti wissen, sie habe es satt, daß er nur immer von sich rede. Sie könne ihn nicht ausstehen. Egoisten gefielen ihr nicht.

Wenn in diesem Volksstück mit seinen plötzlichen Wendungen Puntila schließlich im Trunk den Attaché wegschickt und Eva mit Matti verlobt, scheint Eva zunächst darauf einzugehen, da es ihr Spaß macht, einen Skandal zu verursachen. Auch mit diesem Entschluß zeigt Eva, wie sehr sie sich nicht nur ihrem Vater, sondern auch den Konventionen widersetzt. Ihre gute Beobachtungsgabe läßt sie sofort erkennen, daß Matti sie so ansähe wie ihr Vater ein „riechendes Frühstücksei" (GW IV, S. 1683). Nur nachdem sie dem Trunk zugesprochen hat, schlägt sie zunächst Matti in heiterer Laune vor, sie zu heiraten. Wenn Matti ihr allerhand Proben zu bestehen gibt und sie schließlich derb auf ihr Hinterteil schlägt, hat Eva von dem Spiel genug. Sie weiß, sie paßt nicht zu Matti. Kurz und bündig sagt sie ihrem Vater, sie bezweifle, daß diese von ihm geplante Heirat statthaft wäre und geht ab. Ein wütender Puntila bleibt zurück. Seine chauvinistisch wirkende männliche Einbildung, jede Frau denke nur daran, bei einem Mann zu liegen, lecke sich überhaupt nur die Finger ab, wenn sie einen Mann zu Gesicht bekäme, hat einen Stoß erhalten. Seine Worte, Eva hätte keinen Charakter, weil sie fast den Attaché auf seinen Befehl genommen hätte, läßt Brecht durch Evas kurz entschlossenes energisches Weggehen widerlegen. Brecht zeigt deutlich, daß es Eva ist, die selbst über ihre Zukunft entscheidet und sich weder von ihrem Vater Puntila noch seinem Knecht Matti beeinflussen oder gar dirigieren läßt.

Wenn festgestellt wurde, die vier Frühaufsteher, die vier Frauen aus Kurgela, wären die hoffnungsvollsten Charaktere, die Brecht mit besonderer Wärme dargestellt hätte,[2] so scheinen diese Urteile nicht so sehr dem Text des Stückes entnommen, sondern mehr von Brechts Worten über die Frauen beeinflußt.[3] Die vier Frauen verraten wohl Stärke, wenn sie sich verbinden, um Puntila aufzusuchen und an seine Versprechungen zu gemahnen. Doch darf nicht übersehen werden, daß dieser Bund der Bräute nicht die Idee der Frauen, sondern Mattis war, der ihnen diesen Bund vorschlug. Die Kritik der Schmuggleremma über die wankelmütigen, unberechenbaren Männer, die nach Saufen intim werden, dann nach kurzer Zeit die Polizei holen wollen, klingt wohl stark in feministischer Hinsicht, wird aber von dem Apothekerfräulein wie auch der Telefonistin allein auf die Gutsherren, die Ausbeuter der niederen Klassen bezogen und wendet sich daher in den marxistischen Bereich. Zusammen gesehen repräsentieren die Bräute eine Verbindung von feministischen und marxistischen Ideen, womit Brechts besonderes Interesse an ihnen seine Rechtfertigung findet.

Außer der Schmuggleremma ist Eva die feministisch stärkste Frauengestalt, die ihre eigenen Ansichten hat und sie durchzusetzen versteht. Es ist Eva, die beweist, daß sie Charakter entwickelt, wenn sie am Ende nicht ihres Vaters Vorschlag annimmt, sondern einfach weggeht und sich damit selbständig macht.

Wenig Charakterstärke zeigt dagegen Frau Dullfeet, die einzige Frauenfigur, die einen Namen in Brechts Stück *Der aufhaltsame Aufstieg des Arturo Ui* (1941) trägt. Der Name „Dullfeet", also „Trägfuß", „Schlappfuß" kann als bezeichnend für ihr Wesen angesehen werden. Mit diesem Namen hat Brecht sie von vorneherein gebrandmarkt.

Anfangs scheint sie jedoch ihren Namen zu Unrecht zu tragen. Wenn sie sich mit Ui in Szene zwölf unterhält, liebt sie Argumente, widerspricht Ui, versucht, ihn zu beeinflussen, ihn zu toleranterem Denken bewegen zu wollen, doch ohne Erfolg. Sie erscheint so naiv wie Gretchen in *Faust I*, wenn sie Ui mit den gleichen Worten nach seiner Religion fragt. Wie Gretchen Faust verfällt, so verfällt sie Ui nach dem gewaltsamen Tode ihres Mannes. Dies geschieht jedoch so unmotiviert, förmlich über Nacht, daß es unglaublich wirkt, umso mehr, da sie zunächst nach der Ermordung ihres Mannes Ui ihre Meinung äußerst mutig kundgegeben hat. Offen sagt sie Ui, daß er der Mörder sei. Mit ihren Worten:

> Ja, ich glaub's! Ihr Morden kommt von Herzen! Ihr Verbrechen ist tiefgefühlt wie andrer Menschen Wohltat! Sie glauben an Verrat wie wir an Treue! (GW IV, S. 1823)

macht Brecht sie zur Trägerin seiner Gedanken über „den Gangster, der einmal fast die Welt regiert" hätte (GW IV, S. 1835). Ähnlich wie die Frau in *Furcht und Elend des dritten Reiches,* welche aller Welt die Wahrheit über den Tod des Bruders mitteilen will, hat Betty Dullfeet vor, „der Welt zu sagen, welche Pest sie anfiel" (GW IV, S. 1825). Wenn Ui ihr die Hand zur Freundschaft anbietet, kann sie nur schaudernd weglaufen (Szene 13).

So muß diese Frau unwirklich erscheinen, wenn sie in Szene fünfzehn unvermittelt als neues Mitglied des Karfioltrusts vorgestellt wird und sie den Grünzeughändlern von Cicero vorschlägt, ihr Vertrauen in Herrn Ui zu setzen. Sie ist buchstäblich zum schwachen Werkzeug des Gangsters geworden. Von dieser Szene her gesehen, müssen ihre Reden vorher beinahe als hysterisch gewertet werden (GW IV, S. 1833).

Wegen ihrer so radikal veränderten Einstellung am Ende erscheint Betty Dullfeet–Schlappfuß als Gegenstück zu der anonymen Frau aus

Cicero in Szene neun, die laut die Mörder ihres Mannes und vor allem Ui anklagt und von einem Maschinengewehr getroffen, ihre letzten Worte hervorstößt:

> Ui und der Rest! Wo seid ihr? Helft! Stoppt keiner diese Pest? (GW IV, S. 1790)

ANMERKUNGEN

1. Laureen Nussbaum billigt ihr jedoch zu, daß sie über ihres Vaters geteilte Persönlichkeit in gesellschaftlicher Hinsicht nachdenkt. Zu seinem Chauffeur Matti fühle sie sich hingezogen, erkenne aber schließlich, daß die Kluft zwischen ihrer und Mattis Klasse nicht überbrückt werden könne. Op. cit. S. 173, 175.
2. Laureen Nussbaum, op. cit. S. 176. Bernard Fenn, op cit. teilt diese Meinung.
3. „Zu den edelsten Figuren des Stückes gehören die vier Frauen aus Kurgela. Es wäre völlig falsch, sie komisch darzustellen; sie sind humorvoll. Auch müssen sie schon deshalb anziehend sein, damit ihr Hinauswurf keiner andern Ursache als ihrem niederen Stand zugeschrieben werden kann" (GW XVII, S. 1172).

9. Kapitel
Der gute Mensch von Sezuan

Wie in *Trommeln in der Nacht, Aufstieg und Fall der Stadt Mahagonny* und vor allem *Die Rundköpfe und die Spitzköpfe* greift Brecht auch im *Guten Menschen von Sezuan* die Gestalt des Freudenmädchens wieder auf. Der erste Plan für dieses Stück aus den Jahren 1927/28 mit dem Titel *Fanny Kreß* oder *Der Huren einziger Freund* enthält die Idee von der Verkleidung einer Prostituierten in einen Tabakshändler mit dem Zweck, anderen Prostituierten zu helfen. Dieser Gedanke zeigt deutlich einen ausgesprochen feministischen Zug, der auch in den weiteren Entwürfen beibehalten wird. Jedoch wenn Brecht plante, die Huren sollten einander verraten, und jede sollte den Mann zu kapern verstehen, so wird jedem schwesterlichen Zusammenhalt entgegen gehandelt, wie er bei weiblichen Autoren in der englischen Literatur zu finden ist.[1]

Eine ökonomische Wendung erhält die Fabel in dem 1930 in Berlin verfaßten Kurzstück mit dem doppeldeutigen Titel *Die Ware Liebe,* für die zwei Fassungen mit ungünstigem, beziehungsweise günstigem Ausgang für die Hauptperson geplant waren. Brecht entwickelt in ersten Textentwürfen den Konflikt, nicht zugleich Ware und Verkäufer sein zu können. Bereits in diesem Stück erscheint das Motiv der Verkleidung der Frau in einen Mann, wie es vor allem in den Komödien des 18. Jahrhunderts vorkommt. Die junge Prostituierte eröffnet den Tabaksladen als Mann und spielt die Rolle eines Zigarrenhändlers, während sie nebenbei ihren Beruf als Prostituierte fortsetzt.

Schon diese frühen Stücke beherrscht die Idee, daß die Frau sich nur in der Rolle des Mannes durchsetzen und erfolgreich sein kann. Als Frau wird sie übervorteilt. In der einen Fassung ist sie der Zigarrenhändler, der einen Gehilfen hat, den sie ausbeutet. Doch wenn der Gehilfe mit ihr schläft, wird sie ausgebeutet. Als sie ein Kind von ihm bekommen, also die Rolle der Frau übernommen hat, ist sie hilflos und wie Wachs in des Gesellen Hand. In der zweiten Fassung ist die Prostituierte ihr eigener Zuhälter. Bei dem Händler tritt sie als Gehilfe ein und vermittelt. Wenn das Mädchen verschwindet, erpreßt sie den Händler. Als Zuhälter hat die Prostituierte eine erstklassige Ware zur Verfügung, die sie nach allen Marktregeln ausnützt. Auf diese Weise kann sie den Zigarrenladen schließlich kaufen.

1939 beginnt Brecht im dänischen Exil mit der Ausarbeitung des

Stückes und setzt die Arbeit 1940 in Finnland fort. In einer Zeit, in der die Nachrichten immer schlechter werden,[2] hat Brecht sein Stück *Der gute Mensch von Sezuan* zu Ende geführt. Von dem erpresserischen Wesen der Hauptfigur aus der zweiten Fassung der *Ware Liebe* ist in der Endfassung nichts zu spüren. Das Geld für den Kauf eines Tabakladens bekommt die Hauptgestalt von den Göttern, die auf der Suche nach einem guten Menschen in der Prostituierten Shen Te ihren Wunsch erfüllt bekommen. Obwohl Shen Te den Verdienst einer Nacht verliert, den sie dringend braucht, um ihre Miete zu zahlen, hat sie den Göttern ihr Zimmer überlassen. Shen Te besitzt eine Großherzigkeit, welche die Hilfsbereitschaft der Fanny Kreß aus dem ersten Plan für das Stück übertrifft, da sie sich nicht auf einige wenige, sondern viele verschiedene Menschen, Männer, Frauen und Kinder, bezieht. Die Götter hatten sie mit dem Geld für ihre Güte belohnt, ihr aber auch die Möglichkeit verschaffen wollen, ihre Gutherzigkeit weiter zu praktizieren. Von dieser Gelegenheit macht Shen Te Gebrauch, muß aber erkennen, daß ihre Mittel bald erschöpft sind, und sie selbst nicht existieren kann, wenn sie alle Armen unterstützt.

Brecht hat jedoch mit Shen Te nicht nur einen einfach naiv guten Menschen geschaffen, wie sie bisweilen in der Kritik erscheint. Von Anfang des Stückes an ist Shen Tes Güte mit einer beredten Kritik gepaart, die auf einer wachen Beobachtungsgabe beruht. Nach der Übernachtung nimmt sie das Lob der Götter, sie hätten in ihr einen guten Menschen gefunden, nicht an:

> Halt, Erleuchtete, ich bin gar nicht sicher, daß ich gut bin. Ich möchte es wohl sein, nur, wie soll ich meine Miete bezahlen? So will ich es euch denn gestehen: ich verkaufe mich, um leben zu können, aber selbst damit kann ich mich nicht durchbringen, da es so viele gibt, die dies tun müssen (GW IV, S. 1497).

Shen Te erkennt das Elend ihrer Mitmenschen, kritisiert jedoch ihre Moral. Ihre Anklage wandelt sich schließlich zur Verteidigung, da sie die Not wahrnimmt, die hinter der Menschen Benehmen steht:

> Sie sind schlecht.
> Sie sind niemandes Freund.
> Sie gönnen keinem einen Topf Reis.
> Sie brauchen alles selber.
> Wer könnte sie schelten?
> (GW IV, S.1502)

Mit der Güte, die ihr eigen ist, hat sie die Erkenntnis gewonnen, daß man Nachsicht und Geduld im Zusammenleben mit anderen brauchen sollte. Mit einem kleinen Aufschub würden die weitesten Ziele erreicht. Jedoch angesichts des Unrechts, das in ihrer Stadt geschieht, nimmt ihre Kritik sogar aufrührerische Formen an, die an die Gedankengänge der Johanna Dark erinnern:

> Euerm Bruder wird Gewalt angetan, und ihr kneift die
> Augen zu! ...
> Was ist das für eine Stadt, was seid ihr für Menschen!
> Wenn in einer Stadt ein Unrecht geschieht,
> muß ein Aufruhr sein
> Und wo kein Aufruhr ist, da ist es besser,
> daß die Stadt untergeht
> Durch ein Feuer, bevor es Nacht wird!
> (GW IV, S. 1536)

Idealistisch gesonnen, wie Shen Te ist, macht sie sich mit Eifer daran, das Ihrige auf friedliche Weise zu tun, um ihren Mitmenschen zu helfen.

Jedoch schnell wird sie durch ihre Erlebnisse belehrt, daß sie als Frau vor allem nicht auf Nachsicht bauen kann, daß niemand in ihrer Gesellschaft mit der jungen Geschäftsfrau, die sie geworden ist, Geduld hat. Sie kann die übertriebenen Forderungen nicht befriedigen. Ihr kleiner, mit dem Geld der Götter gekaufter Laden ist am Abend des Eröffnungstages dem Ruin nahe. Wenn ihre Gäste fragen, ob sie nicht einen Vetter hätte, den sie als Besitzer des Ladens vorgeben könnte, kommt ihr der Gedanke, der ihr hilft, sich aus der prekären Situation zu befreien, in der sie als Frau mit ihrer Gutmütigkeit einfach nicht existieren kann. Sie verkleidet sich als Mann und betritt als hart aussehender Vetter Shui Ta ihr Geschäft. Gewitzt weiß sie mit Hilfe der Polizei die ungeladenen Gäste loszuwerden. Aber lange hält die gutherzige Shen Te es nicht in der Rolle des Shui Ta aus. Wieder in ihrer wahren Gestalt, liebt sie, die sich vorher als Besitzerin des kleinen Ladens reich genug gefühlt hatte, es sich leisten zu können, allein schlafen zu dürfen, zum ersten Mal in ihrem Leben. Die ganze Liebesfähigkeit dieser Frau – einer Frau überhaupt – offenbart sich in ihrer Beziehung zu Sun. Sie ist bereit, alle ihre finanziellen Mittel zu verwenden, um ihm wieder zu einer Stellung als Flieger zu verhelfen. Shen Tes Streben nach Glück für sich, aber auch für andere, findet Ausdruck in ihrer Vision des Geliebten, des vorher Hoffnungslosen, der sich als Flieger über alles Elend, über sie alle erhebt, wenn er durch die Himmel fliegt (GW IV, S. 1538). In ihrer Liebe zu Sun wird Shen Te der Engel der Vorstädte.

Indessen hat sie bald von neuem erkannt, daß ihre Wohltaten für andere dem Geschäft schaden und kommt zum Schluß, daß die Guten in ihrem Lande nicht gut bleiben können. Die Gebote der Götter könnten nicht gegen den Mangel und das Elend helfen. Shen Te klagt die Götter an, weil sie machtlos sind. Sie wirft ihnen vor, warum sie nicht mit Tanks, Kanonen, Schlachtschiffen und Bombenflugzeugen eingriffen.

Shen Te wird sich bewußt, daß sie sich selber helfen muß. Da es ihr in ihrer Gesellschaft als Frau nicht möglich ist, sich wirtschaftlich zu behaupten, zieht sie die Konsequenzen und verkleidet sich wieder in ihren Vetter Shui Ta. Es ist in dieser Rolle, in der sich die entscheidende Szene abspielt, die der Dichter in den Mittelpunkt des Stückes gelegt hat. Als Shui Ta, dem sich Sun „von Mann zu Mann" anvertraut, muß Shen Te erfahren, daß Sun vor allem an das Geld denkt, das Shen Te ihm bringen sollte. Shen Te begreift jetzt, Sun hat keine Skrupel, den Laden im Namen Shen Tes zu verhökern. Erst als Shui Ta kann sie erkennen, daß sie Sun mehr oder weniger nicht wahre Liebe, sondern Ware Liebe bedeutete. Doch damit nicht genug. Wenn Shen Te als ein „armes Tier", das keine Vernunft habe und „der Macht der Liebe oder dem Kitzel des Fleisches" folge (GW IV, S. 1545) von Sun bezeichnet wird, bricht eine Traumwelt für sie zusammen. In einem eindrucksvollen Bild verdeutlicht Brecht nicht nur Shen Tes ganzen Zorn und ihre Verzweiflung, sondern enthüllt ihre Lage und damit darüber hinaus die Lage jeder Frau in der patriarchalischen Gesellschaft überhaupt:

Er [Shui Ta] beginnt herumzulaufen wie ein gefangenes Tier (GW IV, S. 1546)

heißt es in der Bühnenanweisung.

Jedoch Shen Te weiß, sich aus ihrer Gefangenschaft zu befreien. Dies wird in der zweiten Hälfte des Stückes dargestellt. Obgleich sie zunächst auf Suns Bitte in Erinnerung an ihr erstes Zusammentreffen mit ihm noch einmal zusammenkommt,[3] ja selbst die Hochzeit plant, trennt sie sich doch von ihm, da sie ihn in seinem Egoismus durchschaut hat.

Wenn Brecht Shen Te nur noch in der Verkleidung des Shui Ta erscheinen läßt, nachdem sie erkannt hat, daß sie ein Kind erwartet, so greift er mit diesem paradoxen Bild[4] die paradoxen Zustände in der patriarchalischen Gesellschaft an, in der eine Frau nicht selbständig tätig sein darf.

Anders als die Hauptgestalt aus der früheren Fassung *Die Ware Liebe* fühlt sich Shen Te in Erwartung ihres Kindes von neuer Stärke beseelt. Unbändiger Zorn ergreift sie, wenn sie ein fremdes Kind aus der Mülltonne essen sieht und schwört sich, für ihren erwarteten Sohn alles zu tun, auch Gewalt zu üben, um ihn vor solchem Schicksal zu bewahren. Alle ihre Liebe und Hoffnung, die sie für Sun empfunden hatte, konzentriert sich jetzt auf das kommende Kind. In Gedanken an sein Wohlergehen will sie alles anwenden, was sie in der Gosse gelernt hat, um ihrem Kind zu helfen. Shen Te ist sich bewußt, daß sie als Mutter ein Tiger, ein wildes Tier unter den bestehenden gesellschaftlichen Bedingungen zu andern sein muß, um ihrem Kind ein menschenwürdiges Leben zu bereiten. Sie weiß, dies kann sie in ihrer Gesellschaft nur in der Rolle des Shui Ta vollbringen (GW IV, S. 1573).

Energisch geht Shen Te als Shui Ta verkleidet ans Werk. Mit der Gestalt Shen Tes hat Brecht eine Frau geschaffen, die beispielhaft wird; denn Shen Te verkörpert den Menschen, von dem Brecht in seinem Arbeitsjournal am 2.8.1940 vermerkt:

> das neue theater ist einfach ein theater des menschen, der angefangen hat, sich selbst zu helfen ... das individuum bleibt individuum, wird aber ein gesellschaftliches phänomen ... die stellung des individuums in der gesellschaft verliert ihre naturgegebenheit und kommt in den brennpunkt des interesses, der V–effekt ist eine soziale maßnahme.[5]

Daß Shui Ta die Aufmerksamkeit und das Vertrauen ihrer Mitmenschen erweckt hat, bezeugt der Arbeitslose, der nach Shui Ta verlangt:

> Sie [Shen Te] muß ihren Vetter rufen! Ratet ihr alle, daß sie den Vetter ruft! Er allein kann noch etwas machen ... auch unseretwegen müßte man ihn rufen (GW IV, S. 1573).

Selbst Sun schätzt den Vetter Shen Tes mehr als sie, wie aus Szene sechs hervorgeht.[6]

Die Maßnahmen, welche Shen Te als Shui Ta ergreift, sind die einer umsichtigen Stadtverordneten. Als erstes verkündet Shui Ta, daß die Speisungen ohne Gegendienst aufhören werden. Den Armen, die vorher einfach Nutznießer der gutmütigen Shen Te waren, wird Gelegenheit gegeben, sich auf ehrliche Weise wieder emporzuarbeiten. Shui Ta bringt sie in den Häusern Shu Fus unter, wo er eine Tabakfabrik errichtet.

Brecht war daran interessiert, eine selbständig denkende und handelnde Shen Te zu schaffen. Dies ergibt sich aus einem Vergleich der Endfassung mit einer früheren Version aus dem Mai 1940, in der es der Barbier ist, der die Idee hat, eine kleine Fabrik einzurichten.[7]

Den Blankoscheck, den Shu Fu in seiner Verehrung für Shen Te ihr ohne Gegenforderung ausgestellt hatte, benutzt Shui Ta, um mit tausenden von Silberdollar ihre Projekte zu finanzieren. Gerade in der Figur Shui Tas hat sich Shen Te jeder Verpflichtung Shu Fu gegenüber entzogen. Dieser Aspekt wird übersehen, wenn behauptet wurde, Shen Te mußte sich erneut verkaufen, da der reiche Shu Fu sie für einen Betrag erwarb, der zehnmal und schließlich hundertmal so groß war wie das Geschenk der Götter.[8]

Wie Brecht ausdrücklich darstellt, geht Shen Te als Shui Ta mit Weisheit und Strenge vor. Sie gibt nicht nur dem Arbeitslosen und dem Schreiner Gelegenheit, den Lebensunterhalt für ihre Familien zu verdienen, sondern verwandelt Sun aus einem verkommenen zu einem nützlichen Menschen, wie seine Mutter, Frau Yang, dem Publikum zweimal berichtet (Szene 8).

Daß Brecht mit der Gestalt Shen Tes eine emanzipatorische Entwicklung darstellen wollte, illustriert auch das Bild Shen Tes, die als Shui Ta eine Zigarre rauchend daherschlendert. Erinnert es doch an George Sand, welche als Beispiel der Frauenemanzipation bekannt ist. George Sand liebte es ebenfalls, sich in Männerkleidung zu zeigen und Zigarren zu rauchen.

Shen Te beweist als Shui Ta ihre pragmatische Einstellung zum Leben und entwickelt eine Umsicht, eine geschäftliche Tüchtigkeit, Voraussicht, Führungsqualitäten, die jedem Mann zur Ehre gereichen würden. Sie demonstriert also, daß eine Frau auch in solcher Hinsicht dem Mann gleich sein kann. Daß eine gewisse Härte zuweilen nötig ist, bekundet Brecht bei der Charakterisierung der Leute, nicht nur Suns, sondern auch des Arbeitslosen und des Schreiners, die sich „mißmutig" an die Arbeit machen (GW IV, S. 1575). Es ist Shui Ta, der den Schreiner noch erinnern muß, daß sein Sohn essen will (GW IV, S. 1576). Wenn Shui Ta in der Kritik einfach als „böse" dargestellt wurde,[9] so ist das nicht nur zu vereinfachend, sondern unrichtig.[10] Während Brecht in seinen Arbeitsnotizen aus den ersten Jahren an der Arbeit zum *Guten Menschen von Sezuan* selbst noch die guten Taten der Shen Te – damals noch Li Gung bezeichnet – von den Untaten des Shui Ta – Lao Go dann benannt– unterscheidet,[11] so hat er später viel Zeit dazu verwendet, den Charakter der Shen Te auch als Shui Ta menschlich zu gestalten.[12] Selbst als Shui Ta demonstriert Shen Te weiter ihre Güte. Auch nachdem Shen Te lange nicht mehr gesehen worden war, hat der Wasserverkäufer Wang zu berichten, daß der Reis für die Bedürftigen seit einiger Zeit wieder vor der Tür stehe (GW IV, S. 1588). Die Persönlichkeit Shen Tes tritt deutlich hinter Shui Ta hervor, wenn Shui Ta das Kind des Schreiners an die Hand nimmt und anderen Kindern, wie dem Schreiner und dem Arbeitslosen vorangeht (GW IV, S. 1576).

Daß für Brecht selbst Shen Te nicht stereotyp gut und Shui Ta nicht stereotyp böse sind, daß beide Figuren ineinander übergehen, ist aus seinem Arbeitsjournal vom 20.6.1940 ersichtlich.[13] Ein Zerfall der Figuren, von dem Brecht auch spricht, tritt eigentlich nur ein, wenn Shen Te im Gespräch mit Sun nicht mit Shui Ta identifiziert sein (GW IV, S. 1557)[14] und nicht haben will, daß ihr Kind jemals Shui Ta sieht (GW IV, S. 1585). Shen Te ist selbst in dem Gedankengang ihrer patriarchalischen Gesellschaft befangen, ohne zu erkennen, daß Shui Ta ein positiver Teil ihrer selbst ist. So geschieht es, daß am Ende des Stückes, wenn sie sich den Göttern als beide Shui Ta wie Shen Te enthüllt, ihre Klage zur Anklage gegen die Götter wird:

> Euer einstiger Befehl
> Gut zu sein und doch zu leben
> Zerriß mich wie ein Blitz in zwei Hälften.
> ...
> Ach, eure Welt ist schwierig!
> Zu viel Not, zu viel Verzweiflung!
> (GW IV, S. 1603)

Trotz Shen Tes Hilfeschrei am Ende des Stückes, das aus diesem Grunde oft als tragisch interpretiert wurde, läßt sich zuletzt eine eher fröhliche Note entdecken. Die Götter verschwinden „lächelnd und winkend“ (GW IV, S. 1606) auf einer rosa leuchtenden Wolke. Nach wie vor sind sie überzeugt, in Shen Te den guten Menschen gefunden zu haben. Wenn sie auch unvermögend sind, in das „Wirtschaftliche“ der Welt einzugreifen, wie es im Vorspiel heißt (GW IV, S. 1498), so sind sie als „Betrachtende“, wie sie sich selbst charakterisieren (GW IV, S. 1565), scharfe Beobachter, welche die Realität der Welt erkennen (GW IV, S. 1491). Wenn der Wasserverkäufer Wang meint, daß die Provinz Kwan seit Jahrzehnten von Überschwemmungen heimgesucht würde, weil keine Gottesfurcht herrsche, so weiß der zweite Gott es besser:

Unsinn! Weil sie den Staudamm verfallen ließen (GW IV, S. 1491).

Daß dieses Realitätsbewußtsein der Götter erkannt wurde, beweist die Inszenierung von Manfred Wekwerth im Schauspielhaus Zürich, wozu sich der Regisseur selbst äußerte:

Wir versuchen, die Götter in jeder Weise zu realen Zuschauern der Wirklichkeit zu machen, auch in der Haltung von Beobachtern, die zwar alles sehen, sich aber aus dem Geschehen möglichst heraushalten.[15]

Die Götter haben gute Gründe, in Shen Te den guten Menschen zu sehen. Als sie nach Eröffnung ihres Ladens ihrer Gutmütigkeit wegen in Schwierigkeiten geriet, hatten die Götter, wie sie Wang im Traum erschienen, zunächst daran gedacht, ihr zu helfen.[16] Dies ist von der Forschung bisher übersehen worden.[17] Dann aber hatten sie sich entschieden, daß ihr guter Mensch, Shen Te, sich zurechtfinden, daß seine Kraft mit seiner Bürde wachsen würde. Daß sie Shen Te richtig eingeschätzt hatten, geht aus Shen Te–Shui Tas Entwicklung zum Engel der Vorstädte wie zum Tabakkönig hervor.

Die Götter sind wirklich berechtigt, froh zu sein. Shen Te–Shui Ta ist ein wahrhaft guter Mensch, weil sie Güte und Hilfsbereitschaft mit Tatkraft, Energie und auch Härte zu verbinden weiß. Brechts Gestalt der Shen Te–Shui Ta besitzt der Konvention nach typisch weibliche Eigenschaften ebenso wie Qualitäten, die gewöhnlich den Männern zugesprochen werden. Das Leben der Shen Te–Shui Ta kann in seiner Gesamtheit als Beispiel einer ausgeglichenen menschlichen Erfahrung angesehen werden. Mit dem guten Menschen, wie ihn die Götter am Ende nochmals herausstellen, hat Brecht wirklich eine androgynische Figur geschaffen, wie sie die Menschheit braucht. Wie festgestellt wurde, liegt die Rettung der Menschheit in einer Bewegung weg von jeder geschlechtlichen Polarisierung zu einer Welt hin, in der individuelle Rollen frei gewählt werden können. Das Androgynische bedeutet eine Versöhnung zwischen den Geschlechtern.[18]

Zurecht wurde in der neueren Forschung erkannt, daß der Epilog–Schluß den Komödiencharakter des Stückes deutlich markiert.[19] In der Tat stilisiert diese Komödie die Welt Shen Tes zu etwas geschichtlich Überholtem, zu einer schlechten Vergangenheit, die wohl in die Gegenwart noch hineinreicht, aber überwindbar ist.[20] Ihr Komödienanspruch ist, „Abschied" von dieser Welt darzustellen, dieser patriarchalischen Gesellschaft, in der eine Frau eine Hosenrolle haben muß, um sich im Leben durchzusetzen, um sich das Leben zu erleichtern. Darüber hinaus aber verdeutlicht dieses Stück das Potential der Frau, die dem Mann ebenbürtig ist. Die Gestalt der Shen Te–Shui Ta, an der Brecht am längsten von allen seinen Frauengestalten gearbeitet hat, kann somit als eine der stärksten im feministischen Sinne gewertet werden.

Auf den ersten Blick hin scheint Shen Te–Shui Ta nichts mit den Frauen gemein zu haben, an deren Wesenszügen Brecht einige seiner Figuren hat teilhaben lassen. Und doch läßt sich bei genauem Studium der Biographie Rosa Luxemburgs eine wichtige, ja grundlegende Verbindung zu Brechts *Gutem Menschen von Sezuan* herstellen. In Briefen von der Festung Wronke an den jungen Arzt Hans Diefenbach in Berlin finden sich Sätze, in denen Rosa sich so vorbehaltlos wie sonst selten jemanden zu erkennen gibt. So schreibt sie:

> Übrigens wäre alles viel leichter zu erleben, wenn ich bloß nicht das Grundgebot vergessen würde, das ich mir fürs Leben gemacht habe: Gut zu sein ist die Hauptsache! Einfach und schlicht gut zu sein, das löst und bindet alles und ist besser als alle Klugheit und Rechthaberei.[21]

Ebenso wie Shen Te hatte die kluge Rosa Luxemburg die Benachteiligung der Frauen erkannt. Auf Grund ihrer Veröffentlichungen hatte sie sich den Ruf einer hervorragenden Theoretikerin des Marxismus erworben. Ihr Biograph stellt fest, wäre sie nicht eine Frau gewesen, hätte sie unter den sozialistischen Führern Europas einen hervorragenden Platz eingenommen. Zeit ihres Lebens empfand Rosa ihre Zurücksetzung als niederdrückend, und sie muß mit dem Gedanken an sich in einer Männerrolle gespielt haben, wie einer ihrer Aussprüche beweist. Als sich Bebel einmal wegen einer Verspätung von Rosa Luxemburg und Clara Zetkin Sorgen gemacht hatte, daß den beiden etwas zugestoßen sein könnte, antwortete sie, im Fall eines tödlichen Überfalls hätte der Grabspruch lauten müssen:

> Hier ruhen die beiden letzten Männer der deutschen Sozialdemokratie.[22]

ANMERKUNGEN

1. Nina Auerbach: *Communities of Women*, op. cit.
2. „... in der letzten zeit, seit die nachrichten so schlecht werden, erwäge ich sogar, ob ich das frühradio abstellen soll." Aus dem Arbeitsjournal 11.6.40,

in: Jan Knopf (Hrsg.): *Brechts Guter Mensch von Sezuan, Materialien*, Frankfurt am Main: Suhrkamp, 1982, S.14.

3. Dabei werden ihre Worte zum Ausdruck reinster, selbstlosester Liebe:

   Ich will mit dem gehen, den ich liebe.
   Ich will nicht ausrechnen, was es kostet.
   Ich will nicht nachdenken, ob es gut ist.
   Ich will nicht wissen, ob er mich liebt.
   Ich will mit ihm gehen, den ich liebe.
   (GW IV, S. 1552)

4. Vgl. die Bühnenanweisung: „Shui Ta, nunmehr dick, verabschiedet das Teppichhändlerpaar." GW IV, S. 1584.

5. *Materialien*, S. 15, 16.

6. Sun: Er [Shui Ta] und ich sind ein Herz und eine Seele ... Dein Vetter hat mehr Vernunft als du (GW IV, S. 1560).

7. Vgl. Fassung BBA 182/72 ff., Szenenfassung 16. S. 1940 in: *Brechts guter Mensch von Sezuan, Materialien*, S. 96 f.

8. Vgl. Klaus-Detlef Müller: „Das Dirnenmotiv bei Brecht im Lichte des marxistischen Menschenbildes", in: *Die Funktion der Geschichte im Werk Bertolt Brechts*. Studien zum Verhältnis von Marxismus und Ästhetik, Tübingen: Max Niemeyer Verlag, 1967, S. 84.

9. Vgl. Alfred Happ: „Vom Wunder der Güte, die sich wehren muß (zur Frankfurter Aufführung 1952)", in *Materialien*, S. 146 f. ebenso Herbert Ihering: „Junge Regisseure inszenieren Brecht (zur Berliner Aufführung 1957)" *Materialien*, S. 161. Herbert Ihering: „Eine dichterische Parabel am Kreuzpunkt des epischen Theaters (Zur Berliner Aufführung 1967)", *Materialien*, S. 184. Klaus-Detlef Müller: *Die Funktion der Geschichte im Werk Bertolt Brechts*, op. cit. S. 63.

10. Auch Hans Mayer stellt fest, daß der Vetter Shui Ta gar nicht der böse Vetter ist – die Begriffe des Guten und Bösen seien hier ganz unsinnig – sondern der realistische Vetter. „Brecht und die Humanität", in: *Brecht in der Geschichte. Drei Versuche*. Frankfurt: Suhrkamp, 1976, S. 177.

11. *Materialien*, S. 103.

12. „... die kleinen korrekturen des GUTEN MENSCHEN kosten mich ebensoviel wochen, wie die niederschrift der szenen tage gekostet hat. schwierig, bei dem festgelegten wegziel den winzigen szenchen dieses unverantwortliche, zufällige, passable zu verleihen, das man "leben" nennt¡' Brechts Arbeitsjournal vom 9.8.1940, in: *Materialien*, S. 16.

13. „li gung mußte ein mensch sein, damit sie ein guter mensch sein konnte, sie ist also nicht stereotyp gut, ganz gut, in jedem augenblick gut, auch als li gung nicht, und lao go ist nicht stereotyp böse usw. das ineinanderübergehen der beiden figuren, ihr ständiger zerfall usw. scheint nun halbwegs gelungen." *Materialien*, S. 14.

14. Shen Te: Wenn du mich liebst, kannst du ihn [Shui Ta] nicht lieben.

15. Manfred Wekwerth: „Der gute Mensch 1976, Selbstinterview zur Züricher Aufführung", in: *Materialien*, S. 194.

16. Der dritte Gott beunruhigt: Vielleicht sollten wir doch helfen. GW IV, S. 1564.

17. Vgl. die sonst sehr detaillierte Auswertung Walter Hincks: „Die Götter im *Guten Menschen von Sezuan*," in: *Die Dramaturgie des späten Brecht*, Göttingen: Vandenhoeck & Ruprecht, 1971, S. 72 f.

18. Vgl. Carolyn G. Heilbrun: *Towards Androgyny. Aspects of Male and Female in Literature*, London: Victor Gollancz, 1973, S. IX – XVII.

19. Peter Christian Giese: „Der gute Mensch von Sezuan. Aspekte einer Brechtschen Komödie", in: *Materialien*, S. 221, 224.

20. Ebenda, S. 221 f.

21. Frederik Hetmann, op. cit. S. 200.

22. Harry Wilde, op. cit. S. 63.

10. Kapitel
Die Gesichte der Simone Machard, Schweyk im Zweiten Weltkrieg

In *Die Gesichte der Simone Machard* greift Brecht das Thema der Jeanne d'Arc von neuem auf. Der Schauplatz in dem von 1941 – 1943 entstandenen Stück ist das Frankreich des Juni 1940. Es ist Simone Machard, die sehr junge Angestellte einer Hostellerie der kleinen Stadt Saint Martin, welche nicht nur im Mittelpunkt der Handlung steht, sondern die Handlung des Stückes in Bewegung setzt und in Bewegung erhält. Simone hat die Arbeit ihres Bruders übernommen, um ihm, der sich siebzehnjährig zu den Soldaten gemeldet hat, die Stelle zu erhalten. Fast noch ein Kind, arbeitet Simone daher als Tankwärterin, Kellnerin und Tellerwäscherin.

Von Anfang des Stückes an unterscheidet sich die junge Simone von den männlichen Angestellten der Hostellerie durch ihre unablässige Tätigkeit und ihr Interesse an dem Schicksal Frankreichs, das jedes persönliche Moment ausschließt, was von der Forschung nicht immer gewürdigt ist.[1] Typisch, ja symbolisch für Simones Wesen und Funktion ist bereits der Beginn des Stückes. Bei ihrem ersten Auftritt schleppt sie einen schweren Korb mit Wäsche. Wenn Robert, ein Angestellter, der mit Georges und Maurice rauchend in den Himmel gestarrt hat, sie fragt, ob der Korb schwer sei, nickt Simone und schleppt ihn weiter, während die Männer ihr zusehen und ihre Unterhaltung weiterführen. Simone kommt zurück, schenkt dem Soldaten Georges, dessen einer Arm bandagiert ist, Wein ein und äußert ihre ersten Worte. Sie will wissen, ob sie den Krieg verlören, wozu Georges' nur auf sich bezogene Antwort in krassem Gegensatz steht und äußerste Gleichgültigkeit gegenüber dem Schicksal seines Landes offenbart.[2] Der nächste Hinweis auf Simone ist wieder eine Bühnenanweisung, die ein vieldeutiges, auf das Ende bezogenes Bild bringt. Simone ist zu ihrem Korb gegangen, hat sich auf den Sockel der Benzinpumpe gesetzt und beginnt in einem Buch zu lesen (GW V, S. 1844). Das Buch, in das Simone sich vertieft hat, ist die Geschichte der Jungfrau von Orleans, die mit ihrer Liebe zu Frankreich dem jungen Mädchen zum Vorbild wird.

Zu den anfänglichen Fragen Simones gesellen sich ihre Beobachtungen. Die Beobachtungen tragen dazu bei, die Fragen zu Vorschlägen werden zu lassen. Die Vorschläge gehen über in eigenes Handeln, werden zu selbständigen Aktionen, die bestimmt sind, ihren Landsleuten zu helfen, den Feinden, den heranrückenden Deutschen, zu schaden und damit ihren Vormarsch zu erschweren.

Mit der Person der jungen Simone[3] hat Brecht eine weibliche Gestalt geschaffen, die Anregungen rasch aufnimmt, allem Geschehen um sich herum gegenüber äußerst aufgeschlossen ist, daraus lernt und handelt. So folgt Simone dem Rat des Patrons, wenn sie die Geschichte der Jeanne d'Arc liest. Seine Worte, sie könnten eine Jungfrau von Orleans brauchen, Simone könnte es sein, werden ihr zur Verpflichtung. Ähnlich Johanna Dark ist Simone idealistisch gesonnen und möchte Menschen in Not beistehen. Gleich Johanna glaubt Simone an Taten, nicht an Worte. In Gedanken an ihren Bruder, der auch bei der 132. Einheit steht, will sie dafür sorgen, daß seine vorbeiziehenden Kameraden verpflegt und ebenso zahlreiche Flüchtlinge mit Essen versorgt werden. In ihren Träumen mischen sich die Erlebnisse des Tages mit dem Gelesenen. Die Worte des Maire, nur noch ein Wunder könne Frankreich retten, finden ihre Erfüllung, wenn Simone im Traum zur Jungfrau von Orleans wird, den schweren Wäschekorb mit einer Trommel vertauscht und das Volk Frankreichs zur Tat erweckt.

Doch Simone handelt nicht nur in ihren Träumen. Mit Wort und Tat greift sie in die Geschehnisse ein. Wenn der Patron nur an der Rettung seines Porzellans beim Anzug der feindlichen Truppen interessiert ist, benachrichtigt sie den Maire, ebenso die Flüchtlinge, daß die Lastwagen verschoben werden sollen. Es ist die junge Simone, welche als einzige den Patron kritisiert, er solle in dieser Zeit nicht an seine Vorräte denken, und vorschlägt, man könnte den Flüchtlingen die Lebensmittel geben. Angeregt durch Simones Idee, schreit eine Flüchtlingsfrau aus, daß es Lebensmittel seien, die weggeschafft werden sollten. Längst hat diese anonyme Frau erkannt, daß Simone mehr Herz habe als alle anderen Leute zusammen.

Klar stellt Brecht heraus, daß Simone nicht nur soziales Mitempfinden hat, sondern auch Ideen, dieses Mitempfinden in die Tat umzusetzen und daher wirksam zu machen. Brechts Konzeption der Verfremdung wird in diesem Stück am Schicksal Simones besonders deutlich. Die Tatsache, daß es das kindhafte Mädchen ist, die zur Zeit der Niederlage ihres Vaterlandes, inmitten von Verwirrung und Korruption Kritik übt, Vorschläge macht, um der Korruption ein Ende zu machen und Notleidenden zu helfen, während die Erwachsenen nichts unternehmen, ist an sich bereits eine Abweichung vom Selbstverständlichen der vom Dichter dargestellten Gesellschaft, was in der Forschung übersehen wurde.[4]

Die wichtige Rolle, welche Simone mit ihren Ratschlägen in der Panik beim Herannahen der Deutschen spielt, wird weiter offenbar, wenn die Besitzerin der Hostellerie ihr den Schlüssel zu den Vorratsschuppen mit der Aufforderung gibt, den Flüchtlingen von den Vorratsmitteln auszuteilen, so daß eine Plünderung vermieden wird. Doch Simone begnügt sich nicht damit, die Leute in die Vorratsschuppen zu begleiten. Sie holt sich einen Hocker, stellt ihn an die Mauer und reicht den Flüchtlingen aus Körben weiter Lebensmittel zu. Währenddessen trinken der Patron der Hostellerie, der Maire, wie die Besitzerin mit den Angestellten Wein. Simone hatte die Angestellten, die dem Patron den Dienst verweigert hatten, durch ihre Vorschläge mit ihrem Arbeitgeber versöhnt. Die Angestellten reichen ihm die Hand. Die Ironie, mit der jedoch Maurice, der Chauffeur, schließlich beim Händeschütteln den Toast auf die neue heilige Johanna, die Einigerin aller Franzosen, ausbringt, verleiht dem Vorgang, der den Rezipienten durch die junge Organisatorin und Helferin vertraut geworden ist, eine gewisse Entfremdung. Die Entfremdung wird durch die Ohrfeige des Vaters und die Rüge der Mutter, Simone wäre dem Patron gegenüber zu eigenmächtig gewesen, verstärkt. Als notwendiger Teil des Verfremdungsprozesses dienen diese Vorgänge jedoch, die Zuschauer zur klaren Erkenntnis der Rolle Simones zu bringen. Wenn sie die Benzinvorräte vernichtet, um sie nicht in die Hände des Feindes gelangen zu lassen, damit konsequent ihr Ziel weiterverfolgt, den Feind in seinem Vormarsch zu hindern, wird die Ungeheuerlichkeit der Strafe, die Verbannung in das Kloster der heiligen Ursula, wo Simone geistiger Tod droht, besonders eindringlich. Gleichfalls wird jedoch das Feuer, welches die Flüchtlinge, die Simones Beispiel folgen, angelegt haben, zum Zeichen, daß der Widerstand gegen den Feind fortgesetzt wird. Die junge Simone ist damit zur Begründerin der Widerstandsbewegung geworden.

Ähnlich Johanna Dark ist Simone idealistisch gesonnen, glaubt an Taten und nicht nur an Worte. Anders als Johanna Dark weiß Simone wirksamer zu helfen. Ihre gute Beobachtungsgabe, ihr schnelles Begreifen, wie, wo und wem sie helfen muß, lassen an die junge Rosa Luxemburg denken, die bereits als Halbwüchsige scharf beobachtete und mit einem ausgeprägten sozialen Gerechtigkeitssinn begabt war. Allerdings bedeuten Simone die marxistischen Schlagworte Maurices nichts, wie die kurze Unterhaltung mit ihm im ersten Traum zeigt, die in eine unverständliche Traumsprache übergeht (GW V, S. 1859).

Wenn Simone als Einzige wagt, den Patron zu kritisieren, so ähnelt sie in ihrem Aufbegehren gegen Höhergestellte wie Johanna Dark ebenfalls Rosa Luxemburg, die als Dreizehnjährige bei einem Staatsbesuch des deutschen Kaisers Wilhelm I. in Warschau Verse schrieb, die wenig Respekt vor jeder Obrigheit und Kritik an ihr zeigen.[5] Simones Patriotismus, der sie schließlich zur Vernichtung der Benzinbehälter treibt, erinnert auch in gewisser Weise an die junge Rosa Luxemburg. Während ihrer Schulzeit gehörte die Sechzehnjährige in Warschau einem geheimen Fortbildungszirkel an, der im Untergrund polnische Sprache und Kultur an junge Menschen vermittelte, da die Sprache an den höheren Schulen in Warschau Russisch war.[6] Nach dem Wiener Kongreß war Zentralpolen, der Osten und Nordosten mit Litauen an Rußland gefallen.

Daß jedoch neben Rosa Luxemburg auch eine andere historische Frauenfigur auf Simones Gestalt eingewirkt hat, soll später im Zusammenhang mit Brechts Stück *Die Tage der Commune* ausgeführt werden.

Wenn auch Brechts 1943 veröffentlichtes Stück *Schweyk im Zweiten Weltkrieg* den Prager Hundehändler im Mittelpunkt der Handlung hat, so kann die Wirtin des „Kelch“, Anna Kopecka, als sein weibliches Gegenstück angesehen werden. Mit Schweyk, der die fast untragbare Epoche des von den Nazis besetzten Prag mit philosophischer Ruhe erträgt, hat Anna Kopecka einen offenbaren Gleichmut gemein, der sie ebenso wie Schweyk schwierige, ja lebensgefährliche Situationen überwinden läßt. Nicht ohne Grund zieht Schweyk den „Kelch“ anderen Gaststätten vor. Die lebenstüchtige Wirtin ist sich bewußt, daß für sie und ihre Landsleute das Überleben in der von den ideologisch verrannten Feinden besetzten Stadt das Wichtigste ist. So achtet Anna Kopecka, die mit dieser Ansicht eine große Ähnlichkeit mit dem Protagonisten von Brechts Kalendergeschichten, Herrn Keuner, hat, in ihrem Gasthof streng darauf, daß alle Gespräche über Politik vermieden werden, so daß keiner sich in Gefahr begibt, bei der Gestapo zu verschwinden. Wie andere Gäste, so versucht sie, Schweyk aus aller Politik herauszuhalten, jedoch nicht immer mit Erfolg, was Schweyk einmal teuer zu stehen kommt. Wenn Anna auch offen keinen Widerstandsgeist gegen die Feinde in ihrem Land zeigt, so läßt sie indessen ihren Abscheu versteckt gegen die ungebetenen Gäste aus. Auf ihre regelmäßige Ansage in ihrem Lokal, es wäre Zeit für die Besada, tanzen die einheimischen Gäste den tschechischen Volkstanz mit lautem Stampfen und Stolpern gegen die Tische der SS Leute, um sie zu verscheuchen.

Wie die Witwe Begbick und die Mutter Courage ist Anna Kopecka eine pragmatische Frau. Immer wieder betont sie, daß sie lediglich eine Gewerbetreibende sei. Wenn ein Gast kommt, schenkt sie ein. Das ist ihr Hauptinteresse. Will ein betrunkener SS Mann ihr Geheimnisse ausplaudern, wehrt sie ab. Selbst einem Verehrer, dem jungen Prohazka, begegnet sie mit Skepsis. Wenn er von Liebe spricht, meint sie, seine Gefühle wären eine zufällige Anwandlung. Es ist Anna Kopecka, welche Schweyk zur Ansicht kommen läßt, Frauen besäßen mehr innere Festigkeit als Männer (V, S. 1939).

Für die Anständigkeit ihrer Gaststätte steht Anna Kopecka voll ein. So duldet sie es nicht, daß der „Kelch" ein schwarzer Markt genannt wird. Wenn ein SS Mann sie deshalb ins Gesicht schlägt, will sie sich wehren, wird aber über den Kopf geschlagen, so daß sie bewußtlos wird.

Ähnlich wie Mutter Courage und die Witwe Begbick, singt Anna Kopecka gerne. Sie ist es, welche Brecht die Hauptbotschaft des Stückes im Liede von der Moldau verkünden läßt, die im Refrain wiederholt wird:

> Das Große bleibt groß nicht und klein nicht das Kleine
> Die Nacht hat zwölf Stunden, dann kommt schon der Tag.
> (GW V, S. 1968)

Ebenso wie Begbicks Lied in *Mann ist Mann*[7] bringt dieses Lied das Bild des Wassers und das Thema der Veränderlichkeit aller Dinge. Jedoch anders als Begbick lebt Anna Kopecka in einer gefährlicheren Zeit, die ihren Widerstandsgeist verstärkt hat. Anders als Mutter Courage redet diese Geschäftsfrau nicht nur gegen die Oberen. Sie handelt, wenn auch mit Vorsicht. Mit ihrer menschlichen Hilfsbereitschaft für ihre Landsleute ähnelt diese Frauenfigur den revolutionären Frauen wie Pelagea Wlassowa, Johanna Dark, Simone Machard.

ANMERKUNGEN

1. So spricht Karl-Heinz Schoeps zu Unrecht von der französischen Widerstandskämpferin Simone als von einer im marxistischen Sinne säkularisierten Jeanne d'Arc, die nicht aus patriotischer Neigung zu Frankreich, sondern aus sozialistischen Motiven für die Unterdrückten kämpft. *Bertolt Brecht und Bernard Shaw*, Bonn: Bouvier, 1974, S. 167.
2. „Ob wir den Krieg verlieren oder gewinnen, ich werde zwei Arme gebrauchen. Mindestens." (GW V, S. 1844).
3. Brecht hatte bei der Arbeit darauf bestanden, Simone energisch zu verjüngen, wie Lion Feuchtwanger berichtete. „Zur Entstehungsgeschichte des Stückes Simone". *Neue Deutsche Literatur*, 5 (1957) S. 56 – 58, S. 57.

4. Der Charakter der jungen Simone alleine kann als Gegenbeweis zu Ute Wedels Feststellung: „Die Vision der aktiven, durchschauenden, falsche Wege der Nachahmung der Mächtigen überwindenden Frau ist im Werk des sozialistischen „Stückeschreibers" Bertolt Brecht nicht gestaltet." *Die Rolle der Frau bei Bertolt Brecht*, op. cit. S. 162. Was die Darstellung Simones speziell angeht, so spricht Wedel lediglich von einer Infantilisierung der Simone Machard, ebenda, S. 161.

5. So heißt es:

   Endlich werden wir dich sehen,
   Mächtiger des Westens.
   Vielleicht werde sogar ich dich zu Gesicht bekommen,
   wenn du durch den Sächsischen Garten spazierst.
   Du mußt dir nicht einbilden, ich käme zu Hofe.
   Es liegt mir nicht das Geringste
   an Ehrenbezeugungen von Euresgleichen.
   Andererseits wüßte ich doch zu gern,
   was man so redet in Euren Kreisen.
   Mit dem Zaren sollst du ja per du sein.
   Was Politik angeht, bin ich zwar noch ein dummes Schaf,
   also mach ich keine langen Worte,
   doch vergiß eines nicht, mein lieber Wilhelm:
   Sag diesem listigen Lumpen von Bismarck,
   er soll die Friedenshosen nicht zuschanden wetzen.
   Du tust es für Europa, Kaiser des Westens.
   Frederik Hetmann, op. cit. S. 25.

6. Frederik Hetmann, op. cit. S. 26.

7. S.o. S. 226

11. Kapitel
Der kaukasische Kreidekreis

Im elften Jahr des Exils 1944/45 in Amerika, Santa Monica, geschrieben, dann 1954 im Berliner Ensemble zum ersten Mal in deutscher Sprache gegeben, zeigt *Der kaukasische Kreidekreis* manche Ähnlichkeit mit dem *Guten Menschen von Sezuan*. Wieder steht im Mittelpunkt der Handlung eine Frau, die durch Schwierigkeiten an Stärke gewinnt. Während die Hauptgestalt im *Guten Menschen* wegen der gesellschaftlichen Verhältnisse gezwungen ist, eine Doppelrolle zu spielen um zu überleben, greift Grusche nur einmal zur Verkleidung, nicht um ein Mann zu werden, sondern um in die herrschende Klasse hinüberzuwechseln. Ähnlich wie Brecht an der Figur des *Guten Menschen* lange gearbeitet hat, so hat er die Hauptgestalt im *Kaukasischen Kreidekreis* umgeschrieben. Am 8. August 1944 vermerkt er, daß die Überarbeitung der Gruschefigur eine Fleißarbeit von drei Wochen war.[1] Die Textänderungen bezeugen, daß Brecht nicht mit der anfangs als zu einfältig dargestellten Figur zufrieden war, die im fünften Akt Azdak begegnen mußte, und sie aus einer fast gespalten erscheinenden Person in eine Frau umschuf, die eine Entwicklung durchlief. Wie sehr Brecht in der Endfassung daran gelegen war, Grusche bereits von Anfang an selbständig denkend und handelnd darzustellen, geht aus einem Vergleich der ersten Fassung von 1944 mit der Druckfassung von 1957 hervor. Während die Hauptfigur, in der früheren Version Katja genannt, wenig sagt, damit fast an die stumme Kattrin der *Mutter Courage* nicht nur im Namen erinnert, hebt sich die Grusche der Endfassung von den anderen Frauen heraus. Von vorneherein fällt sie durch ihre genauen Beobachtungen und überlegten Behauptungen auf. Wenn die Köchin ihr die Gefahr für jeden deutlich machen will, der sich des verlassenen Kindes annimmt, und meint:

> Ich sag dir, wenn es den Aussatz hätte, wär's nicht schlimmer. Sieh zu, daß du durchkommst,

widerspricht Grusche störrisch: „Es hat keinen Aussatz" und stellt weiter fest: „Es schaut einen an wie ein Mensch."[2]

Von Anfang an ist Grusche aufsässig. Sie hat ihre eigenen Ansichten und ihr eigenes Benehmen, paßt sich den Meinungen und dem Tun ihrer Umgebung wenig an. Dies hat die Forschung nicht genug herausgestellt.[3] Jedoch hat die Theaterarbeit bisweilen diesen Aspekt beobachtet. So zeigte Käthe Reichel in einer Frankfurter Aufführung eine kleine widerspenstige Person, bei der man den Mut bewundert, mit dem sie den Kampf gegen die Großen aufnimmt, während eine Krakauer Vorstellung jedoch vor allem eine „zarte Grusche“ mit wunderbar „lyrischen Stellen“ herausarbeitete.[4]

Daß Grusche zudem Selbstvertrauen besitzt und sich auch dem männlichen Geschlecht gegenüber als ebenbürtige Partnerin begreift, beweist sie bei ihrer ersten Begegnung mit dem Soldaten Simon Chachava. Auf seinen Anruf hin meint sie stolz, sie verstehe etwas von Gänsen und geht resolut auf ihn zu, um ihm die Gans zu zeigen, die sie für das Osteressen der Gouverneursküche ausgesucht hat. Daß Grusche sich von vorneherein nicht als einfaches Sexobjekt behandeln läßt, geht aus ihrem weiteren Benehmen gegenüber Simon hervor. Wenn Simon ihr verrät, daß er sie beim Baden beobachtet hat, macht sie ihm das zum Vorwurf und läuft weg.

Bei ihrer neuerlichen Begegnung mit dem Soldaten bezeugt Grusche wieder ihr selbständiges Denken. Diesmal richtet es sich gegen sinnlosen Krieg. Sie kritisiert Simon, wenn er sich für unwichtige Dinge in Gefahr begeben will. Der Respekt, den Grusche dem Soldaten einflößt, wird in Simons Anrede zu ihr offenbar, die sich ausschließlich auf die dritte Person beschränkt, während Grusche dagegen bereits am Anfang der Konversation in das vertrauliche „du“ überspringt, wenn sie Simon kritisiert. Es ist Grusche, die Simon nach seinem Heiratsantrag zuerst bei seinem Vornamen nennt und dann ihre Verhaltenheit mit einem von warmem Gefühl getragenen Treuegelöbnis durchbricht.

So selbständig, wie sie sich dem Soldaten Simon Chachava gegenüber benimmt, so unabhängig handelt Grusche nach der Übernahme des Palastes durch die Aufständischen. Obwohl das flüchtende Dienstpersonal ihr abgeraten hat, sich mit dem Kind des mittlerweile hingerichteten Gouverneurs abzugeben, vermag Grusche es nicht über sich zu bringen, das aufgegebene kleine Wesen zu verlassen. Ihr feines Empfinden, geschärft durch das Erlebnis der ersten Liebe, ihr menschliches Gefühl, dem blutige Schlachten zuwider sind,[5] empört sich dagegen, das Kind in einer Stadt, erfüllt von Brand und Jammer, allein zurückzulassen. Nach einer langen Nacht der Wache nimmt sie das Kind an sich und entflieht.

Mit Grusche, dieser einfachen Küchenmagd, hat Brecht eine Frauengestalt geschaffen, die ähnlich Shen Te wahre menschliche Güte besitzt, jedoch anders als Shen Te mit ihrer Güte auch Klassenschranken überwindet, wenn sie in dem Kind der Gouverneurin, die ihre Untergebenen schlägt, nur den Menschen sieht, der Hilfe braucht. Somit überbrückt die Güte dieser Küchenmagd jeden Klassenkampf und wird wahrhaft human. Unabhängig von ihrer Umgebung weiß Grusche, ihre Menschlichkeit durchzusetzen. Zu ihrer Widerspenstigkeit gesellt sich nach und nach Erfindungsreichtum, Umsicht, Mut und schließlich nötige Härte. Jede Schwierigkeit, jede Gefahr auf ihrer Flucht mit dem Kind in die nördlichen Gebirge läßt Grusche stärker werden.

Um sich Mut zu machen, singt sie, die grundsätzlich gegen den Krieg ist, bei ihrer Wanderung das Lied vom Volkshelden Sosso Robakidse, der Iran eroberte.[6] Grusches Kampf ist jedoch anderer Art. Viel Anstrengung kostet es sie, dem Kind Milch zu besorgen. Endlich erreicht sie es, den Preis eines alten Bauern herunterzuhandeln. Ermutigt durch diesen kleinen Erfolg und angeregt durch den Brokatmantel, in den das Kind gewickelt ist, zieht Grusche dieses prächtige Kleidungsstück an, um sich als Dame der herrschenden Gesellschaft auszugeben und von den reichen Flüchtlingen auf deren Wagen mitgenommen zu werden. Sie versteht, die Redeweise der Damen der Gesellschaft anzunehmen. Es gelingt ihr zunächst, als eine solche angesehen zu werden; sie verrät sich dann aber durch ihr kräftiges Zupacken bei der Herrichtung der Lager und wird schließlich gegen ihren Protest verjagt.

Die Schwierigkeiten der Flucht mit dem hilflosen Kind, die Sehnsucht nach ihrem Liebsten, lassen Grusche zeitweise den Gedanken fassen, das Kind einer Bauersfrau zu übergeben. Doch schnell läßt sie diese Idee fallen, wenn Panzerreiter auf der Suche nach dem Kind auftauchen, und die Bauersfrau das Kind nicht will. Die Unterhaltung mit dem Gefreiten der Panzerreiter erhellt von neuem die Widerspenstigkeit, die Hartnäckigkeit und den Mut des Mädchens, das sich von niemand zum Sexobjekt machen und von seiner vorgefaßten Aufgabe abhalten läßt. Auf die Fragen des Gefreiten, die bald ins Intime übergehen, weiß Grusche mit treffenden Worten zu antworten, die sogar mit ihrem, dem Kriegsleben entnommenen Vokabular einen militärischen Ton annehmen:

> Der Gefreite: ... Was ist mit den Hügeln. Was ist mit den Tälern, wie sind die Strümpfe befestigt? Grusche steht erschrocken. Grusche: Sie sind stark befestigt, besser ihr macht einen Rückzug (GW V, S. 2036 f.)

Wenn die Gefahr für das Kind und sie zu groß wird, ergreift Grusche schließlich in Verzweiflung ein Holzscheit und schlägt den Gefreiten, der sie in männlicher Überheblichkeit nur Holzkopf genannt hat, mit dem Holzscheit über den Kopf, so daß er zusammensinkt.

Dies Erlebnis hat dazu gedient, Grusches Mut und Besonnenheit wachsen zu lassen. Neue Ereignisse sorgen dafür, daß ihre Stärke zunimmt.[7] Sie hat das Kind an Kindesstatt genommen, seine feine Wäsche in Lumpen ausgetauscht, was nicht nur ihre Zusammengehörigkeit anzeigt, sondern auch das Kind vor Nachstellung schützt, wenn die Panzerreiter wieder folgen. Grusche entkommt trotz der Warnung der Händler über einen Abgrund mit Hilfe eines morschen Steges. Weiter geht ihre Wanderung durch Wind und Schnee. Über die Gletscher die Hänge hinunter, bis sie das Haus ihres verheirateten Bruders erreicht, bei dem sie hofft, Zuflucht zu finden. Doch hier wartet eine andere Gefahr, die sie von dem Kind zu trennen droht: Die Konvention. Sie darf nicht uneheliche Mutter bleiben. Auch dieses Hindernis überwindet Grusche, wenn sie auf Vorschlag ihres Bruders eine Ehe auf dem Papier eingeht, das heißt einen Bauern heiratet, der im Sterben liegt. Ihre Not wird groß, wenn der Bauer wieder gesund wird, und Simon zurückkehrt. Ihm gehört nach wie vor ihr Herz, und sie versucht, ihm zu erklären, daß Michel nicht wirklich ihr eigenes Kind ist. Alle Opfer, alle Mühen scheinen jedoch vergeblich, wenn Grusche erfahren muß, daß Panzerreiter das Kind auf richterlichen Befehl in die Stadt bringen, da man ihn als Sohn des Gouverneurs erkannt hat, und die Mutter das leibliche Kind zurückverlangt.

Wie stark Grusche durch die Erlebnisse ihrer Flucht, die Konfrontationen mit dem Bauern, dem Gefreiten, den Händlern geworden ist, zeigt sich in der Gerichtsszene mit dem Richter Azdak. Diese Szene, in der Grusches Persönlichkeit mit ihrem Mut, ihrer Offenheit, ihrer Ehrlichkeit und ihrer Wahrheitsliebe heraustritt, wird zum Höhepunkt des Stückes.

Allein erfüllt von ihrer Liebe für das Kind, die nach ihrem gemeinsamen Leben und Durchstehen der Gefahren erwachsen ist, der Gewißheit der Mühen und der Arbeit, die sie mit dem Kind gehabt hat, und dem Bewußtsein, es nach bestem Wissen und Gewissen aufgezogen zu haben,[8] findet sich Grusche berechtigt, das Kind als ihr Kind zu beanspruchen. Wenn sie behauptet, das Kind sei das ihre, so bestimmt sie das besitzanzeigende Fürwort um. Auch ihre Mütterlichkeit als das Resultat ihrer Arbeit deutet sie damit um.[9] Da sie Michel als Kind ihrer Liebe zu Simon ansieht, aber keinerlei Blutsbande zwischen sich und dem Kind geltend macht, wie der Anwalt der Gouverneursfrau feststellt, verstößt Grusche nicht gegen die Wahrheit, wenn sie Simon bittet, sich als Vater des Kindes auszugeben.

Grusches Ehrlichkeit ist so unbedingt, daß sie sogar der Aussage ihres Geliebten widerspricht, wenn sie auf die Frage des Richters, ob Simon nichts im Bett wäre, aussagt, sie wären nicht so weit gekommen. Sie hätte des Kindes wegen geheiratet, daß es ein Dach über dem Kopf gehabt hätte (GW V, S. 2098). Erst als Azdak von Lügen spricht, trumpft Grusche in ihrem Ehrgefühl verletzt auf. Mit ihren Vorwürfen beweist sie, wie gut sie die Verhandlung beobachtet hat. Sie beschuldigt den Richter, daß er Geld von der Gegenpartei nahm. Offen kritisiert sie die Justiz und greift Azdak persönlich an. Er wäre eine „besoffene Zwiebel", verstände nichts von Gerechtigkeit, da er sich zum Knecht der Reichen gemacht hätte. Er passe auf; denn sonst könnten die nicht die Männer in die Kriege schleppen. Ohne Rücksicht auf den Ausgang der Verhandlung spricht Grusche aus, was sie als Wahrheit erkennt: Sie hat einfach keinen Respekt vor dem Richter und sagt ihm das offen ins Gesicht.

Mit Azdaks Reaktion – seinem strahlenden Gesicht (GW V, S. 2100), gefolgt von seinem Taktschlagen, womit er Grusches Anklage begleitet, zeigt Brecht eindeutig, wie sehr Azdak mit Grusches Ansichten übereinstimmt und läßt darüber hinaus die Affinität erkennen, die zwischen beiden besteht. Auch Azdak hat seine Umgebung, seine Peiniger, die ganze gesellschaftliche Situation scharf kritisiert, sie immer wieder „Hunde", dann sogar „Mithunde" gerufen, nachdem sie ihn blutig zusammengeschlagen hatten (GW V, S. 2094, 2095). Auch Azdak hatte die Mißstände und Ungerechtigkeiten in seinem Lande erkannt und eine Kritik geübt, die ebenso wie die Anklage Grusches klang, als er den Panzerreitern zugerufen hatte:

> Krieg! Zu lang Krieg! Und keine Gerechtigkeit! ... Unsere Männer werden in alle Himmelsrichtungen verschleppt, damit die Oberen zu Hause tafeln können (GW V, S. 2070, 2071).

Wenn Grusche bei ihrem Angriff auf die rechtlichen Zustände zur Erkenntnis kommt, es sei eine Strafe, die Mitmenschen richten zu müssen, schlimmer als am Galgen hängen (GW V, S. 2100), so verurteilt sie die gesamten gesellschaftlichen Zustände überhaupt, ebenso wie es Azdak tat, als er seine Peiniger, die Panzerreiter ohne Rücksicht auf ihre mögliche Reaktion als „Mithunde" in dieser „Hundewelt" anredet (GW V, S. 2094, 2095). Ebenso wie Grusche scheut sich Azdak nicht das auszusprechen, was er als die Wahrheit eingesehen hat. So ist es auch der Richter Azdak, der durchschaut, wer die rechte Mutter ist, und dann seine Erkenntnis mit der Probe des Kreidekreises bestätigen läßt. Wenn er schließlich die

Güter der Gouverneurin an die Stadt fallen läßt, damit ein Garten für die Kinder draus gemacht wird, die ihn brauchen, so besteht kein Zweifel, daß es Grusche mit ihrer echten mütterlichen Fürsorge und Arbeit für das Kind ist, die ihn zu dieser Entscheidung angeregt hat.

Es ist nicht nur das Werk Azdaks, der auch die Scheidung Grusches von ihrem aus Not geehelichten Mann ausspricht, daß der *Kaukasische Kreidekreis* glücklich ausgeht. Die mütterliche Magd Grusche hat ebenso ihren Teil zu diesem Ende beigetragen. Sie weiß auch Simon, ihren Liebsten, für das ihr nun rechtlich zugeeignete geliebte Kind zu gewinnen. Simons Worte auf Grusches Frage, ob Michel ihr gefalle,

> Melde gehorsamst, daß er mir gefällt (GW V, S. 2105),

beweisen, wie sehr seine Achtung für diese Frau durch ihr tapferes Verhalten in der Gerichtsszene weiter gestiegen ist.

Zu Recht wird Grusche als Paradigma für Brechts Hoffnung auf die Verwirklichung eines marxistischen Humanismus angesehen. Sie wird Mutter und Erzieherin für Michel, das verlassene Kind, und damit Wegweiserin für eine Zukunft, in der alle Tradition durch neue humane Beziehungen zwischen den Menschen geändert oder ersetzt wird.[10] Hinzuzufügen ist, daß Grusche ihre Rolle unter Opfern und Aufgeben eigener Interessen aus reinem menschlichen Mitgefühl auf sich nimmt. Nach und nach erst entwickeln sich mütterliche Gefühle, die mit ihren persönlichen Wünschen für eigene Liebe und Glück mit dem Soldaten Simon Chachava im Widerstreit stehen, wie Brecht selbst betont.[11] Es ist Grusche selbst, welche die Synthese zwischen beiden Interessen ihres Lebens, dem Interesse für das Kind mit dem persönlichen Interesse zu vollziehen weiß:

> Ich hab ihn [Michel] genommen, weil ich mich mit dir verlobt hab an diesem Ostertag. Und so ist's ein Kind der Liebe. Michel, wir tanzen (GW V, S. 2105).

Damit ist ihre Gestalt wahrhaft zu einer Verkörperung von Feminismus und Marxismus geworden. Züge Rosa Luxemburgs, welche Brecht Grusche mitgegeben hat, haben beigetragen, diese Frauenfigur zum Exponenten der beiden konträren Begriffe, die als unvereinbar gelten, zu machen. Erster Hinweis auf die Revolutionärin ist der Name „Rosa Luxemburg" für die Kolchose, die unter Anleitung des Sängers das alte Stück *Der kaukasische Kreidekreis* eingeübt hat (GW V, S. 2006 f.). Durch das ganze Stück hindurch gibt der Sänger seine Kommentare zur Handlung und enthüllt die Gedanken und inneren Konflikte der Protagonisten und vor allem Grusches. Dieser Sänger ist es, der Grusches Feinfühligkeit für die Not des verlassenen Kindes mit lyrischen Worten ausspricht, die Helfen und Lieben mit der Freude an der Natur und mit einem Gefühl der Erfüllung verbinden:

> Wisse, Frau, wer einen Hilferuf nicht hört
> Sondern vorbeigeht, verstörten Ohrs: nie mehr
> Wird der hören den leisen Ruf des Liebsten noch
> Im Morgengrauen die Amsel oder den wohligen
> Seufzer der erschöpften Weinpflücker beim Angelus.
> (GW V, S. 2024 f.)

In diesem Zusammenhang ist es bedeutsam festzustellen, daß eine Biographin die Humanität Rosa Luxemburgs herausstellt, die sich in Rosas Liebe zu Kindern, Blumen, Pflanzen, Vögeln und Tieren äußerte:

> L'Humanité de Rosa: Il n'y avait cependant pas de femme plus tendre, plus sensible, plus humaine. Elle adorait les enfants, elle aimait passionément les fleurs, les plantes, les oiseaux, les bêtes qui lui inspirèrent des pages si touchantes.[12]

Ebenfalls berichtet ein anderer Biograph, daß Rosa Luxemburg die Natur liebte und dies in lyrischen Passagen aus ihrer Festungszeit in Wronke bei Posen kundtat. Rosa konnte tagsüber zwischen den Festungswällen spazierengehen und sich ein kleines Gärtchen anlegen. Ihren Briefen nach freute sie sich an dieser „herrlichen Beschäftigung:“

> Die Wasserspritzer funkeln in der Morgensonne und die Tropfen zittern noch lange auf den rosa und blauen Hyazinthen, die schon bald erschlossen sind.[13]

Bezeichnend für Rosa Luxemburgs Liebe zur Natur sind auch die Zeilen aus einem Brief an Mathilde Jacob, eine Freundin:

> Auf meiner Grabtafel dürfen nur zwei Silben stehen. Zwi–zwi. Das ist nämlich der Ruf der Kohlmeisen, die ich so gut nachmache, daß sie sofort herlaufen.[14]

Der Augenblick, in dem Grusche das Kind „wie eine Beute“ an sich nimmt (GW V, S. 2025), ruft den Brief Rosas von März 1899 an ihren Freund Leo Jogisches in Erinnerung, in dem sie von ihrer Begegnung mit einem Kind während eines Spazierganges im Tiergarten und dem plötzlichen Wunsch berichtet, das Kind an sich zu reißen und mit ihm nach Hause zu laufen, um es für sich zu behalten.[15] Auch in Rosas Leben gab es den Widerstreit zwischen den persönlichen und den außerpersönlichen

Interessen, dem Wunsch, anderen zu helfen. Wie Grusche war auch Rosa eine Scheinehe mit dem Sohn ihrer älteren Freundin, Olympia Lübeck, am 19. April 1898 eingegangen, um die deutsche Staatsangehörigkeit zu erhalten und damit das bestmögliche Wirkungsfeld innerhalb der damals mächtigsten sozialistischen Partei Europas – der SPD – zu finden.

Wie aus Rosa Luxemburgs Biographie hervorgeht, beweisen ihre Briefe an Jogisches, daß sie ihn liebte, daß sie jenseits aller Tagespolitik ein junger Mensch voller Sehnsucht nach persönlichem Glück und einem eigenen Heim war. In dieser Zeit entstanden die Briefe wie der oben angeführte. Doch mit der Zeit entfremdete sie sich von Jogisches und trennte sich von ihm nach seiner Rückkehr von Rußland. Daß Rosa auch nach der Trennung von Jogisches persönlichen Interessen neben ihrer Parteiarbeit folgte, zeigen die Freundschaften mit Konstantin Zetkin, dem Sohn Clara Zetkins, und dem jungen Arzt Hans Diefenbach. Obwohl sie nach dem Bruch mit Jogisches an Freunde schrieb:

> Ich bin erst ganz wieder ich, seit ich von Leo Jogisches frei bin,[16]

blieb sie jedoch ihr ganzes Leben mit ihm in Kontakt. Leo Jogisches war es, der ihr 1918 nach ihrer Freilassung aus dem Gefängnis einen Wagen beschaffte, der sie nach Berlin bringen sollte, sie später verständigte, daß es nicht geklappt hatte, sie am Anhalter Bahnhof begrüßte.[17] Rosas politische Arbeit brachte sie immer wieder mit Jogisches zusammen, der auch dem Spartakusbund angehörte. Leo Jogisches war es, der darauf sah, daß Rosa bei ihrer rastlosen politischen Aktivität die Mahlzeiten nicht vergaß und aus dem Hintergrund über sie wachte, da sie seit Anfang Dezember 1918 in Gefahr war.[18] Als ein Mitkämpfer Jogisches einen Tag nach Rosas Ermordung traf, erschien ihm Jogisches um zehn Jahre gealtert. Er berichtete, daß Jogisches das Gespräch sonderbar schleppend mit den Worten begann:

> Rosa ist tot, wir müssen alle näher aneinanderrücken.[19]

Es war Jogisches, der durch einen Artikel in der „Roten Fahne" die Untersuchung nach den Umständen von Rosas Ermordung in Gang gebracht hatte, kurz danach verhaftet und bei einem angeblichen Fluchtversuch erschossen wurde.[20]

Die Synthese, die Rosa ähnlich Grusche zwischen ihren Interessen vollzog, erwuchs aus dem Einfluß ihrer Persönlichkeit auf ihre Mitkämpfer, die sie zusammengebracht hatte. Auch Clara Zetkin hatte sich Rosa so verbunden gefühlt, daß sie Rosa als ein Teil von sich selbst sah.[21]

Während Grusche das Kind zum verbindenden Element zwischen sich und dem Verlobten werden läßt, war es bei Rosa die politische Arbeit, die zum vereinigenden Faktor zwischen ihr und ihren Mitkämpfern wurde, wie Jogisches es ausgesprochen hatte. Clara Zetkin, die seit dem Stuttgarter Parteitag 1907 mit Rosa befreundet war, bezeichnete bei ihrer Ehrung während des dritten Weltkongresses in Moskau Rosa Luxemburg als Teil ihres Wesens.[22]

Somit kann konstatiert werden, daß Brechts Worte über die Rolle der Grusche:

Sie ist wahr,[23]

eine neue Bedeutung gewinnen.

ANMERKUNGEN

1. Werner Hecht (Hrsg.): *Materialien zu Brechts „Der kaukasische Kreidekreis“*, Frankfurt am Main: Suhrkamp, 1981, 8. Auflage, S. 33.
2. *Materialien*, S. 44 – 47.
3. Bernard Fenn betont fast ausschließlich die mütterlichen Eigenschaften der Grusche. *Characterisation of Women in the Plays of Bertolt Brecht*, op. cit. S. 180 – 183.
4. Vgl. den Bericht von Käthe Rülicke, Peter Palitzsch:„ *Der kaukasische Kreidekreis* in Krakau, Frankfurt am Main, Berlin“, in: *Materialien*, S. 118.
5. Vgl. Grusches Treuegelöbnis (GW V, S. 2018 f.).
6. Vgl. Brechts Anmerkungen zum „Kaukasischen Kreidekreis“, in *Materialien*, S. 24.
7. Auch Betty Nance Weber kommt zu dem Ergebnis, daß Grusches Stärke durch die Konfrontationen gewachsen ist. *Brechts 'Kreidekreis', ein Revolutionsstück*. Eine Interpretation. Mit Texten aus dem Nachlaß. Frankfurt am Main: Suhrkamp, 1978.
8. „... Das Kind hab ich angehalten zur Freundlichkeit gegen jedermann und von Anfang an zur Arbeit, so gut es gekonnt hat, es ist noch klein.“ (GW V, S. 2096).
9. Vgl. Jan Knopf: *Brecht Handbuch. Theater*, op. cit. S. 262.
10. Vgl. Laureen Klein Nussbaum: *The Image of Woman in the Work of Bertolt Brecht*, op. cit. S. 439.
11. Vgl. Brecht in seinen Anmerkungen zum *Kaukasischen Kreidekreis*: „In der Magd Grusche gibt es das Interesse für das Kind und ihr eigenes Interesse im Widerstreit miteinander. Sie muß beide Interessen erkennen und beiden zu folgen versuchen. Diese Betrachtung führt, denke ich, zu einer reicheren

und bewegteren Darstellung der Rolle der Grusche. Sie ist wahr. (1955)" in: *Materialien*, S. 26.

12. Berthe Fouchère: *La Vie héroique de Rosa Luxembourg*. Cahier No 25, Spartacus, Mars 1948, S. 6.
13. Harry Wilde: *Rosa Luxemburg*, op. cit. S. 131 f.
14. Frederik Hetmann: *Rosa Luxemburg*, op. cit. S. 262.
15. S.o. S. 278.
16. Harry Wilde, op. cit. S. 78.
17. Frederik Hetmann, op. cit. S. 231, 236.
18. Ebenda, S. 238.
19. Ebenda, S. 273.
20. Ebenda, S. 274 f.
21. Luise Dornemann, op. cit. S. 431.
22. Ebenda, S. 431.
23. *Materialien*, S. 26.

12. Kapitel
Die Tage der Commune

Wie in *Schweyk im Zweiten Weltkrieg* werden auch in den *Tagen der Commune*, die 1948/49 in Zürich geschrieben wurden, keine Frauen im Titel genannt, und doch spielen sie im Stück eine dominierende Rolle. Dies geht bereits bei einem Vergleich von Brechts Werk mit seiner Vorlage, dem Schauspiel des Norwegers Nordahl Grieg *Die Niederlage* hervor, welches Brecht 1938 in der Monatsschrift „Das Wort" in der Übersetzung von Margarete Steffin veröffentlichte.[1] Brecht selbst hatte sein Stück laut Elisabeth Hauptmann als einen „Gegenentwurf" zu Griegs *Nederlaget* (1937) bezeichnet.[2] Der Kontrast zwischen beiden Stücken wird gerade bei einem Studium der weiblichen Charaktere deutlich.

In Griegs Schauspiel fallen die Frauen durch ihre Bestrebungen auf, Frieden zwischen den Kommunarden und den Versailler Truppen stiften zu wollen. Es ist Gabrielle Langevin, die an der Spitze einer Gruppe von Frauen zwischen die feindlichen Truppen gehen und die Stadt retten will, ohne auf den Einwurf der Männer zu hören, daß ihr Vorgehen der sichere Tod sei. Gabrielle, die einen Bruder bei den Regierungstruppen hat, glaubt, daß fast alle der Versailles–Soldaten irregeleitete und verzweifelte Menschen sind. Sie ist überzeugt, für jeden Mann, den die Kommunarden oder auch ihre Gegner erschössen, würde es nur neue Rache geben. Auch ist sie der festen Meinung, würden sie, die Frauen, getötet, so wollten sie nicht gerächt werden, damit dem Töten ein Ende gemacht werde. So hatte sie die Absicht, mit den Frauen unter Gefahr ihres Lebens zu versuchen, Frieden zu stiften.[3] Doch eine explodierende Granate, die Tod und Verwundungen unter den Kommunarden stiftet, verhindert Gabrielle und ihre Helferinnen an der Ausführung ihrer Mission. Die Frauen kümmern sich um die Verwundeten und ergreifen die Gewehre der Gefallenen, um ihre Stelle einzunehmen. Gabrielle steht allein. Doch bis zum bitteren Ende, wenn die letzten Kommunarden von dem heranrückenden Exekutionskommando der Gegner getötet werden, läßt Gabrielle nicht von ihrem Glauben an die Macht des Geistes, der Unterdrücker wie Unterdrückte zur Sinnesänderung bringen würde (S. 80 f.).

Dem Idealismus Gabrielles, der in *Die Niederlage* zur Untätigkeit verurteilt ist, steht die Tatkraft der Frauen in Brechts *Die Tage der Commune* entgegen. Damit ist Brechts Stück den historischen Quellen viel näher, nach denen gerade die Frauen sehr aktiv waren, wie aus Prosper

Lissagarays *Histoire de la Commune de 1871* ersichtlich ist. So heißt es in dem Bericht vom 18. März 1871:

> Die Frauen gingen wie in unsern großen Tagen zuerst vor. Die vom 18. März, durch die Belagerung gestählt – sie hatten die doppelte Last des Elends getragen – warteten nicht auf ihre Männer. Sie umringten die Mitrailleusen und redeten die Stückführer an: „Das ist eine Schande, was machst du da?" Die Soldaten schwiegen. Hie und da sagte ein Unteroffizier: „Geht, gute Frauen, entfernt euch." Aber der Ton der Stimme war nicht rauh, sie blieben.[4]

Während es Präsident Thiers in *Die Niederlage* ist, der sich wortreich über den Wert der Maschinengewehre für die bestehende Gesellschaft ausläßt, welche die Besitzlosen sich nicht verschaffen könnten,[5] so sind es die Frauen in *Die Tage der Commune*, die sich der Kanone bemächtigt haben und sie sich von den Versailler Liniensoldaten nicht wegnehmen lassen. Mit Wort und Tat wissen die Frauen sich den Besitz der Kanonen zu erhalten: „... Finger weg! Wagt es, euch an ihnen zu vergreifen, ihr Scheißer ..." rufen sie einem Soldaten der Regierungstruppen zu (GW V, S. 2126). Wie sehr die Frauen in Brechts Stück die Wichtigkeit dieser Waffe erkannt haben, geht auch aus Babette Cherrons Gestik hervor. Sie streichelt ein Kanonenrohr mit den Worten: „Gute Nacht, Liebe" (GW V, S. 2121).

Aus der Masse der anonymen Frauen läßt Brecht wie Nordahl Grieg einige namentlich und charakterlich hervortreten. Neben Babette hebt sich Geneviève Guéricault heraus, die als Gegenfigur zu Gabrielle Langevin in der *Niederlage* angesehen werden kann. Gerade diese Frauen sind Paradigmen für die unterschiedliche Darstellung der Pariser Commune Bewegung von 1871 in beiden Stücken, von denen das frühere idealistisch, teilweise melodramatisch [6] gegenüber dem späteren sachlich gehaltenen Schauspiel wirkt. Ebenso wie Gabrielle ist Geneviève Lehrerin. Ähnlich wie Gabrielle konzentriert sich ihr Interesse auf die Kinder. Im Gegensatz zu Nordahl Griegs Frauenfigur entwickelt sich Geneviève Guéricault jedoch aus einer gemäßigten Revolutionärin zu einer Radikalen. Mit ihrer Klarsichtigkeit ist Geneviève gleich zu Anfang des Stückes ein gutes Beispiel für Brechts Feststellung, das Gehirn der Bevölkerung arbeite im vollen Licht.[7] Bei der Verteidigung der Kanone ist sie sich sofort bewußt, daß die Regierung ihnen nur Weißbrot liefern will, damit sie den Liniensoldaten die Kanonen ablassen wie die Lämmer die Wolle (GW V, S. 2126). Indem Geneviève dafür sorgt, daß Madame Cabet ihren Sohn weckt, damit er den Frauen beisteht, und Madame Cabet schließlich mit vermittelnden Worten eingreift, trägt sie wesentlich dazu bei, daß die Kanone bei der Commune bleibt. Wenn von Pierre Langevin [8] gesagt wurde, er entwickele sich im Stück mehr und mehr zur zentralen Figur,[9] so läßt sich dies ebenso von Geneviève Guéricault behaupten. Sie ist Pierre Langevin gleichgestellt. Ebenso wie er ist sie Delegierte der Commune. Während Langevin für das Verkehrswesen eingesetzt ist, vertritt Geneviève das Unterrichtswesen. Daß beide gemeinsam die Sache der Commune zu fördern bestrebt sind, ergibt sich aus Szene sieben in der Mitte des Stückes, in der sie gemeinsam das Ministerium des Innern betreten, um Einsicht in ihre neuen Aufgaben zu gewinnen. Dabei tritt Langevin mit Plänen auf, die Geneviève mit eigenen Ideen ergänzt. In dieser Szene ist es auch, daß Langevin Geneviève mahnt:

> Lerne Lehrerin,[10]

wenn sie in Argumente mit der eigenwilligen Babette verstrickt sind, die sich gegen die Commune wenden will, falls sie weniger zahlt als das Kaiserreich. Daß Langevin selbst durch die Diskussionen lernt, zeigt sein Ausspruch am Ende der Unterhaltung:

> Erwartet nicht mehr von der Commune als von euch selber (GW V, S. 2158).

Das Gespräch zwischen Langevin und Geneviève in Szene 11a verdeutlicht weiter, wie beide durch Diskussion zu neuen Erkenntnissen angeregt werden. Während Langevin sich in Betrachtungen versucht, ist es Geneviève, die durch zum Teil provozierende Fragen den Gesprächspartner lernen und seine Theorien entwickeln läßt.

Es ist auch Geneviève, die Langevins Theorien realisiert. Langevin hatte beklagt, sie wären noch nicht bereit gewesen, auf die persönliche Freiheit zu verzichten, bis die Freiheit aller erkämpft wäre. Bald darauf beweist Geneviève durch ihr Verhalten, daß sie alle persönlichen Gefühle der Sache der Kommunarden unterordnet. Wenn ihr Verlobter als Spitzel der Linientruppen erkannt wird, tut sie, die anfänglich gegen jede Gewalt und jedes Blutvergießen protestiert hatte, nichts, um ihn vor dem Erschießen zu bewahren. Sein Leben verdankt der Entlarvte lediglich Madame Cabet mit ihrem Hinweis auf die dabeistehenden Kinder.

Geneviève, die Lehrerin, hat gelernt, um zu lehren, aber auch, um das Gelernte selbsttätig anzuwenden. In Szene zwölf arbeitet sie anfänglich an Sandsäcken für die Barrikaden, findet jedoch Zeit, den Kindern auf ihr Bitten ein Lied zu singen. In Szene dreizehn steht sie selbst schußbereit an der Barrikade. Auf Jean Cabets hoffnungslose, resignierende Worte hat Geneviève positive, hoffnungsvolle Entgegnungen bereit. Auf sein „Wir wissen nichts", antwortet sie „wir lernen". Auf Jeans „Was hilft mir und dir Wissen, wenn wir gestorben sind", ist Genevièves Reaktion: „Ich spreche nicht von dir und mir, ich sagte „wir". Wir, das sind mehr als ich und du" (GW V, S. 2189).

Während Brecht Langevin am Ende des Stückes nach seinem bedrükkenden Lagebericht, gefolgt von einem Kind zu einer anderen Barrikade weitergehen und damit sein Schicksal offen läßt, rücken die Linientruppen wieder vor. Madame Cabet, Babette, und andere Verteidiger der Barrikade werden verwundet oder getötet. Geneviève ergreift ähnlich wie Pelagea Wlassowa die rote Fahne, wird aber getroffen und fällt, bevor sie ihren Hochruf auf die Freiheit beenden kann.

Gerade in *Die Tage der Commune* sind in der Gestalt Genevièves die Bezüge zu Rosa Luxemburg aber auch Clara Zetkin auffällig. Nicht nur war Clara Zetkin in ihren jungen Jahren Hauslehrerin gewesen, sondern hatte sich später auch zur Vorkämpferin für ein neues sozialistisches Erziehungs- und Bildungsprogramm entwickelt, das Erziehungsgrundsätze enthielt, die von der modernen sozialistischen Pädagogik noch vertreten werden. Sie klagte den kaiserlichen Staat an, daß er für die Kinder der Arbeiter kein Geld hatte.[11]

Wenn Geneviève es ist, die Langevin durch provozierende Fragen anregt, seine Theorien zu entwickeln, erinnert sie an Rosa Luxemburg, die ihre Schüler an der Parteischule der SPD in Berlin in sokratischer Weise durch Fragen zum Denken und Lernen anregte. Wie Rosa Luxemburg verbindet Geneviève Theorie und Praxis. Genevièves hoffnungsvolle, positive Einstellung im Gegensatz zu Langevins Resignation am Anfang von Szene dreizehn (GW V, S. 2189) gemahnt an Rosa Luxemburgs Optimismus, der sie auch in schweren Zeiten nie verließ.[12] Das letzte Bild Genevièves, welche die rote Fahne ergreift, sterben muß, bevor sie den Hochruf auf die Freiheit beenden kann, kann als Symbol für Rosa Luxemburg gelten, deren Leben gleichfalls gewaltsam endete, während sie die Zeitschrift „Die Rote Fahne" herausgab.

Neben Clara Zetkin und Rosa Luxemburg, deren Persönlichkeiten auf das Wesen Genevièves eingewirkt haben, ist es jedoch eine andere historische Frauengestalt, die vor allem als Modell für die Heldin der *Tage der Commune* angesehen werden muß. Zu der Literatur, die Brecht für die Arbeit an *Die Tage der Commune* benutzt hat, gehören auch mehrere Biographien über Louise Michel, „La vierge rouge".[13] Ein Studium der

Biographie Louise Michels offenbart die große Ähnlichkeit zwischen der „vierge rouge“ und Geneviève. 1830 geboren, wurde Louise Michel 1855 Lehrerin in Paris auf dem Montmartre in der Schule der Madame Vollier. Neben ihren beruflichen Pflichten, denen sie sich mit wahrer Leidenschaft hingab, fand sie nicht nur Zeit, sich weiter fortzubilden, auch Romane und Essays zu schreiben, zu komponieren, sondern auch die ganze beginnende revolutionäre Bewegung mitzumachen, mit zu organisieren, Versammlungen zu besuchen und in ihnen zu sprechen.[14] Wie Louise selbst berichtet hat, gehörte ihr Herz der Revolution. Alles individuelle Glück, jedes Privatgefühl wurde der Arbeit für dieses Ziel nachgestellt. Lissagaray, der Geschichtsschreiber der Commune, nannte Louise Michel „die Seele des Ganzen“.[15] Um die republikanische Regierungsform besorgt, drang Louise Michel darauf, Widerstand bis zum letzten Blutstropfen zu bieten.[16] In dem offenen Bürgerkriege nach dem 17. März kämpfte sie beim 61. Bataillon als einer der tapfersten Soldaten mit, scheute selbst keinen Kugelregen, um eine Katze an einen sicheren Ort zu bringen. Jedoch im Gegensatz zu Geneviève zeigte Louise Michel keine Scheu vor Blutvergießen und riet den Kommunarden zu radikalem Vorgehen, was aber nicht befolgt wurde.[17] Als die vielfach überlegenen Versailler Truppen in Paris eindrangen, war es Louise Michel, welche die Verteidigung der inneren Stadt und die Errichtung der Barrikaden organisierte. Wie aus ihren Schriften hervorgeht, ließ sie indessen Heroismus nicht gelten.[18]

Die Niederlage der Commune brachte Louise Michel nicht den Tod, aber doch die Verurteilung zu lebenslänglicher Deportation, die dann auf zehn Jahre reduziert wurde. Auch in den Jahren der Gefangenschaft in Neukaledonien blieb Louises Energie ungebunden. Sie hielt Schule nicht nur für mindergebildete Deportierte, sondern auch für Eingeborene.[19] Nach ihrer Rückkehr nach Frankreich arbeitete Louise Michel wieder für die revolutionäre Bewegung, wofür sie jahrelange Gefängnisstrafen erhielt. Immer wieder nahm sie ihre Arbeit auf. Man suchte die Unbeugsame, Unbestechliche, Kompromißlose unschädlich zu machen. Wie ihr Biograph mitteilt, bestand für Louise die Gefahr, ins Narrenhaus gebracht zu werden, nachdem weder Neukaledonien noch die Gefängnisstrafen „la vierge rouge“ von ihrer revolutionären Arbeit abzubringen vermochten. Um der Maßregel zu entkommen, die ihr wirklicher Tod gewesen wäre, ging Louise freiwillig nach England in die Verbannung und setzte ihre Tätigkeit dort fort. Erst als die Ärzte für ihre durch Kämpfe, Entbehrungen, Gefängnis und Kummer erschütterte Gesundheit das Klima Südfrankreichs verordneten, kehrte sie in die Heimat zurück, reiste jedoch wieder von Konferenz zu Konferenz, bis sie auf einer dieser Fahrten in Marseille im Februar 1905 starb.[20]

Das Resümee dieser Biographie läßt erkennen, daß die historische Gestalt der Louise Michel Brecht zum Vorbild für seine Protagonistin der *Tage der Commune* wurde. Daß Louise Michel jedoch darüber hinaus Brecht auch zu der Darstellung einer anderen revolutionären Frauengestalt inspiriert haben muß, nämlich der jungen Simone Machard aus dem früheren Stück, die im Kloster der heiligen Ursula ein Leben wie in einem Narrenhaus erwartet, läßt sich ebenfalls aus der Biographie Louise Michels ersehen.

Gerade ein Zug, der sich bei der noch kindlichen Louise Michel bemerkbar macht, der Trieb, den Armen von ihrem Eigentum zu geben, war förmlich zu einer Leidenschaft gesteigert. Wie ihr Biograph berichtet, mußte man Kisten, Kasten und Speisekammern vor Louise versperren; sonst hätte sie sie zugunsten der Bedürftigen des Dorfes geleert. Auch die Geldschatullen ihrer Mutter und ihres Großvaters waren vor ihr nicht sicher. Daß gerade die Biographie Levetzows überhaupt Brecht zur Schöpfung der *Gesichte der Simone Machard* mit ihrem Jeanne d'Arc Thema angeregt haben kann, geht aus einer Bemerkung am Ende des Buches über Louise Michel hervor. Der Autor stellt fest, daß man vielleicht Louise Michel Statuen wie Jeanne d'Arc errichtet hätte, wenn ihre Sache nicht unterlegen wäre.

> Man hat dieser armen, mutigen, opferfrohen Idealistin in ganz Europa einst den Ruf einer wilden, blutigen Petroleuse gemacht. Warum? weil sie wie ein Mann, besser wie ein Mann, für ihre Idee kämpfend auf der Barrikade gestanden und das Unglück gehabt hat, nicht zu fallen und nicht zu siegen. Ihre Sache ist unterlegen. Darum ward eine Generation darauf gedrillt, vor dem Namen der Petroleuse zu erschauern. Sonst hätte sie vielleicht Statuen wie Jeanne d'Arc. – Jeanne d'Arc hat ihrer Sache zum Siege verholfen. Louise Michel ist unterlegen und wurde zur Zwangsarbeit nach Neukaledonien geschickt ...[21]

Auch der Masse der anonymen Frauen hat Brecht Züge Louise Michels gegeben, da sie nicht nur die Kanone hartnäckig verteidigen,[22] sondern auch bei einer Sitzung der Commune eine Versöhnung mit der Regierung in Versailles radikal abweisen. Es gäbe keine Versöhnung zwischen der Freiheit und dem Despotismus, zwischen dem Volk und seinen Henkern, ist ihre Ansicht. Der Platz der Arbeiter und Arbeiterinnen sei auf den Barrikaden. Die Delegierten der Kanonen sollten aus der Axt keinen

Spaten machen, appellieren die Frauen an die Delegierten der Commune (GW V, S. 2175 f.).

Wie eindeutig hervorgeht, ist Brecht in *Die Tage der Commune*, aber auch in *Die Gesichte der Simone Machard* bei der Gestaltung der aktiven Frauencharaktere geschichtlichen Vorbildern gefolgt. Brecht hat sich an das Leben gehalten, eine Tatsache, die nicht nur ignoriert, sondern ihm auch als Mangel vorgeworfen wird. Wenn Brechts Frauen zudem als Ausdruck eines unveränderbaren weiblichen Prinzips gesehen wurden,[23] so läßt sich eher das Gegenteil behaupten. Die Protagonistinnen in *Die Tage der Commune* und auch sogar in gewisser Weise in *Die Gesichte der Simone Machard*, als deren Vorbild Louise Michel angesehen werden muß, aber auch andere Frauengestalten wie Johanna Dark, Pelagea Wlassowa, Teresa Carrar, Mutter Courage, vor allem Shen Te als Shui Ta zeichnen sich nicht durch spezifisch weibliche Züge aus. Zu ihren hervorstechendsten Eigenschaften zählen solche, die gemeinhin als „männlich" aufgeführt werden. Ihnen ist eine starke Willenskraft, Energie und ebenso eine Verhaltenheit der Gefühle eigen; sie sind wenig emotionell, eher rationalistisch veranlagt; sie fallen durch selbständiges Urteilen und Handeln, ihre Führerqualitäten, ihren Mut und Agressivität auf.[24]

Auch Louise Michel besaß männliche Züge, wie aus ihrer Biographie ersichtlich ist.[25] Ihre männliche Entschlossenheit und bewußte Überlegung, die Levetzow hervorhebt, besitzen nicht nur die Frauen in den *Tagen der Commune*, sondern auch die meisten Frauen Brechts. Somit kommen diese weiblichen Charaktere dem androgynen Menschen nahe. In dieser Verbindung ist es interessant festzustellen, daß Levetzow Louise Michel bereits einen Übergangstypus, eine Zwischenstufe von heute zu morgen nennt.[26] Auch auf eine Reihe von Brechts Frauenfiguren läßt sich diese Charakteristik beziehen.

ANMERKUNGEN

1. *„Das Wort"*, Literarische Monatsschrift, Redaktion Bertolt Brecht, Lion Feuchtwanger, Willi Bredel, Moskau: Jourgaz Verlag, 3. Jahr 1938 (Heft 1, S. 49 – 66, Heft 2, S. 50 – 74, Heft 4, S. 56 – 81).
2. *Brechts Tage der Commune, Materialien*, hrsg. von Wolf Siegert, Frankfurt am Main: Suhrkamp, 1983, S. 17.
3. Nordahl Grieg: *Die Niederlage*, in: *„Das Wort"*, op. cit. III. Akt, Heft 4, S. 65.
4. Prosper Lissagaray: *Geschichte der Commune von 1871*, zit. nach *Brechts Tage der Commune, Materialien*, op. cit. S. 91.

5. *Die Niederlage*, III. Akt, S. 67.

6. Walter Hinderer: „Das Gehirn der Bevölkerung arbeitet in vollem Licht: 'Die Tage der Commune'", in: *Brechts Dramen. Neue Interpretationen*, hrsg. von Walter Hinderer, op. cit. S. 218.

7. BBA 1081/43 – 44, zit. nach Walter Hinderer, op. cit. S. 230 (Anm. zu Abkürzungen: Bertolt Brecht Archiv, Mappe, Blatt)

8. Es ist auffällig, daß Brecht ihm den Nachnamen der weiblichen Hauptgestalt der *Niederlage* verlieh.

9. Vgl. Walter Hinderer, op. cit. S. 238.

10. Es ist bemerkenswert, wie oft sich das Motiv des Lernens um zu lehren, der Wechsel zwischen lernen und lehren bei Brecht findet. Im Vorwort zum Antigone Modell spricht Brecht vom Lernenden, der sich in den Lehrer verwandelt. Vgl. *Schriften zum Theater*, 6, 1947 – 1956, Berlin: Suhrkamp Verlag, 1964, S. 13 – Der Philosoph in Brechts Erzählung „Messingkauf" möchte wirklich an der fremden Welt der Künstler etwas Neues und Ungewußtes erfahren. Sokrates spielte den Lernenden, um lehren zu können. Die Figur des Philosophen bei Brecht möchte lernen und wird zum Lehren gezwungen, wie Hans Mayer in seinem Essay „Brecht in der Geschichte" feststellt. *Drei Versuche*, Frankfurt am Main: Suhrkamp, 1971, S. 246.

11. Luise Dornemann, op. cit. S. 180 f.

12. „Elle domina le destin qui ne l'abattit jamais. Quand enfermée dans une cellule humide et sombre, la maladie affaiblissait son corps, exaspérait ses nerfs, elle gardait son magnifique optimisme." Berthe Fouchère, op. cit. S. 6.

13. *Materialien*, S. 350 – 352.

14. Karl Freiherr von Levetzow: *Louise Michel* (la vierge rouge) 3. Auflage, Leipzig: Friedrich Rothbarth, 1906, S. 58 f.

15. Ebenda, S. 63.

16. Ebenda, S. 64.

17. Ebenda, S. 73.

18. Ebenda, S. 67 f.

19. In den „Légendes Canaques" und den „Contes Newkaledoniens" trug sie ethnographisch und folkloristisch bedeutsames Beobachtungsmaterial zusammen, berichtet Levetzow, op. cit. S. 86.

20. Levetzow, op. cit. S. 92.

21. Ebenda, S. 93.

22. Vgl. das Bild des riesigen Weibes, das ein Gewehr geschultert, vor der Kanone auf und ab geht (GW V, S. 2130).

23. Ute Wedel kommt zum Ergebnis: „Die Brechtsche Darstellung protagonistischer Frauenfiguren verstößt gegen die Kategorie der Historizität, da

die Frau in ihr als 'Sehnsuchtsmotiv' funktionalisiert wird, eine Funktionalisierung, die sich auf 'ewigweibliche' Tugenden – die Frau als Garantin des Guten – auf ein unzerstörtes und unzerstörbares – damit aber auch unveränderbares – weibliches Prinzip beruft." *Die Rolle der Frau bei Bertolt Brecht*, op. cit. S. 162.

24. Broverman, I., Broverman, D., Clarkson, F.: „Sex–role Stereotypes and Clinical Judgements of Mental Health", *Journal of Consulting and Clinical Psychology* (1970), 34, S. 1 – 7, zitiert nach der Tabelle bei Ute Wedel, op. cit. S. 41 f.
25. Levetzow spricht von ihrem Mut, ihrer Entschlossenheit, der „auffallenden Männlichkeit ihres Wesens", die ihr auf der Barrikade nie abhanden gekommen sei und sie zu einem der besten Soldaten des 61. Bataillons der Commune machte (S. 35). Die junge Louise veranstaltete Kletterpartien mit ihrem Cousin, die in einer wüsten Prügelei endeten. Bei dramatischen Darstellungen spielte Louise Männerrollen. Sie zeigte geringes Verständnis für weiblichen Putz, teilweise motiviert durch ihre frauenrechtlerischen Gleichberechtigungsideen. Sie wollte einem Mann nicht begehrenswert und damit untergeordnet sein. Schon als Kind hatte sie mit ihren Spielkameraden Wortgefechte und Diskussionen über die Gleichwertigkeit der weiblichen und männlichen Intelligenz. In ihren Kinderjahren erwachte bereits ein großer Wissensdurst, und sie begann Buch um Buch zu verschlingen. Schon als Kind bewies Louise männliche Entschlossenheit und bewußte Überlegung.
26. Levetzow, op. cit. S. 25.

13. Kapitel
Bearbeitungen
Die Antigone des Sophokles
Coriolan von Shakespeare

„Die Größe der klassischen Werke besteht in ihrer menschlichen Größe, nicht in einer äußerlichen Größe in Anführungszeichen" schrieb Brecht 1954.[1] Es ist die menschliche Größe einer Frau, die Gestalt Antigones in Sophokles Tragödie, welche Brecht anzog. Da er für die Weigel dringend eine große weibliche Rolle brauchte, schien gerade das Sophoklische Drama besonders geeignet zu sein.[2] So bearbeitete er das alte Werk nach der Hölderlinschen Übertragung für die Bühne. In Chur wurde das Stück, die erste Inszenierung Brechts, 1948 uraufgeführt.

Antigone als die große Figur des Widerstands gegen den Tyrannen[3] beeindruckte Brecht so sehr, daß er zur Erkenntnis kam, das Schicksal des Menschen sei der Mensch selber, und nicht wie in der Vorstellung der Alten der Mensch sei dem Schicksal mehr oder weniger ausgeliefert.[4] Diese Erkenntnis Brechts hat dazu geführt, daß er in der Antigone eine seiner stärksten Frauengestalten schuf.

Während Kreon im antiken Mythos als Verteidiger Thebens der große Sieger ist, der sich gegen das göttliche Gesetz vergeht und sich und sein Haus ins Verderben stürzt, führt er bei Brecht einen Angriffskrieg gegen Argos, wobei es darum geht, die Erzgruben der Argiver für die eigene Rüstung zu erobern. Sein Sieg stellt sich als ein scheinbarer heraus. Die drohende Niederlage fürchtend, wird Kreon ständig gewalttätiger gegenüber seinem eigenen Volk, glaubt mit Gewaltmaßnahmen seine schwankende Macht verbergen zu müssen.[5] Es ist Antigone, die dies durchschaut und dem Rezipienten, dem Zuschauer kundgibt.

Gleich zu Anfang des Stückes tritt Antigones Charakter, der keine Kompromisse kennt, als Gegensatz zu dem weicheren Wesen ihrer Schwester Ismene hervor. Wenn Ismene sie erinnern will, daß sie Weiber wären und nicht gegen Männer streiten dürften, denn als Frauen wären sie nicht stark genug und daher hörig (GW VI, S. 2282), stellt Brecht sie als williges Sprachrohr der patriarchalischen Gesellschaft dar. Ismenes Versuchen, sie von ihrem Plan abzubringen, den toten Bruder zu bestatten, weiß Antigone mit einer dialektischen Schärfe zu begegnen, die von einem unbeugsamen Willen angespornt, Antigone als eine Meisterin des Wortes kennzeichnet. Ismenes Hinweis auf Polyneikos als einem, dem die

Stadt entsagt hat, korrigiert sie mit „den, dem sie versagt hat" (GW VI, S. 2281). Auf Ismenes Einwand, man werde sie „rechtlos fangen", versichert Antigone der Schwester, „aber treulos fängt man mich nicht" (GW VI, S. 2282). Der Bitte der Schwester, „Laß Vergangenes", entgegnet sie „Vergangnes, gelassen, bleibt nicht vergangen" (S. 2282). Nüchtern und geradezu stellt sie der Schwester die Sachlage dar, der ihre Brüder zum Opfer fielen:

> ... Unsere Brüder
> Beide geschleppt in des Kreon Krieg um das Grauerz
> Gegen das ferne Argos, beide erschlagen
> Sollen nicht beide mit Erde bedeckt sein.
> (GW VI, S. 2281)

und mahnt Ismene:

> ... Noch
> Liegt auf nacktem Stein Fleisch von deinem Fleisch
> Fleisch
> Ausgestellt den Vögeln des weiteren Himmels, schon
> Ist es dir Gestriges.
> (GW VI, S. 2283)

Diese scharfe, kompromißlose Sprache von Brechts Antigone ist ihre eigene, wie ein Vergleich mit der Hölderlinschen Fassung beweist.[6] Es ist festzustellen, daß die komplexe, bei Hegel geschulte Dialektik, welche die moderne Forschung in Hölderlins *Antigone* findet,[7] bei Brecht gerade in den Reden der weiblichen Hauptfigur schärfere Formen angenommen hat.

In dem Widerstand Antigones gegen den Gewalttäter sieht Brecht ihre menschliche Größe. So steht der Dialog zwischen Antigone und Kreon im Mittelpunkt des Geschehens. Ohne Zögern bekennt sich Antigone freimütig zu ihrer Tat, die gegen Kreons Gebot begangen war. Während Sophokles' Antigone in der Hölderlinschen Fassung sich gegen die Gesetze und ihre theologische Begründung durch Kreon auflehnt, wendet sich Brechts Antigone direkt gegen einen unmenschlichen Herrscher. Wie in dem Gespräch mit Ismene tritt die Schärfe ihrer Dialektik hervor, welche die der Hölderlinschen Antigone übertrifft. Gerade in dem Dialog mit Kreon zeigt sich die selbstbewußte Haltung einer Frau, die anders als ihre den patriarchalischen Ansichten ergebene Schwester sich dem Mann gleichgestellt sieht. Auf Kreons Frage, ob sie wagte, seine Satzung so zu brechen, entgegnet Antigone freimütig, weil es seine, nämlich die eines Sterblichen war, so möge sie ein Sterblicher brechen (GW VI, S. 2292).

Nichts als Verachtung empfindet Brechts Antigone für den Gewaltherrscher. Dies beweisen ihre Worte. Wenn es Kreon Torheit scheine, solle ein Tor über sie richten, daß sie die Himmlischen fürchte, die den Toten nicht unbedeckt, das heißt unbegraben erblicken möchten. Ihn – Kreon – fürchte sie dagegen nicht (S. 2292). Gegen Ende des Gesprächs kehrt sie zu ihrer anfänglich geäußerten Ansicht zurück, wenn sie ihn als dummen Menschen charakterisiert (S. 2297). Mutig konstatiert sie, immerhin könne Kreon ja nicht mehr tun als sie töten.

Daß Brecht Antigone sich gegen Kreon nicht nur ihres Bruders wegen auflehnen läßt, sondern des Bruders Tod für sie Anlaß wird, ihre Opposition offen hervorzubringen und zu verallgemeinern, erweist sich, wenn sie Kreon versichert, daß andere wie sie selbst dächten, den Tod für Kreon von dem für das Land unterscheidet und den Krieg Kreons Krieg nennt (S. 2293). Brechts Antigone beweist eine außergewöhnliche Weitsicht, die sie treffend zu analysieren versteht. Nicht nur den Bruder erkennt sie als Opfer Kreons, sondern überhaupt sich selbst und alle Bürger der Stadt, die gleichfalls den Herrschenden geopfert würden und als Mahl den Fremden zufielen. Auf Kreons Frage, ob sie meine, er würfe die Stadt den Fremden zum Mahl vor, findet sie, die Stadt selber würfe sich vor, und malt ein eindringliches Bild. Der Mensch, den Nacken gebeugt, sähe nicht, was auf ihn zukäme, sondern nur bis auf die Erde, die ihn auch bekäme (S. 2293 – 2296). Antigones Anklage erreicht ihren Höhepunkt in der Feststellung:

> ... Erde ist Mühsal. Heimat ist nicht Erde, noch Haus nur.
> Nicht, wo einer Schweiß vergoß
> Nicht, wo er den Nacken gebeugt, nicht das heißt er Heimat.
> (S. 2296)

Weiterhin anders als die Antigone des Sophokles in der Hölderlinschen Fassung[8] kommt Brechts Antigone zum Schluß, sie wollte lieber eine menschliche Ordnung im Staate als eine göttliche, auf welche Kreon sich beruft.

In dem Gespräch mit den Alten, die bei Brecht die Funktion des Chors haben, aber als Bürger der Stadt identifiziert werden, will Antigone nicht, daß sie vom Schicksal sprechen. Sie fordert die Alten auf, von dem zu sprechen, der sie töte. Dem sollten sie ein Geschick knüpfen. Ihrer Erkenntnis gemäß prophezeit Antigone wie der Seher Tiresias den drohenden Untergang Thebens.

> ... Sagt
> Wer nach Antigone fragt, sie
> Sahen ins Grab wir fliehn
> (GW VI, S. 2312)

sind ihre letzten Worte, bevor sie mit weiten Schritten, als führte sie ihre Wächter an, zu der Felsenhöhle schreitet (GW VI, S. 2312), die ihr Grab sein wird. Der Freitod der Brechtschen Antigone bringt keine Überraschung, sondern ergibt sich als natürliche Konsequenz ihrer Ansichten und ihres Handelns.

Die starke Persönlichkeit von Brechts Antigone ist es, welche auch auf Hämon, ihren Verlobten, den Sohn Kreons, ihre Wirkung ausübt. Wenn Hämon Antigone in den Tod folgt, so ist es nicht nur als der Liebende, sondern auch als ein politisch Handelnder, der sich Antigones Widerstand angeschlossen hat.

Nach einer ersten Auseinandersetzung mit William Shakespeares *Coriolanus* in den zwanziger Jahren (1924/1925) kam Brecht nach dem Krieg wieder auf das Stück zurück und bearbeitete es 1951/52. Wie bei Shakespeare zeichnete sich auch Brechts Fassung durch die starke Frauenfigur der Mutter des Coriolanus, Volumnia, aus, die den Sohn nach ihrer ehrgeizigen Vorstellung von römischer Tapferkeit und Größe erzogen hat. In der Geste des Niederkniens vor der Mutter nach seinem Sieg über die Volsker zeigt sich die Achtung, die Verehrung, die der Sohn für seine Mutter empfindet. Während er ihr bei Shakespeare dankt, daß sie für sein Gelingen zu allen Göttern flehte,[9] sind es bei Brecht selbst Bittschriften, welche die Mutter an alle Götter abgeschickt hat, um Erfolg für ihren Sohn zu erflehen.

In dieser kleinen, eine gewisse Ironie einschließenden Abwandlung zeigt sich bereits die Distanz, welche Brecht einmal dem Helden gegenüber einnimmt, der in seiner Bearbeitung des Stückes nicht Ausgangspunkt, sondern Konsequenz der neuen historischen Aspekte Brechts in diesem Stück ist.[10] Ebenso wird Brechts Distanz gegenüber der dominierenden Persönlichkeit von Coriolans Mutter offenbar, wenn er Brutus, einen Volkstribunen, urteilen läßt:

> Sie ist in ihrer Art eine Patriotin, indem sie uns Plebejer lieber von Römern geschunden haben will als von Volskern (GW VI, S. 2487),

eine Bemerkung, die bei Shakespeare nicht zu finden ist. Aber auch Volumnias Feststellung über sich selbst am Anfang des III. Aktes, die auf Shakespeares Vorlage beruht, spielt eine wichtige Rolle für Brechts Auffassung ihrer Gestalt:

> Ich hab ein Herz, so wenig matt wie deins.
> Doch sagt mein Hirn mir, wann's die Zeit für Zorn ist
> Und auch, wann's nicht die Zeit ist. Laß dir raten!
> (GW VI, S. 2451)

Wie in Shakespeares Stück gelingt es Volumnia in ihrem Ehrgeiz, ihren Sohn zu überreden, seine wahre Natur – seine Liebe zum Kampf – zu verleugnen und sich um das Amt des Konsuls zu bewerben, dem er in einer Zeit, die im Wandel zur Demokratie begriffen ist, wirklich nicht gewachsen ist.

Auch ein zweites Mal weiß Volumnia ihren Willen durchzusetzen. Coriolan, von seinen Landsleuten verbannt, an der Spitze des feindlichen Heeres, gibt die Eroberung seiner Heimatstadt Rom auf die Vorstellung seiner Mutter hin auf. Während die Bitten Volumnias bei Shakespeare subjektiv gehalten sind, weiß Brechts Frauengestalt mit ihrem Sohn in objektiver Weise zu plädieren und ihn von der Sinnlosigkeit einer Eroberung Roms, überhaupt des Krieges gegen seine Heimatstadt, zu überzeugen:

> Dies oder das, für mich ist's tödlich, denn
> Entweder führt man dich als Hochverräter
> In Eisen durch die Straßen, oder du
> Trittst im Triumph auf deiner Vaterstadt
> Verwaiste Trümmer. Und den Erzkranz trägst du
> Weil du das Blut von Weib und Kind vergossen.
> (GW VI, S. 2491)

Der emotionell geladenen Bitte von Shakespeares Volumnia steht die objektive, klare Analyse der Volumnia Brechts entgegen. Der Autor macht deutlich, diese ehrgeizige Frau hat alle Illusionen aufgegeben. Die Mutter und auch die Patriotin in ihr sind tötlich getroffen. Ihr Herz und ihr Hirn gleichermaßen finden die richtigen Worte, und es gelingt ihr, mit ihrem dialektisch gehaltenen Argument, ihren Sohn zu überreden, seinen Plan der Eroberung Roms aufzugeben. Damit rettet sie die Stadt aus der gefahrvollen Situation. Die Patriotin hat etwas erreicht. Der Mutter ist eine Genugtuung geblieben. Sie kann in gewisser Weise die Ehre ihres

Sohnes bewahren. Er wird nicht zum Zerstörer seiner Vaterstadt, sondern eher ein Opfer für sie. Die Volsker, die über die Wendung in seinem Denken ergrimmt sind, töten ihn.

ANMERKUNGEN

1. „Einschüchterung durch die Klassizität", in: *Bertolt Brecht: Bearbeitungen, Stücke XI,* Frankfurt am Main: Suhrkamp, 1959, S. 7.
2. Vgl. Jan Knopf: *Brecht Handbuch. Theater,* op. cit. S. 274.
3. „Vorwort zum Antigonemodell 1948", in: *Schriften zum Theater* 6, Frankfurt am Main: Suhrkamp, 1964, S. 9.
4. „Anmerkungen zur Bearbeitung", in: *Schriften zum Theater* 6, op. cit. S. 42.
5. Jan Knopf: *Brecht Handbuch,* op. cit. S. 277.
6. Vgl. „Antigonae" I, erste Szene, in *Hölderlin Sämtliche Werke,* 5. Band, Stuttgart: W. Kohlhammer Verlag, J. G. Cottasche Buchhandlung Nachfolger, 1954, S. 223 – 227.
7. Vgl. Jan Knopf, op. cit. S. 275.
8. Nicht nur Antigones Gespräch mit Kreon hat Brecht mit eigenen Versen erweitert, wie festgestellt wurde – vgl. Jan Knopf, op. cit. S. 277 – sondern auch andere Reden Antigones sind verändert.
9. (I, 1) *Shakespeare's dramatische Werke,* übersetzt von August Wilhelm Schlegel und Ludwig Tieck, 6. Band, Berlin: Georg Reimer, 1854, S. 231.
10. Jan Knopf, op. cit. S. 310.

14. Kapitel
Bearbeitungen
Der Prozeß der Jeanne d'Arc zu Rouen 1431
Turandot oder Der Kongreß der Weißwäscher

In der Bearbeitung nach dem Hörspiel von Anna Seghers von 1952 greift Brecht auf die historische Frauengestalt zurück, die ihm Paradigma für seine heilige Johanna der Schlachthöfe und Simone Machard wurde. Trotz seines Untertitels ist auch dieses Stück nicht nur eine Bearbeitung, sondern ein wahrhaft Brechtsches Drama. Nicht auf die Entwicklung des jungen Bauernmädchens zur Anführerin der französischen Heere im Kampf gegen den Landesfeind konzentriert sich dieses Drama Brechts. Es geht vielmehr auf die Wandlung eines mutigen Mädchens ein, das zunächst durch Gefangenschaft und Kampf gegen ein ungerechtes Gericht zermürbt, der Todesfurcht verfällt, dann aber erneut zur Rebellin gegen die Mächtigen und schließlich zur legendären Anführerin der Volksbewegung Frankreichs wird. Der Prozeß Johannas vor dem Tribunal ihrer geistlichen Ankläger wird auch zum Prozeß von der Veränderung in Johannas Wesen.

Gleich zu Beginn des Stückes tritt die eigenwillige Persönlichkeit dieser Johanna hervor, die ein unbändiger Trotz gegen die französischen Kleriker und Zorn gegen die englischen Feinde erfüllt. Auffallend ist ihr selbständiges Denken und Handeln, das ihr durch das ganze Stück hindurch bleibt.

Ihre Bitte zu Anfang der Verhandlung, beichten zu dürfen, wird wegen der Männerkleider, die sie trägt, abgelehnt. Daraufhin weigert sie sich zu schwören, auf alle Fragen wahrheitsgetreu zu antworten. Sie begründet die Verweigerung damit, daß sie von vorneherein nicht wissen könne, was das Tribunal fragen würde. Von ihrem Heimatsort und Eltern will sie sprechen, doch nicht über Stimmen und Offenbarungen, und wenn man ihr den Kopf abschlüge. Der Trotz Johannas entspringt ihrem schnellen Erkennen, wie sehr das Tribunal darauf bedacht ist, sie durch Fangfragen zur Ketzerin zu stempeln, anstatt die Wahrheit festzustellen und zu finden, daß sie einzig und allein dem Elend ihres Landes abhelfen will.

Klug und selbstsicher in ihrem Urteil, scharf beobachtend erscheint Brechts Johanna gleich zu Anfang des Stückes, wenn sie auf das Verhör der Geistlichen eingeht und offen und realistisch von ihrem Vorleben berichtet. Bereits in jungen Jahren war ihr Dasein durch die politische Lage ihres Landes bestimmt worden. Als Tochter von Jaques d'Arc und Isabeau in Dorémy an der Maas geboren, hatte die junge Johanna Wäschenähen und Spinnen gelernt, aber auch geholfen, das Vieh in die Festung zu führen, so daß der Engländer es nicht stahl. Es war ihre Mutter gewesen, die sie in allen Glaubensdingen unterrichtet hatte. Mit dreizehn Jahren hatte sie die Stimme eines Engels gehört. Die Stimme war es, die ihr wiederholt gesagt hatte, daß sie fort zu ihrem König mußte und Orleans von der Belagerung befreien würde. Auf die Frage, ob sie nicht bereits früher von daheim fortgegangen wäre, erinnert sich Johanna, daß sie einmal alle aus dem Dorf geflohen wären, als der Engländer ihr Dorf überfiel. Als sie vierzehn Tage später zurückgekehrt waren, hatten sie alles niedergebrannt gefunden.

Daß Johanna sich an alle Einzelheiten erinnert und nicht unwirkliche Visionen hat, bezeugen auch andere Aussagen wie der Bericht von ihrem ersten Besuch beim König. Sie hatte weder einen Engel bei ihm noch einen Glanz um seinen Kopf bemerkt, wie einer ihrer Inquisitoren wissen will, sondern eine prächtige Ritterschar und fünfzig brennende Fackeln. Diese Johanna vergißt bei ihren außerordentlichen Erfahrungen nie die Wirklichkeit. Dies beweist auch ihr Erlebnis mit der Katharina von Rochelle, bei der sie nie die weiße Dame sah, die angeblich zu Besuch kam. Als der Rat der Stimmen während ihrer ersten Gefangenschaft ausblieb, sprang sie aus dem Turm aus Furcht, den Engländern ausgeliefert zu werden. Lieber wollte sie bei Gott als bei den Feinden sein, läßt sie das Tribunal wissen.

Bereits die erste Sitzung des Prozesses beweist, daß Johanna den Stimmen gefolgt ist und ihren Richtern beherzt gegenübersteht. Sie weigert sich, das Gebot des Bischofs anzunehmen, nicht das Gefängnis zu verlassen und beschwert sich, daß sie sie mit Ketten an Eisen gefesselt haben. Wenn ihr vorgehalten wird, sie hätte schon manchen Fluchtversuch unternommen, so erinnert sie ihre Ankläger an das Sprichwort „Hilf dir selbst, so hilft dir Gott" (GW VI, S. 2509), eine Idee, welche über die Erkenntnis der Johanna der Schlachthöfe hinausgeht, daß nur der Mensch dem Menschen helfen könne.

Diese Jeanne d'Arc zeichnet sich durch mehr Selbstvertrauen aus als die Johanna des früheren Stückes. Aber dies Selbstvertrauen fußt auf ihrem Vertrauen zu Gott. Wenn einer der Kleriker, ein Mitglied des Tribunals, La Fontaine, sie fragt, ob sie in der Gnade wäre, so entgegnet Johanna, wäre sie nicht darin, so würde Gott sie hineinversetzen. Wäre sie darin, so würde er sie halten. Sie wäre der unglücklichste Mensch, wenn sie nicht wüßte, sie stände nicht in der Gnade Gottes (GW VI, S. 2520).

Es ist Johannas Selbstvertrauen wie auch ihr natürliches Rechtsgefühl, die sie die unfaire Behandlung im Prozeß erkennen und scharf kritisieren lassen. So erinnert sie das Tribunal daran, daß manche ihrer Fragen nichts mit ihrem Prozeß zu tun hätten. Gegen die vier Punkte der Anklage weiß Johanna sich mit genauen Analysen zu rechtfertigen. Ob ihr Kämpfen vor Paris an einem Feiertag Sünde war oder nicht, gehöre in die Beichte und nicht in den Prozeß. Fest besteht Johanna darauf, sich nicht dem geistlichen Gericht in Rouen zu unterwerfen, sondern vor das Konzil zu Basel geführt zu werden, nachdem sie erfahren hat, daß zu dem Konzil Leute der englischen wie ihrer Partei gehörten. Johanna denkt und handelt so umsichtig und weiß solche definitiven Bedingungen zu stellen, daß das Tribunal sich mehrmals bewogen fühlt, sie zu fragen, wer sie inzwischen beraten hätte.

Gleich zu Beginn der Verhandlung hatte man wissen wollen, auf wessen Rat sie Männerkleider angelegt hätte und sie erinnert, daß nach der Bibel das Weib nicht des Mannes Rock, noch der Mann des Weibes Rock tragen sollte. Es war Johannas eigene Eingebung gewesen, sich dieser Kleider zu bedienen. Immer wieder wird ihr diese Tatsache vorgeworfen. Die Männerkleider sind zum Symbol für Johannas Widerstand gegen ihre kirchlichen Ankläger geworden. Sie verleihen ihr Stärke. Der Bischof ist mit Entsetzen erfüllt, wenn er erfährt, Johanna hätte nach dem Aufstand der Leute in Rouen wieder Männerkleider angelegt. Er weiß, daß dies das Signal ihrer zurückgekehrten Stärke und der Fortsetzung ihres Kampfes ist (GW VI, S. 2540). Wenn sie ihr nach dem Unterschreiben ihres Widerrufs Frauenkleider anziehen, schwankt Johanna. In feministischem Sinne bedeutet Johannas Tragen der Männerkleidung ein Überwinden der Rollenbarrieren, eine Befreiung. So muß sie ihre Gefangenschaft als doppelt schwer empfinden, wenn sie nach ihrem Widerruf in Frauenkleidung in den Kerker zurückkehren muß, wo zudem die Möglicheit besteht, nicht nur zum Spott, sondern auch zum Sexobjekt der Wachen zu werden.[1]

Sind die Männerkleider Symbol für Johannas Kampf gegen den Feind und ein ungerechtes, mit dem Feind zusammen arbeitendes System, so können die Stimmen als Ausdruck ihrer Eingebungen, ihrer intuitiven Ideen angesehen werden. Zunächst fühlt Johanna diese Eingebungen als von Gott gesandt. Je länger der Prozeß dauert, je deutlicher wird es, daß diese Stimmen der Meinung des Volkes entsprechen. Die Stimmen schweigen, wenn Johanna im Gefängnis ohne jede Kommunikation mit dem Volke ist. So geschieht es, daß sie sich vom Volke verlassen glaubt und endlich nach langem trotzigem Widerstand von ihren Inquisitoren bedroht, in ihren Widerruf einwilligt. Erst als sie die Männerkleider von neuem angelegt hat, kommen die Stimmen zurück und werfen ihr vor, sie hätte einen großen Verrat begangen. Johanna gelangt zur Überzeugung, daß sie nicht verstanden hatte, was ein Widerruf allem Volk bedeutete. Sie kommt zur Erkenntnis, daß sie nur aus Angst vor dem Feuer widerrufen hatte. Doch sie erinnert sich auch, sie hatte in der Schlacht das Feuer nicht gefürchtet. Es kommt ihr nun zum Bewußtsein, daß sie da nicht allein war, sondern von ihren Leuten umgeben. Sie erkennt weiter, nur in der Gefangenschaft hätte sie am Volk gezweifelt, hätte geglaubt, daß es ihrer nicht achtete, und dies war wie ihr Tod gewesen. Doch da das Volk in aufrührerische Bewegung gekommen war, ist sie sicher, es hatte alles über sie erfahren. Wenn der Bischof sie fragt, was es ausmache, was die einfachen Leute wüßten, so prophezeit Johanna ihm, daß es einen Tag geben würde, an dem die Weinbauern der Touraine mit den Schiffern der Normandie zusammensitzen würden, und es Leute seiner Art nicht mehr geben würde. Der Tod auf dem Scheiterhaufen wird für Johanna zur Befreiung aus dem Gefängnis wie auch zur Befreiung von der Todesfurcht und den Machthabern.

So klein wie Johanna am Tage ihrer Verbrennung erscheint, so groß ist die Wirkung ihres grausamen Todes auf das Volk. Fünf Jahre nach ihrem Tode beginnt die endgültige Befreiung und Einigung Frankreichs mit dem Aufstand der Bevölkerung in Paris. Im Geiste des Volkes schreitet die zur Legende gewordene Gestalt der kleinen Jeanne d'Arc. Das Volk hat erkannt, daß auch der Gerichtsprozeß für dieses mutige Mädchen zum Schlachtfeld wurde wie die Laufgräben von Orleans. Jeanne d'Arcs Niederlage auf dem Scheiterhaufen ist zum zweiten Sieg des Volkes in Brechts Drama geworden.

Nicht nur ist die Hauptgestalt dieses vorletzten Stückes eine Frau. Auffallend ist es auch, wie der Autor in den Volksszenen gerade die Frauen die bedeutendsten Worte der Volksmeinung über Johanna äußern läßt. Es sind die Frauen aus dem Volke, welche sich aus anfänglichen Zuschauern durch Johannas Schicksal zu politisch Engagierten entwickeln. Eine Fischfrau ist diejenige, die Johanna als erste versteht und ihr Elend ermißt, während ein Kunde eher Spott für sie übrig hat, wenn er sie einer

Makrele gleichsetzt. Es ist die Fischfrau, die Johannas enge Verbundenheit mit der Volksmeinung erkennt:

> ... ihre Stimmen sagen scheint's nichts anderes, als was alle Leute sagen. Nämlich, daß die Engländer aus Frankreich raus sollen (GW VI, S. 2523).

Wenn Dr. Dufour seine gerade gekaufte Makrele anspricht, als wäre sie Johanna:

> Ob du nun eine Heilige warst oder eine Hexe, gefangen bist du, also wirst du gebraten,

konstatiert die Fischfrau:

> Ganz richtig, Doktor, Hexe oder nicht, der Prozeß wird ihr gemacht, weil die Engländer ganz Frankreich schlucken wollen (GW VI, S. 2523).

Ebenso ist es die Fischfrau, die nach Johannas Widerruf weiß, daß Johanna keinen Verrat begangen hat, um ihre Haut zu retten, wie ein paar Männer meinen. Argwöhnisch möchte sie wissen, was das Tribunal mit ihr angestellt hat (GW VI, S. 2537). Bei der Verbrennung Johannas ist es wieder die Fischfrau, welche listig ihren Korb mit Fischen fallen läßt, um die Flucht des jungen Bauern zu decken, der gegen Kardinäle und Herzöge, englische und französische Herren aufgemuckt hatte. Wenn einer der englischen Soldaten die umherstehenden Leute mahnt, sie sollten nicht so drängen, der Scheiterhaufen sei hoch genug, daß man Johanna sehen könnte, ist es die Fischfrau, die die Situation wahrhaft erfaßt:

> Schweinehunde! Der Scheiterhaufen ist hoch genug, damit sie lang leiden muß (GW VI, S. 2544).

Daß es gerade die Frauen aus dem Volk sind, die Johannas Erfahrungen auch in sozialer Hinsicht kritischer sehen als die Männer und angeregt von Johannas Widerstand, sich als erste gegen Ungerechtigkeiten auflehnen, illustriert Brecht weiter mit der Gestalt des lockeren Mädchens. In der Weinschenke verlangt sie von dem eleganten Herrn endlich die ihr zustehende Bezahlung für ihre Dienste. Sie geht so weit, ihn zu ohrfeigen, wenn er von Gesindel spricht, zu dem für ihn auch die Jungfrau zählt. Auf den Vorwurf der Fischfrau, sie hätte den Herrn nicht so behandeln sollen, meint sie, es nähme sie alles so mit und weist wieder auf Johannas Schicksal. Daraufhin gibt auch der Wirt zu, daß sie mit dieser Erfahrung nicht alleine wäre. Bei der Verbrennung ist es das lockere Mädchen, die hört, wie Johanna immer noch schreit, während ein Bauer seine Frau tröstet, Johanna spüre ja nichts mehr (GW VI, S. 2544).

Es ist offensichtlich, daß Brecht in diesem Stück, in dem er anders als die Vorlage von Anna Seghers eine Beziehung zwischen dem Volk und Johanna hergestellt hat, gerade den Frauen des Volkes eine besonders enge Beziehung zu Johanna gegeben hat. Mit der Figur der Fischfrau wie auch des „lockeren Mädchens“ hat er Frauen in dies Stück hereingebracht, die feinfühlig Johannas schwere Prüfungen verfolgen und ihren Widerstand gegen die Besetzer Frankreichs, zu dem sich die französischen Geistlichen und auch andere Franzosen gesellt haben, fortsetzen. Johanna hat das Opfer des Feuertodes auf sich genommen, weil sie wußte, daß sie überleben würde. Während Anna Seghers Fassung dies noch im alten idealistischen Sinn als Befreiung für das Jenseits darstellt, ist es bei Brecht „materialistisch“ umgedeutet. Johanna überlebt diesseitig im Volk, das ihre Taten fortsetzt. Sie war es, die dafür den Mut gab.[2]

Daß Brecht in *Der Prozeß der Jeanne d'Arc* gerade die Frauen herausstellt, die Johannas Motive und ihre Bedeutung erkannt haben, geht ferner aus der Tatsache hervor, daß er das Stück mit Liedern, die nach Versen Christines von Pisan zu Ehren Johannas geschrieben wurden, beginnen und enden läßt. Christine von Pisan ist nicht nur als erste Dichterin Frankreichs bekannt, sondern hatte sich mit mehreren Werken ausgezeichnet, welche sich der Verteidigung des weiblichen Geschlechts widmeten, wie zum Beispiel *Le Livre de la Cité des Dames* 1405. 1429, kurz vor ihrem Tode feierte sie Johanna in einer „Dit“, einer Ballade, nach der Brecht die beiden Lieder schrieb, welche Mädchen beim Keltern der Trauben und später beim Weinpflücken singen.

Die Hauptgestalt von Brechts letztem Johanna–Drama vereinigt in ihrem Wesen manche Züge ihrer Vorgängerinnen aus früheren Dramen. Johannas Anlegen von Männerkleidern erinnert an Shen Tes Hinüberwechseln in die männliche Rolle des Shui Ta. Sie besitzt die Pragmatik, den Sinn für die Realität, den gesunden Menschenverstand der Frau Begbick, Mutter Courage, Pelagea Wlassowa, die Beobachtungsgabe, welche diese Frauen ebenso wie die jungen Heldinnen Johanna Dark, Shen Te und auch Grusche auszeichnet.

Nicht nur Heldinnen aus früheren Dramen, sondern auch eine Männergestalt wird durch Johanna ins Gedächtnis gerufen. Ähnlich wie Galilei wird Johanna angeklagt, neue Dinge zu glauben und ungewöhnliche Dinge zu ersinnen. Gleich Galilei widerruft sie zunächst, aber aus anderen Motiven. Sie fühlt sich vom Volk verlassen. Von ihrer Mission, dem Volke ein Beispiel zu geben, erfüllt, aber widerruft Johanna ungleich Galilei ihren Widerruf und leidet den Feuertod.

Ebenso wie die anderen Bearbeitungen Brechts hat auch *Turandot* wenig Ähnlichkeit mit seinen Vorlagen. Die Entstehungsgeschichte bezeugt, daß Brecht sich für den Stoff der *Turandot* bereits 1930 interessierte, als er eine Rolle für Carola Neher schreiben wollte. Auch während der Exiljahre nahm er die Arbeit wiederholt auf, führte sie jedoch erst 1954 zu Ende.[3]

Allein aus dem Vergleich der Titel von Schillers Bearbeitung des Märchens *Turandot, Prinzessin von China,* von Carlo Gozzi und der Brechtschen Fassung mit der Überschrift *Turandot oder Der Kongreß der Weißwäscher* zeigt sich ein Unterschied zwischen den beiden. Während der Titel bei Schiller sich auf die Gestalt der Turandot konzentriert, spaltet er sich bei Brecht in zwei Hinweise, den auf Turandot und den auf den Kongreß der Weißwäscher. Brechts Titel nach steht die Gestalt Turandots nicht mehr im Mittelpunkt der Handlung. Eine Situation wird dem Individuum gleichgestellt, ja, so wie Brecht den Titel formuliert hat, scheint die Situation das Individuum zu verdrängen, es einfach zu ersetzen. Und doch ist es Turandot, die in dieser Situation eine dominierende Rolle spielt,[4] bis ihr wie der Situation ein Ende gemacht wird.

Auf den ersten Blick hin scheint Schillers Darstellung der Turandot-Gestalt vom feministischen Standpunkt aus gesehen stärker als Brechts zu sein. Schillers Turandot ist sehr selbstbewußt, weiß, daß sie viel Geist besitzt und ist stolz darauf. Ihr Abscheu gegen die Ehe entspringt einem unbändigen Freiheitsgefühl. Schillers Turandot ist sich bewußt, daß auch der Allerniedrigste der Menschen das Recht auf Freiheit besitzt und muß erkennen, daß die Frau in Asien erniedrigt und zum Sklavenjoch verdammt ist. So hat sie sich vorgenommen, ihr Geschlecht an den Männern zu rächen, die nichts den Frauen voraushätten als rohe Stärke. Schillers Turandot ist sicher, daß die Natur ihr als Waffe einen erfindenden Verstand und Scharfsinn verliehen hat, ihre Freiheit zu beschützen. Turandots stolzer Geist sträubt sich dagegen, daß ihre Schönheit für einen Einzigen Beute sein soll. Auch Schönheit ist ihrer Meinung nach so frei wie die allbeglückende Sonne, die Freude aller Augen, doch niemandes Sklavin und Leibeigentum.[5] Turandots scharfer Verstand ermöglicht es ihr, Rätsel zu erfinden, die ihren Bewerbern das Leben kosten, da sie die Rätsel nicht zu lösen vermögen. Erst in Kalaf begegnet ihr der ebenbürtige Mann, der ihre Rätsel errät und auch ihr widerspenstiges

Herz gewinnt, und alles zum Happy End kommt.

Von Anfang an wirkt Brechts Turandot längst nicht so antagonistisch dem männlichen Geschlecht gegenüber wie Schillers Gestalt. Sie erscheint nicht ehefeindlich, ebenso wenig standesbewußt, denn sie besteht nicht darauf, daß ihr zukünftiger Mann prinzlichen Geblütes sein müsse. Sie ist allein daran interessiert, einen Tui zu heiraten, da sie erkannt hat, daß die Tuis sich alle durch Wissen auszeichnen. Während Schillers Turandot über eine reiche Bildung verfügt, strebt Brechts Turandot danach, Wissen zu erwerben. Sie ist förmlich geil darauf.[6] So läßt sie ihren Hoftui unter anderem erklären, daß elegante Formulierungen sie körperlich erregten, daß das Blut ihr beim Anhören eines wohlgerundeten Satzes zum Herzen schösse. Während sich Schillers Turandot nur demjenigen hingibt, der sich ihr ebenbürtig erweist, ist Brechts Turandot nicht abgeneigt, sich mit mehreren ihrer Bewerber einzulassen. Wenn festgestellt wurde, daß Brecht die sexuelle Thematik des Mythos benutzt, sich aber gegen den Mythos wendet,[7a] so kann konstatiert werden, es ist Brechts Turandot, die sich ostentativ gegen das moralische Tabu auflehnt, das von altersher für die Frauen galt. Sie ist es, die nicht nur gegen den doppelten Standard der Gesellschaft rebelliert, sondern ebenso gegen alle gesellschaftliche Tradition, wenn sie darauf besteht, sich geistig zu fördern.[7b]

Ähnlich wie das Volk, dem man Wissen vorenthalten hat, ist auch Turandot darin zu kurz gekommen. Obwohl sie der Kaiserfamilie angehört, ist sie diejenige, die mit dem Volk, das der neueren Forschung nach eine entscheidende Rolle in dem Stück spielt,[8] nicht nur manches gemein hat, sondern ihm näher steht, als bisher erkannt wurde. Auch darin unterscheidet sich Brechts Turandot wesentlich von Schillers chinesischer Prinzessin, der das Volk schlecht gesonnen ist und vor dessen Hohn und Wut ihr Vater, der Kaiser Altoum, sie warnt.[9]

Daß Turandot ein Herz für das Volk hat, zeigt sich gleich zu Anfang des Stückes, wenn sie Sen, dem die Baumwolle von Organen des Staates konfisziert wurde (GW V, S. 2203), das Geld dafür auszahlen läßt. Da sie dafür sorgt, daß es heimlich getan wird, ohne ihren Namen zu nennen, beweist sie, daß sie es lediglich aus Mitempfinden für den alten Mann aus dem Volke tut. Dem Wesen Turandots, das durch seine oft derbe Offenheit auffällt, entspricht es wenig, wenn in Verbindung mit dieser Handlung von Bestechung gesprochen wird.[10] Ihre Sympathie für das Volk zeigt sich weiter in ihrem Tragen einer baumwollenen volkstümlichen Hose (GW V, S. 2204).

Von vorneherein erscheint Turandot wissensbegierig und aufgeschlossen allen Geschehnissen gegenüber. Sie möchte sich selbst von allem überzeugen. So läßt sie sich von dem Hoftui in ein Teehaus der Tui führen, um herauszufinden, ob die Tuis dem Volk Rat gäben, muß jedoch hören, daß man das Volk nur zum Reden statt zur Tat anregen will (GW V, S. 2200). Turandot beobachtet und lernt, ähnlich wie es der alte Sen, der Vertreter des Volkes tut. Es ist Turandot, die besser als ihr Vater, der Kaiser, über Vorgänge in seinem Land informiert ist. Sie ist es, die ihm den Grund sagen kann, warum die Demonstration des Bundes der Kleidermacher 8 – 10 Stunden dauern wird: „Bis alle vorbei sind", kann sie auf die Frage des Vaters antworten. Turandot beweist, daß auch sie ähnlich Sen beobachtet und ihre Schlüsse zieht.

Oberflächlich gesehen, wirkt Turandot zeitweilig wie ein mutwilliges, auch eigensinniges Kind, das seinen verschiedenen Launen zu folgen scheint, wenn sie von den baumwollenen volkstümlichen Hosen zu dem Papiergewand überwechselt, oder sich der Großmutter in die Arme wirft:

> Omama, ich will nicht. Ich laß mich nicht verkuppeln. Das ganze Teehaus lacht über mich. Kopf ab. Niemand kümmert sich um mich!

und dann fast hysterisch ihr „Kopf ab" dreimal wiederholt (GW V, S. 2224). Doch genauer besehen, verfolgt Turandot ihr Ziel, Wissen zu erwerben.

Selbst die Wortwahl Brechts stellt eine Verbindung zwischen Sen, dem Volk im allgemeinen und Turandot her. Während Sen zum Schluß kommt, das Denken wäre das Edelste, was der Mensch tun könne (GW V, S. 2217),[11] so läßt Brecht Turandot sich in Papier kleiden, da es edler Stoff ist, geistreicher Stoff, den Chinas Denker und Dichter berühmt gemacht haben (GW V, S. 2225). Turandot schreckt auch nicht davor zurück, ihren Vater, den Kaiser, zu kritisieren. Es geschähe ihm recht, daß der Bund der Kleidermacher und die Delegierten der Kleiderlosen zusammenkämen, weil er ein ungeistiger Mensch sei. Während der Vater sie mit dem verheiraten will, der das Vertrauen des Volkes in die väterliche Fürsorge seines Kaisers zu erhalten wisse, möchte Turandot den klügsten Kopf heiraten. Wenn sie aufbegehrt und sich nicht verkuppeln lassen will, so ist es, weil sie erkannt hat, daß jeder, der keinen Wirklichkeitssinn hat, auch keinen Geist besitzt (GW V, S. 2223 f.). Turandots Beobachtungen, die sie zum Denken anregen, lassen sie wirklich zu revolutionären Schlüssen kommen, die sie dem Volk und auch dem aufständischen Kai

Ho näher bringen. So findet sie, die Köpfe auf der Mauer würden zu viele und schließt konsequent, damit sähe es aus, als wäre die Politik gar nicht zu verteidigen (GW V, S. 2237).

Auch Bilder, die Brecht entwirft, setzen Turandot zu den Aufständischen in Beziehung. So läßt er sie bei der Probe des Munka Du einen Umhang abwerfen und „halb nackt“ dasitzen (GW V, S. 2232). Kurz darauf stürzen vier Männer, ebenfalls als „halbnackt“ charakterisiert, nach einer kleinen Schlägerei in den Saal und singen ein Hochlied auf den aufständischen Kai Ho, dessen zwei Strophen mit den Worten enden:

> Ist ein Rock ein schöner Wahn
> Geht es wohl auch so
> Denn es langt für eine Fahn
> Hoch der Kai Ho!
> (GW V, S. 2233)

Die äußere Ähnlichkeit zwischen den Aufständischen und Turandot in dieser Szene ist nicht zufällig; denn auch Turandot sang am Anfang des Stückes ein Lied, das an der Stelle zunächst eher mutwillig wirkte, aber von der weiteren Darstellung Turandots her, vor allem dieser Szene gesehen, die Verbindung zwischen Turandot und den Aufständischen verfestigt. Inhaltlich spielt auch Turandots Lied vom Strick, der doch einmal reißt, auf dasselbe Thema an, nämlich das Ende der Herrschaft des Kaisers:

> Sei er noch so dick
> Einmal reißt der Strick.
> Freilich soll das noch nicht heißen
> Daß gleich alle Stricke reißen.
> (GW V, S. 2206)

Es ist Turandot, die als erste die fatale Lage ihrer Familie am Ende des Stückes wahrnimmt, darauf besteht, den Offizier heiraten zu wollen, der den Palast zu verteidigen weiß, schrill schreiend die Aussichtslosigkeit der Situation erkennt, bevor ein Soldat das Urteil spricht:

> ... jetzt weg mit euch! (GW V, S. 2269)

Turandot ist es, die noch einmal beweist, daß sie Geist besitzt, da sie die Wirklichkeit erkennt und versucht, ihr zu begegnen. Somit läßt sich feststellen, daß Turandots Rolle nicht passiv, reaktiv, und sie selbst nur eine literarische Person ist, die nur auf Anzüglichkeiten reagiert.[12] Ähnlich wie Sen, der Vertreter des Volkes, gehört sie als Frau zu den Unterprivilegierten, denen Denken und Wissen verwehrt war, die sich jedoch durch Beobachtungen und Denken selbst zu Wissenden machten. Im Gegensatz zu Sen jedoch kann Turandot ihr Wissen nicht weiter ausnutzen, sondern muß das Schicksal ihres ungeistigen Vaters teilen, der die Wirklichkeit nicht erkennen konnte.

ANMERKUNGEN

1. „Komm nur ruhig wieder mit zurück, Kindchen. Wie du niedlich aussiehst in deinem schönen Kleid!" (GW VI, S. 2535) wird sie von den Wachen begrüßt.
2. Jan Knopf: *Brecht Handbuch. Theater*, op. cit. S. 318.
3. Als handschriftliche Eintragung findet sich das Datum 10.8.54 am Schluß der ersten Fassung. GW V, Anmerkungen, S. 3+
4. Dies ist bisher nicht erkannt worden.
5. *Turandot, Prinzessin von China*, II, 4. *Schillers Sämtliche Werke*, eingeleitet von Karl Goedeke, VI, Stuttgart: J. G. Cotta'sche Buchhandlung, 1887, S. 257 f.
6. Jan Knopf: *Brecht Handbuch. Theater*, op. cit. S. 332.

7a. Ebenda, S. 330.

7b. Hiermit zeigt sich, daß Brecht ein Thema aufbringt, welches recht populär geworden ist. Lernen ist verführerischer als die Erfahrung des Sex, verkünden auch Komödien wie Emlyn Williams' *The Corn is green* (1938) und Willy Russells *Educating Rita* 1985.

8. Ebenda, S. 338.
9. *Turandot, Prinzessin von China* IV, 5. *Schillers Sämtliche Werke*, op. cit. S. 300.
10. Jan Knopf, op. cit. S. 337.
11. „Aber Sen beobachtet und lernt, und er denkt auf die richtige Weise nach, bis er am Ende das Fazit zu ziehen in der Lage ist", wird festgestellt. Jan Knopf, op. cit. S. 337.
12. Ebenda, S. 332.

15. Kapitel
Ausgewählte Erzählungen

Brechts Ansehen gründet sich vor allem auf sein dramatisches Werk, dem auch sein Hauptinteresse gegolten hat. Jedoch waren es Prosaerzählungen, mit denen sich der junge Brecht zunächst als Autor versuchte, wie aus „Die Ernte“, der Augsburger Schülerzeitung (1913/1914) hervorgeht. Mitte der zwanziger Jahre nahm Brecht das Schreiben von Kurzgeschichten wieder auf. Aus seinen Tagebüchern ist ersichtlich, daß er anfänglich geschwankt hatte, Schriftsteller zu werden, hatte dann jedoch kurze Geschichten verfaßt, um eine Erwerbsquelle zu haben. In den Jahren 1925/1926 sind die meisten von Brechts Prosaerzählungen entstanden.[1] Aber auch in den späteren Jahren, nachdem er sich dem Drama zugewandt hatte, schrieb er bis in die letzten dreißiger Jahre weiter Kurzgeschichten.

Ähnlich wie im dramatischen Werk des Dichters läßt sich in der Art der Frauendarstellung eine aufsteigende Linie beobachten. Die Frauengestalten entwickeln sich aus unbedeutenden, dem Mann untergeordneten Figuren zu immer unabhängiger werdenden Persönlichkeiten, die ihr Leben selbst bestimmen.

Die Hauptgestalt in „Die Mutter und der Tod“ aus Brechts Schultagen 1913/14 macht mit ihrem verschlossenen Gesicht, den harten Augen, dem verbitterten Zug im Gesicht, den grobknochigen, zerschundenen Händen den Eindruck einer Frau, der ein hartes Leben beschieden ist. Wenn sie als still und arbeitsam geschildert wird, jedoch die Liebkosungen ihres Mannes widerwillig erträgt, erscheint sie nicht als die gleichwertige Partnerin in einer Ehe. Der Eindruck eines Opfers wird verstärkt, wenn sie zu Ende der kleinen Erzählung bei der Geburt ihres Sohnes stirbt.

Allein der Titel „Die dumme Frau“ (o.D.) wirkt recht männlich chauvinistisch. Doch er charakterisiert zutreffend die Frauenfigur dieser frühen Kurzgeschichte Brechts. Ohne jedes Selbstvertrauen bezeichnet sie sich selbst als „ein dummes Weib“ (GW XI, S. 49), das nicht weiß, wie sie das Besitztum ihres Mannes während seiner Abwesenheit verwalten soll. Es ist der Mann, der sie erinnern muß, daß sein Eigentum auch ihres wäre. Wenn er sie, ganz auf sich bezogen, mahnt, liebe sie ihn, so könnte sie alles verwalten, so nimmt er die seit Jahrhunderten übliche Haltung ein, das Leben der Frau nur in Bezug auf den Mann zu sehen. Doch der Autor stellt diese Frau so unselbständig dar, daß die Aufforderung ihres Mannes gerechtfertigt wirkt. Diese Frau wird zum Paradigma des schwachen Geschlechts. In ihrer Angst „um alles, was in ihren schwachen Händen lag", „hing" sie sich an ihren Bruder und übertrug ihm die Sorge um ihres Mannes Besitz (GW XI, S. 49). Sie läßt es zu, daß der Bruder sie betrügt, ihr Besitz weniger und schließlich verkauft wird. Aus Furcht, sie könnte nur Dummheiten reden, sagt sie nichts, liegt untätig im Bett, ißt kaum noch etwas, schläft nicht und wird krank. Nachdem ihr Haus versteigert ist, nimmt sie schwere Arbeit an, verdient aber nichts, weil sie nichts verlangt, wird geschildert. Wenn sie hört, ihr Mann sei zurückgekommen, läuft sie zunächst in ihrer Angst weg, kehrt aber dann zu ihm zurück. Das Schlußbild erinnert an den Begriff der vom Mann abhängigen Frau im wahren Sinne des Wortes, wenn sie an ihres Mannes Halse hängt, wie zweimal ausgeführt wird (XI, S. 50).

Nicht nur eine Karikatur des weiblichen Geschlechts ist „Die dumme Frau". Der Autor zeigt an ihr gleichzeitig ein negatives Beispiel. Mit ihr wird illustriert, wie Frauen nicht sein dürfen, wenn sie nicht zum schwachen Geschlecht, das ausgenutzt wird, gehören wollen.

Auch die Witwe Marie Pfaff in „Ein gemeiner Kerl" (1922) ist ein Exempel einer in grotesker Weise vom Manne ausgenutzten Frau. Aus sexueller Leidenschaft, die sich zu absoluter Hörigkeit steigert, wird diese Frau glücklich, für den bei ihr eingedrungenen Landstreicher zu arbeiten. Ist es männlicher Chauvinismus des jungen Brecht oder bewußte Kritik an dem schwachen Geschlecht, wenn er feststellt:

> Sie lief selbst um Zigarren, sie setzte ihm Likör vor, sie packte ihn in Zeitungen. Ihr Leben hatte einen Sinn bekommen, sie war tagsüber Mutter und nachts Geliebte (GW XI, S. 84).

Ihre Hörigkeit endet zeitweilig, wenn der Eindringling sich ein neues Mädchen mitbringt, mit der er sich in der Wohnung der Frau Pfaff amüsiert. Die Witwe folgt seinem Vorbild, angelt sich einen jungen Studenten, bringt ihn in ihre Wohnung. Ähnlich wie die frühere Kurzgeschichte über die dumme Frau hört auch diese Erzählung mit dem Bild einer dem Mann hörigen Frau auf. Wenn Marie Pfaff den schwarzen Kerl mit dem Dienstmädchen schlafend in dem Alkoven entdeckt, stößt sie einen zum schwachen Geschlecht passenden „schwachen" Schrei aus,

> sank in die Knie, senkte den Kopf auf das Bett und ließ sich schütteln von Weinen. Der Kerl schlief (GW XI, S. 87).

In der nächsten Geschichte ist die Frauengestalt wohl weniger grotesk in ihrer Schwäche gegenüber dem Mann geschildert. Doch tritt weiter eine gewisse männliche Überheblichkeit des Autors zu Tage, die sich auf jahrhundertelange Anschauungen stützt. In „Die Antwort" (1929) handelt es sich um ein Ehepaar, einen reichen Mann und eine junge Frau. Ähnlich wie die dumme Frau behauptet die letztere, sie könne nicht gut denken. Von dem Mann aber heißt es dagegen, er besaß einen scharfen Verstand, wodurch sein Besitztum immer schöner wurde (GW XI, S. 96). Jedoch anders als in den beiden vorhergehenden Erzählungen hat der Autor dieser Frauengestalt Mitleid mit der Not anderer verliehen und läßt sie selbständig handeln. Wenn ihr Mann einem Schuldner sein Besitztum nimmt, will sie dem Verarmten helfen und schenkt ihm ihren Schmuck. Bis zu Ende der Erzählung bleibt sie die Großzügigere, die Gutherzige, die ihrem Mann durch Jahre der Abwesenheit – er ist mittlerweile zum Bettler geworden – die Treue hält und ihn zuletzt mit Liebe aufnimmt.

In „Barbara" (1927) tritt die Titelfigur selbst nicht auf, beherrscht jedoch die Geschichte, da sie es ist, die Eddie in Eifersucht versetzt hat, daß er stundenlang in seinem Auto zusammen mit einem Freund in gefährlichem Tempo durch die Gegend rast. Des Autors Haltung gegenüber den Frauen scheint jedoch eine Wandlung durchgemacht zu haben, wenn er Eddie von den Rechten Barbaras sprechen läßt, die er respektiere. Eddie muß zugeben, daß es Barbaras Recht sei zu tun, was sie wolle. So sei sie auch berechtigt, einen Kabarettsdirektor abends um 9 Uhr im Pyjama in ihrer Wohnung zu empfangen. Somit wird die Idee der sexuellen Freiheit der Frau und damit die Gleichstellung auf sexuellem Gebiet in dieser Erzählung dargestellt.

In „Safety First" (o.D.) ist es die in ihren dicken Strümpfen und Brille unansehnliche Jane Russel, ohne jede Ambition, „sex appeal" zu entwickeln, die durch ihr selbständiges Benehmen Kapitän Mitchell inspiriert zu handeln, seinen guten Ruf wiederherzustellen. Er hatte angeblich Feigheit bewiesen, weil er nach Meinung seiner Schiffsgesellschaft zu früh SOS Rufe ausgesandt hatte, als das Schiff, das er fuhr, durch die Schuld eines Fischkutters im Nebel Schaden gelitten hatte. Es ist die unscheinbare Jane, die sich bei dem Streich, den seine Gegner ihm spielen, einmischt, sogar tätlich wird, so daß man sie aus ihrer Stellung entläßt. Nicht nur ihre Wahrhaftigkeit, sondern vor allem ihr Unabhängigkeitsgefühl beeindruckt Mitchell. Sie will keine Stelle annehmen, in der sie hübsch aussehen müsse. Noch will sie von Mitchell Geld annehmen. Jede Abhängigkeit, eingeschlossen die sexuelle, widersteht ihr. Nach dem Gespräch mit Jane in einem Café, wohin Mitchell sie eingeladen hatte, fühlt er sich aufgerichtet (GW XI, S. 220). Er weiß, daß er etwas tun müsse, um sich aus seiner unangenehmen Lage zu befreien. Es ist Janes Wesen, das ihn stärkt und anregt, den Vertrag mit dem Kohlenhändler abzuschließen, die Gäste auf das alte Schiff zum Abendessen einzuladen und schließlich zu tun, als liefen sie aus. Der Vorwurf der Feigheit, der ihm nach seiner früheren Fahrt anhaftet, als er zu vorsichtig gehandelt hatte, ist getilgt. Sein ehemaliger Chef bietet ihm in seiner Furcht, auf dem brüchigen Schiff auszulaufen, seinen früheren Posten wieder an. Das Bild, welches Brecht am Ende von „Safety First" zeichnet, unterscheidet sich grundlegend von den Frauen–Tableaus in den früheren Erzählungen. Wenn Mitchell das Angebot annimmt, lehnt Jane Russel an seiner Seite, eine ebenbürtige Partnerin.

Daß Brecht in den späteren Jahren die Frau nicht mehr als Objekt des Mannes, sondern als eine dem Mann gleichzustellende Person sah, zeigt sich in „Der Arbeitsplatz" (1933) besonders stark. Es ist eine Frau, welche die Handlung dieser Geschichte, deren Stoff Brecht einer Zeitungsmeldung entnahm, in Gang setzt und vorwärtstreibt. Nach dem plötzlichen Tode ihres Mannes, der nach dreijähriger Arbeitslosigkeit endlich eine Arbeitsstelle bekommen soll, hat seine Frau, die in ihrer Verzweiflung, wie sie sich und zwei kleine Kinder durchbringen könnte, die Idee, den ihrem Mann angebotenen Arbeitsplatz, einen Wächterposten in einer Fabrik, zu übernehmen. Da sie erkennt, daß ihr dies als Frau nicht möglich ist, muß sie sich als Mann ausgeben. Nicht nur die Vorurteile gegen Frauen, die in einer patriarchalischen Gesellschaft bestehen, sondern auch die Erfindungsgabe einer Frau, die diesen Vorurteilen zu begegnen weiß, werden in dieser Erzählung herausgestellt. Eine stellungslose Hausangestellte wird Frau Hausmanns Freundin und Helferin, die es ermöglicht, ihre Ideen zu verwirklichen. Mit dramatischer Eindringlichkeit weiß Brecht das Handeln dieser Witwe vorzuführen.

Kaum hat sie ihren Entschluß gefaßt, reißt sie sich die schwarze billige Trauerkleidung vom Leibe, holt vor den Augen ihrer Kinder aus einem mit Bindfaden umschnürten Koffer den Sonntagsanzug ihres Mannes und zieht ihn an. Ihre neugewonnene Freundin versteht ihren Plan augenblicklich, hilft ihr beim Anziehen und schließt sich ihnen an. Brecht weiß, den Kampf dieser Frau um ihr wie ihrer Kinder Dasein mit Bildern, die dem Kriegsleben entnommen sind, zu verdeutlichen:

So fuhr in dem Zug nach Mainz, ein erneuter Vorstoß in der Richtung des verheißenen Arbeitsplatzes, eine neue Familie, aus nicht mehr Köpfen wie bisher bestehend. So treten in die Lücken durch feindliches Feuer gelichteter Bataillone frische Rekruten (GW XI, S. 225 f.).

Kein überlegter Militär kann mit besserer Strategie vorgehen als diese Frau Hausmann. Erst nachdem sie Gang, Sitzen, Essen und die Sprechweise des Mannes eingeübt hat, nimmt sie den Arbeitsplatz des Wärters an. Als Herr und Frau Hausmann führen die beiden Frauen zusammen mit den Kindern in umsichtiger und ordentlicher Weise ein neues Leben. Brecht schildert in dieser Kurzgeschichte am Beispiel dieser Witwe nicht nur, wie eine Frau mit Zuverlässigkeit ihre Rundgänge durch die Fabrikhöfe, Maschinenhallen und Lagerräume macht, sondern stellt in Kommentaren heraus, wie absurd es ist, daß diese von einer Frau bewiesenen Eigenschaften seit jeher männliche genannt werden. Die Geschichte der Frau Hausmann, die durch die patriarchalische Haltung ihrer Gesellschaft gezwungen wurde, Männerkleidung anzulegen, um einen Arbeitsplatz zu erlangen, der eigentlich nur Männern vorbehalten war, beweist, daß eine Frau dem Mann auch mit Bezug auf die Arbeitsweise gleichkommt. Die Schwächen und die Ungerechtigkeit der patriarchalisch bestimmten Gesellschaft werden von Brecht aufgezeigt, wenn diese Frau, welche sich mit ihrem Mut, ihrer Körperkraft und Besonnenheit wie jeder Mann für ihre Arbeit qualifiziert, am Ende ihren Arbeitsplatz verliert. Brecht stellt klar heraus, der Grund ist nicht Mangel an Befähigung für ihre Arbeit, sondern ein purer Zufall, die Entdeckung nach einer Kesselexplosion im Werk, daß der verwundete Wächter eine Frau ist. Damit wird bereits diese Erzählung aus den frühen dreißiger Jahren zum Aufruf gegen die Diskriminierung der Frau bei der Arbeitsverteilung.

In der kleinen Episode aus dem spanischen Bürgerkrieg „Für die Suppe“ (1937), die Brecht von Ruth Berlau erzählt worden war, gibt eine Bauersfrau zeitweilig ihre Rolle als Mutter auf. Sie überläßt den Partisanen nicht nur ihr letztes Kalb, sondern begleitet sie mit ihren drei kleinen Kindern ein Stück Wegs, um ihnen heimlich, ohne daß ihre Kinder das sehen dürfen, auch noch eine Handvoll Mehl zuzustecken. Wenn die Soldaten sie daran erinnern, daß ihre Kinder auch hungerten, besteht die Frau darauf, daß die Partisanen ihre Suppe dick machen sollten, denn sie müßten den Feind schlagen. Anders als die Hauptgestalt in *Die Gewehre der Frau Carrar*, die zunächst ganz in ihrer Mutterrolle aufgeht und sich erst nach dem Tode ihres Sohnes entscheidet, den Kampf aktiv zu unterstützen, greift diese Frau auf ihre Weise selbständig handelnd in das Geschehen ein und scheut nicht davor zurück, dies auf Kosten ihrer

Kinder zu tun.

Wie Brecht am Anfang von „Der Mantel des Ketzers" (1939) heraushebt, soll diese Erzählung die Achtung vor Giordano Bruno steigern, der 1600 auf dem Scheiterhaufen wegen Ketzerei verbrannt wurde. Obwohl es um sein Leben ging, hatte er vor seinem Tode Zeit gefunden, sich darum zu kümmern, daß ein Schneider seinen Mantel zurückerhielt, den er ihm noch nicht bezahlt hatte. Die Person, die ihm die Gelegenheit gibt, auf soziale Gerechtigkeit zu achten, ist die Frau des Schneiders, welche die Hauptrolle in der Geschichte spielt, indem sie die Handlung in Bewegung setzt und vorwärtstreibt.

Beim Ausschreiben der Rechnungen entdeckt Frau Zunto, daß ein Mantel, der an den verhafteten Ketzer Giordano Bruno geliefert war, unbezahlt blieb. Die alte Frau will den Verlust auf keinen Fall tragen. „Der Mantel des Ketzers" berichtet von dem hartnäckigen Kampf der Siebzigjährigen, das Recht für ihre Familie durchzusetzen, das Geld für die Arbeit oder den Mantel selbst zu erhalten. Nicht nur mutig, sondern wohl überlegt geht Frau Zunto vor. Während ihr Mann bereits vor ihrer Entdeckung ohne ihr Wissen aus Furcht, mit dem Ketzer überhaupt zu tun gehabt zu haben, auf seinen Lohn verzichtet hatte, darauf weiter besteht, klein beizugeben, verläßt seine Frau ihn nach einem heftigen Streit und begibt sich in ihren Sonntagskleidern in das Gebäude des heiligen Offiziums.

Ohne jede Scheu, geschweige Furcht, verlangt sie das ihnen zustehende Geld. Auf später vertröstet, holt sich die alte Frau zunächst den Rat ihres Beichtvaters, von dem sie weiß, daß er mit zur kirchlichen Instanz gehört, und stellt fest, daß sie einen Anspruch haben. Von Besorgnis erfüllt, daß ihr Kunde nie mehr freikommen möchte, daher nie seine Schulden zahlen würde, beginnt sie überall, sei es in Geschäften, wo sie einkauft, sei es ihren Kunden gegenüber, ihre Beschwerde vorzutragen. Schließlich verwarnen die kirchlichen Würdenträger sie in männlich chauvinistischer Weise, „ihr böses Geschwätz aufzugeben" (GW XI, S. 279). Wenn die alte Frau von der bevorstehenden Auslieferung des Gefangenen erfährt, läuft sie wieder in das Gebäude der Inquisition. Es gelingt ihr, den Verhafteten zu sprechen. Der auf ihrem Recht beharrenden alten Frau steht ein verständnisvoller Mann gegenüber. Obwohl es in den Verhören um sein Leben geht, nimmt er sich Zeit, dafür zu sorgen, daß der Frau ihr Recht wird, und sie den Mantel erhält; denn unter seinen Habseligkeiten findet sich kein Geld mehr. Die bescheidene Haltung des Mannes, der in die Geschichte als Großer eingegangen ist, dieser auf ihrem Recht bestehenden Frau gegenüber verleiht ihr ein Ansehen, eine gewisse Ebenbürtigkeit. Auch diese Siebzigjährige ist auf ihre Art zu einer Ketzerin geworden. Sie überwindet althergebrachte Traditionen, nach denen eine Frau nicht selbständig handelt, sondern diese Aufgabe ihrem Mann überläßt und sich seinem Benehmen, seinen Handlungen anpaßt.

Im selben Jahr wie die Geschichte der Siebzigjährigen, die ihr Recht durchzusetzen wußte, entstand „Die unwürdige Greisin“ (1939). Diese Erzählung kann im feministischen Sinne als eine der stärksten Brechts gedeutet werden. Wie der Titel anzeigt, steht auch in dieser Geschichte eine alte Frau im Mittelpunkt der Handlung.

Der Autor berichtet, bis zum Tode ihres Mannes hat sie ohne Magd den Haushalt geführt, das alte baufällige Haus betreut und für die Mannsleute und Kinder gekocht. Jedoch nach dem Tode des Mannes ist eine Wandlung mit der Zweiundsiebzigjährigen vor sich gegangen. Sie zieht sich von ihrer Familie zurück. Abweisend verhält sie sich, wenn eins ihrer Kinder ihr bei sich ein Heim anbietet oder ein Sohn, der Buchdrucker geworden ist, mit den Seinen zu ihr ins Haus ziehen möchte. Lediglich eine kleine geldliche Unterstützung will sie von einem jeden ihrer Kinder annehmen. Sie geht gar nicht darauf ein, wenn die Kinder ihr schreiben, sie könne doch nicht alleine leben. Eine lose Verbindung hält sie mit dem Buchdrucker aufrecht, wenn sie seine Kinder jeden Sonntag nachmittag zum Kaffee einlädt. Ein- oder zweimal in einem Vierteljahr besucht sie den Sohn und hilft der Schwiegertochter beim Beerenkochen. Öfter mit ihnen zusammenzukommen, bringt sie nicht über sich. Ihr ist es zu eng in der Wohnung. Auch mit ihren früheren Bekannten pflegt sie keinen regelmäßigen Verkehr. Dafür aber besucht sie sehr regelmäßig einen Flickschuster, der in einem armen, sogar verrufenen Gäßchen seine Werkstatt hat. Nicht respektable Existenzen wie stellungslose Kellnerinnen und Handwerksburschen finden sich dort gerne ein. Auf die Vorwürfe ihrer Kinder entgegnet die Greisin nur, der Schuster habe etwas gesehen. Tatsächlich war er weit in der Welt umhergekommen.

Nicht nur sucht die alte Frau zum Ärger ihrer Kinder diese neue Gesellschaft, sondern scheint ihnen außerdem, ihre Zeit mit Kinobesuchen auszufüllen. Zu der Liste ihrer Delikte gehört weiter, daß sie nun jeden Tag im Gasthof ißt. Dies fällt der Familie um so mehr auf, da sie früher für ein Dutzend Menschen gekocht und selbst immer nur die Reste aufgegessen hatte. Wenn ein Sohn sie besucht, ist sie gerade im Begriff auszugehen, setzt aber ihren Hut ab, erkundigt sich flüchtig nach der Familie und weist es ab, ihren Sohn auf den Friedhof zu begleiten, um das Grab ihres Mannes zu besuchen. Die alte Frau lädt ihren Sohn auch nicht ein, während seines Besuches in ihrem Haus zu wohnen. Auch dies steht im Gegensatz zu früher, als sie ihn stets gedrängt hatte, in ihrem vollbesetzten Haus Gast zu sein, um Geld für das Hotel zu sparen.

Öfter bestellt sie sich eine Bregg, ein hochrädriges Pferdefuhrwerk, um Ausflüge zu machen, wie zum Beispiel um in einer größeren Stadt ein Pferderennen zu besuchen. Früher dagegen hatte sie es abgelehnt, bei Familienfahrten mitzumachen. Jetzt lädt die alte Frau das Küchenmädchen des Gasthofs ein, sie zum Pferderennen zu begleiten. Auch zum Kino und zum Flickschuster muß das Mädchen mitkommen. Ohne Wissen ihrer Kinder nimmt sie eine Hypothek auf ihr Haus. Das Geld scheint sie dem Flickschuster gegeben zu haben, der sich als Sozialdemokrat herausstellt.

Im letzten halben Jahr ihres Lebens steht sie oftmals um 3 Uhr im Sommer auf und spaziert durch die leeren Straßen des Städtchens, das sie damit ganz für sich hat. Den Pfarrer lädt sie ins Kino ein, als er sie in ihrer angeblichen Vereinsamung besuchen will. Daß sie jedoch keineswegs vereinsamt ist, beweisen ihre weiteren Besuche beim Flickschuster, wo viele lustige Leute verkehren, die über die Autoritäten losziehen. Die alte Frau trägt zu der Lustigkeit bei, indem sie für stärkere Getränke sorgt. Sie selbst hält sich ihren eigenen Wein dort. Der Tod überkommt schließlich die Greisin auf einem Holzstuhl am Fenster. Das Küchenmädchen, das sie eingeladen hatte, ist bei ihr.

Ebenso sachlich, aber längst nicht so detailliert wie das veränderte Benehmen der alten Frau schildert Brecht die Reaktion der Familie zu ihrer Wandlung. Ihre Kinobesuche werden als Geldhinauswerfen angesehen. Auch über die Besuche beim Flickschuster, der es zu nichts nach ihrer Meinung gebracht hatte, regen sie sich auf. Ein Sohn denkt daran, wegen ihres veränderten Verhaltens einen Arzt hinzuzuziehen. Doch ein anderer Sohn lehnt das ab. Das Küchenmädchen, das von der Greisin einen Hut mit Rosen erhält, während seine Tochter kein Kommunionskleid besitzt, wird von dem Buchbinder als schwachsinnig bezeichnet. Als die alte Frau im Sommer um drei Uhr aufsteht, um durch die leeren Straßen des Städtchens zu wandern, wird das wieder von den Verwandten als nicht normal angesehen.

Dem Wandel der alten Frau nach dem Tode ihres Mannes stellt Brecht die Reaktion der Familie als Antithese entgegen. Seine Ansicht bringt der

Autor als Synthese. Am Ende stellt er fest, die alte Frau hätte hintereinander zwei Leben gelebt: Das erste als Tochter, als Frau, als Mutter, kurzum das traditionelle Leben einer Frau, das zweite als Frau B., einer alleinstehenden Person ohne Verpflichtungen und mit bescheidenen, aber ausreichenden Mitteln. Das erste Leben hatte mehr als sechs Jahrzehnte, das zweite nicht mehr als zwei Jahre gewährt, konstatiert der Autor. Wenn Brecht zum Schluß von den langen Jahren der Knechtschaft und den letzten Jahren der Freiheit in diesem Frauenleben spricht, so gelangt er zu einer scharfen Anklage gegen das patriarchalische System, das der Frau nur eine Sklavenstelle zugesteht und dagegen ihr neues Leben, das ihr endlich Freiheit bringt, als nicht normal ansieht.

Dem unkonventionellen Leben der alten Frau wird der Hauptteil der Erzählung gewidmet. Dieser Hauptteil regt den Leser an, nachzudenken, zu lernen und seine Schlüsse zu ziehen. Jede der Handlungen der Greisin steht im Gegensatz zu ihrem Verhalten in ihrem früheren Leben, ist ein Aufbegehren gegen ihr früheres Dasein und gerade vom feministischen Standpunkt interessant. Frau B. tut das, was ihr gefällt. Zum ersten Mal lebt sie ihr eigenes Leben und ist nicht nur für andere da.

Auch diese Frauengestalt Brechts besitzt die gute Beobachtungsgabe, die fast allen seinen weiblichen Charakteren eigen ist. Nur selten beschreibt Brecht das Äußere seiner Personen. Bei der Zweiundsiebzigjährigen hebt er jedoch die lebhaften Eidechsenaugen hervor, welche die kleine magere Erscheinung im Gegensatz zu ihrer langsamen Sprechweise auszeichnen. Die Augen sind Ausdruck ihrer guten Beobachtungsgabe und ihres schnellen Denkens. Bei ihrer schweren Arbeit ihr ganzes Leben lang ist diese Frau wenig zum Sprechen gekommen. Jedoch hat sie alles wahrgenommen und ihre Schlüsse gezogen, die sie Ende ihres Lebens verwirklichte. Sie hat sich selbständig und somit frei gemacht. Der Schuster mit seinen Erzählungen aus aller Welt hat sie über die Grenzen ihres Städtchens und ihres Landes herausgeführt. Auch das Kino mit seinen wechselnden Filmen hat dazu beigetragen, die Greisin aus den engen Verhältnissen ihres Daseins herauszuheben. Die Tatsache, daß die alte Frau im Holzstuhl am Fenster stirbt, zeigt, daß sie bis zu ihrem letzten Atemzug beobachtet, am Geschehen um sie her teilnimmt.

Die „unwürdige“ Greisin ist eins der besten Beispiele aus Brechts Werken, wie sich eine Frau verändern kann. Doch Frau B. verändert sich nicht nur selbst. Auch zu Veränderungen anderer hat diese alte Frau beigetragen. Wenn der Flickschuster nach ihrem Tode in eine andere Stadt zieht und ein größeres Geschäft für Maßschuhe eröffnet, so ist eine Veränderung mit dem Mann vorgegangen, der es zu nichts gebracht hatte (GW XI, S. 317). Der Einfluß der alten Frau neben ihrer finanziellen Hilfe ist unverkennbar. Darüber hinaus ist aber überhaupt die Geschichte der „unwürdigen“ Greisin dazu angetan, Veränderungen im Denken der Leser und damit im gesellschaftlichen Denken herbeizuführen, was schließlich zu Veränderungen in der Gesellschaft beitragen kann.

Anmerkungen

Kirsten Boie–Grotz: *Brecht – der unbekannte Erzähler*. Die Prosa 1913 – 1934, Stuttgart: Klett–Cotta, 1978, S. 112 f.

Schlußbemerkungen

Wenn konstatiert wurde, Brechts Frauenfiguren wären auf ein eng begrenztes Spektrum von Frauentypen reduzierbar, Huren, Jungfrauen, Mütter und Bürgerliche,[1] so ist dies allzu vereinfachend. Einmal sind Brechts Frauengestalten keine Typen, wie gezeigt wurde. Zum andernmal lassen sie sich nicht auf vier Kategorien beschränken. Um ein paar Beispiele zu nennen: Wohin gehörte die Königin Anna aus dem *Leben Eduards des Zweiten?* In welche Gruppe sollte Anna Kopecka aus *Schweyk im Zweiten Weltkrieg* passen? Außerdem haben auch die weiblichen Charaktere, die zu den vier Kategorien gehören, bedeutsame Aufgaben, die oft vergessen lassen, daß sie Hure oder Mutter oder Jungfrau sind. Alle Frauenfiguren Brechts sind so vielseitig, daß eine dieser Kategorien für keine von ihnen zu ihrer Definition ausreicht. Ebenso mannigfaltig sind ihre Nationalitäten. Die Frauen kommen aus den verschiedensten Ländern der Welt: Deutschland, England, Amerika, Frankreich, Rußland, Spanien, Italien, Finnland, der Tschechoslowakei, Indien und China. Sie bilden zusammen gesehen ein Völkergemisch. Was ihren Stand anbetrifft, so sind manche Bürgerliche oder Kleinbürgerliche. Andere stammen zumeist aus dem Proletariat. Sie treiben das Verkaufsgewerbe als Händlerinnen. Sie sind Dienstmädchen. Aber es finden sich auch einige, die dem Adel und selbst dem Königtum zugehören. Sie zählen zu den verschiedensten Altersstufen von jungen Mädchen bis zu alten Frauen. Wechselvoll sind ihre Charaktere und ihr Verhalten gegenüber den gesellschaftlichen Zuständen.

Bezeichnenderweise für die männlich chauvinistische Einstellung des Helden im ersten Stück Brechts tragen nur drei der sechs Frauen, die Baal verführt, Namen. Auch die Namenlosigkeit der Frauen in den frühen Erzählungen zeugt formell von ihrer Bedeutungslosigkeit. Selbst wenn sie Namen erhalten, erscheinen die Frauen der frühen Theaterstücke als Objekte männlicher Lust oder männlicher Ausbeutung, als Opfer. Nicht nur bürgerliche Mädchen oder Frauen gehören in den Stücken der frühen zwanziger Jahre zu den Opfern, sondern auch die Königin Anna, deren Erniedrigung und Elend in mannigfacher Weise deutlich gemacht wird.

Im Kontrast zu den Opfern aus dem Bürgertum wie auch dem Adel treten in den folgenden Stücken aus der Mitte der zwanziger Jahre Frauen auf, die durch ihr resolutes, berechnendes Wesen nichts mit einer Opferrolle gemein haben, im Gegenteil manchmal selbst eine ausbeutende Rolle annehmen und beweisen, daß man es sich in einer Welt der Ausbeutung und Gier nicht leisten kann, zum schwachen Geschlecht zu gehören. Da ist vor allem die Händlerin aus dem Volke, Leokadja Begbick, in *Mann ist Mann*, die nicht nur handelt, sondern schließlich an der Seite des Autors die Zuschauer belehrt. Neben Figuren wie der Begbick, welche in *Aufstieg und Fall der Stadt Mahagonny* ein zweites Mal eine noch profitgierigere Rolle als im früheren Stück annimmt und dafür jede menschliche Bindung opfert, finden sich auch jüngere Mädchen teils bürgerliche, teils proletarische, die ihren eigenen Willen und eigene Wünsche geltend machen wie bereits Anna Balicke in dem früheren Stück *Trommeln in der Nacht*, Polly Peachum und die Jennies, die Seeräuber Jenny wie die Prostituierte gleichen Namens in der *Dreigroschenoper*. Während die Seeräuber Jenny zuletzt über das Schicksal ihrer Ausbeuter entscheiden kann, tut auch Jenny, die Prostituierte, dasselbe, indem sie McHeath, ihren früheren Kunden,an die Polizei verrät, weil sie auf diese Weise mehr Geld verdient.

Brechts frühe Dramen und Erzählungen beweisen, daß er sich von Anfang seiner schriftstellerischen Laufbahn an der Unterprivilegierten angenommen und gerade den Frauen eine wichtige Rolle zugewiesen hat, um seine Kritik an der Gesellschaft zu verdeutlichen. Nach dem Studium des *Kapital* und anderer marxistischer Schriften entstanden nach 1926 Brechts politische Dramen, in denen es Frauen sind, welche die Handlung in Bewegung setzen und vorantreiben.

Von Anfang der *Heiligen Johanna der Schlachthöfe* an zeichnet sich Johanna Dark durch eine scharfe Beobachtungsgabe und ein kritisches Bewußtsein aus, das sie mit seltener Redegewandtheit die gesellschaftlichen Zustände, vor allem die Verhältnisse in den Schlachthäusern anprangern läßt. Bald hat sie erkannt, daß ihre Ideale, die sie als Soldatin der Schwarzen Strohhüte hegt, nicht ausreichen, um dem Elend abzuhelfen. Es drängt sie, die Situation in den Schlachthäusern selbst zu untersuchen, um helfen zu können. Ihre Entdeckungen lassen sie in ihren Ansichten zur radikalen Revolutionärin werden. Auch Pelagea Wlassowa in *Die Mutter* entwickelt sich dank einer wachen Beobachtungsgabe und lebenstüchtiger Pragmatik aus einer Mutter, deren Kritik sich anfangs auf die schlechte Suppe beschränkt, die sie ihrem Sohn vorsetzen muß, zur Agitatorin, Lehrerin, listigen Kämpferin und exemplarischen Revolutionärin. Nanna, die Prostituierte in *Die Rundköpfe und die Spitzköpfe* wird am Ende des Stückes nach ihren Erfahrungen zur Agitatorin gegen das bestehende System und bereitet damit den Boden für eine Revolution vor. Teresa Carrar, die sich und ihre Söhne nach dem Tode ihres Mannes trotz aller Reden ihrer Regierung, der Verwandten und Bekannten aus dem Kriege hatte heraushalten wollen, greift am Ende zu den Gewehren. Diese unabhängig denkende Frau durchschaut die Umstände, die ihres Sohnes Tod begleiten und ein neues Handeln notwendig machen. Es ist Teresa Carrar, die nach der Entdeckung der Leiche ihres Sohnes in einer Situation der Furcht und Konfusion die Ruhe behält und die Initiative ergreift, Anweisungen gibt und sich bereit macht, ein neues Leben zu beginnen. An der Seite ihres Bruders und zweiten Sohnes verläßt sie ihr Haus, um sich als aktive Kämpferin den Regierungstruppen Spaniens anzuschließen.

Vor allem Pelagea Wlassowa wie Teresa Carrar, aber auch Johanna Dark und Nanna in gewisser Weise, die Frauen der bewußt politisch ausgerichteten Dramen von 1928 – 1939 veranschaulichen, wie die Politik die Frau, die in der gesellschaftlichen Struktur gefangen ist, herausheben und befreien kann. Auch eine Reihe der später entstandenen Dramen gehen in die Politik und lassen die Frauen eine ebenso progressiv veränderte Lebenshaltung wie auch in den meisten Fällen eine ihre Umgebung verändernde Funktion einnehmen.

Gefangen gehalten im Nationalsozialistischen Staat sind die Frauen gleich den Männern, geht aus *Furcht und Elend des Dritten Reiches* hervor. Doch sind es die Frauen in diesem Stück, die das elende Leben der Menschen dieses Staates aufdecken, dagegen protestieren, sich widersetzen und auch die Männer zum Handeln aufrufen.

Anna Fierling, als Mutter Courage bekannt, macht als Händlerin ihrem Namen Ehre und weiß sich gegen jede Unterdrückung politischer wie gesellschaftlicher Weise aufzulehnen. Ihre Reden richten sich gegen die politische Obrigkeit und auch Mißbräuche in der patriarchalischen Gesellschaft. Mit Mut versteht sie, die Gefahren des Krieges zu überstehen, dessen Opfer ihre Kinder trotz ihrer Warnungen und Vorsichtsmaßnahmen werden. Jedoch erlebt Kattrin ihren Tod im Gegensatz zu dem ihrer Brüder als ein bewußtes Opfer, als die Folge ihres Handelns, um Menschenleben zu retten. Mit großer Willensstärke weiß Kattrin ihr Gebrechen zu überkommen. Ihre Stummheit überwindet sie durch überzeugende Gestik. Konträr zu ihrer Mutter, die sich im Stück selbst nicht wesentlich verändert, geht mit Kattrin eine Wandlung vor. Kattrin verändert sich nicht nur selber, sondern wirkt auch verändernd. Durch ihr

Trommeln werden die Menschen der Stadt Halle vor dem Überfall durch die Katholischen Truppen gerettet. Ähnlich wie Kattrin handelt Simone. Bei ihr ist es auch die Güte ihres Herzens, die sie den Flüchtlingen helfen läßt. Ihr Patriotismus läßt sie ihren Patron und andere Landsleute kritisieren und selbständig gegen den anrückenden Feind vorgehen, wenn sie das Benzinlager in Brand steckt. Auch Simone entfaltet sich aus dem jungen unerfahrenen Mädchen zu einer Widerstandskämpferin in kurzer Zeit und wirkt verändernd, wenn die Flüchtlinge ihrem Beispiel folgen, und sie damit eine Widerstandsbewegung ins Leben gerufen hat.

Geneviève Guéricault entwickelt sich aus einer gemäßigten Revolutionärin zu einer Radikalen. Auch sie wirkt verändernd, wenn sie, die Lehrerin, durch provozierende Fragen den Mitkämpfer Langevin lernen läßt und neue Theorien zu entwerfen hilft, die sie selbst in die Praxis umsetzt.

Nach den vorwiegend politisch orientierten Dramen schuf Brecht in der folgenden Zeit von 1939 – 1945 Stücke, die sich mehr mit allgemein gesellschaftlichen Themen befassen. Ähnlich wie die stumme Kattrin sich gegen ihre Mutter auflehnt, wendet sich Eva, die Tochter Puntilas, gegen ihren Vater, dessen Schwächen sie kritisiert und sich ihm und gesellschaftlichen Konventionen widersetzt. Sie gibt zunächst vor, auf ihres Vaters Heiratspläne für sie einzugehen, setzt dann jedoch ihren Willen durch und folgt ihren eigenen Ansichten und Wünschen. Im Gegensatz zu Eva folgt Virginia den Anordnungen ihres Vaters Galilei und wird zum Beispiel, wie falsch die konventionelle Erziehung ist, die der berühmte Wissenschaftler seiner Tochter angedeihen läßt. Erst gegen Ende des Stückes wird offenbar, daß Virginia, deren Leben sich in ständigem Dienst für den Vater erschöpft hat, eigene Initiativen entwickelt und es möglich macht, daß des Vaters Discorsi ins Ausland gelangen.

Mit der gutherzigen Gestalt der Shen Te, die sich zeitweise in den geschäftstüchtigen Vetter Shui Ta zu verwandeln weiß, um überleben zu können, ebenso mit dem Charakter der Frau Hausmann in der Erzählung „Der Arbeitsplatz" hat Brecht auf das gesellschaftliche Problem hingewiesen, daß sich eine Frau oft nur in der Rolle des Mannes in der patriarchalischen Gesellschaft durchsetzen kann. Shen Te, die in der Rolle des Shui Ta Umsicht, Voraussicht, Führungsqualitäten und geschäftliche Tüchtigkeit zeigt, die zu wirtschaftlichen Verbesserungen in ihrem Heimatort führen, wird ebenso wie Frau Hausmann zum Beispiel, daß eine Frau dem Mann auch auf Gebieten ebenbürtig sein kann, die lange nur den Männern vorbehalten waren. Mit Shen Te–Shui Ta hat Brecht eine Gestalt geschaffen, in der die traditionellen geschlechtlichen Gegensätze ihre Versöhnung gefunden haben. Shen Te–Shui Ta ist eine wahrhaft androgynische Figur, die daran gemahnt, daß die Gesellschaft von der Polarisierung der Geschlechter absehen sollte.

Grusche hat die Güte des Herzens mit Shen Te gemein. Doch anders als Shen Te begreift sie sich von Anfang an dem männlichen Geschlecht gegenüber als eine ebenbürtige Partnerin. Unabhängig von ihrer Umgebung weiß Grusche ihre Menschlichkeit durchzusetzen, nachdem sie sich des verlassenen Kindes angenommen und damit alle Klassenschranken übergangen hat. Wie die meisten Frauen Brechts verändert sich auch Grusche. Mit den Gefahren, die sie bei der Flucht mit dem Kind zu überwinden hat, wächst ihre Stärke. Wie sehr sie an Mut und an kritischem Bewußtsein zugenommen hat, zeigt sich in der Gerichtsszene, in der sie den Richter Azdak selbst mit ihrer Kritik an der Justiz beeindruckt und ihn inspiriert, die Güter der Gouverneurin an die Stadt fallen zu lassen, damit ein Garten für die Kinder daraus geschaffen wird. Es ist Grusche, die sich zu einer Lebenskünstlerin entwickelt, da sie versteht, eine Synthese zwischen ihrem Interesse für das Kind und ihrem eigenen persönlichen Interesse zu schaffen. Sie sieht das Kind als verbindendes Element zwischen sich und ihrem Verlobten.

Auch bei der Auswahl seiner Nachdichtungen hat Brecht Stoffe berücksichtigt, die starke Frauenpersönlichkeiten enthalten, *Die Antigone des Sophokles*, Shakespeares *Coriolan, Der Prozeß der Jeanne d'Arc zu Rouen* nach Anna Seghers Hörspiel und *Turandot* nach Schillers Bearbeitung. Bei einem Vergleich der Vorlagen mit Brechts Bearbeitungen stellt sich heraus, daß Brecht seine Frauengestalten stärker als ihre Vorbilder geschaffen hat. Brechts Antigone fällt vor allem durch ihre kompromißlose Sprache auf, welche die komplexe, bei Hegel geschulte Dialektik ihres Vorbildes in der Hölderlinschen Fassung mit ihrer Schärfe übertrifft. In dem Widerstand Antigones gegen den Gewalthaber sieht Brecht ihre menschliche Größe. Brechts Antigone wendet sich nicht gegen die Gesetze und ihre theologische Begründung durch Kreon, sondern direkt gegen einen unmenschlichen Herrscher. Sie fühlt sich dem Mann ebenbürtig, und so kann sie auch Kreon offen ihre Verachtung für ihn zeigen und ihn als Tor bezeichnen. Auch Antigone bringt durch ihr Handeln Veränderungen hervor. Ihr Verlobter Hämon, Kreons Sohn, folgt ihr nicht nur als Liebender in den Tod, sondern auch als ein politisch Aktiver, der sich

Antigones Widerstand gegen Kreon angeschlossen hat. Brechts Volumnia beeindruckt im Gegensatz zu den emotional gehaltenen Beschwörungen von Shakespeares Gestalt durch die objektiven Vorstellungen, mit denen sie ihren Sohn von der Sinnlosigkeit des Krieges gegen seine Heimatstadt zu überzeugen versteht. Brechts Johanna kann das Volk inspirieren, ihre Rebellion gegenüber dem Feinde und seinen französischen Verbündeten fortzusetzen. Mit der Heraushebung der Frauen, die sich als erste zu Johanna und ihrem Widerstand bekennen, hat Brecht eine Solidarität zwischen den weiblichen Charakteren erstehen lassen, die sich auch in einigen anderen Stücken findet, wie in dem Bund der Bräute in *Puntila und sein Knecht Matti*.

Anders als Schillers Turandot erscheint Brechts Prinzessin nicht standesbewußt und ehefeindlich, sondern wissensdurstig. Während Schillers Turandot über eine reiche Bildung verfügt, strebt die Brechtsche Gestalt danach. Sie steht dem Volk näher als ihr Vorbild. Es ist Brechts Turandot, die besser als ihr Vater über die Vorgänge in seinem Land informiert ist. Ähnlich wie Eva rebelliert Turandot gegen den Vater und will sich nicht verkuppeln lassen. Wie bildlich und textmäßig aus dem Stück hervorgeht, hat Turandot Züge mit den Aufständischen gemein. Der Autor macht klar, daß Turandot gleich den Vertretern des Volkes zu den Unterprivilegierten gehört, sich jedoch durch Beobachtungen und Denken selbst zu einer Wissenden macht.

Brechts Erzählungen beginnen wie seine Dramen mit anonymen Frauengestalten, die von Männern ausgenutzt werden, wenden sich dann aber bald Frauen zu, die selbstsicher und unabhängig sind, zu ebenbürtigen Partnerinnen der Männer werden wie Jane Russel, und die selbständig ihren „Mann stehen“ wie Frau Hausmann in der Erzählung „Der Arbeitsplatz“, mit der Brecht eindeutig gegen die Diskriminierung der Frau bei der Arbeitsverteilung protestiert. In „Der Mantel des Ketzers“ wird die siebzigjährige Frau Zunto, die hartnäckig ihr Recht durchzusetzen weiß, auf ihre Art zur Ketzerin, indem sie althergebrachte gesellschaftliche Traditionen überwindet. Frau B. in „Die unwürdige Greisin“ verändert sich nach dem Tode ihres Mannes zu einer Frau, die unabhängig von ihrer Familie ihr eigenes Leben lebt, ihren eigenen Interessen und Wünschen folgt. Wie der Autor ausdrücklich darlegt, genießt sie nach einem Leben der Knechtschaft die Freiheit. Frau B. wird zu einem überzeugenden Beispiel, wie sich eine Frau verändern kann und auch zu Veränderungen beiträgt.

Wie gezeigt wurde, zeichnen sich Brechts Frauengestalten fast alle außer einzelnen Figuren der frühen Stücke durch gute Beobachtungsgabe, selbständiges Denken und unabhängiges Handeln aus, das zu Veränderungen führt. Brechts Frauen folgen dem Ausspruch von Brechts Herrn Keuner:

> Denken heißt verändern (GW XII, S. 402).

Durch ihr unabhängiges Handeln gewinnen sie an Stärke und befreien sich in progressivem Maße in Brechts Werken aus ihrer anfänglich untergeordneten Rolle. Fast alle von Brechts Frauengestalten fallen durch eine bemerkenswerte Redegewandtheit auf, mit der sie ihre Ansichten vorbringen. Sie besitzen ein Talent, welches Brecht bei Bernard Shaw heraushob, wie aus seiner Ovation für den englischen Dichter 1926 hervorgeht:

> Seine [Shaws] Welt ist eine Welt, die durch Ansichten zustande kommt. Die Schicksale seiner Figuren sind ihre Ansichten. Shaw erfindet, damit ein Stück zustande kommt, einige Verwicklungen, die seinen Figuren Gelegenheit geben möglichst ausgiebig ihre Ansichen zu äußern (GW XV, S. 99).

Abgesehen von Brechts Vorliebe für die Verwendung des Jeanne d'Arc Stoffes wie auch des Prostituiertenthemas in seinen Werken lassen auch die intellektuellen Fähigkeiten von Brechts Frauen, eigene Ideen zu entwickeln und in vielen Fällen zu verwirklichen, ihre Rebellion gegen gesellschaftliche Mißstände, ihr Realitätsbewußtsein an Shaws Frauenfiguren denken.

In einer Reihe von Werken ist es die Zuwendung zur Politik, die es Brechts Frauen ermöglicht, sich aus der traditionellen gesellschaftlichen Struktur zu lösen. Die Heldinnen der politischen Stücke wie auch die Hauptfiguren der späteren Dramen haben Wesenszüge mit den revolutionären Frauengestalten, wie vor allem Rosa Luxemburg, Clara Zetkin und Louise Michel gemeinsam. Neben charakterlichen Parallelen finden sich auch Erlebnisse, Erfahrungen aus dem Leben dieser starken geschichtlichen Persönlichkeiten bei Brechts Protagonistinnen immer wieder. Im Rückblick auf die Gestalt der Königin Anna aus Brechts frühem Stück *Leben Eduards des Zweiten*, der in *Mann ist Mann* aus derselben Zeit bereits die pragmatische, für die Veränderbarkeit aller Dinge eintretende Leokadja Begbick gegenübersteht, und Brechts anderen politischen Heldinnen, wie vor allem Pelagea Wlassowa, Teresa Carrar, Geneviève Guéricault, auch Johanna Dark am Ende des Stückes, lassen sich Clara Zetkins Worte zitieren:

Sie [die Ideologie des Sozialismus] bewirkt, daß wir sozialistischen Frauen von einer stolzeren Rasse sind als die Königinnen. Königinnen mögen zu Kreuze kriechen, sozialistische Frauen kriechen nicht zu Kreuze. Sie kämpfen für den Umsturz der Gesellschaft, deren Ketten den Leib bedrücken, dem Geist die Flügel knicken; sie tragen Stein um Stein zum Aufbau der sozialistischen Ordnung bei. Und sie wissen, daß sie in diesem ihrem Tun unsterblich weiterleben.[2]

Wie die Ähnlichkeit mit den bekannten sozialistischen Revolutionärinnen beweist, sind Brechts Frauen keine Stereotypen, sondern dem Leben nachgeschaffen. Auch die Gestalt der Fau B., die „unwürdige Greisin“, beruht auf Lebenswahrheit, wie aus Brechts Biographie hervorgeht. Brechts Großmutter war das Vorbild für sie. Daß Brecht von Anfang seines literarischen Schaffens an einen großen Wert darauf legte, daß Charaktere aus dem Leben gegriffen werden, ist aus seinen theoretischen Werken ersichtlich. So heißt es in „Der Weg zum zeitgenössischen Theater“ von 1927 – 1931:

Es ist natürlich im Grund gleichgültig, woher die Gestalten großer Dramen stammen. Es kommt nur darauf an, daß sie leben. Trotzdem wäre etwa der Einwand, solche Figuren könnten nicht gelebt haben, äußerst schmerzlich für den Dramatiker ...

Weiter stellt Brecht fest, daß es sehr wünschenswert wäre, bekannte Persönlichkeiten auf die Bühne zu bringen (GW XV, S. 193 f.). An anderer Stelle findet er:

Die Kunst folgt der Wirklichkeit (GW XV, S. 196).

Allein die Tatsache, daß Brecht mehreren seiner bedeutenden Frauengestalten Züge maßgebender Sozialistinnen aus der Geschichte der deutschen und auch der französischen Frauenemanzipation beigegeben hat, deutet auf eine Verbindung von Feminismus und Marxismus in seinem Werke hin. Wie gefunden wurde, emanzipieren sich eine Anzahl von Brechts Frauen aus ihrer gesellschaftlich fixierten Stellung, indem sie sich der sozialistischen Sache annehmen und für sie arbeiten. Es ist offensichtlich, daß Brechts Frauen wenig unter Sexismus zu leiden haben. Einmal sind viele seiner Frauen alleinstehend, selbständig, lebenstüchtig, verstehen sich und auch ihre Kinder in einer Welt der Ausbeutung durchs Leben zu bringen. Zum andernmal sind sie überhaupt zu lebensklug, zu kühl beobachtend, gewitzt und stark, sich patriarchalischen Vorurteilen zu unterwerfen. Bereits Leokadja Begbick in *Mann ist Mann* hat sich vollständig von jedem spezifisch als „fraulich“ angesehenen Verhalten entfernt und greift in männliche Prärogative über. Bevor Johanna

Dark zu ihren radikal marxistischen Einsichten gelangt, singt Leokadja von der Veränderbarkeit aller Dinge und tritt handelnd und belehrend an die Seite Brechts.

In *Mutter Courage und ihre Kinder* stellen Mutter und Tochter in ihrem verschiedenartigen Denken und Verhalten zusammen eine Vereinigung von feministischen und marxistischen Ansichten dar. Auch Grusche zeigt feministische Stärke. Ihre Inbesitznahme des Kindes gewinnt durch die Einleitung und das Ende des Stückes eine marxistische Note. Somit kann festgestellt werden, daß es Brecht in seinem Werk gelungen ist, Feminismus und Marxismus zu vereinen.

ANMERKUNGEN

1. Ute Wedel: *Die Rolle der Frau bei Bertolt Brecht*, op. cit. S. 157.
2. Luise Dornemann: *Clara Zetkin,* op. cit. S. 75.

TEIL IV

KUNST UND WIRKLICHKEIT

Es ist auffällig, wie trotz der großen Zeitspanne von drei Jahrhunderten, in denen die Werke von Lessing, Fontane und Brecht entstanden, und trotz der verschiedenen Kulturepochen, denen die drei Dichter angehören, fast allen ihrer Frauen eine gute Beobachtungsgabe verbunden mit selbständigem Denken gemeinsam ist. Dies ist um so bedeutsamer, als der Frau schon immer Unfähigkeit in intellektueller Hinsicht vorgeworfen wurde. So war es nicht nur im 18. Jahrhundert und der Zeit davor der Fall. Auch im 19. Jahrhundert zwischen 1865 und 1885 betonten im Widerstand gegen die erste Frauenbewegung polemische Schriften einzelner Männer, die zumeist aus dem Universitätsbereich stammten, die intellektuellen Defizite des weiblichen Geschlechts.[1] Im Mittelpunkt des geistigen Antifeminismus sah Hans Blüher, der Historiker der Jugendbewegung, im 20. Jahrhundert zusammen mit Nietzsche, Weininger und Möbius den zentralen Geschlechtsunterschied in der „Ungeistigkeit des Weibes", das – unfähig zu eigener schöpferischer und kritischer Denkleistung – immer nur das Denken des Mannes reflektierte.[2] Selbst eine neuere Studie stellt fest, daß die Frau weniger fähig zu vernünftigem Denken und Urteilen wäre als der Mann.[3]

Daß diese Ansichten von einem Lessing, einem Fontane und einem Brecht nicht geteilt wurden, beweisen ihre Frauengestalten. Brechts Worte aus einem frühen Gedicht „Ihr war es ernst. Sie schwamm nicht. Sie dachte" (GW VIII, S. 108) lassen sich auf die Frauen aller Autoren beziehen. Wie eigentlich alle Frauen Lessings, Fontanes und Brechts demonstrieren, führt ihr selbständiges Denken auch zu unabhängigem Handeln. Fast immer läßt ihr Denken und Handeln diese Frauen sich männlicher Unterdrückung widersetzen und sich männlicher Vormundschaft entziehen. Den verschiedenen Epochen und Umständen gemäß ist das Handeln der Protagonistinnen unterschiedlich. Witz und Herz bestimmen das Verhalten der Frauen von Lessings frühen Komödien. Geist und Gefühl inspirieren die Frauen von Lessings Meisterdramen. Fontanes Frauen, so zahlreich und mannigfaltig, wie sie erscheinen, reagieren auf die unterschiedlichste Weise, sei es heftig, spontan, sei es überlegt, einsichtig, spöttisch oder intuitiv, gefühlsmäßig. Bei Brechts Frauen herrscht kühle Nüchternheit, pragmatische Überlegung vor. Öfter zeigt sich auch Witz, Spott und List.

Mut beweisen alle Frauengestalten der drei Dichter, wenn sie sich gegen überkommene Vorstellungen auflehnen, gegen patriarchalische Konventionen verstoßen, gegen jede Art der Unterdrückung rebellieren, ihr Leben einsetzen und es manchmal hingeben. Zuweilen geraten sie in Zorn, aber zumeist behalten sie Ruhe, Gelassenheit. Manchmal bricht selbst bei Brechts Gestalten warmes Gefühl durch herbe Zurückhaltung. Sie alle handeln mit Konsequenz. Viele von ihnen zeichnen sich durch besondere Redegewandtheit aus, welche die Schärfe ihres Verstandes illustriert. Die Zahl der beredten Frauen ist erstaunlich. Sie finden sich bei Lessing ebenso wie bei Fontane und bei Brecht. Sie lieben das Gespräch, die Kommunikation, um die Probleme zu lösen, Menschen zueinander zu bringen, wie in *Nathan der Weise*, wo der Sultan und Nathan durch Sittahs Einsicht Freunde werden. Wie wichtig die Kommunikation für die Frauen ist, bezeugen vor allem Fontanes weibliche Charaktere, von denen einige durch den Mangel an Kommunikation in den Tod getrieben werden. Manche wenden sich nicht nur an ihre Partner, sondern selbst an das Publikum, um ihre Argumente vorzubringen. Lessings resolute Lisette beginnt mit Reden zum Publikum hin. Brechts pragmatische Leokadja Begbick ebenso wie Pelagea Wlassowa und Shen Te setzen diesen Brauch fort.

So verschiedenartig die Zeitperioden sind, denen die drei Dichter zugehören, so mannigfaltigen Formen der männlichen Unterdrückung sind die Protagonistinnen ausgesetzt. Bei Lessing gewinnt das Thema der Frau als Lustobjekt des Mannes, als Ware, die sich erwerben läßt, eine bedeutsame Stelle, nimmt ebenso bei Fontane tragische Ausmaße an und wird bei Brecht zum Mittel der Kritik an einer ausbeutenden Gesellschaft. Bereits bei Lessing weiß die Heldin in *Emilia Galotti* ihren Willen durchzusetzen, um nicht zur Ware zu werden. Sie entspricht damit modernen feministischen Ideen. Hat doch Kate Millett ihr bekanntes Buch, das auch ins Deutsche übersetzt wurde, in der Hoffnung geschrieben, Frauen würden entdecken, daß sie einen Willen haben.[4] Auch bei Fontane gelangt die Protagonistin in *Cécile* zu einer ähnlichen Einstellung. Beide, Lessings wie Fontanes Heldin, opfern jedoch ihr Leben für diese Überzeugung. Dagegen wählen Brechts Marie aus *Im Dickicht der Städte*, Jenny in der *Dreigroschenoper*, Nanna in *Rundköpfe und Spitzköpfe* und Shen Te in *Der gute Mensch von Sezuan* jedoch den Beruf der Prostituierten, um in ihrer Gesellschaft überleben zu können.

Viele der Frauen werden von ihren Vätern, Ehemännern, Onkels und

Brüdern als Eigentum angesehen, über das man beliebig verfügen kann. Mit Hilfe der scharfsinnigen, gewitzten Lisette, später auch selbständig, wissen sich die Frauen in Lessings Jugendkomödien diesem Anspruch einer patriarchalischen Gesellschaft zu entziehen. Lessings geistreiche Minna bewegt sich autonom. Ihr Onkel erscheint erst, als sie ihr Ziel erreicht hat. Fontanes Kathinka von Ladalinska setzt ihren Willen gegenüber ihres Vaters Wünschen durch, indem sie mit dem gewünschten Mann entflieht und ihn heiratet. Ebenso entzieht sich Lessings Sara der Autorität des Vaters und der patriarchalischen Tradition, beklagt dieses Handeln jedoch später und paßt sich der Morallehre des 18. Jahrhunderts an. Das Schicksal Céciles beweist, wie Schönheit zum Gefängnis werden kann, wenn ein Mädchen nichts anderes gelernt hat, als einem Mann zu gefallen. Daß eine charakterlich stärker veranlagte Frau trotz ihrer Schönheit frei werden kann, demonstriert Kathinka. Gerade ihre Unschönheit läßt Victoire eine Feinfühligkeit, innere Stärke und schließlich Überlegenheit angesichts ungewöhnlicher Schwierigkeiten entwickeln, so daß sie ihren Namen zurecht verdient. Melanie befreit sich aus der sie entwürdigenden Lage durch die Flucht, dann Scheidung und beginnt ein neues Leben mit einem Mann, welcher ihr Gelegenheit gibt, ihre Individualität zu entfalten. Indem Melanie damit einer alten Konvention entsagt, würde sie auch die Zustimmung der modernen Feministin Betty Friedan finden, welche das seit dem Zweiten Weltkrieg in Amerika aufgekommene Ideal der „feminine mystique“, das heißt das weibliche Aufgeben aller Identität in Erfüllung der Hausfrauenpflichten „Kinder, Küche, Kirche“ verurteilt.[5] Auch Céciles Kränklichkeit, ihre Müdigkeit, ihr languissantes Wesen in ihrer Ehe gewinnen von Betty Friedans Beobachtungen vieler Ehefrauen her, die Mitte des 20. Jahrhunderts an einem „Problem ohne Namen“ litten,[6] eine neue Bedeutung. Auch Céciles Leben ist nicht nur einsam, ohne jede wahre Kommunikation, sondern entbehrt zudem jeder subjektiven Erfüllung, jeder positiven Identität. In ihrem untätigen Leben hat Cécile keine Gelegenheit, ihr menschliches Potential zu verwirklichen. So gleicht es in dieser Hinsicht dem Dasein der Frauen unseres Jahrhunderts, die aus der Unerfülltheit ihrer Existenz heraus wie Cécile nicht nur krank werden, sondern in einigen Fällen sogar ihrem Leben ein Ende machten.[7] Ähnlich Cécile ist auch Hilde in *Ellernklipp* etwas Müdes und Languissantes eigen, das sie aufgibt, wenn sie eine Aufgabe zu erfüllen hat. Im Gegensatz zu Melanie möchte Käthe Rienäcker ihres Mannes Puppe werden, in der Hoffnung doch noch einmal

Lenes Stelle in Bothos Herzen einzunehmen. Marie in Brechts *Im Dickicht der Städte* ist freiwillig zum Kaufobjekt geworden, daß man merke, sie sei etwas und könne davon leben. Andere Prostituierte Brechts sind demgegenüber beweglich genug, sich von ihrer Tätigkeit freizumachen wie Shen Te, die Shui Ta wird und Nanna, die sich der politischen Tätigkeit zuwendet. Ähnlich wie Brechts Frauen, welche die Ware Liebe praktizieren, sieht Fontanes resolute, pragmatische Pauline ihr Verhältnis zum alten Grafen als einen geschäftlichen Kontrakt an.

Aus Lessings Jugendkomödien, vielen von Fontanes Romanen und auch Brechts frühen Dramen wie den ersten Erzählungen wird immer wieder ersichtlich, wie wenig Gleichberechtigung die patriarchalische Gesellschaft der Frau in den letzten drei Jahrhunderten gewährt hat. Es ist die energische Lisette, welche bei Lessing für die Rechte der Frauen eintritt und ihnen auch zeigt, wie sie ihre Rechte gewinnen können. Eins der stärksten Werke, das die Diskriminierung der Frau anklagt, ist Fontanes frühe Erzählung *Grete Minde*. Ohne Erfolg kämpft Grete um ihr Erbe, wird wegen der Ungerechtigkeit ihres Stiefbruders und der Stadträte wahnsinnig und verliert ihr Leben. Wie Grete Minde ihr Erbe verweigert wird, so verliert Effi Briest ihr Kind wegen eines lange verjährten Treuebruchs einem Mann gegenüber, der ihr von Anfang ihrer Ehe an eine untergeordnete Rolle zugewiesen hat. Effis Ehebruch ergibt sich nicht nur als Reaktion auf ein Leben ohne wahre menschliche Erfüllung, sondern auch aus Protest gegen die Spukgeschichte, die Innstetten als „Angstapparat aus Kalkül" aus Erziehungsgründen für seine junge Frau arrangiert hatte. Die Anwendung des doppelten Standards, welcher dem Mann alle Freiheiten erlaubt, Untreue zuläßt und von der Frau dafür gleichmäßige Zärtlichkeit und Treue für ihn fordert, trägt zum Freitod Christines bei. Dagegen gelingt es Victoire mit Hilfe ihrer Mutter und der Königin Luise ihr Recht auf Legitimität ihrer Verbindung mit Schach trotz aller Widerstände durchzusetzen und nach seinem Freitod ein neues selbständiges Leben zu beginnen.

Mannigfach sind die Wege, welche die Frauen beschreiten, um sich den eingebürgerten Konventionen der patriarchalischen Gesellschaft zu entziehen. Bereits seit dem 16. Jahrhundert und noch davor ist die Verkleidung in einen Mann für die Frau ein bevorzugtes Mittel, um Gleichberechtigung zu erlangen. So läßt Lessing seine Frauen in den frühen Lustspielen ähnlich wie in der englischen Komödie des 16. und 17. Jahrhunderts diesen Brauch fortsetzen. Um mit dem Frauenfeind ins Gespräch gelangen zu können, muß Hilaria zur Verkleidung Zuflucht nehmen. Die selbstbewußte Minna hat diese Maskerade in der Mitte des 18. Jahrhunderts nicht mehr nötig, um sich Gehör zu verschaffen. Mutig handelt sie gegen alle Konvention und fährt in Begleitung ihrer ebenso beherzten Kammerzofe dem geliebten Tellheim in ein fremdes Land nach. Um das gewagte Unternehmen weiter voranzutreiben, benutzen beide Mädchen gelegentlich ein militärisches Vokabular. Fontanes Effi im 19. Jahrhundert liebt es, sich in Jungenkleidung zu bewegen, da sie sich freier und ungebundener darin fühlt. Daß die Verhältnisse sich jedoch auch im 20. Jahrhundert wenig geändert haben, beweist Brechts Erzählung „Der Arbeitsplatz", die der Autor nach einer wahren Begebenheit geschrieben hatte. Frau Hausmann muß die Kleidung ihres verstorbenen Mannes anlegen, um seinen Arbeitsplatz zu erhalten. Shen Te ist gezwungen, sich als ihr Vetter Shui Ta zu verkleiden, damit sie überleben kann. Brechts Johanna im *Prozeß der Jeanne d'Arc zu Rouen* verliert ihre Widerstandskraft gegen ihre Ankläger, wenn sie die männliche Kleidung mit weiblicher Tracht vertauscht. Die resolute Begbick in *Mann ist Mann* geht gerne mit einer Zigarre umher, ein äußeres Zeichen der ungebrochenen Energie und Stärke einer Frau, die es mit jedem Mann aufnehmen kann.

Öfter greifen Frauen zum Komödienspiel, um ihr Ziel zu erreichen wie Lessings Henriette und Minna ebenso wie auch Fontanes Corinna und Effi. Die Liebe zur Bewegung vieler Frauen läßt sich als symptomatisch für ihr Bestreben ansehen, sich aus dem Status quo zu befreien. Fontanes Effi, Cécile und Franziska erfreuen sich an Schaukeln, Reiten, Wagen-, Schlitten- und Bootfahren. Brechts Mutter Courage setzt viel auf ihren Wagen, mit dem sie vorwärtskommen kann.

Rebellion kann das Leben kosten, wie Emilias und Grete Mindes Schicksale beweisen, kann aber auch Befreiung bringen wie im Falle Melanies. Fontanes Manon ebenso wie Brechts Eva lösen sich von der Autorität des Vaters. Viele der Frauen Brechts leben in einer Welt des Matriarchats. Sie sind selbständig, unverheiratet, Witwen, sind daher den Zwängen einer patriarchalischen Gesellschaftsordnung weniger ausgesetzt als die Frauen Lessings und Fontanes. Allerdings sind sie auch resolut genug veranlagt, sich aus der patriarchalischen Gesellschaftsordnung herauszuhalten wie Mutter Courage, welche die Annäherungen des Kochs ebenso wie des Feldpredigers abweist, Shen Te, die als Shui Ta zum Boss geworden ist, Frau B., die sich von ihren Söhnen und ihren Familien entfernt hat und ein selbständiges Leben führt. Daß eine Frau auch patriarchalische Züge annehmen kann, zeigt Mutter Courage gegenüber ihren Kindern. Jedoch ihre Tochter Kattrin weiß, der mütterlichen Autorität zu widerstehen.

Angefangen mit Lisette besitzen oder entwickeln die Frauen Lessings, Fontanes und Brechts auf Grund ihrer guten Beobachtungen Wirklichkeitsbewußtsein, zu dem sich bei einer Reihe von ihnen eine gute Portion Pragmatik gesellt. Auch Lessings Minna und Sittah, Fontanes Pauline Pittelkow, Mathilde Möhring, selbst Sophie und Manon von Poggenpuhl, Brechts Begbick, Nanna, Pelagea Wlassowa, Mutter Courage, Shen Te–Shui Ta und Grusche fallen durch ihr pragmatisches Verhalten auf, das ihnen hilft, Probleme zu lösen.

Oft sind es die Frauen, welche die Männer zu Taten auffordern wie Lisette, Minna, Corinna, Mathilde, Begbick, Pelagea Wlassowa, Mutter Courage, Shen Te–Shui Ta. Die Frauen in *Furcht und Elend des Dritten Reiches* beeindrucken besonders in dieser Funktion. Der Rat der Frauen kann sehr wertvoll für die Männer sein, wie in *Nathan der Weise* und *Mathilde Möhring* gezeigt wird.

Konträr zu den antifeministischen Feststellungen aus dem frühen 20. Jahrhundert zeichnen sich eine Anzahl der weiblichen Charaktere der drei Autoren durch schöpferisches und kritisches Denken auf religiösem, ethischem, sozialem und politischem Gebiet aus. Während Lessings Frauen der Meisterwerke sich vor allem auf die Religion und die Ethik konzentrieren, beschäftigen sich Fontanes Frauen gleichermaßen mit religiösen, ethischen und sozialen Fragen. Brechts Frauen sind besonders an sozialen und politischen Problemen interessiert. Alle aber bewegen ebenso rein menschliche Belange. Mehrere Frauen werden zu beredten Advokatinnen der Frauenfrage. Lessings Lisette, Marwood und Orsina, Fontanes Ebba von Rosenberg fallen in dieser Hinsicht auf. Ebenso spielt Brechts Mutter Courage mit ihrem Rat für ihre Tochter Kattrin auf dieses Thema an. Als männlicher Proponent feministischer Ideen erscheint der Student, der in *Stine* die Kartoffelkomödie verfaßt hat.

Das Thema der Solidarität von Frauen, wie es für die englische Literatur und gleichfalls bei Henry James festgestellt ist,[8] findet sich auch bei Lessing, Fontane und Brecht. Frauen helfen Frauen. Nicht nur ist Lisette als unermüdlicher Beistand in allen Jugendkomödien Lessings anzutreffen, auch Franziska unterstützt Minna kräftig mit Rat und Tat. Emilias Mutter Claudia ist die einzige, die Emilias Wesen erkennt und neben Orsina für sie eintritt. Fontanes Victoire würde ohne die Hilfe ihrer Mutter,

Frau von Carayon, und der Königin Luise wie auch die Briefe ihrer Freundin Lisette von Perbandt ihre schwierigen Situationen nicht gemeistert haben. Franziska findet in der Gräfin Judith ein Vorbild und eine Ratgeberin. Cécile kann sich der jungen Förstersfrau anvertrauen. Christine hat in Ebba von Rosenberg und den anderen Frauen am Kopenhagener Hof Fürsprecherinnen. Neben ihrer Freundin Julie von Dobschütz halten auch die Bauersfrauen auf ihrem Gut und in der Umgebung zu ihr. Roswitha wird Effis Vertraute, die bis zuletzt die Partei ihrer Herrin nimmt. Frau von Padden zeigt nicht nur viel Verständnis und Mitgefühl für Effi, sondern weist prophetisch auf Effis Schicksal hin. Ein ähnliches Verstehen und eine gleiche Einfühlungsgabe besitzt die kluge Domina für Grete Minde, deren unglückliches Ende sie vorausahnt. Bei Brecht halten die Verlobten des Puntila im Bunde der Bräute zusammen. Die Frauen im *Prozeß der Jeanne d'Arc zu Rouen* sind die ersten, welche Johannas Widerstand erkennen und für sie eintreten. Auch Pelagea Wlassowa beweist Solidaritätsbewußtsein zu ihrem Geschlecht, wenn sie die rote Fahne am Ende des Stückes dem Dienstmädchen übergeben will.

Alle drei Dichter tragen zur Abschaffung der Geschlechtsrollendifferenzierung bei und verwirklichen damit ein Ziel der modernen Frauenbewegung unserer Zeit. Sie erreichen dies nicht nur, indem sie die Frauen eigenständiges Denken und Handeln entwickeln, den Männern mit ihrem Rat und ihrer Tat Beistand leisten lassen, sondern auch bisweilen Ähnlichkeiten zwischen weiblichen und männlichen Charakteren schaffen. So besteht eine Gleichartigkeit im Wesen, eine geistige Verwandtschaft zwischen Melusine und Dubslav von Stechlin. Beide zeichnen sich durch überlegene Heiterkeit und Großzügigkeit aus. Brecht betont selbst, Mauler wäre Johanna Darks gleichwertiger Gegenspieler. Mutter Courage hat ähnliche Ansichten wie Galilei und Herr Keuner. Die Wirtin Anna Kopecka gleicht Schweyk in ihrem Wesen. Antigone ist mit ihren Prophezeiungen dem Seher Tiresias ähnlich. Wie Fontane stellt Brecht in seinem letzten Stück eine Affinität zwischen seiner weiblichen und seiner männlichen Hauptgestalt her. Der Richter Azdak erkennt in Grusche eine Gesinnungsgenossin.

Bei allen drei Dichtern sind es nicht nur Frauen, die zu Opfern werden. Gelegentlich erleben die Männer ebenso wie die Frauen das selbe Schicksal, womit eine Gleichstellung der Geschlechter geschaffen wird. Sara wird nicht allein zum Opfer bürgerlicher Tugendvorstellungen. Mellefont folgt ihr durch seinen Freitod nach. Ebenso wie Kattrin, die ihr Leben für die Rettung der Stadt Halle hingibt, wird auch der junge Bauer, der sich ihrem Widerstand angeschlossen hat, getötet. Antigone verleiht ihrer Rebellion gegen einen gewalttätigen Herrscher durch einen freiwilligen Tod emphatische Bedeutung. Ihr Verlobter Hämon eifert durch seinen Selbstmord ihrer Opposition nach. Nicht nur Effi wird Opfer überalterter Konventionen. Selbst Innstetten muß seinem guten Freund Wüllersdorf Jahre nach dem Duell zugeben, daß sein Leben verpfuscht sei. Daß Frauen nicht immer Opfer sind, die den Freitod suchen, sondern Männer ebenso reagieren können, zeigen zudem Fontanes Erzählungen *Graf Petöfy, Schach von Wuthenow* und *Stine*.

Ein weiteres Mittel zur Beseitigung der Rollendifferenziertheit ist, Frauen als Männerarbeit angesehene Funktionen zukommen zu lassen. So läßt Lessing Sittah als überlegene Geschäftsfrau die Finanzen an Saladins Hofe regeln und den Aufwand ihres Bruders bezahlen. Fontanes Mathilde Möhring beweist mit ihren Ratschlägen und Plänen für ihren Mann, daß sie selber die Qualifikationen für eine Bürgermeisterin besitzt. Brechts Shen Te ist als Shui Ta ein weitsichtiger, erfolgreicher Geschäftsmann. Melusine zeigt mit ihren Ansichten, daß sie genug Talent hat, als Politikerin aufzutreten. Christine verwaltet ihr Gut besser als ihr Mann. Brechts Pelagea Wlassowa, auch Johanna Dark wie Geneviève Guéricault entwickeln sich zu Revolutionärinnen, die ihren männlichen Kameraden gleich tun, sie teilweise an Ideenreichtum und Taktik übertreffen. Frau Hausmann füllt das Amt eines Wächters ebenso gut wie ein Mann aus.

Sind die Frauen in der Arbeit genau so tüchtig oder gelegentlich sogar besser als die Männer, so wirken sie bisweilen auch geistig beweglicher, charakterlich stärker, einsichtiger, energischer gegenüber ihren Partnern oder Gegenspielern. Lisette, Minna, Sara, Sittah, Recha, Corinna, Stine, Lene, Victoire, Christine, Leokadja Begbick, Mutter Courage, Shen Te–Shui Ta, Antigone, Volumnia sind Beispiele. Ungleich Galilei widerruft Johanna aus *Der Prozeß der Jeanne d'Arc zu Rouen 1431* ihren Widerruf und erleidet den Feuertod.

Für fast alle Frauen läßt sich sagen, daß sie sich gegen althergebrachte Konventionen meistens sozialer Art auflehnen. Gelegentlich erhält ihre Auflehnung etwas unterschwellig Revolutionäres wie in Emilia Galottis Rebellion, die sich gegen einen tyrannischen Herrscher wendet. Eine revolutionäre Note setzt sich bei Fontane in Pauline Pittelkows Bemerkung durch, sie „puste was auf die Grafen, aber sie puste sie doch nicht weg" (III, 274). Jedoch ist es ihre äußerlich schwächlich erscheinende Schwester Stine, die mit ihrem festen „Nein" auf den Heiratsantrag des Grafen Waldemar seine „Dekapitation" verursacht, dazu beiträgt, daß Waldemar seinem Leben ein Ende macht. In der politischen Arbeit von Brechts Frauen findet das revolutionäre Thema seine ausgeprägteste Form.

Wie gezeigt wurde, wissen die Frauengestalten der drei großen deutschen Autoren sich in der patriarchalischen Gesellschaft in den meisten Fällen durchzusetzen, Selbstbehauptung zu erringen, schöpferische Ideen zu entwickeln und zu verwirklichen. Sie sind keinesfalls der Macht der Männer unterworfen, wie für die amerikanische Literatur konstatiert wurde.[9] Nicht nur hervorragende Frauengestalten aus der deutschen und französischen Geschichte, auch weibliche Charaktere aus der europäischen Literatur haben Lessing, Fontane wie Brecht bei der Schöpfung ihrer Frauengestalten angeregt. An Autoren aus der europäischen Tradition wie Marivaux, Destouches im 18. Jahrhundert, Racine, Corneille im 17. Jahrhundert, Thackeray,[10] Tschechow wie Bernard Shaw im 19. und 20. Jahrhundert ist in dieser Verbindung zu erinnern.

Nicht nur die verschiedenen Zeitalter, in denen die drei Dichter wirkten, auch die Art der Darstellung bedingt Unterschiede zwischen ihren Werken. Fontane als dem Erzähler ist die Möglichkeit gegeben, das Frauenthema in allen seinen Aspekten zu erforschen, und der Meister der realistischen Prosa hat diese Möglichkeit mit seiner subtilen, an Nuancen reichen Kunst in seinen Romanen und Erzählungen wahrgenommen. Lessing als Dramatiker, als Verfasser von Komödien und Vertreter des aristotelischen Dramas, ist es bereits im 18. Jahrhundert gelungen, Frauengestalten von eindringlicher Bedeutsamkeit zu schaffen und für die Frauenfrage nachdrücklich einzutreten. Brecht, der Schöpfer des epischen Theaters hat es verstanden, mit seinen zahlreichen, dem Leben entnommenen weiblichen Charakteren Feminismus und Marxismus nicht nur einander näherzubringen, sondern in einigen Werken zu vereinigen. Bei Lessing wie auch bei Brecht, die in ihren jungen Jahren teilweise noch Klischees der patriarchalischen Auffassung von Frauen verwendeten – Lessing in seinen frühen Gedichten, Brecht in seinen ersten Erzählungen – gewinnen die Frauen im Laufe der Zeit schnell zunehmend an Bedeutung. Fontane dagegen trat von Anfang an beredt für das weibliche Geschlecht ein. Bei Brecht fällt auf, daß er im Gegensatz zu Lessing und Fontane gelegentlich gerade ältere Frauen zu Heldinnen macht wie die sechzigjährige Pelagea Wlassowa, die siebzigjährige Frau Zunto und die gleichaltrige Frau B. Es ist offensichtlich, daß Brecht auch hierbei vom Leben inspiriert wurde.

Clara Zetkin, die sich bis in ihr hohes Alter einen Namen machte, ebenso wie seine Großmutter waren neben Rosa Luxemburg und Louise Michel Rollenvorbilder für mehrere seiner Frauengestalten.

Das Ideal von der Gleichheit der Geschlechter stammt aus dem Gedankengut der Aufklärung. Wie aus seinem dramatischen Werk ersichtlich ist, hat Lessing diesem Gedankengut beredten Ausdruck verliehen. Anregungen fand er zumeist in der Literatur. Daß aber auch das Leben auf sein Schaffen einwirkte, geht nicht nur aus der Sprache seiner Charaktere hervor. Eva König, seine spätere Frau, kann als Vorbild für Sittah gelten.

Für die erste Frauenbewegung, die um die Jahrhundertwende ihre Blütezeit erlebte, stand das Individuum mit seinem Recht auf Freiheit im Vordergrund. Bereits in den sechziger Jahren des 19. Jahrhunderts hatte Fontane angefangen, an seinem ersten großen Roman zu arbeiten, in dem eine der Frauen ihr Recht auf Freiheit zu verwirklichen weiß, während andere Frauen für eine Erneuerung der Gesellschaft eintreten. Bis 1898 entstanden fünfzehn Romane und Erzählungen, in denen Frauen unter den mannigfaltigsten Umständen und Bedingungen mit den verschiedensten Ergebnissen versuchen, ihre Selbstbestimmung durchzusetzen. Nicht nur Frauen aus dem gesellschaftlichen Leben, sondern die Frau, welche heute als erste Verfechterin der Frauenemanzipation angesehen wird, Bettina von Arnim, war dem großen Realisten Fontane Rollenvorbild, da er Züge ihres Wesens wie auch Gegebenheiten aus ihrem Leben bei der Gestaltung seiner Frauen verwendete.

Wie festgestellt wird, entstammen Feminismus und Sozialismus einer gemeinsamen Wurzel, der Idee der Menschenrechte. Sie sind einander in mancher Hinsicht verwandt, insbesondere in ihrer Utopie einer humaneren Gesellschaft.[11] Trotz dieser Verwandtschaft ist das Verhältnis zwischen Feminismus und Sozialismus, besonders dem Sozialismus in seiner radikaleren Form, dem Marxismus, seit jeher problematisch gewesen. Friedrich Engels und August Bebel ordneten die Frauenemanzipation der Arbeiterbewegung zu. Clara Zetkin erkannte wohl die Forderungen der bürgerlichen Frauenrechtlerinnen als historisch berechtigt an, betonte aber, daß die Proletarierin vor allem die Klassengesellschaft als wahre Ursache aller Unterdrückung abschaffen wollte. Sie wies daher eine Zusammenarbeit mit den bürgerlichen Frauen ab. Während das Frauenhandbuch von 1974 konstatiert, daß es keinen Sozialismus ohne Feminismus geben könne, eine Auffassung, der nach einer Studie eine große Mehrheit in der derzeitigen Frauenbewegung zustimmt,[12] wird mit Bezug auf den

Marxismus gefunden, daß er die Dynamik des Sexismus nicht verstände, daß er „geschlechtsblind“ wäre.[13] Aus zeitgenössischen Berichten geht hervor, daß es die Frauen in der Deutschen Demokratischen Republik wohl weit gebracht hätten, aber in „Leiterpositionen“ nicht angetroffen werden.[14] Frauen der amerikanischen neuen Linken haben erkannt, daß sie nur in traditionellen weiblichen Rollen, als „conveyors“ männlicher Strategien funktionieren konnten.[15]

Wenn kürzlich wieder vermerkt wurde, daß Männer wie auch Frauen dazu neigen, Männer als rational und pragmatisch, Frauen dagegen als irrational und emotional zu charakterisieren,[16] so fällt vor allem in den Werken Brechts die Abschaffung dieser Geschlechtsrollendifferenzierung auf. Wenn erkannt wird, ein humaner Sozialismus erfordere, daß die Männer ihre Privilegien aufgeben sollten,[17] so steht das Bild, welches Brecht am Ende des *Kaukasischen Kreidekreises* entwirft, vor Augen. Grusche tanzt mit Michel, Simon, ihr Verlobter, tanzt mit der Köchin, nachdem Grusche Michel als Kind der Liebe charakterisiert und Simon sich vollständig mit Grusches Ideen einverstanden erklärt hat.

Brecht schafft in seinen Werken die Einheit von Feminismus und Marxismus nicht nur, indem er mehreren seiner starken Frauenfiguren Wesenszüge bedeutender marxistischer Revolutionärinnen der deutschen und französischen Geschichte verliehen hat, sondern indem er sie auch zu Trägerinnen der Ideen und der Handlungen seiner Stücke machte.

Daß Brecht nicht nur Protagonistinnen mit politischen Zielen kreierte, sondern überhaupt Frauen darstellte, die abseits von der Politik ihre Rechte wahrnehmen und sich durchzusetzen wissen, dafür zeugen Frau Zunta, Frau B. und nicht zuletzt die androgynische Shen Te–Shui Ta.

Wie vermerkt wurde, werde der Einfluß von Fiktion auf die Wirklichkeit nicht gemessen und sei wahrscheinlich nicht zu messen.[18] Aber es stellt sich die Frage, ob die Welt des Matriarchats, welche Brecht in seinem Werk erstehen läßt, nicht bereits doch einen gewissen Einfluß ausgeübt hat. Nach Berichten aus der DDR werden 35 Prozent der Kinder unehelich geboren. Eine Reporterin teilt mit, daß sie noch nie so viel alleinstehende Mütter wie in der DDR erlebt habe, jedoch auch den Eindruck hatte, daß es den Alleinstehenden, die den verheirateten Müttern gleichgestellt wären, nicht allein um die Vergünstigungen ginge. Im Gegenteil erweckten sie den Eindruck, als wollten sie der Welt beweisen: „Das kann ich auch.“[19]

Im Rückblick erscheinen die Frauen Lessings, Fontanes und Brechts als ein langer Zug: Zuerst die Frauen des 18. Jahrhunderts, allen voran die aufgeweckte Lisette – dann die Schar der Frauen des 19. und schließlich des frühen 20. Jahrhunderts. Sie alle finden sich in unserer Zeit zurecht. Sie machen einen lebhaften Eindruck. Selbst Lessings Frauen aus dem 18. Jahrhundert verstehen die heutigen Probleme, da sie den ihrigen noch immer ähnlich sind. Fontanes Frauen wirken froh. Sie gehören nicht mehr zu den Geschichtslosen. Auch die dritte Gruppe schreitet sicher und zufrieden. Sie haben das ihnen zudiktierte Stigma, Stereotypen zu sein, überwunden. Sie alle ziehen vorüber, Mahnende, Herausfordernde, viele von ihnen in gewisser Weise Vorbilder für die Gegenwart wie für die Zukunft.

ANMERKUNGEN

1. Herrad Schenk: *Die feministische Herausforderung.* 150 Jahre Frauenbewegung in Deutschland. München: C. H. Beck, 1983, S. 163.
2. Ebenda, S. 166.
3. Sheriffs, A. C., Jarrett, R. F.: „Sex Differences in Attitudes about Sex Differences", *Journal of Psychology*, 1953, 35, S. 161 – 168.
4. Kate Millett: *The Female Eunuch*, New York: McGraw–Hill, 1980, S. 11.
5. Betty Friedan: *The Feminine Mystique*, New York: W. W. Norton, 1963, S. 71, 79.
6. Ebenda. Betty Friedan spricht von einem „problem that has no name".
7. Ebenda, S. 293.
8. Vgl. Nina Auerbach: *Communities of Women*, op. cit.
9. S. o. S. V.
10. Daß Thackerays *Vanity Fair* zu Fontanes Lieblingsbüchern gehörte, während er an seinem ersten Roman *Vor dem Sturm* arbeitete, stellt Wolfgang Eberhardt fest. Ebenso wie Thackeray liebte es Fontane, seine Charaktere zu individualisieren. *Fontane und Thackeray*, Heidelberg: Carl Winter, 1975.
11. Herrad Schenk, op. cit. S. 135.
12. Ebenda, S. 139.
13. Heidi Hartmann: „The Unhappy Marriage of Marxism and Feminism: Towards a more progressive Union", in: *Women and Revolution*, op. cit. S. 2.
14. Nina Grunenberg: „Lust und Last der Leiter", *Die Zeit*, Nr. 27, 4. Juli 1986, S. 6. Marlies Menge berichtet: „Die Gesprächspartner auf unserer Reise waren meist Männer. Frauen gossen den Kaffee ein, servierten das Essen."

Frauen wären in hohen Rängen wie im Politbüro, als Bezirksparteisekretäre, Generaldirektoren, Minister selten. „Frauen von drüben". *Die Zeit*, Nr. 32, 8. August 1986, S. 8.

15. Lydia Sargent: „New Left Women and Men: The Honeymoon is over" in: *Women and Revolution*, op. cit. S. XIV.
16. Heidi Hartmann, op. cit. S. 28.
17. Ebenda, S. 32.
18. Barbara Bellow Watson stellt fest: „The influence of fiction on real lives is unmeasured and probably unmeasurable." *A Shavian Guide to the Intelligent Woman*, New York: W. W. Norton, 1964, S. 24.
19. Marlies Menge: „Frauen von drüben", op. cit. S. 8.

BIBLIOGRAPHIE

I. Gotthold Ephraim Lessing

Quellen

Gotthold Ephraim Lessings sämtliche Schriften. Herausgegeben von Karl Lachmann. Dritte, aufs neue durchgesehene und vermehrte Auflage, besorgt durch Franz Muncker, Leipzig: G. J. Göschen'sche Verlagsbuchhandlung, 1907. Nachdruck Walter de Gruyter, Berlin 1968

Lessings Briefwechsel mit Mendelssohn und Nicolai über das Trauerspiel, hrsg. von Robert Petsch, Leipzig: Verlag der Dürr'schen Buchhandlung, 1910

Briefe die neueste Literatur betreffend, XIX. - XXIV. Theil, Hildesheim, New York: Georg Olms Verlag, 1974

Der Biedermann, Leipzig: bey Wolfgang Deer, 1728

Die Vernünftigen Tadlerinnen, Halle im Magdeburgischen, Verlegts Johann Adam Spörl/ des Königl. Preussl. Gymnasii illustris privileg. Buchhändler, 1725

Colley Cibber: *Three Sentimental Comedies:* Love's Last Shift, The Careless Husband, The Lady's Last Stake, or the Wife's Resentment, edit. by Maureen Sullivan, New Haven: Yale University Press, 1973

Œvres de Pierre Corneille, Paris: Librairie de L. Hachette, 1862

Destouches, Philippe Néricault: *Œuvres dramatiques*, Genève: Slatkine Reprints, 1971

Houdar de la Motte: *Œuvres Complètes*, Genève: Slatkine Reprints, 1970

George Lillo: *The London Merchant*, in: *Eighteenth - Century Plays*, New York: Modern Library, 1952

Théâtre de Marivaux, Paris: Garnier Frères, 1930

Œuvres de Molière, Jean Baptiste Poquelin, Paris: Hachette, 1873-1900

Œuvres de J. Racine, Paris: Hachette, 1885

Œuvres Complètes de Voltaire, Paris: Augustin Renouard, 1819

Complete Works of Thomas Shadwell, ed. by Montague Summers, New York: Benjamin Blom, 1968

Sekundärliteratur

Albrecht, Paul: *Leszings Plagiate*, Leipzig: Selbstverlag, 1890

Angress, R. K.: „Lessing's Criticism of Cronegk: Nathan in Ovo?", in: *Lessing Yearbook IV*, 1972

– „Dreams that were more than dreams", in: *Lessing Yearbook III*, 1971

Böhtlinkh, Arthur: *Shakespeare und unsere Klassiker*, zwei Bände, Leipzig: Fritz Eckardt Verlag, 1909

Brosy, Joseph: *Das Bild der Frau im Werk Lessings*, Diss. Zürich, 1951

Brüggemann, Fritz: „Lessings Bürgerdramen und der Subjektivismus als Problem", in: *Gotthold Ephraim Lessing*, hrsg. von Gerhard und Sybille Bauer, Darmstadt: Wissenschaftliche Buchgesellschaft, 1968

Dash, Irene G.: „A Penchant for Perdita on the Eighteenth Century English Stage", in: *Studies in Eighteenth Century Culture*, Vol 6, edit. by Ronald C. Rosbottom, published for the American Society for Eighteenth Century Studies, Madison: Univ. of Wisconsin Press, 1977

Demetz, Peter: *Gotthold Ephraim Lessing: Nathan der Weise*, Frankfurt/M., Berlin: Ullstein, 1966

Dilthey, Wilhelm: *Das Erlebnis und die Dichtung*, Leipzig: Teubner Verlag, 1910

Durzak, Manfred: „Äußere und innere Handlung in 'Miss Sara Sampson'", in: *Poesie und Ratio*, Bad Homburg: Athenäum Verlag, 1970

Frenzel, Elisabeth: *Stoffe der Weltliteratur*, Stuttgart: A. Kröner, 1962

Fricke, Gerhard: „Bemerkungen zu Lessings 'Freigeist' und 'Miss Sara Sampson'", in: *Festschrift Josef Quint*, Bonn: Emil Semmel Verlag, 1964

— „Lessings 'Minna von Barnhelm'" in: *Studien und Interpretationen, Ausgewählte Schriften zur deutschen Dichtung*, Frankfurt/M.: Hans F. Menck Verlag, 1956

Golden, Morris: *Richardson's Characters*, Ann Arbor: University of Michigan Press, 1963

Guthke, Karl S.: *Der Stand der Lessing Forschung*, Stuttgart: Metzler, 1965

— *Gotthold Ephraim Lessing*, 2. Auflage, Stuttgart: Metzler, 1973

— „Haller und Lessing: Einsames Zwiegespräch", in: *Lessing Yearbook II*, 1970

Graham, Ilse: *Goethe and Lessing: The Wellsprings of Creation*, London: Paul Elek, 1973

Greiffenhagen, Martin: Einleitung zu *Emanzipation*, Hamburg: Hoffmann & Campe, 1973

Herrmann, Ulrich: „Erziehung und Schulunterricht für Mädchen im 18. Jahrhundert", in: *Wolfenbütteler Studien zur Aufklärung*, hrsg. von Günter Schulz, Band III, Wolfenbüttel: Jacobi Verlag, 1976

Hillen, Gerd: „Die Halsstarrigkeit der Tugend. Bemerkungen zu Lessings Trauerspielen", in: *Lessing Yearbook II*, 1970

Hoefert, Siegfried: „Zum Lessingverständnis N. M. Karamsins", in: *Lessing Yearbook IV*, 1972

Horvath, Eva: „Die Frau im gesellschaftlichen Leben Hamburgs, Meta Klopstock, Eva König, Elise Reimarus", in: *Wolfenbütteler Studien zur Aufklärung*, Band III, S. 29 - 60

Hove, David Allen: *Lessing's Heroines and their literary models.* Diss. Univ. of Iowa, 1973, Ann Arbor: Univ. Microfilms

Hubbs, V. C.: „Die romantische Mythe der Transformation in den Werken Heinrich von Kleists", in: *Husbanding the Golden Grain*, Studies in Honor of Henry W. Nordmeyer, edit. by Luann Frank and Emery George, Ann Arbor: Department of Germanic Languages and Literatures, The University of Michigan, 1973

Kaufmann, F. W.: „Zu Lessings 'Emilia Galotti'", in: *Monatshefte XXVI*, 1935

Kies, Paul: „Lessing's Relation to early English Sentimental Comedy", *PMLA 1932*, Vol. 47, S. 807 - 826

Lützeler, Paul Michael: „Die marxistische Lessing-Rezeption (II). Darstellung und Kritik am Beispiel der 'Emilia Galotti' – Interpretation in der DDR", in: *Lessing Yearbook VIII*, 1977

Martini, Fritz: „Riccaut, die Sprache und das Spiel in Lessings 'Minna von Barnhelm'", in: *Gotthold Ephraim Lessing*, hrsg. von Gerhard und Sybille Bauer, Darmstadt: Wissenschaftliche Buchgesellschaft, 1968

Mauser, Wolfram: Lessings 'Miss Sara Sampson', Bürgerliches Trauerspiel als Ausdruck innerbürgerlichen Konflikts, in: *Lessing Yearbook VII*, 1976

Metz, Johann Baptist: „Erlösung und Emanzipation", in: *Emanzipation*, Hamburg: Hoffmann & Campe, 1973

Meyer, Reinhart: *Hamburgische Dramaturgie* und *Emilia Galotti*, Wiesbaden und Frankfurt/Main: Humanitas Verlag, 1973

Michelsen, Peter: „Der Kritiker des Details. Lessing in den 'Briefen die Neueste Literatur betreffend'", in: *Wolfenbütteler Studien*, II, 1975

Nickisch, Reinhard M. G.: „Die Frau als Briefschreiberin im Zeitalter der deutschen Aufklärung", in: *Wolfenbütteler Studien zur Aufklärung*, III, 1976

Nolte, Fred O.: „Voltaire's 'Mahomet' as a source of Lessing's 'Nathan der Weise' and 'Emilia Galotti'", in: *Modern Language Notes*, 1933

Oehlke, Waldemar: *Lessing und seine Zeit*, 2 Bände, München: C. H. Beck, 1919

Ritchie, Gisela F.: „Spuren des französischen Dramas bei Lessing", in: *Nation und Gelehrtenrepublik. Lessing im europäischen Zusammenhang*, hrsg. von Wilfried Barner und Albert M. Reh, Sonderband zum *Lessing Yearbook*, München: edition text + kritik, 1984

Rohrmoser, Günther: *Emanzipation und Freiheit*, München: Wilhelm Goldmann Verlag, 1970

Ryder, Frank G.: „Lessing on Liberty. The Literary Work as Autobiography" in: *Studies in Eighteenth Century Culture*, vol. 6, op. cit.

— „'Emilia Galotti' and the Limits of Psychological Criticism", in: *University of Dayton Review*, 1976, S. 106 - 108

Schmidt, Erich: *Lessing*, 2 Bände, Berlin: Weidmann, 1899

Schreiber, Etta: *The German Woman in the Age of Enlightenment*, a Study in the Drama from Gottsched to Lessing, New York: King's Crown Press, 1948

Schröder, Jürgen: „Minna von Barnhelm. Ästhetische Struktur und „Sprache des Herzens", in: *Gotthold Ephraim Lessing*, München: Wilhelm Fink Verlag, 1972

Schulz, Günter: „Elisa von der Recke, die Freundin Nicolais", in: *Wolfenbütteler Studien*, III

Scott-Prelorentzos, Alison: „Kerl, du bist toll: The Servant in Enlightenment Comedy", in: *Seminar XII*, Nov. 1976

Showalter, Jr., English: „Madame de Graffigny and Her Salon", in: *Studies in Eighteenth Century Culture*, Vol 6, 1977

Sjogren, Christine: „The Status of Women in Several of Lessing's Dramas", in: *Studies in Eighteenth Century Culture*, op. cit.

Staiger, Emil: *Stilwandel*, Zürich: Atlantis Verlag, 1963

Steinhauer, Harry: „The Guilt of Emilia Galotti", in: *JEGP, 48*, 1949, übersetzt in: *Deutsche Dramen von Gryphius bis Brecht*, hrsg. von Jost Schillemeit, Frankfurt und Hamburg: Fischer, 1965.

Stephan, Inge: „So ist die Tugend ein Gespenst." Frauenbild und Tugendbegriff im bürgerlichen Trauerspiel bei Lessing und Schiller, *Lessing Yearbook XVII*, 1985

Strohschneider-Kohrs, Ingrid: „Die überwundene Komödiantin in Lessings Lustspiel", in: *Wolfenbütteler Studien*, II, op. cit.

Szondi, Peter: *Die Theorie des bürgerlichen Trauerspiels im 18. Jahrhundert*, Frankurt/M.: Suhrkamp 1973

Wessel, Leonhard P., Barrack, Charles M.: „The tragic background to Lessing's comedy 'Minna von Barnhelm'", *Lessing Yearbook II*, 1970

II. Theodor Fontane

Quellen

Theodor Fontane: *Sämtliche Werke*, München: Nymphenburger Verlagshandlung, 1959

Theodor Fontane, *Briefe*, hrsg. von Kurt Schreinert und Charlotte Jolles, 4 Bände, Berlin: Propyläen Verlag, 1968 - 71

Theodor Fontane, *Briefe an Wilhelm und Hans Hertz*, 1859 - 1898, hrsg. von Kurt Schreinert, vollendet und mit einer Einführung versehen von Gerhard Hay, Stuttgart: Ernst Klett, 1972

Theodor Fontane, *Briefe*, ausgewählt und erläutert von Gotthard Erler, 2 Bände, München: Nymphenburger Verlagshandlung, 1981

Theodor Fontane, *Briefe an Georg Friedländer*, hrsg.von Kurt Schreinert, Heidelberg: Quelle und Meyer, 1954

Erläuterungen und Dokumente. Theodor Fontanes 'Frau Jenny Treibel', hrsg. von Walter Wagner, Stuttgart: Philipp Reclam, Jun. 1976

Erläuterungen und Dokumente. Theodor Fontane. 'Effi Briest', hrsg. von Walter Schafarschik, Stuttgart: Reclam, 1972

Theodor Fontane. 'Mathilde Möhring'. Auf Grund der Handschrift herausgegeben von Gotthard Erler, München: Carl Hanser Verlag, 1972

Zeugnisse und Materialien zu Fontanes 'Effi Briest' und Spielhagens 'Zum Zeitvertreib', in: *Studien zur neueren deutschen Literatur*, hrsg. von Hans Werner Seiffert, Berlin: Akademie Verlag, 1964

Bettina von Arnim: Werke und Briefe, hrsg. von Gustav Konrad, Frechen/Köln: Bartmann, 1963

Ingeborg Drewitz: *Bettine von Arnim. Romantik – Revolution – Utopie.* Eine Biographie. Düsseldorf: Claassen, 1984

Werner Milch: *Die junge Bettine*, 1785 - 1811, hrsg. von Peter Küpper, Heidelberg: Lothar Stiehm, 1968

Edgar Hennecke: *Neutestamentliche Apokryphen in deutscher Übersetzung*, hrsg. von Wilhelm Schneemelcher, Band I, Evangelien, Tübingen: Paul Siebeck (J. C. B. Mohr) 1959 - 1964

Wolfgang Menzel: *Christliche Symbolik*, Regensburg: G. Josef Manz, 1854

Anton Tschechow: *Werke, Novellen, Erzählungen, Dramen*, Hamburg und München: Heinrich Ellermann, 1963

Émile Zola: *La Faute de l'Abbé Mouret*, in: *Les Rougon-Macquart*, Bruges: Bibliothèque de la Pleiade, 1960, Band I

Sekundärliteratur

Brinkmann, Richard: *Über die Verbindlichkeit des Unverbindlichen*, München: Piper, 1967

— „Der angehaltene Moment. Requisiten – Genre – Tableau bei Fontane“, in: *Formen Realistischer Erzählkunst.* Festschrift for Charlotte Jolles, edit. by Jörg Thunecke with Eda Sagarra, Nottingham: Sherwood Press Agencies, 1979

— Nachwort zu *Die Poggenpuhls*, Stuttgart: Philipp Reclam, 1969 S. 119 - 126

Demetz, Peter: *Formen des Realismus: Theodor Fontane.* Kritische Untersuchungen. Frankfurt/Main – Berlin – Wien: Ullstein, 1973

Eberhardt, Wolfgang: *Fontane und Thackeray*, Heidelberg: Carl Winter, 1975

Faucher, Eugène: „Farbensymbolik in Fontanes 'Irrungen Wirrungen'“, in: *Zeitschrift für deutsche Philologie*, 92. Band, 1973, Sonderheft

Friedrich, Gerhard: „Die Schuldfrage in Fontanes 'Cécile'“, in: *Jahrbuch der Deutschen Schillergesellschaft*, 14. Jahrgang, 1970

Goltschnigg, Dietmar: „Vorindustrieller Realismus und Literatur der Gründerzeit“, in: *Geschichte der deutschen Literatur vom 18. Jahrhundert bis zur Gegenwart*, Königstein/Ts.: Athenäum, 1980 II/1

Gross, Edgar: „Der große Eheroman“, in: Theodor Fontane *Sämtliche Werke, V*

Heller, Erich: Einleitung zu *The Woman taken in Adultery and The Poggenpuhl Family, Theodor Fontane*, translated by Gabriele Annan, Chicago: The University of Chicago Press, 1979

Hoffmeister, Werner: „Theodor Fontanes 'Mathilde Möhring'. Milieustudie oder Gesellschaftsroman?“, in: *Zeitschrift für deutsche Philologie*, Band 92, 1973, Sonderheft

Hofmiller, Josef: *Die Bücher und wir*, München: Nymphenburger Verlagshandlung, 1950

Hohendahl, Peter Uwe: „Theodor Fontane: 'Cécile'“, in: *Germanisch-Romanische Monatsschrift*, XVIII, 1968

Honnefelder, Gottfried: „Die erzähltechnische Konstruktion der Wirklichkeit bei Theodor Fontane: Zur Funktion des Briefes im Roman“, in: *Zeitschrift für Deutsche Philologie*, Band 92, 1973, Sonderheft

Jørgensen, Sven-Aage: Nachwort zu *Unwiederbringlich*, Stuttgart: Reclam, 1971

Kafitz, Dieter: „Die Kritik am Bildungsbürgertum in Fontanes Roman 'Frau Jenny Treibel'“, in: *Zeitschrift für deutsche Philologie*, op. cit.

Keitel, Walter: Nachwort zu *Schach von Wuthenow*, Stuttgart: Reclam, 1978

Kienbaum, Barbara E.: *Die Frauengestalten in Theodor Fontanes Berliner Romanen:* Rolle und Funktion in der Darstellung des Konflikts zwischen Individuum und Gesellschaft. Diss. Michigan State University, Ann Arbor: Microfilms, 1979

Killy, Walter: *Wirklichkeit und Kunstcharakter*. Neun Romane des 19. Jahrhunderts, München: C. H. Beck, 1963

Leheis, Jutta Sigrid: *Zauber des Evatums*. Zur Frauenfrage bei Theodor Fontane, Diss. University of Massachusetts, 1974, Ann Arbor: Microfilms, 1975

Mittelmann, Hanni: *Die Utopie des weiblichen Glücks in den Romanen Theodor Fontanes*, Bern: Peter Lang, 1980

Mittenzwei, Ingrid: *Die Sprache als Thema*. Untersuchungen zu Fontanes Gesellschaftsromanen, Bad Homburg v.d.H., Berlin, Zürich: Gehlen, 1970

Mommsen, Katharina: „Vom 'Bamme-Ton' zum 'Bummel-Ton'. Fontanes Kunst der Sprechweisen", in: *Formen Realistischer Erzählkunst*, Festschrift for Charlotte Jolles, op. cit.

Müller-Seidel, Walter: *Theodor Fontane.Soziale Romankunst in Deutschland*, Stuttgart: J. B. Metzler, 1975

— „Fontane und Polen. Eine Betrachtung zur deutschen Literatur im Zeitalter Bismarcks", in: *Formen Realistischer Erzählkunst*, Festschrift for Charlotte Jolles, op. cit.

Reuter, Hans Heinrich: Einleitung, *Märkische Romanze. Frauenerzählungen*, Berlin: Verlag der Nation, 2. Auflage 1963

— *Fontane*, München: Nymphenburger Verlagshandlung, 1968

Richter, Karl: *Resignation*, eine Studie zum Werk Theodor Fontanes, Stuttgart: W. Kohlhammer 1966

Sakrawa, Gertrud M.: „Scharmanter Egoismus. Theodor Fontanes 'Unwiederbringlich'", in: *Monatshefte Wisconsin*, Band 61, 1969

Schmidt Brümmer, Horst: *Formen des perspektivischen Erzählens: Fontanes 'Irrungen Wirrungen'*, München: Wilhelm Fink Verlag, 1971

Schuster, I.: „Akribie und Symbolik in den Romananfängen Fontanes", in: *Formen Realistischer Erzählkunst*, Festschrift for Charlotte Jolles, op. cit.

Schuster, Peter-Klaus: *Theodor Fontane. Effi Briest: Ein Leben nach christlichen Bildern*, Tübingen: Max Niemeyer, 1978

Thunecke, Jörg: „Lebensphilosophische Anklänge in Fontanes 'Stine'", in: *Formen Realistischer Erzählkunst*, Festschrift for Charlotte Jolles, op. cit.

Treder, Uta: „Cécile - Hexe und Hysterikerin", in: *Von der Hexe zur Hysterikerin.* Zur Verfestigungsgeschichte des 'Ewig Weiblichen', Bonn: Bouvier, 1984

Windfuhr, M.: „Fontanes Ezählkunst unter den Marktbedingungen ihrer Zeit", in: *Formen Realistischer Erzählkunst*, Festschrift for Charlotte Jolles, op. cit.

III. Bertolt Brecht

Quellen

Bertolt Brecht: *Gesammelte Werke in 20 Bänden. Werkausgabe*, hrsg.

von Suhrkamp Verlag in Zusammenarbeit mit Elisabeth Hauptmann, Frankfurt/Main, 1967

Brecht: *Versuche, 15/16 'Die Mutter'.* Geschichten aus der Revolution. Berlin: Gustav Kiepenheuer, 1933

Bertolt Brecht: *Bearbeitungen, Stücke XI*, Frankfurt/Main: Suhrkamp, 1959

Bertolt Brecht: Schriften zum Theater, VI, Frankfurt/Main: Suhrkamp, 1964

Bertolt Brechts Dreigroschenbuch, Texte, Materialien, Dokumente. 2 Bände, hrsg. von Siegfried Unseld, Frankfurt/Main: Suhrkamp, 1973

Bertolt Brecht: Die heilige Johanna der Schlachthöfe, Bühnenfassung, Fragmente, Varianten, kritisch ediert von Gisela E. Bahr, Frankfurt/Main: Suhrkamp, 1980

Im Dickicht der Städte. Erstfassung und Materialien, hrsg. von Gisela E. Bahr, Frankfurt/Main: Suhrkamp, 1968

Materialien zu Bertolt Brechts Die Mutter, zusammengestellt und redigiert von Werner Hecht, Frankfurt/Main: Suhrkamp, 1976

Brechts *Gewehre der Frau Carrar, Materialien*, hrsg. von Klaus Bohnen, Frankfurt/Main: Suhrkamp, 1982

Materialien zu Brechts Mutter Courage und ihre Kinder zusammengestellt von Werner Hecht, Frankfurt/Main: Suhrkamp, 1979

Brechts Guter Mensch von Sezuan, hrsg. von Jan Knopf, Frankfurt/Main: Suhrkamp, 1982

Materialien zu Brechts Der gute Mensch von Sezuan, zusammengestellt und redigiert von Werner Hecht, Frankfurt/Main: Suhrkamp, 1981

Materialien zu Brechts Der Kaukasische Kreidekreis, zusammengestellt von Werner Hecht, Frankfurt/Main: Suhrkamp, 1981

Brechts Tage der Commune, Materialien, hrsg. von Wolf Siegert, Frankfurt/Main: Suhrkamp, 1983

Das Zeitalter des Barock. Texte und Zeugnisse, hrsg. von Albrecht Schöne, München: C. H. Becksche Verlagsbuchhandlung, 1963

Johan Runeberg: *Samlade Arbeten. Fänrik Stals Sägner Psalmer*, Stockholm: Holger Schildts Förlag, 1931

Grieg, Nordahl: *Die Niederlage*, in: *Das Wort*, Literarische Monatsschrift, Redaktion Bertolt Brecht, Lion Feuchtwanger, Willi Bredel, Moskau: Jourgaz Verlag, 3. Jahr 1938, Heft 1, 2, 4

Hölderlin: Sämtliche Werke, Stuttgart: W. Kohlhammer Verlag, J. G. Cottasche Buchhandlung Nachfolger, 1954, 5. Band

Shakespeare's dramatische Werke, übersetzt von August Wilhelm Schlegel und Ludwig Tieck, Berlin: Georg Reimer, 1854, 6. Band

The Bodley Head Bernard Shaw; Collected Plays with their Prefaces, London, Sydney, Toronto: The Bodley Head, 1970

Völker, Klaus: *Bertolt Brecht. Eine Biographie*, München: Carl Hanser Verlag, 1976

Dornemann, Luise: *Clara Zetkin. Leben und Wirken*, Berlin: Dietz Verlag, 1974

Fouchère, Berthe: *La Vie Héroique de Rosa Luxembourg*, Cahier No. 25, Spartacus, Mars 1948

Hetmann, Frederik (Hans Christian Kirsch): *Rosa L. Die Geschichte der Rosa Luxemburg und ihrer Zeit*, Weinheim und Basel: Beltz Verlag, 3. Auflage, 1977

Levetzow, Karl Freiherr von: *Louise Michel (La Vierge Rouge)* 3. Auflage, Leipzig: Friedrich Rothbart, 1906

Synge, John Millington: „Reiter ans Meer", in *Brechts Gewehre der Frau Carrar, Materialien*, S. 41 – 53

Wilde, Harry: *Rosa Luxemburg. Ich war – ich bin – ich werde sein*. Eine Biographie mit Auszügen aus Rosa Luxemburgs Reden und Schriften, Wien – München – Zürich: Fritz Molden, 1970

Sekundärliteratur

Bahr, Gisela E.: „Und niemals wird eine Verständigung sein: 'Im Dikkicht der Städte'", in: *Brechts Dramen. Neue Interpretationen*, hrsg. von Walter Hinderer, Stuttgart: Philipp Reclam, 1984

Benjamin, Walter: „Ein Familiendrama auf dem epischen Theater", in: *Materialien zu Bertolt Brechts Die Mutter*, op. cit.

Bloch, Ernst: „Lied der Seeräuber Jenny in der Dreigroschenoper", in: *Bertolt Brechts Dreigroschenbuch*, op. cit.

Bohnen, Klaus: „Produktionsprozeß bei Brecht. Zur Entstehung der 'Gewehre der Frau Carrar'", in: *Brechts Gewehre der Frau Carrar*, Materialien, op. cit.

Bormann, Alexander von: „Gegen die Beschädigung des menschlichen Denkvermögens: Brechts antifaschistische Dramen", in: *Brechts Dramen. Neue Interpretationen*, hrsg. von Walter Hinderer, op. cit.

Boie-Grotz, Kirsten: *Brecht - der unbekannte Erzähler*. Die Prosa 1913 - 1934, Stuttgart: Klett-Cotta, 1978

Bryant-Bertail, Sara: „Women, Space, Ideology: Mutter Courage und ihre Kinder“, in: *brecht, women and politics. The Brecht Yearbook*, Band 12, 1983, hrsg. von John Fuegi, Gisela Bahr, John Willett, Detroit: Wayne State University Press, 1985

Cronin, Mary J.: *The Politics of Brecht's Women Characters*, Diss. Brown University 1974, Ann Arbor: University Microfilms International 1975

Esslin, Martin: *Brecht, a choice of evils*, London: Methuen, 1959, in deutscher Übersetzung: *Brecht, Das Paradox des politischen Dichters*, Frankfurt am Main: Athenäum Verlag, 1962

Fenn, Bernard: *Characteristics of Women in the Plays of Bertolt Brecht*, Frankfurt/Main: Lanz, 1982

Fuegi, John: „The Alienated Woman: Brecht's 'The Good Person of Sezuan'“ in: *Essays on Brecht: Theater and Politics*, edit. by Siegfried Mews and Herbert Knust, Chapel Hill: University of North Carolina Press, 1977

— „Gespräch mit Richard Schechner über seine New Yorker Aufführung der 'Mutter Courage'“, in: *Brecht Jahrbuch*, Frankfurt/Main: Suhrkamp, 1976

Giese, Peter Christian: „Der gute Mensch von Sezuan. Aspekte einer Brechtschen Komödie“, in: *Materialien*, op. cit.

Goodman, Henry: „Bertolt Brecht: Dualism and Tradition“, in: *Medieval Epic to the Epic Theater of Brecht*, University of Southern California Studies in Comparative Literature, edit. by Rosario P. Armato and John M. Spalek, Los Angeles: University of Southern California Press, 1968

Hinck, Walter: „'Mutter Courage und ihre Kinder': Ein kritisches Volksstück“, in: *Brechts Dramen. Neue Interpretationen*, hrsg. von Walter Hinderer, op. cit.

Klein Nussbaum, Laureen: *The Image of Woman in the Work of Bertolt Brecht*, Diss. University of Washington 1977, Ann Arbor: University Microfilms International, 1980

— „The Evolution of the Feminine Principle in Brecht's Work: Beyond the Feminist Critique“, in: *German Studies Review* 8, No. 2, May 1985

Knopf, Jan: *Bertolt Brecht. Ein kritischer Forschungsbericht. Fragwürdiges in der Brecht-Forschung*, Frankfurt/Main: Athenäum, 1974

— *Brecht Handbuch. Theater*, Stuttgart: Metzlersche Verlagsbuchhandlung, 1980

Lennox, Sara: „Women in Brecht's Works", *New German Critique*, Vol. 14, 1978

Mayer, Hans: „Brecht und die Humanität", in: *Brecht in der Geschichte. Drei Versuche*, Frankfurt/Main: Suhrkamp, 1976

Mennemeier, Franz Norbert: „Brecht - Mutter Courage und ihre Kinder", in: *Das deutsche Drama von Barock bis zur Gegenwart*, hrsg. von Benno von Wiese, Düsseldorf: August Bagel, 1962, Band II

Müller, Klaus-Detlef: „Das Dirnenmotiv bei Brecht im Lichte des marxistischen Menschenbildes", in: *Die Funktion der Geschichte im Werk Bertolt Brechts*. Studien zum Verhältnis von Marxismus und Ästhetik. Tübingen: Max Niemeyer Verlag, 1967

Obermayer, August: „Die dramatische Funktion der Lieder in Brechts 'Mutter Courage und ihre Kinder'", in: *Festschrift für E. W. Herd*, hrsg. von August Obermayer, Dunedin, New Zealand: Department of German, University of Otago, 1980

Raddatz, Fritz J.: „Entweiblichte Eschatologie. Bertolt Brechts revolutionärer Gegenmythos", in: *Text + Kritik, Bertolt Brecht II*, Sonderband, hrsg. von Heinz Ludwig Arnold, München: Richard Boorberg Verlag, 1973

Rosenbauer, Hans Jürgen: „Non verbis, sed gestibus", in: *Brecht und der Behaviorismus*, Bad Homburg v.d.H., Berlin, Zürich: Gehlen, 1970

Sanders, Volkmar: Kommentar zu *Mutter Courage und ihre Kinder*, edit. by Volkmar Sanders, New York: Oxford University Press, 1964

Schoeps, Karl-Heinz: *Bertolt Brecht und Bernard Shaw*, Bonn: Bouvier, 1974

Thomas, Emma: *Brecht's Drama 'Die Mutter', a Case of Double Adaptation* Diss. Indiana University, Bloomington, 1972

Weber, Betty Nance: *Brechts 'Kreidekreis', ein Revolutionsstück*. Eine Interpretation. Mit Texten aus dem Nachlaß, Frankfurt/Main: Suhrkamp, 1978

Weill-Lenya, Lotte: „Das waren Zeiten (1955)", in: *Bertolt Brechts Dreigroschenbuch*, Frankfurt/Main: Suhrkamp, 1973, Band I

Wekwerth, Manfred: „Der gute Mensch 1976, Selbstinterview zur Züricher Aufführung“, in: *Materialien*

Wedel, Ute: *Die Rolle der Frau bei Bertolt Brecht*, Frankfurt/Main: Peter Lang, 1983

IV. Feministische und andere zeitgenössische Literatur

Auerbach, Nina: *Communities of Women. An Idea in Fiction*, Cambridge, Massachusetts and London: Harvard University Press, 1978

Beauvoir, Simone de: *Das andere Geschlecht.* Sitte und Sexus der Frau, Reinbek bei Hamburg: Rowohlt Verlag, 1978

Fetterley, Judith: *The Resisting Reader.* A Feminist Approach to American Fiction, Bloomington and London: Indiana University Press, 1978

Friedan, Betty: *The Feminine Mystique*, New York: Dell Publishing Co., 1963

Gilligan, Carol: *In a Different Voice.* Psychological Theory and Women's Development, Cambridge and London: Harvard University Press, 1982

Grunenberg, Nina: „Lust und Last der Leiter“, in: *Die Zeit*, Nr. 27, 4. Juli 1986, S. 6

Hartmann, Heidi: „The Unhappy Marriage of Marxism and Feminism. Towards a More Progressive Union“, in: *Women and Revolution*, edit. by Lydia Sargent, Boston: South End Press, 1981

Heilbrun, Carolyn G.: *Towards Androgyny.* Aspects of Male and Female in Literature, London: Victor Gollancz, 1973

Menge, Marlies: „Frauen von drüben“, in: *Die Zeit*, Nr. 32, 8. August 1986, S. 8

Menschik, Jutta, Hrsg.: *Grundlagentexte zur Emanzipation der Frau*, Köln: Pahl Rugenstein Verlag, 1976

Millett, Kate: *The Female Eunuch*, New York: McGraw-Hill, 1980

Sargent, Lydia: „New Left Women and Men: The Honeymoon is over“, in: *Women and Revolution*, op. cit.

Schenk, Herrad: *Die feministische Herausforderung.* 150 Jahre Frauenbewegung in Deutschland, München: C. H. Beck, 1983

Schröder, Hannelore, Sauter, Theresia: „Zur politischen Theorie des Feminismus“, in: *Aus Politik und Zeitgeschichte*, 8 48/77, 3. Dezember 1977

Watson, Barbara Bellows: *A Shavian Guide to the Intelligent Woman*, New York: W. W. Norton, 1964

Weiland, Daniela: *Geschichte der Frauenemanzipation in Deutschland und Österreich*, Düsseldorf: ECON Taschenbuchverlag, 1983

Weintraub, Rodelle: „The Gift of Imagination: An Interview with Clare Boothe Luce“, in: *Fabian Feminist. Bernard Shaw and Woman*, edit. by Rodelle Weintraub, University Park and London: The Pennsylvania State University Press, 1977

Literaturwissenschaft

DONNA L. HOFFMEISTER
Vertrauter Alltag, gemischte Gefühle
Gespräche mit Schriftstellern über Arbeit in der Literatur
178 S., 14 Abb., geb., DM 48,—;
ISBN 3-416-02175-4
Abhandlungen zur Kunst-, Musik- und Literaturwissenschaft, Band 382

HERMANN KORTE
Ordnung und Tabu. Studien zum poetischen Realismus
157 S., fester Einband, DM 44,—;
ISBN 3-416-02160-6
Abhandlungen zur Kunst-, Musik- und Literaturwissenschaft, Band 381

Thomas Mann — Aufsätze zum Zauberberg
137 S., geb., DM 19,80/z. Forts.: DM 17,80;
ISBN 3-416-02174-6
Sammlung Profile, Band 33

GERHARD RADEMACHER (Hg.)
Heinrich Böll: Auswahlbibliographie zur Primär- und Sekundärliteratur
Mit einleitenden Textbeiträgen von und über Heinrich Böll
127 S., geb., DM 29,80; ISBN 3-416-02170-3
Abhandlungen zur Kunst-, Musik- und Literaturwissenschaft, Band 384

Joseph Roth — Werk und Wirkung
144 S., geb., DM 19,80/z. Forts.: DM 17,80;
ISBN 3-416-02173-8
Sammlung Profile, Band 32

STEFAN REICHERT
Das verschneite Wort
Untersuchungen zur Lyrik Johannes Bobrowskis
375 S., fester Einband, DM 98,—;
ISBN 3-416-02012-X
Literatur und Reflexion, hg. v. Beda Allemann, N. F. Band 2

Theodor Storm
Studien zur Kunst- und Künstlerproblematik
142 S., geb., DM 19,80/z. Forts.: DM 17,80;
ISBN 3-416-02172-X
Sammlung Profile, Band 31

ERNST-JÜRGEN DREYER
Robert Gund (Gound) — 1865-1925
Ein vergessener Meister des Liedes
186 S., mit Abb. u. ein 72-seitiges Notenheft, fester Einband, DM 78,—; ISBN 3-416-02023-5
Abhandlungen zur Kunst-, Musik- und Literaturwissenschaft, Band 375

PAUL GERHARD KLUSSMANN/HEINRICH MOHR (Hg.)
Die Schuld der Worte
240 S., fester Einband, DM 54,—;
ISBN 3-416-02151-7
Jahrbuch zur Literatur in der DDR, Band 6

JÜRG BURKHARD
Uwe Johnson: Das dritte Buch über Achim
Romaninterpretation
229 S., fester Einband, DM 58,—;
ISBN 3-416-02037-5
Studien zur Germanistik, Anglistik und Komparatistik, hg. v. Armin Arnold und Alois M. Haas, Band 117

BOUVIER VERLAG · BONN

Philosophie

GERHARD VAN DEN BERGH

Adornos philosophisches Deuten von Dichtung

264 S., geb., DM 48,50; ISBN 3-416-02176-2
Abhandlungen zur Philosophie, Psychologie und Pädagogik, Band 214

ALEXIUS J. BUCHER

Ethik
Eine Hinführung

X,297 S., fester Einband, DM 85,–;
ISBN 3-416-02158-4
Conscientia — Studien zur Bewußtseinsphilosophie, Band 17

R. J. A. VAN DIJK, M. F. FRESCO, P. VIJGEBOOM (Hg.)

Heideggers These vom Ende der Philosophie
Verhandlungen des Leidener Heidegger-Symposions April 1984

150 S., geb., DM 48,–; ISBN 3-416-01997-0
Neuzeit und Gegenwart — Philosophische Studien, Band 3

CHRISTOPHER M. FRY

Sartre and Hegel
The Variations of an Enigma in "L'Etre et le Néant"

168 S., geb., DM 49,–; ISBN 3-416-01998-9
Neuzeit und Gegenwart — Philosophische Studien, Band 4

GERD GERHARDT

Kritik des Moralverständnisses
Entwickelt am Leitfaden einer Rekonstruktion von „Selbstverwirklichung" und „Vollkommenheit"

343 S., fester Einband, DM 85,–;
ISBN 3-416-02181-9

GÜNTER WITSCHEL

Kleine Schriften zu Ethik, Ontologie und Literaturwissenschaft

118 S., geb., DM 24,–; ISBN 3-416-02048-0

HERMANN H. SALLINGER

Geist-Körper-Problem und „Offener Interaktionismus"
Grundlinien und Konsequenzen eines neuen Versuchs der Problemlösung

132 S., geb., DM 36,80; ISBN 3-416-02192-4
Abhandlungen zur Philosophie, Psychologie und Pädagogik, Band 220

Wege in die Zukunft
Pädagogische Perspektiven im pluralistischen Staat
Festschrift für Erich E. Geißler

Herausgegeben von Claudia Solzbacher und Heinz-Werner Wollersheim
352 S., geb., DM 48,–; ISBN 3-416-02171-1

HERTA SCHLOSSER

Wandel in der marxistisch-leninistischen Auffassung vom Menschen. Dokumentation

351 S., fester Einband, DM 98,–;
ISBN 3-416-02020-8
Mainzer Philosophische Forschungen, hg. v. Gerhard Funke, Band 34

GABRIELE E. SCHÖRNER

Moralische Erziehung
Studienhilfe aus dem Institut für Erziehungswissenschaft an der Rheinischen Friedrich-Wilhelms-Universität Bonn, herausgegeben von Erich E. Geißler

134 S., kart., DM 12,80; ISBN 3-416-02186-X

BOUVIER VERLAG · BONN